KOLLEKTIVES ARBEITSRECHT

2020

Günter Marschollek
Vorsitzender Richter am Landesarbeitsgericht

ALPMANN UND SCHMIDT Juristische Lehrgänge Verlagsges. mbH & Co. KG
48143 Münster, Alter Fischmarkt 8, 48001 Postfach 1169, Telefon (0251) 98109-0
AS-Online: www.alpmann-schmidt.de

Zitiervorschlag: Marschollek, Kollektives Arbeitsrecht, Rn.

Marschollek, Günter
Kollektives Arbeitsrecht
6., überarbeitete Auflage 2020
ISBN: 978-3-86752-642-5

Verlag Alpmann und Schmidt Juristische Lehrgänge
Verlagsgesellschaft mbH & Co. KG, Münster

Unterstützen Sie uns bei der Weiterentwicklung unserer Produkte.
Wir freuen uns über Anregungen, Wünsche, Lob oder Kritik an: **feedback@alpmann-schmidt.de**.

INHALTSVERZEICHNIS

LITERATURVERZEICHNIS

 Verweise in den Fußnoten auf „RÜ" und „RÜ2" beziehen sich auf die Ausbildungszeitschriften von Alpmann Schmidt. Dort werden Urteile so dargestellt, wie sie in den Examensklausuren geprüft werden: in der RechtsprechungsÜbersicht als Gutachten und in der Rechtsprechungs-Übersicht 2 als Urteil/Behördenbescheid/Anwaltsschriftsatz etc.

RÜ-Leser wussten mehr: Immer wieder orientieren sich Examensklausuren an Gerichtsentscheidungen, die zuvor in der RÜ klausurmäßig aufbereitet wurden. Die aktuellsten RÜ-Treffer aus ganz Deutschland finden Sie auf unserer Homepage.

Abonnenten haben Zugriff auf unser digitales RÜ-Archiv.

Lehrbücher, Handbücher, Grundrisse

Brox/Rüthers/Henssler	Arbeitsrecht, 19. Auflage 2016 (zit.: B/R/H)
	Arbeitskampfrecht, 2. Auflage 1982 (zit.: Brox/Rüthers, AK)
Däubler	Arbeitskampfrecht, 4. Auflage 2018 (zit.: Bearbeiter in Däubler, AK)
	Tarifvertragsrecht, 3. Auflage 1993 (zit.: Däubler, Tarifvertragsrecht)
Dütz/Thüsing	Arbeitsrecht, 24. Auflage 2019
Hanau/Adomeit	Arbeitsrecht, 14. Auflage 2007
Kissel	Arbeitskampfrecht, 1. Auflage 2002
Löwisch	Arbeitskampf- und Schlichtungsrecht, 1. Auflage 1997 (zit.: Bearbeiter in Löwisch)
Münchener Handbuch	zum Arbeitsrecht, Individualarbeitsrecht I und II 4. Auflage 2018
	Kollektives Arbeitsrecht I und II, Arbeitsgerichtsverfahren, 4. Auflage 2019 (zit.: MünchArbR/Bearbeiter)

Waltermann	Grundriss des Arbeitsrechts, 19. Auflage 2018
Schaub	Arbeitsrechtshandbuch, 18. Auflage 2019 (zit.: Schaub/Bearbeiter)
Thüsing/Braun	Tarifrecht, Handbuch, 2. Auflage 2016 (zit.: Thüsing/Bearbeiter)
Zöllner/Loritz/Hergenröder	Arbeitsrecht, 6. Auflage 2007 (zit.: Z/L/H)

KOMMENTARE

Altvater/Baden/Berg/Kröll/ Noll/Seulen	Kommentar zum BPerVG, 10. Auflage 2019 (zit.: A/B/B/K/N/S)
Däubler	Betriebsverfassungsgesetz mit Wahlordnung, Kommentar für die Praxis, 16. Auflage 2018 (zit.: D/K/K/Bearbeiter)
	Kommentar zum Tarifvertragsgesetz, 4. Auflage,2016 (zit.: Däubler/Bearbeiter)
Däubler/Hjort/Schubert/ Wolmerath	Arbeitsrecht, 4. Auflage 2017 (zit.: D/H/S/W/Bearbeiter
Erfurter Kommentar	Erfurter Kommentar zum Arbeitsrecht, 20. Auflage 2020 (zit.: ErfK/Bearbeiter)
Fitting/Kaiser/Heither/ Engels/Schmidt	Betriebsverfassungsgesetz, Handkommentar, 29. Auflage 2018 (zit.: F/K/H/E/S)
Franzen/Gallner/Oetker	Kommentar zum europäischen Arbeitsrecht 3. Auflage 2020 (zit.: Bearbeiter in F/G/O)
Gemeinschaftskommentar zum ArbGG	§§ 64–122, Bd. 3 Stand: September 2014

Gemeinschaftskommentar	zum Betriebsverfassungsgesetz, 11. Auflage 2018 Band I: §§ 1–73 b mit Wahlordnungen, Band II: §§ 74–132 mit Kommentierung des BetrVG 1952 (zit.: GK/Bearbeiter)
Gemeinschaftskommentar	zum Kündigungsschutzgesetz und sonstigen kündigungsschutzrechtlichen Vorschriften, 12. Auflage 2019 (zit.: KR/Bearbeiter)
Germelmann/Matthes/ Prütting/Müller-Glöge	Kommentar zum Arbeitsgerichtsgesetz, 9. Auflage 2017 (zit.: Bearbeiter in G/M/P/M-G)
Henssler/Willemsen/Kalb	Arbeitsrecht Kommentar, 8. Auflage 2018 (zit.: /H/W/K/Bearbeiter/Bearbeiter)
Hess/Worzalla/ Glock/Nicolai/Rose/Huke	Kommentar zum Betriebsverfassungsgesetz, 10. Auflage 2018 (zit.: Bearbeiter in H/W/G/N/R/H)
Kempen/Zachert	Kommentar zum Tarifvertragsgesetz, 5. Auflage 2014 (zit.: Kempen/Bearbeiter)
Löwisch/Rieble	Kommentar zum Tarifvertragsgesetz, 4. Auflage 2017
Maunz/Dürig	Grundgesetz-Kommentar, Stand: August 2019
Münchener Kommentar	zum Bürgerlichen Gesetzbuch, Bd 5, Schuldrecht Besionderer Teil, §§ 535–630 h, 8. Auflage 2020 (zit.: MünchKomm/Bearbeiter)
Palandt	Bürgerliches Gesetzbuch, 79. Auflage 2020 (zit.: Palandt/Bearbeiter)
Richardi	Kommentar zum Betriebsverfassungsgesetz, 16. Auflage 2018 (zit.: Richardi bzw. Richardi/Bearbeiter)
Richardi/Dörner/Weber	Kommentar zum Personalvertretungsrecht, 5. Auflage 2020 (zit.: Bearbeiter in R/D/W)

Staudinger	Bürgerliches Gesetzbuch, Zweites Buch, Recht der Schuldverhältnisse, §§ 611–615 (Dienstvertragsrecht 1), Berlin, Stand März 2018 (zit.: Staudinger/Bearbeiter)
Stege/Weinspach/Schiefer	Betriebsverfassungsgesetz, Handkommentar für die betriebliche Praxis, 9. Auflage 2002 (zit.: S/W/S)
Wiedemann/Oetker/Wank	Kommentar zum Tarifvertragsgesetz, 8. Auflage 2019 (zit.: Wiedemann/Bearbeiter)
Wlotzke/Wißmann/ Koberski/Kleinsorge	Kommentar zum Mitbestimmungsrecht, 4. Auflage 2011 (zit.: Bearbeiter in W/W/K/K)

1. Teil: Das Koalitions-, Tarifvertrags- und Arbeitskampfrecht

Einführung: Von der Selbsthilfe der Arbeitnehmer zur sozialen Selbstverwaltung – Der Begriff des kollektiven Arbeitsrechts

I. Das heutige Arbeitsrecht als ein vorwiegend dem Schutz der Arbeitnehmer dienendes Rechtsgebiet hat seine wesentliche Grundlage in der Entwicklung des kollektiven Arbeitsrechts, die bereits in der Zeit des Frühkapitalismus begann. Wegen der Untätigkeit des sich damals ausschließlich liberalistisch verstehenden Staates mussten die Arbeitnehmer zur Selbsthilfe greifen, um die Verbesserung der schlechten Arbeitsbedingungen zu erreichen. Diese Selbsthilfe vollzog sich organisatorisch durch Zusammenschluss der Arbeitnehmer zu Vereinigungen, die trotz der noch Mitte des 19. Jahrhunderts herrschenden Koalitionsverbote immer stärker wurden und die sich zu den heutigen Gewerkschaften und Betriebsräten entwickelten. Mit der Bildung der Arbeitnehmervereinigungen und der Betriebsräte wurden die Grundlagen für das Tarifvertragssystem und die Betriebsverfassung geschaffen, um die Machtüberlegenheit der Arbeitgeber durch Bildung einer kollektiven Gegenmacht zu begrenzen. Ihr Ziel war die Herstellung eines Verhandlungsgleichgewichts zur Regelung der Arbeitsbedingungen.[1]

1

Als Gegengewicht zu den Gewerkschaften und als Verhandlungspartner für diese haben die Arbeitgeber seit Ende des 19. Jahrhunderts eigene Verbände gebildet. Als Oberbegriff, der sowohl die Gewerkschaften als auch die Arbeitgeberverbände umfasst, wird der Begriff der Koalition verwendet. Aufgrund ihrer historisch gewachsenen Rolle und Bedeutung hat der Gesetzgeber den Koalitionen die Festlegung der Arbeitsbedingungen weitgehend überlassen. Zur Verwirklichung dieser sog. sozialen Selbstbestimmung (= Selbstverwaltung) der Koalitionen dient insbesondere die Tarifautonomie.[2]

II. Das kollektive Arbeitsrecht ist der Teil des Arbeitsrechts, der die Rechtsbeziehungen der arbeitsrechtlichen Koalitionen (Gewerkschaften, Arbeitgeberverbände) und der Belegschaftsvertretungen (Betriebs- bzw. Personalrat) zu ihren Mitgliedern sowie zu dem jeweiligen sozialen „Gegenspieler" regelt. Dazu gehören insbesondere das Koalitions-, Tarifvertrags- und Arbeitskampfrecht sowie das Recht der Mitbestimmung im Betrieb (Betriebsverfassungs- bzw. Personalvertretungsrecht) sowie im Unternehmen (Unternehmensmitbestimmung). Das kollektive Arbeitsrecht regelt also die Rechtsbeziehungen der auf freiwilliger Grundlage geschaffenen Koalitionen (Gewerkschaften, Arbeitgeberverbände) und der durch die bloße Betriebszugehörigkeit der Arbeitnehmer gebildeten „Arbeitsverbände" (Betriebs- bzw. Personalräte). Es zeichnet sich dadurch aus, dass es in erster Linie nicht die Rechte des Einzelnen, sondern die Rechtsbeziehung der „arbeitsrechtlichen Kollektive" regelt.

2

III. Die **Abgrenzung des kollektiven Arbeitsrechts von dem Individualarbeitsrecht** wird nach h.M. allein nach formalen Kriterien vorgenommen, indem auf den Urheber der Regelungen abgestellt wird.[3] Trotz der Unterscheidung zwischen dem kollektiven und dem individuellen Arbeitsrecht ist aber stets zu beachten, dass sich die einzelnen

3

---

1 Vgl. zur Entwicklung des kollektiven Arbeitsrechts MünchArbR/Richardi § 2 Rn. 15 ff.
2 Vgl. dazu Heinze DB 1996, 729 ff.; Ehmann/Lambrich NZA 1996, 346 ff.
3 Vgl. dazu MünchArbR/Fischinger § 215 Rn. 6 m.w.N.

Regelungsbereiche des Arbeitsrechts vielfach überschneiden und ergänzen, sodass sie nicht isoliert betrachtet werden dürfen. Dies wird insbesondere bei der Bestimmung des Inhalts des Arbeitsverhältnisses deutlich, weil die von den Tarifvertragsparteien und Betriebspartnern (Arbeitgeber und Betriebsrat) geschaffenen kollektiven Regelungen, also Tarifverträge und Betriebsvereinbarungen, Rechtsnormcharakter haben und sich deshalb auf das Arbeitsverhältnis ebenso normativ auswirken wie gesetzliche Bestimmungen. Die dabei auftretenden Konkurrenzprobleme sind nach den Grundsätzen der arbeitsrechtlichen Rechtsquellenlehre zu lösen, wobei im Verhältnis von Betriebsvereinbarungen zu Tarifverträgen insbesondere die den Schutz der Tarifautonomie bezweckende Regelungssperre des § 77 Abs. 3 BetrVG (vgl. dazu Rn. 282 ff.) zu beachten ist.

Bei der Lösung der Konkurrenzprobleme gelten folgende Grundsätze: Konkurrenz von Regelungen auf verschiedenen Rangstufen: grds. Rangprinzip; ausnahmsweise Günstigkeitsprinzip. Konkurrenz auf derselben Rangstufe: Spezialitäts- und Ordnungsprinzip; keine Anwendung des Günstigkeitsprinzips (vgl. zur Konkurrenzlehre AS-Skript ArbeitsR [2019], Rn. 66 ff.).

1. Abschnitt: Das Koalitionsrecht

A. Begriff der Koalitionen

I. Bedeutung des Koalitionsbegriffs

4   Die Bestimmung des Begriffs der Koalitionen hat in erster Linie Bedeutung für die Festlegung des Schutzbereichs der durch Art. 9 Abs. 3 GG verfassungsrechtlich geschützten Koalitionsfreiheit. Denn auf den Schutz der Koalitionsfreiheit können sich nur die Vereinigungen berufen, die bestimmte Merkmale aufweisen, die die Erfüllung der Koalitionsaufgaben sicherstellen. Nach ganz h.M. ist aber nicht jede Koalition i.S.d. Art. 9 Abs. 3 GG zugleich auch eine Gewerkschaft bzw. eine Vereinigung von Arbeitgebern i.S.d. § 2 Abs. 1 TVG, da diese „arbeitsrechtlichen Koalitionen" noch zusätzliche Voraussetzungen erfüllen müssen.[4] Der Begriff der Koalition i.S.d. Art. 9 Abs. 3 GG ist deshalb weiter als der der Gewerkschaft bzw. des Arbeitgeberverbandes (vgl. dazu Rn. 5 ff.). Praktische Bedeutung hat diese Differenzierung insbesondere für die Bestimmung des Begriffs der Gewerkschaften (tariffähige Arbeitnehmerkoalition), die neben den Vereinigungen von Arbeitgebern in einer Vielzahl von arbeitsrechtlichen Gesetzen erwähnt werden.

Beispiele

1. § 2 Abs. 1 TVG: Tariffähigkeit besitzen nur Gewerkschaften und Arbeitgeberverbände (sowie einzelne Arbeitgeber, vgl. dazu Fall 1, Rn. 5 ff.).

2. § 2 BetrVG: Stellung der Gewerkschaften und Arbeitgeberverbände im BetrVG

3. § 11 ArbGG: Befugnis der Gewerkschaften und der Arbeitgeberverbände, ihre Mitglieder bei Prozessen vor dem ArbG und dem LAG zu vertreten (vgl. auch §§ 23, 37 und 43 ArbGG zur Berufung als ehrenamtlicher Richter in der Arbeitsgerichtsbarkeit)

Teilweise wird nicht genau zwischen tariffähigen und nicht tariffähigen Koalitionen getrennt.[5]

---

4   Vgl. BAG NZA 2019, 188; BAG NZA 2018, 876; MünchArbR/Klumpp § 232 Rn. 12 ff., 42 ff.; Schaub/Treber § 188 Rn. 9 ff.; H/W/K/Henssler § 2 TVG Rn. 4 ff.; ErfK/Franzen § 2 TVG Rn. 3.

5   So z.B. Hanau/Adomeit Rn. 159 ff.

II. Der Koalitionsbegriff

Fall 1: Voraussetzungen einer Arbeitnehmerkoalition

Aus Unmut über die nach ihrer Ansicht nicht interessensgerechte Vertretung durch die zuständige Gewerkschaft gründete eine größere Anzahl von Arbeitnehmern den Interessenverband „Bedienstete der Technischen Überwachung" (BTÜ). Der BTÜ, der ein nicht eingetragener Verein ist, hat satzungsgemäß u.a. die Aufgabe, die Arbeitsbedingungen seiner Mitglieder durch Abschluss von Tarifverträgen zu verbessern. Mitglied des BTÜ können nach der Satzung alle aktiven und alle im Ruhestand befindlichen Mitarbeiter von Unternehmen sein, die auf dem Gebiet der technischen Überwachung und der technischen Kontrolle tätig sind. Der BTÜ verfügt über 1.600 Mitglieder, davon 1.200 im aktiven Dienst, einen 17 qm großen Büroraum und beschäftigt einen hauptamtlichen Geschäftsführer sowie eine Angestellte. Die Vorstandsmitglieder sind ehrenamtlich tätig. Der Einzug der Mitgliedsbeiträge erfolgt über die Gehaltsabrechnungen bei dem jeweiligen Arbeitgeber. Im Jahr 2008 nahm er Tarifverhandlungen über den Abschluss von Tarifverträgen über Entgelte und sonstige Arbeitsbedingungen auf, die aber nicht zum Abschluss gebracht wurden. Als der BTÜ Kenntnis davon erlangte, dass der Arbeitgeber U die Einstellung von bei ihm organisierten Arbeitnehmern von einem Austritt aus seinem Verband abhängig macht, möchte er wissen, ob er von U Unterlassung dieser Einstellungsvoraussetzung verlangen kann.

Dem BTÜ könnte gegen U ein Anspruch auf Unterlassung dieser Einstellungsbedingung aus § 1004 Abs. 1 BGB i.V.m. Art. 9 Abs. 3 GG zustehen.

5

I. Nach dem Wortlaut des § 1004 Abs. 1 S. 2 BGB kann zwar nur ein Eigentümer, der von einem Störer Beeinträchtigungen seines Eigentums zu besorgen hat, eine Unterlassung dieser Beeinträchtigungen verlangen. Diese Bestimmung ist aber nach allgemeiner Ansicht auch zur Abwehr zukünftiger rechtswidriger Eingriffe in alle nach § 823 Abs. 1 BGB geschützten Rechte sowie in alle durch Schutzgesetze i.S.d. § 823 Abs. 2 BGB geschützten Lebensgüter und Interessen entspr. anwendbar.[6] Zu diesen nach § 1004 Abs. 1 S. 2 BGB geschützten Lebensgütern und Interessen gehört das gemäß Art. 9 Abs. 3 S. 2 GG auch im privaten Rechtsverkehr unmittelbar anwendbare **Grundrecht der Koalitionsfreiheit** des Art. 9 Abs. 3 GG.[7] Dieses Grundrecht **steht als ein sog. Doppelgrundrecht nicht nur dem Einzelnen, sondern nach ganz h.M. auch den Koalitionen selbst zu**, weil in ihr die Rechte der Mitglieder „zusammenfließen". Außerdem wäre die Koalitionsfreiheit des Einzelnen teilweise entwertet, wenn die Koalitionen nicht auch selbst durch Art. 9 Abs. 3 GG geschützt wären.[8]

6

II. Dem BTÜ kann ein Unterlassungsanspruch wegen Verletzung der Koalitionsfreiheit nur zustehen, wenn er eine Koalition i.S.d. Art. 9 Abs. 3 GG ist.

7

---

6 BAG NZA 2014, 1023; BAG NZA 2013, 448; BAG NZA 2001, 1037, 1038; Palandt/Bassenge § 1004 BGB Rn. 4 m.w.N.

7 BAG DB 2017, 281 m. krit. Anm. Arnold; BAG RdA 2017, 255 m. Anm. Löwisch; BAG EWiR 2015, 227 m. Anm. Fuhlrott; BAG DB 2014, 606; Schaub/Treber § 207 Rn. 35; B/R/H Rn. 648; Boemke NZA 2004, 142.

8 BVerfG NJW 2017, 2523; BVerfG RÜ 2014, 519; BAG NZA 2014, 319; BAG NZA 2010, 1068; Schaub/Treber § 189 Rn. 15 ff.; Hromadka NZA 2018, 961 ff.; Neumann RdA 2007, 71; vgl. aber auch Löwisch/Rieble, Grundlagen, Rn. 33 ff., die in Art. 9 Abs. 3 GG kein eigenständiges Kollektivgrundrecht sieht und es über Art. 19 Abs. 3 GG ableitet.

1. **Koalitionen i.S.d. Art. 9 Abs. 3 GG** sind Zusammenschlüsse von Arbeitnehmern und Arbeitgebern zur Wahrung und Förderung ihrer Interessen bei der Gestaltung von Arbeits- und Wirtschaftsbedingungen, die darüber hinaus nach ganz h.M. nachfolgende Mindestmerkmale erfüllen müssen, die zunächst in einem Überblick dargestellt werden:

- Freiwilliger Zusammenschluss, der auf Dauer angelegt und demokratisch organisiert sein muss (dazu Rn. 8),

- Gegnerfreiheit und Gegnerunabhängigkeit (dazu Rn. 9),

- Unabhängigkeit von Staat, Kirche und Parteien (dazu Rn. 10),

- Wahrung und Förderung der Arbeits- und Wirtschaftsbedingungen muss satzungsmäßiger Vereinszweck sein (dazu Rn. 11),

- Tariffähigkeit, soziale Mächtigkeit (Durchsetzungskraft) und Arbeitskampfbereitschaft sind nach h.M. keine Voraussetzungen einer Koalition i.S.d. Art. 9 Abs. 3 GG, wohl aber einer arbeitsrechtlichen Koalition i.S.d. § 2 TVG (dazu Rn. 12 bis 14).

8   a) **Organisatorische Voraussetzungen:** Es muss zunächst ein **freiwilliger Zusammenschluss** von Arbeitgebern oder Arbeitnehmern vorliegen, der auf **Dauer angelegt und demokratisch organisiert** ist.[9] Diese Voraussetzung liegt nach dem Sachverhalt unzweifelhaft vor.

Beispiele zu dieser Voraussetzung:

1. Öffentlich-rechtliche Zwangsverbände, wie z.B. Ärztekammern, Industrie- und Handelskammern, scheiden mangels Freiwilligkeit des Zusammenschlusses als Koalitionen aus[10] (zu den tariffähigen Handwerksinnungen vgl. unter Rn. 10).

2. Sog. Ad-hoc-Koalitionen, in denen sich die Arbeitnehmer zur Erreichung eines einmaligen Zieles zusammenfinden (z.B. Protest gegen eine Gesetzesänderung), sind nicht auf Dauer angelegt und deshalb auch nach ganz h.M. keine Koalitionen i.S.d. Art. 9 Abs. 3.[11]

Ob als weitere organisatorische Voraussetzung für das Vorliegen einer Koalition eine **„überbetriebliche Organisation"** erforderlich ist, d.h. eine über ein Unternehmen hinausgehende Vereinigung vorliegen muss, ist zwar **umstritten**,[12] kann aber vorliegend offen bleiben, weil der BTÜ nach dem Sachverhalt „überbetrieblich" organisiert ist.

Diese aus den nachfolgenden Merkmalen der Gegnerfreiheit und der sozialen Mächtigkeit abgeleitete Voraussetzung soll gewährleisten, dass die Zusammenstellung der Koalition nicht von Einstellungen und Entlassungen durch einen Arbeitgeber abhängig ist („ein Werksverein ist keine Koalition"). Abgesehen davon, dass diese Voraussetzung schon früher der Annahme einer Arbeitnehmerkoalition in Großunternehmen (z.B. Postgewerkschaft, Eisenbahnergewerkschaft) nicht entgegenstand, dürfte es sich dabei nach richtiger Ansicht nicht um eine Frage der Koalitionsfähigkeit i.S.d. Art. 9 Abs. 3 GG, sondern um die der Tariffähigkeit i.S.d. § 2 TVG, also des Gewerkschaftsbegriffs handeln.[13] Das Argument der Gegenansicht, der Arbeitgeber könnte die Stärke der Koalition durch Entlassungen ihrer Mitglieder

---

9   Vgl. Schaub/Treber § 188 Rn. 9 ff.; ErfK/Linsenmaier Art. 9 GG Rn. 21 ff.; Dütz/Thüsing Rn. 527 ff.; vgl. aber Löwisch/Rieble § 2 TVG Rn. 53 ff., 112 ff.: demokratische Organisation erst für die Annahme der Tariffähigkeit erforderlich.

10   Vgl. BVerfG NJW 2017, 2744; BAG NZA 2004, 562; Schaub/Treber § 188 Rn. 12; Löwisch/Rieble § 2 TVG Rn. 59.

11   Schaub/Treber § 188 Rn. 13; MünchArbR/Rieble § 218 Rn. 57; a.A. D/H/S/W/Hensche Art. 9 GG Rn. 28.

12   Dafür z.B. BAG NZA 2011, 289; Dütz/Thüsing Rn. 535; Waltermann Rn. 491; a.A. MünchArbR/Rieble § 218 Rn. 65; B/R/H Rn. 632; vom BAG NZA 2005, 697 offen gelassen; vgl. auch BVerfG, Beschl. v.10.03.2014 – 1 BvR 377/13, BeckRS 2014, 51215: grds. erforderlich, aber Ausnahmen bei Monopolstrukturen.

13   Vgl. BAG NZA 2005, 697; Schaub/Treber § 188 Rn. 18; MD/Scholz Art. 9 GG Rn. 212; krit. dazu Stelling NZA 1998, 920 ff.

schwächen, passt heute schon wegen der bestehenden Kündigungsschutzregeln nicht mehr und ist im Übrigen auch eine Frage der Mächtigkeit. Der Verband muss nur unabhängig genug sein, um die Interessen seiner Mitglieder wirkungsvoll vertreten zu können.[14] Ob eine auf ein Unternehmen beschränkte Arbeitnehmervereinigung eine tariffähige Koalition ist, ist eine Frage des Einzelfalls, bei dem insbes. die Belegschaftsstärke entscheidend ist.

Da der BTÜ als nicht eingetragener Verein eine **körperschaftlich organisierte Vereinigung** ist, kann auch offen bleiben, ob eine solche Organisationsstruktur entspr. der h.M. Voraussetzung einer Koalition i.S.d. Art. 9 Abs. 3 GG ist.[15]

Die Gewerkschaften sind regelmäßig nicht eingetragene Vereine, was historische Gründe hat. Nach einer alten Fassung des § 61 Abs. 2 BGB konnte die Verwaltung die Eintragung eines Vereins mit sozialpolitischen Zwecken verhindern. Da der Staat früher den Gewerkschaften ablehnend gegenüber stand, wollten sich die Gewerkschaften einer behördlichen Kontrolle nicht unterwerfen und verzichteten auf die zur Erlangung der Rechtsfähigkeit notwendige Eintragung ins Vereinsregister. Die Arbeitgeberverbände sind dagegen regelmäßig eingetragene Vereine.[16]

b) Weitere Voraussetzung einer Koalition ist die Gewährleistung der **Gegnerfreiheit und Gegnerunabhängigkeit** in personeller, finanzieller und organisatorischer Hinsicht.[17] Diese Voraussetzung muss schon deshalb erfüllt sein, weil anderenfalls die Vereinigung nicht in der Lage ist, die eigenen Zielvorstellungen ohne Einflussnahme des sozialen Gegenspielers zu verwirklichen (sog. Gegenmachtprinzip).   **9**

Der Grds. der Gegnerfreiheit ist zwar in letzter Zeit, insbes. im öffentlichen Dienst (z.B. Oberbürgermeister als Mitglied der Gewerkschaft ver.di) erheblich gelockert worden, die Lockerungen betreffen aber Ausnahmefälle und dürfen auf keinen Fall dazu führen, dass gemischte Verbände (sog. Harmonieverbände) entstehen, die keine Koalitionen sind. Auf keinen Fall darf deshalb ein der Gegenseite angehörendes Mitglied Entscheidungsbefugnisse haben.[18]

Nach BAG[19] stehen Gegnerfreiheit und Gegnerunabhängigkeit der Bildung eines Verbandes der Gewerkschaftsbeschäftigten nicht entgegen, der als sozialer Gegenspieler der Gewerkschaft auftritt und deshalb zwar als eine Koalition durch Art. 9 Abs. 3 GG geschützt, aber mangels Tariffähigkeit keine Gewerkschaft ist.

Bedenken gegen die Gegnerunabhängigkeit könnten hier deshalb bestehen, weil die **Mitgliedsbeiträge von dem jeweiligen Arbeitgeber eingezogen** und erst danach an den BTÜ weitergeleitet werden. Die Abhängigkeit einer Vereinigung kann aber erst dann angenommen werden, wenn der soziale Gegenspieler sie durch erhebliche finanzielle Zuwendungen unterstützt,[20] nicht dagegen bereits beim Einzug und Weiterleitung der Mitgliedsbeiträge. Denn diese Hilfeleistung ist nicht geeignet, Einfluss auf die Willensbildung einer Arbeitnehmervereinigung zu nehmen.[21] Der BTÜ ist somit gegnerfrei und gegnerunabhängig.

---

14 So Schaub/Treber § 188 Rn. 15 ff.; MünchArbR/Rieble § 218 Rn. 65; B/R/H Rn. 632; Däubler/Däubler, Einl. Rn. 90.

15 Vgl. dazu B/R/H Rn. 630; Hanau/Adomeit Rn. 165 f.; a.A. Schaub/Treber § 188 Rn. 14; Löwisch/Rieble § 2 TVG Rn. 53 ff., 112 ff., die lediglich eine „organisierte innerbandliche Willensbildung" verlangen.

16 Schaub/Treber § 190 Rn. 1 ff. und zur Organisationsstruktur der Koalitionen MünchArbR/Rieble §§ 222, 223.

17 BAG NZA 2019, 188, 194; BAG N ZA 2011, 300; Schaub/Treber § 188 Rn. 15 ff.; Löwisch/Rieble § 2 TVG Rn. 53 ff.

18 BAG NZA NZA 2018, 876, 879; BAG NZA 2005, 697; MünchArbR/Rieble § 218 Rn. 81 ff.; Schaub/Treber § 188 Rn. 15 ff.

19 Vgl. BAG NZA 2007, 518; BAG NZA 1998, 754 ff.

20 Vgl. dazu BAG NZA NZA 2018, 876, 879; BAG NZA 2005, 697; Löwisch/Rieble § 2 TVG Rn. 81 ff.

21 Schaub/Treber § 188 Rn. 16; vgl. dazu auch Löwisch/Rieble § 2 TVG Rn. 81 ff.

10 c) Der Zusammenschluss muss auch **von Staat, Kirche und Parteien unabhängig** sein. Denn der Zweck einer wirksamen Vertretung von Arbeitnehmern oder Arbeitgebern kann auch dann nicht erreicht werden, wenn diese „dritten Mächte" bestimmenden Einfluss auf die Zielsetzung und Zieldurchsetzung einer Koalition haben.[22] Für eine derartige Abhängigkeit liegen nach dem Sachverhalt keine Anhaltspunkte vor.

Dies bedeutet aber nicht, dass die Koalitionen insbesondere in parteipolitischer oder religiöser Hinsicht neutral sein müssten, was schon mit der Wirklichkeit nicht in Einklang zu bringen wäre. Entscheidend ist, dass keine staatliche, parteipolitische oder kirchliche Abhängigkeit in der Weise besteht, dass eine freie Willensbildung innerhalb des Verbandes (z.B. aufgrund finanzieller Abhängigkeit oder weitreichender Personalidentität zwischen Funktionsträgern einer Partei/Kirche und des Verbandes) nicht mehr möglich ist.[23] Da keine parteipolitische Neutralität erforderlich ist, kann es auch sog. Richtungsgewerkschaften geben.[24]

Die Handwerksinnungen und Innungsverbände sind zwar privatrechtliche Zusammenschlüsse, aber wegen der staatlichen Einflussnahme (z.B. im Wege der Aufsicht nach § 75 HandwerksO) keine Koalitionen i.S.d. Art. 9 Abs. 3 GG. Die den **Innungen und Innungsverbänden** zustehende **Tariffähigkeit** (vgl. §§ 54 Abs. 3 Nr. 1, 82 Nr. 3 HandwerksO) beruht vielmehr auf einer staatlichen Verleihung.[25]

11 d) Die **Wahrung und Förderung der Arbeits- und Wirtschaftsbedingungen muss satzungsmäßiger Zweck der Vereinigung** sein. Der Begriff der „Arbeits- und Wirtschaftsbedingungen" ist weit auszulegen. Darunter fällt zunächst alles, was Gegenstand eines Arbeits- oder Tarifvertrags sein kann sowie alle arbeitsrechtlichen und sozialpolitischen Interessen der Mitglieder der Koalitionen, sofern sie mit der abhängigen Arbeit im Zusammenhang stehen.[26] Da der BTÜ die Verbesserung der Arbeitsbedingungen seiner Mitglieder zum Ziel hat, kann dahingestellt bleiben, ob „Wahrung und Förderung von Arbeits- und Wirtschaftsbedingungen" der Hauptzweck der Vereinigung sein muss, damit sie eine Koalition i.S.d. Art. 9 Abs. 3 GG ist.[27]

12 e) Die **Tarifwilligkeit**, die der BTÜ besitzt, **ist nach h.M. keine Begriffsvoraussetzung einer Koalition i.S.d. Art. 9 Abs. 3 GG**, weil die Koalition frei entscheiden können muss, mit welchen Mitteln sie die Arbeits- und Wirtschaftsbedingungen ihrer Mitglieder zu gestalten sucht.[28] Die Tarifwilligkeit muss aber vorliegen, damit die Koalition i.S.d. Art. 9 Abs. 3 GG auch eine „arbeitsrechtliche Koalition", also eine **tariffähige Partei** (= Gewerkschaft, Arbeitgeberverband) i.S.d. § 2 TVG ist.[29]

Der Begriff der Koalition i.S.d. Art. 9 Abs. 3 ist also schon aus diesem Grund weiter als der Begriff der tariffähigen Partei (= Tarifvertragspartei) i.S.d. § 2 TVG. Teilweise wird allerdings

---

22 BAG NZA 2019, 188, 194; Löwisch/Rieble § 2 TVG Rn. 102; Schaub/Treber § 188 Rn. 19; Däubler/Däubler, Einl. Rn. 89.

23 BAG NZA 2019, 188, 194; Vgl. MünchArbR/Rieble § 218 Rn. 67 ff.; Schaub/Treber § 188 Rn. 16 f.

24 Schaub/Treber § 188 Rn. 19; Waltermann Rn. 492; MünchArbR/Rieble § 218 Rn. 67 ff. m.w.N.

25 Vgl. MünchArbR/Klumpp § 232 Rn. 75 und zur Zulässigkeit der Mitgliedschaft einer Handwerksinnung in einem Arbeitgeberverband: BAG NZA 2004, 562, nicht aber ohne Tarifbindung (sog. OT-Mitgliedschaft), vgl. BVerwG NZA 2016, 779.

26 Schaub/Treber § 188 Rn. 20 ff.; MünchArbR/Rieble § 218 Rn. 15 ff.; Schleusner ZTR 1998, 545 ff.

27 Dagegen z.B. Schaub/Treber § 188 Rn. 20; MünchArbR/Rieble § 218 Rn. 17; Wiedemann/Oetker § 2 TVG Rn. 357 ff.; dafür B/R/H Rn. 631; Z/L/H § 8 III 1; Waltermann Rn. 490.

28 BVerfG AP Nr. 7 zu Art. 9 GG; BAG AP Nr. 24 zu Art. 9 GG; Kissel § 4 Rn. 15; ErfK/Linsenmaier Art. 9 GG Rn. 26; B/R/H Rn. 635; MünchArbR/Rieble § 218 Rn. 71; a.A. Dütz/Thüsing Rn. 538.

29 BAG NZA 2019, 188, 194; H/W/K/Hergenröder Art. 9 GG Rn. 56 ff.; B/R/H Rn. 667; Richardi NZA 2004, 1025 ff.

auch die Ansicht vertreten, dass die Tarifwilligkeit keine Voraussetzung einer „arbeitsrechtlichen Koalition" ist, was aber schon deswegen abzulehnen ist, weil es kaum eine tariffähige Partei i.S.d. § 2 TVG geben kann, die nicht willens ist, Tarifverträge abzuschließen.[30]

f) Bedenken gegen die Koalitionsfähigkeit des BTÜ könnten daraus folgen, dass ihm angesichts der lediglich 1.600 Mitglieder, der begrenzten sachlichen und personellen Mittel und der fehlenden Tarifabschlüsse die sog. **soziale Mächtigkeit (= Durchsetzungskraft)** fehlen könnte.[31] Die ganz h.M. geht jedoch zu Recht davon aus, dass die soziale Mächtigkeit **kein zwingendes Merkmal einer Koalition i.S.d. Art. 9 Abs. 3 GG** ist. Anderenfalls wären die sich noch in der Gründung befindlichen Vereinigungen verfassungsrechtlich nicht geschützt, sodass kaum neue Arbeitnehmervereinigungen entstehen könnten.[32] **13**

Die **Durchsetzungskraft ist nach h.M.** dagegen **Voraussetzung für eine Gewerkschaft**, weil anderenfalls der Abschluss und der Inhalt der Tarifverträge jedenfalls weitgehend vom guten Willen der Arbeitgeberseite abhängig wären.[33] Die Durchsetzungskraft ist dagegen nach h.M. **keine Voraussetzung für die Tariffähigkeit eines Arbeitgebers oder eines Arbeitgeberverbandes**, was schon daraus folgt, dass der Gesetzgeber dem einzelnen Arbeitgeber kraft Gesetzes in § 2 Abs. 1 TVG die Tariffähigkeit verliehen hat. Anderenfalls könnten sich Arbeitgeber dem Abschluss von Tarifverträgen dadurch entziehen, dass sie sich einer „schwachen" Vereinigung anschließen.[34] Die **Beschränkung der Zuständigkeit einer Arbeitnehmervereinigung auf** eine bestimmte, **relativ kleine Berufsgruppe** steht der Annahme der Gewerkschaftseigenschaft nicht entgegen, sodass auch sog. Sparten- oder Elitegewerkschaften (z.B. Piloten, Lokführer und sonstige Spezialisten in Schlüsselpositionen) zulässig sind, was auch durch § 4 a TVG ausdrücklich bestätigt wird.[35]

g) Ob der BTÜ notfalls zum Arbeitskampf bereit wäre, lässt der Sachverhalt zwar offen, ist aber auch unerheblich, weil die **Arbeitskampfbereitschaft nach ganz h.M. kein zwingendes Merkmal einer Koalition i.S.d. Art. 9 Abs. 3 GG** ist. Vielmehr muss jeder Koalition überlassen werden, welcher Mittel sie sich zur Durchsetzung ihrer Ziele bedient.[36] **14**

Umstritten ist, ob die Arbeitskampfbereitschaft Voraussetzung für die Annahme einer Tarifvertragspartei i.S.d. § 2 TVG ist.[37] Das BAG hat dieses Merkmal als Voraussetzung einer tariffähigen Koalition[38] seit der o.g. Entscheidung des BVerfG nicht mehr erwähnt und stellt nur noch auf die Mächtigkeit ab. Im Ergebnis hat dieser Meinungsstreit heute keine große praktische Bedeutung mehr, weil von Ausnahmefällen abgesehen (z.B. Fall des BVerfG: Verband katholischer Haushaltsgehilfinnen), jede mächtige Koalition auch bereit ist, ihre Ziele notfalls durch Arbeitskampf durchzusetzen. Die eigentliche Entscheidung über die Tariffähigkeit einer Vereinigung wird daher bei der Beurteilung der Mächtigkeit getroffen.

---

30 Vgl. BAG NZA 2010, 105 ff.; Löwisch/Rieble § 2 TVG Rn. 214 ff; B/R/H Rn. 635, 667.

31 Vom BAG DB 2001, 103 verneint; ausführl. zur Mächtigkeit BAG BB 2019, 247 m. Anm. Lipinski/Denninger; BAG NZA 2011, 300; Meyer DB 2014, 953; Lerch/Lerch RdA 2013, 310; Greiner NZA 2011, 825.

32 Vgl. BVerfG AP Nr. 15, 31 zu § 2 TVG; BAG NZA 1998, 754, 755; B/R/H Rn. 635; Waltermann Rn. 491; Geffken RdA 2015, 167 ff.; Rieble BB 2004, 885 ff.; a.A Hanau/Adomeit Rn. 170.

33 BVerfG NZA 2019, 1649; BAG BB 2019, 247 m. Anm. Lipinski/Denninger; BAG NZA 2010, 105 ff.; Hanau NZA 2003, 128, 129; MünchArbR/Klumpp § 232 Rn. 20 ff. mit Meinungsübersicht. Gegenansicht: Mächtigkeit nicht erforderlich, da sonst jede Gewerkschaftsneugründung im Ergebnis zum Scheitern verurteilt sei. Denn Vereinigungen ohne Mächtigkeit bekämen auch keine Gelegenheit dazu, sie zu erlangen; krit. zur „Mächtigkeit" auch Richardi NZA 2004, 1025 ff.

34 BAG NZA 1992, 269 ff. m. Anm. Müller; LAG Berlin NZA-RR 2002, 426; Schrader NZA 2001, 1337 ff.; a.A. Löwisch/Rieble § 2 TVG Rn. 200; Münch/Klumpp § 232 Rn. 42 ff.; Hanau NZA 2003, 128, 129.

35 BVerfG NZA 2017, 915; Hromadka NZA 2019, 215 ff.; Giesen/Rixen NZA 2019, 577; vgl. zum § 4 a TVG später Rn. 60 ff.

36 BVerfG NJW 1964, 1267 ff.; BAG NZA 1998, 754; B/R/H Rn. 581; Hanau/Adomeit Rn.168.

37 Dagegen BVerfG NJW 1964, 1267 ff.; MünchArbR/Klumpp § 232 Rn. 39; B/R/H Rn. 669; a.A. Schaub/Treber § 196 Rn. 7 f.; Däubler/Peter § 2 TVG Rn. 41 ff.; Kempen/Kempen § 2 TVG Rn. 61 ff.

38 So noch BAG AP Nr. 13 zu § 2 TVG; vgl. dazu Richardi RdA 2007, 117, 120; ders. NZA 2004, 1025.

2. **Ergebnis zu II.:** Der BTÜ ist eine verfassungsrechtlich geschützte Koalition i.S.d. Art. 9 Abs. 3 GG.

15 III. Die von U geforderte Einstellungsbedingung „Austritt aus dem BTÜ" müsste eine Verletzung der durch Art. 9 Abs. 3 GG geschützten kollektiven Koalitionsfreiheit des BTÜ darstellen.

Worauf im Einzelnen sich der Schutzbereich der kollektiven Koalitionsfreiheit nach Art. 9 Abs. 3 GG erstreckt, kann hier noch offen bleiben (vgl. dazu Rn. 24 ff.), weil dieses Grundrecht des BTÜ jedenfalls dann verletzt ist, wenn ein Arbeitgeber die Einstellung eines Arbeitnehmers vom Austritt aus einer Arbeitnehmerkoalition abhängig macht und damit zumindest deren Schwächung erreichen kann.[39]

IV. **Ergebnis:** Dem BTÜ steht gegen U ein Anspruch auf Unterlassung der Einstellungsbedingung „Austritt aus dem BTÜ" aus § 1004 Abs. 1 S. 2 BGB i.V.m. Art. 9 Abs. 3 GG zu.

B. Die Koalitionsfreiheit

I. Überblick

16 Das Grundrecht der Koalitionsfreiheit ist umfassend durch Art. 9 Abs. 3 GG geschützt und als Menschenrecht ausgestaltet („Jedermann"). Nach ganz h.M. enthält Art. 9 Abs. 3 GG ein sog. „Doppelgrundrecht" (vgl. Rn. 6), nämlich:

- **individuelle Koalitionsfreiheit als Grundrecht des Einzelnen** (vgl. Rn. 19 ff.) und

- **kollektive Koalitionsfreiheit als Grundrecht der Verbände** (vgl. Rn. 24 ff.).

Dieses Grundrecht schützt nicht nur vor Eingriffen durch den Staat, sondern ist auch **im privaten Rechtsverkehr nach Art. 9 Abs. 3 S. 2 GG unmittelbar anwendbar.** Adressat des Grundrechts der Koalitionsfreiheit sind auch die Koalitionen selbst, d.h. die Koalitionsfreiheit zum Schutz des Einzelnen richtet sich auch gegen die Koalition als solche.[40]

17 1. Der **Schutz der Koalitionsfreiheit beschränkt sich nach der heute ganz h.M. nicht von vornherein auf den sog. Kernbereich,** sondern ist umfassend. Unterschiedlich ist lediglich die Intensität des Grundrechtsschutzes, die von der Art und Schwere des Eingriffs in die Koalitionsfreiheit abhängig ist. Je unerlässlicher die Handlungsmöglichkeiten für die Verwirklichung der Koalitionsfreiheit sind, desto schwerer müssen die Gründe wiegen, die den Eingriff rechtfertigen sollen. Bei der Beurteilung der Rechtmäßigkeit des Eingriffs im Einzelfall ist also eine Verhältnismäßigkeitsprüfung unter Berücksichtigung der widerstreitenden Interessen vorzunehmen. Die Beeinträchtigung des Kernbereichs der Koalitionsfreiheit ist grds. nur dann möglich, wenn dies zum Schutz anderer Grundrechte oder sonstiger Werte mit Verfassungsrang erforderlich ist.[41]

---

39 Vgl. BAG NJW 2015, 1548; BAG NZA 1998, 64 ff.; Schaub/Treber § 189 Rn.11; MünchArbR/Rieble § 220 Rn. 120.

40 BVerfG NJW 2018, 2695; BVerfG NZA 2017, 915; BAG NZA 2005, 1182; MünchArbR/Rieble § 218 Rn. 76.

41 BVerfG RÜ 2018, 524; BVerfG NZA 2017, 915; BVerfG NZA 2007, 394; BSG ZTR 2015, 337; BAG NZA 2013, 437; ErfK/Linsenmaier Art. 9 GG Rn. 41; Kissel § 4 Rn. 42; Jacobs ZfA 2011, 71, 77 ff.

2. Die **Verletzung der Koalitionsfreiheit** begründet bei Wiederholungsgefahr einen **18** verschuldensunabhängigen **Beseitigungs- bzw. Unterlassungsanspruch** aus § 1004 Abs. 1 BGB i.V.m. Art. 9 Abs. 3 GG[42] sowie zumindest einen verschuldensabhängigen **Schadensersatzanspruch** aus § 823 Abs. 2 BGB i.V.m. Art. 9 Abs. 3 GG als Schutzgesetz.[43] Darüber hinaus ist die Koalitionsfreiheit nach h.M. ein durch § 823 Abs. 1 BGB geschütztes „sonstiges" Rechtsgut.[44] **Vereinbarungen**, die gegen die Koalitionsfreiheit verstoßen, sind **unmittelbar nach Art. 9 Abs. 3 S. 2 GG, einseitige Rechtsgeschäfte nach § 134 BGB i.V.m. Art. 9 Abs. 3 GG nichtig.**[45]

II. Die individuelle positive und negative Koalitionsfreiheit

> **Fall 2: Gewerkschaftseintritt bzw. Gewerkschaftsaustritt als Kündigungsgrund**
>
> A ist seit vier Jahren in dem Betrieb des U neben drei weiteren Arbeitnehmern beschäftigt. U ist ein strikter Gegner der Gewerkschaft, was den bei ihm beschäftigten Arbeitnehmern bekannt ist. Als U erfahren hat, dass A in die fachlich zuständige Gewerkschaft eingetreten ist, erklärt er die fristgerechte Kündigung des Arbeitsverhältnisses mit A. In dem von A eingeleiteten Kündigungsschutzverfahren beruft sich U darauf, dass für die Kündigung gar kein Grund erforderlich war. A ist dagegen der Ansicht, dass die Kündigung seine Koalitionsfreiheit verletze. Begründetheit der Klage?

Die Klage ist begründet, wenn die Kündigung unwirksam ist. **19**

I. Eine Unwirksamkeit der Kündigung nach § 1 KSchG wegen fehlender sozialer Rechtfertigung scheidet aus, weil U nicht mehr als 10 Arbeitnehmer i.S.d. § 23 Abs. 1 KSchG beschäftigt, sodass das KSchG auf das Arbeitsverhältnis zwischen A und U nicht anwendbar ist

II. Die Kündigung könnte jedoch wegen Verletzung der Koalitionsfreiheit des A nach **20** § 134 BGB i.V.m. Art. 9 Abs. 3 GG nichtig sein.

    1. Verbotsgesetze i.S.d. § 134 BGB sind solche Gesetze, die sich gegen die Vornahme eines Rechtsgeschäfts richten.[46]

    2. Die Grundrechtsartikel sind zwar nach ganz h.M. grds. nicht unmittelbar im Privatrechtsverkehr anwendbar, sondern bei der Bestimmung des Inhalts der Generalklauseln der §§ 138, 242, 315 BGB zu beachten.[47] Nach Art. 9 Abs. 3 S. 2 GG sind jedoch alle „Abreden, die das Grundrecht der Koalitionsfreiheit einschränken oder behindern, nichtig, hierauf gerichtete Maßnahmen rechtswidrig". Das Grundrecht der Koalitionsfreiheit ist daher nach allg. Ansicht unmittelbar auch im Privatrechtsverkehr anwendbar und damit auch Verbotsgesetz i.S.d. § 134 BGB.[48]

---

42 BAG BB 2011, 1395; Dütz/Thüsing Rn. 546, 559; a.A. Löwisch/Rieble § 4 TVG Rn. 95; Hromadka ZTR 2000, 253, wenn damit die Unterlassung untertariflicher Vertragsbedingungen erreicht werden soll.

43 Waltermann Rn. 511; Dütz/Thüsing Rn. 557.

44 BAG NZA 2007, 987; MünchArbR/Rieble § 220 Rn. 120 jeweils m.w.N.

45 Vgl. BAG NZA 2007, 277; Boemke NZA 2004, 142, 144; jeweils m.w.N.

46 BAG NZA 2009, 663; Palandt/Heinrichs § 134 BGB Rn. 2 ff.

47 BVerfG RÜ 2003, 561; BAG NZA 2013, 1206; BAG-GS NZA 1985, 702, 703; AS-Skript Arbeitsrecht (2019), Rn. 78 ff.

48 BAG NZA 2007, 277; ErfK/Linsenmaier Art. 9 GG Rn. 43 ff. m.w.N.

21 3. Durch die Kündigung müsste die individuelle Koalitionsfreiheit des A verletzt worden sein.

a) Das Grundrecht der Koalitionsfreiheit schützt nach allgemeiner Ansicht in erster Linie die sog. **individuelle positive Koalitionsfreiheit**, d.h. das Recht des Einzelnen, zusammen mit anderen eine Koalition i.S.d. Art. 9 Abs. 3 GG zu bilden, in ihr zu verbleiben und sich für sie zu betätigen sowie in bereits bestehende Koalitionen einzutreten.[49]

Die sog. **negative Koalitionsfreiheit** sichert dagegen nach allg. Ansicht die Freiheit des Arbeitnehmers bzw. des Arbeitgebers, einer Gewerkschaft bzw. einem Arbeitgeberverband generell fernzubleiben bzw. aus ihr/ihm auszutreten.[50] Sie wird nach **ganz h.M. ebenfalls durch Art. 9 Abs. 3 GG geschützt**, weil es sich dabei nur um die notwendige Kehrseite der positiven Koalitionsfreiheit handelt. Letztere kommt aber nur dann voll zur Geltung, wenn die Entscheidung des Einzelnen, ob und ggf. welcher Koalition er beitritt, von jedem Zwang und Druck freigehalten wird.[51] Nach der Gegenansicht wird die negative Koalitionsfreiheit lediglich durch Art. 2 Abs. 1 GG bzw. Art. 9 Abs. 1 GG geschützt, da es bei dem Ringen um die Koalitionsfreiheit um das Recht der Arbeitnehmer gegangen sei, kampfstarke Verbände bilden zu dürfen und nicht – auch nicht sekundär – um das Recht, solchen Zusammenschlüssen fernzubleiben. Deshalb enthalte auch der Wortlaut des Art. 9 Abs. 3 GG keinerlei Anhaltspunkte dafür, dass auch die negative Koalitionsfreiheit geschützt werden solle.[52]

22 b) Da U die Kündigung gerade wegen des Eintritts des A in die Gewerkschaft erklärt hat, ist sie wegen Verletzung der individuellen positiven Koalitionsfreiheit des A nach § 134 BGB i.V.m. Art. 9 Abs. 3 GG nichtig. Der Umstand, dass U auch ohne Kündigungsgrund wirksam hätte kündigen können, ist beim Verstoß gegen Art. 9 Abs. 3 GG unerheblich.[53]

Eine Verletzung der positiven Koalitionsfreiheit liegt z.B. auch dann vor, wenn der Arbeitgeber einem Arbeitnehmer eine Abmahnung wegen **Verteilung gewerkschaftlichen Werbematerials im Betrieb** außerhalb der Arbeitszeit und während der Pausen erteilt. Denn auch die Unterstützung einer Gewerkschaft wird durch die positive Koalitionsfreiheit des Art. 9 Abs. 3 GG geschützt.[54] Keine Verletzung der individuellen positiven Koalitionsfreiheit liegt dagegen beim **Ausschluss eines Arbeitnehmers aus der Gewerkschaft** vor, der bei den Betriebsratswahlen auf einer konkurrierenden Vorschlagsliste für den Betriebsrat kandidiert hat, weil in diesem Fall der Schutz der kollektiven Koalitionsfreiheit der Gewerkschaft, insbes. wegen der notwendigen Geschlossenheit nach außen, überwiegt.[55]

4. **Ergebnis zu II.:** Die Kündigung ist nach § 134 BGB i.V.m. Art. 9 Abs. 3 GG unwirksam. Das gleiche Ergebnis folgt aus § 134 i.V.m. dem Maßregelungsverbot des § 612 a BGB, weil die Kündigung wegen des Gewerkschaftsbeitritts, der eine zulässige Rechtsausübung darstellt, erklärt worden ist.[56]

---

49 BVerfG NZA 2017, 915 ff.; BAG NZA 2019, 1503; MünchArbR/Rieble § 219 Rn. 1 ff.
50 BVerfG RÜ 2005, 158; BVerfG NZA 2019, 112; BAG NZA 2019, 1503; BAG NZA 2010, 230; MünchArbR/Rieble § 218 Rn. 2; § 219 Rn. 25 ff.; Thüsing/Thüsing, 1. Kap., Rn. 1; Waltermann Rn. 512.
51 BVerfG NZA 2019, 112; BVerfG RÜ 2007, 150; BAG NZA 2010, 53; MünchArbR/Rieble § 218 Rn. 2 m.w.N.
52 Vgl. z.B. Waltermann Rn. 512 (Art. 2 Abs. 1 GG); Deinert RdA 2014, 129 (Art. 9 Abs. 1 GG).
53 Vgl. dazu BAG NZA 1998, 754 ff.; BAG NZA1988, 64 ff.; Kissel § 5 Rn. 4 ff.; KR/Treber § 13 KSchG Rn. 70.
54 BVerfG AP Nr. 7 zu Art. 9 GG; BAG NZA 2005, 1182; Jüngst B+P 2019, 33.
55 BVerfG RÜ 1999, 443 und BVerfG NZA 2007, 514 zum Ausschluss eines Landesverbandes aus dem Journalistenverband.
56 Vgl. dazu KR/Treber § 13 KSchG Rn. 70; Boemke NZA 2004, 142, 144.

Nach h.M. steht jedem Arbeitnehmer aufgrund der durch Art. 9 Abs. 3 GG garantierten **positiven Koalitionsfreiheit** grds. auch ein **Anspruch auf Aufnahme in die bzw. den Verbleib in der Gewerkschaft** nach Maßgabe der jeweiligen Satzung zu, wobei für eine Ablehnung der Aufnahme bzw. einen Ausschluss ein mit Art. 9 Abs. 3 GG vereinbarer triftiger Grund vorliegen muss. Die Einzelheiten dazu, insbesondere die Anspruchsgrundlage, sind allerdings umstritten.[57] Angesichts der zunehmenden Zusammenschlüsse der einzelnen Gewerkschaften und der daraus folgenden überragenden Machtstellung, die in vielen Wirtschaftszweigen zu einer Monopolstellung geworden ist, wäre die positive Koalitionsfreiheit des Einzelnen wertlos, wenn er solche Rechte nicht hätte. Der Anspruch auf Aufnahme bzw. Verbleib dürfte unmittelbar aus Art. 9 Abs. 3 GG folgen.[58]

23

Wegen der verfassungsrechtlich geschützten **negativen Koalitionsfreiheit** darf der **Austritt aus einer Koalition** nach der Satzung weder durch **Erhebung von Austrittsgebühren** noch durch zu **lange Kündigungsfristen** erschwert werden.[59] Unwirksam wegen Verletzung der negativen Koalitionsfreiheit wäre auch eine Kündigung, die wegen Austritts aus der Gewerkschaft erklärt worden wäre.

Im Zusammenhang mit der negativen Koalitionsfreiheit wird häufig auch die **Allgemeinverbindlichkeit von Tarifverträgen** diskutiert, die nach § 5 TVG zur Folge hat, dass die Tarifverträge trotz fehlender Verbandsmitgliedschaft unmittelbar und zwingend gelten. Die davon betroffenen Arbeitnehmer und Arbeitgeber stehen also im Ergebnis so, als wären sie Verbandsmitglieder. Einen Verstoß gegen die negative Koalitionsfreiheit der nicht verbandsangehörigen Arbeitgeber und Arbeitnehmer begründet die Allgemeinverbindlichkeitserklärung dennoch nicht, weil sie zum einen durch die staatliche Mitwirkung daran noch ausreichend demokratisch legitimiert ist. Zum anderen wird durch sie die Freiheit, sich einer anderen als der vertragschließenden Koalition oder keiner Koalition anzuschließen, nicht beeinträchtigt, weil ein Zwang oder Druck in Richtung auf eine Mitgliedschaft nicht ausgeübt wird.[60] Keinen Verstoß gegen die negative Koalitionsfreiheit stellt nach h.M. auch die **zeitlich unbegrenzte Nachwirkung eines Tarifvertrages** nach § 4 Abs. 5 TVG dar.[61]

III. Die kollektive Koalitionsfreiheit

1. Die kollektive Koalitionsfreiheit des Art. 9 Abs. 3 GG als Grundrecht der Arbeitnehmer- und Arbeitgeberkoalitionen schützt nach allgemeiner Ansicht die Koalitionen bei ihrer Bildung, in ihrem Bestand, ihrer organisatorischen Ausgestaltung und in ihrer Betätigung, sofern diese der Förderung der Arbeits- und Wirtschaftsbedingungen dienen.[62] Obwohl die in Art. 9 Abs. 3 GG garantierte Koalitionsfreiheit ohne Gesetzesvorbehalt gewährleistet ist, haben die Tarifvertragsparteien keinen inhaltlich unbegrenzten und unbegrenzbaren Handlungsspielraum mit Verfassungsrang, sodass gesetzliche Einschränkungen der Koalitionsfreiheit grds. zulässig sind. Unterschiedlich ist lediglich die Intensität des Grundrechtsschutzes, die von der Art und Schwere des Eingriffs in die Koalitionsfreiheit abhängig ist (vgl. oben Rn. 17).

24

---

57 Vgl. BGH NJW 1985, 1214; MünchArbR/Rieble § 219 Rn. 11 ff.

58 Vgl. dazu MünchArbR/Rieble § 219 Rn. 11; kritisch dazu Waltermann Rn. 512.

59 Vgl. BGH NJW 2014, 3239: Kündigungsfrist länger als sechs Monate unzulässig; a.A. LAG Saarland LAG Report 2004, 123 m.w.N.: Differenzierung zwischen Arbeitgeberverbänden und Gewerkschaften geboten; vom BAG NZA 2007, 277 offen gelassen; vgl. auch zur Zulässigkeit eines sog. Blitzaustritts aus einem Verband sowie dessen Bedeutung für die Tarifbindung Rieble RdA 2009, 280; Bauer/Haußmann RdA 2009, 99; Höpfner ZfA 2009, 541 und Boemke NZA 2004, 142 f.: Einstellungsfrage nach Verbandsmitgliedschaft unzulässig.

60 BVerfG NZA 2000, 948 ff.; BAG BB 2018, 2231; BAG, AP Nr. 318 zu § 1 TVG Tarifverträge: Bau; Greiner ZTR 2018, 628 ff.; Sittard ZTR 2011, 131 ff.; ErfK/Linsenmaier Art. 9 GG Rn. 35 ff. m.w.N.

61 BVerfG NZA 2017, 915, 916 ff.; BVerfG NZA 2000, 947; BAG NZA 2010, 53 mit Meinungsübersicht.

62 BVerfG RÜ 2019, 519; BAG NZA 2009, 615; MünchArbR/Rieble § 218 Rn. 4; § 220; Dütz/Thüsing Rn. 545 ff., 554 ff.

Da Art. 9 Abs. 3 GG unmittelbare Drittwirkung hat, schützt die kollektive Koalitionsfreiheit die Koalitionen nicht nur vor Eingriffen des Staates, sondern auch vor solchen des sozialen Gegenspielers sowie sonstiger dritter Personen. Nach h.M. sind die Koalitionen durch Art. 9 Abs. 3 GG selbst vor Eingriffen konkurrierender Koalitionen von der eigenen Seite geschützt (z.B. vor unfairer Werbung), wobei in diesem Fall – wie bei Eingriffen der Gegenkoalition – für beide Koalitionen das Grundrecht der Koalitionsfreiheit streitet.[63]

25 **2.** Die **Bestandsgarantie** als eine institutionelle Garantie schützt die Koalitionen vor Eingriffen, die sich gegen die Entstehung, den Bestand sowie die Sicherung des Bestands einer Koalition (z.B. Mitgliederstärke) richten.[64]

Beispiele zum Schutz der Bestandsgarantie:

1. Ein Gewerkschaftsverbot wäre mit Art. 9 Abs. 3 GG unvereinbar.

2. Mit der Androhung einer Kündigung für den Fall des Gewerkschaftseintritts bzw. dem Verlangen nach einem Gewerkschaftsaustritt als Einstellungsbedingung (vgl. dazu Fall 2, Rn. 19 ff.) verstößt der Arbeitgeber nicht nur gegen die individuelle Koalitionsfreiheit der betroffenen Arbeitnehmer, sondern auch gegen die Bestandsgarantie der Gewerkschaft aus Art. 9 Abs. 3 GG.[65]

3. Die Gewerkschaft G versucht die Gründung eines Verbandes der Gewerkschaftsangehörigen durch Erklärung der Unvereinbarkeit mit der Mitgliedschaft in ihr sowie einem Verbandsausschluss zu unterbinden. Diese Maßnahmen verstoßen sowohl gegen die individuelle Koalitionsfreiheit der einzelnen Mitglieder als auch gegen die Bestandsgarantie des Verbandes der Gewerkschaftsangehörigen.[66]

4. Nach h.M. ist ein Streik gegen einen verbandsangehörigen Arbeitgeber um den Abschluss eines Haustarifvertrags nicht bereits wegen Verstoßes gegen die individuelle Koalitionsfreiheit des Arbeitgebers und die Bestandsgarantie des Arbeitgeberverbandes rechtswidrig.[67]

26 **3.** Der Schutz der Koalitionsfreiheit unter dem **Gesichtspunkt der organisatorischen Ausgestaltung** erstreckt sich insbesondere auf die Festlegung des Koalitionszweckes, der eigenen Zuständigkeit in betrieblicher, fachlicher und personeller Hinsicht sowie auf die Organisationsstruktur einschließlich des Verfahrens bei der Willensbildung sowie der Geschäftsführung.[68]

Während aber die Bestimmung des Koalitionszweckes dem absoluten Kernbereich zuzuordnen ist (vgl. aber Art. 9 Abs. 2 GG), unterliegt die Organisation als Ausübung der Koalitionsfreiheit dem allgemeinen gesetzlichen Ausgestaltungsvorbehalt. Die Koalitionen müssen sich deshalb z.B. der vorhandenen Rechtsformen bedienen und haben keinen Anspruch auf Schaffung einer neuen, nach ihrer Ansicht für die verfolgten Ziele besser geeigneten Rechtsform.[69]

27 **4.** Die **Betätigungsgarantie** als funktionelle Garantie schützt dagegen das Recht der Koalitionen, durch spezifisch koalitionsmäßige Betätigung die Arbeits- und Wirtschaftsbedingungen zu wahren und zu fördern. Geschützt werden dabei alle **Verhaltensweisen, die der Förderung und Wahrung der Arbeits- und Wirtschaftsbedingungen dienen**, wobei insbes. das Aushandeln von Tarifverträgen zum Kernbereich der verfassungsrechtlich geschützten Tarifautonomie gehört, die nicht unter einem Gesetzesvorbehalt steht. Art. 9 Abs. 3 GG verleiht allerdings den Tarifvertragsparteien in dem für ta-

---

63 BAG NZA 2005, 1182; Meyer NZA 2009, 993, 994; a.A. Hanau/Adomeit Rn. 192.

64 BVerfGE 28, 295, 304; ausführlich dazu MünchArbR/Rieble § 218 Rn. 1 ff.

65 BAG NZA 1988, 64; Schaub/Treber § 189 Rn. 7, 21; vgl. zur Frage nach Gewerkschaftszugehörigkeit Meyer BB 2011, 2362 und BAG NZA 2015, 306 m. Bespr. Selzer SAE 2016, 48.

66 Vgl. dazu BAG NZA 1998, 754 ff.

67 BAG NZA 2007, 987; Jacobs ZTR 2001, 249; a.A. Wank RdA 2009, 1 ff.; Rolfs/Clemens NZA 2004, 410 ff.; Hanau/Thüsing ZTR 2002, 506, 509 f.; Reuter NZA 2001, 1097.

68 BAG NZA 2000, 1170; MünchArbR/Rieble § 220 Rn. 19 ff.

69 Vgl. dazu MünchArbR/Rieble § 220 Rn. 19 ff., 22 m.w.N.

rifvertragliche Regelungen offen stehenden Bereich nur ein **Normsetzungsrecht, aber kein Normsetzungsmonopol**.[70] Der Gesetzgeber bleibt daher befugt, das Arbeitsrecht und damit auch Fragen zu regeln, die Gegenstand von Tarifverträgen sein können (vgl. Art. 74 Abs. 1 Nr. 12 GG). Er muss sich nur grds. einer Einflussnahme auf die Tarifautonomie enthalten und die erforderlichen Regelungen der Arbeits- und Wirtschaftsbedingungen zum großen Teil den Koalitionen überlassen. Die Tarifautonomie kann deshalb jedenfalls zum Schutz von Gemeinwohlbelangen eingeschränkt werden, denen gleichermaßen verfassungsrechtlicher Rang gebührt. Damit verbundene **Beeinträchtigungen der Tarifautonomie sind verfassungsgemäß**, wenn der Gesetzgeber mit ihnen den **Schutz der Grundrechte Dritter oder anderer mit Verfassungsrang ausgestatteter Belange** bezweckt **und** wenn sie den Grundsatz der **Verhältnismäßigkeit** wahren.[71]

Beispiel: Verfassungsmäßigkeit der Anrechnung des tariflichen Urlaubs auf Kuren

Nach § 10 BUrlG a.F. konnten von je fünf Tagen bestimmter Kuren zwei auf den Erholungsurlaub angerechnet werden, aber nur bis zur Grenze des gesetzlichen Mindesturlaubs. Die Gewerkschaften sahen darin einen verfassungswidrigen Eingriff in die Tarifautonomie, „weil Arbeitnehmer, denen nur der gesetzliche Jahresurlaub zustehe, von der Regelung nicht betroffen seien. Gewerkschaftlich organisierten Arbeitnehmern würden so unzulässige Sonderopfer abverlangt. Diese Regelung enthalte deshalb eine gesetzliche Umwertung der in der Tarifverhandlung erreichten Einigung".

Das BVerfG[72] hat die Verfassungsmäßigkeit des § 10 Abs. 1 S. 1 BUrlG a.F. bejaht, weil diese Vorschrift der Bekämpfung der Arbeitslosigkeit und der Sicherung der Stabilität des Sozialversicherungssystems als verfassungsrechtlich legitimierten Gemeinwohlbelangen von hoher Bedeutung dienen sollte. Außerdem ermöglicht der „Abbau von Arbeitslosigkeit den Arbeitslosen, das Grundrecht aus Art. 12 Abs. 1 S. 1 GG zu verwirklichen, sich durch Arbeit in ihrer Persönlichkeit zu entfalten und darüber Achtung und Selbstachtung zu erfahren. Das gesetzliche Ziel wird daher auch von Art. 1 Abs. 1 und Art. 2 Abs. 1 GG getragen".

Fall 3: Gewerkschaftliche Werbung im Betrieb

Die Gewerkschaft G lässt im Betrieb des U Werbebroschüren während der Arbeitszeit verteilen, in denen ihre Zielvorstellungen dargestellt werden und für neue Mitglieder geworben wird. Die Verteilung wird von dem betriebsangehörigen Gewerkschaftsmitglied M vorgenommen, der während seiner arbeitsfreien Zeit Arbeitskollegen am Arbeitsplatz anspricht und ihnen u.a. die Vorteile einer Gewerkschaftsmitgliedschaft erläutert. Als U dem M die Verteilung der Broschüren am Arbeitsplatz der Arbeitskollegen unter Hinweis auf die Störung des Betriebsablaufs verbietet, fordert ihn G auf, die Verteilung in der bisherigen Form zu gestatten. Zu Recht?

Abwandlung:

Die G will wegen der bevorstehenden Bundestagswahl die Partei P unterstützen und deshalb im Betrieb des U während der Pausen Werbematerial mit parteipolitischem Inhalt verteilen. Als U die Verteilung untersagt, beantragt G bei dem zuständigen Arbeitsgericht die Aufhebung des Verbots. Mit Erfolg?

---

70 BVerfG RÜ 2005, 158; BAG, Urt. v. 27.03.2019 – 10 AZR 211/18, BeckRS 2019, 12387; BAG NZA 2004, 1352; BSG ZTR 2015, 337; Neumann RdA 2007, 71 ff.; Löwisch/Rieble, Grundlagen Rn. 191 ff. m.w.N.

71 BVerfG RÜ 2005, 158; BAG NZA 2004, 1352; Däubler/Däubler, Einl. Rn. 146 ff.; Däubler/Ulber, Einl. Rn. 202 ff., 289 ff.

72 BVerfG DB 2001, 1367; krit. Neumann RdA 2007, 71 ff.; vgl. auch BVerfG NZA 2007, 42 zur Verfassungsmäßigkeit der Berliner **Tariftreueregelung** (Vergabe von Aufträgen des Landes an private Unternehmen soll mit der Maßgabe erfolgen, dass der Unternehmer seinen AN den gültigen Tariflohn zahlt und dies auch von den eingesetzten Subunternehmern verlangt); zust. Schwab AuR 2007, 97; krit dazu Rieble NZA 2007, 1; vgl. auch Barczak/Pieroth RdA 2016, 209; Simon RdA 2014, 165 u. Dieterich/Ulber ZTR 2013, 179 (NRW); krit. dazu Greiner ZTR 2013, 647.

Ausgangsfall: Gewerkschafts- und Mitgliederwerbung

A. Aus § 2 Abs. 2 BetrVG ergibt sich kein Recht der G, die Werbebroschüren verteilen zu dürfen, weil danach die im Betrieb vertretenen Gewerkschaften nur ein Zugangsrecht „zur Wahrnehmung der in diesem Gesetz genannten Aufgaben" haben. Zu den Aufgaben der Gewerkschaft nach dem BetrVG gehört nicht die Aufklärung der Arbeitnehmer über die Zielvorstellungen der Gewerkschaften und Mitgliederwerbung, weil es sich dabei um reine koalitionspolitische Aufgaben handelt.[73]

B. Das Verbot des U könnte jedoch das Grundrecht der Koalitionsfreiheit der G aus Art. 9 Abs. 3 GG verletzen, sodass der G aus dieser Norm ein Anspruch auf Verteilung der Werbebroschüren in der bisherigen Form zustehen könnte.

   I. Die unmittelbare Anwendung des Art. 9 Abs. 3 GG im Privatrechtsverkehr, also zwischen G und U, ergibt sich aus Art. 9 Abs. 3 S. 2 GG.

28   II. Das Verbot, die Broschüren wie bisher zu verteilen, müsste das Grundrecht der kollektiven Koalitionsfreiheit der G aus Art. 9 Abs. 3 GG verletzen.

     1. Voraussetzung dafür ist zunächst, dass das Verbot einen Eingriff in den Schutzbereich der kollektiven Koalitionsfreiheit darstellt.

     Das Grundrecht der kollektiven Koalitionsfreiheit schützt die Koalitionen in ihrem Bestand, ihrer organisatorischen Ausgestaltung und in ihrer Betätigung. Der **Koalitionsschutz wird** dabei **nicht auf den Kernbereich beschränkt**, sondern erstreckt sich auf alle koalitionsspezifischen Verhaltensweisen.[74] Da die Mitgliederwerbung und die Darstellung der eigenen Zielvorstellungen koalitionsspezifische Verhaltensweisen sind, sind diese Betätigungen grds. auch durch Art. 9 Abs. 3 GG geschützt.

     2. Auch wenn Art. 9 Abs. 3 GG keinen Schrankenvorbehalt enthält (vgl. aber auch Art. 9 Abs. 2 GG), kann die Koalitionsfreiheit nicht schrankenlos geschützt werden, da zum einen der Staat in der Lage sein muss, Regelungen zu treffen, die er für erforderlich hält, auch wenn sie in die Koalitionsfreiheit eingreifen. Zum anderen sind bei der Bestimmung des Schutzumfangs der Koalitionsfreiheit Grundrechte Dritter sowie sonstige Werte mit Verfassungsrang zu berücksichtigen. Dementsprechend ist bei **Beurteilung der Rechtmäßigkeit eines Eingriffs in die Koalitionsfreiheit** stets eine **Verhältnismäßigkeitsprüfung** erforderlich. **Je gravierender der Eingriff in die Koalitionsfreiheit ist, desto schwerwiegender müssen die Gründe sein**, die ihn rechtfertigen sollen.[75]

     a) Für Betätigungen im Kernbereich der Koalitionsfreiheit, also Betätigungen, die für die Erhaltung und Sicherung der Existenz der Koalitionen unerlässlich sind, dürfen nur solche Schranken gezogen werden, die von der Sache her unter Berücksichtigung des Verhältnismäßigkeitsprinzips zum Schutz anderer Rechtsgüter geboten sind.[76] **Zum Kernbereich der koalitionsmä-**

---

73 BAG NZA 2006, 798; zust. Anm. Dieterich RdA 2007, 110 ff.; Linsenmaier RdA 2019, 157, 166.

74 BVerfG RÜ 2014, 519; BAG ZTR 2010, 650; Waltermann Rn. 503; ErfK/Linsenmaier Art. 9 GG Rn. 39 ff.

75 BVerfG RÜ 2018, 524; BVerfG NZA 2007, 394; BAG NZA 2014, 319; BAG ZTR 2010, 650; Däubler/Däubler Einl. Rn. 169; Kissel § 4 Rn. 42 ff.; Schaub/Treber § 189 Rn. 3 ff.; Junker ZfA 1996, 383, 388 ff.

76 BVerfG RÜ 2005, 158; BAG NZA 2005, 1182.

ßigen Betätigungsfreiheit gehören insbesondere das **Tarifvertrags- und Arbeitskampfrecht** sowie die Betreuung und grds. auch die **Werbung der Mitglieder**.[77] Bei anderen koalitionsmäßigen Betätigungen ist eine Verhältnismäßigkeitsprüfung unter Berücksichtigung der Bedeutung der Betätigung für die Koalitionsfreiheit und der Interessen und Rechtsgüter der davon Betroffenen vorzunehmen.[78]

b) Die Darstellung der eigenen Zielvorstellungen gegenüber Nichtorganisierten und die Mitgliederwerbung als solche gehören zum Kernbereich der Koalitionsfreiheit, weil diese Betätigungen zur Sicherung des Bestandes der Koalition erforderlich sind.[79] Dies bedeutet jedoch nicht, dass diese Betätigungen auch am Arbeitsplatz der anderen Arbeitskollegen während der Arbeitszeit uneingeschränkt geschützt sind. Vielmehr ist zu berücksichtigen, dass diese an sich durch Art. 9 Abs. 3 GG geschützten Koalitionsbetätigungen die wirtschaftliche Betätigungsfreiheit des Arbeitgebers berühren, die jedenfalls durch Art. 2 Abs. 1 GG ebenfalls verfassungsrechtlich geschützt ist. Die gewerkschaftliche Werbung während der Arbeitszeit ist deshalb dann nicht mehr durch Art. 9 Abs. 3 GG gedeckt, wenn dadurch insbesondere der Betriebsfrieden oder der Produktionsablauf gestört werden, weil sie auch ohne derartige Störungen möglich ist.[80] Da G die anderen Arbeitnehmer am Arbeitsplatz anspricht und von der Erbringung der Arbeitsleistung abhält, wird der Arbeitsablauf gestört, sodass diese Betätigungen nicht mehr durch Art. 9 Abs. 3 GG geschützt sind.[81]

Die Verteilung des Werbematerials und Mitgliederwerbung im Betrieb ist dagegen außerhalb der Arbeitszeit und während der Pausen grds. ohne Weiteres durch Art. 9 Abs. 3 GG gedeckt, weil dadurch die Interessen des Arbeitgebers jedenfalls nicht unangemessen beeinträchtigt werden, es sei denn, dass z.B. der Betriebsfrieden gestört oder der Arbeitgeber beleidigt wird.[82] Nach BAG steht den Gewerkschaften aus Art. 9 Abs. 3 GG grds. auch ein **betriebliches Zutrittsrecht für betriebsfremde Gewerkschaftsbeauftragte zum Zwecke der Werbung** zu.[83] **29**

3. **Ergebnis:** Der G steht kein Anspruch auf Zulassung der Verteilung des Werbematerials und der Mitgliederwerbung während der Arbeitszeit in der bisherigen Form zu.

Umstritten ist, ob den Koalitionen aufgrund der Koalitionsfreiheit ein **Anspruch auf Aufnahme und Verhandlungen über den Abschluss eines TV** zusteht. Während dies z.T. in der Lit. unter Hinweis auf die Bestandsschutz- bzw. Betätigungsgarantie oder auf das ultima-ratio-Prinzip, das vor einem Arbeitskampf einzuhalten ist, bejaht wird,[84] lehnt die h.M. zu **30**

---

77 Vgl. MünchArbR/Rieble § 218 Rn. 81 ff.; Schaub/Treber § 189 Rn. 23 ff.; Jüngst B+P 2019, 33 ff.; Uffmann SAE 2011, 109 ff.

78 BAG NZA 2005, 592; MünchArbR/Rieble § 218 Rn. 81 ff.

79 BVerfG NZA 1996, 381; BAG NZA 2006, 798; MünchArbR/Rieble § 220 Rn. 81 ff.

80 BVerfG NZA 1996, 381; a.A. noch BAG NZA 1992, 690: Werbung während der Arbeitszeit nicht geschützt.

81 Vgl. BAG NZA 2005, 592; BAG NZA 2006, 798; MünchArbR/Rieble § 220 Rn. 86.

82 BAG NZA 2010, 1365; BAG NZA 2005, 1182; LAG Hamm NZA-RR 2015, 249; MünchArbR/Rieble § 220 Rn. 81 ff.; ausführlich zur gewerkschaftlichen Betätigung auch Rolfs/Büttefisch NZA 1999, 17 ff.

83 BAG NZA 2010, 1365; Linsenmaier RdA 2019, 157, 166; Dieterich RdA 2007, 110; a.A. Uffmann SAE 2011, 109; krit. auch Widmaier PersV 2015, 164; Richardi Anm. AP Nr. 127 zu Art. 9 GG; Ilbertz ZfPR 2011, 13; a.A. BVerfG NJW 1981, 1829; LAG Baden-Württemberg ZTR 2011, 121; v. Tilling ArbR 2011, 426 für Betriebsfremde bei kirchlichen Einrichtungen.

84 Vgl. Mikosch in Festschrift für Dieterich, 1999, S. 379 ff.; Wiedemann/Thüsing § 1 TVG Rn. 202 ff.; Z/L/H § 34 IV 3.

Recht einen solchen Verhandlungsanspruch ab, weil das richtige Mittel zur Überwindung der Sprachlosigkeit zwischen den Vertragsparteien der Arbeitskampf ist. Außerdem wäre ein solcher Verhandlungsanspruch eine praktisch wertlose Pflichtübung, wenn der soziale Gegenspieler nicht verhandeln will.[85]

31 Abwandlung: Parteipolitische Werbung durch Gewerkschaft

G könnte wegen Verletzung der kollektiven Koalitionsfreiheit ein Anspruch auf Aufhebung des Verbots aus § 1004 Abs. 1 BGB i.V.m. Art. 9 Abs. 3 GG zustehen.

I. Die Verletzung der Koalitionsfreiheit begründet bei der hier gegebenen Wiederholungsgefahr nach allg. Ansicht zumindest deshalb einen Unterlassungsanspruch aus § 1004 Abs. 1 BGB, weil Art. 9 Abs. 3 GG ein Schutzgesetz i.S.d. § 823 Abs. 2 BGB ist.

II. Fraglich ist aber, ob durch das Verbot der parteipolitischen Werbung die Koalitionsfreiheit der G verletzt wird.

1. Die Koalitionen sind zwar im Rahmen der geltenden Gesetze frei, selbst zu bestimmen, in welcher Weise sie die Arbeits- und Wirtschaftsbedingungen ihrer Mitglieder fördern wollen. Dem besonders stark ausgeprägten verfassungsrechtlichen Schutz des Art. 9 Abs. 3 S. 1 GG unterliegt eine darauf gerichtete Tätigkeit jedoch nur, soweit sie eine spezifisch koalitionsgemäße ist (vgl. oben Rn. 28).

2. Der Schutz der Koalitionsfreiheit erstreckt sich zwar auch auf Aktivitäten, die über die Gestaltung der Arbeits- und Wirtschaftsbedingungen durch Tarifverträge hinausgehen,[86] die parteipolitische Wahlwerbung vor einer Bundestagswahl stellt aber keine koalitionsmäßige Betätigung zur Wahrung und Förderung der Arbeitsbedingungen dar. Vielmehr handelt es sich dabei um eine Wahlwerbung mit einem allgemeinen parteipolitischen Inhalt, die verfassungsrechtlich weder stärker noch schwächer geschützt ist als die Wahlwerbung aller anderen Gruppen. Art. 9 Abs. 3 GG greift deshalb nicht ein.[87]

32 3. Die allgemeine politische Wahlwerbung einer Gewerkschaft wird zwar durch das Grundrecht der Meinungsfreiheit des Art. 5 Abs. 1 GG, zumindest aber aufgrund der allgemeinen Handlungsfreiheit des Art. 2 Abs. 1 GG geschützt. Dieser Schutz muss aber jedenfalls gegenüber dem Eigentumsschutz des Arbeitgebers aus Art. 14 GG (Hausrecht) zurücktreten, zumal es für eine Wahlwerbung außerhalb des Betriebs des U ausreichende Möglichkeiten gibt.[88]

4. **Ergebnis:** Der G steht kein Anspruch auf Aufhebung des Verbots der parteipolitischen Werbung durch den U zu.

---

85 BAG ArbR 2014, 262 m. zust. Anm. Bauer; BAG NZA 1989, 601 ff.; Schaub/Treber § 197 Rn. 2; Kempen/Schubert/Zachert § 1 TVG Rn. 32; Hanau NZA 2003, 128, 129.

86 BVerfG NZA 2007, 394; BAG ZTR 2010, 650; Löwisch/Rieble, Grundlagen Rn. 115 ff.

87 Vgl. BVerfG NJW 1976, 1627 ff.; Schaub/Treber § 189 Rn. 24; MünchArbR/Rieble § 220 Rn. 99 ff.

88 Vgl. MünchArbR/Rieble § 157 Rn. 99 ff.; Schaub/Treber § 189 Rn. 24 und BAG AP Nr. 30 zu Art. 9 GG zur grds. Unzulässigkeit der Gewerkschaftswerbung unter Inanspruchnahme des Eigentums des Arbeitgebers; vgl. aber auch zur grds. Zulässigkeit der Gewerkschaftswerbung per E-Mail BAG NZA 2009, 615; a.A. Mehrens BB 2009, 2086; Arnold/Wiese NZA 2009, 716; krit auch Schwarze RdA 2010, 115; Meyer SAE 2009, 280.

2. Abschnitt: Das Tarifvertragsrecht

A. Einführung und Begriff sowie Funktionen des Tarifvertrags

I. Die durch Art. 9 Abs. 3 GG verfassungsrechtlich garantierte Tarifautonomie gewährt den Tarifvertragsparteien das Recht, Löhne und sonstige Arbeitsbedingungen in eigener Verantwortung und im Wesentlichen ohne staatliche Einflussnahme durch Tarifverträge zu regeln. Die praktische Bedeutung der Tarifverträge ist sehr groß, was schon deren große Anzahl belegt. Denn es gibt kaum einen Wirtschaftszweig, in dem keine Tarifverträge existieren. Am 01.07.2017 waren rund 73.000 Tarifverträge als gültig im Tarifregister eingetragen, davon 443 allgemeinverbindlich.[89]

33

Den Weg zum Abschluss der TV hat die Aufhebung der Koalitionsverbote durch § 115 Abs. 1 GewO des Norddeutschen Bundes freigemacht. Der erste bedeutsame TV war zwar der nationale Buchdruckertarif vom 05.05.1873, aber noch am 05.05.1905 verabschiedete die Organisation der deutschen Großindustrie eine Entschließung, in der der Abschluss von TV zwischen den Arbeitgeberorganisationen und Gewerkschaften „als der deutschen Industrie und deren Entwicklung überaus gefährlich" bezeichnet wurde. Erst die im Anschluss an die November-Revolution 1918 folgende Zusammenarbeit zwischen den Gewerkschaften und den Arbeitgeberverbänden führte zu einer allgemeinen Anerkennung von TV und deren Abschluss auf breiter Basis, bis der o.g. Stand erreicht wurde.[90]

II. Der **Tarifvertrag** ist ein schriftlicher Vertrag zwischen einer Gewerkschaft und einem Arbeitgeberverband bzw. einem Arbeitgeber, in dem zum einen Rechte und Pflichten der beteiligten Tarifvertragsparteien (schuldrechtlicher Teil) geregelt werden. Zum anderen dient er der Regelung von Abschluss, Inhalt und Beendigung von Arbeitsverhältnissen sowie von betrieblichen und betriebsverfassungsrechtlichen Fragen (normativer Teil).[91] Gerade der normative Teil des Tarifvertrags hat einen erheblichen Einfluss auf den heute erreichten Stand des Individualarbeitsrechts, weil der einzelne Arbeitnehmer wegen des regelmäßig bestehenden Verhandlungsübergewichts des Arbeitgebers nicht in der Lage ist, für ihn günstige Arbeitsbedingungen zu vereinbaren und die gesetzlichen Regelungen zum einen häufig nur den entsprechenden tariflichen Bestimmungen folgen und zum anderen regelmäßig nur geringere Ansprüche vorsehen. Die **Tarifverträge haben im Wesentlichen vier wichtige Funktionen,**[92] nämlich:

34

■ Schutzfunktion zugunsten der Arbeitnehmer;

■ Ordnungsfunktion, weil Arbeitgeber und Arbeitnehmer während der Laufzeit eines Tarifvertrags auf geregelte Arbeitsbedingungen vertrauen können;

■ Friedensfunktion, weil während der Laufzeit eines Tarifvertrags keine Arbeitskämpfe wegen bereits tariflich geregelter Fragen stattfinden dürfen und

■ Verteilungsfunktion, weil sie die Beteiligung der Arbeitnehmer am Sozialprodukt sicherstellen und zwischen ihnen entsprechend der verrichteten Tätigkeit nach Lohn- und Gehaltsgruppen unterscheiden.

Eine zusätzliche Funktion erhalten die Tarifverträge durch die Ausdehnung der Tarifmacht in § 1 Abs. 1 i.V.m. § 4 Abs. 1 S. 2 TVG auf die Regelung der betrieblichen und be-

---

89 Vgl. Verzeichnis der allgemeinverbindlichen Tarifverträge (www.bmas.bund.de, unter Arbeitsrecht, Tarifverträge).

90 Zur geschichtlichen Entwicklung MünchArbR//Klumpp § 225; Kempen/Kempen/Zachert, Grundl. Rn. 1 ff.

91 Schaub/Treber § 198 Rn. 1; Däubler/Nebe § 1 TVG Rn. 1; Thüsing/v. Steinau-Steinrück, 3. Kap., Rn. 2 f.

92 Schaub/Treber § 195 Rn. 3 ff.

triebsverfassungsrechtlichen Fragen (dazu Rn. 43 ff.). Denn dadurch können die Tarifvertragsparteien Vorgaben für die betriebliche Organisation auch insoweit machen, als diese über die einzelnen Arbeitsverhältnisse hinausreichen. Mit den betriebsverfassungsrechtlichen Normen können sie außerdem die Organisation der Betriebsverfassung regeln (vgl. § 3 BetrVG), insbes. im gewissen Umfang Mitbestimmungsrechte erweitern oder konkretisieren (vgl. §§ 77 Abs. 3, 87 Abs. 1 BetrVG). Diese Regelungsbefugnis erstreckt sich in den Grenzen der Koalitionsfreiheit des Art. 9 Abs. 3 GG nicht nur auf Gewerkschaftsmitglieder, sondern auch auf nicht organisierte Arbeitnehmer, Heimarbeiter (§ 17 Abs. 1 HAG) und arbeitnehmerähnliche Personen (§ 12 a TVG), weil die Anwendbarkeit der betrieblichen und betriebsverfassungsrechtlichen Normen gemäß § 3 Abs. 2 TVG nur die Tarifbindung des Arbeitgebers voraussetzt (vgl. Rn. 43 ff.).

Obwohl nur etwa ein Drittel aller Arbeitnehmer gewerkschaftlich organisiert ist, spielen die Tarifverträge in der Praxis auch für Nichtorganisierte eine sehr große Rolle, weil deren Anwendung häufig im Arbeitsvertrag vereinbart wird.[93] Hier zeigt sich auch deutlich die Verknüpfung von individuellem und kollektivem Arbeitsrecht, weil Normen des Tarifvertrags sehr häufig als Anspruchsgrundlagen für Rechte und Pflichten der einzelnen Arbeitnehmer in Betracht kommen.

B. Die Arten von Tarifverträgen

35 **I.** Nach dem Regelungsgegenstand unterscheidet man zwischen Mantel- bzw. Rahmentarifverträgen, die die allgemeinen Arbeitsbedingungen regeln (z.B. Dauer der Arbeitszeit, Urlaub, Kündigungs- und Verfallfristen) sowie Spezialtarifverträgen, die einzelne Leistungen (z.B. Lohn- bzw. Gehaltshöhe, Gratifikationen, Altersversorgung, Altersteilzeit, vermögenswirksame Leistungen) betreffen. Während es sich bei den Manteltarifverträgen um längerfristige Verträge handelt, die häufig eine Laufzeit von mehreren Jahren haben oder unbefristet sind, werden die Lohn- und Gehaltstarifverträge regelmäßig für die Dauer eines Jahres abgeschlossen.[94]

II. Nach den Parteien eines Tarifvertrags unterscheidet man zwischen den Verbands- und den Haus- bzw. Firmentarifverträgen. Die Verbandstarifverträge werden zwischen einem Arbeitgeberverband und einer Gewerkschaft als sog. Flächentarifverträge für ein bestimmtes Gebiet (Bundes-, Landes oder BezirksTV) abgeschlossen und gelten für alle Verbandsmitglieder innerhalb des Geltungsbereichs. Die Haus- bzw. Firmentarifverträge werden dagegen von einer Gewerkschaft mit einem einzelnen Arbeitgeber abgeschlossen und gelten nur in Betrieben des vertragsschließenden Arbeitgebers. Möglich ist auch ein firmenbezogener Verbandstarifvertrag, der zwischen der Gewerkschaft und dem Arbeitgeberverband abgeschlossen wird, aber nur für ein Unternehmen gilt.[95]

In letzter Zeit wird die Kritik lauter, dass der FlächenTV nicht mehr zeitgemäß sei, insbesondere weil er flächendeckend zu viele Details regele und die Besonderheiten bei den einzelnen Unternehmen nicht berücksichtige, was zur Flucht aus den Arbeitgeberverbänden führe.[96] Nicht zuletzt deshalb werden insbesondere mit Unternehmen, die sich in wirtschaftlichen Schwierigkeiten befinden, häufig Firmentarifverträge abgeschlossen, die die unternehmensspezifischen Probleme berücksichtigen.

---

93 Vgl. dazu BAG NZA 2019, 543; BAG NZA 2014, 271; Pionteck AuR 2019, 67; Runkel FA 2019, 69; Ubber/Massig BB 2017, 2230; Lakies ArbR 2014, 8; Giesen ZfA 2010, 657; Sutschet NZA 2008, 679; Preis/Greiner NZA 2007, 1073 u. unten Rn. 69 f.

94 Vgl. zu den einzelnen Arten von Tarifverträgen Kissel § 8 Rn. 36 ff.; Däubler/Nebe § 1 TVG Rn. 67 ff.

95 Vgl. BAG NZA 2007, 987; Melms NZA 2017, 365; Kleinebrink ArbRB 2006, 119; Sutschet ZfA 2005, 581; Meyer NZA 2004, 366; Rolfs/Clemens NZA 2004, 410 und Wank RdA 2009, 1, 4 ff. zu der umstr. Erstreikbarkeit dieses TV.

96 Vgl. dazu Kissel § 8 Rn. 48 ff.; Bayreuther DZWIR 2010, 353; Hampe/Längeler DB 2008, 1681; Zachert AiB 2008, 7.

C. Allgemeines zum Inhalt und zur Auslegung eines Tarifvertrags

Die Normsetzungsbefugnis der Tarifvertragsparteien (Tarifautonomie) erstreckt sich **36** nach Art. 9 Abs. 3 GG auf „Regelungen zur Wahrung und Förderung der Arbeits- und Wirtschaftsbedingungen". Darunter fallen die in §§ 1, 4 Abs. 1, 2 TVG aufgeführten Regelungsbereiche. In inhaltlicher Hinsicht ist danach zu unterscheiden zwischen dem **schuldrechtlichen Teil** (§ 1 Abs. 1 Hs. 1 TVG) und dem **normativen Teil** eines Tarifvertrags (§ 1 Abs. 1 Hs. 2 TVG).

I. Der schuldrechtliche Teil eines Tarifvertrags, an den nur die Tarifvertragsparteien **37** gebunden sind, kann jeden nach dem BGB zulässigen Inhalt haben.[97] Ungeschriebener Inhalt dieses Tarifvertragsteils sind stets die sog. relative Friedenspflicht und die sog. Einwirkungspflicht (= Durchführungspflicht) der Tarifvertragsparteien.[98]

1. Aufgrund der relativen Friedenspflicht sind die Tarifvertragsparteien verpflichtet, Arbeitskämpfe und sonstige Maßnahmen zu unterlassen, die den bereits bestehenden Tarifvertrag in Frage stellen. Der Inhalt der relativen Friedenspflicht, die auch zugunsten der einzelnen Mitglieder der Tarifvertragsparteien besteht, ist durch Auslegung unter Berücksichtigung des Grundsatzes von Treu und Glauben zu bestimmen.[99] Nach h.M. ist danach die kampfweise Durchsetzung solcher Forderungen ausgeschlossen, die mit der tariflich geregelten Materie dergestalt in einem sachlichen Zusammenhang stehen, dass ihre Erfüllung die wirtschaftliche Ausgewogenheit der in dem bisherigen Tarifvertrag festgelegten Bedingungen verändert.[100] Die relative Friedenspflicht ist also zeitlich durch die Laufzeit und gegenständlich durch den Inhalt des Tarifvertrags beschränkt. Die **Verletzung der relativen Friedenspflicht** begründet einen vertraglichen Unterlassungsanspruch der anderen Tarifvertragspartei. Sofern der Tarifvertragspartei aufgrund des Arbeitskampfes ein Schaden entstanden ist, steht ihr außerdem ein Schadensersatzanspruch aus § 280 Abs. 1 BGB zu.[101] Daneben steht dem rechtswidrig bestreikten Arbeitgeber auch ein vertraglicher Schadensersatzanspruch zu, weil die relative Friedenspflicht auch zugunsten der Mitglieder der jeweiligen Tarifvertragspartei wirkt. Neben den o.g. vertraglichen Ansprüchen stehen dem Arbeitgeber auch deliktische Unterlassungs- und Schadensersatzansprüche (§§ 823, 1004 BGB) zu.[102]

Beispiele zur relativen Friedenspflicht:

1. Ein Tarifvertrag regelt die Urlaubsdauer, nicht dagegen das zusätzliche Urlaubsgeld.

Ein Streik um das zusätzliche Urlaubsgeld ist aufgrund der relativen Friedenspflicht des Tarifvertrags, der die Urlaubsdauer regelt, unzulässig, weil im Zweifel davon auszugehen ist, dass damit Urlaubsfragen abschließend geregelt werden sollen. Etwas anderes kann sich aber aus den Verhandlungsprotokollen ergeben.[103]

2. Die Tarifvertragsparteien streiten über die Auslegung einer Tarifnorm. Die Gewerkschaft G will deshalb zu einem Streik aufrufen, um die von ihr gewünschte Auslegung zu erzwingen.

---

97 MünchArbR/Klumpp § 258 Rn. 1 ff., 12 ff.; Schaub/Treber § 199 Rn. 1 ff.; Dütz/Thüsing Rn. 563 ff.
98 BAG ZTR 2017, 16; BAG NZA 2003, 866, 870; Schaub/Treber § 199 Rn. 8 ff.
99 BAG NZA 2003, 734, 738; LAG Baden-Württemberg ArbR 2019, 231 m. Anm. Raif; ausführlich Bartz ZTR 2004, 122; 170.
100 Vgl. BAG NZA 2007, 987; MünchArbR/Klumpp § 257 Rn. 15 ff.; Schaub/Treber § 192 Rn. 17 ff.; jeweils m.w.N.
101 Däubler/Ahrendt § 1 TVG Rn. 1167 ff.; Schaub/Treber § 194 Rn. 46; B/R/H Rn. 776; Dütz/Thüsing Rn. 718 ff.
102 BAG NZA 2019, 402; Däubler/Ahrendt § 1 TVG Rn. 1247 ff.; Meyer ZTR 2017, 210; Lambrecht/Sander NZA 2014, 337.
103 Vgl. dazu Dütz/Thüsing Rn. 565.

Der Streik wäre wegen Verstoßes gegen die relative Friedenspflicht und eines unzulässigen Arbeitskampfzieles rechtswidrig, weil die Auslegung des Tarifvertrags als eine Rechtsfrage nicht im Wege eines Streiks, sondern in einem gerichtlichen Verfahren zu klären ist.[104]

38 Die Tarifvertragsparteien können die vertragsimmanente **relative Friedenspflicht** durch entspr. Vereinbarungen **in inhaltlicher und zeitlicher Hinsicht erweitern.**

Eine **Erweiterung in inhaltlicher Hinsicht** stellt die sog. **absolute Friedenspflicht** dar, die während der Laufzeit eines Tarifvertrags jegliche Arbeitskämpfe verbietet, also auch solche, die nicht um bereits tariflich geregelte Ziele geführt werden. Die absolute Friedenspflicht wird allerdings kaum vereinbart.[105]

Eine **Erweiterung der relativen Friedenspflicht in zeitlicher Hinsicht** wird durch sog. **Schlichtungsabkommen** erreicht, nach denen es z.B. verboten ist, Arbeitskämpfe innerhalb einer bestimmten Frist nach Ablauf des Tarifvertrags bzw. vor dem Scheitern einer Schlichtung zu führen.[106]

Die Tarifvertragsparteien können im schuldrechtlichen Teil des Tarifvertrags z.B. die Einrichtung von Notdiensten im Arbeitskampf vereinbaren und Einzelheiten eines Anspruchs auf Verhandlungen über einen Folgetarifvertrag, der nach h.M. ohne besondere Regelung nicht besteht (vgl. dazu Rn. 30), sowie Verhaltenspflichten während eines Arbeitskampfes regeln.[107]

39 **2.** Die sog. **Durchführungs- oder Einwirkungspflicht** verpflichtet die Tarifparteien, für die tatsächliche Durchführung des Tarifvertrags durch die Verbandsmitglieder, notfalls mit vereinsrechtlichen Mitteln (z.B. Geldbußen, Verbandsausschluss) zu sorgen.[108] Die Erfüllung der Einwirkungspflicht können die Tarifparteien gerichtlich im Wege einer Leistungsklage durchsetzen.[109]

Nach der Rspr. und einem Teil der Lit. steht der Gewerkschaft aufgrund der Verletzung der verfassungsrechtlich durch Art. 9 Abs. 3 GG geschützten Koalitionsfreiheit gegen den einzelnen Arbeitgeber entspr. § 1004 BGB ein **Anspruch auf Unterlassung einer vertraglichen Einheitsregelung zu, die gegen bestehende Tarifverträge** (z.B. untertariflicher Lohn, längere als tarifliche Arbeitszeiten) **verstößt und die einheitlich an die Stelle der Tarifnormen treten soll.**[110] Dieser Unterlassungsanspruch, der eine **Tarifgebundenheit des Arbeitgebers** (Nachwirkung eines TV genügt nicht) voraussetzt, ist nach dem BAG im arbeitsgerichtlichen **Beschlussverfahren** geltend zu machen.[111] Dem Arbeitgeber ist es allerdings nicht verwehrt, mit den nicht organisierten Arbeitnehmern untertarifliche Bedingungen zu vereinbaren. Will die Gewerkschaft den Abschluss tarifwidriger Arbeitsverträge mit ihren Mitgliedern gerichtlich unterbinden lassen, so muss sie die Arbeitnehmer nach der Rspr. des BAG grds. namentlich benennen, weil anderenfalls der Antrag nicht hinreichend bestimmt i.S.d. § 253 Abs. 2 Nr. 2 ZPO ist. Aufgrund dieser Anforderung ist es schwierig, den Unterlassungsanspruch gerichtlich durchzusetzen.[112]

---

104 Vgl. dazu Schaub/Treber § 193 Rn. 15, 17 ff.; Dütz/Thüsing Rn. 703.

105 Vgl. dazu MünchArbR/Ricken § 272 Rn. 44 ff.; B/R/H Rn. 730; vgl. aber auch BAG NZA 2016, 1543.

106 Vgl. Löwisch/Rieble § 1 TVG Rn. 1231 ff.; Däubler/Ahrendt § 1 TVG Rn. 1207 ff.; Meyer ZTR 2017, 210 ff.

107 Ausführlich zum schuldrechtlichen Teil eines Tarifvertrags MünchArbR/Klumpp §§ 257–259.

108 BAG ZTR 2010, 73; BAG NZA 1998, 1008; Schaub/Treber § 199 Rn. 12 ff.; MünchArbR/Klumpp § 257 Rn. 35 ff.; Walker SAE 1993, 243 ff.; Zachert AiB 1992, 646 ff.

109 BAG AP Nr. 14 zu § 1 TVG Tarifverträge: Telekom; MünchArbR/Klumpp § 259 Rn. 7 ff.

110 BAG NZA 2017, 1410; BAG BB 2012, 3212 m. Anm. Lipinski/Achilles; BAG NZA 1999, 887; F/E/S/T/L § 77 BetrVG Rn. 235 f.; Reichold RdA 2012, 246; Dieterich AuR 2005, 121; a.A. Feudner BB 2007, 266; Kast/Freihube BB 2003, 2569; Walker ZfA 2000, 29, 49; Richardi DB 2000, 42, 48; krit. auch Robert NZA 2004, 633.

111 BAG NZA 2017, 1410; BAG NZA 2001, 1037 mit Meinungsübersicht; krit. Hromadka ZTR 2000, 253; Glaubitz FA 2000, 276.

112 Vgl. BAG NZA 2003, 1221; Ubber AuA 2009, 280; krit. Dieterich AuR 2005, 121; zur Bestimmtheit u. zum Streitgegenstand des Unterlassungsanspruchs Kocher NZA 2005, 140; Schwarze RdA 2005, 159.

3. Für die **Auslegung des Inhalts des schuldrechtlichen Teils des Tarifvertrags**, der   **40**
keine Rechtsnormen enthält, sondern dem Vertragsrecht angehört, sind die allgemeinen Auslegungsregeln des Vertragsrechts (§§ 133, 157 BGB) maßgeblich. Auszugehen ist daher bei unklaren Regelungen – wie beim normativen Teil – vom Wortlaut der Regelung. Der übereinstimmende Wille der Tarifvertragsparteien ist aber – wie bei jedem
anderen Vertrag – auch dann maßgeblich, wenn er vom Wortlaut der Regelung abweicht (sog. subjektive Methode).[113] Die Auslegung erfolgt auch dann nach den o.g.
Auslegungsregeln des Vertragsrechts, wenn umstr. ist, ob eine Vereinbarung der Tarifvertragsparteien einen Tarifvertrag oder eine nichttarifliche Vereinbarung darstellt.[114]

II. Der normative Teil eines Tarifvertrags enthält gemäß § 1 Abs. 1 Hs. 2 TVG Rechts-   **41**
normen über Inhalt, Abschluss und die Beendigung von Arbeitsverhältnissen sowie
über betriebliche und betriebsverfassungsrechtliche Fragen.

„Inhaltsnormen" regeln z.B. Lohnhöhe und Lohnformen, Zulagen, Urlaub, Arbeitszeit, Haftungsbeschränkung, Verfallfristen, Sonderzuwendungen.

„Abschlussnormen" kommen vor als Formvorschriften für den Abschluss des Arbeitsvertrags, Ab-
schlussgebote (z.B. zugunsten älterer Arbeitnehmer, Übernahmepflicht zugunsten von Auszubildenden) oder Abschlussverbote (z.B. Nebentätigkeitsverbote, Verbot der Befristung ohne Sachgrund).

„Beendigungsnormen" regeln z.B. Fragen der Befristung oder Kündigung von Arbeitsverhältnissen
(z.B. Kündigungsfristen, Ausschluss der ordentlichen Kündigung bei älteren Arbeitnehmern bzw. aus
bestimmten Gründen, z.B. wegen Schlechtwetters) oder Altersgrenzen.

1. Diese **tariflichen Individualnormen** gelten **bei beiderseitiger Tarifgebundenheit**   **42**
(§ 3 Abs. 1 TVG) **bzw. bei Allgemeinverbindlichkeit** des Tarifvertrags nach § 5 TVG (vgl.
unter Rn. 51 ff.) gemäß **§ 4 Abs. 1 TVG unmittelbar und zwingend.** Sie wirken danach
auf die einzelnen Arbeitsverhältnisse gesetzesgleich, also normativ ein, ohne Inhalt des
Arbeitsvertrags zu werden. Abweichende vertragliche Vereinbarungen sind grds. nach
§ 134 BGB unwirksam.[115] Ein Verzicht auf tarifliche Rechte ist gemäß § 4 Abs. 4 S. 1 TVG
nur mit Zustimmung der Tarifvertragsparteien möglich. Die Verwirkung von tariflichen
Rechten ist ausgeschlossen und diesbezügliche Verfallfristen sind nur in Tarifverträgen
zulässig, § 4 Abs. 4 S. 2 TVG.

Der nach § 4 Abs. 1 TVG **zwingende Charakter der Tarifnormen** erfährt allerdings drei
wichtige **Einschränkungen**, nämlich:

- **Öffnungsklausel, § 4 Abs. 3 TVG:** Abweichende Vereinbarung zuungunsten der Arbeitnehmer zulässig, „soweit sie durch den Tarifvertrag gestattet sind".

- **Günstigkeitsprinzip, § 4 Abs. 3 TVG:** Abweichungen zugunsten der Arbeitnehmer
  sind zulässig, weil es in diesem Fall des kollektiven Schutzes durch den Tarifvertrag
  nicht bedarf (vgl. dazu auch AS-Skript ArbeitsR [2019], Rn. 646 ff.).

- **Nachwirkung** nach **§ 4 Abs. 5 TVG** (vgl. dazu Rn. 56 f.). Nach Beendigung des Tarifvertrags gelten zwar die Tarifnormen weiter, sie haben jedoch in der Nachwirkungsphase keine zwingende Wirkung mehr und können deshalb auch zum Nachteil der
  Arbeitnehmer abgeändert werden.

---

113   BAFG NZA 2013, 1026; BAG NZA 2011, 808; BAG NZA 2011, 468; Löwisch/Rieble § 1 TVG Rn. 1752 ff.

114   BAG NZA 2011, 808; AP Nr. 24 zu § 1 TVG Tarifverträge: Bewachungsgewerbe; Kempen/Zeibig/Zachert § 1 TVG Rn. 988 f.

115   BAG NZA 2019, 51; BAG NZA 2004, 326, 327 f.; B/R/H Rn. 680 ff.; Dütz/Thüsing Rn. 569.

Beispiele zur Zulässigkeit abweichender Vereinbarungen vom Tarifvertrag

1. Der TV sieht einen Weihnachtsgeldanspruch in Höhe eines Monatsbruttoeinkommens vor. Trotz beiderseitiger Verbandsmitgliedschaft und damit Tarifbindung nach § 3 Abs. 1 TVG vereinbaren der Arbeitgeber U und der Arbeitnehmer A, dass wegen wirtschaftlicher Schwierigkeiten des U lediglich ein Weihnachtsgeld in Höhe eines halben Monatsgehalts gezahlt wird.

Die Vereinbarung ist nach § 134 BGB i.V.m. § 4 Abs. 1, 3 TVG nichtig, weil sie zuungunsten des A von der tariflichen Weihnachtsgeldregelung abweicht, ohne dass eine Öffnungsklausel i.S.d. § 4 Abs. 3 TVG vorliegt. A kann daher das Weihnachtsgeld in voller Höhe aus dem TV i.V.m. dem Arbeitsvertrag verlangen.

2. Der einschlägige LohnTV war bis zum 31.12.2018 nach § 5 TVG allgemeinverbindlich und sah einen Stundenlohn von 8–14 € vor. Um betriebsbedingte Kündigungen zu vermeiden, schließt U mit seinen Arbeitnehmern, die während der Laufzeit des TV beschäftigt waren, im Januar 2019 Änderungsverträge ab, die einen jeweils um 10% niedrigeren Lohn vorsehen.

Die Vereinbarungen sind nach dem Grundsatz der Vertragsfreiheit entspr. § 105 GewO zulässig, weil der bis zum 31.12.2018 allgemeinverbindliche LohnTV nach diesem Zeitpunkt gemäß § 4 Abs. 5 TVG nur noch nachwirkt und deshalb auch keine zwingende Wirkung nach § 4 Abs. 1, 3 TVG mehr hat. Abweichungen von einem nur nachwirkenden TV zum Nachteil der Arbeitnehmer sind deshalb zulässig.[116]

3. Der tarifgebundene U einigt sich mit Zustimmung des Betriebsrats mit allen Arbeitnehmern im Rahmen eines „Bündnisses für Arbeit" darauf, dass zum Zwecke der Vermeidung von 200 Entlassungen die Arbeitszeit von 35 auf 40 Stunden pro Woche ohne vollständigen Lohnausgleich erhöht wird. Als Gegenleistung dafür verzichtet U für die Dauer von drei Jahren auf betriebsbedingte Kündigungen. Nach Rücksprache mit seiner Gewerkschaft will A doch nur 35 Stunden pro Woche arbeiten. Zu Recht?

A wäre nur dann an die einzelvertraglich vereinbarte Abweichung von dem Tarifvertrag gebunden, wenn sie für ihn günstiger wäre, § 4 Abs. 3 TVG. Das BAG lehnt die Anwendung des Günstigkeitsprinzips bei einzelvertraglichen Änderungen von Entgelt- und Arbeitszeitregelungen als Ausgleich für eine Beschäftigungsgarantie ab, weil diese Regelungen nicht in einem sachlichen Zusammenhang stehen, sodass ein Sachgruppenvergleich und damit die Feststellung der Günstigkeit nicht möglich ist.[117]

43   **2. Die tariflichen Regelungen der betrieblichen und betriebsverfassungsrechtlichen** Fragen i.S.d. § 1 Abs. 1 a.E. TVG sind – anders Individualnormen – gemäß § 3 Abs. 2 TVG bereits dann anwendbar, wenn nur der **Arbeitgeber tarifgebunden** ist. Es ist also **keine beiderseitige Tarifbindung erforderlich.**[118] Obwohl diese Normen, die betriebseinheitlich gelten, auch gewerkschaftlich nicht organisierte Arbeitnehmer erfassen, ist § 3 Abs. 2 TVG nach ganz h.M. auch bei Berücksichtigung der durch Art. 9 Abs. 3 GG geschützten negativen Koalitionsfreiheit der „Außenseiter" verfassungsgemäß.[119]

a) Eine **Norm über betriebliche Fragen** (sog. Betriebsnorm) liegt nur dann vor, wenn deren Anknüpfungspunkt der Betrieb, also die Betriebszugehörigkeit, nicht dagegen die Verbandszugehörigkeit der Arbeitnehmer ist. Die Betriebsnorm muss sich daher zum einen auf eine Frage beziehen, „die unmittelbar die **Organisation und die Gestaltung des Betriebs**, also der Belegschaft und der Betriebsmittel betrifft". Außerdem ist nach h.M. ein **tatsächlicher oder rechtlicher Zwang zu einer einheitlichen Geltung** im gesamten Betrieb (Regelfall) oder für eine bestimmte Arbeitnehmergruppe (Ausnahmefall) ein **unerlässliches Begriffsmerkmal**, weil nur dann die Erstreckung der Tarif-

---

116 BAG NZA 2006, 923 u. BAG NZA 2002, 750 zur Änderungskündigung zum Zwecke der Lohnreduzierung in der Nachwirkungsphase eines TV.

117 BAG NZA 2017, 14; BAG NZA 1999, 1037; Löwisch BB 1999, 280, 281; a.A. Kast/Freihube BB 2003, 2569; Kast/Stuhlmann BB 2000, 614, 615; Buchner NZA 1999, 897, die überwiegend auf die Günstigkeit aus der subjektiven Sicht des AN abstellen; krit. auch Lehmann BB 2010, 2821 ff.; Schliemann NZA 2003, 122; Robert NZA 2004, 633; vgl. auch Rn. 85.

118 BAG NZA 2013, 738; Schaub/Treber § 204 Rn. 18 f.; Kleinebrink ArbRB 2019, 89, 90; a.A. ErfK/Franzen § 3 TVG Rn. 17; MünchArbR/Klumpp § 245 Rn. 39: Wenigstens ein AN muss Gewerkschaftsmitglied sein.

119 Löwisch/Rieble § 3 TVG Rn. 34 u. § 1 TVG Rn. 462 ff.; Däubler/Lorenz § 3 TVG Rn. 62 ff.; ErfK/Franzen § 3 TVG Rn. 17 m.w.N.

normen auch auf Außenseiter sachlich gerechtfertigt werden kann. Immer dann, wenn eine Regelung nicht Inhalt eines Individualarbeitsvertrags sein kann, handelt es sich um Betriebsnormen und nicht um Inhalts- oder Abschlussnormen. Dabei ist das Nichtkönnen nicht i.S. einer naturwissenschaftlichen Unmöglichkeit zu verstehen, da theoretisch fast jede Sachmaterie als Arbeitsbedingung im Arbeitsvertrag geregelt werden kann. Vielmehr reicht es für die Annahme einer Betriebsnorm aus, wenn eine individualvertragliche Regelung wegen evident sachlogischer Unzweckmäßigkeit ausscheidet.[120]

Die vielfach bei Betriebsnormen anzutreffende Differenzierung zwischen den sog. Solidarnormen (= Regelungen zugunsten der Belegschaft) und Ordnungsnormen (= Regelungen der betrieblichen Ordnung) hat das BAG zu Recht verworfen, weil damit insbesondere im Hinblick auf den Schutz der Außenseiter keine präzise Inhaltsbestimmung möglich ist.[121]

Da Betriebsnormen nicht das einzelne Arbeitsverhältnis, sondern das „betriebliche Rechtsverhältnis zwischen dem Arbeitgeber und der Belegschaft als Kollektiv" regeln, können einzelne **Arbeitnehmer aus diesen Normen grds. keine Rechte** (Pflichten) **ableiten**, da sie davon nur reflexartig betroffen werden.[122]   **44**

Beispiele zu Betriebsnormen:

1. Tarifliche Arbeitszeitquote

Eine Tarifnorm, die dem Arbeitgeber vorschreibt, welcher Prozentsatz der Belegschaft eine verlängerte regelmäßige Arbeitszeit haben darf, ist eine Betriebsnorm i.S.d. § 3 Abs. 2 TVG. Der einzelne Arbeitnehmer kann danach zwar keine Verlängerung der tariflichen Arbeitszeit verlangen, dem Betriebsrat kann aber im Einzelfall das Recht zustehen, die Zustimmung zur Einstellung eines Arbeitnehmers mit der verlängerten Arbeitszeit auch dann nach § 99 Abs. 2 Nr. 1 BetrVG zu verweigern, wenn dieser Arbeitnehmer kein Gewerkschaftsmitglied ist.[123]

2. Tarifliche Besetzungsklauseln

Die sog. quantitativen Besetzungsregelungen, die die Mindestanzahl der an bestimmten Maschinen zu beschäftigenden Arbeitnehmer/Fachkräfte festlegen, sind zumindest auch Betriebsnormen. Betriebsnormen sind sie deshalb, weil sie gerade nicht auf das einzelne Arbeitsverhältnis abstellen, sondern auf die Besetzung des Arbeitsplatzes als objektiven Faktor. Eine Regelung, die die Besetzung eines Arbeitsplatzes wegen seiner Anforderungen von einer bestimmten Ausbildung abhängig macht bzw. mit einer bestimmten Anzahl von Arbeitnehmern vorschreibt, kann sinnvollerweise nur für alle Arbeitnehmer einheitlich ohne Rücksicht auf die Organisationszugehörigkeit erfolgen. Daraus kann z.B. ein Zustimmungsverweigerungsrecht des Betriebsrats nach § 99 Abs. 2 Nr. 1 BetrVG bei Einstellung/Versetzung eines Arbeitnehmers folgen, der die Anforderungen nicht erfüllt.[124]

Weitere Beispiele: Die Begrenzung des Anspruchs auf Abschluss eines Altersteilzeitvertrags auf 5% der Arbeitnehmer eines Betriebs ist keine Betriebsnorm nach § 3 Abs. 2 TVG, weil sie nicht normativ für alle Arbeitnehmer oder bestimmte Arbeitnehmergruppen gilt, sondern untrennbar mit dem individuellen Anspruch des Arbeitnehmers auf Ermäßigung seiner Arbeitszeit verbunden ist und den Arbeitgeber vor einer finanziellen Überforderung schützen will. Die Tatsache, dass die Überforderungsklausel sich ändernd auf Zusammensetzung der Belegschaft auswirkt, ändert daran nichts, weil es sich dabei nur um einen Reflex der Begrenzung des individuellen Anspruchs der Arbeitnehmer handelt.[125]

---

120 BAG NZA 2009, 58 ff.; MünchArbR/Klumpp § 245 Rn. 5 ff.; Wiedemann/Oetker § 3 TVG Rn. 196 ff.; Sievers jM 2019, 100, 101; a.A. Hanau RdA 1996, 158: Gleichheits-/Praktikabilitätsgründe genügen.

121 BAG NZA 1999, 850 ff.; MünchArbR/Klumpp § 240 Rn. 2.

122 BAG NZA 2011, 808; 1999, 1157; MünchArbR/Klumpp § 172 Rn. 17 m.w.N.

123 Vgl. dazu BAG NZA 1998, 213 ff.; Schubert RdA 2001, 199, 203.

124 Vgl. BAG NZA 1999, 1157; 1991, 675; Wiedemann/Thüsing § 1 TVG Rn. 704 m.w.N.

125 BAG DB 2004, 935 und BAG DB 2001, 2609: FirmenTV zur Beschäftigungssicherung durch Arbeitszeitverringerung gegen (teilweise) Lohnverringerung und Kündigungsschutz können (auch) Betriebsnormen sein; vgl. auch MünchArbR/Klumpp § 240 Rn. 11 ff., 14.

45   **b)** Die Tarifmacht für **betriebsverfassungsrechtliche Fragen** nach § 1 Abs. 1 a.E. TVG erstreckt sich auf die Regelung der Organisation der Betriebsverfassung und die Rechte des Betriebsrats, wobei das BetrVG selbst an einigen Stellen tarifvertragliche Regelungen ausdrücklich zulässt (z.B. §§ 3, 47 Abs. 4, 76 Abs. 8, 77 Abs. 3, 86 BetrVG). Eine **Einschränkung der Mitbestimmungsrechte des Betriebsrats** durch tarifliche Regelungen ist nach allg. Ansicht **unzulässig**, sofern das BetrVG selbst (z.B. § 38 für Freistellungen) keine abweichenden Regelungen zulässt. **Zulässig** ist dagegen nach h.M. grds. eine **Erweiterung der Beteiligungsrechte des Betriebsrats durch Tarifvertrag**.[126]

Beispiele zur Erweiterung der Beteiligungsrechte des Betriebsrats:

1. Nach BAG kann dem Betriebsrat in personellen Angelegenheiten durch einen TV abweichend von § 99 BetrVG, der nur ein Zustimmungsverweigerungsrecht vorsieht, ein echtes Mitbestimmungsrecht eingeräumt werden.[127]

2. Nach BAG kann die Wirksamkeit einer Kündigung abweichend von § 102 BetrVG, der als Wirksamkeitsvoraussetzung nur eine Anhörung vorsieht, in einem TV (nicht in einem Arbeitsvertrag) von der Zustimmung des Betriebsrats abhängig gemacht werden.[128]

3. Nach BAG ist es zulässig, den Betriebspartnern (Arbeitgeber und Betriebsrat) nicht nur die Festlegung der Lage (vgl. § 87 Abs. 1 Nr. 2 BetrVG), sondern auch die Dauer der täglichen Wochenarbeitszeit in einem von den Tarifvertragsparteien gesteckten Rahmen zu überlassen.[129]

46   **3.** Schließlich können die Tarifvertragsparteien nach **§ 4 Abs. 2 TVG gemeinsame Einrichtungen** errichten und deren **Satzungen** mit unmittelbarer und zwingender Wirkung ausstatten sowie das Verhältnis der Einrichtungen zu den tarifgebundenen Arbeitgebern und Arbeitnehmern regeln. Als Beispiele für gemeinsame Einrichtungen nennt § 4 Abs. 2 TVG selbst Lohnausgleichs- und Urlaubskassen, die z.B. im Baugewerbe vorhanden sind. Möglich ist nach § 4 Abs. 2 TVG auch die Errichtung von Zusatzversorgungskassen.[130]

47   **4.** Der Tarifvertrag ist zwar aufgrund der Art seines Zustandekommens ein Vertrag, da jedoch sein normativer Teil für Dritte geltende Rechtsnormen enthält, kann er nach allgemeiner Ansicht – anders als der schuldrechtliche Teil – aus Gründen der Rechtssicherheit und Rechtsklarheit nicht nach den für das allgemeine Vertragsrecht geltenden Auslegungsregeln (§§ 133, 157 BGB) ausgelegt werden. Vielmehr erfolgt die **Auslegung des normativen Teils des Tarifvertrags nach h.M. nach den für die Auslegung von Gesetzen geltenden Regeln.** Dabei ist zunächst vom Tarifwortlaut auszugehen, wobei der maßgebliche Sinn der Erklärung zu erforschen ist, ohne am Buchstaben zu haften. Bei einem nicht eindeutigen Tarifwortlaut ist der wirkliche Wille der Tarifvertragsparteien mitzuberücksichtigen, soweit er in den tariflichen Normen seinen Niederschlag gefunden hat. Abzustellen ist stets auf den tariflichen Gesamtzusammenhang, weil dieser Anhaltspunkte für den wirklichen Willen der Tarifvertragsparteien liefert und nur so Sinn und Zweck der Tarifnorm zutreffend ermittelt werden können. Lässt dies zweifelsfreie Auslegungsergebnisse nicht zu, dann können die Gerichte für Arbeitssachen ohne Bindung an eine Reihenfolge weitere Kriterien wie die Entstehungsgeschichte des Tarif-

---

126   BAG NZA 2005, 371; MünchArbR/Klumpp § 240 Rn. 36 ff.; a.A. Richardi/Richardi, Einl. Rn. 143 ff., 146 ff.

127   BAG AP Nr. 53 zu § 99 BetrVG m. Anm. Lund; a.A. S/W/S § 99 BetrVG Rn. 10, 10 a.

128   BAG NZA 2009, 915; a.A. S/W/S § 102 BetrVG Rn. 18.

129   BAG SAE 1988, 97 ff. m. abl. Anm. Löwisch; Däubler/Lorenz § 3 TVG Rn. 71 f. m.w.N.

130   Vgl. dazu MünchArbR/Klumpp § 242 Rn. 1 ff.; Kempen/Seifert § 4 TVG Rn. 286 ff.

vertrags, ggf. auch die praktische Tarifübung ergänzend hinzuziehen. Auch die Praktikabilität denkbarer Auslegungsergebnisse ist zu berücksichtigen; im Zweifel gebührt derjenigen Tarifauslegung der Vorzug, die zu einer vernünftigen, sachgerechten, zweckorientierten und praktisch brauchbaren Regelung führt. Im Zweifel ist stets davon auszugehen, dass die Tarifvertragsparteien Regelungen treffen wollten, die nicht wegen Unvereinbarkeit mit zwingendem höherrangigem Recht unwirksam sind.[131]

Bei **Tarifnormen, die sich auf gesetzlich geregelte Bereiche beziehen**, ist stets sorgfältig zu prüfen, ob der Tarifvertrag eine eigenständige tarifliche Regelung enthält oder lediglich aus Klarstellungsgründen die gesetzliche Regelung wort- oder inhaltsgleich wiederholt, also nur deklaratorischen Charakter hat.[132] **48**

Beispiel zur Eigenständigkeit einer tariflichen Regelung bei Bezugnahme auf Gesetz:
A war seit Juni 1992 bei U als Angestellter beschäftigt. Der wegen beiderseitiger Tarifbindung anwendbare Manteltarifvertrag aus dem Jahr 1991 sieht bei Angestellten eine Grundkündigungsfrist von sechs Wochen zum Quartalsende sowie entsprechend der Dauer der Betriebszugehörigkeit verlängerte Kündigungsfristen vor. Diese Regelungen entsprachen der bis Oktober 1993 geltenden gesetzlichen Regelung für Angestellte. Im Oktober 1993 wurde § 622 BGB geändert, der einheitlich für Angestellte und Arbeiter (früher: zwei Wochen) eine Grundkündigungsfrist von vier Wochen zum 15. oder Monatsende regelt. Am 15.01.1994 erhielt A eine wirksame ordentliche Kündigung zum 15.02.1994. Ist die Kündigung fristgerecht?

Werden gesetzliche Vorschriften wörtlich oder inhaltlich unverändert in einen Tarifvertrag aufgenommen, liegt nur eine deklaratorische Klausel vor, wenn der Wille der Tarifvertragsparteien zu einer gesetzesunabhängigen eigenständigen Tarifregelung im Tarifvertrag keinen hinreichend erkennbaren Ausdruck gefunden hat. Da der Tarifvertrag nur den Wortlaut der bisherigen gesetzlichen Bestimmung wiederholte, enthielt er hinsichtlich der Kündigungsfrist keine eigenständige (konstitutive) Regelung, sondern nur eine deklaratorische Verweisung auf die geltenden gesetzlichen Regelungen. Es gilt daher die Kündigungsfrist des § 622 Abs. 1 BGB von vier Wochen zum 15. oder zum Ende eines Monats. Die Kündigung ist also fristgerecht.[133]

Ergibt die Auslegung eines Tarifvertrags, dass eine **unbewusste Regelungslücke** vorliegt (z.B. wegen einer nachträglichen Gesetzesänderung), kommt eine Schließung der Regelungslücke durch ergänzende Auslegung, ggf. unter Rückgriff auf eine artverwandte und vergleichbare Regelung nach h.M. nur dann in Betracht, wenn unter Berücksichtigung von Treu und Glauben ausreichende Anhaltspunkte dafür bestehen, wie die Tarifvertragsparteien den Sachverhalt bei Kenntnis der Lücke geregelt hätten. Eine Auslegung scheidet allerdings aus, wenn **mehrere Möglichkeiten bestehen**, die Lücke zu schließen, weil die Auswahl der **Lösungsmöglichkeit** allein den **Tarifvertragsparteien überlassen bleibt**. Eine Ausfüllung der Lücke durch das Gericht würde einen unzulässigen Eingriff in die verfassungsrechtlich geschützte Tarifautonomie bedeuten.[134] **49**

Beim **Streit der Tarifvertragsparteien um die Auslegung eines Tarifvertrags** steht ihnen gemäß § 2 Abs. 1 Nr. 1 ArbGG i.V.m. § 9 TVG ein besonderes Verfahren zur Verfügung. Eine rechtskräftige Entscheidung in diesem sog. **Verbandsklageverfahren**, das im Urteilsverfahren durchzuführen ist (Feststellungsklage i.S.d. § 256 ZPO), hat Bin- **50**

---

131 BAG ArbR 2019, 222 m. Anm. Mertten; BAG NZA 2019, 314; BAG ArbR 2014, 228; BAG BB 2011, 1395; Löwisch/Rieble § 1 TVG Rn. 1459 ff., 1487, 1495; a.A. Wiedemann/Wank § 1 TVG Rn. 960 ff.: Grds. der Vertragsauslegung.

132 Vgl. dazu BAG BB 2002, 1966 ff.; Löwisch/Rieble § 1 TVG Rn. 1501 ff.

133 BAG RÜ 2002, 113; BAG NZA 1996, 539; Däubler/Däubler, Einl. Rn. 630 ff.

134 BAG NZA 2019, 622; BAG ZTR 2014, 265; BAG NZA-RR 2014, 431; MünchArbR/Klumpp § 243 Rn. 1 ff., 47 ff.; Däubler/Däubler, Einl. 590 ff., 600 ff. mit Meinungsübersicht.

dungswirkung sowohl zwischen den Tarifvertragsparteien selbst als auch im Verhältnis zu den tarifgebundenen Mitgliedern.[135] Die ganz h.M. nimmt außerdem die Bindungswirkung nach § 9 TVG im Interesse einer einheitlichen Anwendung der Tarifnorm auch bei einzelvertraglicher Bezugnahme auf den Tarifvertrag in Rechtsstreitigkeiten an, in denen eine der Prozessparteien an den Tarifvertrag nach § 3 Abs. 1 TVG gebunden ist. Stehen dagegen auf beiden Seiten des Rechtsstreits tarifliche Außenseiter, sodass der Tarifvertrag ausschließlich wegen der einzelvertraglichen Bezugnahme anwendbar ist, ist § 9 TVG nach seinem klaren Wortlaut nach h.M. auch nicht entspr. anwendbar. Die einzelvertragliche Bezugnahmeklausel kann aber so ausgelegt werden, dass sie auch Entscheidungen nach § 9 TVG erfasst.[136] In einem Rechtsstreit zwischen zwei Arbeitsvertragsparteien ist der Inhalt des nach dem Vorbringen einschlägigen Tarifvertrages entspr. § 293 ZPO von Amts wegen durch das Gericht zu ermitteln, weil es sich dabei um Rechtsnormen handelt.[137]

D. Der Geltungsbereich des normativen Teils des Tarifvertrags

51 Die normativen Regelungen eines Tarifvertrags gelten nur für solche Arbeitnehmer, die dem zeitlichen, räumlichen, betrieblichen, fachlichen und persönlichen Geltungsbereich des Tarifvertrags unterliegen. Die Regelung des Geltungsbereichs eines Tarifvertrags gehört zum Kernbereich der durch Art. 9 Abs. 3 GG verfassungsrechtlich garantierten Tarifautonomie, sodass die Tarifvertragsparteien grds. frei darüber bestimmen können, ob, für welche Betriebe, Tätigkeiten und Personengruppen sie im Rahmen ihrer Zuständigkeit Tarifverträge abschließen.[138] Der Staat darf deshalb den Tarifvertragsparteien auch keinen Regelungsauftrag für bestimmte Regelungsgebiete, auch nicht unter dem Gesichtspunkt des Gleichheitssatzes erteilen.[139] Regelungen zum Geltungsbereich befinden sich regelmäßig am Anfang eines Tarifvertrags.

I. Der zeitliche Anwendungsbereich eines Tarifvertrags

52 **1.** Der **Beginn der normativen Wirkung eines Tarifvertrags** richtet sich nach dem Tarifvertrag selbst, der i.d.R. den Zeitpunkt des Inkrafttretens regelt. Fehlt eine solche Regelung, tritt die normative Wirkung mit Abschluss des Tarifvertrags ein, der gleichzeitig den bisherigen Tarifvertrag nach dem Ordnungsprinzip ablöst.[140] Bei allgemeinverbindlichen Tarifverträgen i.S.d. § 5 TVG ist der Beginn der normativen Wirkung in der Allgemeinverbindlichkeitserklärung geregelt, deren Bekanntmachung gemäß § 5 Abs. 7 TVG Wirksamkeitsvoraussetzung ist.[141]

53 Eine **Rückwirkung von Tarifverträgen** ist nach ganz h.M. nach den gleichen Grundsätzen zulässig wie bei Gesetzen. Voraussetzung für eine normative Rückwirkung eines Tarifvertrages, die klar und unmissverständlich geregelt sein muss, ist zunächst, dass sowohl im Zeitpunkt des Inkrafttretens als auch im Zeitpunkt des Tarifabschlusses beider-

---

135 BAG NZA 2017, 326; BAG NZA 2008, 1086; MünchArbR/Klumpp § 244 Rn. 5 ff; Löwisch/Rieble § 9 TVG Rn. 92 ff.

136 Vgl. dazu Wiedemann/Oetker § 9 TVG Rn. 48 ff.; Kempen/Zeibig/Zachert § 9 TVG Rn. 16 ff., 33; jeweils m.w.N.

137 BAG NZA 1993, 995; Wiedemann/Wank § 1 TVG Rn. 1020 m.w.N.

138 BAG NZA 2013, 1363; BAG SAE 2007, 285 m. Anm. Klebeck SAE 2007, 271.

139 BAG NZA 1985, 602 ff.; MünchArbR/Klumpp § 238 Rn. 4 ff. und Fall 4, Rn. 71 ff.

140 BAG NZA-RR 2010, 477; MünchArbR/Klumpp § 238 Rn. 52 ff.; Däubler/Deinert § 4 TVG Rn. 475 ff.

141 BAG ArbRB 2019, 7 m. Anm. Markowski; Schaub/Treber § 205 Rn. 32; Däubler/Lakies § 5 TVG Rn. 200 ff., 205.

seitige Tarifbindung vorlag, weil anderenfalls die Tarifbindung über §§ 3, 5 TVG hinaus erweitert würde. Darüber hinaus dürfen durch die Rückwirkung rechtsstaatliche Grundsätze, insbes. das Gebot des Vertrauensschutzes nicht verletzt werden.[142] Daraus folgt:

- Eine sog. **echte Rückwirkung**, die dann gegeben ist, wenn die Rechtsfolgen einer Tarifnorm – bezogen auf den Zeitpunkt ihres Inkrafttretens – in der Vergangenheit eintreten sollen, ist grds. unzulässig. Etwas anderes gilt aber ausnahmsweise dann, wenn und soweit kein schützenswertes Vertrauen der Arbeitnehmer vorliegt. Dies ist insbesondere dann der Fall, wenn sie mit einer entsprechenden Änderung rechnen mussten. In diesem Fall können auch bereits entstandene und fällig gewordene, aber noch nicht abgewickelte Ansprüche, die aus einer Tarifnorm folgen (sog. „wohlerworbene Rechte"), während der Laufzeit des Tarifvertrags rückwirkend verändert werden.[143] Keine Bedenken bestehen dagegen, wenn der Arbeitgeber zu seinen Lasten Vereinbarungen (z.B. HausTV, Betriebsvereinbarung) mit echter Rückwirkung trifft. Da es sich dabei aber um einschneidende und atypische Ausnahmeregelungen handelt, müssen sie klar und unmissverständlich sein.[144]

Beispiele zur echten Rückwirkung eines Tarifvertrags:

1. Rückwirkende Absenkung des Weihnachtsgeldes

Mitte Dezember einigen sich die Tarifvertragsparteien darauf, dass der TV über das Weihnachtsgeld, das an sich zum 01.12. fällig war, mit Rückwirkung zum 01.11. abgeändert und das Weihnachtsgeld um 10% gekürzt wird. Die Arbeitnehmer wurden seit Oktober durch die Gewerkschaft über die von den Arbeitgebern beabsichtigten Kürzungen informiert. Eine Rückwirkung ist in diesem Fall mangels Vertrauensschutzes zulässig.[145]

2. Änderung der ordentlichen Unkündbarkeit

Nach § 20 des MantelTV sind Arbeitnehmer nach Vollendung des 45. Lebensjahres und 10-jähriger Betriebszugehörigkeit ordentlich unkündbar. U hat dennoch dem danach unkündbaren 46 jährigen A im Juni ordentlich gekündigt. Im September wird die Regelung mit Rückwirkung zum 01.01. dahingehend geändert, dass die ordentliche Kündigung erst nach Vollendung des 50. Lebensjahres ausgeschlossen ist. Hier liegt keine zulässige Rückwirkung vor, da für die Wirksamkeit der Zeitpunkt der Kündigung maßgeblich ist, sodass eine rückwirkende Regelung wegen des bereits abgeschlossenen Sachverhalts nicht möglich ist. Das Gleiche gilt für rückwirkende Kündigungsverbote oder Erschwerungen.[146]

- Eine sog. **unechte Rückwirkung** liegt vor, wenn der Tarifvertrag auf gegenwärtige, noch nicht abgeschlossene Sachverhalte für die Zukunft einwirkt. Sie ist grds. zulässig, es sei denn, besondere Umstände begründen ein schützenswertes Vertrauen der Arbeitnehmer.[147]   **54**

Beispiel zur unechten Rückwirkung eines Tarifvertrags:
Der Ausschluss des ordentlichen Kündigungsrechts tritt aufgrund einer Änderung des TV künftig nicht bereits nach 10-jähriger, sondern erst nach 15-jähriger Betriebszugehörigkeit ein. Eine Änderung ist hier zulässig, weil künftige Rechtsfolgen geregelt werden und kein Arbeitnehmer darauf vertrauen kann, dass seine Arbeitsbedingungen nicht durch einen TV verschlechtert werden.[148]

---

142 BAG ZTR 2019, 100; BAGBAG NZA 2015, 1059; BAG NZA 2007, 634; Wiedemann/Thüsing § 1 TVG Rn. 146 ff., 153 ff.; Kempen/Stein § 4 TVG Rn. 157 ff.; ausführl. dazu Bieder AuR 2008, 244; Houben NZA 2007, 130.
143 Vgl. BAG ZTR 2019, 100; BAG NZA 2015, 1059; Däubler/Deinert § 4 TVG Rn. 23 ff.; MünchArbR/Klumpp § 237 Rn. 76 ff.
144 BAG NZA 2014, 1030; BAG DB 2002, 2335, 2336; MünchArbR/Klumpp § 237 Rn. 79; Däubler/Deinert § 4 TVG Rn. 23 ff.
145 Vgl. dazu BAG BB 2004, 494 ff.; Däubler/Deinert § 4 TVG Rn. 22 ff., 28 ff.
146 Vgl. auch MünchArbR/Klumpp § 237 Rn. 81 ff.; Löwisch/Rieble § 1 TVG Rn. 1022 ff.; Däubler/Deinert § 4 TVG Rn. 51ff.
147 BVerfG NJW 2010, 3629; BAG ZTR 2019, 100; BAG NZA 2015, 1059; BAG NZA 2012, 803; Schaub/Treber § 202 Rn. 27 ff.
148 Vgl. BAG NZA 2006, 868; Bröhl RdA 2010, 170, 177; a.A. Worawietz AiB 2007, 373.

55 **2. Das Ende der normativen Wirkung eines Tarifvertrags** richtet sich **bei beiderseitiger Tarifgebundenheit nach Vertragsrecht.** Beendigungsgründe sind daher Befristung, auflösende Bedingung (z.B. Scheitern der Tarifverhandlungen), Aufhebungsvertrag sowie ordentliche und außerordentliche Kündigung.[149] Bei unbefristeten Tarifverträgen ist die ordentliche Kündigung grds. grundlos möglich. Sieht der Tarifvertrag selbst keine Kündigungsfrist vor, ist er entspr. § 77 Abs. 5 BetrVG, § 28 Abs. 2 S. 4 SprAuG mit einer Frist von drei Monaten kündbar.[150] Bei befristeten Tarifverträgen ist die ordentliche Kündigung allerdings grds. ausgeschlossen.[151] Keine Beendigung der normativen Wirkung eines Tarifvertrags tritt dagegen nach heute h.M. mit dem Verlust der Tariffähigkeit oder der Tarifzuständigkeit, insb. im Falle der Auflösung eines Verbandes, ein.[152] Keinen Einfluss auf die normative Geltung eines Tarifvertrags hat dagegen aufgrund der in § 3 Abs. 3 TVG angeordneten Nachbindung ein Verbandsaustritt während der Laufzeit eines Tarifvertrags.[153] Ist der Tarifvertrag nicht befristet, dauert die Nachbindung nach § 3 Abs. 3 TVG nach h.M. nicht lediglich bis zum nächstmöglichen Kündigungstermin nach dem Austritt, sondern bis zu einer tatsächlichen Kündigung des Tarifvertrags. Die negative Koalitionsfreiheit des ausgetretenen Arbeitgebers wird dadurch nicht beeinträchtigt, da dieses Grundrecht nicht davor schützt, dass der Gesetzgeber Ergebnisse von Koalitionsvereinbarungen, die der Arbeitgeber mit seinem Verbandsbeitritt legitimiert, zum Anknüpfungspunkt gesetzlicher Regelungen nimmt. Außerdem hat der ausgetretene Arbeitgeber die Möglichkeit, durch den Abschluss eines HausTV die Nachbindung zu beenden.[154] Bei **Allgemeinverbindlichkeit** endet die zwingende Wirkung gemäß § 5 Abs. 5 TVG mit dem Ende des Tarifvertrags sowie mit deren Aufhebung.

Die Nachbindung nach § 3 Abs. 3 TVG endet nach h.M. mit dem sog. Herauswachsen aus dem betrieblichen Geltungsbereich eines TV aufgrund der Änderung des Betätigungsbereichs, weil § 3 Abs. 3 TVG nur das Merkmal der Tarifgebundenheit, nicht aber die übrigen Voraussetzungen für die Anwendbarkeit eines TV ersetzen soll. Er soll also dem Arbeitgeber nur den Anreiz nehmen, aus dem Arbeitgeberverband auszutreten und damit missliebigen TV zu entgehen.[155]

56 Nach Beendigung der normativen Wirkung „aufgrund des Ablaufs des Tarifvertrags" gelten die Tarifnormen aufgrund der durch **§ 4 Abs. 5 TVG** angeordneten **Nachwirkung** weiter, „um einen tariflosen Zustand und ein inhaltsleeres Arbeitsverhältnis" zu verhindern. Ausnahme: tariflicher Ausschluss der Nachwirkung, der nach ganz h.M. zulässig ist und auch konkludent erfolgen kann.[156] Für die Nachwirkung ist es unerheblich, ob der Tarifvertrag aufgrund beiderseitiger Tarifbindung oder einer Allgemeinverbindlichkeitserklärung galt.[157] Nach h.M. erstreckt sich allerdings die Nachwirkung nur auf

---

149 Vgl. Däubler/Deinert § 4 TVG Rn. 74 ff.; Löwisch/Rieble § 1 TVG Rn. 1559 ff.; Mückl/Krings BB 2012, 769; vgl. zum wichtigen Grund BAG NZA 2001, 788; Löwisch/Rieble § 1 TVG Rn. 1603 ff.

150 BAG NZA 1997, 1234; Schaub/Treber § 208 Rn. 5; Wiedemann/Wank § 4 TVG Rn. 24 m.w.N.

151 MünchArbR/Klumpp § 166 Rn. 8; Kempen/Stein § 4 TVG Rn. 192.

152 Vgl. BAG NZA 2008, 771; Thüsing/Emmert, 2. Kap., Rn. 187 ff., 194 ff.; Schaub/Treber § 208 Rn. 10, 12; Däubler/Deinert § 4 TVG Rn. 78 ff.; Kempen/Stein § 4 TVG Rn. 175; Wiedemann/Wank § 4 TVG Rn. 80 ff.: § 3 Abs. 3 TVG entspr.; a.A. MünchArbR/Klumpp § 260 Rn. 59 ff.; ErfK/Franzen § 2 TVG Rn. 5, 38.

153 BAG NZA 2019, 634; BAG NZA 2017, 402; BAG NZA 2010, 53 ff.; Däubler/Lorenz § 3 TVG Rn. 89 ff.; Besgen B+P 2017, 749.

154 BAG NZA 2010, 53 ff.; a.A. ErfK/Franzen § 3 TVG Rn. 27; noch anders Willemsen/Mehrens NZA 2010, 307, 309: Beschränkung auf ein Jahr entspr. § 613 a Abs. 1 S. 2 BGB; vgl. dazu auch Lobinger JZ 2013, 915; jeweils m.w.N.

155 BAG NZA 2006, 1225; BAG NZA 1998, 484 ff.; ErfK/Franzen § 3 TVG Rn. 24; Löwisch/Rieble § 3 TVG Rn. 241 ff., 253; a.A. Däubler/Lorenz § 3 TVG Rn. 88 f.; jeweils m.w.N.

156 BAG AP Nr. 25 zu § 1 TVG Tarifverträge: Musiker; a.A. Herschel ZfA 1976, 97; vgl. auch Löwisch/Rieble § 4 TVG Rn. 756 ff.

157 BVerfG NZA 2000, 947; BAG NZA 2017, 1623; BAG NZA 2006, 923; vgl. aber auch BAG DB 2011, 2099: Keine Nachwirkung für Rechtsnormen eines TV, dessen Geltung für nicht tarifgebundene AN und AG lediglich im Wege der RechtsVO nach § 7 Abs. 1 AEntG erstreckt wurde.

solche Arbeitsverhältnisse, die während der Laufze¡t des Tarifvertrags, auch während der Nachgebundenheit nach § 3 Abs. 3 TVG, begründet worden sind und beiderseitige Tarifbindung bestand. Auf Arbeitsverträge, die erst in der Nachwirkungsphase abgeschlossen worden sind, erstreckt sich die Nachwirkung also nicht.[158]

Nach dem Wortlaut des § 4 Abs. 5 TVG tritt die Nachwirkung nur beim „Ablauf eines Tarifvertrags" ein. Nach h.M. wird die Nachwirkung nach Sinn und Zweck dieser Norm durch jede Beendigung der Tarifgebundenheit ausgelöst, sodass die Tarifnormen insbes. auch bei einem Verbandsaustritt nachwirken.[159] Umstr. ist dagegen, ob die Nachwirkung auch bei einem Herauswachsen aus dem fachlichen Anwendungsbereich eines TV beim gleichzeitigen Verbandsaustritt eintritt.[160] Bei einer sog. Nachbindung des TV nach § 3 Abs. 3 TVG genügt für die Entstehung der Nachwirkung nach § 4 Abs. 5 TVG jede Änderung des bisherigen TV, ohne dass es auf die Qualität oder Relevanz der Änderung ankommt.[161]

In dem **Nachwirkungszeitraum haben die Tarifnormen** jedoch **keine zwingende** **57** **Wirkung mehr** und können deshalb auch durch eine einzelvertragliche Vereinbarung bzw. mittels einer Änderungskündigung zum Nachteil der Arbeitnehmer abgeändert werden.[162] Da jedoch die **Nachwirkung** nach § 4 Abs. 5 TVG nach h.M. **zeitlich nicht begrenzt** ist, wirken die Tarifnormen so lange nach, bis eine abweichende Regelung tatsächlich vereinbart wird.[163] Eine „andere Abmachung" i.S.d. § 4 Abs. 5 TVG, die die Nachwirkung eines Tarifvertrags beendet, liegt nur dann vor, wenn die Vereinbarung denselben Regelungsbereich betrifft. Nicht notwendig ist dagegen, dass sie erst nach Eintritt der Nachwirkung geschlossen wird, sie muss aber darauf gerichtet sein, bestimmte bestehende Tarifregelungen in Anbetracht ihrer absehbar bevorstehenden Beendigung und des darauffolgenden Eintritts der Nachwirkung abzuändern.[164]

Beispiel zum zeitlichen Anwendungsbereich eines TV:

A trat der zuständigen Gewerkschaft G, die einen bis zum 31.12.2018 laufenden TV mit dem zuständigen Arbeitgeberverband abgeschlossen hatte, im Juni 2018 bei, obwohl sein Arbeitgeber U während der Laufzeit dieses TV bereits mit Wirkung zum 31.12.2017 aus dem Arbeitgeberverband ausschied.

Der Austritt des U aus dem Arbeitgeberverband während der Laufzeit des TV hat auf den Fortbestand der zwingenden Tarifbindung für die vereinbarte Laufzeit des TV gemäß § 3 Abs. 3 TVG keinen Einfluss.[165] Da A noch während der zwingenden Geltungsdauer des TV der zuständigen Gewerkschaft beitrat, wurde zunächst bis zum 31.12.2018 eine zwingende Wirkung des TV nach §§ 3 Abs. 1, 3, 4 TVG begründet. Ab dem 01.01.2019 wirkt der TV gemäß § 4 Abs. 5 TVG nur noch nach. Während der Nachwirkungsphase können auch zum Nachteil der Arbeitnehmer abweichende Regelungen (z.B. im Arbeitsvertrag) wirksam vereinbart werden.[166]

---

158 BAG NZA 2019, 922; BAG NZA 2008, 886; Löwisch/Rieble § 4 TVG Rn. 708; a.A. Kempen/Kempen § 4 TVG Rn. 716 ff., 722; Wiedemann/Wank § 4 TVG Rn. 354 ff.; Däubler/Bepler § 4 TVG Rn. 887 ff.

159 BVerfG NZA 2000, 947; BAG NZA 2010, 53; BAG DB 2005, 2307 m. Anm. de Beauregard; Schaub ZTR 2000, 10, 12; a.A. Gerhards BB 1997, 362 ff.; Hoß/Liebscher DB 1995, 2525, 2526.

160 So BAG NZA 1998, 484, 4. Senat; Däubler/Bepler § 4 TVG Rn. 964 ff.; Löwisch/Rieble § 4 TVG Rn. 787 ff.; a.A. BAG NZA 1995, 178 ff., 9. Senat zum Herauswachsen bei Allgemeinverbindlichkeit.

161 BAG NZA 2010, 53; BAG AP Nr. 40 zu § 3 TVG; Löwisch/Rieble § 3 TVG Rn. 280; ErfK/Franzen § 3 TVG Rn. 26; Hanau/Kania DB 1995, 1229, 1232; a.A. Däubler/Lorenz § 3 TVG Rn. 121 ff., der darauf abstellt, ob und inwieweit der nicht geänderte Teil eine in sich geschlossene und sinnvolle Regelung darstellt.

162 BAG NZA 2006, 923; BAG NZA 2002, 750: Änderungskündigung/Lohnkürzung in der Nachwirkungsphase.

163 BVerfG AP Nr. 36 zu § 4 TVG; BAG NZA 2010, 53 ff.; BAG NZA 2004, 387; a.A. Kania BB 2004, 665 zum Verbandsaustritt bei TV mit zukünftiger Wirkung; vgl. auch BAG AuR 2019, 67 m. abl. Anm. Pionteck, zur Nachwirkung bei „Kettenverweisungen" auf Tarifverträge; ausführlich dazu Sprenger ZTR 2019, 3 ff. und 67 ff.

164 Vgl. BAG NZA 2018, 1150; BAG NZA 2017, 1410; BAG NZA-RR 2010, 477; Däubler/Bepler § 4 TVG Rn. 987 f.

165 BAG NZA 2004, 387, 388; Löwisch/Rieble § 3 TVG Rn. 241 ff.

166 Vgl. BAG NZA 2012, 281; BAG NZA-RR 2010, 30; Schaub/Treber § 208 Rn. 17 ff. und Willemsen/Mehrens NZA 2010, 307 ff.

II. Der räumliche Geltungsbereich eines Tarifvertrags

58   Der räumliche Geltungsbereich eines Tarifvertrags erstreckt sich mangels abweichender Regelungen auf das gesamte Tarifgebiet, für das die Tarifvertragsparteien nach ihrer Satzung zuständig sind.[167] Bei unterschiedlichen Zuständigkeitsbereichen ist der Verband maßgeblich, der den kleineren Zuständigkeitsbereich hat.[168] In den Tarifverträgen wird der räumliche Geltungsbereich (z.B. Bundes-, Landes- bzw. Bezirkstarifvertrag) genau festgelegt. Die Tarifvertragsparteien regeln üblicherweise auch den Anknüpfungspunkt für die Anwendbarkeit eines Tarifvertrags (z.B. Unternehmens- bzw. Betriebssitz). Fehlt eine solche Regelung, ist im Zweifel davon auszugehen, dass der Erfüllungsort des Arbeitsverhältnisses, der i.d.R. am Betriebssitz liegt, maßgeblich ist.[169] Bei Betriebsnormen richtet sich der Geltungsbereich notwendigerweise nach dem Betriebssitz.[170] Bei einer Betriebsverlegung außerhalb des räumlichen Geltungsbereiches verliert der Tarifvertrag seine unmittelbare zwingende Wirkung und wirkt nur noch nach § 4 Abs. 5 TVG nach.[171] Deutsche Tarifvertragsparteien können auch für ins Ausland entsandte Arbeitnehmer Tarifverträge abschließen.[172]

III. Der betriebliche Geltungsbereich eines Tarifvertrags

59   **1.** Da zumindest die Arbeitgeberverbände immer noch nach dem sog. Industrieverbandsprinzip organisiert sind, werden die **Tarifverträge regelmäßig für bestimmte Wirtschaftszweige** (z.B. Chemieindustrie, Baugewerbe) abgeschlossen. Maßgeblich für die Geltung eines Tarifvertrags ist also die **fachliche Ausrichtung eines Betriebs**. Unterhält ein Unternehmen mehrere selbstständige Betriebe mit verschiedenen Fachrichtungen, ist für jeden Betrieb der Tarifvertrag gültig, der der wirtschaftlichen Betätigung entspricht.[173] In sog. **Mischbetrieben**, in denen Tätigkeiten verschiedener Wirtschaftszweige verrichtet werden, kommt es für die betriebliche (fachliche) Zuordnung unter den Geltungsbereich eines Tarifvertrags beim Fehlen einer tariflichen Regelung entscheidend darauf an, mit welchen Aufgaben die überwiegende Zahl der Arbeitnehmer beschäftigt wird. Es gilt also insoweit der **Grundsatz der Tarifeinheit**.[174]

Beispiel: Der Elektriker in einem Chemiebetrieb unterfällt dem TV für die Chemieindustrie.

60   **2.** Überschneiden sich mehrere normativ geltende Tarifverträge, so spricht man von **Tarifkonkurrenz**, wenn beide Parteien eines Arbeitsverhältnisses gleichzeitig an mehrere Tarifverträge gebunden sind und deshalb mehrere Tarifverträge auf das gleiche Arbeitsverhältnis Anwendung finden müssten. Es liegt also eine gleichzeitige doppelte Tarifbindung auf beiden Seiten vor.[175] **Tarifpluralität** ist dagegen dann gegeben, wenn in

167 BAG NZA 2013, 1363; Däubler/Deinert § 4 TVG Rn. 204 ff.; ausführlich dazu Feudner BB 2004, 2297.
168 Löwisch/Rieble § 4 TVG Rn. 158 ff.; Däubler/Deinert § 4 TVG Rn. 204 ff., 225 ff.; Waltermann Rn. 624.
169 BAG AP Nr. 6 zu § 4 TVG „Geltungsbereich"; Schaub/Treber § 202 Rn. 7; Däubler/Deinert § 4 TVG Rn. 230 ff.
170 MünchArbR/Klumpp § 238 Rn. 21; Däubler/Deinert § 4 TVG Rn. 237.
171 Schaub/Treber § 202 Rn. 10; ErfK/Franzen § 3 TVG Rn. 21; Wiedemann/Wank § 4 TVG Rn. 138; a.A. Däubler/Deinert § 4 TVG Rn. 241: § 3 Abs. 3 TVG analog.
172 BAG NZA 1992, 321 ff.; MünchArbR/Klumpp § 233 Rn. 15; Wiedemann/Wank § 4 TVG Rn. 137.
173 BAG NZA 1988, 34 ff.; Schaub/Treber § 202 Rn. 14 ff.; Däubler/Deinert § 4 TVG Rn. 304 ff.
174 BAG AP Nr. 324 zu § 1 TVG Tarifverträge: Bau; BAG NZA 2010, 518; Schaub/Treber § 202 Rn. 14 ff.; Däubler/Deinert § 4 TVG Rn. 304 ff.; Boemke/Sachadae BB 2011, 1973; ausführlich dazu Giesen, ZfA 2019, 40 ff.
175 BAG ZTR 2010, 462; Löwisch/Rieble § 4 a TVG Rn. 9 ff.; Sprenger ZTR 2019, 67 ff.; Henssler RdA 2011, 65, 66.

einem Betrieb mehrere Tarifverträge normativ gelten, die Arbeitnehmer aber jeweils nur an einen dieser Tarifverträge gebunden sind. Eine doppelte Tarifbindung ist also nur beim Arbeitgeber gegeben, während für den jeweiligen Arbeitnehmer je nach Tarifbindung nur einer der beiden Tarifverträge Anwendung findet. Anders als bei der Tarifkonkurrenz sind also beide Parteien des Arbeitsvertrags gemeinsam nur an einen Tarifvertrag gebunden.[176]

Zur Tarifpluralität kann es kommen, wenn die Arbeitnehmer des Betriebs mehreren Gewerkschaften angehören (z.B. bei Zuständigkeit einer Gewerkschaft nach dem Berufsprinzip, der anderen – wie bei den DGB-Gewerkschaften – nach dem Industrieprinzip) und der Arbeitgeber oder der zuständige Arbeitgeberverband mit verschiedenen Gewerkschaften auch TV abgeschlossen hat oder eine Allgemeinverbindlichkeitserklärung z.B. zu einem HausTV hinzukommt. Zur Tarifkonkurrenz kann es insbes. dann kommen, wenn zur beiderseitigen Tarifbindung der Arbeitsvertragsparteien aufgrund beiderseitiger Verbandszugehörigkeit eine Allgemeinverbindlichkeitserklärung eines anderen TV hinzukommt oder ein verbandsangehöriger Arbeitgeber mit derselben Gewerkschaft einen HausTV abschließt.[177]

a) Nach der früheren Rspr. des BAG waren die **Fälle der Tarifkonkurrenz und der Ta-**   **61**
rifpluralität aus Gründen der Rechtssicherheit, Rechtsklarheit und Praktikabilität nach dem Grundsatz der Tarifeinheit („ein Betrieb, ein Tarifvertrag") zu lösen. In diesen Fällen ging – unabhängig von der Allgemeinverbindlichkeit eines dieser TV – grds. der sachnähere bzw. speziellere dem allgemeineren Tarifvertrag vor.[178] Maßgeblich war danach im Einzelfall, welcher Tarifvertrag dem Betrieb räumlich, betrieblich, fachlich und persönlich am nächsten steht und deshalb den Erfordernissen und Eigenarten des Betriebs und der darin tätigen Arbeitnehmer am besten gerecht wird. Entscheidend war dabei die Betriebstätigkeit, die im Betrieb überwiegt (Indizien: Zahl der beschäftigten Arbeitnehmer, Anteil am Umsatz und Gewinn, Eintragung im Handelsregister), ihm also das Gepräge gibt (sog. Prinzip der Sachnähe oder Spezialität).[179] Eine Ausnahme davon gilt insoweit, als § 8 Abs. 2 AEntG eine Geltung der Tarifverträge nach § 3 AEntG auch bei Tarifbindung nach §§ 3, 5 TVG an andere Tarifverträge zwingend vorschreibt.[180]

In der Literatur wurde die Rspr. zur Anwendung des Grundsatzes der Tarifeinheit auch im Falle der Tarifpluralität im Wesentlichen deshalb heftig kritisiert, weil dadurch zum einen die kollektive Koalitionsfreiheit der „kleineren" Gewerkschaften verletzt wird. Denn durch die Verdrängung der normativen Geltung der von ihnen abgeschlossenen Tarifverträge wird ihnen letztlich der Zugang zu einem bestimmten Unternehmen bzw. einem Wirtschaftszweig verwehrt. Zum anderen wird auch die individuelle Koalitionsfreiheit der bei den „kleineren" Gewerkschaften organisierten Arbeitnehmer verletzt, da sie trotz eines gültigen Tarifvertrages auf den Status der Nichtorganisierten zurückgestuft und damit zum Wechsel der Gewerkschaft gezwungen werden, um eine normative Geltung von Tarifverträgen zu erreichen. Gründe der Rechtsklarheit, Rechtssicherheit und Praktikabilitätserwägungen mögen zwar für die Lösung der Tarifpluralität nach dem Grundsatz der Tarifeinheit sprechen, sie könnten jedoch angesichts der beiderseitigen Tarifbindung nach § 3 Abs. 1 TVG und der durch Art. 9 Abs. 3 GG geschützten Koalitionsfreiheit auch der „kleinen" Gewerkschaften sowie deren Mitglieder nicht zur Folge haben, dass nach dem im Wege der Rechtsfortbildung entwickelten Grundsatz der Tarifeinheit die Bindung an einen gültigen Tarifvertrag letztlich entfällt.[181]

---

176 BVerfG AP GG Art. 9 Nr. 151 m. Anm. Greiner u. Schmidt; BAG NZA 2015, 1077; Henssler RdA 2011, 65, 66.

177 Vgl. Wiedemann/Jacobs § 4 a TVG Rn. 5; Freckmann/Müller BB 2010, 1981, 1982.

178 BAG NZA 2005, 1003; BAG DB 2003, 1067; ausführlich dazu Giesen ZfA 2019, 40 ff.

179 BAG NZA 2007, 1111; EzA § 4 TVG „Geltungsbereich" Nr. 10; Z/L/H § 38 III 1 b; Meyer DB 2006, 1271 ff.; Buchner BB 2003, 2121 ff.; Säcker/Oetker ZfA 1994, 1 ff.; Hromadka DB 1996, 1872 ff.

180 Vgl. schon vor dem In-Kraft-Treten des § 8 Abs. 2 AEntG BAG NZA 2007, 1111.

181 Vgl. dazu MünchArbR/Klump § 256 Rn. 18 ff.; Giesen ZfA 2019, 40 ff und Meinungsübersicht bei BAG NZA 2010, 1068.

62   **b)** Im Jahr 2010 gab das BAG seine umstrittene Rspr. zum Grundsatz der Tarifeinheit im Falle der Tarifpluralität ausdrücklich auf, da es für einen Eingriff in die verfassungsrechtlich geschützte Koalitionsfreiheit der Gewerkschaften und deren Mitglieder durch Verdrängung eines Tarifvertrags, dessen Anwendbarkeitsvoraussetzungen vorliegen, keine Rechtsgrundlage gab.[182] Dies hatte zur Folge, dass bei Tarifpluralität in einem Betrieb für einzelne Arbeitnehmer je nach Gewerkschaftszugehörigkeit unterschiedliche Tarifverträge uneingeschränkt normativ anwendbar sein konnten, was insbesondere für die von den „kleinen" Gewerkschaften (z.B. Gewerkschaft Deutscher Lokomotivführer: GdL, Cockpit, Marburger Bund, Gewerkschaft der Flugbegleiter: UFO) abgeschlossenen Tarifverträge enorm wichtig war, nicht aber unbedingt den Vorstellungen der Arbeitgeber und der „größeren" Gewerkschaften entsprach. Als Reaktion auf diese Änderung der Rspr. haben zunächst die Bundesvereinigung der Deutschen Arbeitgeberverbände und der DGB bereits im Jahr 2010 einen gemeinsamen Vorschlag zu einer gesetzlichen Wiederherstellung der Tarifeinheit gemacht. Der Gesetzgeber hat Elemente des gemeinsamen Vorschlags der BDA und des DGB teilweise aufgegriffen und mit dem TarifeinheitsG vom 03.07.2015 mit Wirkung zum 10.07.2015 insb. die Kollisionsregel § 4 a TVG a.F. eingeführt. Danach sollten bei der Überschneidung der Geltungsbereiche nicht inhaltsgleicher Tarifverträge verschiedener Gewerkschaften (sog. Tarifkollision) nur die Rechtsnormen des Tarifvertrags derjenigen Gewerkschaft anwendbar sein, die im Betrieb den höchsten Mitgliederbestand aufwies. Da nach dieser Kollisionsregel des § 4 a Abs. 2 S. 2 TVG a.F. den Minderheitsgewerkschaften zur Herstellung der betrieblichen Tarifeinheit eine normative Geltung der von ihnen abgeschlossenen Tarifverträge verweigert wurde, wurde sie vielfach unter Hinweis auf eine unzulässige Einschränkung der durch Art. 9 Abs. 3 GG verfassungsrechtlich garantierten Koalitionsfreiheit der Minderheitsgewerkschaften heftig kritisiert.[183] Nachdem das BVerfG mit Urteil vom 11.07.2017 die Kollisionsregel des § 4 Abs. 2 TVG a.F. teilweise für verfassungswidrig erklärt und dem Gesetzgeber eine „Nachbesserungsfrist" bis zu 31.12.2018 gesetzt hat,[184] ist mit Wirkung zum 01.01.2019 die eine geänderte Kollisionsregel des § 4 a Abs. 2 S. 2 TVG n.F. in Kraft getreten. Sie sieht in dem neu eingefügten § 4 a Abs. 2 S. 2 Hs. 2 TVG n.F. vor, dass auch die Rechtsnormen des Tarifvertrages einer Minderheitengewerkschaft anwendbar sind, wenn beim Zustandekommen des Mehrheitstarifvertrags die Interessen der Arbeitnehmer der Minderheitengewerkschaft „nicht ernsthaft und wirksam berücksichtigt wurden". Ob die geänderte Kollisionsregel des § 4 a Abs. 2 S. 2 TVG, die an den verfassungsrechtlichen Rügen des BVerfG ausgerichtet und recht allgemein gehalten ist, was sicherlich zu gerichtlichen Auseinandersetzungen führen wird, den Vorgaben des BVerfG ausreichend Rechnung trägt und verfassungsgemäß ist, bleibt abzuwarten.[185]

63   **c)** Im Falle der **Tarifkonkurrenz** besteht dagegen im Ergebnis **weitgehend Einigkeit** darüber, dass die bestehende **Tarifkollision aufgelöst werden muss,** da auf ein Ar-

---

182 Vgl. BAG NZA 2010, 1068; zust. ErfK/Linsenmaier Art. 9 GG Rn. 68 a; ErfK/Franzen § 4 a TVG Rn. 2 ff.; Stier ZTR 2018, 3; Richardi JZ 2011, 282; abl. Hromadka/Schmitt-Rolfes NZA 2010, 687; Huke/Ubber AuA 2010, 344; ausführlich dazu Franzen ZfA 2019, 40; Krebber RdA 2011, 23; Giesen ZfA 2011, 1; Bepler NZA 2011, Beil. 2 S. 73; jeweils m.w.N.

183 Vgl. dazu Twardy RdA 2016, 357; Bepler JbArbR 53 (2016), 23; Konzen/Schliemann RdA 2015, 1; Greiner RdA 2015, 36.

184 BVerfG NZA 2017, 915; vgl. dazu Hromadka NZA 2018, 961; Sura ZRP 2018, 171; abl. Rieble NZA 2017, 1157; krit. auch Bepler AuR 2017, 380; Löwisch NZA 2017, 1423; Ulrici NZA 2017, 1161; Steinau-Steinrück/Gooren NZA 2017, 1149.

185 Vgl. QualifizierungschancenG v. 18.12.2018 BGBl. I S. 2651 (Nr. 48) u. Hromadka NZA 2019, 215; Giesen/Rixen NZA 2019, 577; Schmitt-Rolfes AuA 2019, 15; Franzen ZfA 2019, 40, 63; krit. dazu Löwisch RdA 2019, 169 und Klein DB 2019, 545.

beitsverhältnis nicht gleichzeitig zwei kollidierende Tarifverträge mit normativer Wirkung anwendbar sein können. Wie diese Kollision aufzulösen ist, ist zwar im Einzelnen umstritten. Im Ausgangspunkt besteht aber weitgehend Einigkeit darüber, dass die bestehende Tarifkollision ausgehend von dem Grundsatz der Tarifeinheit nach dem Prinzip der Sachnähe bzw. Spezialität (Ausnahme § 8 Abs. 2 AEntG) aufzulösen ist.[186]

Bei einer einzelvertraglichen Bezugnahme auf einen Tarifvertrag, bei der die Tarifnormen keine zwingende Geltung haben, kann es weder zur Tarifpluralität noch zur Tarifkonkurrenz kommen, weil eine Tarifkollision nur bei normativer Geltung mehrerer Tarifverträge auftreten kann. Bei einzelvertraglicher Bezugnahme auf einen Tarifvertrag und normativer Geltung eines anderen Tarifvertrags liegt dagegen eine Konkurrenz von Rechtsquellen auf verschiedenen Rangstufen vor, sodass diese Rechtsquellenkonkurrenz nach dem Rangprinzip und dem Günstigkeitsprinzip aufzulösen ist.[187]

IV. Der persönliche Geltungsbereich eines Tarifvertrags

1. Die zwingende Wirkung des normativen Teils eines Tarifvertrags nach § 4 TVG **kommt nur in zwei Fällen in Betracht**. Dies sind: **64**

- **beiderseitige Tarifbindung** nach § 3 Abs. 1 TVG oder

- **Allgemeinverbindlichkeitserklärung** nach § 5 TVG

a) Tarifgebunden nach § 3 Abs. 1 TVG sind „Mitglieder der Tarifvertragsparteien und der Arbeitgeber, der selbst Partei eines Tarifvertrags ist", wobei sich die Verbandsmitgliedschaft nach dem Satzungsrecht des jeweiligen Verbandes richtet.[188] Die Tarifbindung nach § 3 Abs. 1 TVG kann auch noch dadurch begründet werden, dass eine Arbeitsvertragspartei noch während der nach § 3 Abs. 3 TVG fortbestehenden zwingenden Tarifbindung dem zuständigen Verband beitritt.[189] Entscheidend ist dabei der Zeitpunkt der Annahme der Beitrittserklärung, sodass eine rückwirkende Begründung der Tarifbindung durch Rückwirkung der Verbandsmitgliedschaft ausgeschlossen ist.[190] Der entstandenen zwingenden Wirkung eines Tarifvertrags nach § 4 Abs. 1 TVG kann sich eine Arbeitsvertragspartei durch einen Verbandsaustritt während der Laufzeit des Tarifvertrags nicht entziehen, § 3 Abs. 3 TVG (vgl. dazu Rn. 55 ff.).   **65**

Für die zwingende normative Geltung der Rechtsnormen über betriebliche und betriebsverfassungsrechtliche Fragen gemäß § 3 Abs. 2 TVG (vgl. dazu Rn. 43 ff.) genügt nach h.M. bereits die einseitige Tarifbindung des Arbeitgebers.[191]

b) Durch eine **Allgemeinverbindlichkeitserklärung nach Maßgabe des § 5 TVG**, die grds. auch mit Rückwirkung erfolgen kann,[192] wird die ggf. **fehlende beiderseitige Tarifbindung** der Arbeitsvertragsparteien nach § 3 Abs. 1 TVG **ersetzt**. Zuständig für die Allgemeinverbindlichkeitserklärung ist nach § 5 Abs. 1 TVG der Bundesminister für „Ar-   **66**

---

186 Vgl. dazu BAG NZA 2008, 307; ErfK/Franzen § 4 TVG Rn. 67 ff.; Kempen/Wendeling-Schröder § 4 TVG Rn. 225 ff.; Löwisch/Rieble § 4 TVG Rn. 263 ff., 275 ff.; Müller/Freckmann BB 2010, 1981, 1984.

187 BAG NZA 2010, 1068; BAG NZA 2008, 364 m. zust. Anm. Witteler SAE 2008, 355; a.A. noch BAG NZA 2005, 1003; vgl. dazu auch Melms/Kentner NZA 2014, 127 ff.

188 BAG DB 2013, 1735; BAG NZA 2011, 1378; ausführlich zur Tarifzuständigkeit Karape ZJS 2017, 406; Ricken RdA 2007, 35; Feudner DB 2006, 1954 u. zur Zulässigkeit der sog. OT-Mitgliedschaft Rn. 79.

189 BAG DB 2012, 410; NZA 1998, 484, 485; Waltermann Rn. 617.

190 BAG NZA 2001, 980 ff.; Wiedemann/Oetker § 3 TVG Rn. 138 ff. m.w.N.

191 BAG ArbR 2012, 436 und Roßmann NZA 1999, 1252 zur Nachwirkung dieser Normen.

192 BAG NZA 2019, 628; Löwisch/Rieble § 5 TVG Rn. 82 ff.; Greiner/Zoglowek BB 2018, 2996 und Rn. 52 f.

beit und Soziales", der allerdings die Entscheidung nach § 5 Abs. 6 TVG übertragen kann und dies bei Regionaltarifverträgen in der Praxis auch tut.[193]

67   Die **Voraussetzungen einer Allgemeinverbindlichkeitserklärung** sind:[194]

- gemeinsamer Antrag der Tarifvertragsparteien,

- rechtswirksamer Tarifvertrag, der sich auch in der Phase der Nachwirkung nach § 4 Abs. 5 TVG befinden kann;[195]

- die Allgemeinverbindlichkeitserklärung erscheint im öffentlichen Interesse geboten. Dies ist nach § 5 Abs. 1 S. 2 TVG in der Regel der Fall, wenn

    1. der Tarifvertrag in seinem Geltungsbereich für die Gestaltung der Arbeitsbedingungen überwiegende Bedeutung erlangt hat oder

    2. die Absicherung der Wirksamkeit der tarifvertraglichen Normsetzung gegen die Folgen wirtschaftlicher Fehlentwicklung eine Allgemeinverbindlicherklärung verlangt (vgl. § 5 Abs. 1 a TVG).

- Allgemeinverbindlichkeitserklärung durch den zuständigen Minister im Einvernehmen mit dem Tarifausschuss, § 5 Abs. 1, 6 TVG;

- öffentliche Bekanntmachung der Allgemeinverbindlichkeitserklärung, § 5 Abs. 7 TVG.

Der Gesetzgeber hat Anforderungen an die Allgemeinverbindlichkeitserklärung mit dem Gesetz zur Stärkung der Tarifautonomie (Tarifautonomiestärkungsgesetz) vom 11.08.2014, das zum 16.08.2014 in Kraft trat, deutlich abgesenkt. Das nach § 5 TVG a.F. erforderliche starre Quorum der Beschäftigung von mindestens 50% der unter den Geltungsbereich des Tarifvertrags fallenden Arbeitnehmer durch tarifgebundene Arbeitgeber, das in Zeiten sinkender Tarifbindung die Nutzung des Instruments der Allgemeinverbindlicherklärung erschwerte, ist mit der Änderung des § 5 TVG entfallen. Beim Vorliegen der in § 3 Abs. 1 S. 2 TVG genannten Regelbeispiele besteht eine gesetzliche Vermutung das Bestehen eines öffentlichen Interesses, für deren Widerlegung besondere Umstände oder gewichtige entgegenstehende Interessen vorliegen müssen.[196] Für die Einleitung des Verfahrens zur Erklärung der Allgemeinverbindlichkeit reicht – anders als nach § 5 TVG a.F. – reicht nicht mehr der Antrag nur einer Tarifvertragspartei aus. Erforderlich ist vielmehr ein gemeinsamer Antrag der Tarifvertragsparteien.

Die Allgemeinverbindlichkeitserklärung ist nach ganz h.M. sowohl im Verhältnis zu den nicht organisierten Arbeitsvertragsparteien als auch gegenüber den Tarifvertragsparteien ein Rechtssetzungsakt eigener Art zwischen autonomer Regelung und staatlicher Rechtsetzung, der seine Grundlage in Art. 9 Abs. 3 GG findet.[197] Die Überprüfung der Rechtswirksamkeit einer Allgemeinverbindlichkeitserklärung ist seit dem Tarifstärkungsgesetz – abweichend von der bisherigen Rechtslage – nach § 2 a Abs. 2 Nr. 5 ArbGG ausschließlich den Arbeitsgerichten zugewiesen. Das Verfahren ist in dem neu eingefügten § 98 ArbGG geregelt, das in der Sache ein abstraktes Normenkontrollverfahren vorsieht, das sich an den Beschlussverfahren über die Feststellung der Tarifzuständigkeit und Tariffähigkeit des § 97 ArbGG und an § 47 VwGO orientiert. Zuständig in 1. Instanz ist nach § 98 Abs. 2 ArbGG das LAG, in dessen Bezirk die Behörde ihren Sitz hat, die den Tarifvertrag für allgemeinverbindlich erklärt hat oder die Rechtsverordnung erlassen hat. Durch die nach Maßgabe des § 98 Abs. 6 ArbGG bestehende Aussetzungspflicht und die in § 98 Abs. 4 S. 1 ArbGG geregelte „Jedermann-Wirkung" eines rechtskräftigen Beschlusses, der nach § 98 Abs. 4 S. 3 ArbGG im Bundesanzeiger zu veröffentlichen ist, soll Rechtsklarheit geschaffen und die Prozessökonomie gefördert werden.[198]

---

193 Ausführlich zur Allgemeinverbindlichkeitserklärung Schaub/Treber § 205; Wiedemann/Wank § 5 TVG Rn. 19 ff.; Münch-ArbR/Klumpp § 248; Müller öAT 2019, 29; Ulber NZA Beilage 2018, Nr. 1, 3–7; Waltermann RdA 2018, 137.

194 Löwisch/Rieble § 5 TVG Rn. 80 ff.; Schaub/Treber § 205 Rn. 11 ff.; Waltermann RdA 2018, 137 ff.

195 BVerfG AP Nr. 17 zu § 5 TVG; BAG AP Nr. 13 zu § 5 TVG; Schaub/Treber § 205 Rn. 15; a.A. Löwisch/Rieble § 5 TVG Rn. 93.

196 BAG BB 2018, 2231 m. zust. Bespr. Greiner/Zoglowek BB 2018, 2996 und Prokop, AP Nr. 40 zu § 5 TVG.

197 BVerfG AP Nr. 15, 17 zu § 5 TVG; BAG NZA-RR 2011, 89; BVerwG FA 2010, 210; Schaub/Treber § 205 Rn. 6 m.w.N.

198 Vgl. BAG ArbRB 2019, 75 m. Anm. Markowski; BAG DB 2018, 389 m. Anm. Köhler zum § 5 TVG und ausführlich zum § 98 ArbGG Busemann NZA-RR 2018, 577; Bader NZA 2015, 644; Walker JbArbR 52 (2015), 95; Maul-Sartori NZA 2014, 1305.

Kommt eine zwingende normative Wirkung des Tarifvertrags nach § 3 Abs. 1 bzw. § 5 **68**
TVG in Betracht, muss im **Einzelfall** noch geprüft werden, ob auch **das konkrete Arbeitsverhältnis des Arbeitnehmers von dem persönlichen Anwendungsbereich des Tarifvertrags erfasst** wird, den die Tarifvertragsparteien grds. frei bestimmen können.[199] Enthält der Tarifvertrag zum persönlichen Anwendungsbereich ausnahmsweise keine Regelung, werden davon alle Arbeitsvertragsparteien erfasst, die unter den räumlichen, betrieblichen und zeitlichen Anwendungsbereich des Tarifvertrags fallen.[200]

2. Beim Fehlen beiderseitiger Tarifbindung nach § 3 Abs. 1 TVG bzw. einer Allgemein- **69**
verbindlichkeitserklärung nach § 5 TVG ist die **Anwendung eines Tarifvertrags** auf das Arbeitsverhältnis nur dann möglich, wenn dies **im Arbeitsvertrag vereinbart** worden ist, was auch konkludent geschehen kann. Bei einer solchen einzelvertraglichen Vereinbarung wirkt aber der Tarifvertrag nicht normativ und zwingend nach §§ 3, 4 TVG, sondern hat nur den Rang des Arbeitsvertrages. Abweichungen zum Nachteil der Arbeitnehmer sind deshalb in den Grenzen der Vertragsautonomie möglich.[201]

Bei TV-Bindung des AG war die einzelvertragliche Vereinbarung der Geltung eines einschlägigen TV mit einem nicht organisierten AN nach früher h.M., insbes. der Rspr. des BAG im Zweifel als eine sog. **Gleichstellungsabrede** auszulegen, d.h. dieser AN soll so gestellt werden wie die Gewerkschaftsmitglieder. Dies hat zur Folge, dass bei einem Verbandsaustritt des AG oder einem Betriebsübergang und fehlender TV-Bindung des Betriebserwerbers die TV in dem Stadium gelten, in dem sie beim Verbandsaustritt bzw. Betriebsübergang gegolten haben, also sog. statische, keine dynamische Verweisung auf den TV in der jeweils gültigen Fassung. Sonst würden die Nichtorganisierten besser stehen als die Gewerkschaftsmitglieder, die aufgrund der Beendigung der beiderseitigen TV-Bindung keine Ansprüche aus den nachfolgenden TV haben, was erkennbar nicht gewollt war.[202] Diese Rspr. gab das BAG allerdings unter Hinweis auf den eindeutigen Wortlaut der Verweisungsklausel („Tarifverträge in der jeweils gültigen Fassung") und die Unklarheitsregelung des § 305 c Abs. 2 BGB für solche Arbeitsverträge auf, die nach der Schuldrechtsreform, also ab dem 01.01.2002 abgeschlossen wurden. Etwas anderes gilt nur dann, wenn die Anwendbarkeit der Tarifverträge nach dem Wortlaut der Bezugnahmeklausel von der Tarifbindung des Arbeitgebers abhängig ist.[203] Bei Arbeitsverträgen, die vor dem 01.01.2002 abgeschlossen wurden, bleibt es dagegen aus Gründen des Vertrauensschutzes bei der Auslegung im Sinne der Gleichstellungsabrede.[204] In der Lit. hat die Rspr.-Änderung überwiegend Zustimmung erfahren, z.T. wird aber angesichts der bisherigen Rspr. der 14.12.2005 als der richtige Stichtag für den Vertrauensschutz angenommen.[205] Bei einzelvertraglicher Bezugnahme durch einen AG ohne TV-Bindung bzw. auf einen branchenfremden TV ist dagegen im Zweifel von einer dynamischen Verweisung auszugehen. Ausnahme: Verweisung auf einen ganz bestimmten (Datum) TV.[206] Bei einer nach dem 01.01.2002 vereinbarten **Änderung eines „Altvertrags"** kommt es für die Beurteilung der Frage, ob für die in der Vertragsänderung enthaltene Verweisungsklausel die Auslegungsmaßstäbe für „Neu-" bzw. „Altverträge" gelten, darauf an, ob die Bezugnahmeklausel im Änderungsvertrag „zum Gegenstand rechtsgeschäftlicher Willensbildung der Vertragsparteien gemacht worden ist". Dies ist insbes. dann anzunehmen, wenn der Änderungsvertrag die (sinngemäße) Regelung enthält, dass „alle anderen Vereinbarungen aus dem Arbeitsvertrag unberührt bleiben."[207]

---

199 BAG NZA 2005, 1127; Kempen/Stein § 4 TVG Rn. 151 ff. und Fall 4, Rn. 71 ff.

200 Wiedemann/Wank § 4 TVG Rn. 253 ff.; Schaub/Treber § 202 Rn. 20 ff.; Däubler/Deinert § 4 TVG Rn. 458.

201 Vgl. dazu Löwisch/Rieble § 3 TVG Rn. 510 ff.; AS-Skript Arbeitsrecht (2019), Rn. 118 f.

202 Vgl. BAG NZA 2005, 478; Löwisch/Rieble § 3 TVG Rn. 510 ff.; Bauer/Haußmann DB 2005, 2815; a.A. Kempen/Stein § 3 TVG Rn. 220 ff.; Lambrich BB 2002, 1267; jeweils m.w.N.

203 Vgl. auch BAG BB 2018, 125 m. Anm. Flockenhaus; ErfK/Preis § 611 a BGB Rn. 230; Kühnel ArbRB 2018, 6.

204 BAG NZA 2018, 1273; BAG NZA 2018, 1204; BAG NZA 2011, 356; BAG NZA 2006, 607; Runkel FA 2019, 69.

205 Vgl. dazu Preis/Greiner NZA 2007, 1073 ff.; Hanau RdA 2007, 180 ff.; Bayreuther DB 2007, 166 ff.; Reinecke BB 2006, 2637 ff.; Thüsing NZA 2006, 473 ff.; krit. Giesen ZfA 2010, 657; Schwarz BB 2010, 1021; Höpfner NZA 2009, 420; Clemenz NZA 2007, 769 ff.; Spielberger NZA 2007, 1086 ff.; Simon/Weninger BB 2007, 2127 ff.

206 BAG NZA 2005, 478; vgl. aber auch Wiedemann/Oetker § 3 TVG Rn. 307 ff. und BAG ArbRB 2018, 362 m. Anm. Steffan; BAG NZA-RR 2009, 593; Korinth AiB 2007, 21; Diehn NZA 2004, 129 zur AGB-Kontrolle bei Bezugnahmeklauseln.

207 Vgl. dazu BAG NZA 2018, 1264; BAG NZA 2018, 1204; BAG NZA-RR 2010, 530; BAG NZA 2010, 170; ErfK/Franzen § 3 TVG Rn. 38; Besgen B+P 2019, 103; krit. Mühlmann SAE 2010, 225.

70 3. Bei einem **Betriebsübergang i.S.d. § 613 a BGB während der Laufzeit eines Tarifvertrags** hängt der Fortbestand der zwingenden normativen Wirkung nach § 4 TVG zunächst davon ab, ob der Betriebserwerber der gleichen Tarifbindung nach § 3 TVG unterliegt. Ist dies der Fall, tritt keine Änderung der Rechtslage ein. Ist dagegen der Betriebserwerber nicht tarifgebunden, gelten zwar die Tarifnormen nach § 613 a Abs. 1 S. 2 BGB nur „wie arbeitsvertraglich vereinbarte Regelungen und damit individualrechtlich", aber nicht mehr mit der zwingenden Wirkung des § 4 TVG weiter, können aber vor Ablauf eines Jahres nicht zuungunsten des Arbeitnehmers abgeändert werden. Gilt allerdings bei dem Betriebserwerber ein anderer Tarifvertrag, so ist dieser Tarifvertrag nach § 613 a Abs. 1 S. 3 BGB auch dann maßgeblich, wenn er für die Arbeitnehmer ungünstiger ist. Voraussetzung für die Ablösung des bisherigen Tarifvertrags nach § 613 a Abs. 1 S. 3 BGB ist allerdings die beiderseitige Tarifbindung der Arbeitsvertragsparteien.[208] Durch eine Betriebsvereinbarung kann dagegen ein bei dem Betriebsveräußerer geltender und nach § 613 Abs. 1 S. 2 BGB in das Arbeitsverhältnis transformierter Tarifvertrag nach h.M. unabhängig von der Regelungssperre des § 77 Abs. 3 BetrVG nicht nach § 613 a Abs. 1 S. 3 BGB verschlechternd abgelöst werden (sog. Über-Kreuz-Ablösung).[209] Galt dagegen ein Tarifvertrag beim Betriebsveräußerer lediglich aufgrund einer einzelvertraglichen Bezugnahme und ist der Betriebserwerber nicht tarifgebunden, gilt die einzelvertragliche Bezugnahmeklausel bei dem Betriebserwerber gemäß § 613 a Abs. 1 S. 1 BGB mit dem Inhalt, den sie vorher beim Betriebsveräußerer hatte. Der Betriebsübergang hat also auf den einzelvertraglich vereinbarten Inhalt des Arbeitsverhältnisses und damit auch auf den Inhalt einer einzelvertraglichen Bezugnahmeklausel nach ganz h.M. keinen Einfluss, da in § 613 a Abs. 1 S. 2 bis 4 BGB nur Sonderregelungen für die normativ geltenden Kollektivnormen enthalten sind.[210] Ob diese Ansicht im Falle eines Betriebsübergangs bei einer dynamischen Bezugnahme auf die „jeweils gültigen Tarifverträge" mit dem EG-Recht vereinbar ist, wurde zwar bezweifelt. Nachdem jedoch der EuGH entschieden hat, dass die Bindung des Betriebserwerbers an die Bezugnahmeklausel mit dem EU-Recht vereinbar ist, sofern das nationale Recht sowohl einvernehmliche als auch einseitige Anpassungsmöglichkeiten für den Erwerber vorsieht, hat das BAG im Anschluss daran seine bisherige Rspr. fortgeführt, da dem Betriebserwerber grds. die Möglichkeit einer Änderungsvereinbarung bzw. einer Änderungskündigung offen steht. An die einzelvertragliche Bezugnahmeklausel ist somit bei einem Betriebsübergang auch der Betriebserwerber gebunden.[211]

---

208 BAG ZIP 2019, 1340; BAG DB 2019, 1571 m. Anm. Ludwig; BAG BB 2005, 2467 m. Anm. Seitz/Werner; ausführl. zur Auswirkung des Betriebsübergangs auf die Geltung von TV: Busch/Gerlach BB 2017, 2356; Lakies ArbR 2013, 564; Jacobs BB 2011, 2037; Sagan RdA 2011, 163 und BAG BB 2019, 1088 m. Anm. Massig; BAG NZA 2014, 271; Henssler/Seidensticker RdA 2011, 247; Bayreuther NZA 2009, 935 zur Auslegung der Bezugnahme auf den früheren BAT.

209 BAG BB 2010, 2965; Wellhöner/Höveler BB 2010, 2966; a.A. Döring/Grau BB 2009, 158.

210 BAG EWiR 2011, 307 n. Anm. Haußmann; BAG NZA-RR 2010, 530; Heuchmer/Kloft BB 2010, 2246.

211 BAG DB 2019, 1571 m. Anm. Ludwig; BAG NZA 2018, 168; BAG NZA 2018, 255; Fuhlrott NZA-RR 2018, 198; Willemsen/Krois/Mehrens RdA 2018, 151; Wahlig/Brune NZA 2018, 221; krit. dazu Schubert ZESAR 2018, 8; Fink DB 2018, 647; vgl. dazu auch Willemsen/Grau NJW 2014, 12; Mückl ZIP 2014, 207; Blum ZInsO 2014, 1 und Naber/Krois ZESAR 2014, 121.

E. Die Wirksamkeitsvoraussetzungen eines Tarifvertrags

Fall 4: Ausschluss von Werksstudenten

Die zuständige Gewerkschaft G, die V-AG und der Betriebsrat der V-AG schließen eine schriftliche Rationalisierungsvereinbarung ab, die neben Regelungen über die Arbeitszeiten, Arbeitsbefreiung, Kündigungs- und Verfallfristen und Kündbarkeit der Vereinbarung u.a. folgende Regelungen enthält:

§ 1 Persönlicher Anwendungsbereich
Diese Vereinbarung gilt für alle Arbeitnehmer der V-AG mit Ausnahme der Werksstudenten und der Volontäre.

§ 18 Urlaub
Jeder Arbeitnehmer hat Anspruch auf 30 Arbeitstage Erholungsurlaub im Jahr.

Eine besondere Bekanntmachung dieser Vereinbarung im Betrieb der V-AG erfolgte nicht. Der Werksstudent W, der Mitglied der G ist, ist der Ansicht, bei der Vereinbarung zwischen G und der V-AG handele es sich um einen Tarifvertrag. Da der Ausschluss von Werksstudenten aus dem Anwendungsbereich gegen den Gleichbehandlungsgrundsatz verstoße, stehe ihm ein tariflicher Erholungsurlaub von 30 Arbeitstagen zu. Die V-AG ist dagegen der Ansicht, dass W lediglich der im Arbeitsvertrag vereinbarte gesetzliche Urlaub zustehe. Hat W einen Anspruch auf Erholungsurlaub von 30 Arbeitstagen?

Dem W könnte ein Anspruch auf jährlichen Erholungsurlaub von 30 Arbeitstagen aus dem Arbeitsvertrag i.V.m. § 18 der Vereinbarung zustehen. **71**

I. Nach dem Inhalt des Arbeitsvertrags steht zwar dem W lediglich der gesetzliche Erholungsurlaub von 24 Werktagen nach § 3 BUrlG zu. Diese einzelvertragliche Regelung ist aber nach § 134 BGB i.V.m. § 4 Abs. 1, 3 TVG nichtig, wenn die Vereinbarung zwischen G und V-AG ein wirksamer Tarifvertrag ist, der aufgrund der beiderseitiger Tarifbindung gemäß § 3 Abs. 1 TVG auch auf das Arbeitsverhältnis zwischen W und V-AG anwendbar ist.

II. Fraglich ist zunächst, ob es sich bei der Vereinbarung zwischen der G, dem Betriebsrat und der V-AG um einen Tarifvertrag handelt. **72**

1. Nach § 1 Abs. 1 TVG regelt der Tarifvertrag Rechte und Pflichten der tarifschließenden Parteien und enthält Normen, die den Inhalt, Begründung und Beendigung des Arbeitsverhältnisses ordnen können. Entscheidend für die Rechtsnatur einer Vereinbarung zwischen dem Arbeitgeber und einer Gewerkschaft ist dabei nicht die Bezeichnung, sondern der typische Inhalt der Vereinbarung, der durch Auslegung nach den für Verträge maßgeblichen Regeln (§§ 133, 157 BGB) zu ermitteln ist (vgl. auch oben Rn. 40).[212]

2. Die vorliegende Rationalisierungsvereinbarung regelt u.a. Arbeitsbedingungen (Dauer der Arbeitszeit, Urlaub, Kündigungs- und Verfallfristen), die typischerweise in einem Tarifvertrag i.S.d. § 1 Abs. 1 TVG geregelt werden und schon wegen der

---

212 BAG NZA-RR 2008, 586; BAG ZTR 2007, 187.

Sperrwirkung des in § 77 Abs. 3 BetrVG angeordneten Tarifvorrangs nicht Inhalt einer Betriebsvereinbarung sein können, die eine Gewerkschaft gar nicht abschließen dürfte. Dass sich die Rationalisierungsvereinbarung nur auf die V-AG bezieht, ist unerheblich, weil auch der einzelne Arbeitgeber nach § 3 Abs. 1 TVG mit der Gewerkschaft einen Haustarifvertrag abschließen kann. Da nicht die Bezeichnung, sondern der Regelungsinhalt für die Rechtsnatur maßgeblich ist, handelt es sich dabei um einen Tarifvertrag i.S.d. § 1 Abs. 1 TVG. Die Mitunterzeichnung durch den Betriebsrat ist unerheblich.[213]

73 III. Es müssten die **Wirksamkeitsvoraussetzungen eines Tarifvertrags** erfüllt sein.

1. Eine Einigung über den Abschluss eines Tarifvertrags, für die die allgemeinen zivilrechtlichen Regeln, insb. über Willenserklärungen (§§ 104 ff. BGB), Angebot und Annahme (§§ 145 ff. BGB) und Stellvertretung (§§ 164 ff. BGB) gelten, liegt vor. Der Umstand, dass die Parteien den Vertrag nicht als Tarifvertrag bezeichnet haben, ist unerheblich, weil für den Einigungsinhalt nicht die Bezeichnung, sondern der übereinstimmende Wille hinsichtlich des Vertragsinhalts maßgeblich ist.

74 2. Die nach § 1 Abs. 2 TVG zur Wirksamkeit eines Tarifvertrags erforderliche Schriftform, die der Klarstellung des Vertragsinhalts und damit dem Gebot der Normenklarheit dient, ist erfüllt, weil der HausTV von den Tarifvertragsparteien G und V-AG unterzeichnet worden ist.

Für die Einhaltung der Schriftform des § 1 Abs. 2 TVG, der die elektronische Schriftform nicht ausschließt, sind die §§ 126, 126a BGB maßgeblich. Die Schriftform des § 1 Abs. 2 TVG ist auch bei Bezugnahme auf einen anderen, ebenfalls schriftlich abgeschlossenen TV eingehalten. Dies gilt auch bei **Bezugnahme auf einen anderen TV** in der jeweils gültigen Fassung (sog. dynamische Blankettverweisung), wenn die Verweisung so bestimmt ist, dass Irrtümer ausgeschlossen sind und ein enger Regelungszusammenhang besteht.[214] Die Schriftform ist auch bei jeder **Änderung** des TV einzuhalten. Nach h.M. erstreckt sich der Schriftformzwang dagegen nicht auf **Aufhebung, Kündigung und Anfechtung des Tarifvertrags**.[215] Ein unter Verletzung der Schriftform abgeschlossener TV ist nach § 125 S. 1 BGB nichtig.

75 3. Die V-AG hat zwar die ihr nach § 8 TVG obliegende Bekanntmachungspflicht verletzt, indem sie den Tarifvertrag nicht an einer geeigneten Stelle im Betrieb ausgelegt hat. Die Bekanntmachungspflicht nach § 8 TVG ist nur eine bloße Ordnungsvorschrift, sodass deren Verletzung nicht zur Unwirksamkeit des Tarifvertrags führt. Anderenfalls könnte der Arbeitgeber die Geltung eines Tarifvertrags verhindern, indem er bewusst die Bekanntmachungspflicht verletzt.[216]

Die **Verletzung der Bekanntmachungspflicht des § 8 TVG** begründet nach h.M. auch **keinerlei Schadensersatzansprüche des Arbeitnehmers**, weil es sich dabei weder um ein Schutzgesetz i.S.d. § 823 Abs. 2 BGB noch um eine dem Schutz des Einzelnen dienende Verpflichtung des Arbeitgebers handelt.[217]

---

213 Vgl. BAG NZA 2001, 727, 729.

214 BAG NZA 2010, 824; MünchArbR/Klumpp § 234 Rn. 52 m.w.N.

215 Vgl. Meinungsübersicht bei Löwisch/Rieble § 1 TVG Rn. 1655 f., die selbst a.A. sind.

216 BAG NZA 2003, 1112; Löwisch/Rieble § 8 TVG Rn. 53 m.w.N.

217 BAG NZA-RR 2008, 525; BAG RÜ 2002, 390; Löwisch/Rieble § 8 TVG Rn. 53; Hohenhaus NZA 2001, 1107, 1111; a.A. Däubler/Reineckel/Rachor § 8 TVG Rn. 18 ff.; Kempen/Zeibig/Zachert § 8 TVG Rn. 17 ff.; Bunte RdA 2009, 21: deliktische bzw. vertragliche Schadensersatzansprüche; vgl. aber zum Schadensersatz bei Verletzung der Nachweispflicht nach § 2 Nr. 10 NachwG: BAG NZA 2005, 64.

4. Eine weitere Wirksamkeitsvoraussetzung eines Tarifvertrags ist die Tariffähigkeit **76**
der vertragsschließenden Parteien, d.h. die Fähigkeit, Partei eines Tarifvertrags
sein zu können. Die Tariffähigkeit der Gewerkschaft G und des Arbeitgebers U
folgt bereits aus § 2 Abs. 1 TVG.

An dieser Stelle sind in einer Falllösung bei Anhaltspunkten im Sachverhalt die einzelnen Voraussetzungen einer tariffähigen Koalition zu prüfen (dazu Rn. 5 ff.).

Neben den in § 2 Abs. 1 TVG erwähnten tariffähigen Parteien **(Gewerkschaften, Arbeitgeberverbände und einzelne Arbeitgeber)** besitzen auch die **Spitzenverbände** (= Zusammenschlüsse von Arbeitgeberverbänden und Gewerkschaften) die Tariffähigkeit nach Maßgabe des § 2 Abs. 2, 3 TVG[218] sowie die **Innungen und Innungsverbände** (vgl. dazu Rn. 8, 10). Die **Spitzenverbände haben** allerdings nach § 2 Abs. 2 bzw. Abs. 3 TVG **keine originäre Tariffähigkeit**, sondern leiten sie ausschließlich von ihren Mitgliedern ab. Diese können den Spitzenverbänden deren Tariffähigkeit nur im Rahmen der eigenen Tariffähigkeit vermitteln. Die Tariffähigkeit eines Spitzenverbandes nach § 2 Abs. 2, 3 TVG setzt daher voraus, dass alle Arbeitnehmerkoalitionen des Spitzenverbandes tariffähig nach § 2 Abs. 1 TVG sind. Außerdem setzt die Tariffähigkeit der Spitzenorganisation voraus, dass deren Organisationsbereich mit dem ihrer Mitgliedsgewerkschaften übereinstimmt. Wegen Fehlens dieser beiden Voraussetzungen hat das BAG die Tariffähigkeit der Tarifgemeinschaft Christlicher Gewerkschaften für Zeitarbeit und Personalserviceagenturen (CGZP) verneint.[219] Die von der CGZP für den Bereich der Leiharbeit abgeschlossenen Tarifverträge sind daher mangels Tariffähigkeit der CGZP unwirksam mit der Folge, dass insoweit der in § 9 Nr. 2 AÜG normierte Grundsatz „Equal Pay" anwendbar ist. Die Verleiher müssen daher mit Klagen auf Nachzahlung des Lohnes nach § 10 Abs. 4 AÜG, die Entleiher mit Nachzahlung der Sozialversicherungsbeiträge nach § 28 e Abs. 2 S. 1 SGB IV rechnen.[220]

Nach h.M. besitzt der einzelne Arbeitgeber die Tariffähigkeit zum Abschluss eines HausTV auch dann, wenn er Mitglied eines Arbeitgeberverbandes ist, der Verbandstarifverträge abgeschlossen hat. Der Umstand, dass der Arbeitgeber mit dem Abschluss eines FirmenTV möglicherweise seine Verbandspflichten verletzt und sich Verbandsstrafen aussetzt, ist unerheblich.[221] Ein solcher HausTV, der bei Beachtung der aus dem VerbandsTV folgenden Friedenspflicht nach h.M. auch durch einen Streik durchgesetzt werden kann,[222] geht nach dem Spezialitätsgrundsatz dem VerbandsTV auch dann vor, wenn er für die Arbeitnehmer ungünstiger ist.[223]

5. Nach ganz h.M. ist auch die **Tarifzuständigkeit** der vertragsschließenden Tarif- **77**
vertragsparteien, d.h. die Fähigkeit, Tarifverträge mit einem bestimmten Geltungsbereich abzuschließen, **Wirksamkeitsvoraussetzung eines Tarifvertrags**.[224] Die Tarifzuständigkeit der Gewerkschaften bzw. der Arbeitgeberverbände ergibt sich aus der jeweiligen Verbandssatzung.[225] Die Tarifzuständigkeit des einzelnen Arbeitgebers zum Abschluss eines Haustarifvertrages ergibt sich bereits aus der Natur der Sache. Da die Gewerkschaft G nach ihrer Satzung für den Abschluss des Tarifvertrags zuständig war, liegt auch diese Wirksamkeitsvoraussetzung für den Abschluss des HausTV mit U vor.

---

218 Vgl. dazu Schaub/Treber § 196 Rn. 18 ff.; Jacobs ZfA 2010, 27 ff. MünchArbR/Rieble/Klumpp § 164 Rn. 38 ff. und BAG NZA 2012, 623 zur abgelehnten Tariffähigkeit der Tarifgemeinschaft Christlicher Gewerkschaften für Zeitarbeit (CGZP).

219 BAG NZA 2011, 289; bestätigt v. BVerfG NZA 2014, 496; Neef NZA 2011, 615; Gaul/Koehler ArbRB 2011, 112; Brors AuR 2011, 138 u. 2010; a.A. Löwisch SAE 2011, 61; Jacobs ZfA 2010, 27.

220 Vgl. dazu BSG NZS 2019, 159; Bissels ArbR 2020, 57; Bissels/Fuchs ArbR 2019, 214 und 240; Ziegelmeier NZS 2017, 321; Faust/Rehner DB 2013, 874; Schlegel NZA 2011, 380; Heuschemer/Schielke BB 2011, 758; Schüren AuR 2011, 142.

221 BAG ArbR 2020, 39 m. Anm. Merten; BAG NZA 2003, 734; Rolfs/Clemens NZA 2004, 410; Blanke AuR 2004, 130.

222 BAG NZA 2007, 987; Lobinger RdA 2006, 12 ff. und unten Rn. 126.

223 BAG NZA 2009, 98; Meyer NZA 2004, 366, 369 m.w.N.

224 BAG NZA 2018, 876BAG NZA 2014, 910; BAG NZA 2003, 275 ff.; Wiedemann/Oetker § 2 TVG Rn. 61 ff.; ausführl. zur Tarifzuständigkeit Ricken RdA 2007, 35; Junker ZfA 2007, 229; Feudner BB 2004, 2297.

225 BAG NZA 2009, 908; Wiedemann/Oetker § 2 TVG Rn. 75 ff. m.w.N.

Teilweise wird angenommen, dass die Tarifzuständigkeit keine Wirksamkeitsvoraussetzung eines TV ist[226] bzw. deren Überschreitung lediglich zur schwebenden Unwirksamkeit entspr. § 177 BGB führt.[227]

78 Die Frage der Tarifzuständigkeit des sozialen Gegenspielers kann in einem Beschlussverfahren nach § 2 a Abs. 1 Nr. 4 i.V.m. § 97 ArbGG geklärt werden.[228] Stellt sich in einem Rechtsstreit heraus, dass die Tariffähigkeit bzw. Tarifzuständigkeit einer Koalition entscheidungserheblich ist, ist das Verfahren von Amts wegen gemäß § 97 Abs. 5 S. 1 ArbGG bis zu einer Entscheidung dieser Fragen in einem Beschlussverfahren nach §§ 2 a Abs. 1 Nr. 4, 97 ArbGG auszusetzen.[229]

79 Nach h.M. kann ein Arbeitgeberverband in der Verbandssatzung eine Form der Mitgliedschaft vorsehen, die keine Tarifgebundenheit i.S.d. § 3 Abs. 1 TVG erzeugt, indem zwischen Vollmitgliedschaft und sog. **OT-Mitgliedschaft** (= Mitgliedschaft ohne Tarifbindung) differenziert wird. Er kann seine Tarifzuständigkeit jedoch nicht wirksam auf die jeweiligen Mitglieder beschränken, weil in diesem Fall die Tarifzuständigkeit nicht vom Verband festgelegt, sondern letztlich vom Willen der aktuellen und potentiellen Mitglieder abhängig wäre.[230] Zulässig ist dagegen die Beschränkung der Tarifzuständigkeit auf sog. ordentliche Verbandsmitglieder mit der Folge, dass die Tarifverträge für die außerordentlichen Mitglieder bzw. die Gastmitglieder, denen nach der Satzung die mit der Mitgliedschaft verbundenen wesentlichen Mitgliedschaftsrechte, wie Stimmrecht in der Mitgliederversammlung und aktives und passives Wahlrecht in den Vereinsorganen, nicht zustehen, nicht gelten.[231] Die Verbandssatzung muss jedoch eine klare und eindeutige Trennung der Befugnisse von Mitgliedern mit und ohne Tarifbindung enthalten, im Vereinsregister eingetragen sein und ausschließen, dass OT-Mitglieder unmittelbaren Einfluss auf tarifrelevante Entscheidungen nehmen können.[232]

80 6. Die Wirksamkeit eines Tarifvertrags setzt ferner voraus, dass er einen **zulässigen Inhalt** hat.

a) Die Regelungen des vorliegenden HausTV sind als solche von der den Tarifvertragsparteien durch Art. 9 Abs. 3 GG eingeräumten Regelungsbefugnis gedeckt, da sie sich entspr. § 1 Abs. 1 TVG auf Inhalt und Beendigung der Arbeitsverhältnisse sowie den Anwendungsbereich des Tarifvertrags beziehen.

b) Die Normsetzungsbefugnis der Tarifvertragsparteien ist außerdem nach allgemeiner Ansicht insoweit eingeschränkt, als die einzelnen Tarifvertragsnormen nicht gegen höherrangiges Recht verstoßen dürfen.[233] Bedenken könnten zwar vorliegend gegen die Wirksamkeit des Ausschlusses der Werksstudenten und Volontäre aus dem persönlichen Geltungsbereich des HausTV bestehen, dies kann aber an dieser Stelle noch offen gelassen werden, weil jedenfalls der Ausschluss eines solchen kleinen Personenkreises aus dem persönlichen Anwendungsbereich nicht zur Unwirksamkeit des gesamten Tarifvertrags führt.

---

226 So z.B. v. Veenroy ZfA 1983, 49.

227 So z.B. Kraft, FS für Schnorr v. Carolsfeld, 1972, 255, 261.

228 BAG NZA 2018, 876; BAG NZA 2013, 1363; MünchArbR/Klumpp § 233 Rn. 63 ff.; Löwisch/Rieble § 2 TVG Rn. 623 ff. m.w.N.

229 Vgl. dazu BAG NZA 2018, 876; BAG NZA 2011, 300; BAG NZA 2008, 489; Löwisch/Rieble § 2 TVG Rn. 623 ff.

230 BAG NZA 2015, 1521; BAG ZTR 2014, 330; BAG NZA-RR 2010, 305; MünchArbR/Klumpp § 245 Rn. 27 ff.; Löwisch/Rieble § 3 TVG Rn. 58 ff.; Niklas/Diego/Weishaupt ArbR 2016, 158; Hopfner ZfA 2009, 541; a.A. Däubler NZA 1996, 225, 231; Berg AuR 2001, 393, da eine Ungleichbehandlung zwischen den einzelnen Verbandsmitgliedern vorliege und die Verhandlungsparität gestört werde, wenn die OT-Mitglieder den Verband finanziell unterstützen; vgl. auch Glaubitz NZA 2003, 140: „Ein aus tarifgebundenen und OT-Mitgliedern bestehender Arbeitgeberverband ist nicht tariffähig".

231 BAG ZTR 2005, 367; NZA 1999, 995; Däubler/Peter § 2 TVG Rn. 144.

232 Vgl. dazu BAG NZA 2015, 1521; BAG ZTR 2014, 330; BAG DB 2013, 1735; Besgen/Weber SAE 2010, 1; Grimm/Kleinertz ArbRB 2010, 345; Deinert RdA 2007, 83 und BVerfG NZA 2011, 60 zur Verfassungsmäßigkeit der Anforderungen des BAG an die Zulässigkeit der OT-Mitgliedschaft; vgl. dazu auch Däubler/Peter § 2 TVG Rn. 141.

233 Vgl. dazu MünchArbR/Klumpp § 237 Rn. 19 ff.; Schaub/Treber § 198 Rn. 4 ff. und Rn. 9 ff.

IV. Der Tarifvertrag müsste in persönlicher Hinsicht auf das Arbeitsverhältnis zwischen **81** dem W und U anwendbar sein.

1. Obwohl W und U Mitglieder der tarifschließenden Tarifvertragsparteien sind (§ 3 Abs. 1 TVG), ist der HausTV nach dessen § 1 auf das Arbeitsverhältnis nicht anwendbar, wenn der Ausschluss der Werksstudenten aus dem persönlichen Anwendungsbereich des HausTV zulässig ist.

2. Grundsätzlich steht es den Tarifvertragsparteien aufgrund der durch Art. 9 Abs. 3 GG verfassungsrechtlich garantierten Tarifautonomie frei, darüber zu entscheiden, ob und für welche Berufsgruppen sie tarifliche Regelungen vereinbaren.[234] Der Ausschluss der Werksstudenten aus dem persönlichen Anwendungsbereich des HausTV könnte jedoch gegen den allgemeinen arbeitsrechtlichen Gleichheitssatz des Art. 3 Abs. 1 GG verstoßen und deshalb nichtig sein, sodass auch dem W ein Anspruch auf den tariflichen Urlaub zustünde.

    a) Ob und ggf. inwieweit die Tarifvertragsparteien bei ihrer Normsetzung unmittelbar oder nur mittelbar an die Grundrechte gebunden sind, ist noch nicht abschließend geklärt (vgl. dazu unten Rn. 82). Die unterschiedlichen Ansichten über die Grundrechtsbindung der Tarifvertragsparteien bleiben jedoch relativ unbedeutend, wenn es darum geht, ob Inhaltsnormen des Tarifvertrags gegen den allg. Gleichheitssatz des Art. 3 Abs. 1 GG verstoßen, oder ob bei der Beschreibung des Geltungsbereichs ein Verstoß gegen das Diskriminierungsverbot des Art. 3 Abs. 2 GG oder gegen zwingendes einfachgesetzliches Recht, z.B. gegen § 4 TzBfG vorliegt. Denn es besteht Einigkeit darüber, dass die Tarifvertragsparteien diese Vorschriften beachten müssen.[235]

    b) Vorliegend geht es aber nicht um die Vereinbarkeit von Inhaltsnormen eines Tarifvertrags mit Art. 3 Abs. 1 GG. Vielmehr ist hier zu klären, ob die Herausnahme einer bestimmten Gruppe, nämlich die der Werksstudenten, aus dem in Rede stehenden HausTV mit Art. 3 Abs. 1 GG vereinbar ist.

        Da die Bestimmung des persönlichen Anwendungsbereichs eines Tarifvertrags zum Kernbereich der durch Art. 9 Abs. 3 GG verfassungsrechtlich geschützten Koalitionsfreiheit gehört, geht die ganz h.M. davon aus, dass die Tarifvertragsparteien aufgrund des vorrangig zu beachtenden Grundrechts der Koalitionsfreiheit jedenfalls bis zur Grenze der Willkür frei in eigener Selbstbestimmung den persönlichen Anwendungsbereich eines Tarifvertrags festlegen können. Die Grenze der Willkür ist dabei erst dann überschritten, wenn die Differenzierung hinsichtlich des persönlichen Anwendungsbereichs unter keinem Gesichtspunkt, auch koalitionspolitischer Art, plausibel erklärbar ist.[236]

---

234 BAG NZA 2005, 1127; Wiedemann/Wank § 4 TVG Rn. 111 ff. m.w.N.

235 BAG ZTR 2011, 148; BAG ZTR 2011, 304; Löwisch/Rieble § 1 TVG Rn. 662 ff.; Däubler/Deinert § 4 TVG Rn. 212 ff.

236 BAG NZA 2001, 613, 616; Däubler/Deinert § 4 TVG Rn. 212 ff.; enger Löwisch/Rieble § 1 TVG Rn. 662 ff.: Geltung des Gleichbehandlungs- bzw. Diskriminierungsverbots beim persönlichen Anwendungsbereich wie bei sonstigem Tarifinhalt; vgl. zum Prüfungsmaßstab beim Art. 3 Abs. 1 GG auch BVerfG NZG 2017, 828, 829; Höpfner RdA 2019, 146, 156.

Hier verstößt die Herausnahme der Werksstudenten aus dem persönlichen Anwendungsbereich des HausTV nicht gegen das Willkürverbot, sondern ist sogar durch sachlich einleuchtende Gründe gerechtfertigt.

Die Werksstudenten zeichnen sich zum einen durch ihren Status als Aushilfskräfte mit fehlender Perspektive zur Dauerbeschäftigung und geringerer gewerkschaftlicher Bindung aus. Weitere typische Kennzeichen sind die besonders durch das Studieren, die vorlesungsfreie Zeit sowie regelmäßig familiäre Ungebundenheit bedingten Rahmenbedingungen. Darüber hinaus ist die soziale Lage der Werksstudenten typischerweise eine andere als bei den anderen Arbeitnehmern, insbesondere den sonstigen Aushilfskräften, weil das Studium typischerweise im Wesentlichen durch staatliche oder familiäre Leistungen finanziert wird. An diesem Grundsatz ändert auch der Umstand nichts, dass der eigene Verdienst angesichts verschiedener Faktoren (z.B. Studiendauer, Divergenz zwischen Bedarf und Höhe sowie Dauer der Leistungen) an Bedeutung gewonnen hat. Der Ausschluss der Werksstudenten aus dem persönlichen Anwendungsbereich des HausTV ist somit wirksam.[237]

V. **Ergebnis:** Dem W steht kein Anspruch auf den tariflichen Urlaub aus dem Arbeitsvertrag i.V.m. § 18 der als HausTV zu qualifizierenden Vereinbarung zwischen der G und dem U zu, weil dieser HausTV nach dessen § 1 auf das Arbeitsverhältnis des W nicht anwendbar ist.

F. Die Grenzen der Regelungsbefugnis der Tarifvertragsparteien

I. Allgemeine Grundsätze

82 **1.** Die den Tarifvertragsparteien durch Art. 9 Abs. 3 GG eingeräumte Normsetzungsbefugnis ist insoweit beschränkt, als die Tarifnormen nicht gegen höherrangiges Recht, also EG-Recht, Verfassung und zwingende Gesetze, verstoßen dürfen. Dabei besteht **im Ergebnis** weitgehend **Einigkeit darüber, dass auf Tarifverträge**, die nach § 1 Abs. 1 TVG — ebenso wie staatliche Gesetze — Rechtsnormen enthalten, die **Grundrechte anwendbar** sind.[238]

Die früher h.M., insb. das BAG, ging wegen des Rechtsnormcharakters der Tarifnormen von der unmittelbaren Geltung der Grundrechte aus.[239] In der Lit. wird dagegen überwiegend die Ansicht vertreten, dass TV trotz ihrer normativen Wirkung keine staatlichen Regelungen sind und deshalb auch nicht als Gesetzgebung i.S.d. Art. 1 Abs. 3 GG angesehen werden können, sodass die Grundrechte (Ausnahme: Art. 9 Abs. 3 GG) nur mittelbar anwendbar sind. Umstritten ist allerdings die dogmatische Begründung für die mittelbare Geltung der Grundrechte.[240] Das BVerfG[241] und neuerdings auch das BAG[242] haben

---

237 Vgl. dazu BAG NZA 2001, 613; Kempen/Kempen, Grdl. Rn. 296.

238 Vgl. Däubler/Däubler, Einl. Rn. 207 ff.; Löwisch/Rieble § 1 TVG Rn. 662 ff.; Belling ZfA 1999, 547, 553; a.A. Jacobs/Frieling, SR 2019, 108: keine Grundrechtsbindung der Tarifvertragsparteien.

239 Vgl. dazu NZA 2001, 613; Belling ZfA 1999, 547 ff.

240 Vgl. dazu Löwisch/Rieble § 1 TVG Rn. 662 ff.; Waltermann Rn. 76 ff.; MünchArbR/Fischinger § 7 Rn. 3 ff.

241 BVerfG RÜ 2018, 443; BVerfG NZA 2000, 1113; BVerfG NZA 1994, 661, 664.

242 BAG NZA 2011, 760, da diese dogmatische Frage keine Bedeutung für den Prüfungsmaßstab hat; a.A. Burkiczak RdA 2007, 17; vgl. auch MünchArbR/Fischinger § 7 Rn. 3 ff. und MünchArbR/Klumpp § 226 Rn. 10 ff.

diese Frage ausdrücklich offen gelassen, wenn auch das BAG zuletzt immer häufiger lediglich eine mittelbare Bindung der Tarifvertragsparteien an die Grundrechte annimmt.[243]

Die vom BVerfG entwickelte Auffassung von dem Schutzauftrag der Grundrechte als Grundlage für die Grundrechtsbindung jenseits der Fragestellung von unmittelbarer oder mittelbarer Bindung hat an Anerkennung gewonnen. Sie geht davon aus, dass sich die Grundrechte an die staatliche Gewalt richten und sich nicht nur als Abwehrrechte, sondern auch als Schutzpflichten der staatlichen Gewalt in dem Sinne darstellen, dass diese verpflichtet ist, die Durchsetzung der Grundrechte auch in Privatrechtsverhältnissen zu gewährleisten. Diese Schutzpflicht trifft alle staatlichen Grundrechtsadressaten, somit auch die Gerichte, und zwar auch bei der Auslegung und Anwendung von TV als Ergebnis kollektiv ausgeübter Privatautonomie.[244]

2. Die Tarifvertragsparteien sind bei ihrer Normsetzungsbefugnis auch an **zwingende** **83** **staatliche Gesetze** gebunden. Dabei ist aber zum einen zu berücksichtigen, dass das staatliche Arbeitsrecht sich im Regelfall auf einseitige Vorgaben beschränkt, die den **Mindestschutz der Arbeitnehmer** garantieren sollen. Deshalb dürfen durch Tarifverträge solche gesetzlichen Mindestbedingungen nicht zum Nachteil der Arbeitnehmer verschlechtert, wohl aber verbessert werden. Abweichungen zugunsten der Arbeitnehmer sind also nach dem **Günstigkeitsprinzip** immer zulässig. Darüber hinaus ist stets zu prüfen, ob **staatliche Gesetze** nicht **dispositiv** (z.B. § 616 BGB) oder zumindest tarifdispositiv sind, was vielfach der Fall ist.[245] Von solchen tarifdispositiven Gesetzen können die Tarifvertragsparteien auch zum Nachteil der Arbeitnehmer abweichen.[246]

Beispiel: Tarifliche Urlaubsregelungen und BUrlG:
Ein TV sieht 30 Arbeitstage Erholungsurlaub und eine dem § 7 Abs. 4 BUrlG entsprechende Urlaubsabgeltungsregelung beim Ausscheiden vor. Im Ein- und Austrittsjahr besteht für jeden vollen Beschäftigungsmonat ein Anspruch auf 1/12 des Jahresurlaubs. A scheidet nach 2-jähriger Betriebszugehörigkeit zum 31.07. aus. Höhe des Urlaubsabgeltungsanspruchs?

1. Nach § 3 BUrlG steht zwar jedem Arbeitnehmer lediglich ein jährlicher Erholungsurlaubsanspruch von 24 Werktagen (vier Wochen) zu. Insoweit regelt jedoch der TV zulässigerweise einen von dem gesetzlichen Mindesturlaub abweichenden Erholungsurlaub von 30 Arbeitstagen.
2. Nach der tariflichen Zwölftelregelung hat A einen Urlaubsabgeltungsanspruch von 17,5 Arbeitstagen, der mangels abweichender tariflicher Regelung entspr. § 5 Abs. 2 BUrlG[247] auf 18 Arbeitstage aufzurunden ist. Dieses Ergebnis darf aber nicht gegen zwingende Bestimmungen des BUrlG verstoßen.

Eine Zwölftelung des Urlaubs im Ein- und Austrittsjahr ist zwar auch in § 5 BurlG vorgesehen, diese Fälle greifen aber nicht ein, weil A nach Erfüllung der sechsmonatigen Wartezeit des § 4 BUrlG in der zweiten Jahreshälfte ausgeschieden ist, sodass ihm der gesetzliche Mindesturlaub von 24 Werktagen pro Jahr = 20 Arbeitstage bei 5-Tage-Woche zusteht. Nach § 13 Abs. 1 BUrlG kann zwar von den Bestimmungen des BUrlG im TV auch zum Nachteil der Arbeitnehmer abgewichen werden, aber nicht von den §§ 1, 2 und 3 Abs. 1 BUrlG. Die tarifliche Zwölftelregelung, nach der A lediglich 17,5 Arbeitstage Urlaub hat, ist daher insofern nach § 134 BGB i.V.m §§ 3, 13 BUrlG unwirksam, als sie den gesetzlichen Mindesturlaub des A verkürzt und im Übrigen nach § 139 BGB wirksam.[248] Dem A steht daher der gesetzliche Mindesturlaub von 24 Werktagen = 20 Arbeitstagen trotz der tariflichen Zwölftelregelung zu.

Eine gesetzliche Einschränkung der Regelungsmacht der Tarifvertragsparteien folgt **84** auch aus dem **Günstigkeitsprinzip des § 4 Abs. 3 TVG.** Aufgrund der arbeitsvertragsbezogenen Tarifautonomie sind die Tarifvertragsparteien grds. nur berechtigt, Min-

---

243 Vgl. BAG NZA 2019, 693; BAG NZA 2019, 641; BAG NZA-RR 2018, 439; BAG NZA-RR 2017, 357; BAG NZA 2010, 947.
244 Vgl. BAG ZTR 2011, 148; BAG NZA 2005, 1127.
245 Z.B. § 13 Abs. 1 BUrlG zum Urlaub, § 622 Abs. 4 BGB zu Kündigungsfristen, §§ 7, 12 ArbZG zur Arbeitszeit.
246 BAG NZA 2002, 1041; MünchArbR/Klumpp § 237 Rn. 105 ff.
247 Vgl. zu diesem Auslegungsergebnis BAG NZA 2001, 1254.
248 Vgl. BAG ArbR 2014, 416 m. Anm. Fuhlrott; BAG ArbRB 2009, 98.

destarbeitsbedingungen zwingend festzulegen, um damit die Unterlegenheit der Arbeitnehmer bei den Vertragsverhandlungen auszugleichen. Das Günstigkeitsprinzip sichert den Arbeitsvertragsparteien das Recht zur individuellen Gestaltung der Arbeitsbedingungen jenseits des tariflichen Mindestschutzes und trägt damit der durch Art. 12 GG gewährleisteten Vertragsfreiheit Rechnung. Wirtschaftlich dient das Günstigkeitsprinzip beiden Arbeitsvertragsparteien. Der Arbeitgeber hat die Möglichkeit, rare oder gute Arbeitskräfte durch die Vereinbarung übertariflicher Leistungen zu gewinnen und an sich zu binden. Der Arbeitnehmer kann dagegen seine besonderen Kenntnisse, Erfahrungen und Fähigkeiten günstiger als nur für die tariflichen Mindestbedingungen „verkaufen". Der **Bereich der übertariflichen Leistungen** ist deshalb mangels Schutzbedürfnisses der Arbeitnehmer **der Regelungsbefugnis der Tarifvertragsparteien entzogen**. Dementsprechend wäre auch die Vereinbarung von Höchstarbeitsbedingungen im Tarifvertrag grds. unzulässig.[249]

Beispiel: Eine tarifliche Regelung, nach der kein Angestellter über 7.500 € verdienen darf, wäre unzulässig.

85 Bei der **Prüfung der Günstigkeit** im Einzelfall ist ein Vergleich zwischen den tariflichen und den arbeitsvertraglichen Regelungen vorzunehmen. In den Vergleich sind alle Regelungen des Tarifvertrages und des Arbeitsvertrags einzubeziehen, die in einem inneren Zusammenhang stehen – sog. **Sachgruppenvergleich** (vgl. dazu nachfolgendes Beispiel). Für die Günstigkeit ist grds. das Interesse des einzelnen Arbeitnehmers entscheidend – sog. Einzelfallbetrachtung. Bei betrieblichen und betriebsverfassungsrechtlichen Normen, die dem Kollektivschutz dienen, ist dagegen das Gesamtinteresse der Belegschaft oder einer Gruppe von Arbeitnehmern maßgeblich.[250]

Beispiel: Günstigkeitsvergleich bei betrieblichem „Bündnis für Arbeit"

Alle Arbeitnehmer des tarifgebundenen U unterschreiben zum Zwecke der Vermeidung einer sonst notwendigen Entlassung von 20 Arbeitnehmern eine formularmäßige Vertragsänderung, nach der die bisherige tarifliche Arbeitszeit von 38,5 auf 40 Wochenstunden ohne Lohnausgleich für die Dauer von zwei Jahren erhöht wird. Als Gegenleistung dafür verzichtet U auf betriebsbedingte Kündigungen während dieser Zeit. Wirksamkeit der Vertragsänderung bei beiderseitiger Tarifbindung?

Die Zulässigkeit eines Günstigkeitsvergleichs bei den sog. „betrieblichen Bündnissen für Arbeit" ist sehr umstritten.[251]

BAG:[252] Arbeitszeit oder Arbeitsentgelt einerseits und eine Beschäftigungsgarantie andererseits sind völlig unterschiedlich geartete Regelungsgegenstände, für deren Bewertung es keinen gemeinsamen Maßstab gibt. Ein Vergleich von Regelungen, deren Gegenstände sich thematisch nicht berühren, ist indessen methodisch unmöglich (Vergleich von „Äpfeln mit Birnen") und mit § 4 Abs. 3 TVG nicht vereinbar. Die wertende Entscheidung darüber, wie bei der Regelung der Arbeitsbedingungen das Interesse der Arbeitnehmer an möglichst hohen Entgelten mit dem unternehmerischen Interesse an geringen Arbeitskosten um der Wettbewerbsfähigkeit willen und damit auch zur Sicherung der Arbeitsplätze in Einklang gebracht werden kann, ist eine tarifpolitische Grundsatzfrage und gehört zu den typischen Aufgaben der Tarifvertragsparteien. Die Rspr. würde nicht nur ihre Möglichkeiten rationaler Kontrolle überschreiten, sondern auch in Wertungsfragen der Tarifpolitik eindringen, wollte sie die gemeinsame

---

249 MünchArbR/Klumpp § 236 Rn. 43 ff.; Däubler/Deinert § 4 TVG Rn. 617 ff.; Wiedemann/Wank § 4 TVG Rn. 416 ff., 435; und ausführl. Meinel/Kiehn NZA 2014, 509 ff.; Säcker/Oetker ZfA 1996, 85 ff.; vgl. aber auch Fall 8, Rn. 100 ff.

250 Vgl. dazu BAG, Urt. v. 27.03.2019 – 5 AZR 71/18, BeckRS 2019, 15818; BAG NZA 2004, 667; BAG NZA 2002, 1041; Schaub/Treber § 207 Rn. 24 ff.; MünchArbR/Klumpp § 253 Rn. 35 ff., 40 ff.; Melms/Kentner NZA 2014, 127 ff.

251 Vgl. dazu allg. Seel öAT 2013, 183; Lehmann BB 2010, 2821; Höfling/Burkiczak NJW 2005, 469; Ubber AuA 2009, 280.

252 BAG NZA 2019, 543; BAG NZA 2001, 1037; vgl. auch zur Durchsetzung des Anspruchs BAG AuR 2004, 155 m. Anm. Kocher; ausführl. dazu Sutschet ZfA 2007, 207; Dieterich RdA 2005, 1121; Schwarze RdA 2005, 159; Kocher NZA 2005, 140.

Meinungsbildung der Tarifvertragsparteien daraufhin überprüfen, ob sich eine andere Gewichtung der betroffenen Interessenlage für die Arbeitnehmer einzelner Betriebe günstiger auswirkt. Ein Versuch, die normierten Wertungen im Rahmen des Günstigkeitsvergleichs zu überwinden, muss schon deshalb scheitern, weil es insoweit an handhabbaren Kriterien fehlt. Die Entscheidung über die Schließung oder Verlegung eines Betriebs, die zum Abbau von Arbeitsplätzen führt, steht im Ermessen des Unternehmers. Seine diesbezüglichen Erwägungen, etwa zu Gewinnzielen und -erwartungen sowie zur Einschätzung von Kosten und Marktchancen, entziehen sich weitgehend richterlicher Kontrolle. Wären die Arbeitsplatzrisiken, die sich aus einer solchen Maßnahme ergeben können, in einem Günstigkeitsvergleich zu berücksichtigen, so stünde die Wirkung zwingenden Tarifrechts praktisch zur Disposition einzelner Arbeitgeber.[253]

3. An das **Richterrecht** sind zwar die Tarifvertragsparteien nicht rechtlich gebunden, weil die Gerichte keine „Ersatzgesetzgeber" sind und deshalb auch keine allgemein gültigen Rechtsnormen setzen dürfen.[254] Da jedoch gerade im Arbeitsrecht mangels fehlender gesetzlicher Regelungen der Arbeitnehmerschutzgedanke vielfach erst durch die Rspr. konkretisiert worden ist (z.B. Haftungsbeschränkung, Einschränkung der Zulässigkeit von Rückzahlungsklauseln bei Sonderzahlungen, Tariffähigkeit von Koalitionen und Arbeitskampfrecht) und die Tarifverträge einer gerichtlichen Kontrolle unterliegen, müssen die Tarifvertragsparteien auch das Richterrecht beachten, soweit es nicht zu deren Disposition gestellt worden ist.[255]

86

4. Bei der Prüfung der Frage, ob die Tarifvertragsparteien ihre Regelungsbefugnis überschritten haben, ist stets zu beachten, dass ihnen aufgrund der verfassungsrechtlich garantierten Tarifautonomie ein größerer Gestaltungsspielraum zukommt als den Betriebs- und Arbeitsvertragsparteien, sodass keine Billigkeits- bzw. Zweckmäßigkeitskontrolle stattfindet.[256] Es findet auch keine Inhaltskontrolle nach §§ 307 ff. BGB statt (vgl. § 310 Abs. 4 BGB). Da Tarifverträge generelle Regelungen enthalten, lässt sich manchmal nicht verhindern, dass sie in Grenzfällen zu unbilligen Ergebnissen führen.

87

Insbesondere steht den Tarifvertragsparteien eine Einschätzungsprärogative zu, soweit es um die Beurteilung der tatsächlichen Regelungsprobleme und der Regelungsfolgen geht, und ein Beurteilungs- bzw. Ermessensspielraum, soweit es um die inhaltliche Gestaltung der Regelungen geht. Es ist nicht Aufgabe der Gerichte zu prüfen, ob die Tarifvertragsparteien die gerechteste und zweckmäßigste Lösung für das Regelungsproblem gefunden haben. Auch der Kompromisscharakter von Tarifverträgen als Verhandlungsergebnis divergierender Interessen muss in dem Sinne berücksichtigt werden, dass an die Systemgerechtigkeit der tarifvertraglichen Regelungen keine hohen Anforderungen gestellt werden dürfen. Im Übrigen können die Tarifvertragsparteien im Interesse praktikabler, verständlicher und übersichtlicher Handhabung typisierende Regelungen, insbesondere Stichtagsregelungen treffen.[257]

---

253 Ebenso Wiedemann/Wank § 4 TVG Rn. 470 ff., 542 ff.; Scheriau AiB 2006, 426; Löwisch BB 1999, 260, 261; Richardi DB 2000, 42, 47; a.A. MünchArbR/Klumpp § 253 Rn. 58 ff.; ErfK/Franzen § 4 TVG Rn. 41; Kast/Freihube BB 2003, 2569; Picker NZA 2002, 761, 767: Wahlrecht des AN zwischen Lohnverzicht / Arbeitszeitverlängerung und Beschäftigungssicherung günstiger, also subjektiver Günstigkeitsvergleich aufgrund der Selbstbestimmung der AN; krit. ggü. BAG auch Schliemann NZA 2003, 122; Robert NZA 2004, 633.

254 Vgl. BVerfG NZA 1993, 213, 214; Däubler/Ulber Einl. Rn. 482 ff.; MünchArbR/Klumpp § 237 Rn. 116 ff. und Linsenmaier RdA 2019, 157 zur Bedeutung des Richterrechts insb. auch im kollektiven Arbeitsrecht.

255 BAG NZA 2002, 1155, 1157; 1996, 437, 439; MünchArbR/Klumpp § 237 Rn. 116 ff. und Giesen RdA 2014, 78, der sich ausführlich mit der Bedeutung des Richterrechts für das Tarifvertragsrecht befasst.

256 Vgl. BAG NZA 2018, 1344; BAG NZA 2008, 478; BAG NZA 2007, 821; BAG NZA 2001, 613, 617: „Verbot der Tarifzensur".

257 Vgl. dazu BAG NZA 2013, 577; BAG NZA 2011, 760.

II. Wirksamkeit einzelner Tarifvertragsklauseln

1. Effektivgarantieklausel, begrenzte und negative Effektivklauseln

88 Nach ganz h.M. können allgemeine übertarifliche Zulagen auch ohne besondere Regelung automatisch auf eine Tariflohnerhöhung angerechnet werden (sog. Aufsaugungs- bzw. Anrechnungsprinzip), was zur Folge hat, dass in Höhe der bisherigen übertariflichen Zulage keine Erhöhung des bisherigen Effektivlohnes eintritt. Vielmehr wandelt sich bei einer Anrechnung die bisherige übertarifliche Zulage in Höhe der Tariflohnerhöhung in den Tariflohn um, sodass sie im Ergebnis wegfällt bzw. nur gekürzt gezahlt wird.[258] Diese Rechtslage ist für Gewerkschaften ungünstig, weil sie das Interesse der Arbeitnehmer, die übertariflich bezahlt werden, an einem Gewerkschaftsbeitritt erheblich mindert. Anders wäre es, wenn Tariflohnerhöhungen auch eine Erhöhung der übertariflichen Löhne zur Folge hätten, was mit den nachfolgenden Effektivgarantieklauseln bzw. begrenzten Effektivklauseln bezweckt wird. Andererseits liegt es gerade nicht im Interesse der Gewerkschaften, wenn den nicht organisierten Arbeitnehmern die gleichen tariflichen Leistungen wie den Gewerkschaftsmitgliedern gewährt werden, weil auch in diesem Fall ein Anreiz für den Gewerkschaftsbeitritt fehlt. Nachfolgend wird die Zulässigkeit derartiger Klauseln behandelt.

a) Effektivgarantieklausel

> **Fall 5: Aufstockung des erhöhten Tariflohnes um übertarifliche Zulage**
>
> Ein Tarifvertrag soll folgende Regelung enthalten: „Der Grundlohn wird von 7 € auf 8 € erhöht. Bisher gezahlte übertarifliche Zulagen sind dem erhöhten Grundlohn hinzuzurechnen und gelten als Bestandteil des Tariflohnes" (sog. Effektivgarantieklausel). Wäre eine solche Regelung wirksam?

89 I. Sinn der Effektivgarantieklausel ist zunächst, dem Arbeitnehmer, der eine übertarifliche Zulage erhält, den damit gegebenen Vorsprung vor dem Tariflohn zu erhalten, praktisch also das Aufsaugungsprinzip auszuschalten. Darüber hinaus soll die übertarifliche Zulage in den Tariflohn einbezogen werden und damit an der Unabdingbarkeit des Tariflohnes (§ 4 Abs. 1 S. 1 TVG) teilhaben. Es wäre also unzulässig, die bisherige übertarifliche Zulage durch Vereinbarung wieder abzubauen.

II. Nach ganz h.M. ist die **Effektivgarantieklausel aus drei Gründen unzulässig**:[259]

1. Es liegt ein Verstoß gegen das Schriftformerfordernis des § 1 Abs. 2 TVG vor. Danach muss sich der Tariflohn nach der schriftlichen Urkunde selbst ermitteln lassen, was wegen des zwingenden Rechtsnormcharakters (§ 4 Abs. 1 TVG) wichtig ist. Bei der vorliegenden Vereinbarung kann aber der einzelne Tariflohn nur bei Kenntnis der Einzelarbeitsverträge festgestellt werden, die auch mündlich geschlossen sein können.

---

258 Vgl. BAG NZA 2010, 360; Kleinebrink ArbRB 2005, 122 und Rn. 345 ff.

259 BAG AP Nr. 1, 7 zu § 4 TVG „Effektivklausel"; BAG NZA 1994, 181, 183; Richardi NZA 1992, 961, 964; Schaub/Treber § 200 Rn. 27 ff.; Z/L/H § 40 I 2 a; Waltermann Rn. 562; jeweils m.w.N.

2. Die Effektivgarantieklausel verstößt auch gegen das dem § 4 TVG zugrundeliegende Grundprinzip des Tarifrechts: Die Mindestarbeitsbedingungen ergeben sich aus zwingenden Tarifnormen. Verbesserungen gehören zum Bereich des Einzelarbeitsvertrags. Beides muss getrennt bleiben. „Der Bereich übertariflicher Löhne bleibt dem TV entzogen".[260] Wäre die Effektivgarantieklausel wirksam, so würde es im Augenblick ihres Inkrafttretens überhaupt keine übertariflichen Zulagen mehr geben, weil diese Bestandteil des Tariflohnes geworden wären; man hätte sie „normativ eingefangen".

3. Es liegt auch ein Verstoß gegen den Gleichbehandlungsgrundsatz („Gleicher Lohn für gleiche Arbeit") vor, weil für die Festsetzung unterschiedlicher tariflicher Mindestlöhne ein sachlicher Grund fehlt.[261]

---

b) Beschränkte (= begrenzte) Effektivklausel

Fall 6: Ausschluss der Aufsaugung der übertariflichen Zulage

Mit Rücksicht auf die Unzulässigkeit der Effektivgarantieklausel beabsichtigen die Gewerkschaften, sich um Aufnahme folgender Klausel in den Tarifvertrag zu bemühen: „Die tarifliche Erhöhung muss je Arbeitnehmer und Stunde voll wirksam werden". Wirksamkeit einer solchen Klausel?

I. Wie bei der Effektivgarantieklausel soll auch hier erreicht werden, dass der Lohn eines Jeden Arbeitnehmers sich auch wirklich um den Betrag der tariflichen Lohnerhöhung erhöht, also das Aufsaugungsprinzip ausgeschaltet wird. Im Unterschied zur Effektivgarantieklausel wird aber die übertarifliche Zulage bei dieser sog. begrenzten Effektivklausel nicht Bestandteil des zwingenden Tariflohnes. Sie bleibt übertariflich. Arbeitgeber und Arbeitnehmer könnten sie daher einzelvertraglich wieder abbauen.

90

II. **Die rechtliche Zulässigkeit ist stark umstritten:**

1. Das BAG und ein Teil der Lit. nehmen an, dass auch die begrenzte Effektivklausel unwirksam ist.[262]

   Begründet wird die Unzulässigkeit der begrenzten Effektivklauseln vor allem vom BAG mit den gleichen Erwägungen wie bei der Effektivgarantieklausel. Außerdem wird vorgebracht, dass diese Klausel in sich widersprüchlich sei, weil der zu zahlende übertarifliche Lohn seinen Rechtsgrund weiterhin in dem Individualarbeitsvertrag haben solle, nach dem Arbeitsvertrag aber ein Anspruch auf die Weiterzahlung des übertariflichen Lohnbestandteiles neben dem erhöhten Tariflohn nicht bestehe (vgl. Rn. 89). Die begrenzte Effektivklausel solle also den Arbeitgeber normativ verpflichten, den bisherigen übertariflichen Lohnbestandteil auf den neuen Tariflohn „einmalig aufzustocken". Da das Aufgestockte danach wieder aufgrund des Einzelarbeitsver-

---

260 BAG NZA 2005, 1420; BAG AP Nr. 191 zu § 1 TVG „Metallindustrie"; Hanau/Adomeit Rn. 242; a.A. Kempen/Stein § 4 TVG Rn. 499 ff., 502 ff.; Däubler/Deinert § 4 TVG Rn. 864 ff.

261 Vgl. Löwisch/Rieble § 1 TVG Rn. 2160 ff.; Richardi JZ 1968, 748.; a.A. Däubler/Deinert § 4 TVG Rn. 864 ff.

262 BAG AP Nr. 191 zu § 1 TVG „Metallindustrie"; BAG AP Nr. 7 zu § 4 TVG „Effektivklausel" m. abl. Anm. v. Bötticher; Münch-ArbR/Klumpp § 237 Rn. 72; B/R/H Rn. 693; Z/L/H § 40 I 2 b; Hanau/Adomeit Rn. 238 ff.; Reiter BB 2004, 437, 440.

trags mit der Möglichkeit des Abbaus bis auf den tariflichen Mindestlohn zu zahlen sei, würde sich der bei der einmaligen Aufstockung normativ wirkende TV durch eine begrenzte Effektivklausel selbst der normativen Wirkung berauben.

2. Ein Teil der Lit. bejaht dagegen die Wirksamkeit der begrenzten Effektivklausel.[263]

Begründet wird diese Ansicht damit, dass ein Verstoß dieser Klausel gegen Art. 3 Abs. 1 GG schon deswegen ausscheide, weil die durch übertarifliche Zahlung hervorgerufene Ungleichbehandlung ihren Ursprung im Einzelarbeitsvertrag habe, in dem unterschiedliche Löhne nach der Vertragsautonomie vereinbart werden könnten. Eine Verletzung des Schrifterfordernisses des § 1 Abs. 2 TVG komme ebenfalls nicht in Betracht, da bezüglich des tariflichen Mindestlohnes die Schriftform gewahrt sei. Da der „Aufstockungsbetrag" individualrechtlich geschuldet werde und kein Bestandteil des Tariflohnes sei, müsse insoweit auch nicht die Schriftform des § 1 Abs. 2 TVG erfüllt sein. Schließlich bleibe es den Vertragsparteien auch überlassen, den übertariflichen Lohn nach der Aufstockung wieder abzubauen, sodass die begrenzte Effektivklausel nur Unklarheiten über das Schicksal des übertariflichen Lohnbestandteiles nach einer Tariflohnerhöhung beseitige und die Vertragsfreiheit der Arbeitsvertragsparteien nicht einschränke.

3. Stellungnahme: Die Wirksamkeit der begrenzten Effektivklauseln ist im Ergebnis abzulehnen, da eine Einwirkung auf günstigere einzelvertragliche Abreden die Grenzen der Gestaltungsfreiheit der Tarifvertragsparteien überschreitet. Die Tarifvertragsparteien können auf kollektivrechtlicher Ebene für Arbeitsverhältnisse der Tarifgebundenen nur Mindestarbeitsbedingungen festsetzen. Macht der Arbeitgeber dem Arbeitnehmer darüber hinaus einzelvertragliche Zusagen, was nach § 4 Abs. 3 TVG (Günstigkeitsprinzip) zulässig ist, entsteht insoweit ein „tariffreier Raum". Ob, wie lange und inwieweit diese übertarifliche Vergütung gezahlt werden soll, ist ausschließlich Sache der Arbeitsvertragsparteien. Durch die begrenzte Effektivklausel wird dagegen tariflich die Aufstockung eines übertariflichen Lohnbestandteils auf den Tarifmindestlohn zunächst angeordnet und damit der Arbeitgeber zur Zahlung eines über die ursprüngliche Vereinbarung hinausgehenden übertariflichen Lohnes verpflichtet. Die Tarifvertragsparteien überschreiten daher dadurch die Grenzen des durch das Günstigkeitsprinzip geschützten „tariffreien Raums", indem sie zumindest der Höhe nach die einzelvertragliche Vereinbarung abändern und anschließend den Arbeitgeber nur auf die einzelvertragliche Möglichkeit des Abbaus des verbliebenen übertariflichen Lohnbestandteiles verweisen, obwohl beim Fehlen einer solchen Klausel grds. das Aufsaugungs- bzw. Anrechnungsprinzip gelten würde.

---

91 **c)** Die sog. **negativen Effektivklauseln** (Verrechnungsklauseln), mit denen das Aufsaugen eines übertariflichen Lohnbestandteiles ohne Rücksicht darauf vorgeschrieben wird, ob er einzelvertraglich u.U. tariffest vereinbart worden ist, sind nach ganz h.M. ebenfalls unzulässig. Denn eine solche Tarifregelung kommt der unzulässigen Vereinbarung von Höchstlöhnen gleich und verstößt damit gegen das gesetzlich zwingende Günstigkeitsprinzip, § 4 Abs. 3 TVG.[264]

---

263 Däubler/Deinert § 4 TVG Rn. 867 ff.; Kempen/Stein § 4 TVG Rn. 499 ff., 504 ff.; Hansen RdA 1985, 78 ff.; Kempen AuR 1982, 50 ff.; dafür auch LAG Hamburg AuR 1991, 120.

264 Vgl. BAG NZA-RR 2010, 305; AP Nr. 8 zu § 4 TVG „Effektivklausel"; Löwisch/Rieble § 1 TVG Rn. 874 ff., 2160 ff.; Schaub/Treber § 200 Rn. 19; B/R/H Rn. 693; a.A. Kempen/Wendeling-Schröder § 4 TVG Rn. 514 m.w.N.

Erst recht unzulässig sind sog. **Organisations- und Absperrklauseln**, die dem Arbeit-   92
geber verbieten, Arbeitsverträge mit Nichtorganisierten oder mit Mitgliedern einer anderen Gewerkschaft abzuschließen, weil sie gegen die durch Art. 9 Abs. 3 GG geschützte
negative Koalitionsfreiheit der Nichtorganisierten und bei Andersorganisierten auch
gegen die positive Koalitionsfreiheit verstoßen.[265]

Zulässig sind dagegen **tarifliche Anrechnungsklauseln**, nach denen eine tarifliche Sonderleistung   93
von vornherein nur bedingt durch die Kürzung um bestimmte arbeitsvertragliche Zahlungen eingeräumt wird.[266]

Beispiel: Der SonderzuwendungsTV sieht vor, dass Leistungen des Arbeitgebers wie Jahresabschluss-
vergütungen, Gratifikationen, Jahresprämie, Ergebnisbeteiligung, Weihnachtsgeld und Ähnliches als
betriebliche Sonderzahlungen im Sinne des Tarifvertrags gelten und den tariflichen Anspruch erfüllen.

BAG:[267] Dies verstößt nicht gegen das Günstigkeitsprinzip i.S.v. § 4 Abs. 3 TVG. Der Tarifvertrag greift
insoweit nicht in Ansprüche ein, die durch Betriebsvereinbarung begründet oder kraft betrieblicher
Übung zum Inhalt des Einzelarbeitsvertrags geworden sind. Vielmehr wird ein tariflicher Anspruch von
vornherein nur bedingt durch die Kürzung um bestimmte, anderweitig betrieblich begründete Ansprüche gewährt. Die Anrechenbarkeit führt somit dazu, dass bei einer geringeren betrieblichen Leistung
ein höherer tariflicher Anspruch unberührt bleibt. Ist die betriebliche Leistung höher als die tarifliche
Leistung, wird der tarifliche Anspruch durch die betriebliche Leistung erfüllt.

2. Verdienstsicherungsklauseln

Diese Tarifregelungen sollen den bisherigen Effektivlohn auch dann erhalten, wenn die   94
Arbeitnehmer aus bestimmten Gründen (z.B. Alter, gesundheitliche Beeinträchtigung,
Rationalisierung) auf einen anderen Arbeitsplatz mit schlechterer Entlohnung versetzt
werden. Diese Verdienstsicherungsklauseln sind nach ganz h.M. zulässig. Allerdings
werden die bisher gezahlten übertariflichen Zulagen nicht mit normativer und zwingender Wirkung abgesichert, sondern können mit späteren Tariflohnerhöhungen nach
allgemeinen arbeitsrechtlichen Grundsätzen ganz oder teilweise verrechnet werden.[268]

Der Unterschied zwischen den Effektiv- und den Verdienstsicherungsklauseln besteht darin, dass erste-
re die Aufstockung des übertariflichen Lohnbestandteiles auf den erhöhten Tariflohn bezweckt, während letztere lediglich den Abbau des bisherigen Effektivlohnes durch Tätigkeitsveränderungen verhindern will. Die Verdienstsicherungsklausel trifft also für eine unter bestimmten Voraussetzungen erfolgte Versetzung eine im Arbeitsvertrag nicht enthaltene Regelung und knüpft dabei an den bisherigen
Verdienstlohn als Berechnungsgrundlage an.

Beispiel für eine Verdienstsicherungsklausel: § 18 Manteltarifvertrag Metallindustrie NRW

Arbeitnehmer nach Vollendung des 53. Lebensjahres mit einer Unternehmenszugehörigkeit von zwölf
Jahren, nach Vollendung des 54. Lebensjahres von elf Jahren und nach Vollendung des 55. Lebensjahres mit einer Unternehmenszugehörigkeit von zehn Jahren haben auf Antrag Anspruch auf Entgeltsi-
cherung, wenn sie wegen gesundheitsbedingter ständiger Minderung ihrer Leistungsfähigkeit auf ihrem bisherigen Arbeitsplatz nicht mehr eingesetzt werden können und deshalb auf einem geringer be-
zahlten Arbeitsplatz beschäftigt werden. Wird ein Antrag auf Arbeitsplatzwechsel gestellt, hat der
Betriebsarzt oder – soweit dieser nicht vorhanden ist – ein Arzt des beiderseitigen Vertrauens die Notwendigkeit des Arbeitsplatzwechsels und die weitere Einsatzfähigkeit festzustellen.

---

265 Schaub/Treber § 200 Rn. 12 ff.; Höpfner RdA 2019, 146, 149 f.; ausführl. Kempen/Wendeling-Schröder § 3 Rn. 297 m.w.N.

266 BAG, Urt. v. 22.05.1996 – 10 AZR 802/95, BeckRS 2007, 47859; Wiedemann/Wank § 4 TVG Rn. 564.

267 BAG EzA § 611 BGB Gratifikation, Prämie Nr. 112.

268 BAG AP Nr. 9 zu § 4 TVG „Effektivklausel" m. Anm. Wiedemann; BAG NZA 1998, 608; Z/L/H § 40 II; a.A. Brox/Müller, Anm.
zu BAG AP Nr. 15 zu § 4 TVG „Effektivklausel"; B/R/H § 694: Tarifvertragsparteien haben keine Macht, in die einzelvertragliche Regelungskompetenz der Arbeitsvertragsparteien einzugreifen, vgl. auch Ziepke BB 1981, 61.

Arbeitnehmer, die der Verdienstsicherung unterliegen, sind mit den nicht verdienstgesicherten Arbeitnehmern nicht vergleichbar. Bei unterschiedlicher Behandlung bei Tariflohnveränderungen scheidet schon aus diesem Grund ein Verstoß gegen den allgemeinen Gleichheitssatz des Art. 3 Abs. 1 GG aus. Ein Verstoß gegen das Verbot der Benachteiligung wegen des Alters nach § 7 Abs. 1 AGG scheidet ebenfalls aus, weil das mit den Verdienstsicherungsklauseln verfolgte Ziel, mögliche altersbedingte Minderungen der Leistungsfähigkeit auszugleichen, legitim i.S.d. § 10 S. 1 AGG ist.[269]

BAG:[270] Eine tarifliche Regelung, die Arbeitnehmer von einer neu eingeführten Leistungszulage ausschließt, wenn sie sich schon vorher in der tariflichen Verdienstsicherung wegen Alters befunden haben, ist zulässig und verstößt nicht gegen höherrangiges Recht.

3. Differenzierung nach Gewerkschaftsmitgliedschaft

> **Fall 7: Höheres Urlaubsgeld für Gewerkschaftsmitglieder**
>
> In einem Tarifvertrag zwischen der Gewerkschaft G und dem zuständigen Arbeitgeberverband ist ein zusätzliches Urlaubsgeld festgelegt worden. Dabei wurde vereinbart: „Das Gewerkschaftsmitgliedern zu gewährende Urlaubsgeld muss 100 € höher sein als das Urlaubsgeld, das die nichtorganisierten Arbeitnehmer erhalten." Der Tarifvertrag enthält außerdem die Bestimmung, dass es dem Arbeitgeber verboten ist, die Differenz durch zusätzliche Leistung an nichtorganisierte Arbeitnehmer auszugleichen. Der tarifgebundene Arbeitgeber A möchte seine Arbeitnehmer nicht unterschiedlich behandeln, befürchtet aber bei Gleichbehandlung „Ärger". Zu Recht?

95   I. Da A tarifgebunden ist, müsste er bei tarifwidrigen Vertragsregelungen mit einer erfolgreichen Einwirkungsklage seines Arbeitgeberverbandes und mit einer Unterlassungsklage der G rechnen (vgl. dazu Rn. 39), *w*enn die tarifliche Differenzierungsklausel wirksam ist.

96   II. Es handelt sich um eine Differenzierungsklausel in der besonderen Form der **Spannenklausel:** Dem Arbeitgeber ist zwar nicht generell untersagt, den Nichtorganisierten eine tariflich geregelte Vergünstigung zu gewähren (so bei sog. **Ausschlussklauseln**), der Anspruch des tarifgebundenen Arbeitnehmers soll aber immer um eine bestimmte Spanne höher sein als der Anspruch des gewerkschaftlich nicht organisierten Außenseiters.[271]

Nach der Rspr. des **BAG und der h.Lit.** sind Differenzierungsklauseln in Form von **Spannenklauseln** (Abstandsklauseln) **unzulässig**, da dadurch Druck zum Gewerkschaftsbeitritt ausgeübt und damit die durch Art. 9 Abs. 3 GG geschützte negative Koalitionsfreiheit verletzt wird. Außerdem greifen die Tarifvertragsparteien unzulässigerweise in die Vertragsfreiheit der Arbeitsvertragsparteien und die Rechtsstellung Dritter ein. Denn das Verbot an die Arbeitgeber, die Differenz durch zusätzliche Leis-

---

269   Vgl. dazu Löwisch/Rieble § 1 TVG Rn. 2164; Rieble/Zäbler ZfA 2006, 273 ff.; Lingemann/Gotham NZA 2007, 663, 666 m.w.N.; offen gelassen vom BAG NZA 2013, 629.

270   BAG NZA 2001, 396; vgl. dazu auch Kempen/Stein § 4 TVG Rn. 509 ff.

271   BAG NZA 2011, 920; Löwisch/Rieble § 1 TVG Rn. 2152 ff.; Höpfner RdA 2019, 146; Däubler/Heuschmid RdA 2013, 1 ff.; Maaß ArbR 2011, 140; Spielberger NJW 2010, 170; Greiner/Suhre NJW 2010, 131; Richardi NZA 2010, 417 ff.

tungen auszugleichen, richtet sich gegen die Nichtorganisierten, die der Tarifmacht der Tarifvertragsparteien nicht unterliegen. Schließlich ist es für den Arbeitgeber nicht zumutbar, durch die Gewährung von Sondervorteilen für Gewerkschaftsmitglieder seinen sozialen Gegenspieler organisationspolitisch zu stärken. Die Differenzierungsklausel ist danach wegen Verstoßes gegen Art. 9 Abs. 3 GG unwirksam.[272]

III. Die Gegenansicht hält die Differenzierungsklauseln jedenfalls dann für zulässig, wenn der Sondervorteil die Mitgliedsbeiträge (i.d.R. 1% vom Monatsbruttolohn) nicht übersteigt. Bei höheren Abstandsklauseln wird überwiegend davon ausgegangen, dass die Sondervorteile für die Gewerkschaftsmitglieder nicht so groß sein dürfen, dass sie sich praktisch als Zwang zum Gewerkschaftsbeitritt auswirken.[273] **97**

Die „Gerechtigkeitserwägung" des BAG sei schon deswegen nicht überzeugend, weil man genauso gut sagen könnte, dass das Gerechtigkeitsempfinden der Gewerkschaftsmitglieder dadurch verletzt werde, dass die Nichtorganisierten in den Genuss der Vorteile kommen, die die Organisierten durch ihre Beitragsleistungen und Gewerkschaftsmitarbeit bewirkten (Schlagwort: „Keine Vorteile für Trittbrettfahrer", weshalb die BAG-Entscheidung auch als Trittbrettfahrer-Entscheidung bezeichnet wird). Die Differenzklausel richte sich auch nicht gegen die Nichtorganisierten, sondern bezwecke ausschließlich Vorteile für die Gewerkschaftsmitglieder. Denn dem Arbeitgeber stehe es frei, was er an die Nichtorganisierten zahle, er müsse nur mehr an die Gewerkschaftsmitglieder zahlen. Die Unzumutbarkeit der Stärkung des sozialen Gegenspielers sei ebenfalls kein überzeugendes Argument, wenn man die Sondervorteile ähnlich wie die den Tarifgebundenen zustehenden höheren Löhne als legitime Folge des Umstands betrachte, dass die Begünstigung eine Folge der Ausübung der positiven Koalitionsfreiheit durch Gewerkschaftsbeitritt sei.

Danach wäre die Differenzierungsklausel zulässig.

IV. Der Gegenansicht ist zwar zuzugeben, dass den Nichtorganisierten individual-rechtlich häufig die gleichen Vorteile wie den Gewerkschaftsmitgliedern aufgrund von Tarifverträgen gewährt werden. Die Organisierten haben aber aufgrund der unmittelbaren und zwingenden Wirkung der Tarifnorm (§ 4 Abs. 1 TVG) einen unabdingbaren und unverzichtbaren Anspruch auf die Sonderzuwendung, während die Nichtorganisierten bei Verweigerung der Sondervergütung durch den Arbeitgeber grds. auch im Hinblick auf Art. 3 Abs. 1 GG keinen Anspruch auf Zahlung der Sondervergütung haben. Denn der Arbeitgeber ist grds. nicht verpflichtet, den Nichtorganisierten die Tarifleistungen zu gewähren.[274] Würde man aber den Arbeitgeber durch Tarifvertrag verpflichten, an Gewerkschaftsmitglieder immer um eine bestimmte Spanne höhere Sondervergütungen zu zahlen, so würde man ihn im Ergebnis gerade zu einer Benachteiligung der Arbeitnehmer zwingen, die von der verfassungsrechtlich garantierten (negativen) Koalitionsfreiheit Gebrauch gemacht und sich gegen einen Gewerkschaftsbeitritt entschieden haben, obwohl nach § 612 a BGB eine Benachteiligung der Arbeitnehmer bei einer Vereinbarung, durch die sie in zulässiger Weise ihre Rechte ausüben, verboten ist. Es ist daher mit dem BAG von der Unzulässigkeit solcher qualifizierten Differenzierungsklauseln auszugehen. **98**

---

272 BAG-GS AP Nr. 13 zu Art. 9 GG; BAG NZA 2011, 920; Z/L/H § 39 II 2; Höpfner RdA 2019, 146 ff.; Richardi NZA 2010, 417; Bauer/Arnold NZA 2011, 945; Wiedemann RdA 2007, 65, 67; BAG-GS a.a.O. führt außerdem aus: „Es verletzt das Gerechtigkeitsempfinden gröblich, wenn die Gewährung des Urlaubs, Urlaubsentgelts und zusätzlichen Urlaubsgeldes und ähnlicher tariflicher Leistungen von Fragen der Organisationszugehörigkeit abhängig gemacht wird."

273 Däubler/Heuschmid§ 1 TVG Rn. 1065, 1081 ff.; Däubler/Heuschmid RdA 2013, 1 ff.; Schmalz AiB 2011, 438; Leydecker AuR 2006, 12 ff.; Kempen FA 2005, 14; Däubler BB 2002, 1643 ff.; krit. ggü dem BAG auch Gamillscheg NZA 2005, 146.

274 Vgl. BAG NZA 2011, 920; Schaub/Linck § 112 Rn. 14, 15; Z/L/H § 18 VI; Thüsing ZTR 1997, 433 ff. m.w.N.

V. **Ergebnis:** Da die tarifliche Spannenklausel unwirksam ist, muss A keine erfolgreiche Einwirkungsklage seines Arbeitgeberverbandes bzw. eine Unterlassungsklage der G befürchten.

99 **Grundsätzlich zulässig** sind dagegen **nach h.M. sog. einfache tarifliche Differenzierungsklauseln.** Diese liegen vor, wenn Tarifvertragsparteien nach dem Wortlaut der Tarifnorm keinen Einfluss auf das Verhältnis zwischen dem Arbeitgeber und den organisierten und nicht organisierten Arbeitnehmern nehmen, sondern lediglich die Mitgliedschaft in der tarifschließenden Gewerkschaft ausdrücklich zu einer anspruchsbegründenden Tatbestandsvoraussetzung machen (Beispiel: „Die Mitglieder der Gewerkschaft G erhalten eine jährliche Sonderzahlung von 500 €). Denn diese Klausel bringt nur das zum Ausdruck, was nach allgemeinen Grundsätzen ohnehin gilt, nämlich, dass kein Außenseiter ohne besondere Regelung, die ihm die Anwendung von Tarifnormen auf sein Arbeitsverhältnis verschafft, einen Anspruch auf Gleichbehandlung mit Tarifgebundenen hat.[275] Etwas anderes kommt aber dann in Betracht, wenn die einfache Differenzierungsklausel wegen der Höhe der Leistung einen unzumutbaren Beitrittsdruck auf die nicht oder anders organisierten Arbeitnehmer ausüben kann, wobei noch nicht abschließend geklärt ist, welchen Umfang eine zulässige Differenzierung erreichen darf.[276] Nach BAG ersetzt eine einzelvertragliche Bezugnahme auf einen Tarifvertrag nur die fehlende Tarifgebundenheit, nicht dagegen auch die Gewerkschaftsmitgliedschaft als Anspruchsvoraussetzung, sodass nicht organisierte Arbeitnehmer bei einfachen Differenzierungsklauseln keinen Leistungsanspruch haben.[277]

4. Tarifverträge zur Beschäftigungssicherung

100 Insbesondere in letzter Zeit wird versucht, durch sog. Tarifverträge zur Beschäftigungssicherung betriebsbedingte Kündigungen zu vermeiden. Da damit für die Arbeitnehmer nicht unerhebliche Lohneinbußen verbunden sind, ist fraglich, ob solche Regelungen zulässig sind.

Fall 8: Tarifliches Bündnis für Arbeit

Der Angestellte A ist Mitglied der Gewerkschaft G. Sein Arbeitgeber U ist Mitglied des zuständigen Arbeitgeberverbandes. Nach dem einschlägigen Manteltarifvertrag (MTV) erzielte A bei einer regelmäßigen Arbeitszeit von 38,5 Wochenstunden ein Gehalt von 3.000 €. Nachdem U in erhebliche wirtschaftliche Schwierigkeiten geriet, schloss G mit ihm zur Vermeidung sonst notwendiger betriebsbedingter Kündigungen einen auf zwei Jahre befristeten Haustarifvertrag, der u.a. eine Herabsetzung der regelmäßigen wöchentlichen Arbeitszeit von 38,5 auf 30,5 Stunden bei einem teilweisen Lohnausgleich und einen Verzicht auf betriebsbedingte Kündigungen während der Laufzeit des Haustarifvertrags vorsieht. A ist der Ansicht, die Tarifvertragsparteien hätten ihre Regelungsbefugnis überschritten, weil sie durch die Herabsetzung der Arbeitszeit um mehr als 20% aus einem Vollzeitarbeitnehmer eine Teilzeit-

---

275 BVerfG ZIP 2019, 239; BAG NZA 2011, 920; BAG NZA 2009, 1028; ErfK/Linsenmaier Art. 9 GG Rn. 32 ff.; Höpfner RdA 2019, 146; Greiner ZTR 2018, 628; Herrmann RdA 2016, 64; a.A. Maaß ArbR 2011, 140; Lobinger/Hartmann RdA 2010, 235 und speziell für den öffentl. Dienst Löwisch NZA 2011, 187; krit. auch Richardi NZA 2010, 417; Bauer/Arnold NZA 2009, 1169.

276 Vgl. BAG NZA 2009, 1028 (jährl. Sonderzahlung von 535 € = durchschnittl. 1/4 Monatseinkommen zulässig); vgl. aber LAG Hamm ZInsO 2012, 2000: zusätzliche Abfindung an Gewerkschaftsmitglieder im Tarifsozialplan von drei Monatsbrutto-gehältern (bezogen auf die Dauer der Betriebszugehörigkeit um 1/3 pro Beschäftigungsjahr höher) wegen Verstoßes gegen negative Koalitionsfreiheit unzulässig und Anpassung nach „oben"); dazu auch ErfK/Franzen § 1 TVG Rn. 62 a.

277 BAG, Urt. v. 22.09.2010 – 4 AZR 117/09, BeckRS 2011, 69265; Gieseler/Halfen-Kieper AiB 2010, 75; a.A. ErfK/Franzen § 1 TVG Rn. 62 c („zumindest wegen Unklarheitsregel des § 305 c Abs. 2 BGB abzulehnen"); jeweils m.w.N.

kraft gemacht und damit das Kündigungsschutzgesetz außer Kraft gesetzt hätten, zumal damit auch eine Gehaltseinbuße von rund 11% netto verbunden sei. U meint, dass der Haustarifvertrag zur Beschäftigungssicherung den Arbeitnehmern als Ausgleich für den Kündigungsverzicht keine unzumutbaren Opfer abverlange. Steht dem A ein Anspruch auf Weiterbeschäftigung in der 38,5 Stunden-Woche bei dem bisherigen Gehalt von 3.000 € brutto zu?

Der Anspruch des A auf Fortführung des Arbeitsverhältnisses zu den bisherigen Bedingungen besteht nur dann, wenn der bisherige MTV nicht durch den HausTV wirksam abgelöst worden ist.

I. Bei Konkurrenz zwischen einem VerbandsTV und einem HausTV geht der HausTV nach dem Spezialitätsgrundsatz dem VerbandsTV auch dann vor, wenn er für die Arbeitnehmer ungünstiger ist. Insofern besteht weitgehend Einigkeit.[278] Der Umstand, dass U mit dem Abschluss des HausTV eventuell gegen seine Verbandspflichten verstoßen und sich Verbandsstrafen ausgesetzt hat, ist für die Wirksamkeit des HausTV unerheblich, weil auch ein verbandswidriger Tarifvertrag gültig ist.[279] Danach würde der HausTV den VerbandsTV ablösen, sodass A keinen Anspruch auf Fortführung des Arbeitsverhältnisses zu den bisherigen Bedingungen hätte.

II. Fraglich ist aber, ob der HausTV mit höherrangigem Recht vereinbar und damit wirksam ist. Bedenken dagegen könnten insbesondere aus den von A selbst vorgetragenen Gründen bestehen. **101**

1. Die Regelungsbefugnis der Tarifvertragsparteien erstreckt sich nach Art. 9 Abs. 3 GG auf Wahrung und Förderung der Arbeits- und Wirtschaftsbedingungen der organisierten Arbeitnehmer und Arbeitgeber, wozu nach h.M. auch die vorübergehende Absenkung der Arbeitszeit und Vergütung zum Zwecke der Beschäftigungssicherung gehört. Den Tarifvertragsparteien steht also auch ein sog. beschäftigungspolitisches Mandat zu.[280]

2. Die Tarifvertragsparteien könnten mit dem HausTV entsprechend der Ansicht des A „verdeckt" Vollzeit- in Teilzeitbeschäftigungen umgewandelt und damit unverhältnismäßig die durch Art. 12 GG verfassungsrechtlich geschützte Berufsfreiheit der Arbeitnehmer eingeschränkt haben.

Die Absenkung der Arbeitszeit durch den HausTV erfolgte jedoch nicht auf Dauer, sondern nur vorübergehend, was in den Auswirkungen der Einführung von Kurzarbeit gleichkommt. Der HausTV enthält dabei lediglich eine Rechtsgrundlage für die Einführung von Kurzarbeit (§ 87 Abs. 1 Nr. 3 BetrVG). Es wurden also nicht, auch nicht vorübergehend, Teilzeitarbeitsverhältnisse „verordnet", sondern lediglich zum Zwecke der Beschäftigungssicherung vorhandene Arbeit vorübergehend auf alle vorhandenen Arbeitnehmer verteilt, um betriebsbedingte Kündi-

278 Vgl. BAG, Urt. v. 21.10.2009 – 4 AZR 435/08, BeckRS 2011, 78887; ErfK/Franzen § 4 TVG Rn. 68 m.w.N.

279 BAG NZA 2009, 98; BAG RÜ 2003, 359; B/R/H Rn. 725.

280 BAG ZTR 2009, 489; BAG NZA 2002, 331; Hanau/Thüsing ZTR 2001, 1, 6; Zachert DB 2001, 1198, 1198, 1199; a.A. Zöllner DB 1989, 2121 ff.; Löwisch BB 2001, 821, 824: kein beschäftigungspolitisches Mandat mit dem Recht, grundrechtseinschränkende Tarifregelungen zu treffen.

gungen zu vermeiden. Eine gegen Art. 12 GG verstoßende Umwandlung von Vollzeit- in Teilzeitarbeitsverhältnisse liegt somit nicht vor.[281]

102   3. Die vorübergehende Einführung einer verkürzten regelmäßigen Arbeitszeit von 30,5 Stunden wöchentlich könnte aber eine unter dem Gesichtspunkt einer absoluten Höchstarbeitszeit unzulässige Beschränkung der Berufsfreiheit des A (Art. 12 GG) sein.

a) Teilweise wird die Ansicht vertreten, dass alle tarifvertraglichen Höchstarbeitszeitregelungen verfassungswidrig sind, weil Tarifverträge nur Mindestarbeitsbedingungen regeln dürfen.[282] Danach wäre die vorübergehende Einführung einer Höchstarbeitszeit von 30,5 Stunden mit Art. 12 GG unvereinbar.

Die gleiche Rechtsfolge würde entstehen, wenn Art. 12 GG nicht unmittelbar heranzuziehen wäre, sondern eine Bindung der Tarifvertragsparteien an die Grundrechte aufgrund der Schutzpflichten anzunehmen wäre, die den Gesetzgeber verpflichten, dafür zu sorgen, dass Arbeitnehmer und Arbeitgeber als Normadressaten bei Ausübung des kollektiven Grundrechts der Tarifvertragsparteien aus Art. 9 Abs. 3 GG nicht unzulässigerweise in ihren Grundrechten beeinträchtigt werden.[283]

b) Durch eine absolute Höchstarbeitszeit kann zwar die durch Art. 12 GG geschützte Berufsfreiheit unverhältnismäßig eingeschränkt sein. Da jedoch die Tarifautonomie ebenfalls verfassungsrechtlich durch Art. 9 Abs. 3 GG geschützt wird, kann Art. 12 GG nicht jede Einschränkung der Berufsausübung verhindern. Die Tarifvertragsparteien sind im Rahmen des Art. 9 Abs. 3 GG vielmehr befugt, die allgemeinen Arbeitsbedingungen zum Schutze der einzelnen Arbeitnehmer und zur Ordnung des Arbeitslebens zwingend auszugestalten, wodurch stets die Privatautonomie (Art. 2 GG) und die Berufsfreiheit (Art. 12 GG) eingeschränkt werden. Der Ausgleich der insoweit widerstreitenden Grundrechte ist im Wege der praktischen Konkordanz nach dem Verhältnismäßigkeitsprinzip zu suchen. Nicht nur Individualinteressen, sondern auch Belange der Koalition (z.B. unter dem Gesichtspunkt der Solidarität) und Gesamtinteressen (z.B. Schutz der Bevölkerung bei Versorgungsunternehmen und Krankenanstalten) können im Rahmen des Verhältnismäßigkeitsprinzips gewichtet werden. In diesem Rahmen lassen sich auch berechtigte Interessen der einzelnen Arbeitnehmer berücksichtigen. Nicht alle tarifvertraglichen Höchstarbeitszeitregelungen sind deshalb stets verfassungswidrig.[284]

Vorliegend stehen der vorübergehenden Verkürzung der regelmäßigen wöchentlichen Arbeitszeit zur Überbrückung von nicht als dauerhaft prognostiziertem Arbeitsmangel im HausTV als Gegenleistung ein Teillohnausgleich und ein befristeter Verzicht auf betriebsbedingte Kündigungen gegenüber, sodass keine die Arbeitnehmer nur einseitig belastende Tarifnorm vorliegt. Vielmehr haben die Tarifvertragsparteien die Arbeitszeitbegrenzung in ein Synallagma gestellt und damit „tarifiert". Ob diese Gegenleistungen, insbeson-

---

281   Vgl. BAG NZA 2002, 331; BAG NZA 2001, 328 ff.

282   Vgl. dazu Auktor DB 2002, 1714 ff.; Bengelsdorf ZfA 1990, 563, 571 ff.; Heinze NZA 1991, 329, 335.

283   Vgl. BAG NZA 2002, 331, 336.

284   Vgl. dazu BAG NZA 2001, 328; Schliemann ZTR 2002, 199, 200 f.

dere wegen des allenfalls partiellen Bestandsschutzes als ausreichend anzusehen sind, haben die Arbeitsgerichte nicht zu entscheiden, weil eine „Tarifzensur" nicht stattfindet. Die besondere regelmäßige Arbeitszeit von 30,5 Wochenstunden ist daher auch als absolute Höchstarbeitszeit nicht zu beanstanden.[285]

4. Schließlich könnte die vorübergehende Verkürzung der Arbeitszeit mit der **103** Grundwertung des zwingenden § 2 KSchG unvereinbar sein, wonach einseitige Änderungen der Arbeitsbedingungen nur beim Vorliegen einer sozialen Rechtfertigung wirksam sind.

Der Arbeitgeber kann ohne besondere Rechtsgrundlage die Arbeitszeit nicht einseitig bei entsprechender Verdienstminderung wirksam verkürzen, sondern nur im Einvernehmen mit dem Arbeitnehmer oder notfalls durch Änderungskündigung, die der Arbeitnehmer mit der Änderungskündigungsschutzklage angreifen kann. Zwar sind auch Tarifvertragsparteien an kündigungsschutzrechtliche Normen gebunden, die sie nicht umgehen dürfen, indem sie dem Arbeitgeber einseitige Gestaltungsmöglichkeiten einräumen, die mit § 2 KSchG nicht zu vereinbaren sind. Der HausTV regelt jedoch die vorübergehende Verkürzung der regelmäßigen Arbeitszeit, die damit verbundene Lohnminderung sowie den befristeten Verzicht auf betriebsbedingte Kündigungen selbst. U hat damit die Arbeitszeit des A aufgrund des HausTV verkürzt und sich damit auf eine besondere Rechtsgrundlage berufen. Diese Rechtsgrundlage verstößt nicht gegen § 2 KSchG, weil diese Norm den Arbeitnehmer vor einseitig vom Arbeitgeber verfügten Änderungen, nicht dagegen vor Änderungen der Arbeitsbedingungen durch die Tarifvertragsparteien schützt.[286]

III. **Ergebnis:** Da die Regelungen des HausTV wirksam sind, steht dem A kein Anspruch auf Fortführung des Arbeitsverhältnisses zu den in dem MTV geregelten Arbeitsbedingungen zu.

Das BAG hat zwar in letzter Zeit in mehreren Urteilen die Zulässigkeit von befristeten TV zur Beschäftigungssicherung bejaht,[287] die Diskussion darüber ist aber noch nicht abgeschlossen und wird jedenfalls dann verschärft geführt werden, wenn die bisherigen BeschäftigungssicherungsTV verlängert werden. Ob das BAG bei einer Verlängerung immer noch den Vergleich mit der Einführung von Kurzarbeit anstellen wird, bleibt abzuwarten.[288]

---

285 So BAG NZA 2001, 328 mit zust. Anm. von Gamilleg AuR 2001, 226 und abl. Anm. von Kort AP Nr. 1 zu § 1 TVG Tarifverträge: Internationaler Bund.

286 Vgl. BAG DB 2009, 1769; BAG NZA 2001, 328; Gotthardt DB 2000, 1462 f.

287 Vgl. BAG NZA 2019, 543 (Karstadt); BAG NZA 2005, 1059 zur Zulässigkeit der Lohnkürzung zum Zwecke der Beschäftigungssicherung durch Änderung der Arbeitsvertragsrichtlinien des Diakoniewerks der ev. Kirche, die keine TV sind.

288 Ausführlich zur Zulässigkeit von TV zur Beschäftigungssicherung Löwisch DB 2005, 554 ff.; Rieble ZfA 2004, 1 ff.; Hanau/Thüsing ZTR 2001, 1 ff., 49 ff.; Zachert DB 2001, 1198 ff.; Gotthardt DB 2000, 1462 ff. und Müller DB 2000, 770 ff.

3. Abschnitt: Das Arbeitskampfrecht

A. Einführung – Rechtsgrundlagen des Arbeitskampfrechts

I. Einführung

104 Die soziale Selbstverwaltung bedeutet, dass Arbeitnehmer und Arbeitgeber die Arbeitsbedingungen selbst festsetzen dürfen. Die Arbeitnehmer werden dabei stets durch ihre Gewerkschaften vertreten, während die Arbeitgeber zwar regelmäßig, aber nicht notwendig durch Arbeitgeberverbände vertreten werden müssen. Das rechtliche Gestaltungsmittel, das den Verbänden zur Verfügung steht, ist der Tarifvertrag. Was geschieht aber, wenn keine Einigung über einen Tarifvertrag erzielt wird oder die Arbeitgeberseite bereits die Aufnahme von Tarifverhandlungen ablehnt?

105 Dem Prinzip der Vertragsfreiheit würde es entsprechen, in einem solchen Fall vom Abschluss eines Vertrags abzusehen. Das ist im Bereich der Arbeitsbedingungen aber praktisch nicht möglich: Es muss gearbeitet, Lohn gezahlt, Urlaub gewährt werden usw. Also müssen die „Sozialpartner" ein Mittel in die Hand bekommen, um den Abschluss eines Tarifvertrags notfalls zu erzwingen. Dieses Mittel muss vor allem der Arbeitnehmerseite zur Verfügung stehen, weil Gewerkschaften nach h.M. grds. keinen einklagbaren Anspruch auf Aufnahme und Führung von Tarifverhandlungen haben[289] und auch eine Zwangsschlichtung mit der durch Art. 9 Abs. 3 GG garantierten Koalitionsfreiheit grds. unvereinbar wäre.[290] Hätten die Gewerkschaften kein Kampfmittel zur Durchsetzung der Verbesserung der bereits vereinbarten Arbeitsbedingungen, müssten die Arbeitnehmer angesichts der kontinuierlichen Geldentwertung eine Minderung der Reallöhne in Kauf nehmen bzw. auf eine Verbesserung der Arbeitsbedingungen durch einen angesichts der Arbeitsmarktlage schwierigen Arbeitsplatzwechsel hoffen. Außerdem hätte das Arbeitsrecht wohl kaum den heutigen Stand erreicht, wenn der Arbeitnehmerseite kein **Kampfmittel zum Zwecke der Durchsetzung der Verbesserung der Arbeitsbedingungen** zustünde. Dieses Druckmittel ist **auf der Arbeitnehmerseite der Streik**.[291]

Betriebsbesetzungen und **Betriebsblockaden** sind nach ganz h.M unzulässig, da sie jedenfalls eine rechtswidrige Eigentumsverletzung darstellen.[292] Sog. **Flashmob-Aktionen im Einzelhandel**, d.h. Aktionen, bei denen viele Menschen koordiniert zur gleichen Zeit Artikel von geringem Wert einkaufen, um so für längere Zeit den Kassenbereich zu blockieren, oder zur gleichen Zeit ihre Einkaufswagen befüllen, um diese dann an der Kasse oder anderswo in den Verkaufsräumen stehen zu lassen, sind dagegen nach der sehr umstr. Rspr. des BAG nicht generell unzulässig.[293]

---

289 Vgl. BAG ArbR 2014, 262; Löwisch/Rieble Grundl. Rn. 265 m.w.N. und oben Rn. 30.

290 BAG NZA 2013, 437; ErfK/Linsenmaier Art. 9 GG Rn. 70.

291 BAG NZA 1998, 754, 756; Blanke NZA 1990, 209, 210: „Tarifverhandlungen ohne das Recht zum Streiken wären nicht mehr als ‚kollektives' Betteln der Gewerkschaften."

292 BAG NZA 1989, 475; MünchArbR/Ricken § 273 Rn. 1 ff.; Kissel § 61 Rn. 57 ff., 101 ff.; Preis § 120; Henkel AuA 2014, 16; vgl. aber auch Unterhinninghofen in Däubler, AK, § 17 Rn. 186 ff.; ErfK/Linsenmaier Art. 9 GG Rn. 275 f.

293 BAG NJW 2010, 631; zust. Fischer RdA 2011, 50; bestätigt v. BVerfG RÜ 2014, 519; zust. Fischer FA 2014, 162; abl. Rüthers JZ 2014, 738; Lembke NZA 2014, 493 u. Bertke NJW 2014, 1852 zu Konsequenzen der Entscheidung des BVerfG; a.A auch Thüsing/Waldhoff ZfA 2011, 329; Rüthers/Höpfner JZ 2010, 261; Otto RdA 2010, 135; Löwisch NZA 2010, 209 (Besitzschutz gegen Flashmob); Löwisch/Beck NZA 2010, 857: Rechtsweg und Gerichtsstand bei Flashmobklagen.

Das **Arbeitskampfmittel der Arbeitgeberseite** ist in erster Linie die **Aussperrung**.[294] **106**

Von der Aussperrung ist die sog. streikbedingte Betriebsstilllegung zu unterscheiden, bei der es sich um keine offene Arbeitskampfmaßnahme handelt und die vom Streik abhängig ist (vgl. dazu Rn. 137 f.).

Das **Druckmittel des Boykotts**, d.h. die Aufforderung zur Ablehnung von Vertragsabschlüssen bzw. Auflösung der vorhandenen Verträge mit der Gegenseite, ist gegenüber Streik und Aussperrung von geringerer praktischer Bedeutung.[295] **Streik, Aussperrung und Boykott** werden unter dem **Oberbegriff Arbeitskampf** zusammengefasst.

Arbeitskämpfe sollen das Zustandekommen und die inhaltliche Ausgewogenheit von Tarifverträgen gewährleisten. Als „Konnexinstitution zur Tarifautonomie" kommt dem Arbeitskampf auch eine Ordnungsfunktion zu.

Der Arbeitskampf bedarf aber rechtlicher Regelungen, vor allem weil der Streik die Nichterfüllung der an sich bestehenden Arbeitspflicht darstellt. Rechtliche Regelungen sind hier auch deshalb besonders wichtig, weil dem Arbeitskampf schwerwiegende Interessenkonflikte zugrunde liegen und bei seiner Durchführung wichtige wirtschaftliche Leistungen ausbleiben können. Umso erstaunlicher mag es sein, dass es **keine gesetzliche Regelung des Arbeitskampfrechts** gibt.[296]

II. Rechtsgrundlagen des Arbeitskampfes

1. Im Grundgesetz ist der Arbeitskampf nur in Art. 9 Abs. 3 S. 3 GG erwähnt. Danach dürfen sich „Notstandsmaßnahmen" nicht gegen Arbeitskämpfe richten, die von Koalitionen i.S.d. Art. 9 Abs. 3 S. 1 GG „zur Wahrung und Förderung der Arbeits- und Wirtschaftsbedingungen geführt werden". Daraus folgt, dass das GG die Zulässigkeit der Arbeitskämpfe voraussetzt, da anderenfalls Art. 9 Abs. 3 S. 3 GG keinen Sinn ergeben würde. **107**

a) Das Streikrecht selbst ist zwar in Art. 9 Abs. 3 S. 2 GG nicht ausdrücklich erwähnt, daraus folgt aber zumindest ein mittelbarer verfassungsrechtlicher Schutz des Streikrechts. Denn Art. 9 Abs. 3 GG schützt die Koalitionen und insbesondere auch den Kernbereich ihrer Betätigung. Zu diesem Kernbereich gehört unzweifelhaft auch der Abschluss von Tarifverträgen. Der Arbeitskampf ist zwar ein letztes, jedoch notwendiges Mittel, mit dem der Abschluss von Tarifverträgen erreicht werden kann, sodass auch das **Streikrecht nach allgemeiner Ansicht durch Art. 9 Abs. 3 GG geschützt** ist.[297]

b) Nach ganz h.M. steht der Arbeitgeberseite aus Gründen der Kampfparität als Arbeitskampfmittel die **Aussperrung** grds. zu, die ebenfalls als solche durch Art. 9 Abs. 3 GG geschützt wird (zu Grenzen später Fall 15, Rn. 149 ff.).[298]

Nach der Mindermeinung ist die Aussperrung dagegen unzulässig, da das Streikrecht aufgrund der wirtschaftlichen Machtposition der Arbeitgeberseite die Kampfparität der Tarifvertragsparteien herstelle. Die Aussperrung als Kampfmittel der Arbeitgeberseite beseitige diese Kampfparität wieder und

---

294 Vgl. zu anderen Arbeitskampfmitteln ErfK/Linsenmaier Art. 9 GG Rn. 271 ff.; Waltermann Rn. 664 f.

295 Vgl. dazu Kissel § 61 Rn. 122 ff.; MünchArbR/Ricken § 265 Rn. 11 ff.; Brox/Rüthers, AK, Rn. 64 ff.

296 Zu Problemen der Kodifizierung des Arbeitskampfrechts Henssler ZfA 2010, 397 ff.; Fischer RdA 2009, 287 ff.

297 BVerfG NZA 2004, 1338; BAG NZA 2014, 319; ErfK/Linsenmaier Art. 9 GG Rn. 102; Vgl. zu Rechtsgrundlagen MünchArbR/ Ricken §§ 268–271 sowie Däubler, Lörcher und Heuschmid in Däubler, AK, §§ 8–11.

298 BVerfG NZA 1995, 754 ff.; SAE 1991, 329 m. Anm. Konzen (suspendierende Abwehraussperrung); BAG NZA 1996, 213; ErfK/Linsenmaier Art. 9 GG Rn. 102; Brox/Rüthers, AK, Rn. 89 ff.; Kissel § 52 Rn. 20 ff.

richte sich als Waffe direkt gegen die Verfassungsgarantie des Streikrechts, zumal ein Streik auf der Arbeitnehmerseite zu größeren wirtschaftlichen Opfern führe.[299]

108 **2.** Eine Anerkennung des Arbeitskampfes findet sich in mehreren Bundesgesetzen (z.B. § 2 Abs. 1 Nr. 2 ArbGG, § 74 Abs. 2 BetrVG, § 66 Abs. 2 BPersVG, § 160 SGB III, § 11 Abs. 5 AÜG, § 91 Abs. 6 SGB IX). Außerdem wird das Streikrecht in mehreren Landesverfassungen (z.B. Berlin, Brandenburg, Bremen, Hessen, Rheinland-Pfalz, Saarland, Thüringen) garantiert. Nach dem BAG besteht die Bedeutung dieser „Landesgarantien" aber lediglich darin, dass sie dem Landesgesetzgeber die Einschränkung und Abschaffung des Streikrechts untersagen. Zur Auslegung von Inhalt und Grenzen des Streikrechts, das durch Bundesrecht garantiert wird (Art. 31 GG: „Bundesrecht bricht Landesrecht"), werden sie nicht herangezogen.[300]

Das Verbot der Aussperrung in Art. 29 Abs. 5 der hessischen Landesverfassung wurde zumindest insoweit für verfassungswidrig erklärt, als es die suspendierende Abwehraussperrung verbot.[301]

109 **3.** Eine Anerkennung des Arbeitskampfes (Streik und Aussperrung) enthält auch Art. 6 Nr. 4 Europäische Sozialcharta. Diese sieht insbesondere auch einen Streik von Nichtorganisierten, Beamten sowie den Demonstrationsstreik vor.[302] Nach h.M. handelt es sich dabei aber nicht um innerstaatlich verbindliches Recht, sondern lediglich um eine völkerrechtliche Verpflichtung der Bundesrepublik.[303] Die Gerichte müssen allerdings die Regeln der ESC beachten, wenn sie die im Arbeitskampfrecht bestehenden Gesetzeslücken anhand von Wertentscheidungen der Verfassung als „Ersatzgesetzgeber" ausfüllen.[304] Auch Art. 11 EMRK, der im Rang eines Bundesgesetzes das Recht auf Kollektivverhandlungen und damit auch das Streikrecht gewährleistet, ist zwar kein unmittelbarer verfassungsrechtlicher Prüfungsmaßstab. Allerdings dienen Art. 11 EMRK und die Entscheidungen des Europäischen Gerichtshofs für Menschenrechte auf der Ebene des Verfassungsrechts als Auslegungshilfen für die Bestimmung von Inhalt und Reichweite von Grundrechten und rechtsstaatlichen Grundsätzen des Grundgesetzes. Eine völkerrechtsfreundliche Auslegung darf allerdings nicht dazu führen, dass eindeutig entgegenstehendes Gesetzesrecht umgangen oder der Grundrechtsschutz nach dem Grundgesetz eingeschränkt wird.[305] Die EU hat zwar nach Art. 153 Abs. 5 AEUV (früher Art. 137 EGV) keine Rechtssetzungskompetenz für das Koalitions- und Arbeitskampfrecht. Art. 28 der Grundrechtscharta der EU vom 17.12.2000, die mit dem Inkrafttreten des Lissabonvertrages am 01.12.2009 zu einer primärrechtlichen Grundlage des Gemeinschaftsrechts erhoben wurde, gewährleistet jedoch auch das Streikrecht, sodass das EU-Recht dadurch einen starken Impuls erhält. Inwieweit die Grundrechtscharta die Entwicklung des EU-Rechts auf dem Gebiet des Arbeitskampfrechts beeinflussen wird, lässt sich noch nicht abschätzen.[306]

---

299 Vgl. Blanke NZA 1990, 209, 210 u. Wolter in Däubler, AK, § 21 Rn. 5, 12 ff.

300 Vgl. BAG AP Nr. 1 zu Art. 9 GG „Arbeitskampf"; ErfK/Linsenmaier Art. 9 GG Rn. 104.

301 Vgl. BAG NZA 1988, 775 = SAE 1991, 56 m. Anm. Otto; Söllner NZA 1992, 721, 727; MünchArbR/Ricken § 71 Rn. 13.

302 Vgl. BVerfG RÜ 2018, 524; dazu Sura NJOZ 2019, 1; Jäckel ZJS 2018, 459.

303 Kissel § 20 Rn. 23 ff.; Schaub/Treber § 191 Rn. 27 f.; MünchArbR/Ricken § 296 Rn. 10 f. m.w.N. u. unten Rn. 112.

304 BAG NZA 2013, 448, 465 f.; ErfK/Linsenmaier Art. 9 GG Rn. 105; MünchArbR/Ricken § 296 Rn. 10 f.; Seifert EuZA 2013, 205.

305 Vgl. BVerfG RÜ 2018, 524; ErfK/Linsenmaier Art. 9 GG Rn. 105; krit. Jacobs/Payandeh JZ 2019, 19 und Spitzlei/Schneider JA 2019, 9 zur Heranziehung der EMRK in der jur. Fallbearbeitung dargestellt am Beispiel des Streikverbots für Beamte.

306 Vgl. ErfK/Linsenmaier Art. 9 GG Rn. 109; MünchArbR/Ricken § 269 Rn. 5; Brameshuber WEuZA 2016, 46; Seifert EuZA 2013, 205 ff.; Junker ZfA 2013, 91 ff.; Brameshuber EuZA 2016, 46; zu weiteren völkerrechtlichen Regelungen und ihrer Bedeutung im nationalen Recht MünchArbR/Ricken § 269; Kissel § 20 Rn. 36 ff.; Schaub/Treber § 191 Rn. 29 ff.

III. Angesichts des „normativen Vakuums" mussten die Arbeitsgerichte im Rahmen der anhängigen Prozesse die erforderlichen Regelungen selbst treffen. Auf diese Weise wurde das Bundesarbeitsgericht zum wahren (Ersatz-)Gesetzgeber im Arbeitskampf.[307] Auch die Stellungnahmen in der Lit. erhielten angesichts fehlender gesetzlicher Regelungen ein erhöhtes Gewicht.[308]

110

Wegen des großen Spielraums, der infolge fehlender gesetzlicher Regelung für die „Rechtsfindung" besteht, beruht jede rechtliche Aussage im Arbeitskampfrecht i.d.R. auf einer (rechts-)politischen Entscheidung. Das führt bei fast jedem Rechtsproblem zu einem großen Spektrum von Rechtsansichten. Deshalb kann diese Darstellung kein auch nur annähernd vollständiges Bild der verschiedenen Ansichten geben. Es ist zwar nicht gerechtfertigt, sämtliche Arbeitsgerichte und arbeitsrechtlichen Autoren in die Gruppen „konservativ oder fortschrittlich" einzuteilen. Gleichwohl darf man beim Lesen einer Entscheidung bzw. eines Beitrags vor der rechtspolitischen Grundtendenz eines Autors oder Gerichts nicht die Augen verschließen.

Das BAG hält – in Übereinstimmung mit der überwiegenden Auffassung – Arbeitskampfmaßnahmen und damit auch Streiks für schädlich.[309] Also werden die Voraussetzungen für zulässige Arbeitskampfmaßnahmen möglichst eng gefasst. Da Arbeitnehmer und Gewerkschaften beim Streik die „Angreifer" sein müssen (vgl. Rn. 105), benachteiligen die einengenden Voraussetzungen die Arbeitnehmerseite und begünstigen die Arbeitgeber. Wer wie Blanke[310] von der Unzulässigkeit der Aussperrung ausgeht und auf dem Standpunkt steht, Streiks seien das mit den wenigsten „Reibungsverlusten" verbundene Mittel zur Regulierung des Lohnkonflikts, da die Festlegung von Löhnen durch Gesetzgeber oder Regierung zu einer scharfen Politisierung des Lohnkonflikts und zu Erschütterungen für das gesamte Gesellschaftssystem führen müsse, wird die Rspr. des BAG zumindest als „gewerkschaftsunfreundlich" beurteilen.

111

IV. Das Arbeitskampfrecht wird hier nur für den Bereich des Arbeitsrechts behandelt. Ausgenommen werden also Beamte, die im Hinblick auf Art. 33 Abs. 5 GG nach h.M. kein Streikrecht haben, was verfassungsrechtlich nicht zu beanstanden ist.[311]

112

Die Beamten dürfen jedoch auf bestreikten Arbeitsplätzen ohne eine ausdrückliche gesetzliche Regelung nicht eingesetzt werden, sodass sie zur Streikarbeit nicht verpflichtet sind (vgl. § 11 Abs. 5 AÜG für Leiharbeitnehmer).[312] Dagegen dürfen Angestellte und Arbeiter im öffentlichen Dienst streiken.[313]

---

307 Vgl. ErfK/Linsenmaier Art. 9 GG Rn. 111; Berg RdA 2019, 110; Linesemaier RdA 2019, 157 ff., 167 ff.; Jacobs ZfA 2011, 71; u. Greiner JbArbR 56, 103 (2019); Beckerle NJW 2017, 439; Melot de Beauregard/Baur NZA-RR 2016, 617; Melot de Beauregard NZA-RR 2019, 625; 2013, 617 (Rspr.-Übers. zum Arbeitskampfrecht); krit. zur BAG-Rspr. Schwarze ZfA 2018, 149 ff.

308 Grundlegend insb. BAGE 1, 291; BAG NJW 1980, 1642; Arbeitskampfrecht von Kissel, Brox/Rüthers u. Däubler; Picker ZfA 2011, 443; 2010, 499; 2011, 443 (zur Dogmatik des Arbeitskampfrechts). Ob dieser Zustand mit der v. BVerfG entwickelten Wesentlichkeitstheorie vereinbar ist, wird bezweifelt (Löwisch DB 1988, 1013; Ehrich DB 1993, 1237), wurde aber vom BVerfG (NJW 1991, 2549 und RÜ 2014, 519) bejaht (zust. Kissel § 21 Rn. 1 ff.; Söllner NZA 1992, 721).

309 Vgl. BAGE-GS 23, 306 ff.; Hettlage BB 2004, 714, 715: Streik durch Richterrecht grds. verboten.

310 Blanke NZA 1991, 109 ff.; vgl. auch Rödl in Däubler, AK, § 21 Rn. 5 ff., 48 ff., 82 ff.

311 Vgl. BVerfG RÜ 2018, 524; BAG NZA 1996, 214, 217; ErfK/Linsenmaier Art. 9 GG Rn.190; Sura NJOZ 2019, 1; Hebeler ZTR 2018, 368; a.A. Hensche in Däubler, AK, § 18 a Rn. 15 ff.; Blanke NZA 1991, 1, 7 ff.; krit. Widmaier DVBl 2020, 229; Hofmann, ZESAR 2018, 475; vgl. aber auch EGMR NZA 2010, 1423 und BVerwG RÜ 2014, 389 zur Differenzierung nach Ausübung von Hoheitsbefugnissen und Schubert in F/G/O Art. 11 MRK Rn. 33 ff., die eine Änderung des GG für geboten hält.

312 BVerfG NVwZ 1995, 680; DB 1993, 837; ErfK/Linsenmaier Art. 9 GG Rn. 190; a.A. BAG NZA 1985, 814.

313 Zu Einschränkungen im Bereich der Hoheitsverwaltung und lebensnotwendiger Daseinsvorsorge vgl. LAG Hamm NZA-RR 2007, 250 (Blutspendedienst); LAG Rheinland-Pfalz ZTR 2007, 488 (Flugsicherung) und Kissel § 45 Rn. 48 ff.; ErfK/Linsenmaier Art. 9 GG Rn. 126 ff., 134, 180 ff.; Schlachter EuZA 2019, 81; Novitz AuR 2017, 324 u. 376; Greiner ZfA 2016, 451; Ziebarth ArbR 2015, 122; Stegmüller NZA 2015, 723; Schubert AuR 2014, 176 sowie Uhl/Raif ArbR 2012, 310.

B. Der Begriff des Streiks; Abgrenzung zum Zurückbehaltungsrecht

Fall 9: Keine Arbeit an gefährlichen Maschinen

In der Lederfabrik F arbeiten A–K an Zuschneidemaschinen. F hat neue Maschinen aufstellen lassen. Zu ihnen gehört normalerweise eine Vorrichtung, die die Maschinen zum Stillstand bringt, falls jemand der Schneidevorrichtung zu nahe kommt. Diese Vorrichtungen sind noch nicht geliefert worden. Da die alten Maschinen bereits demontiert worden sind, verlangt die Betriebsleitung von A–K, vorübergehend an den neuen Maschinen zu arbeiten und durch erhöhte Vorsichtsmaßnahmen Gefährdungen auszuschließen. Nachdem der Betriebsrat dagegen protestiert und eine Auskunft des Gewerbeaufsichtsamts vorgelegt hat, wonach die Inbetriebnahme der Maschinen ohne Sicherheitsvorrichtung unzulässig ist, beschließen A–K, solange nicht zu arbeiten, bis die Sicherheitsvorrichtungen vorhanden sind. Firma F fragt an, ob ein derartiger „Streik" zulässig ist und ob an A–K auch dann der Lohn weitergezahlt werden muss, wenn sie nicht arbeiten.

113 I. Würde es sich bei der Arbeitsniederlegung begrifflich um einen Streik handeln, wären für deren Rechtmäßigkeit und Rechtsfolgen die für den Streik geltenden Regeln maßgeblich.

1. Der Arbeitskampf wird wie folgt beschrieben: „Die Arbeitnehmer- oder Arbeitgeberseite setzt durch gemeinsame (kollektive) Maßnahmen die andere Seite absichtlich unter wirtschaftlichen Druck, um ein bestimmtes Ziel zu erreichen".[314]

114 **Begriffliche Voraussetzungen des Streiks** sind danach:

- vorübergehende Arbeitsniederlegung,

- planmäßig und gemeinsam durch eine größere Anzahl von Arbeitnehmern, d.h. als „Kollektivhandlung",

- zur Erreichung eines bestimmten Zieles, das i.d.R. die Verbesserung der Lohn- und Arbeitsbedingungen ist („Regelungsstreitigkeit").[315]

Im Einzelnen ist vieles streitig, insbes. ob auch Arbeitseinstellungen aus politischen Gründen („politischer Streik") oder aus Gründen der Solidarität mit anderen Streikenden („Solidaritätsstreik") begrifflich als Streiks anzusehen sind.[316] Die Formulierung oben lässt diese Frage offen.

Zu beachten ist, dass es hier nur um den Begriff des Streiks geht. Davon hängt ab, ob die Rechtsgrundsätze, die für Streiks entwickelt worden sind, anwendbar sind. Dagegen hängt die rechtliche Bewertung des Streiks als rechtmäßig oder rechtswidrig davon nicht unmittelbar ab.

115 2. Fraglich ist, ob die Begriffsmerkmale des Streiks vorliegend erfüllt sind.

a) A–K, also eine größere Anzahl von Arbeitnehmern, haben vorübergehend die Arbeit niedergelegt.

---

314 Vgl. ErfK/Linsenmaier Art. 9 GG Rn. 94; Kissel § 39 Rn. 1 f.; Waltermann Rn. 657 ff.

315 Vgl. dazu BAG NZA 2018, 1081, 1085; BAG NZA 2003, 866; ErfK/Linsenmaier Art. 9 GG Rn. 94 ff.; 161 ff.; Schaub/Treber § 191 Rn. 8 ff.; Waltermann Rn. 659, 663; Hanau/Adomeit Rn. 279.

316 Vgl. dazu ErfK/Linsenmaier Art. 9 GG Rn. 94 ff.; Waltermann Rn. 663, 667 ff.

b) Das ist offensichtlich auch planmäßig und gemeinsam geschehen (vgl. „beschließen" im Sachverhalt).

c) Das Ziel von A–K ist es, zur Vermeidung von Arbeitsunfällen das Anbringen der vorgeschriebenen Sicherheitsvorrichtung zu erreichen. Sie bezwecken also mit der Arbeitsniederlegung nicht die Durchsetzung der Verbesserung der Arbeitsbedingungen, auf die sie bisher keinen Anspruch hatten (sog. „Regelungsstreitigkeit"), sondern die Einhaltung der bereits bestehenden Sicherheitsbestimmungen, wozu F nach § 618 BGB verpflichtet ist (sog. Rechtsstreitigkeit). Unter diesem Gesichtspunkt ist der Streik von der Geltendmachung einer individualrechtlichen Rechtsposition zu unterscheiden. Als solche Rechtsposition kommt hier ein Zurückbehaltungsrecht gemäß § 273 BGB in Betracht.[317]

Das individualrechtliche Zurückbehaltungsrecht hinsichtlich der Arbeitsleistung kann auch „gebündelt" durch eine Mehrzahl von Arbeitnehmern ausgeübt werden, sodass dem äußeren Erscheinungsbild nach eine Ähnlichkeit zum Streik besteht.[318] Der Unterschied liegt allein in dem mit der Arbeitsniederlegung verfolgten Ziel:

BAG:[319] „Dem Zurückbehaltungsrecht liegt eine Rechtsfrage zugrunde, der Arbeitsniederlegung (in Gestalt eines Streiks) eine Regelungsstreitigkeit." Auch bei kollektiver Ausübung des Zurückbehaltungsrechts ist aber zu beachten, dass es sich dabei letztlich um Individualrechte handelt, die nur „gebündelt" ausgeübt werden. Dementsprechend ist auch bei jedem einzelnen Arbeitnehmer zu prüfen, ob ihm ein Zurückbehaltungsrecht zusteht. Die Arbeitsverweigerung durch einen konkreten Arbeitnehmer wird also nicht dadurch unberechtigt, dass sich andere Arbeitnehmer der „Aktion" zu Unrecht anschließen und umgekehrt.

116 Vorliegend haben A–K die Arbeit niedergelegt, um ihre Ansprüche aus § 618 Abs. 1 BGB auf Einhaltung der Arbeitsschutzvorschriften zu wahren.[320] Sie haben dabei klargestellt, dass sie die Arbeit nur solange zurückhalten, bis F die vorgeschriebenen Sicherheitsvorrichtungen anbringt. Damit haben sie unmissverständlich zum Ausdruck gebracht, dass die Arbeitsniederlegung eine **kollektive Ausübung eines Zurückbehaltungsrechts** und keinen Streik darstellt. Die Streikregeln sind deshalb nicht anwendbar.

Nach Ansicht des BAG müssen Arbeitnehmer, die ein Zurückbehaltungsrecht geltend machen wollen, dies auch eindeutig erklären. Deklarieren sie ihren Ausstand als Streik, so wird ihre Arbeitsverweigerung trotz des objektiven Vorliegens eines Zurückbehaltungsrechts mit dem kollektivrechtlichen Maßstab des Streikrechts gemessen.[321] Umstritten ist dabei auch, ob eine Arbeitsniederlegung durch eine Mehrzahl von Arbeitnehmern einheitlich nur als Streik oder nur als kollektive Ausübung eines Zurückbehaltungsrechts beurteilt werden kann,[322] da die berechtigte Ausübung des Zurückbehaltungsrechts als ein Individualrecht durch einen Teil der Arbeitnehmer nicht dadurch zum rechtswidrigen Streik werden kann, dass andere Arbeitnehmer, denen dieses Recht nicht zusteht, sich der Arbeitsniederlegung mit dem Willen zum (rechtswidrigen) Streik anschließen.

---

317 Vgl. dazu BAG NZA 1985, 355 f.; DB 1978, 1403 ff.; Kissel § 61 Rn. 13 ff.; Auffarth RdA 1977, 129, 132.

318 BAGE 15, 186 f.; BAG DB 1978, 1403 ff.; ErfK/Linsenmaier Art. 9 GG Rn. 280 ff.

319 BAG DB 1978, 1403 ff.; dazu auch Kissel § 61 Rn. 19; jeweils m.w.N.

320 Vgl. dazu BAG NZA 1997, 821 ff.; MünchKomm/Müller-Glöge § 611 BGB Rn. 10; Maaß NZA 1998, 688 ff.

321 BAG AP Nr. 58 zu Art. 9 GG „Arbeitskampf"; Kissel § 61 Rn. 15; Wisskirchen/Schiller/Schwindling BB 2019, 1460, 1463; a.A. ErfK/Linsenmaier Art. 9 GG Rn. 280 ff.; Brox/Rüthers, AK, Rn. 606 m.w.N., da das Bestehen eines geltend gemachten Rechts nicht von seiner Bezeichnung abhängig sei. Maßgeblich sei vielmehr die objektiv bestehende Rechtslage.

322 So BAG AP Nr. 32 zu Art. 9 GG „Arbeitskampf"; a.A. Brox/Rüthers, AK, Rn. 611; Kissel § 61 Rn. 20 f.

117 II. Fraglich ist somit, wie die gemeinsame Arbeitseinstellung nach den allgemeinen individualrechtlichen Regelungen zu beurteilen ist.

1. Da A–K sich wegen Nichteinhaltung der bestehenden Arbeitssicherheitsbestimmungen zu Recht auf ein Zurückbehaltungsrecht aus § 273 Abs. 1 i.V.m. § 618 Abs. 1 BGB berufen, ist ihre Arbeitsverweigerung gerechtfertigt.

Dass bei der Zurückbehaltung der Arbeitsleistung die Abwicklung des Schuldverhältnisses nicht nur verschoben, sondern gänzlich aufgehoben wird (die Arbeit wird während des Zeitraumes der Niederlegung endgültig nicht erbracht), steht der Anwendung der §§ 273, 320 BGB nicht entgegen. Dieser Umstand kann jedoch dazu führen, dass dem Arbeitnehmer die Ausübung seines Zurückbehaltungsrechts (z.B. bei geringfügiger Restlohnforderung bzw. unverhältnismäßig hohem Schaden des Arbeitgebers) nach Treu und Glauben verwehrt ist.[323]

2. Indem A–K die Firma F aufforderten, die Sicherheitsvorrichtungen anzubringen, haben sie F entsprechend § 295 S. 2 BGB in Annahmeverzug gesetzt.[324] Der Arbeitgeber F muss also nach § 611 BGB i.V.m. § 615 BGB den Lohn weiterzahlen.

118 ## C. Die Rechtmäßigkeitsvoraussetzungen eines Streiks, Rechtsfolgen des rechtmäßigen Streiks

I. Unmittelbar bestreikter Betrieb

Fall 10: Streik im Elektrizitätswerk

Nach Ablauf des bisherigen Tarifvertrags, dem Scheitern der Tarifverhandlungen und der anschließenden Schlichtung sowie nach Durchführung der Urabstimmung ruft die zuständige Gewerkschaft G zum Streik der Elektrizitätsarbeiter auf. Der Streikaufruf wird allgemein befolgt, sodass die Arbeit ruht. An dem Streik beteiligen sich u.a. A, der Mitglied der G ist, und B, der keiner Gewerkschaft angehört. Nach drei Tagen fordert die Betriebsleitung A und B auf, die Arbeit wieder aufzunehmen, sie müssten sonst mit fristloser Entlassung rechnen. Als A und B erklären, sie würden weiter streiken, wird ihnen eine fristlose Kündigung wegen der in dem Streik liegenden beharrlichen Arbeitsverweigerung angedroht. Wäre die fristlose Kündigung wirksam?

Es kommt eine außerordentliche Kündigung nach § 626 BGB wegen einer Arbeitsverweigerung in Betracht.

Aus der gegebenen Begründung und den Umständen folgt, dass nicht etwa eine Aussperrung gewollt ist. Die Aussperrung richtet sich gegen die Arbeitnehmerschaft als Kollektiv. Hier will die Betriebsleitung offenbar nur die Arbeitsverhältnisse von A und B endgültig beenden und damit eine individualrechtliche Kündigung erklären (vgl. zur Aussperrung noch Rn. 149 ff.). Eine derartige „Kampfkündigung" wegen Teilnahme an einem rechtswidrigen Streik ist möglich, d.h. der Arbeitgeber hat nach h.M. in diesem Fall die Wahl zwischen einer kollektiv- oder individualrechtlichen Reaktion.[325]

---

323 Vgl. BAG AP Nr. 3 zu § 273 BGB; LAG Thüringen LAGE § 273 BGB Nr. 1; Waltermann Rn. 666.

324 BAG NJW 1982, 121, 122; LAG Niedersachsen NZA-RR 2005, 22; Schaub/Linck § 50 Rn. 10; a.A. LAG Thüringen LAGE § 273 BGB Nr. 1: Vom Arbeitgeber zu vertretende Unmöglichkeit und daher Zahlungsanspruch nach § 326 Abs. 1 BGB.

325 Vgl. BAG DB 1984, 1147 ff.; Kissel § 61 Rn. 76 ff.; Waltermann Rn. 719 f.

A. Grundsätzlich stellt eine beharrliche Arbeitsverweigerung einen wichtigen Grund i.S.d. § 626 BGB dar.[326] Eine Arbeitsverweigerung kommt aber nur dann in Betracht, wenn der Arbeitnehmer zur Erbringung der Arbeitsleistung auch verpflichtet war. Vorliegend könnte die Arbeitspflicht von A und B aufgrund der Teilnahme an einem rechtmäßigen Streik entfallen sein.

B. Fraglich ist somit, ob A und B sich an einem rechtmäßigen Streik berechtigterweise beteiligt haben. **119**

I. Eine Beteiligung an einem Streik liegt nach dem Sachverhalt vor.

II. Es müssten die **Rechtmäßigkeitsvoraussetzungen eines Streiks** vorliegen.

Der nachfolgenden Prüfung werden die Rspr. des BAG und die h.L. zugrunde gelegt.[327]

1. Der Arbeitskampfbeschluss muss ordnungsgemäß bekannt gegeben werden, sodass die Verbandsmitglieder bei einem Verbandskampf und der Kampfgegner eindeutig erkennen können, von wem der Beschluss stammt, um welche Kampfmaßnahme es geht, wer zur Teilnahme am Arbeitskampf aufgerufen wird und wann die Maßnahme beginnen und enden soll.[328]

Umstritten ist, ob die ursprünglich fehlende ordnungsgemäße Bekanntmachung rückwirkend geheilt werden kann.[329]

2. Der **Streik darf nicht gegen die tarifvertragliche Friedenspflicht verstoßen** (vgl. dazu Rn. 37 f.). Während der Laufzeit eines TV ist jeder Arbeitskampf über die in dem TV geregelten Angelegenheiten aufgrund der relativen Friedenspflicht verboten.[330] Da die G zum Streik erst nach Ablauf des bisherigen Tarifvertrags aufrief, scheidet ein Verstoß gegen die relative Friedenspflicht aus. Ein Verstoß gegen die sog. absolute Friedenspflicht kommt nach dem Scheitern der Schlichtungsverhandlungen mangels Vorliegens einer darüber hinausgehenden Vereinbarung nicht in Betracht. **120**

Nach Ansicht des BAG war das Schlichtungsabkommen der Metallindustrie Schleswig-Holstein so auszulegen, dass bereits die Durchführung der Urabstimmung als Verletzung der absoluten Friedenspflicht anzusehen war.[331]

3. Der Streik muss ein Ziel haben, das Gegenstand eines TV sein kann, sog. **tariflich regelbares Ziel**.[332] Das wird mit der Funktion des Arbeitskampfes als Mittel zur Durchsetzung von Tarifverträgen begründet (Konnexinstitut zur Tarifautonomie).[333] Auch diese Voraussetzung ist erfüllt, weil der Streik um einen neuen TV geführt werden soll. **121**

---

326 BAG NZA 2018, 1259; BAG NZA 2014, 533; 1996, 1085 ff.; Schaub/Linck § 127 Rn. 75 f.

327 Vgl. BAG RÜ 2003, 410; ErfK/Linsenmaier Art. 9 GG Rn. 112 ff.; Schaub/Treber § 192 Rn. 1 ff.; MünchArbR/Ricken § 272 Rn. 33 ff.; Waltermann Rn. 667 ff.; Bartholomä BB 2006, 378 ff. und Grimm/Vitt ArbRB 2020, 21 ff.

328 Vgl. BAG NZA 2016, 1543 ff.; BAG NZA 1997, 397 ff.; Schaub/Treber § 192 Rn. 1 ff.; ErfK/Linsenmaier Art. 9 GG Rn. 135 ff.; MünchArbR/Ricklen § 272 Rn. 34 ff.; Polzin NZA 2019, 753 ff.

329 Vgl. Meinungsübersichten bei Hergenröder in H/W/K Art. 9 GG Rn. 135; ErfK/Linsenmaier Art. 9 GG Rn. 135 ff., 140.

330 BVerfG NZA 2004, 1338; BAG JR 2018, 213 m. Anm. Kothe; BAG NZA 2007, 987; ErfK/Linsenmaier Art. 9 GG Rn. 124 f.; MünchArbR/Ricken § 272 Rn. 44 ff.; Schaub/Treber § 192 Rn. 17 ff.; Kissel § 26 Rn. 3 ff.

331 BAG AP Nr. 2 zu § 2 TVG „Friedenspflicht"; Kissel § 40 Rn. 22 ff.; krit. MünchArbR/Ricken § 272 Rn. 51.

332 BAG NZA 2016, 1543; BAG NZA 2007, 1055; BAG NZA 2007, 987; ErfK/Linsenmaier Art. 9 GG Rn. 114; Schaub/Treber § 192 Rn. 2 ff.; Kissel § 24 Rn. 2 ff.; Löwisch RdA 2017, 255; a.A. Däubler in Däubler, AK, § 9 Rn. 15 ff. u. § 13 Rn. 5 ff.

333 BAG NZA 2013, 437; ErfK/Linsenmaier Art. 9 GG Rn. 114; Löwisch RdA 2017, 255, 257; Meyer ZTR 2017, 210 ff.

Damit werden die Beschränkungen der Tarifautonomie auf das Streikrecht übertragen. Da die Schranken der Tarifautonomie zugleich Schranken des Streikrechts sind, ist z.B. ein Streik zur Durchsetzung von betriebsverfassungsrechtlichen Streitfragen unzulässig, weil diese nur im Verfahren nach dem BetrVG (Einigungsstelle bei Regelungs- und ArbG bei Rechtsstreitigkeiten) geregelt werden dürfen.[334] Zulässig ist dagegen nach wohl h.M. ein Streik, mit dem eine sog. „Vereinbarungslösung" nach § 3 BetrVG durchgesetzt werden soll.[335] Ein Streik, dessen Kampfziel auch der Durchsetzung einer nicht rechtmäßigen Tarifforderung dient, ist insgesamt rechtswidrig, ohne dass es darauf ankommt, ob der Streik auch ohne die tarifwidrige Forderung geführt worden wäre.[336]

Ein **Streik**, der sich **gegen eine für unwirksam gehaltene Kündigung eines Tarifvertrags** richtet, ist unzulässig, weil ein Recht durchgesetzt werden soll.[337]

Sehr umstritten war bisher, ob **Streiks mit dem Ziel der Durchsetzung sog. Spezialisten- bzw. Spartentarifverträge** wegen des Verstoßes gegen den Grundsatz der Tarifeinheit bzw. das Verhältnismäßigkeitsprinzip rechtswidrig waren. Hierbei handelt es sich um Streiks, mit denen eine relativ kleine Gruppe von Arbeitnehmern, die Schlüsselpositionen besetzen (z.B. Lokführer, Piloten, Ärzte), eine Verbesserung der Arbeitsbedingungen im Verhältnis zu den übrigen Beschäftigten in einem eigenen TV durchsetzen will. Die früher h.M. bejahte die grds. Zulässigkeit derartiger Streiks unter Hinweis darauf, dass der Grundsatz der Tarifeinheit kein geeignetes Kriterium für den Ausschluss des durch Art. 9 Abs. 3 GG verfassungsrechtlich garantierten Streikrechts (auch der kleinen) Gewerkschaften sein kann. Nachdem das BAG seine bisherige Rspr. zur Tarifeinheit für den Fall der Tarifpluralität im Anschluss an die h.L. ausdrücklich aufgab, stand der Grundsatz der Tarifeinheit der generellen Zulässigkeit derartiger Streiks nicht mehr entgegen. Die danach mit dem TarifeinheitsG eingeführte Kollisionsregel des § 4 a TVG, die den Grundsatz der Tarifeinheit gesetzlich festschreibt, schränkt die Zulässigkeit der Streiks kleinerer Gewerkschaften selbst dann nicht ein, wenn die Mehrheitsverhältnisse im Betrieb bereits bekannt sind. Das ergibt sich schon daraus, dass die Anwendung der gesetzlichen Tarifeinheit aufgrund der Kollisionsregel des § 4a Abs. 2 S. 2 TVG ebenso wie der Anspruch auf Nachzeichnung nach § 4 a Abs. 4 TVG die Existenz mehrerer Tarifverträge voraussetzt, um zu prüfen, ob sich inhaltliche Überschneidungen ergeben und deshalb die Frage nach der Notwendigkeit zur Auflösung einer Tarifpluralität zu stellen ist. Ein nach § 4 a TVG konkurrierender Tarifvertrag muss aber zuvor verhandelt und abgeschlossen werden, wobei der Abschluss bei Ablehnung der Tarifforderungen notfalls durch einen Streik durchsetzbar sein muss.[338] Wenn allerdings diese Streiks den Bereich der Daseinsvorsorge betreffen, können sich im Einzelfall Einschränkungen bei deren Zulässigkeit im Hinblick auf das Verhältnismäßigkeitsprinzip bzw. die Gemeinwohlbindung ergeben (vgl. auch unten Rn. 125 ff.).[339] Unzulässig sind solche Streiks allerdings wegen Verstoßes gegen die relative Friedenspflicht, solange die gekündigten TV noch in Kraft sind.[340]

Umstritten ist auch, ob und inwieweit **Streiks zur Erzwingung eines Tarifsozialplans** wegen einer beabsichtigten Standortverlegung/Betriebsschließung auch im Hinblick auf das Grundrecht des Arbeitgebers auf Berufswahl nach Art. 12 GG zulässig sind und ob den §§ 111 ff. BetrVG eine Sperrwirkung gegenüber tariflichen Regelungen im Zusammenhang mit Betriebsänderungen zu entnehmen ist. Nach h.M. sind derartige Streiks grds. zulässig, weil sie um ein tariflich regelbares Ziel geführt werden, sodass die durch Art. 9 Abs. 3 GG ge-

---

334 BAG DB 1977, 728; Schaub/Treber § 192 Rn. 16; Löwisch/Rumler in Löwisch 170.4 Rn. 2 ff.

335 BAG BB 2010, 1604; Hanau RdA 2010, 313 ff.; a.A. S/W/S § 3 BetrVG Rn. 11.

336 BAG NZA 2016, 1543; MünchArbR/Ricken § 272 Rn. 35; vgl. ausführlich dazu Polzin NZA 2019.

337 ErfK/Linsenmaier Art. 9 GG Rn. 118; a.A. ArbG Stralsund AuA 1993, 219 m. zust. Anm. Zachert.

338 Vgl. BVerfG NZA 2018, 915, 917 f.; ErfK/Linsenmaier Art. 9 GG Rn. 115 ff.; Stier ZTR 2018, 3 ff.; Rieble NZA 2017, 1157; Haußmann ArbR 2017, 353; einschränkend unter Hinweis auf Verhältnismäßigkeit Ubber RdA 2016, 361 ff.; Hölscher ArbR 2015, 7; Fischinger/Monsch NJW 2015, 2209; krit. auch Henssler RdA 2015, 222; Richardi NZA 2014, 1233.

339 Vgl. LAG Rheinland-Pfalz ZTR 2007, 488 (Fluglotsen); LAG Sachsen NZA 2008, 59 (Lokführer); ArbG Kiel ZTR 2006, 488 (Ärzte); Bruns ArztR 2006, 42; vgl. auch Kolbe BB 2009, 1414 (Kindergärten) und allg. Novitz AuR 2017, 324; 376; Schlachter AuR 2017, 10; Bayreuther NZA 2013, 704; 2007, 187; Schliemann RdA 2012, 14; Reichold NZA 2007, 1262.

340 Vgl. LAG Baden-Württemberg ArbR 2019, 231 m. Anm. Raif; LAG Hessen ArbRB 2018, 368 m. Anm. Braun; LAG Hamm AuR 2017, 41; LAG Hessen AuR 2014, 40; krit. dazu Rolfs/Clemens NZA 2004, 410, 414; Buchner BB 2003, 2121 ff.

schützte Koalitionsbetätigungsfreiheit der Gewerkschaften auch nicht durch die Beteiligungsrechte des Betriebsrates nach §§ 111 ff. BetrVG eingeschränkt wird. Dies gilt jedenfalls dann, wenn es sich um Standortentscheidungen von Kapitalgesellschaften und Großunternehmen handelt, weil diese Entscheidungen zwar ebenfalls durch Art. 12 GG geschützt sind, aber nicht den personalen Bezug aufweisen, der den Kern des Grundrechts der Berufsfreiheit des einzelnen Arbeitgebers aus Art. 12 GG ausmacht.[341]

In letzter Zeit ist auch sehr umstr. geworden, ob Streiks in kirchlichen Einrichtungen im Hinblick auf die Kirchenautonomie (Art. 140 GG, Art. 137 WRV) generell unzulässig sind.[342]

4. Der **Streik muss sich grds. gegen den „sozialen Gegenspieler" richten**, weil nur dieser nachgeben und den Tarifvertrag abschließen kann, der durch den Streik erzwungen werden soll. Diese Voraussetzung ist ebenfalls erfüllt. **122**

Daraus folgt nach h.M., dass **politische Streiks**, die sich gegen staatliche Maßnahmen richten (z.B. Gesetzesänderung zum Nachteil der Arbeitnehmer) unzulässig sind. Begründet wird die h.M. insbes. damit, dass an den bestreikten Arbeitgeber selbst bei politischen Streiks keine Forderungen nach Verbesserung der Lohn- und Arbeitsbedingungen gestellt werden, sodass er auch nicht in der Lage ist, den Arbeitskampf durch ein Nachgeben zu vermeiden oder zu beenden.[343] Aus dem gleichen Grund ist nach der h.M. auch ein **Solidaritätsstreik** (= Sympathiestreik) grds. unzulässig, mit dem ein „Hauptstreik" um einen fremden TV nur unterstützt werden soll.[344] Begründet wird dieses Ergebnis von der h.M. auch bei den solidarischen Streiks insbesondere damit, dass an den bestreikten Arbeitgeber selbst keine Forderungen nach Verbesserung der Lohn- und Arbeitsbedingungen gestellt werden, sodass auch er nicht in der Lage ist, den Arbeitskampf durch ein Nachgeben zu vermeiden oder zu beenden. Wird allerdings ein Streik geführt, um einen „Hauptstreik" zu unterstützen, ist stets zu prüfen, ob es sich dabei tatsächlich um einen unzulässigen „Solidaritätsstreik" handelt. So hat z.B. das BAG[345] einen Streik gegen einen Arbeitgeber, der nicht Mitglied des bestreikten Arbeitgeberverbandes war, deshalb als einen zulässigen **Unterstützungsstreik** angesehen, weil der mit der gleichen Gewerkschaft abgeschlossene ungekündigte HausTV eine dynamische Verweisung auf den VerbandsTV enthielt, sodass das Ergebnis des „Hauptstreiks" auch den streikenden Arbeitnehmern des „Arbeitgeber-Außenseiters" zugute kam. Neuerdings hat das BAG einen zulässigen Unterstützungsstreik angenommen, weil das bestreikte Unternehmen zu demselben Konzernverbund gehörte und in unmittelbaren Produktions- und Lieferbeziehungen zu dem vom Hauptarbeitskampf betroffenen Unternehmen stand, sodass die Gewerkschaft aufgrund der ihr zustehenden Einschätzungsprärogative den Unterstützungsstreik zur Durchsetzung des im Hauptarbeitskampf verfolgten Zieles für geeignet und erforderlich halten durfte. Dabei hat das BAG ausdrücklich festgestellt, dass der Unterstützungsstreik als solcher dem Grundrechtsschutz nach Art. 9 Abs. 3 GG unterfällt, der von einem solchen Streik betroffene Arbeitgeber aber regelmäßig einen stärkeren Schutz benötigt, als der vom Hauptarbeitskampf unmittelbar betroffene Arbeitgeber, was im Einzelfall im Rahmen der Verhältnismäßigkeitsprüfung zu berücksichtigen ist.[346] Da nach der o.g. Entscheidung des BAG ein Unterstützungsstreik weder generell zulässig noch generell unzuläs-

---

341 BAG NZA 2007, 987; Bayreuther NZA 2007, 1017; Fischinger NZA 2007, 310; a.A. LAG Hessen NZA 2015, 1337; LAG Hamm NZA-RR 2000, 535; MünchArbR/Ricken § 272 Rn. 40; Willemsen/Stamer NZA 2007, 413 u. Krieger/Wiese BB 2010, 568 (Verstoß gegen Niederlassungsfreiheit des Art. 49 AEUV); dazu auch ErfK/Linsenmaier Art. 9 GG Rn. 74 und 116.

342 Dafür grds. BAG NZA 2013, 448; BAG NZA 2013, 437; Strake NZA 2019, 960; krit dazu Schliemann ZTR 2013, 414; a.A. LAG Hamburg AuR 2011, 227 und LAG Hamm NZA-RR 2011, 185 als Vorinstanzen; Krings NZA-RR 2011, 199; Schubert AuR 2011, 43; vgl. dazu auch Reichold ZAT 2018, 65; ders. NZA 2013, 585 und Richardi RdA 2014, 42; vgl. auch BVerfG NZA 2015, 1117: Verfassungsbeschwerde unzulässig, da keine isolierte Angreifbarkeit von Urteilsgründen.

343 LAG Rheinland-Pfalz NZA 1986, 264; ErfK/Linsenmaier Art. 9 GG Rn. 119; Kissel § 24 Rn. 51 ff.; Zielke BB 2005, 1274; Rieble DB 1993, 882; a.A. Däubler in Däubler, AK, § 13 Rn. 59 ff., 65 Hensche in D/H/S/W Art. 9 GG Rn. 122 und Diringer AuA 2014, 151; Hopfner/Heider DB 2012, 1684 zur Bedeutung des gesetzlichen Mindestlohns für politische Streiks.

344 BAG NZA 2003, 866, 869; LAG Hamm BB 1993, 1515; Kissel § 24 Rn. 16 ff.; ErfK/Linsenmaier Art. 9 GG Rn. 120 f.; a.A. Rödl in Däubler, AK, § 17 Rn. 85 ff., 134; Plander AuR 1986, 193, 197.

345 BAG NZA 2002, 886; ähnlich auch LAG München, Urt. v. 15.06.2005 – 6 Sa 602/05, BeckRS 2009, 67833; Kissel § 24 Rn. 41 ff.; ablehnend dazu Hohenstatt/Schramm DB 2005, 774 ff.; Rolfs/Clemens NZA 2004, 410, 412 f.

346 Vgl. BAG NZA 2007, 1055; LAG Baden-Württemberg NZA 2009, 631; Beckerle NJW 2017, 439; a.A. Otto RdA 2010, 135; Wank RdA 2009, 1; Reinartz/Olbertz DB 2008, 814; Konzen SAE 2008, 1; Hohenstatt/Schramm NZA 2007, 1034.

sig ist, muss seine Zulässigkeit unter Berücksichtigung des Verhältnismäßigkeitsprinzips im Einzelfall sorgfältig geprüft und begründet werden.

123 5. Der Streik muss nach ganz h.M. von einer Gewerkschaft geführt werden (sog. gewerkschaftliches Streikmonopol),[347] die allerdings nach h.M. einen zunächst „wild" geführten Streik noch nachträglich (umstr., ob auch mit Rückwirkung) übernehmen kann.[348]

Diese Voraussetzung ergibt sich zum einen aus der Funktion des Streiks als Mittel zur Durchsetzung von TV, die auf der Arbeitnehmerseite nur von einer Gewerkschaft abgeschlossen werden können. Zum anderen ist die Erwägung maßgeblich, dass Arbeitskämpfe grds. unerwünscht sind. Dieser Grundsatz verbietet es, das Streikrecht Personen oder Gruppen anzuvertrauen, bei denen nicht die Gewähr dafür besteht, dass sie nur in vertretbarem Umfang davon Gebrauch machen. Eine solche Gewähr ist bei den einzelnen Arbeitnehmern, den Mitgliedern der Belegschaften als solchen oder nichtgewerkschaftlichen Gruppen von Arbeitnehmern nicht gegeben. Bei den Gewerkschaften ist dagegen gewährleistet, dass nur in begründeten Fällen gestreikt wird und dabei die allgemeinen Kampfregeln eingehalten werden. Daneben wird auch darauf verwiesen, dass die kampfweise Durchsetzung der Verbesserung der Arbeitsbedingungen entgegen der vertraglich übernommenen Arbeitspflicht nur unter dem Schutz des Koalitionsrechts (Art. 9 Abs. 3 GG) zulässig ist.

124 6. Weitere Anforderungen an die Rechtmäßigkeit eines Streiks kann man unter dem **Gesichtspunkt der Verhältnismäßigkeit** zusammenfassen.[349]

„Arbeitskämpfe müssen zwar nach unserem freiheitlichen Tarifvertragssystem möglich sein, um Interessenkonflikte über Arbeits- und Wirtschaftsbedingungen im äußersten Falle austragen und ausgleichen zu können. In unserer verflochtenen und wechselseitig abhängigen Gesellschaft berühren aber Streik wie Aussperrung nicht nur die am Arbeitskampf unmittelbar Beteiligten, sondern auch Nichtstreikende und sonstige Dritte sowie die Allgemeinheit vielfach nachhaltig. Arbeitskämpfe müssen deshalb unter dem obersten Gebot der Verhältnismäßigkeit stehen. Dabei sind die wirtschaftlichen Gegebenheiten zu berücksichtigen und das Gemeinwohl darf nicht offensichtlich verletzt werden. ... Arbeitskämpfe dürfen nur insoweit eingeleitet und durchgeführt werden, als sie zur Erreichung rechtmäßiger Kampfziele und des nachfolgenden Arbeitsfriedens geeignet und sachlich erforderlich sind. Jede Arbeitskampfmaßnahme – sei es Streik, sei es Aussperrung – darf ferner nur nach Ausschöpfung aller Verständigungsmöglichkeiten ergriffen werden; der Arbeitskampf muss also das letzte mögliche Mittel (ultima ratio) sein. ... Die Mittel des Arbeitskampfes dürfen ihrer nach nicht über das hinausgehen, was zur Durchsetzung des erstrebten Zieles jeweils erforderlich ist. ... Der Arbeitskampf ist deshalb nur dann rechtmäßig, wenn und solange er nach Regeln eines fairen Kampfes geführt wird."[350]

Im Einzelnen ist hervorzuheben:

125 a) **Verhältnismäßigkeit bezüglich des „Ob" des Streiks**

Vor Streikbeginn müssen **alle Verhandlungsmöglichkeiten ausgeschöpft** sein, insbesondere ein **vorgesehenes Schlichtungsverfahren** durchgeführt werden.[351] Dies ist vorliegend geschehen.

---

347 BAG NZA 1996, 389; Kissel § 25 Rn. 1 ff.; Z/L/H § 42 Rn. VIII; Brox/Rüthers, AK, Rn. 132 ff.; a.A. Däubler in Däubler, AK, § 12 Rn. 5 ff.; 16 ff., 34; Zachert AuR 2001, 401 unter Hinweis auf Art. 6 Ziff. 4 der ESC und Schutz von ad-hoc-Koalitionen durch Art. 9 Abs. 3 GG und Säcker BB 1971, 962: „Der wilde Streik verdankt seine Wildheit dem BAG."

348 Meinungsübersichten dazu bei Kissel § 25 Rn. 2 ff.; Zachert AuR 2001, 401 ff.; Schaub/Treber § 192 Rn. 26 f.

349 Vgl. BAG NZA 2007, 1055; BAG NZA 2002, 886; MünchArbR/Ricken § 272 Rn. 64 ff.; ErfK/Linsenmaier Art. 9 GG Rn. 129 ff.; Kissel §§ 29–32; Schaub/Treber § 192 Rn. 33 ff.; Preis § 117; Fischinger RdA 2007, 99.

350 Vgl. BAGE (GS) 23, 306 ff.; MünchArbR/Ricken § 272 Rn. 64 ff.; vgl. aber auch ErfK/Linsenmaier Art. 9 GG Rn. 126 ff., 131; Schaub/Treber § 192 Rn. 38: Kein generelles Arbeitskampfverbot aus Gemeinwohlbindung für bestimmte Bereiche.

351 BAG NZA 2003, 666; Löwisch/Rumler in Löwisch 170.11; Schaub/Treber § 191 Rn. 41 ff.

Das Ultima-ratio-Prinzip gilt auch für Warnstreiks im Zuge der Kampftaktik der „Neuen Beweglichkeit".[352] Allerdings müssen die Tarifverhandlungen nicht zuvor „offiziell" für gescheitert erklärt werden. Die Tarifvertragsparteien können vielmehr das vorläufige Scheitern auch dadurch erklären, dass sie zu einem Warnstreik aufrufen, obwohl ein neuer Verhandlungstermin vereinbart worden ist.[353]

Es gibt keine staatliche Pflicht zur Durchführung einer Urabstimmung vor einem Arbeitskampf. Dementsprechend begründet nach h.M. das **satzungswidrige Unterlassen einer Urabstimmung vor Streikbeginn** nicht die Rechtswidrigkeit des Streiks, weil es sich bei der Einhaltung der eigenen Satzung um eine interne Verbandsangelegenheit ohne Außenwirkung handelt.[354] Das BAG[355] hat dies jedenfalls für einen Warnstreik verneint.

Sehr umstritten ist dagegen, ob die Gewerkschaft einen **Streik um den Abschluss eines HausTV gegen einen verbandsangehörigen Arbeitgeber** führen kann. Während dies vielfach unter Hinweis auf die Verletzung des Verhältnismäßigkeitsprinzips, die fehlende Tariffähigkeit des verbandsangehörigen Arbeitgebers oder die Verletzung der individuellen Koalitionsfreiheit des Arbeitgebers bzw. der kollektiven Koalitionsfreiheit des Arbeitgeberverbandes abgelehnt wird,[356] geht die h.M. von der grundsätzlichen Zulässigkeit derartiger Streiks aus. Begründet wird dies damit, dass es jeder Koalition überlassen bleibt, welche Mittel sie zur Erreichung des tariflich regelbaren Zieles für geeignet hält.[357] Der verbandsangehörige Arbeitgeber ist allerdings durch die sich aus dem VerbandsTV ergebende relative Friedenspflicht gegen einen Streik geschützt, der auf den Abschluss von HausTV über dieselbe Regelungsmaterie gerichtet ist.[358]

b) Verhältnismäßigkeit bezüglich des „Wie" des Streiks   126

Zur Erreichung des rechtmäßigen Arbeitskampfzieles dürfen nur die sachlich geeigneten und notwendigen Arbeitskampfmaßnahmen ergriffen werden (sog. **Gebot der fairen Kampfführung**), sodass der Arbeitskampf z.B. nicht auf die Existenzvernichtung des Gegners abzielen darf.[359] Die Gewerkschaft darf auch nicht zur Gewaltanwendung gegenüber Arbeitswilligen, Zerstörung von Maschinen, Fabrikbesetzung oder Behinderung des Zugangs zum Betrieb (vgl. oben Rn. 105) usw. aufrufen. Für notwendige Erhaltungs- bzw. Notstandsarbeiten (z.B. Hochöfen) muss gesorgt sein.[360]

Streikexzesse der beteiligten Arbeitnehmer machen den Streik als solchen nicht rechtswidrig, verpflichten die Gewerkschaft jedoch zum Schadensersatz, wenn ihre Repräsentanten nicht dagegen einschreiten.[361]

---

352 BAG JZ 1989, 85 m. Anm. Löwisch/Rieble unter Aufgabe von BAGE 46, 322; Burkard-Pötter NJW-Spezial 2013, 370.

353 BAG NZA 2003, 866, 869; ErfK/Linsenmaier Art. 9 GG Rn. 132; Schaub/Treber § 192 Rn. 35; a.A. MünchArbR/Ricken § 200 Rn. 49: keine förmliche, aber aus Gründen der Rechtsklarheit eine ausdrückliche Erklärung des Scheiterns erforderlich; krit. gegenüber der darin erblickten „Aufweichung" des Ultima-ratio-Prinzips Rüthers/Bakker ZfA 1992, 199 ff.

354 Bauer/Röder DB 1984, 1096; Löwisch/Rieble in Löwisch 170.2 Rn. 130 ff.; ErfK/Linsenmaier Art. 9 GG Rn. 137; Schaub/Treber § 192 Rn. 37; Bobke BB 1982, 865, 871; a.A. Mayer-Maly BB 1981, 1774, 1776.

355 BAGE 28, 295, 301; vgl. auch Hettlage BB 2004, 714, 716 ff., der für eine gesetzliche Regelung der Urabstimmung unter Beteiligung auch der nichtorganisierten Arbeitnehmer plädiert.

356 Brox/Rüthers, AK, Rn. 137; Hohenstatt/Schramm DB 2005, 774; Rolfs/Clemens NZA 2004, 410; Reuter NZA 2001, 1097.

357 Vgl. BAG NZA 2007, 987; ErfK/Linsenmaier Art. 9 GG Rn. 168 f.; Kissel § 26 Rn. 115; Lobinger RdA 2006, 12 ff.; Blanke PersR 2002, 227, 233 f.; ausführl. dazu auch Sutschet ZfA 2005, 581 ff.

358 BAG RÜ 2003, 359; MünchArbR/Ricken § 272 Rn. 46 ff.; dazu und zu Problemen des firmenbezogenen Verbandstarifvertrages Lobinger RdA 2006, 12; Bartholomä BB 2006, 378; Meyer NZA 2004, 366; Rolfs/Clemens NZA 2004, 410, 412.

359 BAG-GS AP Nr. 43 zu Art. 9 GG „Arbeitskampf"; ErfK/Linsenmaier Art. 9 GG Rn. 131; Brox/Rüthers, AK, Rn. 165, 192 ff.; MünchArbR/Ricken § 272 Rn. 59 ff.; Preis § 117 IV; Däubler in Däubler, AK, § 14 Rn. 14 ff.

360 Vgl. ErfK/Linsenmaier Art. 9 GG Rn. 180 ff.; Kissel § 43 Rn. 1 ff.; MünchArbR/Ricken § 272 Rn. 59 ff.

361 BAG DB 1989, 1087; Kissel § 47 Rn. 5, 128; Kappes DB 1993, 378; Käppler JuS 1990, 618.

127

Nach h.M. folgt aus dem Verhältnismäßigkeitsprinzip auch, dass durch den Arbeitskampf, der sich nicht nur auf die unmittelbar Beteiligten auswirkt, **das Gemeinwohl nicht offensichtlich verletzt** wird.[362]

Problematisch ist bei Zugrundelegung der h.M., wann im Einzelfall eine Gemeinwohlwidrigkeit eines Arbeitskampfes angenommen werden kann. Gegen diese Unsicherheiten bei der Überprüfung der Rechtmäßigkeit eines Arbeitskampfes richtet sich vor allem die Kritik gegen das BAG. Ausgeschlossen ist aber auch nach dem BAG eine „Tarifzensur", d.h. eine Inhaltskontrolle der Arbeitskampfforderungen auf ihre Angemessenheit hin,[363] sodass eine Rechtswidrigkeit des Arbeitskampfes wegen „Gemeinwohlwidrigkeit" auch nach der h.M. nur in wenigen krassen Ausnahmefällen in Betracht kommt.[364]

Ein Verstoß gegen das Verhältnismäßigkeitsprinzip ist auch unter dem Gesichtspunkt des „Wie" der Kampfführung nicht ersichtlich. Der Streik ist deshalb rechtmäßig.

128

III. Die Arbeitsverweigerung von A und B aufgrund der Teilnahme an dem rechtmäßigen Streik kann nur dann ein Arbeitsvertragsbruch sein, wenn sie sich an dem Streik nicht beteiligen durften.

Die **rechtmäßige Beteiligung an einem rechtmäßigen Streik** hat eine **Suspendierung der Hauptleistungspflichten** aus dem Arbeitsverhältnis zur Folge.[365] Die Arbeitnehmer brauchen also nicht zu arbeiten, haben aber auch keinen Vergütungsanspruch (Ausnahme: Einteilung zu Notdienstarbeiten). Die meisten Nebenpflichten (z.B. Verschwiegenheitspflicht des Arbeitnehmers und Fürsorgepflicht des Arbeitgebers) werden dagegen vom Arbeitskampf nicht berührt.[366]

Die streikbedingte Verkürzung des Umfangs der geschuldeten Arbeitsleistung aufgrund der Suspendierung der Arbeitspflicht tritt unabhängig von dem System der betrieblichen Arbeitszeitverteilung (z.B. feste Zeit, Vertrauensarbeitszeit) ein. Hat sich aber ein Arbeitnehmer im Rahmen einer Gleitzeitregelung in zulässiger Weise aus dem betrieblichen Zeiterfassungssystem abgemeldet und anschließend an einem Warnstreik teilgenommen, verringert sich nach h.M. seine vertragliche Soll-Arbeitszeit nicht um die Zeit der Streikteilnahme mit der Folge, dass sich auch der Vergütungsanspruch nicht verringert. Diese Streikteilnahme ist also mit der Streikteilnahme während der Freizeit vergleichbar.[367]

129

1. Am rechtmäßigen Streik darf sich selbstverständlich jedes Mitglied der streikführenden Gewerkschaft beteiligen, also auch A. Eine Ausnahme kommt in Betracht, wenn A nicht zu der zur Streikteilnahme aufgeforderten Arbeitnehmergruppe gehört oder er wirksam zu Notstandsarbeiten eingeteilt worden wäre.[368] Da A nicht zu Notdienstarbeiten eingeteilt wurde, war er zur Streikteilnahme berechtigt. Eine fristlose Kündigung wegen unberechtigter Arbeitsverweigerung scheidet somit aus.

---

362 BAG-GS AP Nr. 43 zu Art. 9 GG „Arbeitskampf"; LAG Hamm NZA-RR 2007, 250; MünchArbR/Ricken § 272 Rn. 81 ff.; Kissel § 27 Rn. 1 ff.; Z/L/H § 42 VI 7; a.A. Hensche in D/H/S/W Art. 9 GG Rn. 121; Däubler in Däubler, AK, § 14 Rn. 19 ff.
363 BAG NZA 1991, 115; BAG AP Nr. 64, 65 zu Art. 9 GG „Arbeitskampf"; Schaub/Treber § 192 Rn. 38.
364 Vgl. auch Kissel § 27 Rn. 13 ff.; MünchArbR/Ricken § 272 Rn. 81 ff.; ErfK/Linsenmaier Art. 9 GG Rn. 126 ff.
365 BAG BB 2006, 716; ErfK/Linsenmaier Art. 9 GG Rn. 192 ff. m.w.N.
366 BAG NZA 2007, 573; Kissel § 46 Rn. 4 ff.; Schaub/Treber § 194 Rn. 2 ff.
367 BAG BB 2006, 716; ErfK/Linsenmaier Art. 9 GG Rn. 194; Schaub/Treber § 194 Rn. 6; Jüngst B+P 2017, 811, 815; a.A. Wolff/Degenhardt BB 2006, 1965 ff.; Plöhn SAE 2006, 196 ff.; Bengelsdorf NZA 2006, 825 ff.
368 BAG NZA 1994, 331, 333; Bauer/Haußmann DB 1996, 881 ff.; Hanau JuS 1976, 104.

Nach BAG[369] ist die Regelung der Modalitäten eines arbeitskampfbedingten Notdienstes – zumindest zunächst – gemeinsame Aufgabe des Arbeitgebers und der streikführenden Gewerkschaft. Dies gilt in den Grenzen des allgemeinen Willkürverbots auch für die Auswahl der zum Notdienst heranzuziehenden Arbeitnehmer. Ein Arbeitnehmer hat nicht allein deshalb einen Anspruch auf Einsatz im Notdienst, weil er sich nicht am Streik beteiligen will.

2. Nach ganz h.M. dürfen aber auch Arbeitnehmer streiken, die einer anderen Gewerkschaft angehören oder die nicht organisiert sind.[370]   **130**

Deshalb durfte auch B streiken, ohne einen Vertragsbruch zu begehen. Eine fristlose Kündigung des Arbeitsverhältnisses mit B scheidet somit ebenfalls aus. A und B erhalten aber wegen der Suspendierung der Hauptleistungspflichten auch keine Vergütung, § 326 Abs. 1 BGB.

Die organisierten Arbeitnehmer erhalten von ihrer Gewerkschaft eine Streikunterstützung (Streikgeld), deren Höhe sich nach dem gezahlten Mitgliedsbeitrag richtet, die aber i.d.R. das Nettoeinkommen nicht erreicht. Das Streikgeld ist nicht steuerpflichtig.[371] Nichtorganisierte sind, soweit ihnen die Gewerkschaft nicht Beitritt und Unterstützung ermöglicht, auf eigene Rücklagen angewiesen, nach deren Verbrauch auf Sozialleistungen.[372] Kurzarbeitergeld oder Arbeitslosenunterstützung wird an Streikende wegen der Neutralitätspflicht des Staates im Arbeitskampf nach §§ 100, 160 Abs. 3 SGB III nicht gezahlt.[373]

---

1. Gratifikationen (z.B. Weihnachts-/Urlaubsgeld) sind regelmäßig Anerkennung für   **131** geleistete Dienste und Anreiz für künftige Betriebstreue, sodass sie nur den Fortbestand des Arbeitsverhältnisses voraussetzen. Eine Kürzung wegen Streikteilnahme ist deshalb ausgeschlossen, es sei denn, dass eine Vereinbarung vorliegt, nach der die Sonderzuwendung für Zeiten des „Ruhens" des Arbeitsverhältnisses gekürzt werden kann.[374] Etwas anderes gilt dagegen für sog. **arbeitsentgeltbezogene Sonderzuwendungen** (z.B. 13. Monatseinkommen, Anwesenheitsprämien) bzw. Sonderzuwendungen, bei denen sich die Fehltage nach dem Regelungsinhalt anspruchsmindernd auswirken.[375]

2. Die **krankheitsbedingte Arbeitsunfähigkeit** nach einer Streikbeteiligung begrün-   **132** det keinen Entgeltfortzahlungsanspruch nach § 3 EFZG, weil es sich dabei nicht um die erforderliche alleinige Ursache für den Arbeitsausfall handelt. War dagegen der Arbeitnehmer bereits beim Streikbeginn arbeitsunfähig krank, steht ihm der Entgeltfortzahlungsanspruch nach § 3 EFZG nach h.M. unabhängig davon zu, ob er sich an dem Streik beteiligt hätte, wenn er nicht krank gewesen wäre. Etwas anderes gilt nur dann, wenn der Arbeitnehmer sich dem Streik trotz seiner Krankheit anschließt.[376] Das Gleiche gilt für den Anspruch auf **Feiertagsvergütung** nach § 2 EFZG.[377] Erklärt die Gewerkschaft die Aussetzung des Streiks nur für einen Feiertag, steht dem Arbeitnehmer kein Feier-

---

369 BAG NZA 1995, 958; vgl. dazu auch ErfK/Linsenmaier Art. 9 GG Rn. 180 ff.; 186 ff.; Kursawe/Pirpamer AuA 2014, 276.

370 BAG RÜ 2003, 410; BAG NZA 1996, 214, 216; ErfK/Linsenmaier Art. 9 GG Rn. 371; Kissel § 42 Rn. 55; Hanau/Adomeit Rn. 282; zur Begründung u. abw. Ansichten Brox/Rüthers, AK, Rn. 289 ff.; Brox JA 1980, 628, 629.

371 BFH AP Nr. 115 zu Art. 9 GG; Schaub/Treber § 194 Rn. 18; a.A. noch BFH BStBl. 1982, 552.

372 Vgl. ErfK/Linsenmaier Art. 9 GG Rn. 152 f.; Kissel § 34 Rn. 139; Schaub/Treber § 194 Rn. 19 f.

373 Vgl. dazu Schaub/Treber § 194 Rn. 31; ErfK/Rolfs § 160 SGB III Rn. 5 ff.; Deinert AuR 2010, 290 und unten Rn. 141.

374 BAG NZA 2007, 573; 1996, 491; Schaub/Treber § 194 Rn. 7 m.w.N.

375 BAG NZA 2000, 487 ff.; Schaub/Treber § 194 Rn. 7; ErfK/Linsenmaier Art. 9 GG Rn. 202 ff. m.w.N.

376 BAG ZTR 2005, 526; BAG NZA 1991, 604; ErfK/Linsenmaier Art. 9 GG Rn. 195 ff.; Schaub/Treber § 194 Rn. 10.

377 Kissel § 46 Rn. 22 ff.; ErfK/Linsenmaier Art. 9 GG Rn. 199 f.; Ögut in Däubler, AK, Rn. 26; Dütz/Thüsing Rn. 762.

tagsvergütungsanspruch zu, weil in diesem Fall mangels einer Arbeitspflicht keine Streikunterbrechung vorliegt.[378] Etwas anderes gilt dagegen dann, wenn der Streik am letzten Arbeitstag vor einem Feiertag beendet wird und die Arbeitnehmer an dem darauf folgenden Arbeitstag die Arbeit wieder aufnehmen. Dies gilt selbst dann, wenn die Gewerkschaft einen Tag nach Wiederaufnahme der Arbeit erneut zum Streik aufruft.[379] Dieselben Grundsätze gelten auch für **Beschäftigungsverbote nach dem MuSchG** und die Verpflichtung des Arbeitgebers zur Zahlung von Mutterschutzlohn bzw. Zuschuss zum Mutterschaftsgeld, §§ 18, 19 MuSchG.[380]

133   **3.** Der Streik hat keinen Einfluss auf die Wartezeit für die Entstehung des Urlaubsanspruchs, weil der **Urlaub** allein vom Bestand des Arbeitsverhältnisses abhängig ist. Eine Kürzung des Urlaubs um die Zeiten der Streikteilnahme ist deshalb ebenfalls unzulässig.[381] Eine Kürzung des Urlaubsentgelts nach § 11 BUrlG wegen Streikteilnahme ist nach h.M. ebenfalls ausgeschlossen, weil es sich dabei um Ausfallzeiten i.S.d. § 11 Abs. 1 S. 3 BUrlG handelt.[382] Die Erfüllung des Urlaubsanspruchs darf der Arbeitgeber nach h.M. während eines Streiks verweigern, weil die Arbeitspflicht ohnehin suspendiert ist und dem Arbeitgeber nicht zugemutet werden kann, die Gegenseite des Arbeitskampfes finanziell zu unterstützen. Etwas anderes gilt aber dann, wenn der Urlaub bereits vor Streikbeginn angetreten oder bewilligt worden ist.[383] Hat der Arbeitnehmer den Urlaub bereits angetreten, dürfte eine Streikbeteiligung ausscheiden, weil auch dem Arbeitnehmer kein einseitiges Recht zum „Widerruf" des Urlaubs zusteht.[384]

Nach BAG[385] liegt eine wirksame Geltendmachung des Urlaubs durch einen Arbeitnehmer bei einer Streikteilnahme nur dann vor, wenn er nicht nur die Bereitschaft zur Beendigung der Streikteilnahme, sondern auch zur zumindest vorübergehenden Arbeitsaufnahme erklärt.

II. Folgen des Streiks für am Streik nicht beteiligte Arbeitnehmer

Fall 11: Streikunwillige Arbeitnehmer im bestreikten Betrieb

Die Firma E stellt Elektromotoren her, die an die Baumaschinenfabrik B geliefert werden. Die für die Motoren erforderlichen Spulen werden von der Firma S bezogen. Als in der Metallindustrie NRW ein Tarifkonflikt ausbricht, ruft die IG Metall nach den gescheiterten Tarifverhandlungen Schwerpunktstreiks aus. Entsprechend dem Aufruf wird auch von fast allen Arbeitnehmern der Firma E die Arbeit niedergelegt. Zwei Meister und ein Vorarbeiter, die der IG Metall nicht angehören, wollen arbeiten. E lehnt die Annahme der Arbeitsleistung unter Hinweis darauf ab, dass sie für die angebotenen Arbeitsleistungen angesichts des Streiks keine Verwendung habe. Stehen den arbeitswilligen Arbeitnehmern Vergütungsansprüche zu?

---

378   BAG NZA 1995, 996 ff.; ErfK/Linsenmaier Art. 9 GG Rn. 199 f.; Schaub/Treber § 194 Rn. 8.
379   BAG NZA 1993, 809; ErfK/Linsenmaier Art. 9 GG Rn. 200; Schaub/Treber § 194 Rn. 8.
380   BAG DB 1987, 1363; Kissel § 46 Rn. 40; ErfK/Linsenmaier Art. 9 GG Rn. 198.
381   BAG AP Nr. 35, 36 zu Art. 9 GG „Arbeitskampf"; Schaub/Treber § 194 Rn. 9 m.w.N.
382   BAG AuR 1956, 287; ErfK/Linsenmaier Art. 9 GG Rn. 206 ff.; Schaub/Treber § 194 Rn. 9.
383   BAG DB 1982, 1328; ErfK/Linsenmaier Art. 9 GG Rn. 206 ff.; Kissel § 46 Rn. 41 ff.; jeweils m.w.N.
384   BAG ZTR 2005, 526; ErfK/Linsenmaier Art. 9 GG Rn. 207.
385   BAG DB 1997, 679; ErfK/Linsenmaier Art. 9 GG Rn. 208; Kissel § 46 Rn. 45.

Den arbeitswilligen Arbeitnehmern könnte trotz fehlender Arbeitsleistung ein An- **134** spruch auf Zahlung der Vergütung nach den Grundsätzen der Betriebsrisikolehre i.V.m. § 615 S. 3 BGB zustehen.

Die Lehre vom Betriebsrisiko (§ 615 BGB analog als selbstständige Anspruchsgrundlage) wurde wegen der Probleme der Zuordnung von technischen Störungen unter §§ 323, 324 BGB a.F. bzw. § 615 S. 1 BGB entwickelt.[386] Seit dem 01.01.2002 schreibt § 615 S. 3 BGB ausdrücklich die entsprechende Anwendung des § 615 S. 1, 2 BGB vor, wenn der Arbeitgeber das Risiko des Arbeitsausfalls zu tragen hat, sodass Ausführungen zur Herleitung der Betriebsrisikolehre nicht mehr erforderlich sind. Keine Aussage trifft allerdings der neue § 615 S. 3 BGB dazu, wann der Arbeitgeber das Risiko des Arbeitsausfalls zu tragen hat. Insofern soll die Rspr. nach dem Willen des Gesetzgebers weiterhin konkretisierend tätig bleiben, um den Besonderheiten des Einzelfalls Rechnung zu tragen. Mit dieser Neuregelung hat aber der Gesetzgeber die bisher von der Rspr. entwickelten Grundsätze der Betriebsrisikolehre anerkannt.[387]

I. Nach den allgemeinen Grundsätzen der Betriebsrisikolehre trägt der Arbeitgeber das Lohnrisiko, wenn er die arbeitswilligen Arbeitnehmer aufgrund einer Betriebsstörung nicht beschäftigen kann.[388] Nach h.M. sind jedoch die allgemeinen Grundsätze über das Betriebsrisiko **bei arbeitskampfbedingten Betriebsstörungen** nicht anwendbar. Es gelten vielmehr die **Sonderregeln des Arbeitskampfrisikos**.[389]

Grundlegend BAG:[390] „Obwohl Streiks und Aussperrungen regelmäßig auf Teile eines Betriebes oder Tarifgebietes beschränkt werden, führen sie zwangsläufig zu Störungen auch bei solchen Unternehmen, die nicht unmittelbar vom Arbeitskampf betroffen sind, aber mit solchen kampfbetroffenen Unternehmen eng zusammenarbeiten. So können betriebsnotwendige Materialien oder Halbfertigprodukte ausbleiben oder der Absatz in einem so starken Umfang stocken, dass die weitere Produktion unmöglich oder sinnlos wird. Für dieses Arbeitskampfrisiko müssen andere Grundsätze gelten als für das allgemeine Betriebs- und Wirtschaftsrisiko. Die Last der Beschäftigungs- und Lohnzahlungspflicht kann bei legitimen Streiks den mittelbar betroffenen Arbeitgebern nicht uneingeschränkt aufgebürdet werden … , weil sie sonst stärker belastet würden als die unmittelbar bestreikten Arbeitgeber."

Zur Klarstellung: Bei den unmittelbar bestreikten Arbeitgebern entfällt die Lohnzahlungspflicht gegenüber den streikenden Arbeitnehmern wegen der Suspendierung der Hauptleistungspflichten.

II. **Verteilung des Lohnrisikos nach den Grundsätzen über das Arbeitskampfrisiko** **135**

1. Nach der früher herrschenden Sphärentheorie hatte der Arbeitgeber grds. das Betriebs- und Wirtschaftsrisiko und das damit verbundene Lohnrisiko zu tragen. Die Arbeitnehmer mussten ausnahmsweise solidarisch für alle Störungen einstehen, die sich auf die Sphäre der Arbeitnehmerschaft zurückführen ließen. Ohne Bedeutung war dabei, ob es sich um einen Teilstreik im eigenen Betrieb oder um einen Drittstreik handelte bzw. ob der Streik rechtmäßig oder rechtswidrig war.

Die auf der Vorstellung beruhende Sphärentheorie, dass der einzelne Arbeitnehmer als Glied der gesamten Arbeitnehmerschaft auch für aus „seiner" Sphäre herrührenden Störungen einstehen müsse, ging auf das berühmte Urteil des RG im Kieler-Straßenbahner-Fall zurück.[391]

Danach stünde den arbeitswilligen Arbeitnehmern kein Vergütungsanspruch zu.

---

386 Vgl. MünchArbR/Tillmanns § 76 Rn. 81 ff.; ErfK/Preis § 615 BGB Rn. 120 ff.; Reichold ZfA 2006, 223; Luke NZA 2004, 244.

387 ErfK/Preis § 615 BGB Rn. 122; Kissel § 33 Rn. 5 f.; Luke NZA 2004, 244; Däubler NZA 2001, 1329, 1332.

388 Vgl. dazu Luke NZA 2004, 244.ff. und AS-Skript Arbeitsrecht (2019), Fall 21, Rn. 385 ff.

389 BAG NZA 1999, 552, 553; Schaub/Treber § 194 Rn. 20 f.; Kissel § 33 Rn. 9 ff. mit Meinungsübersich.; a.A. Dette/Kloppenburg/Ögüt in Däubler, AK, § 19 Rn. 102 ff.: Grds. von vom AG nach § 615 S. 3 BGB zu tragendes Betriebsrisiko.

390 BAG NJW 1981, 937, 938; vgl. auch BAG NZA 1999, 550 ff.; BAG NZA 1997, 393 ff. und 1996, 212 ff.

391 Vgl. dazu RGZ 106, 272 ff.; ErfK/Preis § 615 BGB Rn. 123 ff. Reichold ZfA 2006, 223 ff. und Luke NZA 2004, 244, 245 f.

136 2. Heute wird die „Sphärentheorie" als Begründung dafür, dass auch der arbeitswillige Arbeitnehmer das Arbeitskampfrisiko zu tragen habe, „nahezu einhellig abgelehnt und nirgends verteidigt".[392]

> Das BAG (Fn. 392) führt dazu aus: „Die Vorstellung der Solidarität aller Arbeitnehmer, unabhängig von der Gruppenzugehörigkeit und jeder Interessenverschiedenheit, läuft auf eine reine Fiktion hinaus. Wiedemann[393] hat zutreffend darauf hingewiesen, dass der Gedanke der Solidarität der Arbeitnehmer viel zu unscharf und in die Nähe klassenkämpferischen Denkens führt. Ein solches Zurechnungsprinzip wäre außerdem nicht auf das Arbeitskampfrecht begrenzbar; sämtliche Betriebsstörungen, die von einem (einzigen) Arbeitnehmer verursacht werden, könnten mit dem gleichen Recht allen mittelbar und unmittelbar betroffenen Kollegen angelastet werden.

Nach ganz h.M. stehen den arbeitswilligen Arbeitnehmern des bestreikten Betriebs jedenfalls dann keine Vergütungsansprüche zu, wenn eine sinnvolle Beschäftigung wegen des Streiks unmöglich oder unzumutbar ist. Diese unmittelbaren Streikfolgen sind also von den arbeitswilligen Arbeitnehmern zu tragen, ohne dass es auf die Mitgliedschaft in der Gewerkschaft ankommt.[394]

Begründet wird dieses Ergebnis vor allem mit der in der Tarifautonomie wurzelnden Kampfparität, da anderenfalls der Streik eines kleinen Teils der Belegschaft (z.B. in Schlüsselpositionen) den gesamten Betrieb stilllegen könnte, der Arbeitgeber aber trotzdem zur Vergütungszahlung an die nahezu gesamte restliche Belegschaft verpflichtet wäre. Diese erhebliche Belastung des Arbeitgebers mit Folgen des Streiks im eigenen Betrieb wäre nicht sachgerecht (Störung der Verhandlungs- und Kampfparität), zumal jedenfalls beim rechtmäßigen Streik das Streikergebnis regelmäßig auch der gesamten Belegschaft zugute kommt. Obwohl letzteres Argument bei einem Streik um einen „Spartentarifvertrag" nicht herangeführt werden kann, geht die h.M. aber auch in diesem Fall davon aus, dass der Lohnanspruch wegen Beeinflussung der Kampfparität entfällt, wenn wegen des Streiks im eigenen Betrieb die Beschäftigung unmöglich oder unzumutbar ist.[395]

> Während dies nach BAG (Ausgangspunkt: Sphärentheorie)[396] ohne Rücksicht auf die Rechtmäßigkeit des Streiks gilt, wird in der Lit. der Lohnwegfall der arbeitswilligen Arbeitnehmer beim rechtswidrigen Streik vielfach abgelehnt, da der Arbeitgeber die durch einen solchen Streik eingetretene Betriebsstörung mit rechtlichen Mitteln verhindern müsse und daher die wirtschaftlichen Folgen des rechtswidrigen Streiks nicht auf arbeitswillige Arbeitnehmer abwälzen dürfe. Der Lohnausfall lasse sich auch nicht mit dem Gesichtspunkt der Arbeitskampfparität begründen, weil dafür ein rechtmäßiger Streik zwingende Voraussetzung sei.[397]

---

392 Vgl. BAG AP Nr. 70, 71 zu Art. 9 GG „Arbeitskampf" m. Anm. Richardi; Kissel § 33 Rn. 16 ff.; krit. Adomeit NJW 1987, 33, 34, der eine „Wiederauferstehung" der Sphärentheorie in der Neufassung des § 116 AFG – jetzt § 160 SGB III – erblickt.

393 Wiedemann RdA 1969, 321, 326.

394 BAG NZA 1997, 393 ff.; BAG NZA 1996, 214, 216; Kissel § 33 Rn. 18 ff., 57; a.A. Dette/Kloppenburg/Ögüt in Däubler, AK, § 19 Rn. 102 ff.: Grds. des Betriebsrisikos anwendbar; a.A. Löwisch/Rieble in Löwisch 170.3.2. Rn. 46 ff.: Grds. des Betriebsrisikos bei Nichtorganisierten, da für Anwendung des Arbeitskampfrisikos die mitgliedschaftliche Legitimation fehlt.

395 Vgl. dazu Spielberger NJW 2011, 264, 265 f.; Deinert RdA 2011, 12, 21 f.; Henssler RdA 2011, 65, 69; Willemsen/Mehrens NZA 2010, 1313, 1321; v. Steinau-Steinrück/Brugger NZA-Beil. 2010, 117, 132 und Fn. 394.

396 BAG AP Nr. 3 zu § 615 BGB „Betriebsrisiko"; MünchKomm/Henssler § 615 BGB Rn. 110 f.; Waltermann Rn. 712 f., 728.

397 So Kissel § 33 Rn. 157 ff.; Ögüt in Däubler, AK, § 22 Rn. 84; Zielke BB 2005, 1274, 1278 f. m.w.N.; a.A. Löwisch/Bittner in Löwisch 170.3.2. Rn. 29 ff. für Gewerkschaftsmitglieder; Brox/Rüthers, AK, Rn. 180; vgl. auch BAG NZA 1996, 214, 217: Rechtmäßigkeit des Streiks ist für eine „suspendierende Betriebsstill*legung*" (dazu Rn. 137) unerheblich.

Den arbeitswilligen Arbeitnehmern stehen daher wegen der Sonderregeln des Arbeitskampfrisikos keine Vergütungsansprüche zu, weil angesichts des Streiks keine sinnvolle Beschäftigungsmöglichkeit besteht.

Das BAG[398] billigt dem bestreikten Arbeitgeber außerdem eine sog. **suspendierende** **137** **Betriebsstilllegung** zu, die kein Arbeitskampfmittel und deshalb auch bei einem Verbandsstreik nicht von einem Verbandsbeschluss abhängig sein soll. Danach ist der Arbeitgeber zur Stilllegung des Betriebs für die Dauer des Streiks ohne Lohnfortzahlungspflicht aufgrund einer einseitigen Erklärung im räumlichen und zeitlichen Rahmen des Streikbeschlusses auch ohne Aussperrung berechtigt. Dies gilt auch dann, wenn eine teilweise Aufrechterhaltung des Betriebs möglich und zumutbar wäre, wobei es auf die Rechtmäßigkeit des Arbeitskampfes nicht ankommt. Begründet wird dies damit, dass das Arbeitskampfrecht keine Pflicht des Arbeitgebers zur aktiven Abwehr von Arbeitskampfmaßnahmen kennt, und zwar auch dann nicht, wenn der Arbeitskampf auch rechtswidrige Betriebsblockaden umfasst. Angesichts des kollektiven Charakters von Arbeitskämpfen ergibt sich aus dem Arbeitsverhältnis keine Verpflichtung des Arbeitgebers, die arbeitswilligen Arbeitnehmer so lange zu beschäftigen, wie dies in den jeweiligen, oft rasch wechselnden Stadien des Streikgeschehens möglich ist und zumutbar erscheint. Da sich an dem Streik im Rahmen des Streikbeschlusses alle Arbeitnehmer beteiligen können und i.d.R. auch die Nichtorganisierten davon profitieren, müssen sie auch die mit der möglichen Suspendierung des Arbeitsverhältnisses verbundenen Nachteile tragen.

Die h.L. lehnt diese BAG-Rspr. ab und begründet dies insb. damit, dass der einzelne Arbeitnehmer in der Entscheidung, sich an dem Streik zu beteiligen bzw. ihm fern zu bleiben, im Grundsatz frei ist. Deshalb sei auch eine besondere Legitimation erforderlich, um in die einzelvertraglichen Rechte der arbeitswilligen Arbeitnehmer auf Beschäftigung und Vergütung einzugreifen. Ein solcher rechtfertigender Grund für die Zwangssolidarisierung der Arbeitnehmer, die im Ergebnis für die betroffenen Arbeitnehmer eine Aussperrung sei, sei vom BAG bisher weder hinreichend dargelegt noch ersichtlich. Darüber hinaus stelle die Rspr. des BAG einen unzulässigen Eingriff in die negative Koalitionsfreiheit der arbeitswilligen Arbeitnehmer dar, zumal sie insb. die Nichtorganisierten (kein Streikgeld) stark belaste.[399]

Allerdings kann sich der Arbeitgeber auch nach der Rspr. des BAG während eines Tarif- **138** konflikts außerhalb des Bereichs von Streiks und Aussperrungsmaßnahmen seiner Vergütungspflicht nicht dadurch entziehen, dass er in **Erwartung künftiger Streiks vorsorglich Arbeiten an Fremdunternehmen** vergibt und deshalb die Beschäftigung der arbeitswilligen Arbeitnehmer ablehnt. Dies gilt auch dann, wenn der Arbeitgeber von überraschenden Kurzstreiks (sog. Wellenstreiks) bereits früher betroffen war und mit künftigen Arbeitsniederlegungen rechnen muss, weil eine solche Fremdvergabe keine Reaktion auf eine aktuelle Arbeitsniederlegung ist, sondern lediglich der Vorsorge dient. Eine Verlagerung des Lohnrisikos in solchen Fällen auf die Arbeitnehmer würde den

---

398 BAG NZA 2012, 995; 1996, 214, 216 f.; zust. ErfK/Linsenmaier Art. 9 GG Rn. 217 ff.; Meyer SAE 2013, 30; Hanau NZA 1996, 841, 846; a.A. Rödl in Däubler, AHK, Rn. 123 ff. und früher noch BAG NZA 1994, 331: Wegfall des Vergütungsanspruchs nur dann, wenn die Unmöglichkeit oder Unzumutbarkeit der Beschäftigung eine unvermeidbare Streikfolge war.

399 Kissel § 33 Rn. 113 ff.; Luke NZA 2004, 244, 247; Thüsing DB 1995, 2607; Lieb SAE 1996, 182; Gamillscheg BB 1996, 212.

Rahmen des Arbeitskampfes erweitern, ohne dass der Arbeitgeber hierfür auf zulässige Arbeitskampfmittel zurückgreifen könnte.[400]

Etwas anderes gilt aber nach BAG dann, wenn der Arbeitgeber auf einen aktuellen Streik mit einer Fremdvergabe der Arbeiten reagiert, um termingebundene Aufgaben zu erledigen und die Arbeitnehmer während der laufenden Schicht den Streik zwar beenden, aber nicht auf weitere Arbeitskampfmaßnahmen verzichten. Denn in diesem Fall ist es dem Arbeitgeber nicht zumutbar, auf die Ersatzmannschaft zu verzichten und die termingerechte Arbeitsausführung von der unsicheren Arbeitsbereitschaft der eigenen Arbeitnehmer abhängig zu machen.[401]

III. Fernwirkungen des Streiks

Fall 12: Streiks im Zuliefer- und Abnehmerbetrieb

Die Firma E, die Elektromotoren herstellt, wird selbst nicht bestreikt. Die Produktion muss eingestellt werden, weil (a) die Firma S bestreikt wird und deshalb keine Spulen mehr geliefert werden und (b) die ebenfalls bestreikte Firma B wegen des Streiks auch keine Motoren mehr abnimmt. E lehnt die Vergütungszahlung an den arbeitswilligen Arbeitnehmer A unter Hinweis auf die Streiks in den ebenfalls in NRW ansässigen Firmen S und B ab. Zu Recht?

139   Nach den Grundsätzen über das Betriebs- oder Wirtschaftsrisiko wäre E zur Lohnzahlung verpflichtet, da die Arbeitsleistung entweder mangels Arbeitsmaterials (Fall a) oder aus wirtschaftlichen Gründen mangels Absatzmöglichkeit (Fall b) nicht erbracht wird. Da aber in beiden Fällen die Fernwirkungen eines Streiks die Störungsursache sind, könnte der Lohnanspruch nach den Sonderregeln des Arbeitskampfrisikos entfallen.

Nach der früher vertretenen Sphärentheorie wäre der Lohnanspruch unproblematisch zu verneinen.

I.   Nach der heute h.M. können auch Fernwirkungen eines Streiks trotz der Ablehnung der Sphärentheorie zum Wegfall der Lohnansprüche der Arbeitnehmer der vom Streik nur mittelbar betroffenen Betriebe führen. Denn anderenfalls könnten sich die Gewerkschaften auf Schwerpunktstreiks in strategisch wichtigen „Schlüsselbetrieben" (z.B. in kleineren Zulieferbetrieben für große Autohersteller) beschränken und dadurch mit relativ geringer Eigenbelastung in Form der Streikunterstützung erhebliche Störungen bzw. Produktionsausfälle in den vom Streik nur mittelbar betroffenen Betrieben erreichen. Müssten die unmittelbar betroffenen Arbeitgeber nicht nur den Produktionsausfall, sondern auch das Lohnrisiko tragen, könnten durch eine derartige vollständige Abwälzung der Streikfolgen auf die mittelbar betroffenen Betriebe erhebliche Störungen der Kampfparität eintreten.[402]

140   II.   Umstritten ist aber innerhalb der h.M., inwieweit die Arbeitnehmer das Arbeitskampfrisiko bei Fernwirkung eines Streiks tragen müssen.

---

400   Vgl. BAG NZA 1999, 522 ff.; ebenso ErfK/Linsenmaier Art. 9 GG Rn. 146 f.; Schaub/Treber § 194 Rn. 25 ff.; krit. Rieble SAE 1997, 285 ff.; Hergenröder SAE 1999, 55 ff.; Fischer RdA 1999, 406 ff.

401   Vgl. BAG NZA 1999, 550 ff. zum Streik in einer Druckerei einer Tageszeitung während der Nachtschicht; zu Arbeitskämpfen in der Druckindustrie Hensche AuR 2019, Nr. 1, G1-G4.

402   BAG AP Nr. 70. 71 zu Art. 9 GG „Arbeitskampf"; MünchArbR/Ricken § 279 Rn. 2 ff.; Kissel § 33 Rn. 122 ff.; Z/L/H § 19 V 2 b, d, 3; Hanau/Adomeit Rn. 315 f.; Brox/Rüthers, AK, Rn. 172 ff.; Lieb NZA 1990, 289 ff.; a.A. Rödl in Däubler, AK, § 21 Rn. 139 ff.; 156 ff.; Trittin DB 1990, 322 ff., der von einer „kalten Aussperrung" ausgeht.

1. Das BAG und ein Teil der Lit. stellen bei der Verteilung des Arbeitskampfrisikos auf den in der Tarifautonomie wurzelnden Grundsatz der Kampfparität ab.[403] Danach entfällt der Lohnanspruch der Arbeitnehmer in lediglich mittelbar vom Streik betroffenen Betrieben nur dann, wenn die Fernwirkungen des Streiks das Kräfteverhältnis der kampfführenden Parteien tatsächlich beeinflussen können. Die bloße abstrakte Möglichkeit der Störung der Kampfparität genügt also nicht. Die Bedeutung der Fernwirkungen des Streiks für den Kampfverlauf muss vielmehr im Einzelfall aufgrund einer „typisierenden Betrachtungsweise" feststellbar sein. Ein solcher Fall ist z.B. dann anzunehmen, wenn die für den mittelbar betroffenen Betrieb zuständigen Verbände mit den unmittelbar kampfführenden Verbänden identisch oder zumindest organisatorisch (z.B. über den gleichen Gesamtverband) eng verbunden sind. Auch wirtschaftliche Abhängigkeit (z.B. verschiedene Betriebe desselben Konzerns) kann eine Störung der Verhandlungs- und Kampfparität zur Folge haben.[404]

Da hier die von den Fernwirkungen des Streiks mittelbar betroffene Firma E als metallverarbeitender Betrieb derselben Branche angehört wie die in demselben Tarifgebiet ansässigen Firmen S und B (was nach BAG nicht unbedingt erforderlich ist), wären nach BAG die Fernwirkungen des Streiks wegen Identität des Tarifgebiets und der zuständigen Verbände von den Arbeitnehmern der E zu tragen. Denn Anhaltspunkte für wirtschaftliche Fehldispositionen als Ursache der Störungen, die ein anderes Ergebnis zur Folge haben könnten, sind nicht ersichtlich.[405]

Dem A stünde danach kein Lohnanspruch zu.

Da das BAG bei der Verteilung des Arbeitskampfrisikos bei Fernwirkungen eines Streiks auf den Grundsatz der Verhandlungs- und Kampfparität abstellt, ist fraglich, ob nach der neueren Rspr. die Arbeitnehmer das Arbeitskampfrisiko auch bei rechtswidrigen, insbes. gewerkschaftlich nicht organisierten Streiks tragen.[406] Mit Verhandlungs- und Kampfparitätsgrundsätzen allein lässt sich dies jedenfalls nicht begründen.[407] Unerheblich ist dagegen, ob der von Fernwirkungen eines Arbeitskampfes betroffene Arbeitgeber auch Mitglied des zuständigen Arbeitgeberverbandes ist, weil auch Außenseiterarbeitgeber häufig das Ergebnis der Tarifverhandlungen übernehmen. Entscheidend ist daher, ob bei (unterstellter) Verbandsmitgliedschaft des Arbeitgebers die Arbeitskampfparität gestört wäre.[408]

2. Nach wohl h.M. in der Lit. haben die Arbeitnehmer das Arbeitskampfrisiko bei Fernwirkungen des Streiks auch dann zu tragen, wenn eine konkrete Beeinflussung der Verhandlungs- und Kampfparität anhand der „typisierenden Betrachtungsweise" nicht feststellbar ist. Begründet wird dies zum einen damit, dass eine zuverlässige Feststellung einer solchen Störung in der Praxis kaum feststellbar ist (Rechtssicherheitsgesichtspunkt). Zum anderen wird darauf abgestellt, dass eine **141**

---

403 Vgl. BAG NZA 1997, 393, 395; ErfK/Linsenmaier Art. 9 GG Rn. 143 ff.; Schaub/Treber § 194 Rn. 22 ff. m.w.N.

404 BAG AP Nr. 70, 71 zu Art. 9 GG „Arbeitskampf" m. krit. Anm. Richardi; Kissel § 33 Rn. 127 ff.; vgl. auch zu Problemen der Fernwirkungen eines Streiks um einen „Sparten- bzw. Spezialistentarifvertrag" Spielberger NJW 2011, 264, 266 ff.; Henssler RdA 2011, 65, 69; Kalb, Festschrift für Gerhard Etzel zum 75. Geburtstag 2011, 213.

405 Kissel § 33 Rn. 131, 134; § 73 Rn. 37 f.; Brox/Rüthers, AK; Rn. 389 ff.; Löwisch/Rieble in Löwisch 170.7 Rn. 6, 33 f.

406 So noch BAG AP Nr. 2, 3 zu § 615 BGB „Betriebsrisiko"; Dütz/Thüsing Rn. 796.

407 Vgl. Kissel § 33 Rn. 163; § 73 Rn. 44; MünchKomm/Henssler § 615 BGB Rn. 110 f.

408 Vgl. dazu Kissel § 33 Rn. 138. Thüsing/v. Steinau-Steinrück, 3. Kap, Rn. 190 ff.

Abweichung von § 326 BGB bei arbeitskampfbedingter Unmöglichkeit der Beschäftigung auch bei Fernwirkungen des Streiks nicht sachgerecht ist.[409]

Vom Standpunkt der wohl h.L. aus spielt es grds. keine Rolle, ob der Streik rechtmäßig oder rechtswidrig ist, da auch bei einem rechtswidrigen Streik eine Abweichung von § 326 BGB nicht gerechtfertigt wäre. Nach der Gegenansicht ist rechtswidrigen Streiks grds. mit den Mitteln der Rechtsordnung entgegenzutreten. Eine Abweichung von den Grds. der Betriebsrisikolehre würde letztlich wieder zu einer Zwangssolidarisierung des Arbeitnehmerlagers führen.[410]

A hat danach auch nach der h.L. keinen Anspruch auf Lohnzahlung.

Aufgrund der Neutralitätspflicht des Staates bei Arbeitskämpfen sind Lohnersatzleistungen (Arbeitslosengeld, Kurzarbeitergeld) im Falle eines arbeitskampfbedingten Arbeitsausfalls nach Maßgabe des § 160 SGB III, ggf. i.V.m. § 100 SGB III, ausgeschlossen. Auch § 160 Abs. 3 SGB III, der die Lohnersatzleistungen unter bestimmten Voraussetzungen auch für Arbeitnehmer eines nicht unmittelbar von einem Streik betroffenen Betriebs ausschließt, verstößt weder gegen Art. 9 Abs. 3 GG noch gegen Art. 14 GG, sondern ist verfassungsgemäß.[411]

D. Ansprüche des Arbeitgebers gegen die Gewerkschaft beim rechtswidrigen Streik

Fall 13: Streik um vorzeitigen Inflationsausgleich

Die Gewerkschaft G hat mit dem zuständigen Arbeitgeberverband einen Tarifvertrag geschlossen, der eine Lohnerhöhung von 3% und eine Laufzeit von 12 Monaten vorsieht. Nach fünf Monaten stellt sich heraus, dass die Geldentwertungsrate mit 4% weitaus höher liegt als erwartet. Als in mehreren Betrieben ein Inflationsausgleich verlangt wird, fordert die G den Arbeitgeberverband zu vorzeitigen Tarifverhandlungen auf. Dieser lehnt dies unter Hinweis auf den noch geltenden Tarifvertrag ab. Daraufhin organisiert die G in mehreren Betrieben Streiks, u.a. auch im Betrieb der Bergbau-AG (im Folgenden B). Die B kann infolgedessen Lieferverpflichtungen gegenüber einem Energieversorgungsunternehmen nicht einhalten und erleidet Einnahmeausfälle. B fragt nach Ansprüchen gegen die G.

142 A. Ansprüche auf Unterlassung des Streiks

I. Der B könnte gegen die Gewerkschaft G ein Unterlassungsanspruch aus dem bestehenden Tarifvertrag zustehen.

1. Da der Tarifvertrag noch gilt, ergibt sich aus ihm auch ohne besondere Vereinbarung die vertragsimmanente Verpflichtung, jeden Arbeitskampf hinsicht-

---

409 Brox/Rüthers, AK, Rn. 172 ff.; Z/L/H § 19 V 2 b–d, 3; MünchArbR/Ricken § 279 Rn. 13 ff.; Hanau/Adomeit Rn. 315, 821 ff.; Lieb NZA 1990, 289 ff.; Otto RdA 1987, 4 ff.; Richardi ZfA 1985, 101, 110 f.

410 Vgl. Z/L/H § 19 V 2 c; Dütz/Thüsing Rn. 796; MünchKomm/Henssler § 615 BGB Rn. 110 f.; Löwisch BB 1982, 1373, 1377, der bei nicht gewerkschaftlich organisierten Streiks die Tragung des Arbeitskampfrisikos u.U. für nicht sachgerecht hält; a.A. Kissel § 73 Rn. 44; MünchArbR/Ricken § 279 Rn. 33 ff., Ögüt in Däubler, AK, § 19 Rn. 99 ff., nach der aber auch die Fernwirkungen eines rechtmäßigen Streiks vom Arbeitgeber zu tragen sind. Ausführlich dazu auch Löwisch/Rieble in Löwisch 170.3.2. Rn. 29 ff.; 46: Kein Lohnanspruch der organisierten Arbeitnehmer, wohl aber der Nichtorganisierten, weil im letzteren Fall keine Legitimation für eine Durchbrechung der Grundsätze der Betriebsrisikolehre besteht.

411 Vgl. zum früheren § 116 AFG BVerfG NZA 1995, 754; ausführlich zur Neutralität der Bundesanstalt für Arbeit im Arbeitskampf und zu Auswirkungen des Arbeitskampfes auf das Sozialversicherungsrecht MünchArbR/Ricken § 280 Rn. 1 ff.

lich der im TV geregelten Angelegenheiten zu unterlassen (vgl. dazu oben Rn. 37 ff.). Der Streik verstößt gegen diese relative Friedenspflicht und ist daher rechtswidrig.[412]

2. Der Unterlassungsanspruch aus dem VerbandsTV steht zunächst dem Arbeitgeberverband als der Vertragspartei der Gewerkschaft G zu.[413] Darüber hinaus handelt es sich bei einem VerbandsTV um einen Vertrag zugunsten der einzelnen Mitgliedsunternehmen (§ 328 BGB), weil dadurch in erster Linie die Interessen der tarifgebundenen Arbeitsvertragsparteien geschützt werden sollen.[414] Somit hat die B aus dem VerbandsTV (Friedenspflicht) einen Anspruch gegen die Gewerkschaft, den Streik zu unterlassen und auf die Gewerkschaftsmitglieder mit dem Ziel der Wiederaufnahme der Arbeit einzuwirken (sog. Einwirkungspflicht, vgl. dazu Rn. 39).

Eine Verletzung der tariflichen Friedenspflicht kann dagegen grds. nicht von drittbetroffenen Unternehmen geltend gemacht werden, da die relative Friedenspflicht regelmäßig keine Schutzwirkung zugunsten von Arbeitgebern hat, die nicht Mitglieder des tarifschließenden Arbeitgeberverbands sind, gegen den sich nach dem maßgeblichen Streikbeschluss der Gewerkschaft der Streik richtet. Dies gilt auch dann, wenn der Streikt erhebliche Auswirkungen auf drittbetroffene Unternehmen hat und erheblichen Schäden verursacht.[415]

II. Außerdem steht der B gegen die Gewerkschaft G ein deliktischer Unterlassungsanspruch aus § 1004 i.V.m. § 823 Abs. 1 BGB zu, da ein rechtswidriger Streik nach h.M. einen unmittelbaren Eingriff in das Recht am eingerichteten und ausgeübten Gewerbebetrieb darstellt. Das Verhalten der satzungsgemäßen Vertreter muss sich die Gewerkschaft nach § 31 BGB (Organverschulden) zurechnen lassen.[416] **143**

Der B steht somit sowohl ein vertraglicher als auch ein deliktischer Unterlassungsanspruch gegen Gewerkschaft G zu.

Der Streik stellt dagegen i.d.R. keinen unmittelbaren, betriebsbezogenen Eingriff in das Recht am eingerichteten und ausgeübten Gewerbebetrieb eines drittbetroffenen, kampfunbeteiligten Unternehmens dar. Beachtlich ist dabei allein der Streikbeschluss der kampfführenden Gewerkschaft, nicht dessen Bewertung durch Externe oder Drittbetroffene.[417]

Dem Arbeitgeberverband selbst steht nach h.M. auch ein deliktischer Unterlassungsanspruch aus § 1004 i.V.m. § 823 Abs. 1 BGB und Art. 9 Abs. 3 GG zu, da die verfassungsrechtlich geschützte Rechtsstellung der Koalitionen Rechtsschutzcharakter i.S.d. § 823 Abs. 1 BGB hat.[418]

---

412 Vgl. BAG RÜ 2003, 359; ErfK/Linsenmaier Art. 9 GG Rn. 124 f., 225 ff.; Benecke, ZfA 2018, 2 ff.

413 BAG AP Nr. 81 zu Art. 9 GG; ErfK/Linsenmaier Art. 9 GG Rn. 224 ff.; Bünnemann ZfA 2020, 44 zur einstw. Verfügung.

414 Vgl. BAG NZA 2016, 1543 (Klage der bestreikten Flughafenbetreiberin); zust. Löwisch RdA 2017, 255; Meyer SAE 2017, 7; abl. Däubler AuR 2017, 232; Bücker AuR 2017, 328; krit auch Fischer, FA 2016, 257 und allg. Kissel § 26 Rn. 51 ff.

415 Vgl. BAG NZA 2016, 47; BAG NZA 2016, 179 (Klagen verschiedener Fluggesellschaften bei einem von der Gewerkschaft gegen die Flughafenbetreiberin geführten Streik); zust. Bayreuther RdA 2016, 181 ff.; Zimmer AuR 2016, 207; abl. Löwisch, AP Nr. 182 zu Art 9 GG Arbeitskampf; krit. Green NZA 2016, 274; Rudkowski, AP Nr. 183 zu Art. 9 GG Arbeitskampf.

416 Vgl. BAG BB 2010, 379; ErfK/Linsenmaier Art. 9 GG Rn. 224 ff.; Sprenger BB 2013, 1146 ff.; a.A. Ögüt in Däubler, AK, § 22 Rn. 43 ff., da die Nichterfüllung der tariflichen Friedenspflicht ebenso wie die Nichterfüllung der vertragl. Arbeitspflicht nur vertragl. Ansprüche begründe und keinen Eingriff in das angebliche (absolute) Recht am eingerichteten u. ausgeübten Gewerbebetrieb darstelle; vgl. auch Bünnemann ZfA 2020, 44 zur einstw. Verfügung gegen Streiks.

417 Vgl. BAG NZA 2016, 1543; BAG NZA 2016, 179; zust. MünchArbR/Ricken § 279 Rn. 57; abl. Löwisch, AP Nr. 182 zu Art. 9 GG Arbeitskampf; Lambrich/Sander NZA 2014, 337, 340 und Fn. 416.

418 BAG NZA 2013, 437; BAG BB 2010, 379; ErfK/Linsenmaier Art. 9 GG Rn. 231; Kissel § 47 Rn. 62; a.A. noch BAG AP Nr. 81 zu Art. 9 GG „Arbeitskampf": kein deliktischer Unterlassungsanspruch des Verbandes.

144   B. Schadensersatzansprüche der B

I. Die schuldhafte Verletzung der relativen Friedenspflicht (§ 31 BGB: Organverschulden) stellt eine Verletzung des auch zum Schutz des Mitgliedsunternehmens bestehenden VerbandsTV dar und verpflichtet daher zum Schadensersatz nach Maßgabe der § 280 Abs. 1 i.V.m. §§ 249 ff. BGB.[419]

II. Daneben steht der B nach h.M. ein Schadensersatzanspruch aus § 823 Abs. 1 BGB zu, weil die Gewerkschaft (§ 31 BGB: Organhaftung) durch den rechtswidrigen Streik schuldhaft in das Recht am eingerichteten und ausgeübten Gewerbebetrieb unmittelbar eingegriffen hat (vgl. Rn. 143).

In der Praxis bereitet die Ermittlung des durch einen rechtswidrigen Streik verursachten Schadens des Arbeitgebers, insb. bei kurzfristigen Arbeitsniederlegungen, erhebliche Probleme.[420]

E. Individualrechtliche Folgen der Teilnahme am rechtswidrigen Streik

> **Fall 14: Ein ganz wilder Streik**
>
> Von der Firma F wurde der Betriebsratsvorsitzende fristlos entlassen. Nach Auskunft der Betriebsleitung hatten die übrigen Betriebsratsmitglieder zugestimmt. Eine Erläuterung wurde vom stellvertretenden Betriebsratsvorsitzenden mit der Begründung verweigert, zwischen Firmenleitung und Betriebsrat sei im Interesse des Betriebsratsvorsitzenden vereinbart worden, über die den Vertrauensbereich betreffenden Kündigungsgründe Stillschweigen zu bewahren. Daraufhin entstand Unruhe im Betrieb. Nach der Frühstückspause erklärten alle Arbeiter und einige Angestellten, erst weiterarbeiten zu wollen, wenn der Betriebsratsvorsitzende wieder eingestellt oder wenigstens Klarheit über Verlauf und Hintergründe des Vorgangs geschaffen worden sei. Die Betriebsleitung forderte alle Arbeitnehmer zur Wiederaufnahme der Arbeit unter Darlegung der Gründe für die Rechtswidrigkeit der Arbeitsniederlegung auf. Gleichzeitig wurden die Arbeitnehmer darauf hingewiesen, dass es sich um eine Arbeitsverweigerung handele, sodass die Nichtbefolgung der Aufforderung der Betriebsleitung arbeitsrechtliche Konsequenzen, insbesondere fristlose Kündigungen zur Folge haben werde. Als auch die wiederholte Aufforderung keinen Erfolg hatte, wurde dem Organisator der Arbeitsniederlegung, A, der zur Nichtbefolgung der Aufforderung der Betriebsleitung aufrief, vom kündigungsberechtigten Betriebsleiter formgerecht die fristlose Kündigung des Arbeitsverhältnisses erklärt. Von B und C, zwei weiteren „aktiven Teilnehmern" der Arbeitsniederlegung, verlangt F Schadensersatz. Zu Recht?

---

419 Vgl. BAG NZA 2016, 154; ErfK/Linsenmaier Art. 9 GG Rn. 224 ff.; Kissel § 47 Rn. 13 ff. m.w.N.; zu Auswirkungen des Arbeitskampfes auf die Lieferverpflichtungen des bestreikten Unternehmens sowie auf Schadensersatzansprüche seiner Vertragspartner vgl. Sprenger BB 2013, 1146 ff.; MünchArbR/Ricken § 272 Rn. 44 ff., § 279 Rn. 36 ff. und Kissel § 73.

420 Vgl. dazu BAG NZA 1988, 884; MünchArbR/Ricken § 276 Rn. 37 ff.; Wendeling-Schröder NZA 1993, 49 ff.

A. Wirksamkeit der fristlosen Kündigung des Arbeitsverhältnisses mit A nach § 626 **145**
BGB?

I. Eine ordnungsgemäße Erklärung einer fristlosen Kündigung liegt vor.

II. Die fristlose Kündigung könnte bereits wegen Fehlens einer ordnungsgemäßen Anhörung des Betriebsrats nach § 102 Abs. 1 S. 3 BetrVG unwirksam sein, die auch im Zustimmungsverfahren nach § 103 BetrVG erforderlich ist.

Nach h.M. ist jedoch eine vorherige Anhörung des Betriebsrats bei arbeitskampfbedingter Kündigung (sog. Kampfkündigung) abweichend von § 102 BetrVG nicht erforderlich. Denn aufgrund der Neutralitätspflicht im Arbeitskampf gemäß § 74 Abs. 2 S. 1 BetrVG muss sich der Betriebsrat jeder Maßnahme enthalten, die auf das Arbeitskampfgeschehen einwirken könnte. Wäre der Betriebsrat vor einer Kampfkündigung anzuhören, dann müsste er zum Arbeitskampf zumindest stillschweigend Stellung beziehen, was mit seiner Neutralitätspflicht unvereinbar wäre. Die Kündigung ist somit nach h.M. nicht wegen fehlender Betriebsratsanhörung unwirksam.[421]

III. Es müsste ein wichtiger Grund i.S.d. § 626 BGB vorliegen. **146**

1. Es besteht Einigkeit darüber, dass eine beharrliche Arbeitsverweigerung an sich geeignet ist, einen wichtigen Kündigungsgrund i.S.d. § 626 Abs. 1 BGB abzugeben.[422] Vorliegend könnte jedoch die Arbeitspflicht des A aufgrund der Teilnahme an einem rechtmäßigen Streik suspendiert sein, sodass keine unberechtigte Arbeitsverweigerung vorläge.

   a) Nach ganz h.M. kann jedoch ein rechtmäßiger Streik nur von einer Gewerkschaft durchgeführt werden. Ein nichtgewerkschaftlicher, sog. wilder Streik, ist danach ohne Weiteres rechtswidrig (vgl. dazu oben Rn. 123).

   b) Darüber hinaus ist nach h.M. nur ein solcher Streik zulässig, der auf ein tariflich regelbares Ziel gerichtet ist, weil Streiks durch Art. 9 Abs. 3 GG nur insoweit geschützt werden, als sie dem Ausgleich sonst nicht lösbarer tariflicher Interessenkonflikte dienen („Streik als Hilfsinstrument zur Sicherung der Tarifautonomie").[423] Vorliegend sollte dagegen die F von einer individualrechtlichen Maßnahme gegenüber dem Betriebsratsvorsitzenden abgehalten werden, deren Zulässigkeit dieser auf dem Rechtsweg überprüfen lassen konnte, wenn er sie nicht akzeptieren wollte. Die Arbeitsniederlegung bezweckte daher Rücknahme einer individualrechtlichen Arbeitgebermaßnahme und nicht die Lösung eines tariflich regelbaren Interessenkonflikts und war daher auch aus diesem Grunde rechtswidrig.[424]

---

421 BAG BB 2003, 1900, 1901; Nr. 20 zu § 102 BetrVG m. Anm. Meisel; Wiese NZA 1984, 378, 380 f. m.w.N.; a.A. D/K/K/Bachner § 102 BetrVG Rn. 21 m.w.N., da der Betriebsrat nur ein Anhörungsrecht habe und keine Kündigung verhindern könne, sodass für eine Abweichung vom eindeutigen Wortlaut des § 102 BetrVG kein zwingender Grund ersichtlich sei, zumal der Betriebsrat auch bei sonstigen Kündigungen häufig in einem Interessenkonflikt stehe; differenzierend z.B. Richardi Anm. zu BAG AP Nr. 44 zu Art. 9 GG, wonach bei wilden Streiks die Abweichung von § 102 BetrVG nicht gerechtfertigt sei, weil auch der Betriebsrat für das Unterbleiben rechtswidriger Aktionen, für die eine Privilegierung nach Art. 9 Abs. 3 GG nicht in Betracht komme, Sorge tragen müsse; vgl. auch allgemein zu Mitbestimmungsrechten des Betriebsrats im Arbeitskampf Reichhold NZA 2004, 247; Krummel BB 2002, 1418.

422 BAG NZA 2018, 1259; BAG NZA 2014, 533; 1995, 65; Joussen ZMV 2019, 47 und Schaub/Linck § 127 Rn. 75 f. m.w.N.

423 BAG NZA 2013, 437; vgl. dazu auch oben. Fall 10, Rn. 118 ff.

424 Vgl. BAG AP Nr. 58, 59, 106 zu Art. 9 GG „Arbeitskampf"; ErfK/Linsenmaier Art. 9 GG Rn. 118 m.w.N.

Die Teilnahme an der Arbeitsniederlegung trotz Abmahnung unter Hinweis auf die Rechtswidrigkeitsgründe ist daher wegen der Rechtswidrigkeit der Kampfmaßnahme als eine beharrliche Arbeitsverweigerung an sich geeignet, eine fristlose Kündigung nach § 626 BGB zu rechtfertigen.

147 2. Der F dürfte nach einer umfassenden Interessenabwägung die Fortsetzung des Arbeitsverhältnisses mit A selbst bis zum Ablauf der Kündigungsfrist nicht zumutbar gewesen sein.

Die **Beteiligung an einem rechtswidrigen Streik** stellt einen **Vertragsbruch** dar und berechtigt den Arbeitgeber jedenfalls nach einer fruchtlosen Abmahnung grds. zu einer fristlosen Kündigung.[425] Vorliegend kommt hinzu, dass A nicht nur die eigene Arbeitsleistung verweigert, sondern die rechtswidrige Arbeitsniederlegung auch organisiert und zu deren Fortsetzung selbst dann noch aufgefordert hat, nachdem die Betriebsleitung auf die Umstände hingewiesen hat, aus denen sich die Rechtswidrigkeit der Arbeitsniederlegung ergab. A kann sich auch nicht auf die Wahrnehmung berechtigter Interessen im Hinblick auf die Kündigung des Betriebsratsvorsitzenden berufen. Denn das Interesse der Belegschaft an der Kontinuität des gewählten Betriebsrats und der Schutz der einzelnen Betriebsratsmitglieder vor Entfernung aus dem Betrieb durch unberechtigte Kündigungen werden gerade durch das Zustimmungsverfahren des § 103 BetrVG geschützt, das ordnungsgemäß durchgeführt worden ist. Der Betriebsrat hat als Repräsentant der Belegschaft nach Kenntnis des Kündigungssachverhalts der Kündigung ausdrücklich zugestimmt und mit dem Arbeitgeber vereinbart, im Interesse des Betriebsratsvorsitzenden Stillschweigen über den Kündigungssachverhalt zu bewahren. Da dem Betriebsratsvorsitzenden selbst die Möglichkeit offen stand, gegen die Kündigung beim Arbeitsgericht Klage zu erheben, musste dem A zumindest nach den Hinweisen der Betriebsleitung einleuchten, dass der Belegschaft selbst kein Anspruch auf Rücknahme der Kündigung bzw. aufgrund der Abrede der Vertraulichkeit auf Mitteilung der Einzelheiten des Kündigungssachverhalts zusteht. Die Wirksamkeit der fristlosen Kündigung scheitert schließlich auch nicht daran, dass nur dem A gekündigt worden ist. Denn eine sog. herausgreifende Kündigung ist jedenfalls dann zulässig, wenn — wie hier — eine herausgehobene Kampfbeteiligung des betroffenen Arbeitnehmers vorliegt.[426] Die fristlose Kündigung ist somit wirksam.

148 B. Schadensersatzansprüche der F gegen B und C?

I. Ein vertraglicher Schadensersatzanspruch steht F aus § 280 Abs. 1 BGB zu, da die Teilnahme an einem rechtswidrigen Streik eine Vertragspflichtverletzung darstellt und die nachträgliche Erbringung der verweigerten Arbeitsleistung wegen ihres Fixschuldcharakters unmöglich ist. Verschulden liegt ebenfalls vor, da B und C zumindest hätten erkennen können, dass eine nichtgewerkschaftlich organisierte Arbeitsniederlegung, die keine tarifliche Regelung bezweckt, rechtswidrig

---

425 Vgl. BAG NZA 1984, 34, 35; Schaub/Treber § 194 Rn. 47; Kissel § 47 Rn. 76 ff. m.w.N.
426 BAG, Urt. v. 15.08.1980 – 1 AZR 599/78, BeckRS 1980, 30707124; BAG SAE 1977, 185 m. Anm. Herschel; Kissel § 47 Rn. 80 f.

ist. Zumindest liegt das Verschulden darin, dass sich B und C über die Rechtslage nicht informiert haben.[427]

Beachte: *Bei der Inanspruchnahme der einzelnen Arbeitnehmer ist das Verschulden insb. dann sorgfältig zu prüfen und zu begründen, wenn der Arbeitnehmer an einem gewerkschaftlich organisierten Streik teilgenommen hat, da in diesem Fall i.d.R. eine Vermutung für die Rechtmäßigkeit spricht, sodass es häufig am Verschulden (unverschuldeter Rechtsirrtum) des einzelnen Arbeitnehmers fehlt.[428]*

II. Daneben besteht nach h.M. ein Schadensersatzanspruch aus § 823 Abs. 1 BGB wegen eines rechtswidrigen und schuldhaften Eingriffs in das Recht der F am eingerichteten und ausgeübten Gewerbebetrieb.[429]

III. Nach h.M. haften die Arbeitnehmer für den durch die vertragswidrige Arbeitsverweigerung entstandenen Schaden gesamtschuldnerisch, d.h. jeder Arbeitnehmer kann für den gesamten Schaden in Anspruch genommen und auf Ausgleichsansprüche gegen die übrigen Schädiger verwiesen werden, § 426 BGB.[430]

F. Aussperrung

I. Rechtmäßigkeitsvoraussetzungen und Rechtsfolgen einer Aussperrung – Streikbruchprämien

Fall 15: Teilstreik im Textilbereich

Die Firma F unterhält einen textilverarbeitenden Betrieb. In der A-Abteilung wird Freizeitkleidung hergestellt, nach der eine große Nachfrage besteht und die mit gutem Gewinn verkauft werden kann. Die B-Abteilung produziert Berufskleidung. Die Preise sind so niedrig, dass dort mit leichtem Verlust gearbeitet wird. Nach Scheitern der Tarifverhandlungen, Durchführung eines Schlichtungsverfahrens und nach Urabstimmung kommt es zum Streik um den Abschluss eines Verbandstarifvertrags. Nach dem Streikplan der zuständigen Gewerkschaft G werden zunächst nur einige Betriebe und diese auch nur teilweise bestreikt. Dazu gehört die A-Abteilung der Firma F. Als dort die Arbeit bereits fünf Tage ruht, fragt die Firmenleitung, welche rechtlichen Schritte insbesondere mit Rücksicht darauf unternommen werden können, dass die in der B-Abteilung entstehenden Kosten die finanzielle Lage der Firma rapide verschlechtern. Eine Umstellung der Produktion in der B-Abteilung auf Freizeitkleidung kommt nicht in Betracht.

---

427 Vgl. BAG NZA 1988, 883 ff.; Kissel § 47 Rn. 69 ff.; ErfK/Linsenmaier Art. 9 GG Rn. 226 f., 232 f.

428 BAG NZA 1984, 34. 35; Kissel § 47 Rn. 70 ff.; Waltermann Rn. 727.

429 BAG NZA 2007, 1055, 1056; Kissel § 47 Rn. 73; ErfK/Linsenmaier Art. 9 GG Rn. 232 f.; a.A. Ögüt in Däubler, AK, § 22 Rn. 43 ff.; Waltermann Rn. 726, da der Vertragsgläubiger bei bloßer Nichterfüllung des Vertrags keinen deliktischen Schadensersatzanspruch habe. Wieso dies bei Nichterfüllung der Arbeitspflicht wegen Teilnahme an einer rechtswidrigen Arbeitsniederlegung anders sein solle, sei nicht ersichtlich.

430 BAG AP Nr. 3 zu § 1 TVG „Friedenspflicht"; Nr. 106 zu Art. 9 GG „Arbeitskampf"; Löwisch/Krauß in Löwisch 170.3.1 Rn. 53; a.A. Brox/Rüthers, Arbeitsrecht, 15. Aufl., Rn. 334 f. m.w.N., da die gesamtschuldnerische Haftung unbillig sei und den Arbeitnehmer unverhältnismäßig belaste; vgl. auch Dütz/Thüsing Rn. 791.

149   A. Bisherige Rechtslage

  I. Wegen der streikbedingten Suspendierung der Arbeitspflicht der Arbeitnehmer der A-Abteilung entfällt auch die Lohnzahlungspflicht der F entsprechend § 326 Abs. 1 BGB.[431]

  II. Ein Wegfall der Lohnansprüche der Arbeitnehmer der B-Abteilung wegen des Teilstreiks in der A-Abteilung schiede nach der bisherigen Rspr. des BAG und einem großen Teil der Lit. aus, weil die Produktion in der B-Abteilung durch den Teilstreik überhaupt nicht beeinträchtigt wird.[432]

  Nach der neuen Rspr. des BAG[433] kann zwar der Arbeitgeber durch eine einseitige Erklärung gegenüber den Arbeitnehmern die Stilllegung des gesamten Betriebs aufgrund des Teilstreiks mit der Folge der Suspendierung der Arbeitsverhältnisse und des Wegfalls der Lohnansprüche der Arbeitnehmer beschließen (vgl. dazu Rn. 137 f.). Angesichts der Kritik an der neuen Rspr. und der nicht auszuschließenden erneuten Rechtsprechungsänderung stellt sich jedoch für die F die Frage, ob es für sie nicht auch einen anderen Weg gibt.[434]

150   B. Aussperrung der Arbeitnehmer der B-Abteilung

  I. **Begrifflich ist Aussperrung** die von der Arbeitgeberseite planmäßig vorgenommene Nichtzulassung einer Mehrzahl von Arbeitnehmern zur Arbeit unter Verweigerung der Lohnzahlung, um damit ein bestimmtes Ziel zu erreichen, das zumeist darin besteht, dass ein Streik abgekürzt werden soll, indem die wirtschaftliche Belastung der Arbeitnehmerseite erhöht wird.[435]

  II. Nach ganz h.M. ist eine **Abwehraussperrung**, also eine Reaktion der Arbeitgeber auf einen rechtmäßigen Streik, grds. zulässig.[436] Ihre Rechtsgrundlage wird überwiegend in der durch Art. 9 Abs. 3 GG gewährleisteten Tarifautonomie gesehen, die nur funktionieren kann, wenn die sozialen Gegenspieler über annähernd gleichwertige Kampfmittel verfügen (**Erfordernis „materieller Kampfparität"**).

  Nach h.M. kann der Arbeitgeber mit einer Abwehraussperrung auch auf einen rechtswidrigen Streik reagieren, da er in diesem Fall auch wegen des bestehenden Notwehrrechts nicht schlechter gestellt werden darf als beim rechtmäßigen Streik.[437]

  Den Gewerkschaften steht es frei, den Kampfrahmen durch Teil-, Schwerpunkt- und Bummelstreiks und sonstige Formen einer „Nadelstichtaktik" zu begrenzen. Durch eine Engführung des Streiks in hochempfindlichen Störzonen können sie mit geringem Aufwand an Streikgeldern große Schäden anrichten und damit die

---

431   Vgl. BAG ZTR 2005, 526; Kissel § 46 Rn. 8 ff.; Schaub/Treber § 194 Rn. 2 ff.; Kleinebrink FA 2018, 394 ff.

432   Vgl. BAG NZA 1994, 331; LAG Hamm NZA 1994, 430; Thüsing DB 1995, 2607 ff.; Lieb SAE 1995, 257 ff.

433   BAG NZA 1996, 209; 214; BAG EzA Nr. 115 zu Art. 9 GG „Arbeitskampf" m. krit. Anm. Fischer/Rüthers.

434   Vgl. zu Reaktionsmöglichkeiten des AG auf einen Streik ErfK/Linsenmaier Art. 9 GG Rn. 213 ff.; Besgen B+P 2016, 164; Emmert/Witt FA 2007, 234 ff.; Schulte AuA 2006, 458 ff.; Bartholomä BB 2006, 378 ff.

435   Grundlegend zur Aussperrung: BAG NJW 1980, 1642 (Grundsatzurteile v. 10.06.1980); BAG DB 1993, 234; BVerfG RÜ 2014, 519; BVerfG SAE 1991, 329 m. Anm. Konzen; BVerfG NZA 1995, 754 ff.; ErfK/Linsenmaier Art. 9 GG Rn. 236 ff.

436   Vgl. z.B. BVerfG, BAG, Linsenmaier, alle in Fn. 435 und Rüthers NZA 2010, 6 ff.

437   BAG NZA 1996, 214, 217; AP Nr. 6, 24, 43, 58 zu Art. 9 GG „Arbeitskampf"; Kissel § 52 Rn. 59 ff.; a.A. ErfK/Linsenmaier Art. 9 GG Rn. 244; Brox/Rüthers, AK, Rn. 217, 341 m.w.N., da der AG in diesem Fall gerichtliche Hilfe im Wege einer einstweiligen Verfügung in Anspruch nehmen kann, sodass die Aussperrung kein erforderliches und verhältnismäßiges Arbeitskampfmittel ist. Sonst müssten die Nichtstreikenden für das rechtswidrige Verhalten der Streikenden einstehen.

Arbeitgeber zum Nachgeben zwingen. Durch Teil- bzw. Schwerpunktstreiks können sie zudem die Verbandssolidarität der Arbeitgeber untergraben; denn die streikverschonten Arbeitgeber, die in der Gunst der Stunde neue Marktanteile hinzugewinnen können, neigen zu härteren Verhandlungspositionen als die bestreikten. Das Verhandlungsgleichgewicht der Arbeitgeberseite wäre nicht gewährleistet, wenn man sie lediglich auf die Lohnverweigerung nach den Grundsätzen des Betriebs- und Arbeitskampfrisikos oder auf die Möglichkeit verwiese, gemeinsame Kampffonds zu bilden. Demgegenüber können die Arbeitgeber durch eine Aussperrung den Kampfrahmen schlagartig auf die arbeitswilligen Arbeitnehmer ausdehnen. Sie verhindern damit das „Einzelabschlachten" von Unternehmen und zwingen die Gewerkschaften durch erhöhte Kampfkosten zu einem schnelleren Einlenken.[438]

Nach der Mindermeinung ist jede Aussperrung generell unzulässig (vgl. unter Rn. 107).

Eine **Angriffsaussperrung**, also eine Eröffnung des Arbeitskampfes durch die Arbeitgeberseite (z.B. um bisherige Löhne herabzusetzen), ist nach der h.M. ebenfalls zulässig, wobei an die Verhältnismäßigkeit strenge Anforderungen zu stellen sind. Die Angriffsaussperrung hat aber bisher in der Praxis kaum eine Rolle gespielt und wird daher nicht näher behandelt.[439]
    151

Es ist allerdings nicht einzusehen, weshalb der Arbeitgeberseite generell die Möglichkeit verweigert werden sollte, einen Arbeitskampf zu eröffnen, um andere Arbeitsbedingungen durchzusetzen. Bestünde diese Möglichkeit auch bei einer wesentlichen Änderung der bisherigen Bedingungen nicht, wäre die Arbeitgeberseite auf ein „kollektives Betteln" angewiesen, was die Funktionsfähigkeit der Tarifautonomie infrage stellen würde.[440]

III. Rechtmäßigkeitsvoraussetzungen für eine Abwehraussperrung
    152

1. Zunächst muss – wie hier – ein **Streik** vorliegen.

2. Eine weitere Wirksamkeitsvoraussetzung ist ein **Aussperrungsbeschluss**, der der Gewerkschaft auch zugehen muss. Bei einem **Arbeitskampf um einen Verbandstarifvertrag** ist für den Aussperrungsbeschluss der **Arbeitgeberverband zuständig**, der die einzelnen Arbeitgeber zur Erklärung der Aussperrung ermächtigen kann. Bei Ermächtigung einzelner Arbeitgeber zur Aussperrungserklärung muss die Gewerkschaft auch über das Vorliegen der Ermächtigung unterrichtet werden, damit für sie erkennbar ist, dass es sich um keine rechtswidrige „wilde Aussperrung" handelt. Eine bestimmte Form ist zwar für die erforderliche Verlautbarung nicht erforderlich, sie muss aber unmissverständlich sein. Fehlt es daran, ist die Aussperrung rechtswidrig.[441]

Ebenso wie der „wilde Streik" kann auch die **„wilde Aussperrung"** durch den einzelnen Arbeitgeber von dem Arbeitgeberverband übernommen werden. Die nachträgliche Übernahme kann nur aufgrund eines entsprechenden Aussperrungsbeschlusses des Verbandes erfolgen, der der Gewerkschaft zugehen muss.[442] Umstritten ist dabei, ob die „wilde" Aussper-

---

438 Seiter JA 1979, 344: „Kampfverkürzung durch Kampfausweitung".

439 BAG AP Nr. 43 zu Art. 9 GG „Arbeitskampf"; Kissel § 53 Rn. 51 ff.; ErfK/Linsenmaier Art. 9 GG Rn. 246 ff.; Brox/Rüthers, AK, Rn. 186 f.; Lessner FA 2003, 233; 325; a.A. Rödl in Däubler, AK, § 21 Rn. 71 ff.; Dütz/Thüsing Rn. 731; Bobke FA 2003, 322 und BAG NJW 1980, 1642: Zulässigkeit der Angriffsaussperrung offen gelassen.

440 Vgl. dazu ErfK/Linsenmaier Art. 9 GG Rn. 246 ff.; Schaub/Treber § 193 Rn. 11; Kissel § 53 Rn. 51 ff.

441 BAG NZA 1996, 212 ff.; 389 ff.; ErfK/Linsenmaier Art. 9 GG Rn. 259; Kissel § 54 Rn. 2; § 56 Rn. 2.

442 Vgl. dazu Kissel § 54 Rn. 3; ErfK/Linsenmaier Art. 9 GG Rn. 261 und Rn. 121 entsprechend.

rung nachträglich mit rückwirkender Wirkung vom Arbeitgeberverband übernommen werden kann.[443]

Bei einem **Streik um einen Firmentarifvertrag** steht dagegen die Aussperrungsbefugnis dem bestreikten Arbeitgeber zu. Andere Arbeitgeber können dagegen nicht zur Unterstützung aussperren, weil es sich dabei um eine **unzulässige „Sympathieaussperrung"** handeln würde.[444]

Da nach BAG[445] auch ein Arbeitgeber-Außenseiter bei einer Tarifauseinandersetzung um den Abschluss eines VerbandsTV grds. bestreikt werden darf, wenn der Betrieb im Tarifgebiet liegt, muss konsequenterweise auch einem solchen Arbeitgeber das Recht zur Aussperrung eingeräumt werden, weil die Tarifabschlüsse häufig übernommen werden.[446]

153   3. Die **Abwehraussperrung kann sich** nach h.M. **grds. auf alle Arbeitnehmer erstrecken**, die streiken dürften, also auch auf Nichtorganisierte, Betriebsratsmitglieder, Schwerbehinderte und kranke Arbeitnehmer.[447]

Eine **selektive Aussperrung** nur der in der streikführenden Gewerkschaft organisierten Arbeitnehmer ist als eine gegen die durch Art. 9 Abs. 3 GG geschützte positive Koalitionsfreiheit gerichtete Maßnahme nach h.M. rechtswidrig.[448] Noch nicht geklärt ist, ob bei einem Streik, der von einer sog. Berufsspartengewerkschaft um einen TV für eine ganz bestimmte Arbeitnehmergruppe (z.B. Lokführer, Piloten, Ärzte) geführt wird, die in einer anderen Gewerkschaft organisierten Arbeitnehmer ausgesperrt werden können. Fraglich ist dies deshalb, weil sich die Aussperrung in diesem Fall nach dem in § 4 a Abs. 2 TVG gesetzlich geregelten Grundsatz der Tarifeinheit auch auf Arbeitnehmer erstrecken würde, für die nicht der TV, um den von einer Berufsspartengewerkschaft gestreikt wird, sondern i.d.R. gerade ein anderer TV gelten soll.[449] Zulässig ist dagegen grds. eine Aussperrung, die sich nur auf die streikenden Arbeitnehmer ohne Rücksicht auf die Gewerkschaftszugehörigkeit bezieht.[450]

154   4. Der zulässige **Umfang der Abwehraussperrung** richtet sich nach dem Grundsatz der Verhältnismäßigkeit (Übermaßverbot). Maßgeblich ist dabei stets der Umfang des Angriffsstreiks.[451] Für den zulässigen Umfang der Abwehraussperrung ist nach h.M. der Aussperrungsbeschluss, nicht der tatsächliche Umfang der Aussperrung entscheidend.[452] Je enger der Angriffsstreik geführt wird, desto größer kann aber das Bedürfnis der Arbeitgeberseite sein, den Arbeitskampf auf weitere Betriebe auszudehnen. Umstritten ist allerdings, wann die Abwehraussperrung den zulässigen Umfang überschreitet.

---

443 Vgl. dazu LAG Hamm AP Nr. 72 zu Art. 9 GG „Arbeitskampf" m. Anm. Löwisch/Mikosch: nicht mehr nach Abschluss der Aussperrung; Kissel § 534 Rn. 3 „solange sie andauert"; a.A. Löwisch/Mikosch a.a.O., da kein Grund für eine unterschiedliche Behandlung der Übernahme eines „wilden" Streiks durch die Gewerkschaft und einer Übernahme der „wilden" Aussperrung durch den Arbeitgeberverband ersichtlich sei.

444 Vgl. Kissel § 54 Rn. 4.

445 BAG RÜ 2003, 410; vgl. dazu auch Rolfs/Clemens NZA 2004, 410, 416.

446 Vgl. BVerfG SAE 1991, 329, 333 m. Anm. Konzen S. 341 f.; BAG NZA 1996, 212, 213; Kissel § 54 Rn. 6 f.

447 BAG AP Nr. 4 zu § 14 MuSchG m. Anm. Weber; Kissel § 55 Rn. 2 ff., 11 ff.; ErfK/Linsenmaier Art. 9 GG Rn. 254 ff.

448 Vgl. BAG NZA 2015, 306, 309; BAG NJW 1980, 1653 ff.; LAG Hamm NZA-RR 2002, 367 ff.; Kissel § 55 Rn. 5 ff.; Linenmaier RdA 2015, 369, 378; a.A. Thüsing ZTR 1999, 151 ff.; jeweils m.w.N; zulässig ist dagegen die Aussperrung nur der streikenden Arbeitnehmer, vgl. BAG AP Nr. 24 zu Art. 9 GG „Arbeitskampf"; LAG Hamm a.a.O.; ErfK/Linsenmaier Art. 9 GG Rn. 254.

449 Dafür z.B. ErfK/Linsemaier Art. 9 GG Rn. 254; Linsenmaier RdA 2015, 369, 378 ff., 383 ff.; dagegen z.B. Schaub/Treber § 193 Rn. 8; Henssler RdA 2011, 65, 68 f.; offen gelassen vom BAG NZA 2015, 306, 310.

450 Vgl. LAG Hamm NZA-RR 2002, 367 ff.; ErfK/Linsenmaier Art. 9 GG Rn. 254 m.w.N.

451 Vgl. ausführlich dazu ErfK/Linsenmaier Art. 9 GG Rn. 240 ff.; Kissel § 53 Rn. 3 ff.

452 Vgl. BAG AP Nr. 84, 107 zu Art. 9 GG „Arbeitskampf"; Kissel § 53 Rn. 18 m.w.N.

a) Das BAG[453] hat zunächst folgende Zahlenverhältnisse als angemessen bezeichnet:

    aa) Ist der Streikbeschluss auf weniger als 1/4 der Arbeitnehmer beschränkt, so darf die Arbeitgeberseite regelmäßig nicht mehr als 1/4 der im Tarifgebiet beschäftigten Arbeitnehmer aussperren.

    bb) Werden mehr als 1/4 der Arbeitnehmer zum Streik aufgerufen, so darf sich der Aussperrungsbeschluss der Arbeitgeberseite regelmäßig nicht auf mehr als 50% der Arbeitnehmer beziehen.

    cc) Bei Streiks, bei denen mehr als 50% der Arbeitnehmer des Tarifgebiets betroffen sind, besteht für den Arbeitgeber regelmäßig keine Aussperrungsmöglichkeit mehr.

b) Diese Entscheidung ist in der Lit. auf erhebliche Kritik gestoßen, da für eine **155** derartige „Aussperrungsarithmetik" im Wege der richterlichen Rechtsfortbildung eine überzeugende gedankliche Grundlage fehle. Darüber hinaus werde durch eine „zahlenmäßige Arithmetik" der Verhältnismäßigkeitsgrundsatz, nach dem auf den Einzelfall abzustellen sei, weit überfordert.[454]

Einigkeit besteht aber weitgehend darüber, dass die Aussperrung zumindest i.d.R. auf das Tarifgebiet beschränkt ist[455] und dass beim Teilstreik in einem Betrieb die gesamte Belegschaft ausgesperrt werden kann.[456]

Nach BAG[457] ist eine Abwehraussperrung grds. auch als Reaktion auf einen kurzfristigen Warnstreik zulässig.[458] Die Aussperrungsdauer darf dabei die Streikdauer um „einiges" überschreiten. Als unverhältnismäßig wurde aber eine Aussperrung von zwei Tagen als Reaktion auf einen halbstündigen Warnstreik angesehen.[459] Eine bundesweite unbefristete Aussperrung auf einen Teilstreik (Zahlenverhältnis: 4.300 streikende und rd. 130.000 vom Aussperrungsbeschluss erfasste Arbeitnehmer) ist nach BAG unverhältnismäßig.[460]

Umstritten ist dabei, ob die unverhältnismäßige Aussperrung erst ab dem Zeitpunkt der Überschreitung des zulässigen Umfangs rechtswidrig wird, mit der Folge, dass erst ab diesem Zeitpunkt Vergütungsansprüche aus § 615 BGB entstehen[461] oder ob die Aussperrung insgesamt rechtswidrig ist, mit der Folge, dass Ansprüche aus § 615 BGB für die ganze Aussperrungszeit geltend gemacht werden können.[462]

---

453 BAG NJW 1980, 1642 ff.; 1653 ff.; ErfK/Linsenmaier Art. 9 GG Rn. 240 ff; Schaub/Treber § 193 Rn. 4 f.

454 Kissel § 53 Rn. 10 ff.; Otto RdA 1982, 285, 292; Schmidt/Preuß BB 1986, 1093, 1097 f.; Mayer-Maly in Anm. zu BAG AP Nr. 64, 65 zum Art. 9 GG „Arbeitskampf"; Brox/Rüthers, AK, Rn. 211 ff.; Das BAG hat nicht zuletzt wegen der erheblichen Kritik selbst Bedenken gegen das Festhalten an den Entscheidungen aus dem Jahr 1980 erhoben und darauf hingewiesen, dass das Zahlenverhältnis ein wichtiges Indiz für die Beurteilung der Verhältnismäßigkeit ist (BAG AP Nr. 84, 107 zu Art. 9 GG „Arbeitskampf"); vgl. dazu auch ErfK/Linsenmaier Art. 9 GG Rn. 242 f.; MünchArbR/Ricken § 274 Rn. 6 ff.

455 Vgl. ErfK/Linsenmaier Art. 9 GG Rn. 239 f.; Brox/Rüthers, AK, Rn. 204 m.w.N.

456 Vgl. ErfK/Linsenmaier Art. 9 GG Rn. 239 f.; Schaub/Treber § 193 Rn. 4 f.; Z/L/H § 42 IX 1.

457 BAG NZA 1996, 212, 213; 1993, 39; vgl. auch ErfK/Linsenmaier Art. 9 GG Rn. 221, 236 ff.

458 So auch LAG Hamm NZA-RR 2002, 367 ff.; Kissel § 53 Rn. 19 ff. mit Meinungsübersicht.

459 Vgl. BAG NZA 1993, 39 = DB 1993, 234.

460 BAG AP Nr. 84 zu Art. 9 GG „Arbeitskampf"; vom BVerfG SAE 1991, 329 m. Anm. Konzen bestätigt.

461 So z.B. Löwisch/Rieble DB 1993, 882 ff.

462 So BAG DB 1993, 234; ErfK/Linsenmaier Art. 9 GG Rn. 267 ff.

Umstritten ist auch, ob in die „Aussperrungsarithmetik" des BAG, die für den Streik um einen Branchentarifvertrag entwickelt wurde, im Rahmen der Verhältnismäßigkeitsprüfung auch gewerkschaftlich anders organisierte Arbeitnehmer einzubeziehen sind, wenn ein Streik um einen Tarifvertrag von einer Berufssspartengewerkschaft geführt und die Aussperrung dieser Arbeitnehmer für grds. zulässig erachtet wird.[463]

Vorliegend wäre eine Aussperrung der gesamten Belegschaft der F zulässig. F kann daher bei dem kampfführenden Arbeitgeberverband auf einen entsprechenden Aussperrungsbeschluss hinwirken. Danach muss F den betroffenen Arbeitnehmern gegenüber die Aussperrung unter Hinweis auf den Verbandsbeschluss eindeutig erklären.[464]

156   5. Fraglich ist, mit welcher Wirkung die Aussperrung erklärt werden darf.

a) Nach heute ganz h.M. ist die **suspendierende Aussperrung zulässig**, d.h. die Arbeitsverhältnisse werden nicht beendet, sondern ruhen. Nach Beendigung dieser Aussperrung leben die suspendierten Pflichten aus dem Arbeitsverhältnis wieder auf.[465]

Praktische Bedeutung hat die suspendierende Aussperrung insbes. für die Arbeitnehmer, deren Lohnansprüche nicht bereits wegen Teilnahme am Streik bzw. wegen Fernwirkungen des Streiks entfallen, hier also für die Arbeitnehmer der B-Abteilung.

Außerdem hat die suspendierende Aussperrung auch Bedeutung für schwangere Arbeitnehmerinnen während der Mutterschutzfristen, da aufgrund der Aussperrung der Zuschuss zum Mutterschaftsgeld entfällt,[466] für Lohnfortzahlung im Krankheitsfall, die nicht zu leisten ist,[467] sowie für Feiertagsvergütung, die ebenfalls entfällt.[468]

157   b) Umstritten ist, ob der Arbeitgeber auch eine **lösende Aussperrung** erklären darf, die eine Beendigung des Arbeitsverhältnisses und lediglich einen Wiedereinstellungsanspruch nach „billigem Ermessen" nach Beendigung des Arbeitskampfes zur Folge hat.[469]

aa) Nach BAG und einem Teil der Lit.[470] kann eine lösende Aussperrung nach dem Verhältnismäßigkeitsgrundsatz zulässig sein, wenn die Arbeitgeberseite damit auf lang anhaltende, besonders intensive oder offensichtlich rechtswidrige Streiks reagiert oder es ihr gelingt, während eines Streiks Arbeitsplätze durch Rationalisierungen abzubauen oder anderweitig zu besetzen. In der letzten Zeit wird die lösende Aussperrung von einem Teil der Lit. auch bei einem Streik, der von einer Berufssspartengewerkschaft geführt wird, unter Hinweis darauf als zulässig er-

---

463   Vgl. dazu Deinert RdA 2011, 12, 19 f.; Franzen RdA 2008, 193, 202; Bayreuther NZA 2008, 12, 15.

464   Vgl. BAG NZA 1996, 212; 389; ErfK/Linsenmaier Art. 9 GG Rn. 259 ff.

465   BVerfG RÜ 2014, 519; BVerfG SAE 1991, 329 m. Anm. Konzen; BAG NZA 212; 389; Kissel § 52 Rn. 19 f.; ErfK/Linsenmaier Art. 9 GG Rn. 236; a.A. Blanke NZA 1990, 209, 210.

466   BAG NZA 1987, 494 = SAE 1988, 62 m. Anm. Knorr; ErfK/Linsenmaier Art. 9 GG Rn. 258.

467   Vgl. BAG NZA 1989, 353 einerseits, BAG NZA 1991, 605 beim Streik ohne Aussperrung andererseits.

468   Vgl. BAG AP Nr. 57, 58 zu § 1 FeiertagslohnG; ErfK/Linsenmaier Art. 9 GG Rn. 257.

469   Vgl. dazu Dütz/Thüsing Rn. 740 u. ErfK/Linsenmaier Art. 9 GG Rn. 236: „Heute praktisch ausgeschlossen".

470   BAG-GS AP Nr. 43 zu Art. 9 GG „Arbeitskampf"; Dütz/Thüsing Rn. 740; ausführlich dazu Staudinger/Richardi/Fischinger § 611 BGB Rn. 1326 ff. m.w.N.

achtet, dass die suspendierende Aussperrung in einem solchen Fall zur Wiederherstellung der Arbeitskampfparität nicht geeignet sei.[471]

Unzulässig ist allerdings die lösende Aussperrung gegenüber Arbeitnehmern, die besonderen Kündigungsschutz (z.B. Schwangere, Schwerbehinderte, Mitglieder der Betriebsverfassungsorgane) genießen.[472] Vorliegend ist die lösende Aussperrung bei einem seit fünf Tagen andauernden Teilstreik nach den o.g. Kriterien nicht zulässig, sie könnte aber aufgrund des weiteren Streikverlaufs zulässig werden.

bb) Nach einem anderen Teil der Lit. ist die lösende Aussperrung dagegen schlechthin unzulässig, da rechtmäßige Arbeitskämpfe um kollektive Gestaltung der Arbeitsbedingungen mit dem Ziel der Vertragsfortsetzung nach Beendigung des Arbeitskampfes geführt würden, sodass die lösende Aussperrung sinnwidrig sei. Im Übrigen könne der Arbeitgeber das Arbeitsverhältnis, insbesondere bei rechtswidrigen Arbeitskämpfen, unter Beachtung der Kündigungsschutzbestimmungen kündigen, sodass für die lösende Aussperrung regelmäßig auch kein praktisches Bedürfnis bestehe. Darüber hinaus verstoße die lösende Aussperrung gegen das Verhältnismäßigkeitsprinzip.[473]

C. Nach h.M. sind sog. **echte Streikbruchprämien**, d.h. Sonderzahlungen nur an die **158** nichtstreikenden Arbeitnehmer, die vor dem Arbeitskampf oder während des Arbeitskampfes zugesagt wurden, zulässig. Sie verstoßen insbesondere nicht gegen das Maßregelungsverbot des § 612 a BGB, da den Tarifvertragsparteien die Wahl der Mittel, die sie zur Herbeiführung des Tarifabschlusses für geeignet halten, aufgrund der Koalitionsfreiheit überlassen bleibt. Dementsprechend muss auch dem Arbeitgeber die Wahl überlassen bleiben, ob er den Streik mit einer Aussperrung beantwortet oder den Druck auf die Gewerkschaft dadurch ausübt, dass er durch eine Prämienzusage möglichst viele Arbeitnehmer von der Teilnahme am rechtmäßigen Streik abhalten will.[474]

Die Streikbruchprämien, die erst nach Beendigung des Arbeitskampfes ohne vorherige Zusage gezahlt werden (sog. **unechte Streikbruchprämien**), sind dagegen nach h.M. wegen Verstoßes gegen das Maßregelungsverbot des § 612 a BGB unzulässig, es sei denn, dass damit besondere Belastungen belohnt werden sollen, die über diejenigen hinausgehen, die mit jeder „Streikarbeit" üblicherweise verbunden sind. Denn diese Sonderzuwendungen stellen wegen der Beendigung des Arbeitskampfes kein Arbeitskampfmittel mehr dar, sodass ein sachlicher Grund für die unterschiedliche Behandlung der Arbeitnehmer nur außerhalb des Art. 9 Abs. 3 GG liegen kann. Die Beseitigung der in der Vorenthaltung der Prämie liegenden Maßregelung kann nur durch Zahlung an die am Arbeitskampf beteiligten Arbeitnehmer erreicht werden. Das Gleiche gilt bei zunächst zulässigen echten Streikbruchprämien,

---

471 So z.B. Greiner NZA 2007, 1023, 1027; ders. NJW 2010, 2977, 2980; dagegen Buchner NZA 2007, 1141, 1142; Pflügger RdA 2008, 185 ff.; vgl. dazu auch Bayreuther NZA 2008, 12, 16; v. Steinau-Steinrück/Glanz NZA 2009, 1013, 1016.

472 Vgl. BAG AP Nr. 43, 44 zu Art. 9 GG „Arbeitskampf".

473 Vgl. Rödl in Däubler, AK, Rn. 61 ff.; Kissel § 52 Rn. 52 ff.; Z/L/H § 43 IV; Brox/Rüthers, AK, Rn. 205 f. m.w.N.

474 BAG NZA 2019, 100; Schaub/Treber § 194 Rn. 17; MünchArbR/Ricken § 275 Rn. 13 ff.; Greiner EWiR 2019, 91; Spielberger NZA-RR 2019, 126; a.A. Rödl in Däubler, AK, Rn. 195 ff.; Callsen AuR 2020, 4; Schwarze NZA 1993, 967, 971: Grds. ein Verstoß gegen das Maßregelungsverbot des § 612 a BGB bzw. unzulässige Bezahlung für Grundrechtsverzicht.

wenn und soweit ein vereinbartes tarifliches Maßregelungsverbot eine Gleichstellung der streikenden und nichtstreikenden Arbeitnehmer gebietet.[475]

159   D. Eine außerordentliche oder ordentliche Kündigung wegen der Teilnahme am rechtmäßigen Streik kommt nicht in Betracht, da die Streikteilnahme eine zulässige Rechtsausübung ist und damit keine Vertragspflichtverletzung darstellen kann (vgl. auch Art. 9 Abs. 3 S. 2 GG, § 612 a BGB).

Möglich ist allerdings eine Kündigung, wenn besondere Umstände (z.B. Rationalisierungsmaßnahmen) hinzukommen.[476] Das KSchG ist dabei in diesem Fall entgegen dem Wortlaut des § 25 KSchG anwendbar, weil solche Kündigungen individualrechtliche Entscheidungen und keine kollektivrechtlichen Arbeitskampfmaßnahmen des Arbeitgebers sind. Aufgrund der kollektiven Arbeitskampftheorie, die als Arbeitskampfmaßnahmen Streik und Aussperrung zulässt, hat § 25 KSchG nach ganz h.M. heute kaum noch Bedeutung.[477]

E. Der Gewerkschaft steht bei einer rechtswidrigen Aussperrung, die gegen die tarifliche Friedenspflicht verstößt, gegen den aussperrenden Arbeitgeber bzw. Arbeitgeberverband ein Unterlassungsanspruch aus dem Tarifvertrag und ein Schadensersatzanspruch aus § 280 BGB zu. Daneben steht der Gewerkschaft jedenfalls ein Unterlassungsanspruch aus § 1004 i.V.m. § 823 Abs. 1 BGB und Art. 9 Abs. 3 GG wegen eines rechtswidrigen Eingriffs in das Recht zur koalitionsmäßigen Betätigung zu.[478]

II. Fernwirkungen einer Aussperrung

160   **1.** Die **Fernwirkungen einer rechtmäßigen Aussperrung** sind nach h.M. nach den gleichen Grundsätzen wie die Fernwirkungen eines Streiks zu beurteilen, sodass bei Störung der Arbeitskampfparität der Vergütungsanspruch der arbeitswilligen Arbeitnehmer auch bei Fernwirkungen einer rechtmäßigen Aussperrung entfällt. In diesem Fall tragen die Arbeitnehmer das Beschäftigungs- und Entgeltrisiko nicht nur dann, wenn infolge der rechtmäßigen Aussperrung eine Betriebsstörung eintritt (Betriebsrisikofall), sondern auch dann, wenn die Fortsetzung des Betriebes zwar möglich, aber wegen des Arbeitskampfes wirtschaftlich sinnlos wird (Wirtschaftsrisikofall).[479]

---

475 BAG DB 1994, 148, 150; BAG NZA 1993, 234, 235; 1987, 2470; bestätigt vom BVerfG NZA 1988, 473; ErfK/Preis § 612 a BGB Rn. 16 f.; Schaub/Linck § 108 Rn. 17; Kissel § 42 Rn. 126; Staudinger/Richardi/Fischinger § 612 a BGB Rn. 30, wobei auch ein Verstoß gegen Art. 9 Abs. 3 S. 2 GG angenommen wird; a.A. Rüthers/Heilmann, Anm. zu LAG Köln LAGE Nr. 39 zu Art. 9 Abs. 3 GG „Arbeitskampf"; vgl. auch Rolfs DB 1994, 1237, 1242, wonach bereits die Arbeitsleistung unter wegen des Streiks erschwerten Bedingungen ein sachlicher Rechtfertigungsgrund für die nachträgliche Zuwendung sei.

476 Vgl. Schaub/Treber § 194 Rn. 14 f.; ErfK/Linsenmaier Art. 9 GG Rn. 212; Z/L/H § 43 V.

477 BAG AP Nr. 43, 64 zu Art. 9 GG „Arbeitskampf"; Schaub/Treber § 194 Rn. 14; KR/Bader § 25 KSchG Rn. 5 ff.

478 Vgl. BAG NZA 2007, 987, 992; AP Nr. 101 zu Art. 9 GG „Arbeitskampf"; Richardi JZ 1985, 410, 411 ff.; ausführlich zu Rechtsfolgen einer rechtswidrigen Aussperrung MünchArbR/Ricken § 277 Rn. 9 ff.; Kissel § 58.

479 Vgl. BAG AP Nr. 70, 71 zu Art. 9 GG „Arbeitskampf"; Staudinger/Richardi/Fischinger § 615 BGB Rn. 250 ff.; Schaub/Treber § 194 Rn. 24 ff., 27; Kissel § 72 Rn. 12, § 73 Rn. 48 ff. und Fall 12, Rn. 139 ff.

2. Die **Fernwirkungen einer rechtswidrigen Aussperrung** sind dagegen nach h.M.   **161** nicht nach den Grundsätzen des Arbeitskampfrisikos, sondern nach den Grundsätzen der Betriebsrisikolehre zu beurteilen. Die Lohnzahlungspflicht der Arbeitgeber bleibt danach nach § 615 S. 3 BGB bestehen.

Nach der bisherigen Rspr. des BAG waren die Fernwirkungen einer rechtmäßigen bzw. einer rechtswidrigen Aussperrung vom Arbeitgeber zu tragen, da die Arbeitgeberseite diese Betriebsstörung veranlasst hat.[480] Diesen Grundsatz hat das BAG[481] ausdrücklich nur für die Fernwirkungen eines rechtmäßigen Arbeitskampfes (Streik, Abwehraussperrung) aus Gründen der Arbeitskampfparität eingeschränkt. Da es bei Fernwirkungen einer rechtswidrigen Aussperrung nicht um die Wahrung der Arbeitskampfparität, sondern um einen Rechtsbruch eines anderen Arbeitgebers geht, helfen die Überlegungen zur Verteilung des Arbeitskampfrisikos nicht weiter. Vielmehr bleibt es insoweit bei der Anwendung der allgemeinen Grundsätze und damit auch bei der Betriebsrisikolehre.[482] Nach Brox/Rüthers[483] sei es dagegen nicht sachgerecht, den von einer rechtswidrigen Abwehraussperrung nur mittelbar betroffenen Arbeitgeber das Lohnrisiko tragen zu lassen, weil er schon den Produktionsausfall tragen müsse und die rechtswidrige Abwehraussperrung regelmäßig auf dem Rechtsweg nicht bekämpfen könne.

---

480 Vgl. BAG AP Nr. 2 zu § 615 BGB „Betriebsrisiko"; Brox/Rüthers, AK, 1. Aufl., § 17 III 1, 26.
481 BAG AP Nr. 70, 71 zu Art. 9 GG „Arbeitskampf".
482 Kissel § 72 Rn. 13, 21; Löwisch/Bittner in Löwisch 170.3.2. Rn. 29; MünchKomm/Henssler § 615 BGB Rn. 110.
483 Brox/Rüthers, AK, Rn. 180, 2. Aufl.

2. Teil: Das Betriebsverfassungs- und Personalvertretungsrecht

1. Abschnitt: Das Betriebsverfassungsrecht

A. Einleitung

162   Der Arbeitnehmer ist aufgrund des Arbeitsvertrags verpflichtet, die vertraglich geschuldete Arbeitsleistung zu erbringen. Die einzelnen Tätigkeiten, die vom Arbeitnehmer zu verrichten sind, werden häufig nicht im einzelnen Arbeitsvertrag geregelt, sondern vom Arbeitgeber aufgrund des Direktionsrechts einseitig festgelegt. Die Arbeitsleistung wird regelmäßig in einer vom Arbeitgeber vorgegebenen Organisation, dem Betrieb erbracht. Die Leitung eines Betriebs bringt es naturgemäß mit sich, dass ständig Entscheidungen getroffen werden müssen, die insbesondere den Arbeitsablauf, die Organisation, die Zusammenarbeit der Arbeitnehmer sowie Personalangelegenheiten betreffen. Nach unserer Rechtsordnung stehen diese Entscheidungen zunächst dem Betriebsinhaber zu, dessen wirtschaftliche Betätigung durch Art. 12 GG geschützt wird und der auch das wirtschaftliche Risiko trägt. Da jedoch viele dieser Entscheidungen unmittelbar oder zumindest mittelbar auch die Arbeitnehmer betreffen, haben diese ein Interesse daran, an möglichst vielen Entscheidungen des Arbeitgebers beteiligt, zumindest aber darüber informiert zu werden. Grundanliegen des Betriebsverfassungsrechts ist es deshalb, dem Betrieb eine Ordnung zu geben, in der einerseits die berechtigten Belange der Belegschaft sowie der einzelnen Arbeitnehmer geltend gemacht werden können, in der aber andererseits auch die wirtschaftliche Entscheidungsfreiheit des Arbeitgebers im Grundsatz gewahrt bleibt. Das Betriebsverfassungsrecht, das im Wesentlichen im BetrVG[484] geregelt ist, regelt also die Beteiligung der Arbeitnehmer an den Entscheidungsprozessen auf der Betriebsebene und ist deshalb Arbeitnehmerschutzrecht.[485] Die Arbeitnehmer handeln dabei nicht selbst, sondern werden durch die im BetrVG vorgesehenen Betriebsverfassungsorgane, insbesondere den Betriebsrat repräsentiert, dessen Beteiligungsrechte je nach Regelungsbereichen von bloßen Informationsrechten bis zu echten Mitbestimmungsrechten reichen. Die Beteiligung der Arbeitnehmer am Betriebsgeschehen nach dem BetrVG hat zwar den Nachteil, dass sie zeit- und vielfach auch kostenaufwendig ist. Der entscheidende Vorteil des Betriebsverfassungsrechts besteht aber darin, dass es erheblich zu einer sozialen Befriedung und zur Integration der Arbeitnehmer in die moderne Industriegesellschaft beiträgt. Es ist das Spiegelbild der Demokratisierung des Staates, weshalb das BetrVG häufig auch als das „Grundgesetz im Betrieb" bezeichnet wird. Das danach vorgesehene Zusammenwirken zwischen dem Arbeitgeber und Betriebsrat ist dabei nicht auf Konfrontation, sondern entsprechend dem in § 2 Abs. 1 geregelten Grundsatz der vertrauensvollen Zusammenarbeit auf Kooperation zum Wohl der Arbeitnehmer und des Betriebs ausgerichtet.

---

484   §§ ohne Gesetzesangabe sind in diesem Abschnitt solche des BetrVG.

485   F/E/S/T/L § 1 Rn. 1; Schaub/Koch § 210 Rn. 2 f.; ErfK/Koch § 1 Rn. 1; vgl. Reichold ZfA 2020: „100 Jahre Betriebsverfassung" und die aktuellen und künftigen Herausforderungen der betrieblichen Mitbestimmung wegen „moderner Arbeitswelt" und Digitalisierung im Betrieb sowie zum Reformbedarf Weckebach AuR 2020, 49; Giesen NZA 2020, 73; Günther/Böglmüller/Mesina NZA 2020, 77 und Schiefer P&R 2020, 34; ders. DB 2019, 1904 und 2017.

B. Der Geltungsbereich des Betriebsverfassungsrechts

I. Überblick zur Bestimmung des Geltungsbereichs des BetrVG

Bei der Bestimmung des Geltungsbereichs des BetrVG wird üblicherweise nach dem räumlichen, sachlichen und dem persönlichen Anwendungsbereich differenziert.[486] Nachfolgend wird zunächst in einem Überblick der Anwendungsbereich des BetrVG dargestellt. Anschließend werden ausführlicher der sachliche und der persönliche Anwendungsbereich des BetrVG behandelt. **163**

1. Der **räumliche Geltungsbereich des BetrVG** richtet sich nach dem sog. **Territorialitätsprinzip**. Danach gilt das BetrVG für alle inländischen Betriebe unabhängig davon, welche Staatsangehörigkeit die Arbeitnehmer und Arbeitgeber besitzen. Das BetrVG findet daher auch auf Niederlassungen ausländischer Unternehmen im Inland Anwendung, wenn es sich dabei um Betriebe i.S.d. §§ 1, 3 u. 4 handelt. Für im Ausland gelegene Betriebe findet dagegen das BetrVG auch dann keine Anwendung, wenn sie zu deutschen Unternehmen gehören.[487] **164**

Alliierte Stationierungskräfte genießen das Recht der Exterritorialität. Auf die deutschen **Arbeitnehmer** findet **bei militärischen Dienststellen der Alliierten grds. das BPersVG** Anwendung. Die Rechte der Arbeitnehmer nehmen in diesen Einrichtungen die **Betriebsvertretungen** wahr, die aber keine echten Mitbestimmungsrechte haben. Anwendbar ist dagegen das BetrVG auf nichtdeutsche Unternehmen wirtschaftlichen Charakters i.S.d. Art. 72 Abs. 1 NATO-Truppenstatut. Dies gilt unabhängig davon, ob die darin beschäftigten Arbeitnehmer die gleichen Befreiungen und Vergünstigen genießen wie Mitglieder des zivilen Gefolges.[488]

2. Der sachliche Geltungsbereich des BetrVG **165**

Für den sachlichen Geltungsbereich des Betriebsverfassungsrechts sind die Regelungen der §§ 1, 118 und 130 entscheidend, die zum einen positiv (§ 1) und zum anderen negativ (§§ 118 Abs. 2, 130) den sachlichen Anwendungsbereich des BetrVG regeln.

a) Die Anwendbarkeit des BetrVG regelt § 1 positiv in dem Sinne, dass das BetrVG grds. auf **alle Betriebe** anwendbar ist, in denen **mindestens fünf ständig wahlberechtigte Arbeitnehmer i.S.d. § 7** beschäftigt sind, von denen **mindestens drei nach § 8 wählbar** sind, sofern nicht die Herausnahmeregelungen der §§ 118 Abs. 2, 130 eingreifen (vgl. dazu Rn. 166 ff.). Auf sog. Kleinstbetriebe findet somit das BetrVG keine Anwendung (vgl. aber § 4 Abs. 2). Bei der Bestimmung der nach § 1 erforderlichen Mindestzahl der Arbeitnehmer kommt es – anders als bei der Anwendbarkeit des KSchG nach § 23 Abs. 1 KSchG – nicht auf den Umfang der regelmäßigen Arbeitszeit an. **Maßgeblich ist** vielmehr ausschließlich die **„Kopfzahl" der Arbeitnehmer**.[489]

Beispiel: Kleinbetrieb mit Betriebsrat, aber ohne Kündigungsschutz nach dem KSchG
In dem Geschäft des U sind seit mehr als zehn Jahren A und B als Vollzeitkräfte sowie C, D, E, F und G als Teilzeitkräfte mit jeweils nicht mehr als 20 Wochenstunden beschäftigt. Die Arbeitnehmer möchten wissen, ob sie einen Betriebsrat wählen dürfen und Kündigungsschutz nach dem KSchG genießen.

---

486 Vgl. z.B. F/E/S/T/L § 1 Rn. 12 ff.; ErfK/Koch § 1 Rn. 4–6; Dütz/Thüsing Rn. 811 ff.
487 BAG NZA 2018, 1396; Richardi/Richardi Einl. 65 ff.; Röder/Powietzka DB 2004, 542, 544; Thüsing NZA 2003, 1303, 1310.
488 BAG AP Nr. 1 zu Art. 72 ZA-NATO-Truppenstatut; Schaub/Koch § 263 Rn. 1 a.
489 ErfK/Koch § 1 Rn. 20; Richardi/Richardi/Maschmann § 1 Rn. 121 ff., 128; S/W/S § 1 Rn. 32; F/E/S/T/L § 1 Rn. 267 ff., 278.

U beschäftigt lediglich 4,5 Arbeitnehmer i.S.d. § 23 Abs. 1 KSchG, weil die Teilzeitkräfte mit nicht mehr als 20 Wochenstunden nach § 23 Abs. 1 S. 4 KSchG lediglich mit 0,5 zu berücksichtigen sind. Das KSchG ist deshalb nach § 23 Abs. 1 nicht anwendbar, obwohl alle Arbeitnehmer vor dem 01.01.2004 eingestellt wurden, sodass es für die Anwendbarkeit des KSchG auf die Arbeitsverhältnisse der „Altarbeitnehmer" auch nach der Anhebung des Schwellenwertes des § 23 Abs. 1 KSchG mit Wirkung zum 01.01.2004 auf mehr als 10 Arbeitnehmer ausreichen würde, wenn im Betrieb des U am 31.12.2003 regelmäßig mehr als 5 Arbeitnehmer beschäftigt worden wären.[490] Ordentliche Kündigungen der Arbeitsverhältnisse durch U bedürfen deshalb nicht der sozialen Rechtfertigung i.S.d. § 1 KSchG.

Anders als beim KSchG ist für die Anwendbarkeit des BetrVG nach § 1 hinsichtlich der erforderlichen Mindestzahl der Arbeitnehmer der Umfang von deren regelmäßiger Arbeitszeit unerheblich. Vielmehr gilt insoweit ausschließlich das sog. „Kopfzahlprinzip", sodass auch die Teilzeitkräfte jeweils voll zu zählen sind.[491] Das BetrVG ist daher nach § 1 anwendbar, sodass die Arbeitnehmer des U einen Betriebsrat wählen können.

166 **b)** Nach **§ 130** findet das **BetrVG keine Anwendung** auf Verwaltungen und Betriebe des Bundes, der Länder, der Gemeinden und sonstiger Körperschaften, Anstalten und Stiftungen des öffentlichen Rechts. Ist also der **Betriebsinhaber** eine **juristische Person des öffentlichen Rechts**, gilt nach § 130 das BetrVG nicht. Vielmehr gelten bei solchen Betrieben und Verwaltungen die **Personalvertretungsgesetze** des Bundes und der Länder. Die §§ 1, 130 grenzen die Anwendungsbereiche des BetrVG und der PersonalvertretungsG lückenlos und ohne Überschneidungen gegeneinander ab. Für die Anwendbarkeit des BetrVG bzw. der PersonalvertretungsG kommt es nicht auf die Art der Aufgabe an. **Entscheidend ist ausschließlich** die formelle Rechtsform, ob also der Rechtsträger eine juristische Person des privaten oder des öffentlichen Rechts ist.[492]

Beispiel zur Herausnahmeregelung des § 130
Die Stadt S unterhielt das städtische Krankenhaus K. Nach der Privatisierung wird das Krankenhaus nunmehr von der K-GmbH betrieben, deren einzige Gesellschafterin die Stadt S ist.

Da die GmbH eine juristische Person des privaten Rechts ist, greift die Ausnahmeregelung des § 130 nicht ein. Das BetrVG ist deshalb nach § 1 anwendbar, sodass auch ein Betriebsrat zu wählen ist. Der Umstand, dass eine öffentlich-rechtliche Körperschaft alleinige Gesellschafterin der K-GmbH ist, diese sich also im Besitz eines Trägers öffentlichen Rechts befindet, ändert daran nichts. Solange die Stadt S selbst das Krankenhaus als einen sog. Eigenbetrieb geführt hat, war das BetrVG dagegen nach § 130 nicht anwendbar. Vielmehr war ein Personalrat nach dem LPersVG zu wählen.

167 **c) Nicht anwendbar ist das BetrVG gemäß § 118 Abs. 2 auch auf Religionsgemeinschaften sowie ihre karitativen und erzieherischen Einrichtungen** unbeschadet ihrer Rechtsform, was aus der durch Art. 140 GG i.V.m. Art. 137 Abs. 3 Weimarer Reichsverfassung verfassungsrechtlich garantierten Kirchenautonomie folgt. In diesen Betrieben gelten auch nicht die Personalvertretungsgesetze, sondern kirchliche Mitarbeitervertretungsregelungen.[493] Die Herausnahmeregelung des § 118 Abs. 2 greift also immer dann ein, wenn eine Religionsgemeinschaft oder ihre karitativen und erzieherischen Einrichtungen Betriebsinhaberin ist, ohne dass es – anders als bei § 130 – auf die Rechtsform ankommt.[494]

---

490 Vgl. dazu Bender/Schmidt NZA 2004, 358 ff.; Schiefer/Worzalla NZA 2004, 345 ff.

491 Richardi/Richardi/Maschmann § 1 Rn. 128; ErfK/Koch § 1 Rn. 20; kritisch dazu Richardi NZA 2001, 346, 350.

492 F/E/S/T/L § 130 Rn. 4; Richardi/Richardi, Einl. Rn. 59 f.; Schaub/Koch § 211 Rn. 20.

493 Vgl. dazu F/E/S/T/L § 118 Rn. 54 ff.; ErfK/Kania § 118 Rn. 28 ff.; Schaub/Linck § 184 Rn. 12 ff. u. 20 ff.

494 Vgl. dazu BAG NZA 2008, 653; Schaub/Koch § 214 Rn. 2.

Beispiel zur Herausnahmeregelung des § 118 Abs. 2:

Der (katholische) Caritasverband e.V. in D betreibt ein Seniorenheim, in dem ca. 50 Arbeitnehmer beschäftigt sind. Die Arbeitnehmer überlegen, ob sie einen Betriebsrat wählen dürfen.

Obwohl Träger des Seniorenheims eine juristische Person des privaten Rechts ist (e.V.) und die Voraussetzungen des § 1 an sich erfüllt sind, ist das BetrVG nach § 118 Abs. 2 nicht anwendbar. Vielmehr ist eine Mitarbeitervertretung (MAV) zu wählen, deren Beteiligungsrechte sich nach der Mitarbeitervertretungsordnung (MAVO) richten.[495] Bei einer Einrichtung der evangelischen Kirche wäre für die Beteiligungsrechte der Mitarbeitervertretung das Mitarbeitervertretungsgesetz (MVG.EKD) einschlägig.[496]

Auf **sog. Tendenzbetriebe i.S.d. § 118 Abs. 1** ist dagegen die **Anwendbarkeit des BetrVG nicht vollständig ausgeschlossen, sondern grds. nur insoweit eingeschränkt**, als der Tendenzcharakter den einzelnen Beteiligungsrechten entgegensteht. Die §§ 106–110 sind dabei überhaupt nicht und die §§ 111–113 nur insoweit anwendbar, als sie den Ausgleich oder die Milderung wirtschaftlicher Nachteile für die Arbeitnehmer infolge von Betriebsänderungen regeln. Schließlich sind bei **Seeschifffahrts- und Luftschifffahrtsunternehmen** die Sonderregelungen der §§ 114–117 zu beachten.

168

Hinsichtlich der **Einschränkung der Beteiligungsrechte des Betriebsrats in Tendenzbetrieben** nach § 118 Abs. 1 gelten **folgende Grundsätze:** Bei den organisatorischen und allgemeinen Vorschriften des BetrVG (§§ 1–86), den Bestimmungen über Gestaltung von Arbeitsplatz, Arbeitsablauf und Arbeitsumgebung (§§ 90–91) und den Mitwirkungs- und Beschwerderechten (§ 81–86) wird sich kaum eine Einschränkung ergeben. Die Beteiligungsrechte in den sozialen Angelegenheiten nach §§ 87–89 werden ebenfalls nicht eingeschränkt, sofern es um den wertneutralen Ablauf des Betriebs geht. Einschränkungen können sich dagegen insbesondere bei der Ordnung des Betriebs und des Verhaltens der Arbeitnehmer (§ 87 Abs. 1 Nr. 1) und hinsichtlich der Arbeitszeit (§ 87 Abs. 1 Nr. 2 und 3) ergeben. Bei personellen Angelegenheiten bleiben die Unterrichtungs- und Anhörungsrechte nach § 99 Abs. 1 bzw. § 102 bestehen, die Zustimmungsverweigerungs- und Widerspruchsrechte nach § 99 Abs. 2 bzw. §§ 102 Abs. 3, 103 entfallen aber bei tendenzbedingten Maßnahmen gegenüber den Tendenzträgern.[497] Was die Anwendbarkeit der §§ 111–113 betrifft, geht die h.M. davon aus, dass die Unterrichtungs- und Beratungsrechte hinsichtlich einer Betriebsänderung, die Sozialplanpflicht nach §§ 112, 112 a und der Nachteilsausgleichsanspruch nach § 113 Abs. 3 anwendbar sind.[498] Keine Anwendung finden dagegen die §§ 111, 112 hinsichtlich der Interessenausgleichsverhandlungen.[499]

Zusammenfassend kann somit der sachliche Anwendungsbereich des BetrVG nach §§ 1, 118 Abs. 2, 130 wie folgt festgestellt werden: Das BetrVG erfasst alle **Betriebe eines privaten Rechtsträgers mit i.d.R. mindestens fünf ständig wahlberechtigten Arbeitnehmern, von denen mindestens drei wählbar** sind. **Ausgenommen bleiben Religionsgemeinschaften sowie ihre karitativen und erzieherischen** Einrichtungen, auch wenn sie sich in privater Rechtsträgerschaft befinden.

3. In **persönlicher Hinsicht ist das BetrVG** nach § 5 Abs. 1 auf **alle Arbeitnehmer i.S.d. § 5** einschließlich der zu ihrer Ausbildung Beschäftigten anwendbar, sofern nicht die Ausnahmeregelungen des § 5 Abs. 2, 3 eingreifen (vgl. dazu Rn. 194 ff.). Außerdem findet das BetrVG auch **auf die in Heimarbeit Beschäftigten,** wenn sie in der Hauptsache für den Betrieb arbeiten, Anwendung, obwohl diese Personen keine Arbeitnehmer sind.

169

---

495 Vgl. dazu Richardi/Forst § 118 Rn. 179 ff., 191 ff.; Schaub/Linck § 184 Rn. 29; Thüsing NZA-RR 1999, 561 ff.

496 Vgl. dazu Richardi/Forst § 118 Rn. 179 ff., 198 f.; Pauken GWR 2020, 43; Gaffron ZMV 2018, 122; Hempel NZA 2016, 1496.

497 BVerfG NZA 2000, 217; BAG ZTR 2013, 698; F/E/S/T/L § 118 Rn. 29 ff.; ausführl. zum § 118 Abs. 1 Schulze/Erber ArbR 2019, 169; Jüngst B+P 2016, 811; Germelmann PersV 2014, 4; Scheriau AiB 2013, 35 und 2006, 145 sowie Lunk NZA 2005, 841.

498 Vgl. dazu BAG NZA 2004, 741; F/E/S/T/L § 118 Rn. 43 ff.; Schulze/Erber ArbR 2019, 169 und Kleinebrink ArbRB 2008, 375.

499 BAG NZA 2004, 741; LAG Rheinland-Pfalz DB 2018, 899 m. Anm. Otto/Jares; F/E/S/T/L § 118 Rn. 47 u. ausführlich zu Problemen der Betriebsänderungen im Tendenzbetrieb Kleinebrink ArbRB 2008, 375; Gillen/Hörle NZA 2003, 1225 ff.

II. Bestimmung des Betriebsbegriffs im Sinne des BetrVG

1. Allgemeines – Abgrenzung Unternehmen / Betrieb

170 **a)** Dem Begriff des Betriebs i.S.d. § 1 kommt im Betriebsverfassungsrecht eine zentrale Bedeutung zu, weil es sich dabei um den wichtigsten Anknüpfungspunkt für die Anwendbarkeit des BetrVG und den Zuständigkeitsbereich eines gewählten Betriebsrats handelt. Gleichwohl enthält das BetrVG **keine gesetzliche Legaldefinition des Betriebsbegriffs**. Vielmehr setzt es den Betriebsbegriff in § 1 als bekannt voraus und hält an der herkömmlichen Unterscheidung zwischen einem Betrieb und einem Unternehmen fest. In der Neufassung des § 1 wird zwar ausdrücklich geregelt, dass auch mehrere rechtlich selbstständige Unternehmen einen einheitlichen Betrieb i.S.d. BetrVG bilden können (vgl. § 1 Abs. 2 und Fall 9, Rn. 113 ff.). Damit wird allerdings nichts Neues geregelt, sondern lediglich die bisherige st.Rspr. des BAG und die nahezu einhellige Meinung im Schrifttum gesetzlich ausdrücklich bestätigt.[500]

Der DGB-Vorschlag zur Reform des BetrVG sah zwar eine gesetzliche Legaldefinition des Betriebsbegriffs vor, hat sich aber im Gesetzgebungsverfahren als zu unpraktikabel nicht durchgesetzt, was überwiegend auch begrüßt wird.[501]

171 **b)** Unter einem **Unternehmen** versteht man eine organisatorische Einheit, mit welcher der Unternehmer, der eine eigenständige Rechtspersönlichkeit besitzen muss (z.B. natürliche Person als Firmeninhaber, GmbH und neuerdings auch BGB-Gesellschaft), einen über den arbeitstechnischen Zweck hinausgehenden ideellen oder (Regelfall) wirtschaftlichen Zweck verfolgt.[502]

172 **c)** Unter einem **Betrieb i.S.d. BetrVG** wird dagegen nach allgemeiner Ansicht eine organisatorische Einheit verstanden, innerhalb derer der Arbeitgeber allein oder mit seinen Arbeitnehmern mit Hilfe von technischen und immateriellen Mitteln bestimmte arbeitstechnische Zwecke fortgesetzt verfolgt, die sich nicht in der Befriedigung von Eigenbedarf erschöpfen.[503]

Der **Betrieb** ist also **gegenüber dem Unternehmen grds. der engere Begriff.**[504] Aus dem Erfordernis der organisatorischen Einheit folgt, dass ein Betrieb nicht ohne Weiteres zu zwei oder mehreren Unternehmen gehören kann, mehrere Unternehmen können aber die Bildung eines gemeinsamen Betriebes vereinbaren, indem sie sich zumindest stillschweigend auf gemeinsame Führung einigen.[505]

173 Aufgrund der gesetzlichen Fiktion des **§§ 4 Abs. 1 S. 1** gelten auch **selbstständige Betriebsteile als Betrieb i.S.d. BetrVG**, wenn sie die Voraussetzungen des § 1 erfüllen (mindestens 5 Arbeitnehmer) und entweder

1. räumlich weit vom Hauptbetrieb entfernt sind oder

2. durch Aufgabenbereich und Organisation selbstständig sind.

---

500 BAG NZA 2017, 1282; BB 2013, 2170; D/K/K/Trümner § 1 Rn. 33 ff.; ErfK/Koch § 1 Rn. 13; Kleinebrink ArbRB 2014, 22 ff.; kritisch zum Sinn der Neufassung des § 1 Richardi NZA 2001, 346, 349; Däubler AiB 2001, 213, 214 und Schrader NZA 2019, 951, der für eine zeitgemäße Anpassung und Vereinheitlichung des Betriebsbegriffs plädiert.

501 Vgl. dazu Richardi NZA 2001, 346, 348; Däubler AuR 2001, 1, 2.

502 BAG NZA 2001, 116, 117; F/E/S/T/L § 47 Rn. 9 ff.

503 BAG NZA 2017, 1282; BAG NZA 2011, 197; F/E/S/T/L § 1 Rn. 63; ErfK/Koch § 1 Rn. 8.

504 B/R/H Rn. 64 ff.; Dütz/Thüsing Rn. 45; Freckmann/Hendricks BB 2018, 1205 ff.; vgl. dazu auch Z/L/H § 46 II 2.

505 BAG NZA 2017, 1003; BAG NZA-RR 2013, 521; Gaul in H/W/K § 1 Rn. 13 ff.; Schipp ArbRB 2019, 212 ff.

In den selbstständigen Betriebsteilen i.S.d. § 4 können, müssen aber nicht eigenständige Betriebsräte gebildet werden. Die Arbeitnehmer eines betriebsratslosen Betriebsteils können auch nach § 4 Abs. 1 S. 2 formlos mit Stimmmehrheit beschließen, dass sie an der Wahl des Hauptbetriebs teilnehmen.

Tarifvertragsparteien und subsidiär (vgl. § 3 Abs. 2) Betriebsparteien können **Abwei-** **174** **chungen von den gesetzlichen Repräsentationsmodellen des BetrVG nach Maßgabe des § 3** vereinbaren (sog. Vereinbarungslösungen). § 3 Abs.1 Nr. 1–3 ermöglicht dabei die Bildung abweichender Vertretungsstrukturen (z.B. unternehmenseinheitlicher Betriebsrat oder Regional- bzw. Spartenbetriebsräte), während in Nr. 4 und 5 die Bildung zusätzlicher Gremien geregelt ist. Die durch eine Vereinbarungslösung begründeten betriebsverfassungsrechtlichen Organisationseinheiten gelten nach § 3 Abs. 5 S. 1 als Betriebe i.S.d. BetrVG, auf die nach § 5 Abs. 5 S. 2 die Vorschriften über die Rechte und Pflichten des Betriebsrats Anwendung finden.[506] Die nach Abschluss, Änderung oder Ende einer Regelung nach § 3 neu gewählten Betriebsräte treten nach dem Grundgedanken der Kontinuität betriebsverfassungsrechtlicher Interessenvertretungen jeweils die **Funktionsnachfolge** der Betriebsräte an, die diese Einheiten zuvor repräsentiert haben. Das hat insbesondere zur Folge, dass die von dem bisherigen Betriebsrat abgeschlossenen Betriebsvereinbarungen weiter gelten. Voraussetzung ist allerdings, dass die vor und nach der Änderung von den Betriebsräten jeweils repräsentierten organisatorischen Einheiten zuverlässig voneinander abgegrenzt werden können.[507] Zu beachten ist außerdem, dass es sich bei der nach § 3 gebildeten betriebsverfassungsrechtlichen Organisationseinheit lediglich um die nach § 3 Abs. 5 S 1 BetrVG ausdrücklich **auf das BetrVG begrenzte Fiktion eines Betriebs** handelt, die – ebenso wie § 4 – insbesondere für das Kündigungsschutzgesetz ohne Bedeutung ist.[508]

2. Einheitlicher Betrieb mehrerer rechtlich selbstständiger Unternehmen

Fall 16: Probleme mit Betriebsratswahlen nach Umstrukturierung

Die L-GmbH unterhielt in H einen Betrieb, der Feinkostsalate herstellte und sie an Einzelhändler vertrieb. Neben der Produktions- und Versandabteilung, die sich in einem Gebäude befanden, stellte die L-GmbH in einer ca. 400 m vom Hauptbetrieb entfernt liegenden Betriebsstätte Verpackungen für die eigenen Produkte her. Bei der L-GmbH waren insgesamt 220 Arbeitnehmer beschäftigt und ein 9-köpfiger Betriebsrat gewählt. Geschäftsführer der L-GmbH waren A und B, ihre Gesellschafter sind N und H. Auf einer Gesellschafterversammlung wurde die Gründung der X-GmbH beschlossen, die die Herstellung der Verpackungen in der bisherigen Betriebsstätte übernahm. Alleiniger Geschäftsführer der L-GmbH ist nunmehr A, während B zum Geschäftsführer der X-GmbH bestellt wurde, deren Gesellschafter ebenfalls N und H sind. Unter den von der X-GmbH übernommenen 30 Arbeitnehmern befinden sich drei Mitglieder des bisherigen Betriebsrats der L-GmbH, u.a. auch der bisherige Be-

506 Vgl. dazu BAG NZA 2017, 1282; BAG NZA 2013, 738; BAG DB 2010, 117; Siebens AuR 2018, 268; Salamon NZA 2018, 143; Hülbach ArbRB 2017, 30; Richardi NZA 2014, 232; Gaul/Hartmann ArbRB 2014, 48 und Hanau RdA 2010, 313.

507 Vgl. BAG AiB 2019, 46 m. Anm. Beckmann; BAG NZA 2018, 50; BAG NZA 2012, 110; F/E/S/T/L § 1 Rn. 87 ff.

508 Vgl. dazu BAG NZA 2019, 1427; Valgolio AuR 2019, 264 ff.

triebsratsvorsitzende V. Ein Personalaustausch findet nicht statt. Während die bei der X-GmbH anfallenden Buchhaltungsarbeiten gegen Entgelt von der L-GmbH erledigt werden, werden die Entscheidungen, die die jeweilige GmbH betreffen, insbesondere die Personalangelegenheiten von dem jeweiligen Geschäftsführer getroffen. Einen maßgeblichen Einfluss auf die Entscheidungen in beiden Unternehmen üben allerdings die Gesellschafter N und H aus. Der bisherige Betriebsrat der L-GmbH überlegt nunmehr, ob und ggf. welche Auswirkung die Gründung der X-GmbH auf den Bestand des Betriebsrats hat, der über keine Ersatzmitglieder mehr verfügt.

175 **A. Gemeinsamer Betriebsrat für die L-GmbH und X-GmbH?**

I. Der bisherige Betriebsrat wurde für den vor der Gründung der rechtlich selbstständigen X-GmbH bestehenden Betrieb der L-GmbH gewählt. Dieser Betrieb i.S.d. § 1 bestand aus der Versandabteilung und aus den Abteilungen für die Herstellung von Feinkostsalaten sowie Verpackungen. Beschäftigt waren in diesem Betrieb 220 Arbeitnehmer. Entsprechend der Staffelung des § 9 wurde auch ein 9-köpfiger Betriebsrat gewählt. Da nach der Gründung der X-GmbH, die die Herstellung der Verpackungen übernahm, zwei rechtlich selbstständige juristische Personen und damit zwei Unternehmen entstanden sind, hat die Trennung auf die Existenz des bisherigen Betriebsrats nur dann keine Auswirkungen, wenn die L-GmbH und die X-GmbH als zwei rechtlich selbstständige Unternehmen einen einheitlichen Betrieb i.S.d. § 1 bilden.

Die Arbeitsverhältnisse der in der Verpackungsabteilung der bisherigen L-GmbH beschäftigten 30 Arbeitnehmer sind aufgrund des Betriebsüberganges gemäß § 613 a Abs. 1 BGB auf die X-GmbH übergegangen. Da es für den Übergang der Arbeitsverhältnisse i.S.d. § 613 a BGB auf den Wechsel des Betriebsinhabers, also den Unternehmenswechsel ankommt, ist die X-GmbH auch dann Vertragsarbeitgeberin der in der bisherigen Verpackungsabteilung beschäftigten Arbeitnehmer, wenn sie zusammen mit der L-GmbH einen einheitlichen Betrieb i.S.d. § 1 bildet.[509]

176 II. Fraglich ist somit, ob die L-GmbH und die X-GmbH einen einheitlichen Betrieb i.S.d. § 1 bilden.

1. Nach § 1 Abs. 1 S. 2 können zwar zwei rechtlich selbstständige Unternehmen einen einheitlichen Betrieb i.S.d. BetrVG bilden. Eine Regelung darüber, wann dies der Fall ist, enthält § 1 Abs. 1 S. 2 aber nicht. Vielmehr enthält diese Norm nur eine ausdrückliche gesetzliche Bestätigung der bisherigen Rechtslage (vgl. oben Rn. 170).

177 2. Nach der ganz h.M. liegt ein **gemeinsamer Betrieb mehrerer rechtlich selbstständiger Unternehmen** vor, wenn die materiellen und immateriellen Betriebsmittel für einen einheitlichen arbeitstechnischen Zweck zusammengefasst, geordnet und gezielt eingesetzt werden und der Einsatz der menschlichen Arbeitskraft von einem einheitlichen Leistungsapparat gesteuert wird. Dazu müssen sich die beteiligten Unternehmen zumindest stillschweigend zu einer gemeinsamen Führung rechtlich verbunden haben, wobei sich die einheitliche Leitung auf die wesentlichen Funktionen des Arbeitgebers in den

---

509 Vgl. BAG ZTR 2016, 504; BAG DB 2010, 1355; LAG Köln ArbR 2018, 379 m. Anm. Klug; Wißmann NZA 2001, 409, 410 f.

personellen und sozialen Angelegenheiten erstrecken muss. Eine lediglich unternehmerische Zusammenarbeit genügt also für die Annahme eines Gemeinschaftsbetriebs nicht. Vielmehr müssen die Funktionen des Arbeitgebers in den sozialen und personellen Angelegenheiten des BetrVG institutionell einheitlich für die beteiligten Unternehmen wahrgenommen werden.[510]

a) Eine ausdrückliche Vereinbarung hinsichtlich der einheitlichen Führung der beiden rechtlich selbstständigen Unternehmen der L- und X-GmbH liegt nicht vor, was in der Praxis auch relativ selten vorkommt.

b) Es könnte jedoch eine **stillschweigende Führungsvereinbarung** vorliegen, die sich nach ganz h.M. auch aus der tatsächlichen Führung der rechtlich selbstständigen Unternehmen ergeben kann.[511] Lagen nach einer Gesamtwürdigung aller Umstände genügend tatsächliche Anhaltspunkte für eine gemeinsame Führung rechtlich selbstständiger Unternehmen vor (vgl. dazu Rn. 179 f.), wurde nach der bisherigen Rechtslage eine stillschweigende Führungsvereinbarung und damit ein einheitlicher Leitungsapparat angenommen, wobei die Darlegungs- und Beweislast derjenige trug, der sich auf einen Gemeinschaftsbetrieb berufen hat. **178**

Solche Umstände, die für die Annahme einer stillschweigenden Führungsvereinbarung im Einzelfall sprechen können, sind insbesondere: gemeinsame Nutzung der technischen und immateriellen Betriebsmittel, Personalaustausch, gemeinsame räumliche Unterbringung, personelle, technische und organisatorische Verknüpfung der Arbeitsabläufe, gemeinsame Personalverwaltung bzw. Buchhaltung, Vorhandensein einer unternehmensübergreifenden Leitungsstruktur, insbesondere zur Wahrnehmung der sich aus dem Direktionsrecht des Arbeitgebers ergebenden Weisungsbefugnisse, gemeinsame Sozialeinrichtungen usw.[512]

Nach der Änderung des BetrVG stellt **§ 1 Abs. 2** in zwei Fällen eine **widerlegbare gesetzliche Tatbestandsvermutung für das Vorliegen eines einheitlichen Betriebs mehrerer Unternehmen** auf. Danach wird die Existenz eines einheitlichen Leitungsapparates vermutet, wenn: **179**

■ zur Verfolgung arbeitstechnischer Zwecke die Betriebsmittel sowie die Arbeitnehmer von Unternehmen gemeinsam eingesetzt werden, § 1 Abs. 2 Nr. 1[513] oder

■ die Spaltung eines Unternehmens zur Folge hat, dass von einem Betrieb ein oder mehrere Betriebsteile einem an der Spaltung beteiligten anderen Unternehmen zugeordnet werden, ohne dass sich dabei die Organisation des betroffenen Betriebs wesentlich ändert. Erfasst wird jede Ausgliederung sowie Auf- und Abspaltung ohne Rücksicht darauf, ob sie im Wege der Gesamtrechtsnachfolge oder in Form der Einzelrechtsnachfolge nach § 613 a BGB erfolgt ist.[514]

---

510 BAG NZA 2018, 954; BAG NZA 2017, 1003; BAG NZA-RR 2013, 521; Schaub/Linck § 17 Rn. 5 ff.; F/E/S/T/L § 1 Rn. 81 ff; Schipp ArbRB 2019, 212 u. Schmädicke/Glaser/Altmüller NZA-RR 2005, 393: Rspr.-Übers. zum Gemeinschaftsbetrieb.

511 BAG NZA 2007, 552; F/E/S/T/L § 1 Rn. 84 ff.; und Schipp ArbRB 2019, 212; Schaub/Koch § 211 Rn. 6 ff. m.w.N.

512 Vgl. BAG NZA 1995, 906 ff.; F/E/S/T/L § 1 Rn. 86 ff.; S/W/S § 1 Rn. 9; D/K/K/Trümner § 1 Rn. 75 ff.

513 Vgl. dazu BAG NZA 2018, 954; BAG ArbRB 2009, 38; Richardi/Richardi § 1 Rn. 60 ff., 73 ff.; Schipp ArbRB 2019, 212 ff.

514 BAG NZA 2017, 1003 ff.; F/E/S/T/L § 1 Rn. 93 ff.; D/K/K/Trümner § 1 Rn. 145 ff.; Richardi/Richardi/Maschmann § 1 Rn. 74 ff.

Durch die Einführung der Vermutungsregelung des § 1 Abs. 2 sollte die bisherige Rechtslage nicht verändert, sondern nur die Darlegungs- und Beweislast hinsichtlich des Vorliegens einer Vereinbarung über die gemeinsame Führung der Unternehmen erleichtert werden. Da nicht das Bestehen eines Gemeinschaftsbetriebes vermutet wird, ist die Leitungsstruktur der Organisationseinheit ohne Bedeutung, wenn es an einer Zusammenfassung der Arbeitnehmer sowie der materiellen und immateriellen Betriebsmittel fehlt.[515] Greift einer der Vermutungstatbestände des § 1 Abs. 2 ein, muss derjenige, der das Vorliegen eines einheitlichen Betriebs bestreitet, die gesetzliche Vermutung widerlegen. Greift hingegen die Vermutungsregelung des § 1 Abs. 2 nicht ein, trägt – wie bisher – derjenige, der einen einheitlichen Betrieb geltend macht, die volle Darlegungs- und Beweislast für die Voraussetzungen eines Gemeinschaftsbetriebs. Nach der Änderung des § 1 Abs. 2 kann ein einheitlicher Betrieb mehrerer Unternehmen vorliegen, obwohl die Vermutung des § 1 Abs. 2 nicht eingreift.[516] Umgekehrt fehlt aber ein Gemeinschaftsbetrieb, wenn die gesetzliche Vermutung widerlegt wird.[517] Da nach der bisherigen Rechtslage bei genügenden tatsächlichen Anhaltspunkten eine stillschweigende Führungsvereinbarung und damit ein Gemeinschaftsbetrieb anzunehmen war, wird der Sinn der Vermutungsregelung des § 1 Abs. 2 kritisiert.[518] Denn in den Fällen, in denen die Vermutung nach § 1 Abs. 2 eingreift, war i.d.R. auch bisher vom Gemeinschaftsbetrieb auszugehen, was jetzt aber durch die Möglichkeit der Widerlegung der Vermutung wieder infrage gestellt wird und eher zur Rechtsunsicherheit beiträgt. Greift dagegen die Vermutung nach § 1 Abs. 2 nicht ein, lag i.d.R. auch nach der bisherigen Rechtslage mangels einer stillschweigenden Führungsvereinbarung kein Gemeinschaftsbetrieb vor.

c) Vorliegend werden weder die Arbeitnehmer noch die Betriebsmittel der X- und L-GmbH zur Verfolgung eines arbeitstechnischen Zweckes gemeinsam eingesetzt, sodass die Vermutungsregelung des § 1 Abs. 2 Nr. 1 für das Vorliegen eines Gemeinschaftsbetriebs nicht eingreift. Da die X-GmbH im Wege einer Einzelrechtsnachfolge nach § 613 a BGB aufgrund einer Abspaltung der „Verpackungsherstellung" von der L-GmbH entstanden ist, könnte ein einheitlicher Betrieb zweier rechtlich selbstständiger Unternehmen nach der Vermutungsregelung des § 1 Abs. 2 Nr. 2 vorliegen. Voraussetzung dafür ist aber auch, dass sich die Organisation des betroffenen Betriebs nicht wesentlich ändert. Dafür könnte sprechen, dass der maßgebliche Einfluss auf die Entscheidungen in beiden Unternehmen von den Gesellschaftern N und H ausgeübt wird und die Buchhaltungsarbeiten für beide Unternehmen von der Buchhaltungsabteilung der L-GmbH ausgeführt werden. Die L-GmbH erledigt die Buchhaltungsarbeiten für die X-GmbH allerdings nur gegen Rechnung. Entscheidend ist aber, dass vor der Spaltung die Geschäftsführer A und B gemeinsam für die L-GmbH verantwortlich waren, während sie nach der Abspaltung jeweils nur für ein Unternehmen zuständig sind. Bereits die Trennung der Aufgaben- und Verantwortungsbereiche der Geschäftsführer und der fehlende Personalaustausch begründen eine wesentliche Änderung der bisherigen Organisation, sodass auch die Vermutungsregelung des § 1 Abs. 2 Nr. 2 nicht eingreift.

---

515 BAG NZA 2017, 1003, 1006; BAG NZA 2005, 1248; F/E/S/T/L § 1 Rn. 85 ff.; Reichold NZA 2001, 857, 858.

516 BAG NZA 2017, 1003, 1006; BAG BB 2013, 2170; ErfK/Koch § 1 Rn. 15.

517 BAG BB 2013, 2170; S/W/S § 1 Rn. 24; F/E/S/T/L § 1 Rn. 89; Reichold NZA 2001, 857, 858.

518 Vgl. dazu D/K/K/Trümner § 1 Rn. 126 ff.; Däubler AuR 2001, 1, 2.

d) Ein Gemeinschaftsbetrieb von L- und X-GmbH könnte zwar auch beim **180** Nichteingreifen der Vermutungsregelung des § 1 Abs. 2 vorliegen. Voraussetzung dafür ist aber, dass ausreichende tatsächliche Umstände für die Annahme einer stillschweigenden Führungsvereinbarung hinsichtlich der Zusammenarbeit beider Unternehmen vorliegen.

aa) Der Umstand, dass die X-GmbH Verpackungen für die Produkte der L-GmbH herstellt, spricht nicht unbedingt für einen Gemeinschaftsbetrieb, weil es nichts Außergewöhnliches ist, dass mehrere selbstständige Unternehmen arbeitstechnische Zwecke verfolgen und Aufgaben erledigen, die Berührungspunkte haben, sodass eine wirtschaftliche Zusammenarbeit sogar erforderlich ist.[519]

bb) Dass beide Unternehmen denselben Gesellschaftern gehören, die einen maßgeblichen Entscheidungseinfluss haben, spricht auch nicht für einen Gemeinschaftsbetrieb, weil es für das Vorliegen eines Gemeinschaftsbetriebs nicht darauf ankommt, wer bei wirtschaftlicher Betrachtungsweise Inhaber der selbstständigen Unternehmen ist. Maßgeblich ist vielmehr, ob eine organisatorische Einheit mit einem einheitlichen Leitungsapparat vorliegt, innerhalb derer bestimmte arbeitstechnische Zwecke verfolgt werden. Gesetzlicher Vertreter der GmbH ist nach § 35 GmbHG der jeweilige Geschäftsführer, dem die Gesellschafterversammlung Weisungen erteilen kann.

cc) Die Tatsache, dass die Buchhaltungsarbeiten von der L-GmbH für die X-GmbH gegen Rechnung erledigt werden, ist ebenfalls unerheblich, weil die gleichen Arbeiten auch ein Dritter (z.B. Steuerberater) erledigen könnte. Da schließlich auch eine räumliche Trennung der Betriebsstätten vorliegt, bilden die L- und X-GmbH keinen Gemeinschaftsbetrieb, sondern zwei selbstständige Betriebe, für die nach § 1 jeweils ein eigener Betriebsrat zu bilden ist.

III. **Ergebnis zu A.:** Für die L-GmbH und die X-GmbH darf auf Dauer kein gemeinsamer Betriebsrat bestehen.

B. **Auswirkungen der Entstehung des selbstständigen Betriebs der X-GmbH auf** **181** **den Bestand und die Zuständigkeit des bisherigen Betriebsrats.**

I. **Fortbestand des bisherigen Betriebsrats in der L-GmbH?**

1. Der **Bestand des Betriebsrats ist grds. an den Bestand des Betriebs gebunden**, für den er auch gewählt worden ist, weil er nur insoweit durch die Betriebsratswahlen legitimiert ist.[520] Dementsprechend müssen auch **Betriebsumstrukturierungen** zwangsläufig Auswirkungen auf den Fortbestand und die Zuständigkeit des bisherigen Betriebsrats haben, wenn und soweit dadurch neue Betriebe entstanden sind. Vorliegend ist zwar aufgrund der Ab-

---

519 BAG AP Nr. 77 zu § 613 a BGB; F/E/S/T/L § 1 Rn. 85 ff.; Richardi/Richardi/Maschmann § 1 Rn. 74 ff.
520 BAG NZA 2018, 675; BAG DB 2014, 787; BAG BB 2004, 720; BAG NZA 2000, 1350.

spaltung der Versandabteilung ein neuer Betrieb, nämlich der der X-GmbH entstanden, fraglich ist aber, wie sich diese Abspaltung auf den bisherigen Betrieb der L-GmbH ausgewirkt hat, die als ein Unternehmen fortbesteht.

182

a) Die Umstrukturierung des bisherigen Betriebs kann abhängig von ihrer Art verschiedene Auswirkungen auf den Bestand des bisherigen Betriebs i.S.d. § 1 haben. Da vorliegend lediglich die Verpackungsabteilung der bisherigen L-GmbH abgespalten und auf die X-GmbH übertragen wurde, könnte der bisherige Betrieb der L-GmbH bestehen geblieben sein. **Entscheidend** dafür ist, **ob der Betrieb** der L-GmbH auch **nach der Abspaltung seine bisherige Identität behalten hat.**[521]

b) Gegenstand des Betriebs der L-GmbH war die Herstellung und der Vertrieb der Feinkostsalate. Diesen Betriebszweck verfolgt die L-GmbH auch nach der Abspaltung der Verpackungsabteilung, in der nur Hilfsaufgaben erledigt wurden, weiter. Die L-GmbH hat damit ihre Betriebsidentität behalten, sodass ihr Betrieb – wenn auch mit vermindertem Aufgabenbereich – fortbesteht.[522] Hinsichtlich der Auswirkungen der Abspaltung der Versandabteilung auf den Bestand und die Zuständigkeit des bisherigen Betriebsrats ist deshalb zwischen den Betrieben der L-GmbH einerseits und der X-GmbH andererseits zu unterscheiden.

Von der bloßen Betriebsabspaltung, die auf die Identität und damit den Fortbestand des bisherigen Betriebs keinen Einfluss hat, ist die sog. Betriebsaufspaltung zu unterscheiden, die den Verlust der Identität und damit den Untergang des bisherigen Betriebs zur Folge hat.[523] Ob eine bloße Abspaltung oder eine Aufspaltung vorliegt, hängt davon ab, ob die bisherige organisatorische Einheit „Betrieb" nach der umstrukturierenden Maßnahme noch fortbesteht oder zerschlagen worden ist.

c) Bleibt der bisherige Betrieb nach der Betriebsabspaltung bestehen, bleibt auch der bisherige Betriebsrat im Amt, weil der Betriebsrat betriebsbezogen ist.[524] Vorliegend sind jedoch aufgrund der Abspaltung drei Mitglieder des bisherigen Betriebsrats aus dem Betrieb der L-GmbH und damit gemäß § 24 Abs. 1 Nr. 3 auch aus dem Betriebsrat ausgeschieden. Da nach dem Sachverhalt keine Ersatzmitglieder vorhanden sind, besteht der Betriebsrat der L-GmbH nur noch aus 6 Mitgliedern, obwohl nach § 9 ausgehend von dem maßgeblichen Zeitpunkt des Wahlausschreibens[525] ein 9-köpfiger Betriebsrat bestehen müsste. Im Übrigen müsste selbst bei den verbliebenen 190 Arbeitnehmern nach § 9 ein 7-köpfiger Betriebsrat existieren. Im Betrieb der L-GmbH ist daher schon gemäß § 13 Abs. 2 Nr. 2 ein neuer Betriebsrat zu wählen. Bis zur Neuwahl des Betriebsrats bleibt der „Rumpfbetriebsrat" gemäß § 22 im Amt, solange wenigstens ein Betriebsratsmitglied vorhanden ist.[526]

---

521   BAG NZA 2000, 1350; Richardi/Thüsing § 21a Rn. 6 ff.; Meyer NZA 2018, 900 ff.; Linsenmaier RdA 2017, 128 ff.

522   Vgl. dazu BAG BB 2004, 720; BAG NZA 2000, 1350; Richardi/Thüsing § 21 a Rn. 6 ff.; Linsenmaier RdA 2017, 128 ff.

523   BAG NZA 2013, 277; F/E/S/T/L § 21 a Rn. 8 ff.; ErfK/Koch § 21 a Rn. 2 ff.; ausführl. zu Auswirkungen von Umstrukturierungen auf den Fortbestand des BR Linsenmaier RdA 2017, 128; Lange NZA 2017, 288; Fuhlrott/Oltmanns BB 2015, 1013.

524   Vgl. dazu BAG NZA 2013, 277; Fuhlrott/Oltmanns BB 2015, 1013 ff.; Rieble NZA 2002, 233, 234 ff.

525   Vgl. S/W/S § 13 Rn. 6; ErfK/Koch § 13 Rn. 4; F/E/S/T/L § 13 Rn. 33 ff.; Richardi/Thüsing § 13 Rn. 28.

526   Vgl. BAG B 2004, 720, 72; Moderegger ArbRB 2011, 281; D/K/K/Buschmann § 22 Rn. 4 m.w.N.

2. **Ergebnis zu B. I.:** In der L-GmbH bleibt der bisherige Betriebsrat als „Rumpfbetriebsrat" bestehend aus 6 Mitgliedern aufgrund der insoweit bestehen gebliebenen Betriebsidentität gemäß § 22 im Amt. Es muss aber wegen der Unterschreitung der in § 9 vorgeschriebenen Mindestzahl der Betriebsratsmitglieder nach § 13 Abs. 2 Nr. 2 neu gewählt werden.

II. **Auswirkungen der Abspaltung auf den Bestand und die Zuständigkeit des bisherigen Betriebsrats für den Betrieb der X-GmbH.**   **183**

1. Da das Betriebsratsamt betriebsbezogen ist, der bisherige Betriebsrat im Betrieb der L-GmbH bestehen geblieben ist und im Betrieb der X-GmbH bisher kein Betriebsrat gewählt wurde, dürfte bei konsequenter Anwendung dieser Grundsätze für die X-GmbH der bisherige Betriebsrat nicht zuständig sein, weil er für diesen Betrieb nicht legitimiert ist. Dieses Ergebnis würde aber gerade bei einer betrieblichen Umstrukturierung, die typischerweise eine besondere Schutzbedürftigkeit der Belegschaft mit sich bringt, dem Sinn und Zweck des BetrVG widersprechen.[527] Aus diesem Grund sieht **§ 21 a** für die **Dauer von längstens sechs Monaten** ein **Übergangsmandat des bisherigen Betriebsrats für den abgespaltenen Betrieb** der X-GmbH vor. Dieses Übergangsmandat steht dem Betriebsrat in der personellen Besetzung zu, in der er vor der Abspaltung bestand,[528] sodass für die X-GmbH der bisherige 9-köpfige Betriebsrat zuständig ist.

2. Das Übergangsmandat nach § 21 a ist nach h.M. ein **Vollmandat**, sodass dem   **184** „Übergangsbetriebsrat" alle Beteiligungs- und Mitbestimmungsrechte nach dem BetrVG bezogen auf den neuen Betrieb zustehen.[529] **Hauptinhalt des Übergangsmandats** ist die **Bestellung des Wahlvorstands für die Durchführung einer Betriebsratswahl** in dem neuen Betrieb. Das Übergangsmandat endet gemäß § 21 Abs. 1 S. 3 mit der Bekanntgabe des Ergebnisses der neuen Betriebsratswahl, spätestens jedoch sechs Monate nach Wirksamwerden der Spaltung.[530]

   Ob auch dem Personalrat bei einer Auflösung der Dienststelle im Rahmen einer privatisierenden Umwandlung auch beim Fehlen einer ausdrücklichen Regelung ein Übergangsmandat zusteht, ist noch nicht geklärt.[531]

3. **Ergebnis zu B. II.:** Der bisherige neunköpfige Betriebsrat ist für die X-GmbH aufgrund des Übergangsmandats nach § 21 a bis zur Neuwahl eines Betriebsrats, längstens für sechs Monate zuständig.

   Vor dem In-Kraft-Treten des § 21 a war heftig umstritten, ob, mit welchem Inhalt und wie lange dem bisherigen Betriebsrat bei einer Umstrukturierung, die sich im Wege der Einzelrechtsnachfolge nach § 613 a BGB vollzog, ein Übergangsmandat entspr. § 321 UmwG zustand, der bei „Unternehmensspaltungen" nach dem UmwG ein Übergangsmandat für die

---

527 Vgl. D/K/K/Buschmann § 21 a Rn. 4.; F/E/S/T/L § 21 a Rn. 6 f.; Linsenmaier RdA 2019, 157, 163 u. RdA 2017, 128 ff., 133 ff.

528 F/E/S/T/L § 21 a Rn. 15 ff.; ErfK/Koch § 21 a Rn. 7; Linsenmaier RdA 2017, 128 ff.; Rieble NZA 2002, 233, 236.

529 BAG NZA 2016, 366; BAG NZA 2013, 277; D/K/K/Buschmann § 21 a Rn. 10 ff.; Thüsing DB 2002, 738, 740; Rieble NZA 2002, 233, 235; a.A. S/W/S § 21 a Rn. 10: nur hinsichtl. der mit der Umstrukturierung zusammenhängenden Angelegenheiten.

530 Vgl. dazu BAG NZA 2013, 277; S/W/S § 21 a Rn. 16 ff. und § 21 a Abs. 1 S. 3 zur Zulässigkeit der Verlängerung des Übergangsmandats um weitere sechs Monate durch Betriebsvereinbarung oder Tarifvertrag.

531 Vgl. Richardi/Annuß § 130 Rn. 12 ff.; Schwarzburg öAT 2010, 79; Ebert ArbRB 2005, 58; Besgen/Langner NZA 2003, 1239.

Dauer von sechs Monaten vorsah.[532] Dieser Meinungsstreit hat sich nach der Einführung des § 21 a, der weitgehend an den bisherigen § 321 UmwG angelehnt ist, erledigt.[533]

3. Sonstige Probleme des Übergangsmandats des Betriebsrats nach § 21 a und das Restmandat nach § 21 b

185   **a)** Das Übergangsmandat nach § 21 a stellt eine Ausnahme von dem Grundsatz dar, dass der Betriebsrat nicht betriebs- bzw. unternehmensübergreifend ist, sondern nur für einen Betrieb zuständig ist. Es entsteht nur dann, wenn der nach der Umstrukturierung entstandene Betrieb sonst betriebsratslos wäre, weil nur in diesem Fall die Arbeitnehmer schutzbedürftig sind. Voraussetzung dafür ist allerdings, dass in diesem neuen Betrieb ein Betriebsrat nach §§ 1 Abs. 1, 118 Abs. 2, 130 überhaupt gewählt werden kann. Dies folgt daraus, dass das **Übergangsmandat** nur eine **„Überbrückungsfunktion"** hat, sodass dafür kein Raum ist, wenn kein Betriebsrat gewählt werden kann, also nichts zu überbrücken ist.[534] Ist der **abgespaltene Betriebsteil in einen anderen Betrieb eingegliedert** worden, in dem ein Betriebsrat besteht, ist der Betriebsrat des aufnehmenden Betriebes auch für den übernommenen Betriebsteil zuständig, sodass für ein Übergangsmandat nach § 21 a (Umkehrschluss aus § 21 a Abs. 1 S. 1) ebenfalls kein Raum ist.[535] Ein **Übergangsmandat** nach § 21 a Abs. 1 entsteht dagegen im Falle der **Abspaltung** nach der h.M. dann, wenn **in dem übernehmenden Betrieb kein Betriebsrat** besteht.[536] Es erstreckt sich aber in diesem Fall nach der wohl h.M. nur auf die Arbeitnehmer, die in dem abgespaltenen Betriebsteil beschäftigt waren, nicht dagegen auf die übrigen Arbeitnehmer des bisher betriebsratslosen Betriebs. Anderenfalls würde einem bestehen gebliebenen betriebsratslosen Betrieb ein Betriebsrat „aufgezwungen".[537] Ein Übergangsmandat nach § 21 a Abs. 1 entsteht auch im Falle einer **Aufspaltung des bisherigen Betriebs**, wenn keine Aufnahme der entstandenen Betriebsteile in einen anderen Betrieb mit Betriebsrat erfolgt.[538] Schließlich entsteht ein Übergangsmandat nach § 21 a Abs. 2 auch dann, wenn Betriebe oder Betriebsteile zu einem Betrieb zusammengefasst werden, also ein neuer Betrieb entsteht. Im Falle einer solchen **Zusammenfassung** nimmt der Betriebsrat des bezogen auf die Arbeitnehmerzahl größeren Betriebs bzw. Betriebsteils das Übergangsmandat wahr, § 21 a Abs. 2 S. 1.[539]

Umstritten sind dagegen im Falle der Zusammenfassung die Fälle, in denen die größere Einheit betriebsratslos war. Während teilweise angenommen wird, dass das Übergangsmandat nur für die Arbeitnehmer der kleineren Einheit besteht,[540] wird überwiegend angenommen, dass nur eine einheitliche

---

532 Vgl. dazu BAG NZA 2000, 1350, das selbst ein Übergangsmandat für die Dauer von drei Monaten annahm.

533 Ausführlich zu § 21 a Linsenmaier RdA 2017, 128; Kittner NZA 2012, 541; Gragert NZA 2004, 289; Rieble NZA 2002, 233.

534 D/K/K/Buschmann § 21 a Rn. 36 f.; Rieble NZA 2002, 233, 235; Thüsing DB 2002, 738, 740.

535 BAG NZA 2003, 1097, 1098; F/E/S/T/L § 21 a Rn. 14; Linsenmaier RdA 2017, 128 ff.

536 LAG Hamm, Beschl. v. 22.10.2010 – 10 TaBVGa 19/10, BeckRS 2011, 68101; S/W/S § 21 a Rn. 8; GK/Kreutz § 21 a Rn. 32, 65; Linsenmaier RdA 2017, 128, 130; Fischer RdA 2005, 39 ff.; a.A. Richardi/Thüsing § 21 Rn. 7 ff., 13.

537 LAG Hamm, Beschl. v. 22.10.2010, Fn. 536; S/W/S § 21 a Rn. 8; Kittner NZA 2012, 241, 245; a.A. ErfK/Koch § 21 a Rn. 7; F/E/S/T/L § 21 a BetrVG Rn. 11 a, 23; Linsenmaier RdA 2017, 128, 130: Übergangsmandat für alle, da das BetrVG keinen Betriebsrat für unselbstständige Betriebsteile, sondern nur für den ganzen Betrieb kennt.

538 Vgl. dazu ErfK/Koch § 21 a Rn. 2 ff.; Richardi/Thüsing § 21 a Rn. 5 ff.; S/W/S § 21 a Rn. 6; Linsenmaier RdA 2017, 128, 129.

539 Ausführl. zum § 21 a Linsenmaier RdA 2017, 128; Fischer RdA 2005, 39; Rieble/Gutzeit ZIP 2004, 693; Feudner DB 2003, 882; Rieble NZA 2003, Sonderbeil. zu Heft 16, S. 62.

540 So S/W/S § 21 a Rn. 15; Kittner NZA 2012, 541, 545; dazu auch Fischer RdA 2005, 39 ff.

Lösung möglich ist, weil das BetrVG eine Zweiteilung der Belegschaft innerhalb eines neuen Betriebs nicht zulässt. Umstritten innerhalb dieser Ansicht ist wiederum, ob ausgehend von dem Wortlaut des § 21 a Abs. 2 überhaupt kein Übergangsmandat für den neuen Betrieb besteht[541] oder der Betriebsrat der kleineren Einheit wegen des Vorrangs des Schutzes der Minderheit vor Betriebsratslosigkeit für den gesamten neuen Betrieb zuständig ist.[542]

b) Von dem Übergangsmandat nach § 21 a ist das **Restmandat des Betriebsrats nach** **186** **§ 21 b** zu unterscheiden, das **bei einem Untergang des Betriebs** durch Stilllegung, Spaltung oder Zusammenlegung von Betrieben besteht. § 21 b enthält damit eine Ausnahme von dem Grundsatz, dass der Fortbestand des Betriebsrats vom Bestand eines Betriebs als einer organisatorischen Einheit abhängig ist, in die die Betriebsratsmitglieder ebenso wie die übrigen Arbeitnehmer eingegliedert sind.[543]

Das Restmandat des Betriebsrats ist zwar erst seit der Änderung des BetrVG im Jahr 2001 ausdrücklich in § 21 b geregelt. Diese Regelung verändert jedoch die bisherige Rechtslage nicht, sondern enthält lediglich eine gesetzliche Bestätigung des bisher allgemein anerkannten Restmandats. Die bisher von der Rspr. entwickelten Grundsätze dazu gelten also weiter.[544]

Das Restmandat des Betriebsrats nach § 21 b ist – anders als das Übergangsmandat nach § 21 a – **kein Vollmandat, sondern lediglich ein nachwirkendes Mandat.** Es besteht nur insoweit, als dies zur Wahrnehmung der **Mitwirkungs- und Mitbestimmungsrechte** erforderlich ist, die im **Zusammenhang mit dem Untergang des bisherigen Betriebs** stehen. Das Restmandat sichert also dem bisherigen Betriebsrat das Recht, die im Zusammenhang mit dem Untergang des Betriebs bestehenden Mitbestimmungsrechte zum Schutz der Arbeitnehmer wahrzunehmen. Die wichtigsten unter ihnen sind die in der Gesetzesbegründung genannten §§ 111, 112 sowie § 102.[545] Anders als das Übergangsmandat ist das Restmandat nach § 21 b auch nicht befristet. Es endet grds. auch nicht mit Ablauf der Amtszeit des bisherigen Betriebsrats, es sei denn, dass zu diesem Zeitpunkt noch ein betriebsratsfähiger Betrieb besteht, weil die Betriebsstilllegung noch nicht vollständig vollzogen worden ist.[546] Das Restmandat nimmt der Betriebsrat in der personellen Besetzung wahr, die er vor der Betriebsänderung hatte. Beim Ausscheiden einzelner Betriebsratsmitglieder wird es notfalls von einem „Rumpfbetriebsrat" ausgeübt, solange dazu auch nur ein einzelnes Betriebsratsmitglied willens ist.[547] Es besteht allerdings nicht, wenn ein den Untergang des Betriebs überdauernder Regelungsbedarf nicht besteht.[548]

Noch nicht geklärt ist das Verhältnis von Übergangsmandat nach § 21 a und Restmandat nach § 21 b. Es wird zwar z.T. angenommen, dass ein Nebeneinander von Übergangs- und Restmandat wegen der Subsidiarität des § 21 b grds. ausgeschlossen ist.[549] Diese Ansicht überzeugt aber für die Fälle der Abspaltung und Verschmelzung von Betrieben bzw. Betriebsteilen nicht, wenn es um Mitwirkungsrechte nach §§ 111, 112 geht, die nur den Ursprungsbetrieb betreffen und daher nur im Wege des Restmandats von dem bisherigen BR für alle Arbeitnehmer des bisherigen Betriebs einheitlich wahrgenommen

541 So z.B. Rieble NZA 2002, 233, 237 f. m.w.N. Grund: sonst undemokratische Herrschaft der Minderheit über die Mehrheit.
542 So F/E/S/T/L § 21 a Rn. 11, 18 f.; ErfK/Koch § 21 a Rn. 7; GK/Kreutz § 21 a Rn. 60 ff., 69 ff.; Linsenmaier RdA 2017, 128, 130.
543 BAG NZA 2017, 68; BAG NZA 2013, 277; BAG NZA 2003, 53; F/E/S/T/L § 21 b Rn. 1.
544 BAG NZA 2010, 665; F/E/S/T/L § 21 b Rn. 2; Richardi/Thüsing § 1 Rn. 1; Schaub/Koch § 219 Rn. 18 ff. m.w.N.
545 BAG NZA 2017, 68; BAG NZA 2003, 53; F/E/S/T/L § 21 b Rn. 16 ff.; ErfK/Koch § 21 b Rn. 3; Richter/Muschler ArbR 2016, 29.
546 BAG NZA 2017, 68; Thüsing DB 2002, 738, 742; S/W/S § 21 b Rn. 12 f.; F/E/S/T/L § 21 b Rn. 19.
547 BAG AP Nr. 5 zu § 21 b BetrVG 1972; ErfK/Koch § 21 b Rn. 4; Schulze ArbR 2013, 413; Auktor NZA 2003, 950: Rechtsstellung der BR-Mitglieder bei Wahrnehmung des Restmandats.
548 BAG NZA 2017, 68; BAG NZA 2010, 555; Winter EWiR 2017, 283; Willhelmsen DB 2016, 717; ErfK/Koch § 21 b Rn. 3 m.w.N.
549 Vgl. S/W/S § 21 b Rn. 2; ausführlich dazu Richardi/Thüsing § 21 b Rn. 7 ff.

werden können.[550] Bei einer Betriebsstilllegung scheidet dagegen ein Nebeneinander von Übergangs- und Restmandat des BR schon deswegen aus, weil es sich dabei weder um eine Abspaltung noch um eine Zusammenlegung von Betrieben handelt, sodass auch kein Übergangsmandat entstehen kann.[551]

4. Betriebsteile und Kleinstbetriebe i.S.d. § 4

Fall 17: Betriebsteil mit eigenem Betriebsrat?

Der Küchengerätehersteller H unterhält zwei Betriebsstätten, die voneinander ca. 20 km bei guter Verkehrsverbindung entfernt liegen. In der Betriebsstätte in H werden die Küchengeräte hergestellt und vertrieben. In der Betriebsstätte in B, in der regelmäßig 20 Arbeiter beschäftigt sind, werden die Verpackungen für die Küchengeräte hergestellt. Zuständig für den Arbeitseinsatz der Arbeitnehmer dieser Betriebsstätte einschließlich der dazugehörigen Weisungen ist L, der auch Hilfskräfte nach zwingenden Vorgaben des H einstellen darf. Die Buchhaltung, die organisatorischen Aufgaben und die sonstigen Verwaltungs- und Personalangelegenheiten werden in H zentral erledigt. Die Arbeitnehmer in der Betriebsstätte in B möchten einen eigenen Betriebsrat wählen. Ist das möglich?

187   I.   Nach § 1 können Betriebsräte in Betrieben gewählt werden, in denen mindestens 5 Arbeitnehmer beschäftigt sind, von denen drei wählbar i.S.d. § 8 sein müssen.

In der Betriebsstätte in B sind mehr als 5 Arbeitnehmer beschäftigt. Diese Betriebsstätte bildet aber schon deswegen keinen selbstständigen Betrieb i.S.d. § 1, weil sie keine eigenständige Organisation hat. Vielmehr handelt es sich dabei um einen Betriebsteil, der in die Organisation des Hauptbetriebs in H eingegliedert ist, in dem die erforderlichen Entscheidungen getroffen und die Verwaltungs- und Personalangelegenheiten erledigt werden.

Der Betriebsteil verfügt zwar über einen eigenen Arbeitnehmerstamm und über eigene technische Hilfsmittel; im Unterschied zum selbstständigen Betrieb fehlt ihm jedoch die voll ausgebildete institutionelle Leitung in sozialen und personellen Angelegenheiten, also der Leitungsapparat. Außerdem ist für den Betriebsteil kennzeichnend, dass mit ihm ein Zweck verfolgt wird, der dem Zweck des Betriebs ein- oder untergeordnet ist und innerhalb des Betriebs verfolgt wird.[552]

188   II.   Da in der Betriebsstätte in B mindestens 5 Arbeitnehmer i.S.d. § 1 beschäftigt sind, könnte sie einen selbstständigen Betriebsteil i.S.d. § 4 Abs. 1 bilden, in dem ein selbstständiger Betriebsrat gewählt werden kann.[553]

1.   Nach dem Wortlaut des § 4 Abs. 1 S. 1 Nr. 1 gelten Betriebsteile mit mindestens 5 Arbeitnehmern ohne weitere Voraussetzungen bereits dann als selbstständige Betriebe, wenn sie **räumlich weit vom Hauptbetrieb** entfernt sind. Dennoch besteht weitgehend Einigkeit darüber, dass ein **Betriebsteil** nur dann **als ein selbstständiger Betrieb i.S.d. § 4 Abs. 1 S. 1 Nr. 1** gelten kann, wenn ein **Mindestmaß an organisatorischer Selbstständigkeit** gegenüber dem Hauptbe-

---

550   Vgl. F/E/S/T/L § 21 b Rn. 13; ErfK/Koch § 21 b Rn. 2; Richardi/Thüsing § 21 b Rn. 7 ff; Thüsing DB 2002, 738, 741 f. m.w.N.

551   Vgl. dazu Richardi/Thüsing § 21 b Rn. 8; Thüsing DB 2002, 738, 741; ErfK/Koch § 21 a Rn. 1, 6; § 21 b Rn. 2.

552   BAG ArbRB 2017, 307 m. Anm. Hülbach; BAG NZA 2010, 906; Richardi/Richardi/Maschmann § 4 Rn. 9 ff.; jeweils m.w.N.

553   Vgl. dazu Kleinebrink ArbRB 2014, 22 ff.; Salamon/Haas RdA 2008, 146; Ulrich NZA 2004, 1308 ff.; Franzen ZfA 2001, 423.

trieb besteht. Dieses liegt allerdings bereits dann vor, wenn in der Einheit wenigstens eine Person vorhanden ist, die überhaupt Weisungsbefugnisse des Arbeitgebers ausübt.[554] Da L in der Betriebsstätte B jedenfalls für arbeitsplatzbezogene Weisungen zuständig ist, ist diese Voraussetzung erfüllt. Fraglich ist somit, ob die Entfernung von 20 km als räumlich weit i.S.d. § 4 Abs. 1 Nr. 1 zu beurteilen ist.

Entscheidend für die Frage der „weiten räumlichen Entfernung" ist, ob eine ordnungsgemäße Betreuung der Arbeitnehmer des Betriebsteils durch den Betriebsrat des Hauptbetriebs trotz der Entfernung möglich ist, also die persönliche Erreichbarkeit. Dafür kommt es nach allgemeiner Ansicht nicht allein auf die geographische Entfernung, sondern auch auf die Verkehrsverhältnisse an.[555]

Beispiele: BAG AP Nr. 4 zu § 3 BetrVG: weite Entfernung bei 28 km wegen Notwendigkeit mehrmaligen Umsteigens zwischen Schwebebahn und Bus angenommen; BAG AP Nr. 1 zu § 1 BetrVG: 22 km bei Erreichbarkeit mit öffentlichen Verkehrsmitteln in 1,5 bis 2 Stunden; anders BAG AP Nr. 2 zu § 4 BetrVG bei 40–45 km und guter Verkehrsverbindung.

Da die Betriebsstätten in H und B lediglich 20 km voneinander entfernt sind und gute Verkehrsverbindungen bestehen, liegt keine weite räumliche Entfernung und damit auch kein selbstständiger Betriebsteil i.S.d. § 4 Abs. 1 Nr. 1 vor.

2. Die Betriebsstätte in B könnte aufgrund ihrer **Eigenständigkeit durch Aufgabenbereich und Organisation** ein selbstständiger Betriebsteil nach § 4 Abs. 1 Nr. 2 sein. **189**

   a) Ein **eigenständiger Aufgabenbereich liegt vor**, wenn in dem Betriebsteil ein deutlich abgrenzbarer arbeitstechnischer Zweck verfolgt wird.[556] Diese Voraussetzung ist vorliegend erfüllt, weil in der Betriebsstätte in B Verpackungen für die in H hergestellten und vertriebenen Küchengeräte hergestellt werden.

   b) Fraglich ist aber, ob auch die zweite Voraussetzung, die **eigenständige Organisation** erfüllt ist. **190**

   Der Betriebsteil bedarf zwar im Gegensatz zum selbstständigen Betrieb i.S.d. § 1 keines umfassenden eigenständigen Leitungsapparats, der insbesondere in personellen und sozialen Angelegenheiten alle wesentlichen Entscheidungen selbstständig treffen kann. Erforderlich für das Vorliegen eines Betriebsteils i.S.d. § 4 Abs. 1 Nr. 2 ist jedoch, dass dort überhaupt eine den Einsatz der Arbeitnehmer bestimmende Leitung institutionalisiert ist und von dieser das Weisungsrecht des Arbeitgebers ausgeübt wird, also eine **relative Selbstständigkeit**. Diese Selbstständigkeit darf sich allerdings nicht nur auf personelle Angelegenheiten beziehen, weil der Kern der Arbeitgeberfunktionen gerade kumulativ in personellen und sozialen Angelegenheiten ausgeübt werden muss.[557] Da L in der Betriebsstätte in B nur für arbeitsplatzbezogene Weisungen sowie für die Einstellung von Hilfsarbeitern nach zwingenden Vorgaben des H zuständig ist und die übrigen Entscheidungen in H getroffen wer-

---

554 BAG ArbRB 2017, 307 m. Anm. Hülbach; BAG NZA-RR 2012, 570; S/W/S § 4 Rn. 6; Richardi/Richardi/Maschmann § 4 Rn. 12
555 BAG ArbRB 2017, 307 m. Anm. Hülbach; BAG NZA 2009, 328; S/W/S § 4 Rn. 7 mit Beispielen und m.w.N.
556 Vgl. BAG AuR 2004, 308; S/W/S § 4 Rn. 8; Richardi/Richardi/Maschmann § 4 Rn. 23 ff.; D/K/K/Trümner § 4 Rn. 52 ff.
557 BAG NZA 2010, 906; BAG NZA 2009, 328; BAG AuR 2004, 308; F/E/S/T/L § 4 Rn. 25 f. m.w.N.

den, liegt keine Eigenständigkeit der Organisation i.S.d. § 4 Abs. 1 Nr. 2 vor.[558] Die Betriebsstätte in B ist somit auch nicht als ein selbstständiger Betriebsteil nach § 4 Abs. 1 Nr. 2 betriebsratsfähig.

III. **Ergebnis:** In der Betriebsstätte in B darf kein selbstständiger Betriebsrat gewählt werden, weil es sich dabei weder um einen Betrieb i.S.d. § 1 noch um einen selbstständigen Betriebsteil i.S.d. § 4 Abs. 1 handelt. Für die Betriebsstätten in B und H muss vielmehr ein gemeinsamer Betriebsrat gewählt werden.

Die Belegschaft eines betriebsratslosen Betriebsteils i.S.d. § 4 Abs. 1 S. 1 hat auch die Möglichkeit, nach § 4 Abs. 1 S. 2 mit Stimmenmehrheit formlos zu beschließen, an der Wahl des Betriebsrats im Hauptbetrieb teilzunehmen. Dieser Beschluss hat nach ganz h.M. zur Folge, dass dieser Betriebsteil seine betriebsverfassungsrechtliche Selbständigkeit verliert, einen eigenen Betriebsrat nicht mehr wählen kann und er dem Hauptbetrieb zugeordnet wird.[559]

---

191 **Eine weitere Abweichung von dem Grundsatz, dass ein Betriebsrat nur für einen Betrieb gewählt wird, enthält § 4 Abs. 2.** Danach sind selbständige Betriebe, die die Voraussetzungen des § 1 nicht erfüllen, also nicht mindestens 5 Arbeitnehmer haben, von denen drei wählbar sein müssen (sog. Kleinstbetriebe), **dem Hauptbetrieb zuzuordnen.** Die Arbeitnehmer dieser **Kleinstbetriebe** nehmen also an der Wahl des Betriebsrats des Hauptbetriebs teil, der für sie zuständig ist. Da § 4 Abs. 2 – anders als § 4 Abs. 2 a.F. – nicht mehr auf den Nebenbetrieb, sondern nur noch auf den Kleinstbetrieb abstellt, kommt es nicht mehr darauf an, ob der nicht betriebsratsfähige Betrieb arbeitstechnische Hilfsfunktionen für den Hauptbetrieb erfüllt. Anderenfalls wären solche Kleinstbetriebe von einer kollektiven Interessenvertretung ausgeschlossen, in denen ein arbeitstechnischer Zweck verfolgt wird, der in keiner Beziehung zu dem Betriebszweck eines anderen Betriebes des Arbeitgebers steht. Dies würde Sinn und Zweck des § 4 Abs. 2 n.F. widersprechen, weil die Gesetzesänderung gerade gewährleisten soll, dass möglichst alle Arbeitnehmer eines Arbeitgebers von einem Betriebsrat repräsentiert werden. § 4 Abs. 2 n.F. beantwortet aber nicht eindeutig die Frage, welcher von mehreren (betriebsratsfähigen) Betrieben im Verhältnis zum Kleinstbetrieb als Hauptbetrieb anzusehen ist. Da die an sich mitbestimmungspflichtigen Angelegenheiten von der Leitung des Kleinstbetriebes entschieden werden, weil sonst nur ein Betriebsteil vorliegen würde, stellt die h.L. in erster Linie auf den gleichen, zumindest aber ähnlichen arbeitstechnischen Zweck bzw. die räumliche Entfernung ab.[560] Nach BAG ist dagegen ausgehend von dem Wortlaut des § 4 Abs. 2, der eine übergeordnete Bedeutung des „Hauptbetriebes" impliziert, als „Hauptbetrieb" grds. der Betrieb anzusehen, in dem die mitbestimmungspflichtigen Angelegenheiten auch für den Kleinstbetrieb – sei es auch nur in geringem Umfang und beschränkt auf die Beratung der Leitung des Kleinstbetriebes – wahrgenommen werden. Ist die räumliche Entfernung dieses Betriebes von dem Kleinstbetrieb so groß, dass die Mitbestimmungsrechte nicht mehr sinnvoll wahrge-

---

558 BAG FA 2004, 118; BAG NZA 1994, 894 ff.; F/E/S/T/L § 4 Rn. 25 f.; D/K/K/Trümner § 4 Rn. 78 ff.

559 Vgl. BAG NZA 2014, 96; Richardi/Richardi/Maschmann § 4 Rn. 34 ff.; 42 mit Meinungsübersicht.

560 Vgl. GK/Kraft/Franzen § 4 Rn. 7; F/E/S/T/L § 4 Rn. 10; DKK/Trümner § 4 Rn. 66; Richardi/Richardi/Maschmann § 4 Rn. 45 ff.; vgl. aber auch Löwisch BB 2001, 1734, 1735: keine Zuordnung bei völlig anderem Zweck.

nommen werden können, kann ausnahmsweise „Hauptbetrieb" i.S.d. § 4 Abs. 2 der am nächsten gelegene Betrieb sein.[561]

Nach h.M. ist eine Zusammenfassung auch dann möglich ist, wenn keiner von mehreren Betrieben eines Unternehmens die Mindestgröße für die Wahl eines Betriebsrats nach § 1 erreicht, sodass die Betriebsratsfähigkeit erst aufgrund der Zuordnung ermöglicht wird.[562]

C. Der persönliche Anwendungsbereich des BetrVG

I. Grundsätzliche Anwendbarkeit des BetrVG auf alle Arbeitnehmer

Das BetrVG ist gemäß § 5 Abs. 1 S. 1 grds. auf alle Arbeitnehmer unabhängig davon anwendbar, ob sie im Betrieb, im Außendienst oder mit Telearbeit beschäftigt werden.[563] Die ausdrückliche Erwähnung der Beschäftigten in Telearbeit und im Außendienst stellt keine Erweiterung des Arbeitnehmerbegriffs, sondern nur insoweit eine Klarstellung dar, als der Beschäftigungsort für die Anwendbarkeit des BetrVG unerheblich ist.[564] Maßgeblich für die Anwendbarkeit des BetrVG ist damit auch nach der Änderung des Wortlauts des § 5 der allg. arbeitsrechtliche Arbeitnehmerbegriff.[565] Der allgemeine Arbeitnehmerbegriff wird allerdings für die Anwendbarkeit des BetrVG durch § 5 insofern modifiziert, als er zum einen erweitert, zum anderen aber auch eingeschränkt wird.

192

Nach der Streichung des § 6 unterscheidet das BetrVG nicht mehr zwischen Angestellten und Arbeitern. Auf leitende Angestellte findet allerdings das BetrVG nach § 5 Abs. 3 keine Anwendung (vgl. Rn. 198 ff.).

II. Eine **Erweiterung des allgemeinen Arbeitnehmerbegriffs** enthält **§ 5 Abs. 1 S. 2,** der die Anwendbarkeit des BetrVG auch auf die **in Heimarbeit Beschäftigten** vorschreibt, die in der Hauptsache für den Betrieb arbeiten.

193

§ 5 Abs. 1 S. 2 enthält keinen spezifischen betriebsverfassungsrechtlichen Begriff der „in Heimarbeit Beschäftigten", sondern verwendet ihn lediglich mit dem Inhalt, wie er in § 2 HAG bestimmt ist. Sind Heimarbeiter für mehrere Betriebe tätig, so sind sie betriebsverfassungsrechtlich nur dem Betrieb zuzuordnen, für den sie „in der Hauptsache arbeiten".[566] Das Merkmal „in der Hauptsache" ist ohne Rücksicht auf den Arbeitslohn und den Zeitaufwand auch dann erfüllt, wenn der Heimarbeiter keine weiteren Einkünfte aus der Heimarbeit hat und auch sonst nicht berufstätig ist, sondern lediglich für einen Unternehmer arbeitet.[567]

III. Klarstellungen zum Arbeitnehmerbegriff und teilweise Einschränkungen des Anwendungsbereichs des BetrVG durch § 5 Abs. 2

194

1. Das BetrVG ist gemäß § 5 Abs. 2 Nr. 1 **nicht anwendbar auf Mitglieder des Organs einer juristischen Person, das kraft Gesetzes vertretungsbefugt ist** (sog. Organvertreter) sowie gemäß § 5 Abs. 2 Nr. 2 auf **Gesellschafter einer Personengesellschaft,** soweit sie durch Gesetz, Satzung oder Gesellschaftsvertrag zur Vertretung oder zur Ge-

---

561 Vgl. BAG DB 2007, 1872; ErfK/Koch § 4 Rn. 6.

562 Vgl. ErfK/Koch § 4 Rn. 6; F/E/S/T/L § 4 Rn. 13; Reichold NZA 2001, 857, 858; a.A. S/W/S § 4 Rn. 16.

563 Vgl. § 611 BGB und dazu AS-Skript Arbeitsrecht (2019), Rn. 9 ff. und zum Arbeitnehmerbegriff i.S.d. BetrVG Knittel/Friedrich FA 2014, 101; Nimmerjahn ArbR 2013, 97; Schaub NZA 2001, 364; Schmechel NZA 2004, 237 zur Beteiligung des BR bei Telearbeit und Däubler NZA 2019, 1601 zur Zuständigkeit des BR für „Randbelegschaften".

564 F/E/S/T/L § 5 Rn. 186 ff.; Richardi/Richardi § 5 Rn. 61 ff.; Schaub NZA 2001, 364, 365.

565 Vgl. dazu BAG NZA 2013, 793; F/E/S/T/L § 5 Rn. 15 ff. und AS-Skript Arbeitsrecht (2019), Rn. 9 ff.

566 BAG AP Nr. 49 zu § 5 BetrVG; Richardi/Richardi § 5 Rn. 132 ff.; F/E/S/T/L § 5 Rn. 309 ff.; Schaub/Koch § 212 Rn. 6 b.

567 Vgl. BAG AP Nr. 1 zu § 6 BetrVG; F/E/S/T/L § 5 Rn. 311; Richardi/Richardi § 5 Rn. 142; ErfK/Koch § 5 Rn. 8; D/K/K/Trümner § 5 Rn. 126 ff.; kritisch S/W/S § 5 Rn. 1 d unter Hinweis auf fehlende Schutzbedürftigkeit.

schäftsführung berufen sind.[568] Insofern enthält § 5 Abs. 2 Nr. 1, 2 nur eine Klarstellung, weil diese Personengruppen schon nach dem allgemeinen Arbeitsrecht grds. keine Arbeitnehmer sind.[569] Die sog. Organvertreter sind nach § 5 Abs. 2 Nr. 1 auch dann keine Arbeitnehmer, wenn sie ausnahmsweise in einem Arbeitsverhältnis stehen.[570]

195 **2. Keine Arbeitnehmer i.S.d. BetrVG sind gemäß § 5 Abs. 2 Nr. 3 Beschäftigte aufgrund primär karitativer oder religiöser Beweggründe.** Darunter fallen nach allgemeiner Ansicht Mönche, Ordensschwestern und Diakonissen religiöser Gemeinschaften.[571] Umstritten ist dagegen, ob auch Krankenschwestern, die sich als Mitglieder in einem weltlichen Schwesternverband zusammengeschlossen haben (z.B. Deutsches Rotes Kreuz, Arbeiterwohlfahrt) nach § 5 Abs. 2 Nr. 3 keine Arbeitnehmer sind. Die h.L. lehnt die Anwendbarkeit dieser Norm ab, weil es sich dabei hauptsächlich um eine Erwerbstätigkeit zur Sicherung des Lebensunterhaltes handele.[572] Das BAG stellt dagegen die karitativen/religiösen Gründe der Tätigkeit aufgrund einer Vereinsmitgliedschaft in den Vordergrund und lehnt die Arbeitnehmereigenschaft i.S.d. BetrVG nach § 5 Abs. 2 Nr. 3 ab.[573]

Die Ablehnung der Arbeitnehmereigenschaft der o.g. Krankenschwestern bedeutet nur, dass diesem Personenkreis keine Rechte nach dem BetrVG zustehen (z.B. kein Wahlrecht nach § 7), nicht dagegen, dass dem Betriebsrat insoweit überhaupt keine Beteiligungsrechte zustehen. Entscheidend dafür ist, ob das konkrete Mitbestimmungsrecht bereits dann besteht, wenn eine bestimmte Person, die kein Arbeitnehmer ist, in den Betrieb eingegliedert ist.[574]

196 **3. Keine Arbeitnehmer i.S.d. BetrVG** sind nach § 5 Abs. 2 Nr. 4 auch **Personen**, deren Beschäftigung nicht in erster Linie dem Erwerb dient und **die vorwiegend zu ihrer Heilung, Wiedereingewöhnung, sittlichen Besserung oder Erziehung beschäftigt werden**. Hierbei handelt es sich um Personen, deren Beschäftigung vorrangig als Mittel zur Behebung psychischer, physischer oder sonstiger in der Person des Beschäftigten liegenden Mängel erfolgt (z.B. Beschäftigungstherapie für Suchtkranke, Nichtsesshafte). Die Beschäftigung muss also in erster Linie der Rehabilitation oder der Resozialisierung dienen. Nicht darunter fallen dagegen erwerbsfähige Hilfsbedürftige, die nach § 16 Abs. 3 SGB II aufgrund eines Arbeitsvertrags beschäftigt werden, weil sie nicht zu ihrer Wiedereingewöhnung mit dem Ziel der Rehabilitation oder Resozialisierung beschäftigt werden, sondern um eine Wiedereingliederung in den normalen Arbeitsmarkt nach einer längeren Arbeitslosigkeit erreichen zu können.[575]

Sog. Ein-Euro-Jobber, die zuzüglich zum Arbeitslosengeld II eine Mehraufwandsentschädigung nach § 16 d Abs. 1, 7 SGB II erhalten, sind zwar keine Arbeitnehmer i.S.d. § 5, dem Betriebst stehen aber bezogen auf deren Einsatz einzelne Beteiligungsrechte (z.B. § 99 bei Einstellung) zu.[576]

---

568 Vgl. dazu D/K/K/Trümner § 5 Rn. 154 ff.; F/E/S/T/L § 5 Rn. 327 ff.; Richardi/Richardi § 5 Rn. 162 ff.

569 Vgl. dazu Wank/Maties NZA 2007, 353 ff.; AS-Skript Arbeitsrecht (2019), Rn. 39 ff.

570 Vgl. ErfK/Koch § 5 Rn. 12; F/E/S/T/L § 5 Rn. 327; Richardi/Richardi § 5 Rn. 163.

571 Vgl. Richardi/Richardi § 5 Rn. 176 ff.; F/E/S/T/L § 5 Rn. 331 ff.; ErfK/Koch § 5 Rn. 27; D/K/K/Trümner § 5 Rn. 180 ff.

572 Vgl. dazu F/E/S/T/L § 5 Rn. 342; Richardi/Richardi § 5 Rn. 193; ErfK/Koch § 5 Rn. 14; D/K/K/Trümner § 5 Rn. 183 ff.

573 BAG NZA 1997, 1297; BAG NZA 1996, 33; LAG Düsseldorf PflR 2016, 103; MünchArbR/Schneider § 19 Rn. 67 m.w.N.

574 Vgl. F/E/S/T/L § 99 Rn. 30 m.w.N und BAG ArbRB 2014, 77; BVerwG ZTR 2003, 43 ff.: Vorliegen einer nach § 99 bzw. § 75 Abs. 1 S. 1 Nr. 1 BPersVG mitbestimmungspflichtigen Einstellung bejaht; BAG NZA 2017, 662: Einsatz von DRK-Schwestern AN-Überlassung und Einstellung i.S.d. § 99 und § 2 Abs. 4 DRKG v. 17.07.2017, wonach für die Gestellung von DRK-Schwestern das AÜG mit der Maßgabe gilt, dass § 1 Abs 1 S 4, Abs. 1 b nicht anwendbar ist; dazu Oberthür ArbRB 2017, 315; Düwell ZESAR 2018, 163, Hamann/Klengel EuZA 2017, 485 zu europarechtl. Bedenken gegen diese „Lex DRK".

575 BAG NZA 2001, 629 f.; S/W/S § 5 Rn. 6 m.w.N.

576 BAG NZA 2008, 244; ErfK/Koch § 5 Rn. 5; MünchArbR/Lunk § 340 Rn. 38; Reinhard ArbRB 2008, 389; Engels NZA 2007, 8 ff. und BVerwG PersV 2014, 337 zur Einstellung im Personalvertretungsrecht; a.A. Richardi NZA 2009, 1, 3.

4. Keine **Arbeitnehmer i.S.d. BetrVG** sind schließlich gemäß § 5 Abs. 2 Nr. 5 der **Ehegatte bzw. der Lebenspartner des Arbeitgebers sowie Verwandte oder Verschwägerte 1. Grades, die in häuslicher Gemeinschaft mit dem Arbeitgeber leben.** Der Grund für die Herausnahme dieser Personen aus dem Anwendungsbereich des BetrVG besteht darin, dass die Interessenidentität mit dem Arbeitgeber zu groß ist, als davon ausgegangen werden könnte, dass diese Personen an der Durchsetzung von Arbeitnehmerinteressen gegenüber dem Arbeitgeber beteiligt werden können. Erforderlich ist aber stets, dass die o.g. Personen in häuslicher Gemeinschaft mit dem Arbeitgeber leben, sodass auch die Trennung der Ehegatten bzw. Lebenspartner dazu führt, dass § 5 Abs. 2 Nr. 5 nicht mehr eingreift.[577] Keine Anwendung findet dagegen § 5 Abs. 2 Nr. 5 aufgrund seines Wortlauts auf Mitarbeiter, die „nur" in einem **eheähnlichen Verhältnis oder einer nichteheähnlichen Lebensgemeinschaft in häuslicher Gemeinschaft mit dem Arbeitgeber** leben. Der Gesetzgeber geht damit auch nach der Änderung des BetrVG in § 5 Abs. 2 Nr. 5 davon aus, dass der Arbeitgeber eine natürliche Person ist, was aber nicht der Regelfall ist. Ist der **Arbeitgeber eine Personengesellschaft,** wendet die ganz h.M. § 5 Abs. 2 Nr. 2 auf die Personen entsprechend an, die in einem **engen Verwandtschaftsverhältnis zu einem Gesellschafter** stehen, der Vertreter oder Geschäftsführer der Personengesamtheit ist.[578] Die h.M. wendet § 5 Abs. 2 Nr. 5 auch bei juristischen Personen entsprechend an, wenn die **enge verwandtschaftliche Beziehung zu einem Organvertreter** besteht.[579]

197

Die entsprechende Anwendung des § 5 Abs. 2 Nr. 2 auf Personen, die mit einem Organvertreter bei einer juristischen Person oder einem vertretungs- bzw. geschäftsführungsberechtigten Gesellschafter einer Personengesellschaft eng verwandt sind, ist aber nur dann gerechtfertigt, wenn die enge verwandtschaftliche Beziehung zu möglichen Konflikten führt. Diese Personen können deshalb nicht zum Betriebsrat gewählt werden. Kein sachlicher Grund besteht dagegen dafür, ihnen das aktive Wahlrecht nach § 7 zu versagen sowie sie von den Beteiligungsrechten des Betriebsrats auszuschließen, die dieser im Interesse der Belegschaft wahrnimmt.[580]

IV. Keine Anwendung des BetrVG auf leitende Angestellte i.S.d. § 5 Abs. 3

Auf leitende Angestellte, die Arbeitnehmer sind, findet das BetrVG nach § 5 Abs. 3 S. 1 keine Anwendung, sofern dies nicht ausdrücklich angeordnet ist (vgl. §§ 105, 107, 108). Vielmehr können sie in Betrieben, in denen i.d.R. mindestens 10 leitende Angestellte beschäftigt werden, gemäß § 1 Abs. 1 SprAuG einen Sprecherausschuss wählen. Der Grund für den Ausschluss der leitenden Angestellten von der Anwendbarkeit des BetrVG liegt darin, dass sie zwar Arbeitnehmer sind, aufgrund ihrer Aufgaben und ihrer Stellung in der betrieblichen Hierarchie interessenmäßig aber eher der Arbeitgeberseite zuzuordnen sind. Aufgrund dieser Sonderstellung wäre es nicht gerechtfertigt, ihnen den gleichen Schutz zu gewähren, der den „normalen" Arbeitnehmern i.S.d. BetrVG zukommt.[581] Obwohl **§ 5 Abs. 3 S. 2** eine **gesetzliche Legaldefinition des leitenden Angestellten** enthält, die die Begriffsmerkmale abschließend und erschöpfend auf-

198

---

577 D/K/K/Trümner § 5 Rn. 199 ff.; F/E/S/T/L § 5 Rn. 343; Richardi/Richardi § 5 Rn. 196; jeweils m.w.N.

578 F/E/S/T/L § 5 Rn. 344; ErfK/Koch § 5 Rn. 16; D/K/K/Trümner § 5 Rn. 203.

579 F/E/S/T/L § 5 Rn. 344; ErfK/Koch § 5 Rn. 16; a.A. D/K/K/Trümner § 5 Rn. 202.: nur bei einer Ein-Mann-GmbH, bei der der Gesellschafter und Geschäftsführer der „enge" Verwandte ist; vom LAG Hamm DB 2002, 1332 offen gelassen.

580 LAG Niedersachsen AE 2009, 203: GmbH mit mehr als 100 AN und 3 Geschäftsführern u. F/K/H/E § 5 Rn. 112, 20. Aufl.

581 Vgl. BAG NZA 2014, 738; F/E/S/T/L § 5 Rn. 347 ff.; AS-Skript Arbeitsrecht (2019), Rn. 53 f.

zählt,[582] bereitet die Feststellung, ob jemand leitender Angestellter ist, jedenfalls in Grenzfällen in der Praxis erhebliche Schwierigkeiten. Dass die Abgrenzung schwierig ist, zeigt bereits die Regelung des § 5 Abs. 4, deren Rechtscharakter als Auslegungsregel, Vermutungs- bzw. Konkretisierungstatbestand oder bloße Aufzählung von Regelbeispielen umstritten ist.[583]

Fall 18: Der Gesamtprokurist mit Stabsfunktionen

Die Beteiligten streiten in einem Beschlussverfahren darüber, ob der Beteiligte B leitender Angestellter i.S.d. § 5 Abs. 3 ist. Die Arbeitgeberin, die A-GmbH, gehört der französischen M-Gruppe an. Sie stellt Küchengeräte her und beschäftigt ca. 1.400 Arbeitnehmer. Ihre Führungsebene besteht aus fünf Geschäftsführern und nachgeordneten Bereichs- oder Hauptabteilungsleitern. Die neu gebildete Hauptabteilung „Allgemeines Rechnungswesen" wird von B geleitet, der unmittelbar dem für „Finanzen, Administration und Marketing" verantwortlichen Geschäftsführer unterstellt ist und im Arbeitsvertrag als „leitender Angestellter" bezeichnet wird. Die Jahresbezüge des B betragen ca. 75.000 €. Die Vertretungsbefugnis des B, dem jeweils mit einem anderen Hauptabteilungsleiter Gesamtprokura auch für die M-GmbH in K und die dortige Holding M-GmbH erteilt wurde, ist im Innenverhältnis nach Maßgabe von Richtlinien beschränkt.

Die Arbeitgeberin trägt vor, B sei bereits aufgrund der erteilten Gesamtprokura leitender Angestellter. Zumindest sei aber sein Aufgabengebiet für den Bestand und die Entwicklung des Unternehmens von erheblicher Bedeutung. B sei Verhandlungs- und Gesprächspartner der Wirtschafts- und Betriebsprüfer und vertrete insoweit nicht nur ihre Interessen, sondern auch die der anderen deutschen M-Gesellschaften. Für die gesamte Unternehmensgruppe habe er in steuerrechtlicher, rechtlicher und organisatorischer Hinsicht geeignete Unternehmensstrukturen zu finden, ohne dabei Beschränkungen zu unterliegen. Seinen Gestaltungsvorschlägen werde von der Geschäftsleitung gefolgt. Außerdem habe B die Einhaltung steuerrechtlicher Buchungsvorschriften zu überwachen und in Zweifelsfragen zu entscheiden sowie die Bilanzen für sie und die deutschen Unternehmen der M-Gruppe einschließlich der jährlichen Gewinn- und Verlustrechnungen eigenverantwortlich zu erstellen. Seine Vorschläge würden von der Geschäftsführung übernommen. B gestalte auch Grundstücksverträge und Verträge zwischen verbundenen Unternehmen. Der Betriebsrat ist demgegenüber der Ansicht, B gehöre nur formell einer Leitungsebene an, auf der auch leitende Angestellte vertreten seien. Er sei – anders als die übrigen Hauptabteilungsleiter – ein sog. „Titular-Leitender", der keine eigenständigen und eigenverantwortlichen Aufgaben wahrzunehmen habe. Der Umstand, dass er die von der A-GmbH genannten Aufgaben wahrnehme, stehe dem nicht entgegen, weil er jedenfalls im Wesentlichen nur im Vorbereitungsstadium tätig werde und mit Dritten keine Verträge als rechtsgeschäftlicher Vertreter abschließe, sodass sein Einfluss auf den internen Bereich beschränkt sei. Darüber hinaus seien seine Aufgabenstellungen eng begrenzt und in ihrer unternehmerischen Bedeutung von geringem Gewicht. Tätigkeiten für andere Unternehmen der Arbeitgeberin seien außer Acht zu lassen. Hat der Feststellungsantrag der Arbeitgeberin Erfolg?

---

582 Vgl. dazu D/K/K/Trümner § 5 Rn. 204, 221 ff.; S/W/S § 5 Rn. 9; F/E/S/T/L § 5 Rn. 358.; Fröhlich ArbRB 2014, 16.

583 Vgl. Meinungsübersichten bei F/E/S/T/L § 5 Rn. 414 ff.; ErfK/Koch § 5 Rn. 23; D/K/K/Trümner § 5 Rn. 280 ff.

Der Feststellungsantrag hat Erfolg, wenn er zulässig und begründet ist.

A. Zulässigkeit des Feststellungsantrags **199**

I. Für das eingeleitete **Beschlussverfahren** ist der **Rechtsweg zu den Arbeitsgerichten** nach § 2 a Abs. 1 Nr. 1 ArbGG eröffnet, weil Streitgegenstand eine betriebsverfassungsrechtliche Frage, nämlich der Status des B als leitender Angestellter i.S.d. § 5 Abs. 3 ist.

Für das Beschlussverfahren, das in den Fällen des § 2 a ArbGG stattfindet (§§ 2 a Abs. 2, 80 Abs. 1 ArbGG), enthalten die §§ 80 ff. ArbGG Sonderregelungen. Es wird – anders als das Urteilsverfahren – nach § 2 ArbGG nicht durch Klage, sondern gemäß § 81 Abs. 1 ArbGG durch Antrag eingeleitet. Geführt wird es nicht vom Kläger und vom Beklagten, sondern von den Beteiligten, wobei sie in den neueren Entscheidungen zur besseren Verständlichkeit als Antragsteller und im Übrigen entsprechend ihrer Stellung, also z.B. als Arbeitgeber, Betriebsrat, Betriebsratsmitglied oder Arbeitnehmer, bezeichnet werden. Anders als im Urteilsverfahren gilt im Beschlussverfahren nicht die Parteimaxime, sondern gemäß § 83 ArbGG der **Amtsermittlungsgrundsatz**, wobei die Beteiligten gemäß § 83 Abs. 1 S. 2 ArbGG an der Aufklärung mitzuwirken haben.

II. **Antragsteller** kann jeder sein, der die nach § 10 ArbGG erforderliche Parteifähigkeit besitzt, wobei § 10 S. 1 Hs. 2 ArbGG die Parteifähigkeit für das Beschlussverfahren insofern zusätzlich erweitert, als insb. auch Betriebsräte und Schwerbehindertenvertretungen Beteiligte eines Beschlussverfahrens sein können. Unerheblich ist insoweit, ob diese nicht rechtsfähigen Gremien in der ihnen nach dem Gesetz zugewiesenen Funktion betroffen sein können, da dies keine Frage der Beteiligtenfähigkeit des Antragsstellers, sondern eine Frage der Antragsbefugnis ist.[584] Die A-GmbH ist als juristische Person des Privatrechts schon nach § 46 Abs. 2 ArbGG i.V.m. § 50 ZPO parteifähig. Außerdem sind Beteiligte des Statusverfahrens nach § 5 Abs. 3 der Betriebsrat sowie der betroffene Arbeitnehmer, also B.[585] **200**

Wer in einem Beschlussverfahren zu beteiligen ist, entscheidet nicht der Antragsteller. Maßgeblich dafür ist vielmehr die materielle Rechtslage. Dementsprechend sind die **am Verfahren zu beteiligenden Personen von Amts wegen zu ermitteln und zu beteiligen**.[586]

III. Die als Voraussetzung für eine Sachentscheidung im Beschlussverfahren erforderliche **Antragsbefugnis** des Antragstellers liegt vor, weil die Arbeitgeberin A-GmbH ein berechtigtes Interesse daran hat, den personellen Kompetenzbereich des BetrVG im Hinblick auf § 5 Abs. 3 zu klären, ohne dass ein aktueller Streit darüber vorliegen muss.[587] **201**

IV. **Zwischenergebnis:** Der Antrag der A-GmbH auf Feststellung, dass B ein leitender Angestellter i.S.d. § 5 Abs. 3 ist, ist somit zulässig.

B. Begründetheit des Antrags

Der Antrag ist begründet, wenn B leitender Angestellter i.S.d. § 5 Abs. 3 ist.

I. B ist nach dem Sachverhalt **zur selbstständigen Einstellung und Entlassung von Arbeitnehmern** nicht befugt, sodass er kein leitender Angestellte nach § 5 Abs. 3 S. 2 Nr. 1 ist. **202**

---

584 BAG NZA 2011, 473; Schlewing in G/M/P/M-G § 10 ArbGG Rn. 15 ff.
585 Vgl. dazu BAG AP Nr. 30 zu § 5 BetrVG; F/E/S/T/L § 5 Rn. 462 ff.; ErfK/Koch § 5 Rn. 29.
586 Vgl. BAG NZA 2019, 940; BAG BB 2018, 2231; BAG NZA 2014, 439; BAG NZA 2010, 1361; Bram FA 2014, 34; Spinner in G/M/P/M-G § 83 ArbGG Rn. 6 ff. und Rn. 26 ff. zu Folgen von Beteiligungsfehlern.
587 BAG Nr. 30 zu § 5 BetrVG; F/E/S/T/L § 5 Rn. 462 ff.; ErfK/Koch§ 5 Rn. 29; jeweils m.w.N.

Die Berechtigung, für die nicht die Vertretungsmacht nach außen, sondern das **Innenverhältnis zum Arbeitgeber maßgeblich** ist,[588] muss sich auf Einstellung und Entlassung beziehen, sodass nur eine der beiden Befugnisse nicht ausreicht. Insoweit ist also der Begriff des leitenden Angestellten i.S.d. § 5 Abs. 3 enger als der des § 14 Abs. 2 KSchG.[589]

203

II. B könnte aber nach § 5 Abs. 3 S. 2 Nr. 2 leitender Angestellter sein, weil ihm zusammen mit einem anderen Hauptabteilungsleiter Gesamtprokura erteilt wurde.

Der Umstand, dass dem B keine Einzel-, sondern lediglich eine Gesamtprokura nach § 48 Abs. 2 HGB erteilt wurde, steht der Anwendbarkeit des § 5 Abs. 3 S. 2 Nr. 2 nicht entgegen. Dass die Vertretungsbefugnisse des Prokuristen im Innenverhältnis zum Arbeitgeber gewissen Beschränkungen unterliegen, steht dieser Bestimmung ebenfalls nicht zwingend entgegen.[590] **Ausschlaggebend für die Zuordnung eines Prokuristen zum Personenkreis des § 5 Abs. 3 S. 2 Nr. 2 sind nicht nur** die vom Gesetzgeber geforderten **formellen Vertretungsbefugnisse, sondern auch die damit verbundenen unternehmerischen Aufgaben**, um derentwillen dem Arbeitnehmer Prokura erteilt worden ist. Diese dürfen sich dabei nicht in den sog. Stabsfunktionen erschöpfen, also in Aufgaben, die eine für den Arbeitgeber entscheidende Planung, Beratung und Vorbereitung betreffen, weil der unternehmerische **Einfluss** eines solchen **Angestellten in Stabsfunktion auf das Innenverhältnis zum Arbeitgeber beschränkt** ist. Sie üben damit keine Aufgaben aus, die regelmäßig einem Prokuristen kraft der gesetzlichen Vertretungsmacht des § 49 HGB vorbehalten sind, weil ihren Entscheidungen **keine unmittelbare Außenwirkung** zukommt. Für ihre Aufgabe hat deshalb die Prokura – ebenso wie bei den sog. Titularprokuristen – keine sachliche Bedeutung, sodass sie nicht unter § 5 Abs. 3 S. 2 Nr. 2 fallen.[591] Da der Tätigkeit des B nach dem Sachverhalt keine unmittelbare Außenwirkung zukommt, ist er kein leitender Angestellter nach § 5 Abs. 3 S. 2 Nr. 2.

204

III. B könnte jedoch ein **leitender Angestellter nach § 5 Abs. 3 S. 2 Nr. 3** sein.

1. Die Fallgruppe des § 5 Abs. 3 S. 2 Nr. 3 enthält eine **funktionsbezogene Umschreibung** der ganz überwiegenden Zahl der leitenden Angestellten, indem sie auf die **Bedeutung der Aufgaben, die Entscheidungsfreiheit sowie die besonderen Kenntnisse und Erfahrungen des Angestellten** abstellt. Ausreichend sind dabei nur solche Aufgaben, **die für den Bestand und die Entwicklung des Unternehmens oder des Betriebs von Bedeutung sind**, die sich also deutlich von den Aufgaben abheben, die den anderen Angestellten übertragen wurden.[592] Nicht erforderlich ist, dass der Angestellte selbst die maßgeblichen Entscheidungen trifft. Vielmehr genügt es, wenn er kraft seiner Schlüsselposition und seines besonderen Sachverstands unternehmerische Entscheidungen auf eine Weise vorbereitet, die es der eigentlichen Unternehmensführung nicht mehr gestattet, an seinen Vorschlägen vorbeizugehen, er

---

588 BAG NJW 2010, 313; ErfK/Koch § 5 Rn. 19; Besgen B+P 2018, 824 und F/E/S/T/L § 5 Rn. 374 m.w.N.

589 Vgl. dazu BAG NZA 2000, 427; ErfK/Koch § 5 Rn. 19; Vogel/Winter, ZAT 2016, 40; Vogel NZA 2002, 313 ff.

590 Vgl. BAG NZA 1995, 747, 748; ErfK/Koch § 5 Rn. 19; F/E/S/T/L § 5 Rn. 380 ff.; Fröhlich ArbRB 2014, 16.

591 Vgl. BAG NJW 2010, 313; BAG NZA 1995, 747, 749; F/E/S/T/L § 5 Rn. 389; ErfK/Koch § 5 Rn. 20; S/W/S § 5 Rn. 11 b.

592 BAG NZA 2010, 955; F/E/S/T/L § 5 Rn. 391 ff.; ErfK/Koch § 5 Rn. 21 f.

also maßgeblichen Einfluss auf die Unternehmensführung hat. Unter § 5 Abs. 3 S. 2 Nr. 3 können also auch Angestellte mit sog. Stabsfunktionen fallen.[593]

205

2. Da zum Aufgabenbereich des B nicht nur die selbstständige Erstellung von Bilanzen für die Antragstellerin, sondern auch für die bundesdeutschen Unternehmen der M-Gruppe gehört, ist die Bedeutung seiner Aufgabe innerhalb des Unternehmens und nicht nur des Betriebs der Antragstellerin zu beurteilen.[594] B ist als Leiter der Hauptabteilung Rechnungswesen unmittelbar dem zuständigen Geschäftsführer unterstellt, sodass er der zweiten Führungsebene angehört. Die ihm bis zur Entscheidungsreife übertragenen Aufgaben im Bereich der Bilanzierung einschließlich der eigenständigen Aufstellung der jährlichen Gewinn- und Verlustrechnungen sowie die damit einhergehenden Verhandlungen mit den Wirtschafts- und Betriebsprüfern sind für das Unternehmen von zentraler wirtschaftlicher und finanzieller und damit von erheblicher Bedeutung i.S.d. § 5 Abs. 3 S. 2 Nr. 3, was durch die Regelungen der §§ 264 ff. HGB auch deutlich zum Ausdruck gebracht wird. Denn die einzelnen Positionen der Bilanz sowie der Gewinn- und Verlustrechnung lassen sich durch die Ausübung gesetzlich zulässiger Bilanzierungs- und Bewertungswahlrechte gezielt beeinflussen, was für die Steuerbemessungsgrundlagen, die sich daraus errechnenden Steuern und damit auch für die Ertragslage des Unternehmens enorm wichtig ist. Der Umstand, dass B die Bilanzen aufstellt, aber nicht unterzeichnet, ist schon deswegen unerheblich, weil diese Aufgabe nach § 264 HGB zwingend den gesetzlichen Vertretern vorbehalten bleibt. Insgesamt nimmt B daher im Bilanzwesen und bei der Vorbereitung der unternehmerischen Vertragsgestaltung eine Schlüsselposition ein, die die Anforderungen des § 5 Abs. 3 S. 2 Nr. 3 erfüllt.[595]

IV. **Ergebnis:** Das Arbeitsgericht wird dem Statusfeststellungsantrag der Arbeitgeberin stattgeben, weil B leitender Angestellter nach § 5 Abs. 3 S. 2 Nr. 3 ist.

206

Da B bereits nach § 5 Abs. 3 S. 2 Nr. 3 leitender Angestellter ist, braucht auf die Regelung des § 5 Abs. 4 nicht mehr zurückgegriffen zu werden, deren Rechtscharakter umstritten ist. Nach dem **BAG**[596] enthält **§ 5 Abs. 4** weder Regelbeispiele bzw. eine authentische Interpretation zu § 5 Abs. 3 S. 2 Nr. 3 noch widerlegbare bzw. unwiderlegbare Vermutungstatbestände, sondern gibt eine **Entscheidungshilfe, wenn bei der Sachverhaltswürdigung Zweifel bleiben, also ein Grenzfall vorliegt**, bei dem sowohl eine Einordnung des Angestellten als Arbeitnehmer i.S.d. § 5 Abs. 1 als auch als leitender Angestellter i.S.d. § 5 Abs. 3 S. 2 Nr. 3 vertretbar erscheint. Für die leitende Stellung des B könnte zusätzlich angeführt werden, dass er einer Leitungsebene angehört, auf der in dem Unternehmen überwiegend leitende Angestellte vertreten sind, § 5 Abs. 4 Nr. 2. Da dem B eine erst neu gegründete Abteilung zugewiesen wurde, greift dagegen § 5 Abs. 4 Nr. 1 als Hilfserwägung nicht ein. Welches Einkommen die übrigen leitenden Angestellten des Unternehmens erzielen (§ 5 Abs. 4 Nr. 3), ergibt sich aus dem Sachverhalt nicht. Das Einkommen des B lag mit 75.000 € unterhalb der dreifachen Bezugsgröße nach § 18 SGB IV,[597] sodass § 5 Abs. 4 Nr. 4 als Hilfserwägung ebenfalls nicht eingreift.

---

593 BAG NZA 2015, 40; BAG NJW 2010, 313; F/E/S/T/L § 5 Rn. 393; D/K/K/Trümner § 5 Rn. 262 f.; S/W/S § 5 Rn. 15.

594 Vgl. BAG NZA 1995, 747, 750; D/K/K/Trümner § 5 Rn. 265 ff.; S/W/S § 5 Rn. 16 a.

595 Vgl. dazu BAG NJW 2010, 313; BAG NZA 1995, 747, 750; F/E/S/T/L § 5 Rn. 391 ff.; ErfK/Koch § 5 Rn. 21 f.

596 BAG, Beschl. v. 22.04.1994 – 7 ABR 32/93, BeckRS 1994, 30747988; D/K/K/Trümner § 5 Rn. 285 ff. mit Meinungsübersicht.

597 Vgl. dazu § 2 Sozialversicherungs-RechengrößenG: Im Jahr 2018 betrug das Dreifache dieser Bezugsgröße 109.620 € in den alten bzw. 97.020 € in den neuen Bundesländern; vgl. auch ErfK/Koch § 5 Rn. 27.

D. Träger der Betriebsverfassung

I. Überblick

207 **1.** Die wichtigsten **Träger der Betriebsverfassung** sind in § 2 genannt. Dies sind neben dem Arbeitgeber:

- der Betriebsrat (vgl. dazu Rn. 210 ff.),

- die Betriebsversammlung (vgl. §§ 42 ff. und sogleich unten),

- die Koalitionen, d.h. die Gewerkschaften und die Arbeitgeberverbände (vgl. dazu oben Rn. 5 ff.).

Alle anderen Institutionen der Betriebsverfassung wie Betriebsratsausschüsse (§§ 27 ff.) und der Wirtschaftsausschuss (§§ 106 ff.) auf der Arbeitnehmerseite sowie Arbeitsgruppen (§ 28 a) und Einigungsstellen (§ 76) auf der Arbeitnehmer- und Arbeitgeberseite haben demgegenüber nur Hilfsfunktionen oder untergeordnete Bedeutung.

Die **Betriebsversammlung** besteht aus den Arbeitnehmern des Betriebs, ist nicht öffentlich (§ 42 Abs. 1) und dient vor allem der Information der Arbeitnehmer, sodass der Betriebsrat auf den regelmäßigen Betriebsversammlungen, die nach § 43 Abs. 1 vierteljährlich einzuberufen sind, einen Tätigkeitsbericht zu erstatten hat. Die Betriebsversammlung kann zwar dem Betriebsrat Anträge unterbreiten und zu dessen Beschlüssen Stellung nehmen, sie ist aber dem Betriebsrat nicht übergeordnet, insbesondere nicht befugt, ihm Weisungen zu erteilen.[598] Die ordentliche Betriebsversammlung findet grds. während der Arbeitszeit statt. Die **Teilnahme an den regelmäßigen Betriebsversammlungen** nach § 43 Abs. 1 ist gemäß § 44 Abs. 1 S. 2 **wie Arbeitszeit zu vergüten.**[599] Dies gilt auch dann, wenn sie ausnahmsweise außerhalb der betriebsüblichen Zeit stattfindet, § 44 Abs. 1 S. 3. Eine **außerordentliche Betriebsversammlung** kann der Betriebsrat einberufen, wenn er sie für erforderlich hält. Beim Vorliegen der Voraussetzungen des § 43 Abs. 3 und 4 muss er sie einberufen. Sie findet grds. außerhalb der Arbeitszeit statt. Ein Vergütungsanspruch besteht nicht, § 44 Abs. 2. Teilnahmerecht an der Betriebsversammlung hat auch der Arbeitgeber, der mindestens einmal im Jahr über das Personal- und Sozialwesen sowie über die wirtschaftliche Lage und Entwicklung des Betriebs berichten muss, § 43 Abs. 2. Teilnahmerecht haben außerdem Beauftragte der im Betrieb vertretenen Gewerkschaft sowie des Arbeitgeberverbandes, dem der Arbeitgeber angehört, § 46 Abs. 1.[600] Nach OVG Münster sind Zeiten der Teilnahme an einer Betriebsversammlung als Arbeitszeit i.S.d. § 2 ArbZG zu qualifizieren.[601]

208 **2.** Gehören zu einem Unternehmen mehrere selbstständige Betriebe, so muss auf der Unternehmensebene ein **Gesamtbetriebsrat** errichtet werden, §§ 47 ff. In einem Konzern (§ 18 Abs. 1 AktG) kann durch Beschlüsse der einzelnen Gesamtbetriebsräte ein **Konzernbetriebsrat** gebildet werden, §§ 54 ff. Während also die **Errichtung des Gesamtbetriebsrats zwingend** ist, ist die **Bildung des Konzernbetriebsrats freiwillig.** Die Gesamt- bzw. Konzernbetriebsräte sind für Angelegenheiten zuständig, die unternehmens- bzw. konzernübergreifende Regelungen erfordern (vgl. dazu Rn. 288 ff. bzw. Rn. 292 ff.).

209 **3.** In Betrieben mit mindestens fünf Jugendlichen (Arbeitnehmer, die das 18. Lebensjahr oder Auszubildenden, die das 25. Lebensjahr noch nicht vollendet haben), ist eine **Ju-**

---

598 F/E/S/T/L § 42 Rn. 9 ff.; MünchArbR/Lunk § 298 Rn. 1 ff; Dütz/Thüsing Rn. 871; B/R/H Rn. 883 a.E.

599 Vgl. BAG NZA 1992, 557; MünchArbR/Lunk § 289 Rn. 12 ff.; 80 ff.; F/E/S/T/L § 44 Rn. 24 ff.; krit. S/W/S § 42–46 Rn. 49 a.

600 F/E/S/T/L § 42 Rn. 14 ff.; S/W/S § 42–46 Rn. 13 ff.; ausführlich zu Problemen der Betriebsversammlung Ludwig/Forschner DB 2019, 907; Wolmerath ArbR 2016, 136; 160; Cox/Grimberg AiB 2001, 706 ff. m. Rspr.-Übersicht.

601 OVG Münster BB 2011, 1972; Tonikidis AuR 2018, 284; a.A. Bartz/Stratmann NZA-RR 2013, 281; vgl. auch Windeln/de Kruijff ArbRB 2019, 285, keine Arbeitszeit, aber Wertungen des ArbZG zu Ruhe- u. Höchstarbeitszeiten zu berücksichtigen.

gend- und Auszubildendenvertretung zu wählen. Sie hat aber keine eigenen Beteiligungsrechte, sondern kann nur über den Betriebsrat (bzw. Personalrat) tätig werden.[602]

II. Der Betriebsrat

1. Allgemeine Grundsätze für die Tätigkeit des Betriebsrats

a) Der **Betriebsrat** ist der **gesetzliche Interessenvertreter** (Repräsentant) **der Belegschaft**, ohne rechtsgeschäftlicher Vertreter der Arbeitnehmer i.S.d. §§ 164 ff. BGB zu sein. Er wird zwar vorwiegend im Interesse der Belegschaft tätig, ist aber **selbst Träger** der **Rechte und Pflichten aus dem BetrVG und übt** sie deshalb **im eigenen Namen aus**. Während seiner Amtszeit ist der Betriebsrat an keinerlei Weisungen der Belegschaft bzw. der Belegschaftsversammlung (§ 42) gebunden. Auch wenn die Betriebsratsmitglieder häufig Mitglieder einer Gewerkschaft sind, ist der **Betriebsrat kein Gewerkschaftsorgan** und von der Gewerkschaft auch nicht weisungsabhängig. Vielmehr erhält der Betriebsrat durch seine Wahl von der Belegschaft ein **freies Mandat** zur Wahrnehmung seiner eigenen Rechte und Pflichten nach dem BetrVG.[603]

210

b) Als Repräsentant der Belegschaft hat der Betriebsrat **keine eigene Rechtspersönlichkeit im allgemeinen zivilrechtlichen Sinne**, sodass er weder rechts- noch vermögensfähig ist. Er selbst kann deshalb im Verhältnis zu Dritten keine eigenen Verpflichtungen begründen. Etwas anderes ergibt sich auch nicht daraus, dass der Betriebsrat in einem arbeitsgerichtlichen Beschlussverfahren parteifähig ist (vgl. Fall 3, Rn. 28 ff.), weil dies nur seine **partielle betriebsverfassungsrechtliche Rechts- und Handlungsfähigkeit** betrifft. Der Betriebsrat ist somit nur insoweit partiell rechts- und handlungsfähig, als er innerhalb der ihm nach dem BetrVG zugewiesenen Aufgaben tätig geworden ist.[604]

211

Beispiel: Kostenerstattungsanspruch des Betriebsrats nach § 40 Abs. 1
Nach § 40 Abs. 1 hat der Arbeitgeber die Kosten zu tragen, die durch die erforderliche Betriebsratstätigkeit entstanden sind, wozu auch Rechtsanwaltskosten gehören können.[605] Das BetrVG verleiht zwar dem Betriebsrat keine allgemeine Rechts- und Vermögensfähigkeit, durch die Kostenerstattungspflicht aus § 40 Abs. 1 entsteht aber zwischen dem Arbeitgeber und dem Betriebsrat ein vermögensrechtliches gesetzliches Schuldverhältnis, das eine Gläubigerstellung und damit eine durch das BetrVG begründete partielle Rechts- und Vermögensfähigkeit des Betriebsrats zur Folge hat. Er kann deshalb den Kostenerstattungsanspruch gegenüber dem Arbeitgeber in einem Beschlussverfahren selbst verfolgen oder abtreten, was zur Umwandlung des Freistellungsanspruchs in einen Zahlungsanspruch führt.[606]

Umstritten ist dagegen, ob der Betriebsrat selbst oder seine Mitglieder als Vertreter ohne Vertretungsmacht (§ 179 BGB) wegen verursachter Kosten der Betriebsratstätigkeit, insbesondere im Zusammenhang mit § 40 haften und von Dritten im Hinblick auf insoweit abgeschlossene Verträge (z.B. Beratungsverträge) gerichtlich mit Erfolg in Anspruch genommen werden können und inwieweit bei Haftung der Betriebsratsmitglieder als Vertreter ohne Vertretungsmacht nach § 179 BGB eine Haftungsbeschränkung nach den Grundsätzen über den innerbetrieblichen Schadensausgleich in Betracht kommt.[607]

---

602 Vgl. F/E/S/T/L § 67 Rn. 4; ErfK/Koch § 67 Rn. 1; MünchArbR/Stammer § 303 Rn. 1 ff. und unten Rn. 293 ff.

603 Vgl. dazu MünchArbR/Boemke § 289 Rn. 1 ff.; F/E/S/T/L § 1 Rn. 188 ff.; Krause RdA 2009, 129 u. Däubler NZA 2019, 1601.

604 Vgl. BAG NZA 2005, 123; MünchArbR/Boemke § 286 Rn. 16 ff.

605 Vgl. BAG NZA 2009, 1223; S/W/S § 40 Rn. 10 ff. und später Rn. 260 ff.

606 BAG NZA 2003, 53 ff.; F/E/S/T/L § 40 Rn. 138 ff., 147.; vgl. aber auch BAG ArbR 2019, 34 m. abl. Anm. Schulze/Volk ArbR 2019, 34: Von § 40 nicht erfasste RA-Kosten sind regelmäßig kein nach § 280 Abs. 1 BGB erstattungsfähiger Schaden.

607 Für grds. Haftung des BR im Umfang seiner Vermögensfähigkeit und seiner Mitglieder nach § 179 BGB BGH NZA 2012, 1382; a.A. Fischer NZA 2014, 343; Hayen AuR 2013, 95; krit. Benecke NZA 2018, 1361, 1364 ff.; dazu und zu Haftungsprivilegien Schuster/Schunder NZA 2020, 92; Schmitt jM 2019, 364 und Dommermuth-Alhäuser/Heup BB 2013, 1461.

212 **c)** Der Betriebsrat ist zwar Interessenvertreter der Belegschaft, aber – anders als die Gewerkschaften – **kein sozialer Gegenspieler des Arbeitgebers**. Vielmehr ist er nach **§ 2 Abs. 1** zu einer vertrauensvollen Zusammenarbeit mit dem Arbeitgeber zum Wohl der Arbeitnehmer und des Betriebs verpflichtet. Dieser allgemeine **Grundsatz der vertrauensvollen Zusammenarbeit** ist keine „leere Programmhülse", sondern ein **unmittelbar verpflichtender Rechtssatz**, der mit § 242 BGB vergleichbar ist. Danach sind zum einen beide Betriebspartner zu einer vertrauensvollen Zusammenarbeit in gegenseitiger Offenheit und Ehrlichkeit verpflichtet, die trotz der bestehenden Interessengegensätze durch Verhandlungs- und Kompromissbereitschaft gekennzeichnet ist. **Kurz gefasst „Kooperation statt Konfrontation" bzw. „Konfliktlösung durch Dialog".** Zum anderen ist der Grundsatz der vertrauensvollen Zusammenarbeit auch bei der **Auslegung von unbestimmten Rechtsbegriffen des BetrVG**, insb. bei der Festlegung der einzelnen Rechte und Pflichten der Betriebspartner zu berücksichtigen. Mitwirkungs- und Mitbestimmungsrechte des Betriebsrats, die im BetrVG nicht vorgesehen sind, lassen sich allerdings aus dem allgemeinen Grundsatz des § 2 Abs. 1 nicht ableiten. Denn diese Bestimmung betrifft lediglich die Art der Ausübung bestehender Rechte.[608]

213 **Gesetzliche Konkretisierungen bzw. Ergänzungen des allgemeinen Grundsatzes der vertrauensvollen Zusammenarbeit des § 2 Abs. 1 im Verhältnis zwischen Arbeitgeber und Betriebsrat enthalten:**

- § 74 Abs. 1: Verpflichtung zu regelmäßigen monatlichen Besprechungen

- § 74 Abs. 1 S. 2: Verhandlungspflicht zur Beilegung von Streitigkeiten

- § 74 Abs. 2 S. 1, 2: Absolutes Arbeitskampfverbot für beide Betriebspartner

  Das Arbeitskampfverbot bedeutet allerdings nicht, dass sich die einzelnen Betriebsratsmitglieder nicht wie alle anderen Arbeitnehmer an Arbeitskampfmaßnahmen beteiligen dürfen. Sie dürfen es nur nicht unter Ausnutzung ihrer Amtsträgerschaft tun (z.B. als BR zum Streik aufrufen). Der Betriebsrat als Organ und seine Mitglieder als Amtsträger müssen sich also im Arbeitskampf neutral verhalten.[609] Aus dem Neutralitätsgebot kann sich aber eine Einschränkung der Beteiligungsrechte des Betriebsrats im Arbeitskampf ergeben.[610]

- § 74 Abs. 2 S. 3: Verbot der parteipolitischen Betätigung im Betrieb

  Durch das Verbot der parteipolitischen Betätigung im Betrieb (z.B. Aufruf zur Wahl einer bestimmten Partei) wird das Grundrecht der freien Meinungsäußerung aus Art. 5 Abs. 1 GG eingeschränkt, ohne dass es auf eine konkrete Störung des Betriebsfriedens ankommt. Es handelt sich dabei also wegen der abstrakten Möglichkeit der Gefährdung des Betriebsfriedens um ein absolutes Verbot.[611] Gesichert wird durch § 74 Abs. 2 S. 3 die parteipolitische Neutralität des BR.[612] Äußerungen allgemeinpolitischer Art ohne Bezug zu einer Partei werden dagegen nach h.M. von dem Verbot des § 74 Abs. 2 nicht erfasst.[613]

- § 74 Abs. 2 S. 2: Verbot von sonstigen Betätigungen, die den Arbeitsablauf oder den Betriebsfrieden gefährden

---

608 BAG NZA 2014, 1213, 1216; BAG NZA 1995, 40, 42; F/E/S/T/L § 2 Rn. 15 ff., 23; D/K/K/Berg § 2 Rn. 4 ff.; S/W/S § 2 Rn. 3 ff.

609 Vgl. dazu BAG NZA 2014, 319; Berg AiB 2019, Nr. 2, 41–44; Schönhöft/Weyhing BB 2014, 762.

610 Vgl. BAG NZA 2018, 1081 zu Überstunden bei Streik; zust. Nothelfer/Schlotthauer SAE 2019, 63; Meyer RdA 2018, 380; Kleinmann/Fündling NZA 2018, 1386; Sura NZA-RR 2018, 555 (Versetzung); allg. Pfeffer ArbR 2019, 86 u. oben Rn. 145.

611 Vgl. dazu BVerfG AP Nr. 2 zu § 74 BetrVG; F/E/S /T/L § 74 Rn. 37; a.A. D/K/K/Berg § 74 Rn. 53 ff.

612 BAG NZA 1987, 153 f.; ErfK/Kania § 74 Rn. 21 ff.; F/E/S/T/L § 74 Rn. 37 ff., 50.

613 BAG RdA 2011, 58 m. krit. Anm. Reichold; a.A. Bauer/Willemsen NZA 2010, 1089.

Anders als das Verbot der parteipolitischen Betätigung sind sonstige Betätigungen nicht absolut, sondern nur dann verboten, wenn dadurch der Arbeitsablauf oder der Betriebsfrieden konkret gefährdet werden.[614]

■ § 80 Abs. 2: Anspruch des Betriebsrats auf Unterrichtung und Vorlage der erforderlichen Unterlagen zur Erfüllung seiner Aufgaben nach dem BetrVG.

Dieser allgemeine Unterrichtungsanspruch besteht unabhängig vom Vorliegen der Voraussetzungen spezieller Unterrichtungsansprüche (z.B. nach §§ 90, 92 Abs. 1, 99 Abs. 1, 102 Abs. 1) und soll den BR in die Lage versetzen, selbst zu prüfen, ob sich für ihn Aufgaben ergeben und er zur Erfüllung dieser Aufgaben tätig werden soll. Dieser Unterrichtungsanspruch setzt allerdings eine hinreichende Wahrscheinlichkeit voraus, dass die dabei gewonnenen Erkenntnisse Aufgaben des BR betreffen.[615]

d) Eine weitere **Konkretisierung des Grundsatzes der vertrauensvollen Zusammenarbeit zum Wohl der Arbeitnehmer enthält § 75**, der die elementaren Grundsätze der Behandlung der Betriebsangehörigen durch Betriebsrat und Arbeitgeber normiert. Diese Vorschrift setzt nicht nur dem Direktionsrecht des Arbeitgebers Schranken, sondern stellt auch eine verbindliche Grundlage für die Regelungskompetenz der Betriebspartner und die Ausübung der Mitbestimmungsrechte dar.[616] Dies sind:

214

■ § 75 Abs. 1 S. 1: Grundsatz von Recht und Billigkeit

■ § 75 Abs. 1 S. 1: Beachtung des Diskriminierungsverbots (vgl. auch § 1, 7, 17 AGG)

■ § 75 Abs. 2: Schutz und Förderung der freien Persönlichkeitsentfaltung der Arbeitnehmer

Normadressaten des § 75 sind über den Wortlaut hinaus auch die einzelnen Betriebsratsmitglieder, weil der Betriebsrat als solcher handlungsunfähig ist, sodass die Amtspflichten auch solche der Betriebsratsmitglieder sein müssen.[617]

Da § 75 Abs. 1 S. 1 – anders als § 75 Abs. 1 S. 2, Abs. 2 – nicht nur auf die Arbeitnehmer i.S.d. § 5 Abs. 1, sondern auf die im Betrieb tätigen Personen abstellt, fallen darunter nach ganz h.M. nicht nur die Arbeitnehmer i.S.d. § 5 Abs. 1, sondern auch Leiharbeitnehmer sowie die Beschäftigten i.S.d. § 5 Abs. 2.[618]

Das BAG nahm früher an, dass aus § 75 Abs. 1 auch folge, dass **Betriebsvereinbarungen** nicht nur einer Rechts-, sondern **auch** einer **Billigkeitskontrolle** unterliegen. Diese umstrittene Rspr. gab das BAG inzwischen im Ergebnis auf und unterwirft die Betriebsvereinbarungen wie die h.L. nur noch einer Rechtskontrolle.[619]

2. Die Wahl des Betriebsrats

Die Wahl und die Zusammensetzung des Betriebsrats sind in den §§ 7 ff. geregelt, wobei das BetrVG in den §§ 14 ff. nur die allgemeinen Grundsätze für die Durchführung der Betriebsratswahl regelt. Die Einzelheiten der Durchführung des Wahlverfahrens sind dagegen in der Wahlordnung (WO) geregelt.[620] Hinsichtlich der **Art des Verfahrens bei**

215

---

614 Vgl. BVerfG P Nr. 2 zu § 74 BetrVG; F/E/S/T/L § 74 Rn. 27 ff.; ErfK/Kania § 74 Rn. 16 ff.

615 Vgl. BAG NZA 2019, 1055; BAG NZA 2019, 850; BAG ArbRB 2018, 266 m. Anm. Markowski; auch zum Grad der erforderlichen Wahrscheinlichkeit und zum Umfang der Unterrichtung, um beurteilen zu können, ob und inwieweit ein Mitbestimmungsrecht in Betracht kommt; dazu auch Lelley/Bruck/Yildiz BB 2018, 2164; Schulz/Pfrang BB 2018, 1396.

616 BAG NZA 2007, 462; F/E/S /T/L § 75 Rn. 3 ff.; Wiese NZA 2006, 1, 4 ff.

617 F/E/S/T/L § 75 Rn. 10; S/W/S § 75 Rn. 2; MünchArbR/Boemke § 288 Rn. 32 ff.

618 S/W/S § 75 Rn. 2; D/K/K/Berg § 75 Rn. 10; MünchArbR/Boemke § 288 Rn. 32 ff.

619 Vgl. BAG NZA 2013, 338; ErfK/Kania § 75 Rn. 5 ff.; MünchArbR/Boemke § 288 Rn. 34 f.; Preis/Ulber RdA 2013, 211 ff.; a.A. früher BAG NZA 1995, 266, 267 und heute noch u.a. S/W/S § 75 Rn. 2.

620 Vgl. zur Neufassung der Wahlordnung F/E/S/T/L, Anhang WO 2001; S. 1983 ff.; Neumann BB 2002, 510 ff.

den **Betriebsratswahlen** ist **zwischen** dem sog. **Regelverfahren nach § 14** (dazu Rn. 222 ff.) **und dem vereinfachten Wahlverfahren in „kleineren" Betrieben nach § 14 a** (dazu Rn. 225 f.) **zu unterscheiden.**[621]

a) Allgemeine Grundsätze für die Betriebsratswahlen

216 Die nachfolgenden Grundsätze gelten unabhängig davon, ob die Betriebsratswahl in dem Regelwahlverfahren nach § 14 oder dem vereinfachten Wahlverfahren nach § 14 a durchzuführen ist.

aa) Nach § 13 Abs. 1 finden die **Betriebsratswahlen alle vier Jahre in der Zeit vom 01.03. bis zum 31.05.** statt. Zuletzt wurden die Betriebsräte im Jahr 2018 gewählt, sodass die nächsten Betriebsratswahlen im Jahr 2022 sind. Außerhalb des Regelwahlzeitraumes ist der Betriebsrat in den im § 13 Abs. 2 abschließend aufgezählten Fällen zu wählen (vgl. zur Amtszeit des Betriebsrats auch Rn. 249 ff.).

Beispiel zu § 13 Abs. 2 Nr. 1: Enormer Personalzuwachs
Im Betrieb des U wurde am 30.01.2014 erstmals ein 3-köpfiger Betriebsrat bei 30 wahlberechtigten Arbeitnehmern gewählt. Am 31.01.2017 waren bei U insgesamt 70 wahlberechtigte Arbeitnehmer beschäftigt. Neuwahlen?

Die Voraussetzungen für die Neuwahl des Betriebsrats nach § 13 Abs. 2 Nr. 1 liegen nicht vor. Die Zahl der Arbeitnehmer ist zwar am Stichtag, also 24 Monate nach der Betriebsratswahl (Fristberechnung nach §§ 186 ff. BGB), um mehr als die Hälfte, nicht aber um mindestens 50 Arbeitnehmer gestiegen. Damit eine Neuwahl nach § 13 Abs. 2 Nr. 1 durchzuführen ist, müssen am Stichtag (frühere/spätere Veränderungen unerheblich) beide zahlenmäßigen Voraussetzungen kumulativ vorliegen.[622]

217 **bb) Der Betriebsrat wird gemäß § 14 Abs. 1 i.V.m. § 11 WO in einer geheimen, unmittelbaren und gemeinsamen Wahl von den Arbeitern und Angestellten gewählt.** Die frühere Gruppenwahl ist nach Aufhebung der Unterscheidung zwischen Angestellten und Arbeitern (§ 6 a.F.) weggefallen. Die Stimme ist grds. persönlich abzugeben. Ist der Arbeitnehmer an der Stimmabgabe verhindert, besteht die Möglichkeit der Briefwahl, §§ 24 ff. WO für das Regelverfahren und § 14 a Abs. 4 i.V.m. § 35 WO für das vereinfachte Wahlverfahren.

218 **cc)** Bei der Verteilung der Betriebsratssitze ist nach **§ 15 Abs. 2** eine **Geschlechterquote** in der Weise zu berücksichtigen, dass das Geschlecht, das in der Minderheit ist, mindestens entsprechend seinem zahlenmäßigen Verhältnis im **Betriebsrat** vertreten sein muss, wenn dieser **aus mindestens drei Mitgliedern besteht.**[623]

219 **dd) Zuständig für die Durchführung der Betriebsratswahlen ist der Wahlvorstand,** der sie gemäß § 18 unverzüglich nach seiner Bestellung einzuleiten, durchzuführen und das Wahlergebnis festzustellen hat. Der Wahlvorstand hat also dafür zu sorgen, dass die Betriebsratswahl entsprechend den Vorschriften des BetrVG und der WO durchgeführt wird, sodass von ihm die im Zusammenhang mit den Betriebsratswahlen auftretenden Rechtsfragen zu klären sind.[624] Er muss gemäß § 16 Abs. 1 S. 1 **mindestens aus drei**

---

621 Rspr.-Übers. zu BR-Wahlen bei Burgmer/Richter NZA-RR 2018, 1; 2014, 57; 2010, 57; Schäuble/Werhann GWR 2018, 41; Lunk/Schnelle/Witten NZA 2014, 57; Willsch ArbR 2017, 480; Schulze/Willsch ArbR 2014, 117 u. Schipp ArbRB 2014, 13.

622 Vgl. F/E/S/T/L § 13 Rn. 21 ff.; D/K/K/Homburg § 13 Rn. 8 f.; S/W/S § 13 Rn. 3 ff.

623 Vgl. dazu Heilmann/Berg AiB 2013, 555; Kamanabrou RdA 2006, 186; Weller NZA 2005 und Rn. 229 ff.

624 Vgl. Hexel DB 2018, 2187; Eylert/Rinck PersV 2018, 284; Windeln ArbRB 2017, 284; Otto/Schmidt NZA 2014, 169, insb. zur Bestellung und zum Kündigungsschutz der Wahlvorstandsmitglieder und Grambow BB 2017, 1978 zur Möglichkeit der einstw. Verfügung gegen rechtswidrige Maßnahmen des Wahlvorstandes im Rahmen von BR-Wahlen.

wahlberechtigten Arbeitnehmern des Betriebs bestehen (Ausnahme bei Bestellung durch das ArbG, §§ 16 Abs. 2 S. 3, 17 Abs. 4 S. 2, ggf. i.V.m. § 17 a Nr. 4). Eine Erhöhung der Zahl der Wahlvorstandsmitglieder nach Maßgabe des § 16 Abs. 1 S. 2, 3 kommt nur bei dem Regelwahlverfahren, nicht dagegen bei dem vereinfachten Wahlverfahren in Betracht, § 17 a Nr. 2.

Die „Einberufung" des Wahlvorstands ist für das Regelverfahren in den §§ 16, 17 geregelt, die für das vereinfachte Wahlverfahren durch den § 17 a modifiziert werden. Entscheidend ist insoweit in erster Linie, ob in dem Betrieb bereits ein BR besteht, der bei beiden Wahlarten in erster Linie für die Bestellung des Wahlvorstands zuständig ist, § 16. Einzelheiten dazu später bei den einzelnen Wahlverfahren.

Die einzelnen **Aufgaben des Wahlvorstands** sind in den §§ 1–27 WO (Regelverfahren) geregelt, wobei für zweistufige und einstufige vereinfachte Wahlverfahren, insbesondere hinsichtlich Fristen und Form Sonderregelungen in den §§ 28, 35 bzw. 36 WO zu beachten sind. **Die wichtigsten Aufgaben sind:**   **220**

- Erstellung von nach dem Geschlecht getrennten Wählerlisten nach § 2 WO, die unabhängig von etwaigen Einsprüchen nach Maßgabe des § 4 Abs. 3 WO bis zum letzten Tag vor der Stimmabgabe zu berichtigen sind. Dabei ist zu beachten, dass die Aufnahme in die Wählerliste gemäß § 2 Abs. 3 WO formelle Voraussetzung für die Wahlberechtigung nach § 7 und die Wählbarkeit nach § 8 ist. Die materielle Wahlberechtigung bzw. die Wählbarkeit wird dagegen damit nicht begründet. Entscheidend dafür sind allein die §§ 7, 8.[625]

- Festlegung der nach § 9 zu wählenden Zahl der Betriebsratsmitglieder sowie der der Geschlechterquote des § 15 Abs. 2 entsprechenden Verteilung der Betriebsratssitze

- Erlass des Wahlausschreibens nach § 3 WO, ggf. mit den Sonderregelungen des § 31 WO bzw. § 36 WO beim vereinfachten Verfahren

- Prüfung und Bescheidung der Einsprüche gegen die Wählerliste, § 4 WO (Regelverfahren), § 30 Abs. 2 WO (vereinfachtes Verfahren)

- Entgegennahme, Prüfung, Bescheidung und Bekanntmachung der eingereichten Vorschlagslisten nach §§ 6–10 WO (Regelverfahren), § 33 bzw. § 36 Abs. 5 WO (vereinfachtes Verfahren)

- Vorbereitung und Überwachung des Wahlvorgangs, §§ 11, 12 WO

- Öffentliche Stimmauszählung, Erstellung einer vorläufigen Wahlniederschrift, Benachrichtigung der Gewählten und Bekanntgabe des Wahlergebnisses, §§ 13 ff. WO

- Einberufung der konstituierenden Sitzung des Betriebsrats gemäß § 29 Abs. 1 innerhalb einer Woche nach dem Abschluss der Stimmabgabe und Teilnahme des Vorsitzenden des Wahlvorstands an dieser Sitzung bis zur Wahl eines Wahlleiters

ee) Verstöße gegen wesentliche Vorschriften über das Wahlrecht, die Wählbarkeit oder das Wahlverfahren können zur **Anfechtbarkeit der Betriebsratswahl nach Maßgabe des § 19** und in Ausnahmefällen zu gesetzlich nicht geregelter **Nichtigkeit der Wahl** führen, es sei denn, dass durch den Verstoß das Wahlergebnis nicht geändert oder beeinflusst werden konnte (vgl. dazu Fall 20, Rn. 235 ff.).   **221**

b) Das Regelwahlverfahren nach § 14 i.V.m. §§ 1–27 WO

aa) Das Regelwahlverfahren nach § 14 findet **grds. in allen Betrieben mit i.d.R. mehr als 50 wahlberechtigten Arbeitnehmern** statt und ist nach den Grundsätzen der **Ver-**   **222**

---

625 BAG ArbR 2018, 21 m. Anm. Söhl; BAG BB 2017, 2304 m. Anm. Weller zur Aktualisierung der Wählersite; F/E/S/T/L § 2 WO 2001 Rn. 8 und Möller/Kirschner ArbR 2017, 455; Siebens AiB 2013, 547 zur Wahlberechtigung und Wählbarkeit.

hältniswahl durchzuführen (Ausnahme: § 14 Abs. 1 S. 2: Mehrheitswahl bei nur einem Wahlvorschlag). In Betrieben mit i.d.R. zwischen 51 und 100 können allerdings der Wahlvorstand und der Arbeitgeber gemäß § 14 a Abs. 5 die Durchführung des vereinfachten Wahlverfahrens nach Maßgabe des § 14 a Abs. 3 u. 4 vereinbaren, das gemäß § 14 Abs. 2 S. 2 nach den Grundsätzen der Mehrheitswahl durchzuführen ist (dazu Rn. 225 ff.).

Die Vereinbarung eines vereinfachten Wahlverfahrens kommt nur dann in Betracht, wenn der Wahlvorstand entsprechend den Grundsätzen für das Regelwahlverfahren nach §§ 16 bzw. 17 bestellt bzw. von der Betriebsversammlung gewählt worden ist, sodass das vereinbarte vereinfachte Wahlverfahren nur als das sog. einstufige Verfahren möglich ist (dazu Rn. 227 ff.).

223 **bb)** Die Art der **Bestellung des Wahlvorstands** hängt davon ab, ob im Betrieb bereits ein Betriebsrat existiert oder nicht. Besteht ein Betriebsrat, hat er den Wahlvorstand gemäß § 16 Abs. 1 spätestens zehn Wochen vor Ablauf seiner Amtszeit zu bestellen.[626] Ist der Wahlvorstand acht Wochen vor der Wahl immer noch nicht bestellt worden, wird er nach Maßgabe des § 16 Abs. 2 bzw. 3 vom ArbG oder vom Gesamt- bzw. Konzernbetriebsrat bestellt. Besteht dagegen noch kein Betriebsrat, wird der Wahlvorstand in erster Linie gemäß § 17 Abs. 1 von einem Gesamtbetriebsrat oder, falls dieser nicht besteht, vom Konzernbetriebsrat bestellt. § 17 Abs. 1 begründet dabei nach h.M. nur ein Recht, nicht dagegen eine Pflicht dieser Gremien zur Bildung des Wahlvorstandes.[627] Auf einer Betriebsversammlung darf der Wahlvorstand gemäß § 17 Abs. 2 nur dann gewählt werden, wenn kein Gesamt- bzw. Konzernbetriebsrat besteht oder diese Gremien die Bestellung des Wahlvorstands unterlassen haben. Wird auch auf einer Betriebsversammlung kein Wahlvorstand gewählt, bestellt ihn das ArbG nach Maßgabe des § 17 Abs. 4.

Nach §§ 16 u. 17 a.F. war eine Bestellung des Wahlvorstands durch den Gesamt- bzw. Konzernbetriebsrat nicht möglich. Die Änderung dieser Vorschriften, insb. die Einführung der primären Zuständigkeit des Gesamt- bzw.- Konzernbetriebsrats für die Bestellung des Wahlvorstands in betriebsratslosen Betrieben, für die nach § 17 a.F. in erster Linie die Belegschaftsversammlung zuständig war, wird vielfach als „undemokratischer Vorgang" bzw. „einen von oben verordneten Wahlvorstand" kritisiert.[628]

224 **cc)** Der Wahlvorstand hat für die **Vorbereitung und Durchführung der Regelwahl** grundsätzlich ausreichend Zeit zur Verfügung. **Die wichtigsten fristgebundenen Aufgaben sind** dabei:

- Erlass des Wahlausschreibens sechs Wochen vor dem Tag der ersten Stimmabgabe, § 3 WO;

- Einsprüche gegen die Wählerliste können innerhalb von zwei Wochen seit Erlass des Wahlausschreibens eingelegt werden, § 4 WO;

- Wahlvorschlagslisten sind innerhalb von zwei Wochen nach Erlass des Wahlausschreibens einzureichen (§ 6 WO), wobei die Nachfrist beim Fehlen gültiger Vorschlagslisten eine Woche beträgt, § 9 WO.

c) **Das vereinfachte Wahlverfahren in Kleinbetrieben nach § 14 a**

225 Das vereinfachte Wahlverfahren findet gemäß § 14 a Abs. 1 **zwingend in Betrieben mit i.d.R. 5–50 wahlberechtigten Arbeitnehmern** und **in Betrieben mit i.d.R. 51–100 wahlberechtigten Arbeitnehmern beim Vorliegen einer entsprechenden Verein-**

---

626 Vgl. dazu BAG DB 2017, 854; Otto/Schmidt NZA 2014, 169; Schulze ArbR 2013, 515 und Zumkeller/Karwatzki BB 2011, 2101 zur Neutralitätspflicht von Wahlvorstand und Mitgliedern des Wahlvorstands nach dem BetrVG.

627 Vgl. LAG Nürnberg, Beschl. v. 25.01.2007 – 1 TaBV 14/06, BeckRS 2009, 60150; Richardi/Thüsing § 17 Rn. 3 m.w.N.

628 Vgl. dazu Hanau RdA 2001, 65, 69; Rieble ZIP 2001, 133, 135; Reichold NZA 2001, 857, 860 m.w.N.

barung zwischen dem Wahlvorstand und dem Arbeitgeber **gemäß § 14 a Abs. 5 statt.** Bei dem vereinfachten Wahlverfahren, das gemäß § 14 Abs. 2 S. 2 **zwingend** nach den Grundsätzen der **Mehrheitswahl** (Persönlichkeitswahl) durchzuführen ist, ist **zwischen dem sog. zweistufigen und dem sog. einstufigen Verfahren zu unterscheiden.**[629]

Die Einführung des vereinfachten Wahlverfahrens soll die Bildung von Betriebsräten in Kleinbetrieben erleichtern und Hemmnisse für die Einleitung von Betriebsratswahlen beseitigen und nach den Plänen der Großen Koalition erweitert werden.[630]

aa) Das zweistufige Wahlverfahren wird gemäß § 14 a Abs. 1 in der Weise durchge- **226** führt, dass zunächst eine Wahlversammlung nach § 17 a Nr. 3 i.V.m. § 17 Abs. 3 einberufen werden muss, auf der der Wahlvorstand von der Mehrheit der anwesenden Arbeitnehmer gewählt wird (1. Stufe). Der Wahlvorstand muss noch auf der ersten Wahlversammlung die Wählerliste erstellen (§ 30 Abs. 1 WO) und danach das Wahlausschreiben nach Maßgabe des § 31 WO erlassen. Einsprüche gegen die Wählerliste können gemäß § 31 Abs. 1 Nr. 3 WO nur innerhalb von drei Tagen seit Erlass des Wahlausschreibens eingelegt werden. Wahlvorschläge können gemäß § 33 Abs. 1 S. 2 WO nur bis zum Ende der ersten Wahlversammlung gegenüber dem Wahlvorstand abgegeben werden. Damit soll sichergestellt werden, dass für alle Arbeitnehmer nach Beendigung der ersten Wahlversammlung klar ist, wer für den Betriebsrat kandidiert.[631] Anschließend wird auf einer zweiten Wahlversammlung, die innerhalb einer Woche nach der Wahlversammlung zur Wahl des Wahlvorstands stattfindet (§ 14 a Abs. 1 S. 2), der Betriebsrat in geheimer und unmittelbarer Wahl gewählt (2. Stufe), wobei den abwesenden Arbeitnehmern die Möglichkeit zu einer (auch nachträglichen) schriftlichen Stimmabgabe nach § 14 a Abs. 4 i.V.m. § 35 WO zu gewähren ist.

Die Einladung zu der Wahlversammlung zur Wahl des Wahlvorstands kann von mindestens drei wahlberechtigten Arbeitnehmern oder von der im Betrieb vertretenen Gewerkschaft erfolgen, § 17 a Nr. 3 i.V.m. § 17 Abs. 3. Die Einladungsfrist beträgt gemäß § 28 Abs. 1 S. 2 WO mindestens sieben Tage, wobei die Einladung mindestens Angaben zum Ort, Tag und der Zeit der Versammlung enthalten muss. Der **Betriebsrat kann** damit **in einem zweistufigen vereinfachten Wahlverfahren innerhalb von zwei Wochen gewählt werden.** Dieses Verfahren wird deshalb häufig als „Hau-Ruck-Verfahren" kritisiert, in dem im „Eiltempo" die Wahl des Betriebsrats gegen eine möglicherweise unwillige Mehrheit durchgesetzt werden kann.[632]

bb) Das einstufige Wahlverfahren wird dagegen nach § 14 a Abs. 3 in den Fällen **227** durchgeführt, in denen der Wahlvorstand vom bisherigen Betriebsrat, dem Gesamt- bzw. Konzernbetriebsrat oder vom Arbeitsgericht bestellt wird, § 16 i.V.m. § 17 a Nr. 1 bzw. 4. Für das einstufige Verfahren gelten grundsätzlich die gleichen Grundsätze wie für das zweistufige Verfahren, es sei denn, es liegen Sonderregelungen vor. Anders als bei dem zweistufigen Verfahren findet aber die Wahlversammlung zur Wahl des Betriebsrats nicht eine Woche nach der Bestellung des Wahlvorstands statt. Vielmehr muss der Wahlvorstand „nur" unverzüglich die Betriebsratswahl einleiten, also das Wahlausschreiben nach Erstellung der Wählerliste erlassen. Wahlvorschläge können gemäß § 14 a Abs. 3 S. 2 i.V.m. § 36 Abs. 3 Nr. 2, 3 WO bis eine Woche vor dem Tag der Wahlver-

629 Übersichten über die Wahlverfahren bei Schmid/Eckart DB 2017, 1649, 1650; Geißler ArbR 2017, 630 zur Vereinbarung.
630 BT-Drs. 14/5741, S. 26; Bonanni ArbRB 2018, 112; Klocke AuR 2018, 464; Will FA 2006, 71 und BAG NZA 2004, 395 zur Anfechtbarkeit der Betriebsratswahl bei unzulässiger Durchführung der Wahl im vereinfachten Wahlverfahren.
631 Vgl. F/E/S/T/L § 14 a Rn. 34 f.; ErfK/Koch § 14 a Rn. 3; S/W/S § 14 a Rn. 8.
632 BAG NZA 2019, 1147 zur Bestellung des WV; zur Kritik Schiefer/Korte NZA 2002, 113, 120; Reichold NZA 2001, 857, 860.

sammlung zur Wahl des Betriebsrats eingereicht werden. Der Inhalt des Wahlausschreibens richtet sich grds. nach § 31 WO, wobei § 36 WO Sonderregelungen enthält.

Fall 19: Ermittlung der gewählten Betriebsratsmitglieder bei Listenwahl

Im Betrieb des U sind in der Regel 60 Männer und 30 Frauen beschäftigt. Für die Betriebsratswahl, für die das vereinfachte Verfahren nach § 14 a Abs. 5 nicht vereinbart wurde, sind ordnungsgemäß drei Vorschlagslisten A, B und C eingereicht worden, auf die 40, 30 bzw. 10 Stimmen entfielen. Die erste Frau war auf den Vorschlagslisten A (Frau F) und B (Frau M) jeweils auf dem 5. Platz, auf der Vorschlagsliste C hat keine Frau kandidiert. Welchen Inhalt hatte das Wahlausschreiben hinsichtlich der zu wählenden Betriebsratsmitglieder und welche Kandidaten sind gewählt worden, wobei bei einer evtl. gebotenen Losentscheidung davon auszugehen ist, dass sie zugunsten der Männer ausgeht?

---

228 I. Da im Betrieb des U regelmäßig 90 Arbeitnehmer beschäftigt sind und die nach § 14 a Abs. 5 mögliche Vereinbarung des vereinfachten Wahlverfahrens fehlt, wurde der Betriebsrat im Regelwahlverfahren nach § 14 gewählt.

1. Der Wahlvorstand musste nach § 3 Abs. 2 Nr. 4 WO den Anteil der Geschlechter angeben (hier: 33,33%) und den Hinweis erteilen, dass das Geschlecht in der Minderheit mindestens entsprechend seinem zahlenmäßigen Verhältnis vertreten sein muss. Außerdem musste das Wahlausschreiben nach § 3 Abs. 2 Nr. 5 WO die Zahl der nach § 9 zu wählenden Betriebsratsmitglieder (hier: 5) sowie die auf das Geschlecht in der Minderheit entfallenden Mindestsitze im Betriebsrat enthalten.

Die in § 9 enthaltene Staffelung hinsichtlich der Zahl der zu wählenden Betriebsratsmitglieder ist im Zuge der Reform des BetrVG verändert worden. Leiharbeitnehmer, die entgegen der früheren Rechtslage nach der Änderung des § 7 S. 2 wahlberechtigt sind, wenn sie länger als drei Monate eingesetzt werden, sind darüber hinaus nach der seit dem 01.04.2017 geltenden Neufassung des § 14 Abs. 2 S. 4 AÜG auch bei der Ermittlung der Größe des Betriebsrats nach § 9 bzw. der Zahl der Freistellungen nach § 38 mitzuzählen, wenn sie regelmäßig beschäftigt werden. Mit dieser gesetzlichen Neuregelung hat sich der bisherige Meinungsstreit dazu erledigt. In dem Entleiherbetrieb sind die Leiharbeitnehmer gemäß 14 Abs. 2 S. 1 AÜG auch nach der neuen Rechtslage nicht nach § 8 wählbar.[633]

229 2. Nach dem Wortlaut des § 15 Abs. 2, der nach h.M. verfassungsgemäß ist, insbesondere nicht gegen den Grundsatz der Wahlgleichheit des Art. 3 Abs. 1 GG verstößt,[634] müssten auf die Gruppe der Frauen an sich 2 Sitze entfallen, weil 33,33% von 5 die Zahl von 1,67 Sitzen ergibt. Da das Geschlecht in der Minderheit „mindestens" entsprechend seinem Anteil vertreten sein muss, müsste an sich eine Aufrundung erfolgen.[635] Die Einzelheiten zur Bestimmung der Mindestsitze für das Geschlecht in der Minderheit regelt jedoch § 5 WO, der die Anwendung der Grundsätze der Verhältniswahl vorschreibt. Danach ist das sog. d´Hondtsche Ver-

---

633 Vgl. dazu ErfK/Wank § 14 AÜG Rn. 31 ff.; MünchArbR/Schüren § 145 Rn. 160 ff.; Löwisch/Wegmann BB 2017, 373; so auch schon früher BAG NZA 2017, 865; BAG NZA 2013, 789; a.A. noch BAG NZA 2004, 1340 u. Rieble NZA 2012, 485.

634 BAG NZA 2018, 604; BAG NZA 2005, 1252 m. krit. Anm. Siebert NZA-RR 2014, 340; Brors NZA 2004, 472 ff.; a.A. Weller NZA 2005, 1228; Ubber/Weller NZA 2004, 893; LAG Köln NZA-RR 2004, 247: Vorlage an das BVerfG; vgl. auch Verhoek/ Weuthen ArbR 2018, 65 sowie Spielberger/Eber AuA 2019, 404 zur Bedeutung des dritten Geschlechts.

635 So Löwisch BB 2001, 1734, 1738 vor In-Kraft-Treten der WO; vgl. dazu aber auch Richardi/Thüsing § 15 Rn. 14 ff.

fahren in der Weise anzuwenden, dass die Zahlen der am Tag des Erlasses des Wahlausschreibens im Betrieb beschäftigten Frauen und Männer in einer Reihe nebeneinander gestellt und beide durch 1, 2, 3, 4, 5, 6 usw. geteilt werden. Die Sitze sind anschließend entsprechend den sich dabei ergebenden Höchstzahlen auf das jeweilige Geschlecht zu verteilen, bis die Zahl der zu wählenden Betriebsratsmitglieder erreicht ist.[636] Das bedeutet bei den mit Fettdruck hervorgehobenen Zahlen zunächst, dass in den 5-köpfigen Betriebsrat auf jeden Fall eine Frau und drei Männer gewählt worden sind:

Frauen	Männer
30 : 1 = **30**	60 : 1 = **60**
30 : 2 = 15, gewählt?	60 : 2 = **30**
30 : 3 = 10	60 : 3 = **20**
30 : 4 = 7,5	60 : 4 = 15, gewählt?

3. Vorliegend entfällt die letzte für die Verteilung der Betriebsratssitze in Betracht **230** kommende Höchstzahl, nämlich 15, auf Männer und Frauen gleichzeitig. Für diesen Fall sieht § 5 Abs. 2 WO einen Losentscheid vor. Nach dem Sachverhalt ist von einer Losentscheidung zugunsten der Männer auszugehen, sodass in dem Wahlausschreiben anzugeben war, dass mindestens eine Frau gewählt werden muss.

Die Ermittlung der auf das „Minderheitsgeschlecht" entfallenden Sitze nach dem d'Hondtschen Höchstzahlverfahren nach § 15 Abs. 2 i.V.m. § 5 WO hat zur Folge, dass nicht zwingend ein Sitz auf das „Minderheitsgeschlecht" entfallen muss. Denn Voraussetzung für zumindest einen Sitz des „Minderheitsgeschlechts" ist, dass die auf dieses Geschlecht entfallende Höchstzahl nicht niedriger ist als die letzte Zahl, die auf das „Mehrheitsgeschlecht" entfällt. Bei z.B. 26 Männern und 7 Frauen entfällt kein Betriebsratssitz des 3-köpfigen Betriebsrates auf eine Frau, weil die Höchstzahl bei den Frauen nach dem d'Hondtschen Verfahren „7" ist, während die dritte Zahl bei den Männern „8,6" ist, sodass alle drei Betriebsratssitze auf die Männer entfallen.[637]

II. Fraglich ist, wie die Betriebsratssitze nach dem Wahlergebnis auf die einzelnen Wahl- **231** vorschlagslisten zu verteilen sind. Da mehrere, nämlich 3 Wahlvorschläge eingereicht worden sind, erfolgt die Wahl gemäß § 14 Abs. 2 S. 1 nach den Grundsätzen der Verhältniswahl, d.h. für die Ermittlung der gewählten Betriebsratsmitglieder ist das sog. d'Hondtsche Verfahren anzuwenden, vgl. dazu § 15 WO.

1. Danach werden die auf die jeweilige Vorschlagsliste entfallenden Stimmen jeweils durch 1, 2, 3, 4, 5, 6 usw. geteilt und die Sitze entsprechend den sich dabei ergebenden Höchstzahlen auf die jeweiligen Listen verteilt. Danach ergibt sich zunächst ohne Berücksichtigung der Geschlechterquote des § 15 Abs. 2 folgende (vgl. *) Sitzverteilung:

Vorschlagsliste A	Vorschlagsliste B	Vorschlagsliste C
40 : 1 = **40,00***	10 : 1 = 10,00	30 : 1 = **30,00***
40 : 2 = **20,00***	10 : 2 = 5,00	30 : 2 = **15,00***
40 : 3 = **13,33***	10 : 3 = 3,33	30 : 3 = 10,00
40 : 4 = 10,00	10 : 4 = 2,50	30 : 4 = 7,50
40 : 5 = 8,00 (Frau F)	10 : 5 = 2,00 (Frau M)	30 : 5 = 6,00

---

636 BAG NZA 2018, 604 (Verfassungsmäßigkeit des § 15 WO bejaht); MünchArbR/Krois § 291 Rn. 161 ff.; F/E/S/T/L § 15 Rn. 17 ff.; Richardi/Thüsing § 15 Rn. 12 ff.; Korte/Schiefer NZA 2002, 57, 60; 113; Berger-Delhey ZTR 2002, 113 mit Beispielen.

637 Vgl. BAG NZA 2003, 1340; F/E/S/T/L § 15 Rn. 17 ff., 20 ff. mit Beispielen; a.A. Franke NZA 2005, 394 ff.

Ohne Berücksichtigung der Geschlechterquote des § 15 Abs. 2 bestünde der Betriebsrat nur aus drei Männern der Vorschlagsliste A und aus zwei Männern der Vorschlagsliste C, weil auf sie die höchsten Zahlen entfallen. Aufgrund der zwingenden Geschlechterquote des § 15 Abs. 2 steht aber fest, dass im Betriebsrat mindestens eine Frau vertreten sein muss.

232   2. Die Einzelheiten der Berücksichtigung der Geschlechterquote des § 15 Abs. 2 regelt § 15 Abs. 5 WO, der nach ganz h.M. mit höherrangigem Recht vereinbar ist.[638] Nach § 15 Abs. 5 Nr. 1 WO tritt an die Stelle der auf der Vorschlagsliste mit der niedrigsten Höchstzahl benannten Person, die nicht dem Geschlecht in der Minderheit angehört, die in derselben Vorschlagsliste der Reihenfolge nach ihr benannte Person, die dem „Minderheitengeschlecht" angehört. An die Stelle des männlichen Bewerbers der Vorschlagsliste A mit der Zahl 13,33 tritt somit gemäß § 15 Abs. 5 Nr. 1 WO Frau F.

Wenn die Regelwahl nach den Grundsätzen der Mehrheitswahl durchgeführt wird, erfolgt die Ermittlung der Zahl der zu wählenden Betriebsratsmitglieder des „Minderheitengeschlechts" nach § 22 WO, der beim vereinfachten Wahlverfahren nach § 34 Abs. 5 bzw. § 36 Abs. 4 entsprechend anwendbar ist.

233   III. **Ergebnis:** Der Betriebsrat im Betrieb des U besteht aus jeweils zwei Männern der Vorschlagslisten A und C sowie aus Frau F.

Die Berücksichtigung der Bewerber des „Minderheitengeschlechts" nach § 15 Abs. 5 Nr. 2–5 WO kann dazu führen, dass eine Vorschlagsliste Sitze im BR erhält, die ihr nach dem Wahlergebnis eigentlich nicht zustehen, weil eine „vorrangige" Vorschlagsliste keine bzw. nicht ausreichende Anzahl von Personen des „Minderheitengeschlechts" enthält. Dieser sog. „Listensprung" ist nach h.M. auch im Hinblick auf den Grundsatz der Wahlgleichheit verfassungsgemäß und verstößt auch nicht gegen § 15 Abs. 2.[639]

---

d) Fehler bei der Wahl des Betriebsrats

234   Wird bei der Wahl des Betriebsrats gegen Wahlvorschriften verstoßen, kommen als Folgen der Verstöße in Betracht:

- Berichtigung des Wahlergebnisses nach § 19 Abs. 1,

- Anfechtung der Betriebsratswahl nach § 19 und

- Nichtigkeit der Betriebsratswahl im Ausnahmefall, die gesetzlich nicht geregelt ist.

Die **Berichtigung des Wahlergebnisses** nach § 19 Abs. 1 ist nur bei solchen Fehlern zulässig, deren Korrektur ohne Wiederholung des Wahlvorgangs möglich ist. Zuständig für die Berichtigung ist in erster Linie bis zu seiner Auflösung der Wahlvorstand. Stellt sich im Anfechtungsverfahren ein berichtigungsfähiger Fehler heraus, ist für die Berichtigung das ArbG zuständig. Der Betriebsrat kann dagegen einen Fehler nach Auflösung

---

638 Vgl. dazu BAG NZA 2018, 604; F/E/S/T/L § 15 Rn. 15 ff.; Heilmann/Berg AiB 2013, 555; Korte/Schiefer NZA 2002, 113, 115 und Verhoek/Weuthen ArbR 2018, 65 zum dritten Geschlecht und Betriebsratswahlen und Weller DB 2018, M26–M27.

639 BAG NZA 2018, 604; BAG NZA 2005, 1252 m. krit. Anm. Siebert NZA-RR 2014, 340; LAG Berlin-Brandenburg AE 2018, 21; LAG Niedersachsen NZA-RR 2011, 465; F/E/S/T/L § 15 Rn. 17 ff.; a.A. LAG Köln BB 2004, 835; Weller NZA 2005, 1228; Podewin BB 2005, 2521; Schiefer/Korte NZA 2002, 113, 115 und Rn. 229.

des Wahlvorstands auch dann nicht berichtigen, wenn er noch vor der gerichtlich geltend gemachten Anfechtung der Betriebsratswahl festgestellt worden ist.[640]

Beispiele für Berichtigung des Wahlergebnisses:

Rechenfehler bei der Stimmauszählung oder Richtigstellung von falschen Benennungen gewählter Kandidaten. Unrichtige Verteilung der Betriebsratssitze auf die verschiedenen Vorschlagslisten bzw. die Geschlechter nach Maßgabe des § 15 Abs. 5 WO aufgrund eines Rechenfehlers.[641] Keine Berichtigung ist dagegen möglich, wenn das Wahlausschreiben eine zu hohe Zahl der zu wählenden Betriebsratsmitglieder nach § 9 bzw. Frauen/Männer nach § 15 Abs. 2 enthält, in der Weise, dass nur die zulässige Zahl als gewählt festgestellt wird.[642]

Fall 20: Fehlerbehaftete Betriebsratswahl

Im Betrieb des U sind regelmäßig 160 Arbeitnehmer, davon 60 Frauen beschäftigt. Am 21.05.2018 fand eine Betriebsratswahl statt. Gewählt wurden die Frauen A–C mit 98, 87 und 78 Stimmen sowie die Männer D–G mit 150, 130, 95 und 90 Stimmen. H–J erhielten 75, 70 und 69 Stimmen und wurden Ersatzmitglieder. An der Wahl nahm auch N teil, dessen Arbeitsverhältnis zum 30.04.2018 gekündigt wurde, der aber rechtzeitig eine Kündigungsschutzklage erhob. Außerdem gewährte der Wahlvorstand drei Stunden vor Abschluss der Wahl dem D Einsicht in die Wählerliste mit Stimmabgabevermerken, der anschließend persönlich eine Vielzahl von Arbeitnehmern mit Erfolg zur Stimmabgabe aufforderte. U ist der Ansicht, die Wahl sei wegen der Teilnahme des N sowie der Gewährung der Einsicht in die Wählerliste und dem anschließenden Verhalten von D nichtig, zumindest aber anfechtbar und beantragt deshalb am 28.05.2018 bei dem örtlich zuständigen Arbeitsgericht, die Wahl für unwirksam zu erklären. Wie wird das ArbG entscheiden?

Das ArbG wird dem Antrag stattgeben, wenn er zulässig und begründet ist.   **235**

A. Zulässigkeit des Antrags

   I. Für den von dem Arbeitgeber U gestellten Antrag ist der Rechtsweg zu den Arbeitsgerichten nach § 2 a Abs. 1 Nr. 1 ArbGG eröffnet.

   II. Die Antragsbefugnis im Beschlussverfahren als zwingende Voraussetzung einer Sachentscheidung steht nach § 81 Abs. 1 ArbGG grds. nur dem zu, der vorträgt, selbst Träger des streitbefangenen Rechts zu sein.[643] Dem Arbeitgeber U, der nach § 19 Abs. 2 zur Anfechtung der Betriebsratswahl berechtigt ist, steht die Antragsbefugnis schon kraft Gesetzes zu. Anfechtungsgegner ist der Betriebsrat.[644]

   III. Der Antrag des U auf Erklärung der Unwirksamkeit der Betriebsratswahl entspricht auch dem Bestimmtheitserfordernis des § 81 Abs. 1 ArbGG i.V.m. § 253 Abs. 2 ZPO, weil er mangels gegenteiliger Anhaltspunkte sowohl die Nichtigkeit als auch die Anfechtbarkeit der Betriebsratswahl erfasst.[645]   **236**

---

640 Richardi/Thüsing § 19 Rn. 72; GK/Kreutz § 19 Rn. 38; F/E/S/T/L § 19 Rn. 28.

641 Vgl. BAG NZA 2018, 604; F/E/S/T/L § 19 Rn. 27; GK/Kreutz § 19 Rn. 36; S/W/S § 19 Rn. 10; Wiesner FA 2007, 38.

642 BAG NZA 2003, 1340; BAG NZA 1992, 36 ff.; LAG Nürnberg DB 2019, 1912 m. Anm. Grambow, LAG Hamm DB 1976, 2020.

643 BAG NZA 2019, 117; BAG NZA 2018, 678; Spinner in G/M/P § 81 ArbGG Rn. 51 ff.; Busemann NZA-RR 2018, 513, 517 f.

644 F/E/S/T/L § 19 Rn. 41; S/W/S § 19 Rn. 2; ErfK/Koch § 19 Rn. 12.

645 BAG NZA 2004, 395, 396; F/E/S/T/L § 19 Rn. 41; ErfK/Koch § 19 Rn. 8 m.w.N.

Der Antrag kann auf die bloße Feststellung der Nichtigkeit bzw. der Anfechtbarkeit der BR-Wahl beschränkt sowie ausdrücklich als Haupt- und Hilfsantrag gestellt werden.[646] Im Zweifel ist allerdings davon auszugehen, dass ein Antrag auf Ungültigkeitserklärung der BR-Wahl i.d.R. nur als Anregung dahingehend auszulegen ist, dass die Wahl unter jedem rechtlichen Gesichtspunkt, das heißt sowohl der Nichtigkeit als auch der Anfechtbarkeit überprüft werden soll.[647]

237   IV. Beteiligter des Beschlussverfahrens i.S.d. § 83 Abs. 1 S. 2 ist neben dem antragstellenden Arbeitgeber U der Betriebsrat, nicht dagegen der Wahlvorstand, auch wenn die Anfechtung auf seine Bestellung bzw. Vorgehensweise gestützt wird.[648] Eine im Betrieb vertretene Gewerkschaft ist nur dann Beteiligte, wenn sie von ihrem Anfechtungsrecht Gebrauch gemacht hat.[649]

Werden im Beschlussverfahren Personen oder Stellen, die nach materiellem Recht Beteiligte des Verfahrens sind, vom Gericht nicht beteiligt, so liegt darin ein Verfahrensfehler.[650] Dieser Fehler kann nur dadurch beseitigt werden, dass die betreffende Person oder Stelle vor endgültiger Entscheidung dadurch beteiligt wird, dass ihr Gelegenheit eingeräumt wird, zum bisherigen Verfahren Stellung zu nehmen. Ein förmlicher Antrag ist dazu nicht erforderlich. In allen Rechtszügen, auch noch in der Rechtsbeschwerdeinstanz, ist von Amts wegen zu prüfen, wer Beteiligter des Verfahrens ist. Die Nichtbeteiligung eines Beteiligten führt zwar nicht zur Unzulässigkeit des Antrags, wohl aber dazu, dass insoweit die Rechtsmittelfristen für eine getroffene Entscheidung nicht zu laufen beginnen.[651]

V. Da U nach dem Sachverhalt das nach § 82 ArbGG örtlich zuständige ArbG angerufen hat, ist der Antrag zulässig.

238   B. Begründetheit des Antrags

Der Antrag ist begründet, wenn die Betriebsratswahl unwirksam ist.

Nach LAG München[652] ist bei einem Antrag auf Unwirksamkeitserklärung der BR-Wahl bei Ablehnung der Nichtigkeit, aber Annahme der Anfechtbarkeit der Wahl keine Zurückweisung des Antrags im Übrigen erforderlich, weil die Berufung auf die Nichtigkeit der Wahl kein eigenständiger Antrag, sondern nur eine Anregung an das Gericht sei, die Wahl unter beiden Gesichtspunkten zu überprüfen. Etwas anderes dürfte allerdings dann gelten, wenn in erster Linie die Feststellung der Nichtigkeit und die Anfechtbarkeit nur hilfsweise geltend gemacht wird.[653]

239   I. Die Betriebsratswahl könnte nichtig sein.

1. Die Feststellung der **Nichtigkeit einer Betriebsratswahl** ist zwar gesetzlich nicht vorgesehen, aber nach allgemeiner Ansicht möglich, allerdings **nur in extremen Ausnahmefällen**. Voraussetzung dafür ist, dass gegen allgemeine Grundsätze jeder ordnungsgemäßen Wahl in so hohem Maße verstoßen worden ist, dass auch der Anschein einer dem Gesetz entsprechenden Wahl nicht mehr vorliegt. Es muss also sowohl ein offensichtlicher als auch ein besonders grober Verstoß vorliegen.[654] Aufgrund einer Gesamtwürdigung einer Vielzahl von weniger schwerwiegenden Verstößen kann die Nichtigkeit einer Betriebs-

---

646   Vgl. BAG NZA 2018, 523; BAG NZA 2005, 1006; F/E/S/T/L § 19 Rn. 41; S/W/S § 19 Rn. 9.

647   BAG PersV 2007, 75; BAG NZA 2004, 395; ErfK/Koch § 19 Rn. 8.

648   BAG ARST 1983, 118 f; F/E/S/T/L § 19 Rn. 43; ErfK/Koch § 19 Rn. 12.

649   BAG NZA 1987, 166 ff. unter Aufgabe der bisherigen Rspr.; F/E/S/T/L § 19 Rn. 52 m.w.N.

650   BAG NZA 2018, 948; BAG NZA 2013, 1166; Spinner in G/M/P/M-G § 83 Rn. 26 ff.

651   BAG, Beschl. v. 14.09.1988 – 7 ABR 79/87, BeckRS 1988, 30727865; Spinner in G/M/P/M-G § 83 Rn. 28 ff., 31.

652   LAG München, Beschl. v. 01.12.1999 – 7 TaBV 42/99, BeckRS 1999 30463924.

653   Vgl. dazu BAG NZA 2013, 738; BAG DB 2010, 117; BAG NZA 2004, 395.

654   BAG NZA 2018, 523; BAG NZA 2013, 738; Windeln ArbRB 2018, 90, 92 und D/K/K/Homburg § 19 Rn. 43 ff. m.w.N.

ratswahl nach heute h.M. nicht angenommen werden.[655] Die Feststellung der Nichtigkeit hat rückwirkende Kraft, sodass der Betriebsrat nie bestanden hat, ihm auch keine Beteiligungsrechte zustehen konnten und auch seine Rechtshandlungen unwirksam sind.[656]

Die Nichtigkeit kann im Gegensatz zu der Anfechtbarkeit der Betriebsratswahl, die keine Rückwirkung hat, nicht nur nach Maßgabe des § 19 Abs. 1 innerhalb von zwei Wochen nach Abschluss der Wahl von den in § 19 Abs. 2 genannten Berechtigten, sondern von jedermann und auch nach Ablauf der Anfechtungsfrist in einem Beschlussverfahren geltend gemacht werden. Außerdem kann die Nichtigkeit auch als Vorfrage in jedem anderen Verfahren (z.B. im Kündigungsschutzverfahren unter Hinweis darauf, dass der Betriebsrat nicht angehört werden musste, weil die Wahl nichtig war) geltend gemacht werden.[657]

Beispiele für Nichtigkeit der Betriebsratswahl:

Betriebsratswahl in einem Betrieb, der offensichtlich nicht dem BetrVG (z.B. nach § 118 Abs. 2) unterliegt;[658] Bildung eines BR in einer Betriebsversammlung durch Zuruf.[659] Wahl des BR in einem Betrieb mit weniger als 5 Wahlberechtigten.[660] Bloße Anfechtbarkeit dagegen bei Verkennung des Betriebsbegriffs bzw. Durchführung der Wahl des Betriebsrats im unstatthaften Wahlverfahren nach §§ 14, 14 a.[661]

2. Vorliegend sind solche gravierenden und offensichtlichen Verstöße gegen die wesentlichen Vorschriften über das Wahlrecht, die Wählbarkeit oder das Wahlverfahren, die die Annahme rechtfertigen würden, dass auch nicht der Anschein einer wirksamen Betriebsratswahl vorliegt, nicht ersichtlich. Die Betriebsratswahl ist deshalb nicht nichtig.

II. Die Betriebsratswahl könnte nach § 19 anfechtbar und damit ungültig sein. **240**

1. Die Betriebsratswahl kann nach § 19 Abs. 2 nur von mindestens drei wahlberechtigten Arbeitnehmern, der im Betrieb vertretenen Gewerkschaft oder vom Arbeitgeber angefochten werden. Dem Arbeitgeber U steht danach die Anfechtungsberechtigung zu.

Nicht anfechtungsberechtigt sind dagegen der Betriebsrat und Wahlvorstand als Gremien sowie ein einzelner Arbeitnehmer, selbst wenn er bei ordnungsgemäßer Wahl gewählt worden wäre.[662] Haben nur drei Arbeitnehmer die Wahl angefochten und nimmt einer von ihnen den Antrag zurück, was ohne Zustimmung der übrigen Beteiligten nur in der 1. Instanz zulässig ist, wird der Anfechtungsantrag unzulässig.[663] Beim Ausscheiden eines der Arbeitnehmer aus dem Betrieb wird dagegen der Antrag nicht unzulässig, sofern die Anfechtung weiterhin von ihm getragen wird. Unzulässig mangels Rechtsschutzbedürfnisses wird aber der Antrag, wenn alle anfechtende Arbeitnehmer ausscheiden.[664]

---

655 BAG NZA 2004, 395; F/E/S/T/L § 19 Rn. 4; ErfK/Koch § 19 Rn. 13; GK/Kreutz § 19 Rn. 135 f.; Windeln ArbRB 2018, 90, 92; a.A. S/W/S § 19 Rn. 15 und früher BAG NJW 1976, 2229; kritisch zur der Rspr.-Änderung Richardi/Thüsing § 19 Rn. 84.

656 Vgl. dazu BAG NZA 1998, 1133; F/E/S/T/L § 19 Rn. 6 ff.; S/W/S § 19 Rn. 15 m.w.N.

657 BAG NZA 2014, 161; F/E/S/T/L § 19 Rn. 7 ff.; S/W/S § 19 Rn. 15; ErfK/Koch § 19 Rn. 13.

658 BAG NZA 1997, 1240 ff.; F/E/S/T/L § 19 Rn. 5; S/W/S § 19 Rn. 15; Schaub/Koch § 218 Rn. 12.

659 BAG AP Nr. 84 zu § 611 BGB „Urlaubsrecht"; ErfK/Koch § 19 Rn. 15; Mückl/Waßmuth BB 2013, 1909, 1913 f.

660 D/K/K/Homburg § 19 Rn. 44 ff.; S/W/S § 19 Rn. 15; F/E/S/T/L § 19 Rn. 5; jeweils mit Beispielen.

661 BAG NZA 2004, 395; BAG BAGReport 2004, 156 Groffy: ArbR 2019, 447 und ausführlich zu Folgen der Verkennung des Betriebsbegriffs bei BR-Wahlen Salamon NZA 2014, 175.

662 Vgl. F/E/S/T/L § 19 Rn. 33; S/W/S § 19 Rn. 2; D/K/K/Homburg § 19 Rn. 23 ff. m.w.N.

663 BAG BB 1985, 1330; S/W/S § 19 Rn. 2; F/E/S/T/L § 19 Rn. 29; vgl. auch GK/Kreutz § 19 Rn. 68, 70.

664 BAG NZA 2017, 1405; BAG NZA 2014, 1288; BAG NZA 1990, 115; abl. dazu Weth SAE 1990, 291; F/E/S/T/L § 19 Rn. 29 und BAG NZA 1987, 166 ff. unter ausdrücklicher Aufgabe der früheren Rspr., nach der die anfechtenden AN während des gesamten Beschlussverfahrens wahlberechtigt sein mussten.

241

2. Die Anfechtungsfrist des § 19 Abs. 2 ist ebenfalls gewahrt, weil der begründete Antrag des U auf Unwirksamkeitserklärung der Wahl innerhalb von zwei Wochen nach Bekanntgabe des Wahlergebnisses beim ArbG eingegangen ist.

> Innerhalb der Zweiwochenfrist muss nicht nur der Anfechtungsantrag, sondern auch eine Begründung beim ArbG eingehen. Ein späteres Nachschieben von Anfechtungsgründen ist nicht möglich. Das Gericht muss aber weiteren Anfechtungsgründen, die im Laufe des Verfahrens sichtbar werden, von Amts wegen nachgehen.[665]

242

3. Fraglich ist, ob ein Anfechtungsgrund i.S.d. § 19 Abs. 1 vorliegt.

Nach § 19 Abs. 1 kann eine Betriebsratswahl nur dann angefochten werden, wenn gegen wesentliche Vorschriften über das Wahlrecht, die Wählbarkeit oder das Wahlverfahren verstoßen worden ist.

a) Die **Vorschriften über das Wahlrecht betreffen die Wahlberechtigung nach § 7**. Dazu gehört insbes. die Zulassung von nicht wahlberechtigten bzw. die Nichtzulassung von wahlberechtigten Arbeitnehmern. Wahlberechtigt sind nach § 7 alle **Arbeitnehmer** des Betriebs einschließlich der Auszubildenden i.S.d. § 5,[666] die am Wahltag das 18. Lebensjahr vollendet haben sowie nach § 7 S. 2 auch die sog. **Leiharbeitnehmer**, wenn sie länger als drei Monate eingesetzt werden.[667]

> Die drei Monate müssen am Wahltag noch nicht abgelaufen sein. Vielmehr steht den Leiharbeitnehmern das Wahlrecht bereits ab dem ersten Tag zu, wenn geplant ist, dass sie länger als drei Monate eingesetzt werden sollen.[668]

> Für die Wahlberechtigung nach § 7 kommt es auf den Umfang der Arbeitszeit sowie die Art des Arbeitsverhältnisses nicht an, sodass auch **Teilzeit- und Aushilfskräfte** sowie Arbeitnehmer im Rahmen einer **Arbeitsbeschaffungsmaßnahme** wahlberechtigt sind.[669] Unerheblich ist auch, ob das Arbeitsverhältnis tatsächlich durchgeführt wird, sodass auch **Arbeitnehmer im ruhenden Arbeitsverhältnis** (z.B. wegen Elternzeit oder Wehrdienstes), wahlberechtigt sind.[670] Bei einer **Altersteilzeit im sog. Blockmodell** entfällt allerdings die Wahlberechtigung nach h.M. während der Freistellungsphase, weil die AN in dieser Phase dem Betrieb nicht mehr angehören.[671]

Vorliegend könnte ein Verstoß gegen eine wesentliche Vorschrift über das Wahlrecht bereits allein deshalb vorliegen, weil N an der Betriebsratswahl teilnahm, obwohl sein Arbeitsverhältnis gekündigt worden ist und die Kündigungsfrist bereits vor der Wahl abgelaufen ist, sodass ihm die Wahlberechtigung nach § 7 fehlen könnte.

243

aa) Nach ganz h.M. ist hinsichtlich der **Wahlberechtigung der gekündigten Arbeitnehmer** zu unterscheiden.[672] Ist im Zeitpunkt der Betriebs-

---

665 BAG AP Nr. 14, 17 zu § 18 BetrVG 1952; F/E/S/T/L § 19 Rn. 52; D/K/K/Homburg § 19 Rn. 31.

666 Vgl. aber BAG, Beschl. v. 16.11.2011 – 7 ABR 48/10, BeckRS 2012, 68564; F/E/S/T/L § 5 Rn. 291 ff.: **Auszubildende in reinen Ausbildungsbetrieben** sind nicht nach § 7 wahlberechtigt, weil sich ihre Ausbildung nicht im Rahmen der arbeitstechnischen Zwecksetzung des Ausbildungsbetriebes vollzieht, der sich darauf beschränkt, eine berufspraktische Ausbildung zu vermitteln. Damit soll auch eine Majorisierung der die Minderheit bildenden Stammbelegschaft durch eine Überzahl von Auszubildenden ausgeschlossen werden.

667 Vgl. dazu Dewender RdA 2003, 274; Brors NZA 2003, 1381 ff.; kritisch dazu Wendeling-Schröder NZA 2001, 357, 358.

668 F/E/S/T/L § 7 Rn. 59 ff.; S/W/S § 7 Rn. 5; Richardi/Thüsing § 7 Rn. 10 ff. m.w.N.

669 BAG NZA 2005, 480; F/E/S/T/L § 7 Rn. 19 ff.; jeweils m.w.N.

670 LAG Hamm AiB 1999, 643; Richardi/Thüsing § 7 Rn. 48 ff.; S/W/S § 7 Rn. 9 ff.; einschr. GK/Kreutz § 7 Rn. 22.

671 BAG NZA 2003, 1345; Richardi/Thüsing § 7 Rn. 56 m.w.N.; a.A. Natzel NZA 1998, 1262 (1264).

672 Ausführl. zur Wahlberechtigung besonderer AN-Gruppen Knittel/Friedrich FA 2014, 101 ff.; Siebens AiB 2013, 54 ff.

ratswahlen die Kündigungsfrist noch nicht abgelaufen, steht dem Arbeitnehmer nach allg. Ansicht die Wahlberechtigung nach § 7 ohne Rücksicht darauf zu, wann er nach der Betriebsratswahl ausscheidet. Bei fristloser Kündigung bzw. Ablauf der Kündigungsfrist bereits vor der Betriebsratswahl steht ihm nach ganz h.M. dagegen auch dann keine Wahlberechtigung zu, wenn er gegen die Kündigung Kündigungsschutzklage erhoben hat.[673] Etwas anderes gilt allerdings dann, wenn der Arbeitnehmer für die Dauer des Kündigungsschutzstreits tatsächlich weiterbeschäftigt wird.[674] Da das Arbeitsverhältnis mit N zu einem Zeitpunkt vor der Betriebsratswahl gekündigt wurde und auch keine Weiterbeschäftigung für die Dauer des Kündigungsschutzverfahrens erfolgt, stand dem N keine Wahlberechtigung nach § 7 zu. Ein Verstoß gegen eine wesentliche Vorschrift über das Wahlrecht liegt somit vor.

Die **Wählbarkeit eines Arbeitnehmers zum Betriebsrat**, für die § 8 maßgeblich **244** ist, wird dagegen **durch eine Beendigungserklärung des Arbeitgebers nach ganz h.M. nicht berührt, wenn** der Wahlbewerber eine **Bestandsschutzklage erhoben** hat. Andernfalls hätte der Arbeitgeber die Möglichkeit, durch den Ausspruch unberechtigter Kündigungen gegenüber unliebsamen Wahlbewerbern Einfluss auf die Zusammensetzung des Betriebsrates zu nehmen. Das widerspricht dem Sinn und Zweck der Wahlvorschriften des BetrVG, die eine vom Willen des Arbeitgebers unbeeinflusste Bildung der Arbeitnehmervertretung gewährleisten wollen.[675] Wird der Wahlbewerber zum Betriebsrat gewählt, ist er bis zum rechtskräftigen Abschluss des Bestandsschutzverfahrens an der Ausübung des Betriebsratsamtes verhindert, sodass ein Ersatzmitglied nach § 25 nachrückt. Ob der Wahlbewerber später Betriebsratsmitglied wird, hängt vom Ausgang des Bestandsschutzverfahrens ab. Anders also als für die Wahlberechtigung nach § 7 ist für die Wählbarkeit des gekündigten Arbeitnehmers nach § 8 die Weiterbeschäftigung nicht erforderlich.[676]

bb) Nicht jeder Verstoß gegen wesentliche Vorschriften über das Wahl- **245** recht führt jedoch bereits zur Anfechtbarkeit der Betriebsratswahl nach § 19. Erforderlich ist vielmehr, dass dadurch auch das Ergebnis der Betriebsratswahl geändert oder beeinflusst werden konnte. Es ist also nicht erforderlich, dass das Ergebnis tatsächlich beeinflusst wurde. Es genügt bereits die **Möglichkeit der Beeinflussung des Wahlergebnisses**. Entscheidend dafür ist, ob bei einer hypothetischen Betrachtung eine Wahl ohne den Verstoß unter Berücksichtigung der konkreten Umstände zwingend zu demselben Wahlergebnis geführt hätte.[677]

Vorliegend hat die unberechtigte Wahlbeteiligung des N auf das Ergebnis der Wahl der regulären Betriebsratsmitglieder keinen Einfluss, weil insofern eine Stimme mehr oder weniger keine Auswirkung hat. Die Wahlbeteiligung des N könnte aber deshalb zur Anfechtung der Betriebsratswahl führen, weil es möglich ist, dass sich dies auf die Reihen-

---

673 BAG NZA 2005, 707; Richardi/Thüsing § 7 Rn. 38; Hoffmann-Remy/Zaumseil BB 2017, 1717, 1719; a.A. D/K/K/Homburg § 7 Rn. 14; vgl. zur Wählbarkeit und Wahlberechtigung auch Wahlburg AiB 2013, 544 und Nimmerjahn ArbR 2013, 97.

674 BAG NZA 2005, 707; S/W/S § 7 Rn. 10; D/K/K/Homburg § 7 Rn. 14.

675 Vgl. zur Zulässigkeit einer Werbung des AG für Betriebsratswahlen Rieble ZfA 2003, 283 ff.

676 BAG NZA 2005, 707 S/W/S § 8 Rn. 2; F/E/S/T/L § 8 Rn. 15; Eylert/Rinck BB 2018, 308; a.A. GK/Kreutz § 8 Rn. 18.

677 BAG NZA 2017, 1075; BAG NJW-Spezial 2012, 691; F/E/S/T/L § 19 Rn. 10 ff.; S/W/S § 19 Rn. 11.

folge der nicht zum Betriebsrat gewählten, aber als Ersatzmitglieder nach § 25 infrage kommenden Bewerber I und J des N ausgewirkt hat. Denn diese beiden Bewerber trennt nur eine Stimme. Insoweit ist jedoch zu beachten, dass die Bewerber ohne ausreichende Stimmzahl nach § 17 Abs. 2 WahlO ausdrücklich als nicht gewählt bezeichnet werden. Dementsprechend gehört auch die Bestimmung der Reihenfolge der Ersatzmitglieder, die nachrücken können, nicht zum Wahlergebnis i.S.d. § 19 Abs. 1 Hs. 2.[678] Die unberechtigte Wahlbeteiligung des N allein führt somit nicht zur Anfechtbarkeit der Betriebsratswahl.

246   b) Die Betriebsratswahl könnte aber deshalb nach § 19 anfechtbar sein, weil der Wahlvorstand dem D drei Stunden vor Abschluss der Wahl **Einblick in die mit Stimmabgabevermerken versehene Wählerliste** gewährte, was dieser zur erfolgreichen Aufforderung einer Vielzahl von Arbeitnehmern zur Wahlbeteiligung nutzte.

aa) Eine ausdrückliche Regelung darüber, ob der Wahlvorstand Wahlbewerbern oder anderen wahlberechtigten Arbeitnehmern während der laufenden Wahl den Einblick in die beim Wahlvorgang nach § 12 Abs. 3 WO zu verwendende Wählerliste gestatten darf oder gar muss, enthalten weder das BetrVG noch die WO. Die Pflicht des Wahlvorstands, vor Abschluss der Wahl keinen Einblick in die mit Stimmabgabevermerken versehene Wählerliste zu geben, folgt aber aus dem allgemeinen **Grundsatz der freien Wahl**. Der Wähler soll nach dem Grundsatz der Freiheit der Wahl schon vor Beeinflussungen geschützt werden, die geeignet sind, seine Entscheidungsfreiheit trotz bestehenden Wahlgeheimnisses ernstlich zu beeinträchtigen. Hierzu gehört auch der unzulässige Druck des Arbeitgebers oder vonseiten Dritter.[679] Durch die nur einem einzelnen Wahlbewerber gewährte Einsichtnahme in die mit Stimmabgabevermerken versehene Wählerliste verletzt ein Wahlvorstand ferner das **Gebot der Chancengleichheit der Wahlbewerber**. Dieses Gebot ist zwar weder im BetrVG noch in der WO ausdrücklich normiert. Es handelt sich hierbei aber um einen ungeschriebenen Grundsatz einer demokratischen Wahl. Nach ihm soll jeder Wahlbewerber die gleichen Möglichkeiten im Wahlkampf und im Wahlverfahren und damit die gleiche Chance im Wettbewerb um die Wählerstimmen haben. Diese Chancengleichheit ist nicht mehr gewährleistet, wenn einzelne Wahlbewerber aufgrund der nur ihnen vom Wahlvorstand eröffneten Kenntnis über das Wahlverhalten der Wahlberechtigten während des noch laufenden Wahlvorgangs gezielt auf Wahlberechtigte zugehen können, von denen sie sich noch eine ihnen günstige Stimmabgabe versprechen. Denn hierdurch werden die Chancen dieser Wahlbewerber gegenüber den Chancen der übrigen Wahlbewerber

---

678 BAG DB 2002, 154; F/E/S/T/L § 19 Rn. 24; a.A. S/W/S § 19 Rn. 11.
679 Vgl. BAG NZA 2018, 458; BAG DB 2001, 1422; F/E/S/T/L § 19 Rn. 22; Husemann RdA 2018, 375.

objektiv verbessert. Auf eine entsprechende Absicht des Wahlvorstands kommt es dabei nicht.[680]

Die Grundsätze der freien Wahl und der Chancengleichheit der Wahlbewerber sind i.S.v. § 19 Abs. 1 wesentliche Grundsätze des Wahlrechts. Sie dienen der Integrität einer demokratischen Wahl. Ihre Verletzung ist geeignet, eine Wahlanfechtung zu rechtfertigen.[681]

bb) Der Verstoß war geeignet, das Wahlergebnis zu beeinflussen, weil nicht **247** davon ausgegangen werden kann, dass ohne die dem Wahlbewerber D gewährte Einsichtnahme in die Wählerliste das Wahlergebnis zwingend dasselbe gewesen wäre. Der Wahlbewerber D hat nach Einsicht in die Wählerliste persönlich eine Vielzahl von Arbeitnehmern mit Erfolg zur Stimmabgabe aufgefordert. Es kann deshalb jedenfalls nicht ausgeschlossen werden, dass durch diese gezielte Ansprache Arbeitnehmer gewählt haben, die sonst nicht gewählt hätten. Bereits diese Möglichkeit reicht für eine Anfechtung der Betriebsratswahl aus.

Als Anfechtungsgründe kommen nach neuerer Rspr. außerdem in Betracht: Verkennung des Betriebsbegriffs,[682] Wahl im vereinfachten Verfahren statt im Regelverfahren,[683] Wahl einer falschen Anzahl der Betriebsratsmitglieder, insbesondere Nichtberücksichtigung der regelmäßig beschäftigten Leiharbeitnehmer bei der Ermittlung der Betriebsratsgröße,[684] fehlerhafte Anwendung der Geschlechterquote des § 15 Abs. 2,[685] unzureichende Information ausländischer Arbeitnehmer,[686] unterbliebener Aushang des Wahlausschreibens in jeder Betriebsstätte eines Betriebes,[687] formell fehlerhafter Wahlvorschlag nach § 14 Abs. 4, 5,[688] Fehler im Zusammenhang mit dem Aushang oder der Aktualisierung der Wählerliste.[689] Da die sog. Ein-Euro-Jobber keine Arbeitnehmer i.S.d. § 5 sind, kann deren Berücksichtigung bei der Betriebsratswahl die Anfechtung der Wahl begründen.[690]

4. **Ergebnis:** Das ArbG wird die Anfechtbarkeit der Betriebsratswahl nach § 19 **248** Abs. 1 feststellen. Bis zur Rechtskraft dieser Entscheidung bleibt der Betriebsrat im Amt, weil die Anfechtung keine Rückwirkung hat.[691]

Nach ganz h.M. ist eine auf **Abbruch der Betriebsratswahl** gerichtete **einstweilige Verfügung** grds. zulässig. Voraussetzung dafür ist aber, dass ein nicht korrigierbarer und offensichtlicher Mangel vorliegt und die Weiterführung der Wahl mit Sicherheit eine Nichtigkeit der Wahl zur Folge hätte.[692] Teilweise wird allerdings für den Abbruch der Betriebsratswahl auch bereits die offensichtliche Anfechtbarkeit wegen eines schwerwiegenden Wahlfehlers

---

680 Vgl. BAG DB 2001, 1422; S/W/S § 19 Rn. 9; D/K/K/Homburg § 19 Rn. 9.

681 Vgl. BAG DB 2001, 1422; F/E/S/T/L § 19 Rn. 22; ErfK/Koch § 19 Rn. 2 ff.; Richardi/Thüsing § 19 Rn. 31.

682 BAG NZA 2018, 675 m. abl. Anm. Kreutz AuR 2018, 584; BAG NZA 2018, 724; F/E/S/T/L § 19 Rn. 22; Besgen B+P 2019, 365.

683 Vgl. BAG NZA 2006, 340; BAG AP Nr. 55 zu § 19 BetrVG 1972; F/E/S/T/L § 19 Rn. 21; Richardi/Thüsing § 19 Rn. 13 f.

684 BAG NZA 2013, 789; a.A. noch BAG NZA 2004, 1340 zur alten Rechtslage u. Grambow DB 2019, 1912 zur Größe des BR.

685 Vgl. BAG NZA-RR 2013, 575; BAG NZA 2005, 1252; D/K/K/Homburg § 19 Rn. 9.

686 Vgl. BAG DB 2005, 675; GK/Kreutz § 19 Rn. 30; Hoffmann-Remy/Zaumseil BB 2017, 1717, 1720.

687 Vgl. BAG NZA 2004, 1285; F/E/S/T/L § 19 Rn. 22.

688 Vgl. BAG NZA 2018, 797 m. Anm. Hexel DB 2018, 2187; BAG DB 2014, 1267; BAG NZA 2013, 1095.

689 BAG NZA 2018, 182; BAG NZA 2017, 1075 m. Anm. Weller BB 2017, 2304.

690 BAG NZA 2008, 244; weitere Anfechtungsgründe bei F/E/S/T/L § 19 Rn. 12 ff.; D/K/K/Homburg § 19 Rn. 5 ff. u. Schäuble/Werhann GWR 2018, 41; Burgmer/Richter NZA-RR 2018, 1; 2014, 57: Rspr.-Übersicht zu BR-Wahlen; vgl. auch Fn. 621.

691 BAG BAGReport 2004, 156; BAG AP Nr. 20 zu § 19; F/E/S/T/L § 19 Rn. 49; Richardi/Thüsing § 19 Rn. 61 ff.

692 Vgl. BAG NZA 2012, 345; LAG Hessen ArbRB 2019, 44 m. Anm. Markowski; LAG Düsseldorf DB 2018, 1931 m. Anm. Grambow DB 2018, 1931; LAG Hamm Beschl. v. 31.08.2016 – 7 TaBVGa 3/16, BeckRS 2016, 73201; Richardi/Thüsing § 18 Rn. 21.

als ausreichend erachtet.[693] Eine **Aussetzung der Betriebsratswahl bis zur Entscheidung in der Hauptsache** kommt dagegen nach h.M. nicht in Betracht, weil dies angesichts der Tatsache, dass der Betrieb nach Ablauf der Amtszeit des Betriebsrates betriebsratlos wäre, im Ergebnis auf eine vorläufige Suspendierung des BetrVG hinauslaufen würde.[694]

3. Die Amtszeit des Betriebsrats

249 **a)** Die **regelmäßige Amtszeit des Betriebsrats** beträgt **gemäß § 21 S. 1 vier Jahre.** Sie beginnt mit der Bekanntgabe des Wahlergebnisses bzw. mit dem Ablauf der Amtszeit des bisherigen Betriebsrats und endet spätestens am 31.05. des Jahres, in dem regelmäßige Betriebsratswahlen stattfinden, § 21 S. 2. Existiert bereits ein Betriebsrat, entsteht bis zum Amtsantritt des neu gewählten Betriebsrats ein Zwischenraum, in dem alle Rechte und Pflichten noch dem bisherigen Betriebsrat zustehen, sodass etwaige Beschlüsse des neuen Betriebsrats in beteiligungspflichtigen Angelegenheiten unwirksam sind.[695] Die Mitglieder des neuen Betriebsrats erwerben allerdings mit der Bekanntgabe des Wahlergebnisses den besonderen Kündigungsschutz nach § 103 BetrVG bzw. 15 KSchG. Die **Amtszeit des bestehenden Betriebsrats kann** auch **nicht dadurch verkürzt werden**, dass Neuwahlen außerhalb des Wahlzeitraumes des § 13 Abs. 1 durchgeführt werden, weil insofern § 13 Abs. 2 eine abschließende Regelung für Betriebsratswahlen außerhalb des regelmäßigen Wahlzeitraumes enthält.[696] Der bisherige Betriebsrat kann aber zurücktreten und damit Neuwahlen außerhalb des regelmäßigen Wahlzeitraumes nach § 13 Abs. 2 Nr. 3 ermöglichen. Er bleibt aber in diesem Fall nach § 22 bis zur Bekanntgabe der Wahl des neuen Betriebsrates im Amt.

250 Die Amtszeit des Betriebsrats beginnt nach Bekanntgabe des Wahlergebnisses an dem maßgebenden Stichtag ohne weitere Handlungen oder Erklärungen. Die **Handlungsfähigkeit** erlangt allerdings der Betriebsrat erst mit Durchführung der konstituierenden Sitzung nach § 29 Abs. 1, die innerhalb einer Woche nach Bekanntgabe des Wahlergebnisses vom Wahlvorstand einzuberufen ist. Die konstituierende Sitzung kann auch schon vor Ablauf der Amtszeit des bisherigen Betriebsrats stattfinden, was eine nahtlose Handlungsfähigkeit des Betriebsrats zur Folge hat.[697] Da der Arbeitgeber nach h.M. auch nach dem Grundsatz der vertrauensvollen Zusammenarbeit des § 2 Abs. 1 grds. nicht verpflichtet ist, mit beteiligungspflichtigen Maßnahmen (z.B. Kündigungen, Überstundenanordnung) bis zur **Konstituierung des Betriebsrats** zu warten, ist es Aufgabe des Wahlvorstands, für eine rechtzeitige Einberufung der konstituierenden Sitzung zu sorgen. Die in der Zeit vor der Konstituierung gefassten „Beschlüsse" sind bloß unverbindliche Meinungsäußerungen der Betriebsratsmitglieder.[698]

---

693 Vgl. dazu LAG Hamm NZA-RR 2010, 585; Richardi/Thüsing § 18 Rn. 21 a mit Meinungsübersicht; ausführlich zu gerichtlichen Eingriffen in BR-Wahlen Grambow DB 2018, 1931; Tiedemann ArbRB 2017, 293; Schulze/Willsch ArbR 2013, 593.

694 Vgl. dazu F/E/S/T/L § 18 Rn. 37; ErfK/Koch § 18 Rn. 7; S/W/S § 18 Rn. 10 a; jeweils m.w.N.

695 F/E/S/T/L § 21 Rn. 12; D/K/K/Buschmann § 21 Rn. 12 f; S/W/S § 21 Rn. 2 m.w.N.

696 D/K/K/Homburg § 13 Rn. 7; S/W/S § 13 Rn. 2; F/E/S/T/L § 13 Rn. 20 ff. m.w.N.

697 F/E/S/T/L § 29 Rn. 11; S/W/S § 29 Rn. 1; D/K/K/Wedde § 29 Rn. 4 m.w.N.

698 BAG AP Nr. 36 zu § 102 BetrVG; D/K/K/Wedde § 29 Rn. 6; F/E/S/T/L § 29 Rn. 13.

Beispiele zum Beginn und Ende der Amtszeit bei Regelwahlen:

1. Neuwahl eines Betriebsrats

Bekanntgabe des Ergebnisses der Wahl des neuen Betriebsrats am 18.04.2014.

Da der Tag der Bekanntgabe des Wahlergebnisses nach § 187 Abs. 1 BGB bei der Berechnung der vierjährigen Amtszeit nicht mitzählt, endete die Amtszeit des BR mit Ablauf des 18.04. 2018, § 21 S. 2 Alt. 1.

2. Wahl eines neuen Betriebsrats im Betrieb mit Betriebsrat

Im Betrieb des U existiert seit Jahren ein BR. Die Amtszeit des letzten BR begann mit dem 16.05.2014. Das Ergebnis der Wahl des neuen BR wurde am 18.04.2018 bekannt gegeben.

Beginn der Amtszeit des neuen BR mit dem 16.05.2018, weil die Amtszeit des alten BR erst mit dem 15.05.2018 ablief, § 21 S. 2 Alt. 2 i.V.m. § 187 Abs. 2 BGB. (Der 16.05.2014 zählte diesmal mit, weil die vierjährige Amtszeit nicht am 16.05.2014, also im Laufe des Tages, sondern bereits mit dem Beginn dieses Tages begann.) Durch eine frühe Wahl kann also die Amtszeit des bisherigen BR nicht verkürzt werden.

3. Späte Betriebsratswahl

Das Wahlergebnis des erstmals im Betrieb des U gewählten BR wurde am 18.04.2014 bekannt gegeben. Die Bekanntgabe des Ergebnisses der Wahl des neuen BR erfolgte am 15.05.2018.

Die Amtszeit des alten BR endete nach vier Jahren mit Ablauf des 18.04.2018, auch wenn zu diesem Zeitpunkt ein neuer BR noch nicht gewählt wurde, weil § 21 S. 2 auf Wahlen innerhalb des regelmäßigen Wahlzeitraums nach ganz h.M. keine Anwendung findet. Bis zur Bekanntgabe des Ergebnisses der Wahl des neuen BR am 15.05.2018 und damit bis zum Beginn der Amtszeit des neuen BR bestand also ein betriebsratsloser Zustand, der nach dem eindeutigen Wortlaut des § 21 nach ganz h.M. nur durch eine rechtzeitige Wahl zu verhindern war.[699] Durch eine verspätete Neuwahl kann also die Amtszeit des bisherigen BR nicht verlängert werden.

b) Die **Wahl des Betriebsrats außerhalb des regelmäßigen Wahlzeitraumes ist ab-**   251
schließend in 13 Abs. 2 geregelt. Die außerplanmäßige Betriebsratswahl hat eine **Verkürzung bzw. Verlängerung der regelmäßigen vierjährigen Amtszeit** des § 21 S. 1 nach Maßgabe des § 13 Abs. 3 zur Folge (vgl. auch § 21 S. 2–5). Durch die Regelung des § 13 Abs. 3 wird allerdings sichergestellt, dass die Amtszeiten der außerhalb der Regelwahlzeiträume gewählten Betriebsräte spätestens bei der übernächsten regelmäßigen Betriebsratswahl in den Wahlzeitraum der regelmäßigen Betriebsratswahlen eingegliedert werden.[700]

Beispiel 1: Verlängerung der regelmäßigen vierjährigen Amtszeit

Im Betrieb des U wurde erstmals am 14.03.2013 ein Betriebsrat gewählt. Das Wahlergebnis des neugewählten Betriebsrats wurde erst am 16.05.2018 bekannt gegeben.

Da die Amtszeit des am 14.03.2013 gewählten BR zu Beginn des für die regelmäßigen BR-Wahlen festgelegten Zeitraumes (01.03.2014) noch nicht ein Jahr dauerte, war der neue BR gemäß § 13 Abs. 3 S. 2 erst in dem übernächsten Zeitraum der regelmäßigen BR-Wahlen zu wählen. Die Amtszeit war somit länger als vier Jahre und endete gemäß § 21 S. 3 mit Bekanntgabe des Wahlergebnisses des neu gewählten BR, also am 16.05.2018.[701] Wäre im Jahr 2018 kein neuer BR gewählt worden, würde die Amtszeit des alten BR mit Ablauf des 31.05.2018 enden.[702]

---

699 BAG BB 1985, 1066; S/W/S § 21 Rn. 3; D/K/K/Buschmann § 21 Rn. 17; F/E/S/T/L § 21 Rn. 19; a.A. Richardi/Thüsing § 21 Rn. 13: Ende mit Bekanntgabe des Wahlergebnisses, spätestens am 31.05. des maßgebenden Wahljahres.

700 F/E/S/T/L § 13 Rn. 50; D/K/K/Homburg § 13 Rn. 2; Richardi/Thüsing § 13 Rn. 55 ff.

701 Vgl. dazu BAG AP Nr. 1 zu § 21 BetrVG; D/K/K/Buschmann § 21 Rn. 22, 24; S/W/S § 21 Rn. 5.

702 Vgl. BAG DB 2019, 1630 m. Anm. Baur; BAG AP Nr. 5 zu § 21 b BetrVG 1972; F/E/S/T/L § 21 Rn. 23.

Beispiel 2: Verkürzung der regelmäßigen Amtszeit

Im Betrieb des U wurde am 23.02.2017 ein neuer BR gewählt. Neuwahlen im Jahr 2018?

Da der bisherige BR zu Beginn des für die regelmäßigen BR-Wahlen festgelegten Zeitraumes bereits ein Jahr oder (hier) länger im Amt war, war im Jahr 2018 gemäß § 13 Abs. 3 S. 1 ein neuer BR zu wählen. Um sicherzustellen, dass in diesem Fall die Amtszeit des BR, der ein Jahr oder länger, aber noch keine vier Jahre im Amt war, nicht durch Unterlassung von Neuwahlen verlängert wird, schreibt § 21 S. 3 vor, dass die Amtszeit dieses BR spätestens mit Ablauf des 31.05. (hier: 2018) endet. Bei Neuwahlen innerhalb des Regelwahlzeitraumes endet die Amtszeit des bisherigen BR mit Bekanntgabe des Wahlergebnisses.[703]

252 Bei **Anfechtung der Betriebsratswahl bzw. bei Auflösung des Betriebsrats durch gerichtliche Entscheidung** (§ 13 Abs. 2 Nr. 4 bzw. 5) endet die Amtszeit des Betriebsrats erst mit Eintritt der Rechtskraft des gerichtlichen Beschlusses. Der Betriebsrat bleibt also bis zu diesem Zeitpunkt mit allen Rechten und Pflichten im Amt.[704] Etwas anderes gilt allerdings dann, wenn die Amtszeit eines an einem Beschlussverfahren beteiligten Betriebsrats nach § 21 endete, ohne dass ein neuer Betriebsrat gewählt wurde. Ab diesem Zeitpunkt existiert der Betriebsrat nicht (mehr), sodass auch seine Fähigkeit, Beteiligter eines Beschlussverfahrens zu sein, erlischt.[705]

In den Fällen, in denen der **Betriebsrat nach § 13 Abs. 2 Nr. 1–3 neu zu wählen** ist (Veränderung der Belegschaftsstärke, Absinken der Zahl der Betriebsratsmitglieder unter die Mindestzahl und Rücktritt des Betriebsrats), führt der bisherige Betriebsrat gemäß § 22 die Geschäfte bis zur Bekanntgabe des Ergebnisses der Wahl des neuen Betriebsrats, längstens bis zum Ablauf seiner Amtszeit weiter (vgl. auch § 21 S. 5). Die Geschäftsführung nach § 22 ist umfassend, sie erstreckt sich also auf die Wahrnehmung aller Beteiligungs- und Mitbestimmungsrechte nach dem BetrVG.[706]

Beispiel: Fortbestand der Beteiligungsrechte trotz Rücktritts des Betriebsrats

Der im Betrieb des U gewählte Betriebsrat trat am 15.01. zurück. Am 25.01. ordnete U Überstunden an und erklärte am 30.01. die Kündigung des Arbeitsverhältnisses mit dem Arbeiter A.

Die Anordnung der Überstunden ist wegen Verletzung des Mitbestimmungsrechts des Betriebsrats nach § 87 Abs. 1 Nr. 3 unwirksam (vgl. dazu Rn. 306). Die Kündigung ist wegen unterbliebener Betriebsratsanhörung ebenfalls unwirksam, § 102 Abs. 1 S. 3.

4. Die Geschäftsführung des Betriebsrats

253 **a)** Der Betriebsrat wählt gemäß § 26 Abs. 1 aus seiner Mitte den Vorsitzenden und dessen Stellvertreter. Der **Betriebsratsvorsitzende** beruft gemäß § 29 Abs. 2, 3 die Betriebsratssitzungen ein, setzt die Tagesordnung fest, leitet die Sitzungen, ist zur Entgegennahme von Erklärungen, die dem Betriebsrat gegenüber abzugeben sind, zuständig und vertritt den Betriebsrat im Rahmen der gefassten Beschlüsse. Das bedeutet, dass die Willensbildung allein dem Betriebsrat obliegt, weshalb der Vorsitzende nur ein **Vertreter des Betriebsrats in der Erklärung** („Briefkasten" und „Sprachrohr", allerdings kein bloßer Bote des Betriebsrats) ist.[707] Bei Verhinderung des Betriebsratsvorsitzenden ist für die Wahrnehmung dieser Aufgaben nach § 26 Abs. 2 sein Stellvertreter zuständig.

---

703 D/K/K/Buschmann § 21 Rn. 24; F/E/S/T/L § 21 Rn. 23; MünchArbR/Krois § 292 Rn. 8 m.w.N.

704 BAG BB 2004, 720, 722; MünchArbR/Krois § 292 Rn. 25; F/E/S/T/L § 21 Rn. 43 ff. m.w.N.

705 BAG DB 2019, 1630 m. Anm. Baur.

706 BAG BB 2004, 720; F/E/S/T/L § 22 Rn. 8; S/W/S § 22 Rn. 1.

707 Vgl. BAG NZA 2015, 370; BAG NZA 2008, 369; BAG BB 2003, 1681, 1682; F/E/S/T/L § 26 Rn. 22 ff.; D/K/K/Wedde § 26 Rn. 17 ff.; vgl. aber auch § 27 Abs. 3 und unten Rn. 257 und zur Wahl des BR-Vorsitzenden Kleinebrink ArbRB 2017, 277 ff.

b) Der **Betriebsrat handelt nach** der Konzeption des BetrVG **als Kollegialorgan.** Er bildet seinen gemeinsamen Willen nach § 33 Abs. 1 BetrVG **durch Beschluss,** der wirksam sein muss. Solche Beschlüsse können nur in einer ordnungsgemäß einberufenen **Betriebsratssitzung** gefasst werden, die nach § 30 S. 4 **grds. nicht öffentlich** sind. Dazu müssen die Betriebsratsmitglieder nach § 29 Abs. 2 S. 3 BetrVG vom Vorsitzenden, im Falle seiner Verhinderung vom stellvertretenden Vorsitzenden, rechtzeitig unter Mitteilung der Tagesordnung zur Betriebsratssitzung geladen werden. Gefasst werden die Beschlüsse nach § 33 Abs. 1 grds. mit der **Mehrheit der Stimmen** der anwesenden Mitglieder (sog. einfache Mehrheit), es sei denn, das BetrVG sieht eine andere Regelung (sog. absolute Mehrheit, vgl. z.B. § 28 a Abs. 1) vor. Der Betriebsrat ist dabei nach § 33 Abs. 2 nur dann **beschlussfähig,** wenn mindestens die Hälfte der Betriebsratsmitglieder an der Beschlussfassung teilnimmt. Für insoweit **verhinderte Betriebsratsmitglieder** sind als Vertreter für sie **Ersatzmitglieder** nach § 25 **zu laden,** die mit dem Beginn und für die Dauer der Verhinderung kraft Gesetzes ordentliches Betriebsratsmitglied mit allen Rechten und Pflichten sind und die mit der Beendigung der Verhinderung aus dem Betriebsratsamt wieder ausscheiden.[708] Es gibt zwei Arten der Verhinderung eines Betriebsratsmitglieds:

254

- Verhinderung aus tatsächlichen Gründen (z.B. Krankheit, Urlaub)

- Verhinderung aus rechtlichen Gründen (unmittelbar eigene Angelegenheiten)

Eine **rechtliche Verhinderung** liegt nur dann bei einzelnen Maßnahmen und Regelungen vor, wenn das **Betriebsratsmitglied** durch den Beschluss in der Betriebsratssitzung **selbst individuell und unmittelbar** betroffen ist (z.B. eigene Eingruppierung, Versetzung, fristlose Kündigung, § 103). Der Ausschluss folgt aber aus dem allgemeinen Grundsatz, dass zur Vermeidung von Interessenkollisionen niemand „Richter in eigener Sache" sein kann. Er erstreckt sich dabei nicht auf die ganze Betriebsratssitzung, sondern nur **punktuell auf die konkrete Angelegenheit,** und insoweit nicht nur auf die **Abstimmung,** sondern **auch auf die Beratung** darüber. Andernfalls käme es zu dem sinnwidrigen Ergebnis, dass das Ersatzmitglied an der Beschlussfassung zu beteiligen wäre, das nicht zuvor an der Beratung teilgenommen hat, die aber auf die Willensbildung des Gremiums entscheidenden Einfluss haben kann.[709] Eine mittelbare Auswirkung des Beschlusses auf Rechte und Pflichten des Betriebsratsmitglieds reicht nicht aus, weil Betriebsratsmitglieder auch zur Belegschaft gehören, sodass sie auch häufig von den Entscheidungen des Betriebsrates betroffen sind. Eine **tatsächliche Verhinderung** ist insbesondere bei Ortsabwesenheit, Freizeit, Arbeitsunfähigkeit oder Urlaub regelmäßig gegeben, es sei denn, dass das Betriebsratsmitglied ausdrücklich erklärt, dass er an einer Sitzung (z.B. trotz des Urlaubs) teilnehmen möchte. Da die Betriebsratstätigkeit grds. Vorrang vor der Arbeitstätigkeit hat, liegt dagegen regelmäßig keine Verhinderung vor, wenn das Betriebsratsmitglied erklärt, dass er wegen Arbeitsbelastung an der Sitzung nicht teilnehmen kann. Die Arbeitstätigkeit kann allerdings in besonderen Ausnahmefällen Vorrang haben, wenn z.B. ein Betriebsratsmitglied dringende unaufschiebbare Arbeitsaufgaben zu erledigen hat, die kein anderer Mitarbeiter erledigen kann. Liegt ein Interessenkonflikt zwischen Amts- und Arbeitspflicht vor, hat das betroffene Betriebsratsmitglied unter Wahrung der von ihm eingegangenen Verpflichtung zur gewissenhaften Amtsführung darüber zu entscheiden, welchen Pflichten es den Vorrang einräumt und dies auch dem Betriebsratsvorsitzenden mitzuteilen. Jedenfalls dann, wenn nach der Begründung Anhaltspunkte für eine pflichtwidrige Entscheidung des jeweiligen Betriebsratsmitgliedes vorliegen, besteht für den Betriebsratsvorsitzenden Veranlassung, den angegebenen Hinderungsgrund nachzuprüfen und ggf. auf die Ladung eines Ersatzmitgliedes zu verzichten.[710]

---

708 Vgl. dazu BAG NZA 2018, 732; BAG NZA 2000, 440; H/W/K/Reichold § 25 Rn. 4 ff. und ausführlich Althoff ArbR 2019, 355; Hortmeier BB 2019, 888 u. Fröhlich ArbRB 2019, 16 zu Verhinderungsproblemen beim Zustimmungsantrag nach § 103.

709 Vgl. BAG NZA 2000, 440; H/W/K/Reichold § 25 Rn. 4 ff.; Richardi/Thüsing § 25 Rn. 5 ff.; Althoff ArbR 2019, 355 ff.

710 Vgl. dazu LAG Hamm, Beschl. v. 08.12.2017 – 13 TaBV 72/17, BeckRS 2017, 137472 m. abl. Anm. Horstmeier BB 2019, 888 ff.; LAG Schleswig-Holstein DB 2012, 2814; Althoff ArbR 2019, 355 ff.; F/E/S/T/L § 25 Rn. 21 m.w.N.

255 Ein **Betriebsratsbeschluss** ist unwirksam, wenn er entweder unter Verletzung wesentlicher Verfahrensvorschriften (z.B. im Umlaufverfahren, Ladungsfehler) gefasst wurde oder inhaltlich rechtswidrig ist.[711] Zusammenfassend kann also festgestellt werden, dass ein Betriebsratsbeschluss **folgende Wirksamkeitsvoraussetzungen** hat:

- Ordnungsgemäße Ladung der tatsächlich zu ladenden BR-Mitglieder unter genauer Angabe der Tagesordnung, § 29 Abs. 3
- Betriebsratssitzung, § 30, also kein Umlaufverfahren
- Beschlussfähigkeit, § 33 Abs. 2
- Erforderliche Stimmmehrheit, § 33 Abs. 1
- Zuständigkeit/Regelungsbefugnis des Betriebsrates, also Angelegenheit nach dem BetrVG

256 Die **Beschlüsse des Betriebsrats** sind vom Betriebsratsvorsitzenden auszuführen, der gemäß § 26 Abs. 2 den Betriebsrat im Rahmen der von ihm gefassten Beschlüsse vertritt. Da die Wirksamkeit von Betriebsratsbeschlüssen in der arbeitsrechtlichen Praxis eine sehr wichtige Rolle spielt noch zwei Beispiele dazu.

(1) Ladung zur Betriebsratssitzung unter dem Tagesordnungspunkt „Verschiedenes"

Der Betriebsratsvorsitzende hat zu einer Betriebsratssitzung eingeladen, in der der ordnungsgemäß unterrichtete Betriebsrat unter dem Tagesordnungspunkt „Verschiedenes" mehrheitlich die Zustimmung zu der Einstellung des Arbeitnehmers A verweigerte.

Die Ladung zu einer Betriebsratssitzung mit dem Tagesordnungspunkt „Verschiedenes" stellt keine ordnungsgemäße Ladung dar, weil sie den Betriebsratsmitgliedern keine Vorbereitung ermöglicht. Beschlüsse, die unter diesem Tagesordnungspunkt gefasst werden, sind deshalb nichtig, es sei denn, dass alle Betriebsratsmitglieder rechtzeitig geladen worden sind und der beschlussfähige Betriebsrat einstimmig die Ergänzung oder Änderung der Tagesordnung beschlossen hat. Entgegen der früheren Rspr. ist nach heute h.M. also nicht mehr erforderlich, dass die Betriebsratsmitglieder auch vollzählig erschienen sind.[712] Da hier die Ergänzung der Tagesordnung nicht einstimmig beschlossen wurde, ist der Zustimmungsverweigerungsbeschluss unwirksam mit der Folge, dass die Zustimmung zu der Einstellung des A nach § 99 Abs. 3 S. 2 als erteilt gilt.

(2) Ladung eines Ersatzmitglieds bei Stellbewerbung eines Betriebsratsmitglieds

Das BR-Mitglied B hat sich um die Stelle des Abteilungsleiters der Buchhaltung beworben, dessen Stellvertreter er seit ein paar Jahren war. U, der die Stelle ordnungsgemäß ausgeschrieben hat, bittet den Betriebsrat um die Zustimmung zu der Einstellung des externen Bewerbers X. Der Betriebsrat hält die Bevorzugung des externen Bewerbers für ungerecht und hat auf einer Betriebsratssitzung, zu der für B das Ersatzmitglied Z geladen worden ist, aus diesem Grunde der Einstellung des X unter Berufung auf § 99 Abs. 2 Nr. 3 schriftlich und fristgerecht widersprochen. Wirksamkeit des Widerspruchs?

Der BR-Beschluss ist vorliegend schon deswegen in formeller Hinsicht unwirksam, weil an der Sitzung für den B zu Unrecht das Ersatzmitglied Z teilgenommen hat. B war nicht rechtlich verhindert, da es nur um die Zustimmung zur Einstellung des externen Bewerbers X ging, durch die B als Mitbewerber nur mittelbar betroffen war. Ein Ersatzmitglied durfte daher für B nicht geladen werden, sodass der BR nicht ordnungsgemäß besetzt war.[713] Außerdem liegt auch kein in Nachteil i.S.d. § 99 Abs. 2 Nr. 3 vor, da dieser nicht mit einem "ausgebliebenem Vorteil" gleichgesetzt werden kann. Ein Nachteil setzt die Verschlechterung der bisherigen Rechtsposition voraus, sodass vereitelte Aussichten auf Beförderung nur dann einen relevanten Nachteil darstellen, wenn darauf ein Rechtsanspruch besteht.[714]

---

711 Vgl. dazu Richardi/Thüsing § 33 Rn. 41 ff.; Rudolph/Jansen AiB 2018, Nr. 5, 26; Schulze/Ratzesberger ArbR 2016, 348; Dusny ArbR 2015, 267; Schulze/Schreck ArbR 2014, 11; Grosjean NZA-RR 2005, 113: Rspr. zur formellen Unwirksamkeit von BR-Beschlüssen u. Thüsing/Beden BB 2019, 372; Jesgarzewski/Holzendorf NZA 2012, 1021 zu virtuellen BR-Sitzungen.

712 BAG NZA 2018, 732; BAG NZA 2014, 551; z.T. krit. Joussen NZA 2014, 505, 508; F/E/S/T/L § 29 Rn. 48: die die Einstimmigkeit für überzogen halten; a.A. Richardi/Thüsing § 29 Rn. 27; GK/Raab § 29 Rn. 55: einf. Mehrheit; a.A. noch BAG NZA 2006, 1364: alle BR-Mitglieder anwesend und einstimmige Entscheidung; so auch Richardi/Thüsing § 29 Rn. 40 m.w.N.

713 Vgl. BAG NZA 2013, 857; BAG NZA-RR 2010, 416; D/K/K/Buschmann § 25 Rn. 25; F/E/S/T/L § 25 Rn. 18.

714 Vgl. BAG NZA 2005, 535; LAG Mecklenburg-Vorpommern, Beschl. v. 03.05.2019 – 4 TaBV 15/18, BeckRS 2019, 21563; F/E/S/T/L § 99 Rn. 229; Richardi/Thüsing § 99 Rn. 242 ff.; D/K/K/Bachner § 99 Rn. 210; jeweils m.w.N.

c) In Betrieben mit 9 oder mehr Betriebsratsmitgliedern ist nach **§ 27 Abs. 1** ein **Betriebsausschuss** zu bilden, der gemäß § 27 Abs. 2 S. 1 **die laufenden Geschäfte des Betriebsrats** führt. Außerdem kann der Betriebsrat dem Betriebsausschuss gemäß § 27 Abs. 2 S. 2 weitere Aufgaben zur selbstständigen Erledigung (Ausnahme: Abschluss von Betriebsvereinbarungen) übertragen, was allerdings der absoluten Mehrheit und der Schriftform bedarf, § 27 Abs. 2 S. 2, 3. Betriebsräte mit weniger als neun Mitgliedern können gemäß § 27 Abs. 3 die laufenden Geschäfte auf den Betriebsratsvorsitzenden oder andere Betriebsratsmitglieder übertragen.

257

Die Führung der laufenden Geschäfte des Betriebsrats erstreckt sich nach ganz h.M. auf interne verwaltungsmäßige und organisatorische Aufgaben, die sich regelmäßig wiederholen. Im Wesentlichen fallen darunter solche Aufgaben, bei denen eine Beschlussfassung des Betriebsrats nicht erforderlich ist, insbes. Vorbereitungshandlungen. Die Wahrnehmung der materiellen Mitwirkungs- und Mitbestimmungsrechte gehört dagegen nach h.M. selbst dann nicht dazu, wenn es sich dabei um sich wiederholende Angelegenheiten handelt.[715]

d) In **Betrieben mit mehr als 100 Arbeitnehmern** kann der Betriebsrat nach **§ 28 Abs. 1 weitere Ausschüsse** bilden und ihnen bestimmte Aufgaben (z.B. personelle Angelegenheiten, Arbeitssicherheit) übertragen. Zur selbstständigen Erledigung kann der Betriebsrat den weiteren Ausschüssen Aufgaben nur dann übertragen, wenn ein Betriebsausschuss nach § 27 besteht.

258

e) Nach Maßgabe des **§ 28 a** kann der Betriebsrat **in Betrieben mit mehr als 100 Arbeitnehmern** mit der Mehrheit der Stimmen seiner Mitglieder (sog. absolute Mehrheit) bestimmte Aufgaben nach Maßgabe einer mit dem Arbeitgeber abzuschließenden Rahmenvereinbarung auf **Arbeitsgruppen** übertragen, was der Schriftform bedarf. Die Arbeitsgruppe, deren Mitglieder nicht zwingend Betriebsratsmitglieder sein müssen, kann im Rahmen der ihr übertragenen Aufgaben nach § 28 a Abs. 2 Vereinbarungen mit dem Arbeitgeber schließen, auf die § 77 entsprechend anwendbar ist. Kann keine Einigung erzielt werden, nimmt gemäß § 28 a Abs. 2 S. 3 die Beteiligungsrechte wieder der Betriebsrat wahr. Die Bildung einer Einigungsstelle ist also nicht vorgesehen. Die der Arbeitsgruppe eingeräumten Befugnisse können durch den Betriebsrat zwar wieder widerrufen werden, die bereits abgeschlossenen Vereinbarungen mit dem Arbeitgeber gelten aber zunächst weiter.[716]

259

5. Die Kosten der Betriebsratstätigkeit

a) Nach der allgemeinen Regelung des § 40 Abs. 1 trägt der Arbeitgeber die Kosten, die durch die Betriebsratstätigkeit entstanden sind. Obwohl der Wortlaut dieser Bestimmung – anders als z.B. § 37 Abs. 6 – keine Einschränkungen enthält, besteht Einigkeit darüber, dass nicht alle, sondern **nur die erforderlichen Kosten der Betriebsratstätigkeit erstattungsfähig** sind. Die Frage der Erforderlichkeit darf der Betriebsrat nicht nur nach seinem subjektiven Ermessen beantworten, sondern muss sich auf den Standpunkt eines vernünftigen Dritten stellen, der die Interessen des Betriebs einerseits und des Betriebsrats und der Arbeitnehmerschaft andererseits gegeneinander abzuwägen

260

---

715 F/E/S/T/L § 27 Rn. 67 f.; D/K/K/Wedde § 27 Rn. 33; weiter Richardi/Thüsing § 27 Rn. 48 ff.

716 Vgl. Richardi/Thüsing § 28 a Rn. 22; S/W/S § 28 a Rn. 12; ausführlich zur Übertragung von Aufgaben auf Arbeitsgruppen nach § 28 a: Hexel AuR 2019, 255; Weigel/Vogel AuR 2018, 280; Wedde AuR 2002, 122; Raab NZA 2002, 474 ff.

hat. Entscheidend ist dabei der Zeitpunkt der Beschlussfassung des Betriebsrats; unerheblich ist, ob rückblickend aus späterer Sicht die aufgewendeten Kosten im streng objektiven Sinn erforderlich waren. Die gerichtliche Kontrolle muss sich darauf beschränken, ob ein vernünftiger Dritter unter den im Zeitpunkt der Beschlussfassung geltenden Umständen ebenfalls eine derartige Entscheidung getroffen hätte.[717] Der Erstattungs- bzw. Freistellungsanspruch des Betriebsrats nach § 40 Abs. 1 setzt nur die Erforderlichkeit der Aufwendung, nicht dagegen eine vorherige Zustimmung bzw. Tätigkeit des Arbeitgebers voraus.[718] Eine Beteiligung der Arbeitnehmer an den Kosten der Betriebsratstätigkeit ist nach § 41 unzulässig.[719]

261 **b)** Nach der **Sonderregelung des § 40 Abs. 2** muss der Arbeitgeber dem Betriebsrat für die Betriebsratssitzungen, die Sprechstunden und die laufenden Geschäfte im erforderlichen Umfang Räume, Büropersonal, Informations- und Kommunikationsmittel sowie sonstige Sachmittel zur Verfügung stellen. Über die Erforderlichkeit der Sachmittel hat der Arbeitgeber nicht zu befinden. Vielmehr entscheidet darüber der Betriebsrat nach einer Abwägung der Interessen der Belegschaft an einer sachgerechten Ausübung des Betriebsamtes einerseits und der berechtigten Interessen des Arbeitgebers, auch soweit sich diese auf die Begrenzung seiner Kostentragungspflicht erstrecken, andererseits. Dem Betriebsrat steht dabei ein Beurteilungsspielraum zu.[720] Die dazu erforderlichen Handlungen muss dagegen der Arbeitgeber vornehmen, sodass der Betriebsrat – anders nach § 40 Abs. 1 – jedenfalls grds. nicht berechtigt ist, die Sachmittel auf Kosten des Arbeitgebers selbst zu beschaffen. Notfalls muss er den Verschaffungsanspruch gerichtlich durchsetzen,[721] wobei grds. auch eine einstweilige Verfügung möglich ist.[722]

Fall 21: Kosten der Betriebsratstätigkeit

Der Betriebsrat B hat nach Meinungsverschiedenheiten mit dem Arbeitgeber U und gescheiterten Verhandlungen formell ordnungsgemäß den Rechtsanwalt R mit der Durchführung eines Beschlussverfahrens mit dem Ziel der Unterlassung von Abmahnungen ohne Zustimmung, hilfsweise ohne Anhörung des Betriebsrats beauftragt. Der Antrag wurde durch rechtskräftigen Beschluss des ArbG zurückgewiesen. In der Folgezeit verlangt B von U die Freistellung von den entstandenen Rechtsanwaltskosten sowie die Bereitstellung der Zeitschrift „Arbeitsrecht im Betrieb" („AiB"). U lehnt die Erstattung der Anwaltskosten unter Hinweis darauf ab, dass der Ausgang des Verfahrens gezeigt habe, dass es keine erforderlichen Kosten der Betriebsratstätigkeit gewesen seien. Die Zeitschrift „AiB" könne B dagegen deshalb nicht verlangen, weil es sich dabei um eine gewerkschaftliche Zeitschrift handele, die ersichtlich tendenzorientiert sei und die Durchsetzung gewerkschaftlicher Ziele verfolge. Stehen dem Betriebsrat die Ansprüche zu?

---

717 Vgl. BAG NZA 2019, 407; BAG NZA 2013, 49; Richardi/Thüsing § 40 Rn. 4 ff.; Schiefer P&R 2019, 99 ff. und Fall 14, Rn. 145 ff.

718 BAG NZA 2018, 1574; BAG NZA 2004, 278; Richardi/Thüsing § 40 Rn. 9; S/W/S § 40 Rn. 4.

719 BAG NZA 2003, 626; Richardi/Thüsing § 41 Rn. 2 ff. m.w.N.

720 BAG NZA 2016, 1033; F/E/S/T/L § 40 Rn. 9 ff.; S/W/S § 40 Rn. 28; Schuster AiB 2018, Nr. 5, 22–25.

721 BAG NZA 2003, 803; F/E/S/T/L § 40 Rn. 105 und Jordan/Heitfeld/Löw DB 2019, 2690 (Büropersonal noch zeitgemäß?).

722 Vgl. Richardi/Thüsing § 40 Rn. 100; F/E/S/T/L § 40 Rn. 148; ausführlich zur Kostentragungspflicht des AG nach § 40: Schiefer P&R 2019, 99; Schiefer/Borchard DB 2016, 770; Fuhlrott/Reiß ArbR 2013, 353; Hunold NZA-RR 2011, 57; 1999, 113 (Rspr.-Übersicht) und Richter PersV 2019, 9 sowie Novara ArbRB 2011, 21 zu modernen Kommunikationsmitteln.

A. Anspruch auf Freistellung von den Rechtsanwaltskosten

262

Dem B könnte ein Anspruch auf Freistellung von den Rechtsanwaltskosten aus § 40 Abs. 1 zustehen. Voraussetzung dafür ist, dass es sich dabei um erforderliche Kosten der Betriebsratstätigkeit i.S.d. § 40 Abs. 1 handelt.

I. Die Rechtsanwaltskosten sind durch die Betriebsratstätigkeit entstanden, weil der Betriebsrat den R mit der Durchführung des Beschlussverfahrens beauftragt hat, um seine vermeintlichen Beteiligungsrechte durchzusetzen.

> Die ordnungsgemäße Beauftragung eines Rechtsanwalts mit der Durchführung eines Beschlussverfahrens setzt einen entsprechenden Betriebsratsbeschluss voraus, der formelle Voraussetzung für die Kostenerstattungspflicht des Arbeitgebers ist.[723]

II. Fraglich ist aber, ob die Beauftragung des R mit der Durchführung des konkreten **263** Beschlussverfahrens erforderlich i.S.d. § 40 gewesen ist.

1. Bedenken könnten insofern zunächst deshalb bestehen, weil nach § 11 ArbGG kein Anwaltszwang besteht, sodass der Betriebsrat das Beschlussverfahren selbst hätte führen können. Die Beauftragung des Rechtsanwalts könnte deshalb schon aus diesem Grunde nicht erforderlich i.S.d § 40 Abs. 1 sein.

   a) Nach allgemeiner Ansicht kann jedoch grds. auch aus dem Grundsatz der vertrauensvollen Zusammenarbeit des § 2 Abs. 1 nicht hergeleitet werden, dass der Betriebsrat verpflichtet ist, ein arbeitsgerichtliches Beschlussverfahren möglichst selbst zu führen, um die Kostenbelastung des Arbeitgebers möglichst gering zu halten. Vielmehr darf der Betriebsrat nach ganz h.M. grds. selbst frei wählen, ob er das Beschlussverfahren selbst führt, sich durch einen Vertreter der Gewerkschaft oder durch einen Rechtsanwalt vertreten lässt.[724] Die Erforderlichkeit der Verursachung der Anwaltskosten scheitert somit nicht bereits daran, dass der Betriebsrat das Beschlussverfahren selbst führen könnte.

   > Da der Betriebsrat als solcher nicht Mitglied einer Gewerkschaft ist, besteht grds. auch keine Verpflichtung einer im Betrieb vertretenen Gewerkschaft zur Übernahme der Vertretung des Betriebsrats in einem Beschlussverfahren.[725]

   b) Die Kostentragungspflicht könnte entsprechend der Ansicht des U aber **264** deswegen entfallen, weil der Unterlassungsantrag rechtskräftig vom ArbG zurückgewiesen worden ist.

      aa) Die Erforderlichkeit der Kostenverursachung ist nach allg. Ansicht nicht rückblickend, sondern vom Zeitpunkt der Entscheidung des Betriebsrats aus zu beurteilen. Entscheidend ist vielmehr, ob der Betriebsrat im Zeitpunkt der Beschlussfassung vom Standpunkt eines vernünftigen Dritten nach gewissenhafter Überlegung und verständiger Würdigung aller Einzelfallumstände zu dem Ergebnis gelangen durfte, dass der

---

723 BAG NZA 2015, 954; BAG NZA 2009, 1223; F/E/S/T/L § 40 Rn. 32; S/W/S § 40 Rn. 15.

724 BAG NZA 2000, 556 ff.; F/E/S/T/L § 40 Rn. 24 ff.; S/W/S § 40 Rn. 11 ff.; D/K/K/Wedde § 40 Rn. 26 ff., 33 ff.; einschränkend MünchArbR/Krois § 296 Rn. 36; GK/Weber § 40 Rn. 105; jeweils m.w.N.

725 BAG BB 1980, 938; S/W/S § 40 Rn. 12; F/E/S/T/L § 40 Rn. 26; MünchArbR/Krois § 296 Rn. 36.

konkrete Kostenaufwand für die Betriebsratsarbeit erforderlich war.[726] Danach besteht grds. nur dann **keine Kostentragungspflicht des Arbeitgebers, wenn die Rechtsverfolgung durch den Betriebsrat von Anfang an offensichtlich aussichtslos war.**[727] Dies ist insb. dann anzunehmen, wenn die streitgegenständliche Rechtsfrage bereits durch eine gefestigte höchstrichterliche Rspr. geklärt worden ist.[728]

bb) Da dem Betriebsrat vor Ausspruch einer Abmahnung nach st.Rspr. des BAG und ganz h.L. weder ein Mitbestimmungs- noch ein Anhörungsrecht zusteht,[729] war die Durchführung des Unterlassungsverfahrens von Anfang an aussichtslos, was der Betriebsrat auch ohne Weiteres durch einen zumutbaren Blick in einen Kommentar feststellen könnte. Die Beauftragung des Rechtsanwalts war somit nicht erforderlich.

Kosten der Betriebsratstätigkeit i.S.d. § 40 können insbesondere auch sein: Reisekosten, Porto- sowie Übersetzungskosten[730] sowie Kosten für Schulung der Betriebsratsmitglieder nach § 37 Abs. 6[731] einschließlich der Übernachtungskosten und der Kinderbetreuungskosten bei alleinerziehenden Betriebsratsmitgliedern.[732]

265 III. **Ergebnis zu A.:** Dem Betriebsrat steht ein Anspruch auf Freistellung von den Rechtsanwaltskosten aus § 40 Abs. 1 nicht zu.

Hat der BR die nach § 40 Abs. 1 erforderlichen RA-Kosten, die i.d.R. den gesetzlichen Gebühren entsprechen,[733] bereits selbst bezahlt bzw. den Erstattungsanspruch abgetreten, wandelt sich der Erstattungsanspruch mit Zahlung bzw. Abtretung in einen Zahlungsanspruch um.[734]

266 B. Anspruch auf Bereitstellung der Zeitschrift „AiB"

Dem Betriebsrat könnte ein Anspruch auf Bereitstellung der Zeitschrift „AiB" aus § 40 Abs. 2 zustehen.

I. Nach § 40 Abs. 2 hat der Arbeitgeber dem Betriebsrat für die Betriebsratsarbeit u.a. auch Räume und sachliche Mittel im erforderlichen Umfang zur Verfügung zu stellen. Zu den erforderlichen Sachmitteln gehört nach allgemeiner Meinung auch die einschlägige Lit. Umstritten ist allerdings im Einzelnen die Art und der Umfang der bereit zu stellenden Fachliteratur.[735]

267 II. Fraglich ist deshalb, ob auch die Zeitschrift „AiB" erforderliche Fachliteratur i.S.d. § 40 Abs. 2 ist.

1. Für die Betriebsratstätigkeit erforderliche Fachliteratur ist zunächst eine aktuelle **Sammlung der wichtigsten arbeits- und sozialversicherungsrechtli-**

---

726 BAG NZA 2003, 870; S/W/S § 40 Rn. 11; F/E/S/T/L § 40 Rn. 21 ff.

727 BAG NZA 2018, 461; BAG NZA 2013, 49; 2000, 556 ff.; F/E/S/T/L § 40 Rn. 21 ff.

728 BAG NZA 2018, 461; BAG NZA 2003, 870; F/E/S/T/L § 40 Rn. 22; teilw. weitergehend D/K/K/Wedde § 40 Rn. 32 ff.

729 Vgl. BAG NZA 1996, 218; BAG NZA 1990, 193 ff.; D/K/K/Klebe § 87 Rn. 66; F/E/S/T/L § 87 Rn. 82 m.w.N.

730 Vgl. BAG DB 2019, 915 m. Anm. Krois; BAG NZA 2005, 1002; F/E/S/T/L § 40 Rn. 40 ff.; S/W/S § 40 Rn. 4 ff.

731 BAG NZA 2012, 813; Schiefer DB 2019, 728; Windeln ArbRB 2018, 149; Maußner/Schuhmacher ArbR 2014, 221 u. Rn. 263.

732 BAG NZA 2015, 1141; BAG NZA 2010, 1298; Malottke AiB 2011, 96.; a.A. Wiebauer BB 2011, 2104.

733 BAG NZA 2017, 514: Grds. kein Anspruch auf Erstattung höherer Kosten aufgrund einer Honorarvereinbarung.

734 BAG NZA 2003, 53; F/E/S/T/L § 40 Rn. 93; Hinrichs/Plitt NZA 2011, 1006 ff.; vgl. auch BAG ZTR 2019, 119 m. Bespr. Pohl, jurisPR-ArbR 2/2019 Anm. 5: Grds. kein Anspruch des RA auf Erstattung der Kosten für die Rechtsverfolgung hinsichtlich des abgetretenen Erstattungsanspruchs als Schaden i.S.d. § 280 Abs. 1 BGB; abl. Schulze/Volk ArbR 2019, 34.

735 Vgl. dazu im Einzelnen S/W/S § 40 Rn. 36 ff.; D/K/K/Wedde § 40 Rn. 183 ff. u. Rudolph AiB 2019, Nr. 2, 59 zu Räumen.

chen Gesetze für jedes Betriebsratsmitglied, wozu auch die Textsammlung von Kittner gehört.[736] Außerdem muss der Arbeitgeber dem Betriebsrat unabhängig von der Betriebsgröße mindestens einen **Kommentar zum BetrVG** in der neuesten Auflage zur Verfügung stellen, wobei der Betriebsrat ein Wahlrecht hat.[737] Darüber hinaus muss der Arbeitgeber dem Betriebsrat auch eine **Fachzeitschrift** bereitstellen.[738]

Die Verpflichtung zur Bereitstellung weiterer Fachliteratur, wie z.B. Kommentare zu anderen Gesetzen, Sammlung arbeitsrechtlicher Entscheidungen oder spezielle Fachzeitschriften, hängt von Einzelfallumständen, insbes. auch von der Betriebsgröße ab.[739]

2. Fraglich ist, ob der Betriebsrat auch die von einem gewerkschaftlichen Verlag herausgegebene Zeitschrift „AiB" verlangen kann. **268**

Teilweise wird zwar die Ansicht vertreten, die Zeitschrift „AiB" sei offensichtlich tendenzorientiert und verfolge die Durchsetzung gewerkschaftlicher Zielvorstellungen, sodass dem Arbeitgeber ihre Bereitstellung nicht zumutbar sei, zumal damit auch der soziale Gegenspieler finanziert werde.[740] Diese Ansicht berücksichtigt aber zum einen nicht ausreichend, dass der Betriebsrat eigenverantwortlich die Aufgaben nach dem BetrVG zu erfüllen hat, sodass er sich auch ohne Einmischung des Arbeitgebers der fachlichen Informationsquellen bedienen kann, die er für geeignet hält. Zum anderen wird das Arbeitsrecht naturgemäß von zwei einander gegenüberstehenden Grundpositionen beherrscht, mit denen unterschiedliche Interessen von Arbeitgeber- und Arbeitnehmerseite verfolgt werden, wobei selbst das BetrVG von diesem Interessengegensatz ausgeht, indem es dem Betriebsrat die Interessenvertretung der Arbeitnehmer zuweist. Dementsprechend kann sich auch der Betriebsrat der Informationsquellen bedienen, die der Arbeitnehmerseite zuzuordnen sind.[741]

III. **Ergebnis zu B.:** Dem Betriebsrat steht aus § 40 Abs. 2 ein Anspruch auf Bereitstellung der Zeitschrift „AiB" zu. **269**

Auch nach der Neufassung des § 40 Abs. 1 steht dem Betriebsrat nach BAG ein Anspruch auf Bereitstellung eines **PC mit der dazugehörigen Software** nicht generell, sondern nur dann zu, wenn dies zur ordnungsgemäßen Erledigung seiner Aufgaben erforderlich ist. Dem Betriebsrat steht dabei bei der Beurteilung der Erforderlichkeit ein Beurteilungsspielraum zu, der einer gerichtlichen Kontrolle unterliegt. Die bloße Erleichterung der Betriebsratsarbeit reicht allerdings noch nicht aus.[742] Ein eigenes **Telefon,** von dem der Betriebsrat ungestört und unkontrolliert interne und externe Gespräche führen kann, gehört heute jedenfalls dann grds. zum Standard, wenn der BR über ein eigenes Büro verfügt. Einen Anspruch auf eine eigene Amtsleitung hat dagegen der Betriebsrat grds. nicht.[743] Bei Vorliegen besonderer Umstände, insbesondere bei Au-

---

736 BAG NZA 1997, 60 f.; D/K/K/Wedde § 40 Rn. 184 f.; a.A. S/W/S § 40 Rn. 36.

737 BAG NZA 1995, 386; ArbG Düsseldorf NZA-RR 2004, 311; F/E/S/T/L § 40 Rn. 120; S/W/S § 40 Rn. 36.

738 BAG AuR 2014, 391; BAG BB 1984, 469 ff.; F/E/S/T/L § 40 Rn. 123 m.w.N.; a.A. S/W/S § 40 Rn. 36 für Kleinbetriebe.

739 F/E/S/T/L § 40 Rn. 119 ff.; D/K/K/Wedde § 40 Rn. 188 ff.; S/W/S § 40 Rn. 36; jeweils m.w.N.

740 So z.B. Schwerdtner DB 1981, 988 ff.; S/W/S § 40 Rn. 38; Glock in H/W/G/N/R/H § 40 Rn. 138 m.w.N.

741 BAG, Beschl. v. 19.03.2014 – 7 ABN 91/13, BeckRS 2014, 72947; BAG DB 1984, 248; F/E/S/T/L § 40 Rn. 123 f.

742 BAG NZA 2010, 709; BAG NZA 2007, 1117; S/W/S § 40 Rn. 34 ff.; weiter LAG Hamm, Beschl. v. 26.02.2010 – 10 TaBV 13/09, AE 2010, 252; D/K/K/Wedde § 40 Rn. 169 ff.; F/E/S/T/L § 40 Rn. 123: Standard, keine weitere Prüfung erforderlich.

743 BAG NZA 2016, 1033 (separater Internet- und Telefonanschluss); BAG (Nutzung einer Telefonanlage); enger S/W/S § 40 Rn. 32; Glock in H/W/G/N/R/H § 40 Rn. 116 ff.; weiter F/E/S/T/L § 40 Rn. 128: Eigene Amtsleitung in größeren Firmen.

ßendiensttätigkeit, kann auch ein Anspruch auf Bereitstellung eines Handy bestehen.[744] Einen eigenen **Telefaxanschluss** kann der BR auch nach der Gesetzesänderung grds. nur verlangen, wenn er die Erforderlichkeit im Einzelfall darlegt, was insbes. bei größeren Betrieben bzw. mehreren Filialen der Regelfall sein dürfte.[745] Es war lange sehr umstritten ist, ob und inwieweit dem BR ein Anspruch auf **Internetanschluss mit eigener E-Mail-Adresse** zusteht.[746] Nachdem das BAG zunächst etwas zurückhaltender war, hat es zuletzt entschieden, dass der BR sich regelmäßig im Rahmen des ihm zustehenden Beurteilungspielraumes bewegt, wenn er einen Internetzugriff und die Einrichtung eigener E-Mail-Adressen auch für einzelne Betriebsratsmitglieder für erforderlich hält. Etwas anderes gilt nur dann, wenn berechtigte Arbeitgeberinteressen dem entgegen stehen. Die abstrakte Missbrauchsgefahr sowie die Entstehung geringer zusätzlicher Kosten (z.B. Flatrate für 30 Euro) reichen dafür nicht aus. Etwas anderes könnte aber dann gelten, wenn der Arbeitgeber generell auf Nutzung des Internets verzichtet. Einen generellen Anspruch auf Internetanschluss ohne Prüfung der Erforderlichkeit lehnt das BAG aber weiterhin ab.[747]

6. Die persönliche Rechtsstellung der Betriebsratsmitglieder

270 **a)** Die **Betriebsratstätigkeit** ist gemäß § 37 Abs. 1 **ehrenamtlich**, also unentgeltlich. Andererseits sollen die Betriebsratsmitglieder dadurch keinen Nachteil erleiden, sodass sie für **erforderliche Betriebsratstätigkeit** nach § 37 Abs. 2 **von der Arbeit ohne Minderung der Vergütung freizustellen** sind. Für die Erforderlichkeit der Betriebsratstätigkeit ist entscheidend, ob das betreffende Betriebsratsmitglied bei gewissenhafter Überlegung und bei ruhiger, vernünftiger Würdigung aller Umstände die Arbeitsversäumnis für erforderlich halten durfte, um den gestellten Aufgaben gerecht zu werden. Für die Befreiung aus konkretem Anlass ist nach dem sog. **Lohnausfallprinzip** auch bei einem Wechsel von einer zuschlagspflichtigen Schicht nur die Vergütung zu zahlen, die das Betriebsratsmitglied erzielt hätte, wenn es während dieser Zeit gearbeitet hätte.[748]

Beispiel: Ordnungsgemäße Abmeldung für Betriebsratstätigkeit

Das Betriebsratsmitglied M teilt dem Arbeitgeber U über seinen Arbeitskollegen A mit, dass er voraussichtlich zwei Stunden im Betriebsratsbüro Betriebsratsarbeit verrichten werde. U erteilt ihm daraufhin eine Abmahnung, weil er sich nicht persönlich bei ihm und auch nicht unter Angabe der Art der Betriebsratstätigkeit abgemeldet habe.

Die Arbeitsbefreiung nach § 37 Abs. 2 setzt keine Zustimmung des Arbeitgebers, sondern grds. nur eine **ordnungsgemäße Abmeldung** unter Angabe des Ortes und der voraussichtlichen Dauer der Betriebsratstätigkeit voraus. Weitere Angaben, insbes. eine stichwortartige Beschreibung der Betriebsratstätigkeit sind für die Abmeldung nicht erforderlich.[749] Wie die Abmeldung erfolgt, ist Sache des Betriebsratsmitglieds, sodass der Arbeitgeber weder eine persönliche noch eine schriftliche Abmeldung verlangen kann. Nach Beendigung der Betriebsratstätigkeit und Wiederaufnahme der Arbeit besteht eine **Rückmeldungspflicht**.[750] Die Abmelde- und Rückmeldepflicht besteht auch bei freigestellten BR-Mit-

744 LAG Hessen ArbR 2017, 313 m. Anm. Stück; LAG Hamm LAGE § 40 BetrVG 2001 Nr. 16; Schaub/Koch § 222 Rn. 17; Glock in /H/W/G/N/R/H § 40 Rn. 117; F/E/S/T/L § 40 Rn. 128 a.

745 LAG Rheinland-Pfalz AuR 2006, 253; LAG Niedersachsen DB 2002, 1616; LAG Köln BB 2002, 579; F/E/S/T/L § 40 Rn. 130; Hunold NZA-RR 2011, 57, 62; Novara ArbRB 20011, 21 ff.; enger S/W/S § 40 Rn. 320.

746 Vgl. dazu F/E/S/T/L § 40 Rn. 133 ff.; S/W/S § 40 Rn. 34 ff.; D/K/K/Wedde § 40 Rn. 179 ff. m.w.N.

747 BAG NZA 2013, 49; BAG DB 2010, 2731; BAG NJW 2011, 796; Schuster, AiB 2018, 22; Fuhlrott/Reiß ArbR 2013, 353; Sendelbeck AiB 2013, 626; Lück AiB 2011, 298; Novara ArbRB 2011, 21; krit. zur neueren BAG-Rspr. Hunold DB 2010, 2733; weiter F/E/S/T/L § 40 Rn. 131; vgl. auch Richter PersV 2019, 9 zur Informations- und Kommunikationstechnik für den PR.

748 BAG NZA 2019, 259; BAG NZA 2017, 791; ErfK/Koch § 37 Rn. 6; Byers NZA 2014, 65; Fischer NZA 2014, 71.

749 BAG NZA 2012, 47; F/E/S/T/L § 37 Rn. 16 ff., 50 a; ErfK/Koch § 37 Rn. 5; a.A. S/W/S § 37 Rn. 11 und noch BAG BB 1990, 1625.

750 Vgl. BAG NZA 1997, 1062 ff.; F/E/S/T/L § 37 Rn. 52; D/K/K/Wedde § 37 Rn. 47; Peter AiB 2002, 203 ff.

gliedern, wenn sie erforderliche Betriebsratsaufgaben außerhalb des Betriebes erledigen wollen.[751] **Angaben zur Art der Betriebsratstätigkeit** kann der Arbeitgeber unter Berücksichtigung des Grundsatzes der vertrauensvollen Zusammenarbeit (§ 2 Abs. 1) erst im Rahmen der Prüfung des Bestehens des Vergütungsanspruches verlangen, wenn anhand der betrieblichen Situation und des Zeitaufwandes Zweifel an der erforderlichen Betriebsratstätigkeit bestehen. Dabei gilt eine **abgestufte Darlegungslast**, sodass der Umfang der Darlegungspflicht des Betriebsratsmitglieds von der Art der Einwände des Arbeitgebers abhängig ist.[752] Die Abmahnung ist deshalb in dem Beispielsfall zu Unrecht erfolgt, sodass M deren Entfernung aus der Personalakte verlangen kann.[753]

In Betrieben mit i.d.R mehr als 200 Arbeitnehmern hat der Betriebsrat einen Anspruch **271** auf **generelle Freistellung von Betriebsratsmitgliedern nach der Staffelung des § 38**, die auf die Zahl der beschäftigten Arbeitnehmer abstellt. Die Zahl der freizustellenden Betriebsratsmitglieder kann gemäß § 38 Abs. 1 S. 5 durch Tarifvertrag oder Betriebsvereinbarung erhöht oder verringert werden.[754] Die Freistellung kann nach Maßgabe des § 38 Abs. 1 S. 3, 4 auch in Form von **Teilfreistellungen** erfolgen.[755] Das Verfahren hinsichtlich der Freistellung der einzelnen Betriebsratsmitglieder regelt § 38 Abs. 2.[756] Die Wahl der freizustellenden Betriebsratsmitglieder ist entspr. § 19 anfechtbar.[757]

Leiharbeitnehmer sind nach § 7 S. 2 wahlberechtigt und nach § 14 Abs. 2 S. 4 AÜG grds. **bei der Feststellung der Belegschaftsstärke und** damit **der Freistellungen nach § 38 zu berücksichtigen**.[758]

b) Hat ein Betriebsratsmitglied **Betriebsratstätigkeit außerhalb der persönlichen Ar- 272 beitszeit** durchgeführt, hat es nur dann einen Anspruch auf Arbeitsbefreiung unter Vergütungsfortzahlung bzw. auf Bezahlung wie Mehrarbeit nach Maßgabe des § 37 Abs. 3, wenn dies aus betriebsbedingten Gründen geschehen ist. Hat es aus anderen Gründen Betriebsratstätigkeit außerhalb seiner persönlichen Arbeitszeit verrichtet, verbleibt es bei dem Grundsatz des § 37 Abs. 1 (ehrenamtliche Tätigkeit, kein Entgeltausgleich für Freizeitopfer), sodass es dafür keinen Ausgleich nach § 37 Abs. 3 verlangen kann.[759]

Beispiel: Betriebsratssitzung nach Schichtende

Das BR-Mitglied M nimmt nach Ende seiner Schicht drei Stunden an einer BR-Sitzung teil. Zwei Monate später verlangt er von U Bezahlung dieser drei Stunden wie Mehrarbeit. U lehnt dies unter Hinweis darauf ab, M hätte Freizeitausgleich verlangen können. Zu Recht?

Ja. M hat zwar aus betriebsbedingten Gründen i.S.d. § 37 Abs. 3 S. 1 BR-Tätigkeit außerhalb seiner persönlichen Arbeitszeit verrichtet. Einen Anspruch auf Bezahlung dieser Zeit wie Mehrarbeit hat ein BR-Mitglied aber nur dann, wenn der vorrangige Freizeitausgleich innerhalb eines Monats aus betriebsbedingten Gründen nicht möglich war, § 37 Abs. 3 S. 2 Hs 2. Daran fehlt es hier, weil M einen Freizeitausgleich hätte haben können. Ein Wahlrecht zwischen Freizeit und Bezahlung steht dem BR-Mitglied nach § 37 Abs. 3 nicht zu. Vielmehr ist der Freizeitausgleich notfalls gerichtlich durchzusetzen, wobei die Mo-

---

751 Vgl. BAG DB 2016, 2119 m. Anm. Hexel und Joussen RdA 2018, 19 zur Vergütung freigestellter Betriebsratsmitglieder.

752 BAG NZA 1995, 961 ff.; LAG Berlin NZA-RR 1998, 20; F/E/S/T/L § 37 Rn. 50 ff., 253 ff. m.w.N.

753 BAG NZA 1995, 225: Berechtigung der Abmahnung wegen unentschuldigten Fehlens bejaht, weil grds. kein Anspruch des BR-Mitglieds auf Teilnahme am Kündigungsschutzprozess eines gekündigten Arbeitnehmers.

754 BAG ArbRB 2005, 328 m. Anm. Oetter; BAG NZA 1997, 1301; Schaub/Koch § 221 Rn. 23 ff. und Bayreuther NZA 2019, 430.

755 Vgl. dazu ausführlich Gillen/Vahle BB 2006, 2749 ff.; Hornung DB 2002, 94 ff.; F/E/S/T/L § 38 Rn. 12 ff.

756 Vgl. ausführlich zur Rechtsstellung eines freigestellten BR-Mitglieds Jansen AiB 2019, 45; Denecke AuA 2006, 24 und 80.

757 BAG JR 2019, 660 m. Anm. Kothe; BAG NZA 2005, 1426; F/E/S/T/L § 38 Rn. 145 ff.

758 Vgl. dazu F/E/S/T/L § 38 Rn. 9; Deinert RdA 2017, 65, 81; Wank RdA 2017, 100, 114 f. und schon vor Änderung des AÜG BAG NZA 2017, 1343; BAG NZA 2017, 865; a.A. noch BAG NZA 2004, 1052; vgl. auch Rn. 228.

759 BAG ArbR 2019, m. Anm. Herrmann; BAG NZA 2019, 259; BAG NZA 2016, 1418 und F/E/S/T/L § 37 Rn. 73 ff.; Wessels ArbR 2018, 56; vgl. aber auch BAG NZA 2017, 791 zum Freizeitausgleichsanspruch bei Arbeitseinstellung in einer vor der erforderlichen Betriebsratstätigkeit liegenden Schicht, um die nach § 5 Abs. 1 ArbZG Ruhezeiten einzuhalten.

natsfrist des § 37 Abs. 3 keine Ausschlussfrist in dem Sinne ist, dass der Freizeitausgleichsanspruch nach Fristablauf erlischt.[760] Besonders geregelte Verfallfristen sind allerdings einzuhalten.[761]

273   **c)** Nach **§ 37 Abs. 4** darf das Arbeitsentgelt des Betriebsratsmitglieds nicht geringer sein als das Entgelt vergleichbarer Arbeitnehmer mit betriebsüblicher beruflicher Entwicklung. Durch diese **Entgeltschutzregelung** soll verhindert werden, dass Betriebsratsmitglieder nicht dadurch benachteiligt werden, dass sie wegen der Betriebsratstätigkeit am beruflichen Aufstieg nicht teilnehmen konnten (vgl. aber auch § 78).[762] Der Entgeltschutz wird durch den **Tätigkeitsschutz** nach § 37 Abs. 5 ergänzt, wonach das Betriebsratsmitglied grds. nur mit Tätigkeiten beschäftigt wird, die den Tätigkeiten vergleichbarer Arbeitnehmer mit betriebsüblicher beruflicher Entwicklung entsprechen.[763]

274   **d)** Nach **§ 37 Abs. 6** ist ein Betriebsrat für die Zeiten der Teilnahme an einer **Schulungs- bzw. Bildungsveranstaltung** von der beruflichen Tätigkeit ohne Minderung seiner Vergütung freizustellen, soweit die dort vermittelten **Kenntnisse für die Betriebsratsarbeit erforderlich** sind. Bei dem Anspruch nach § 37 Abs. 6 handelt es sich um einen Kollektivanspruch des Betriebsrats, sodass der Arbeitgeber auch die erforderlichen Kosten der Schulungsteilnahme (z.B. Seminar- und Fahrtkosten, Unterkunft bei mehrtägigen Veranstaltungen sowie Kinderbetreuungskosten bei Alleinerziehenden) nach § 40 Abs. 1 zu tragen hat.[764] Darüber hinaus sind Betriebsratsmitglieder nach Maßgabe des **§ 37 Abs. 7** unter Fortzahlung der Vergütung für die Teilnahme an Schulungs- und Bildungsveranstaltungen freizustellen, die von der zuständigen Landesbehörde als geeignet anerkannt worden sind. Bei dem Anspruch auf Teilnahme an **für die Betriebsratsarbeit nützlichen** Veranstaltungen handelt es sich allerdings nur um einen Individualanspruch des einzelnen Betriebsratsmitglieds, sodass der Arbeitgeber zur Übernahme der Kosten der Schulungsveranstaltung – anders als bei § 37 Abs. 6 – nicht verpflichtet ist. Der Anspruch aus § 37 Abs. 7 steht dem Betriebsratsmitglied allerdings im Gegensatz zu dem Anspruch nach § 37 Abs. 6 ohne Rücksicht auf seinen Wissensstand zu.[765]

> **Fall 22: Schulung zum „Mobbing am Arbeitsplatz"**
>
> Der Betriebsrat hat ordnungsgemäß beschlossen, dass das Betriebsratsmitglied M an der dreitägigen Schulungsveranstaltung zum Thema „Mobbing am Arbeitsplatz" teilnimmt. U lehnt die Schulungsteilnahme und die Kostenübernahme ab, weil es in seinem Betrieb – was zutrifft – bisher keinen einzigen „Mobbingfall" gab. Der Betriebsrat ist der Ansicht, dass die Kenntnis der Handlungsmöglichkeiten des Betriebsrats im Zusammenhang mit Mobbing auch ohne konkreten betrieblichen Anlass erforderlich ist, sodass die Schulungsveranstaltung die Voraussetzungen des § 37 Abs. 6 erfüllt. Zu Recht?

---

760 BAG BB 2000, 774; F/E/S/T/L § 37 Rn. 104 f.; Schaub/Koch § 221 Rn. 18 ff.; jeweils m.w.N.

761 Vgl. dazu BAG NZA 2017, 791; BAG NZA 2011, 159; F/E/S/T/L § 37 Rn. 105 m.w.N.

762 BAG NZA 2019, 259; BAG NZA 2019, 253; BAG NZA 2018, 1012; F/E/S/T/L § 37 Rn. 114 ff.; ausführlich dazu Annuß NZA 2020, 20; Jacobs NZA 2019, 1606 ff.; Annuß NZA 2018, 134; ders. NZA 2018, 976.

763 Vgl. dazu BAG NZA 1991, 69 ff.; D/K/K/Wedde § 37 Rn. 99 ff.; F/E/S/T/L § 37 Rn. 130 ff.

764 BAG DB 2019, 915 m. Anm. Krois; BAG NZA 2017, 69; Schiefer P&R 2019, 99; Asgarzoei ArbR 2018, 40 u. 2017, 565; Kappelhoff/Kühnel ArbRB 2014, 179; WindelnArbRB 2018, 149 u. 2014, 182; vgl. auch BAG NZA 2011, 816: Ohne besondere Darlegung kein Anspruch auf Übernachtung in dem (teuren) Hotel, in dem die Schulungsveranstaltung stattfindet.

765 Vgl. dazu BAG NZA 1997, 169 ff.; D/K/K/Wedde § 37 Rn. 171 ff.; F/E/S/T/L § 37 Rn. 195 ff.

Dem Betriebsrat steht ein Anspruch auf bezahlte Freistellung des M für die Dauer der **275** Schulungsteilnahme nach § 37 Abs. 6 sowie die Übernahme der erforderlichen Kosten der Schulungsteilnahme nach § 40 Abs. 1 zu, wenn es sich bei dem Seminar „Mobbing am Arbeitsplatz" um eine für die Betriebsratsarbeit erforderliche Schulungsveranstaltung i.S.d. § 37 Abs. 6 handelt.

Voraussetzung für eine Kostentragungspflicht des Arbeitgebers nach § 37 Abs. 6 i.V.m. § 40 Abs. 1 bei Teilnahme eines Betriebsratsmitglieds an einer erforderlichen Schulungsveranstaltung ist stets, dass – wie hier – ein ordnungsgemäßer Betriebsratsbeschluss hinsichtlich der konkreten Schulungsveranstaltung und des teilnehmenden Betriebsratsmitglieds vorliegt. Fehlt ein solcher Beschluss, muss der Arbeitgeber die Kosten ohne Rücksicht auf die Erforderlichkeit der Schulungsteilnahme nicht erstatten.[766] Der Beschluss selbst begründet allerdings noch nicht die Erforderlichkeit einer Schulungsteilnahme, da diese objektiv gegeben sein muss.

I. Eine gesetzliche Regelung darüber, wann Schulungsveranstaltungen für Betriebsratsmitglieder erforderlich sind, fehlt. Nach ganz h.M. ist die Vermittlung von Kenntnissen auf einer Schulung erforderlich, wenn diese unter Berücksichtigung der konkreten Verhältnisse im Betrieb und im Betriebsrat notwendig sind, damit der Betriebsrat seine gegenwärtigen oder in naher Zukunft anstehenden Aufgaben sach- und fachgerecht erfüllen kann.[767]

Hinsichtlich der Anforderungen an die Darlegung der Erforderlichkeit im Einzelfall ist zu differenzieren:

1. Bei Schulungsveranstaltungen, auf denen **Grundkenntnisse des Individualar-** **276** **beitsrechts und des Betriebsverfassungsrechts** sowie **der Arbeitssicherheit bzw. Unfallverhütung** vermittelt werden, bedarf es bei neuen Betriebsratsmitgliedern keiner weiteren Darlegung der Erforderlichkeit, weil diese selbstverständlich ist. Insbesondere darf der Arbeitgeber diese Betriebsratsmitglieder nicht auf das Selbststudium von Fachliteratur bzw. auf Unterrichtung durch bereits geschulte Betriebsratsmitglieder verweisen. Letzteres scheidet schon deswegen aus, weil jedes Betriebsratsmitglied sein Amt in eigener Verantwortung und in Kenntnis seiner Kompetenzen zu führen hat.[768]

Die Vermittlung der Grundkenntnisse ist allerdings nur dann erforderlich, wenn das betreffende Betriebsratsmitglied über diese nicht selbst (z.B. durch Studium, Tätigkeit in einer Gewerkschaft) verfügt. Nach h.M. kann zu den persönlichen Vorkenntnissen grds. auch das durch eine langjährige Tätigkeit im Betriebsrat erworbene Erfahrungswissen gehören.[769]

Als **erforderlich hinsichtlich der Dauer** sah das BAG ohne besondere Darlegung jedenfalls jeweils eine einwöchige Schulungsveranstaltung für Arbeits- und Betriebsverfassungsrecht für „einfache" Betriebsratsmitglieder und eine 14-tägige Schulungsdauer für Betriebsratsvorsitzende, Stellvertreter und freigestellte Betriebsratsmitglieder an.[770]

---

766 BAG NZA 2000, 838; F/E/S/T/L § 37 Rn. 231 ff.; Windeln ArbRB 2018, 149, 151; jeweils m.w.N.

767 BAG NZA 2017, 69 m. krit. Anm. Bernstein SAE 2017, 44; ErfK/Koch § 37 Rn. 13 ff.; Schiefer DB 2019, 728, 731 ff.

768 BAG NZA 2012, 813; D/K/K/Wedde § 37 Rn. 110; F/E/S/T/L § 37 Rn. 143 ff.; a.A. S/W/S § 37 Rn. 45; Bei **Ersatzmitgliedern** ist die Vermittlung von Grundwissen nicht generell erforderlich, sondern muss im Einzelfall (Dauer und Häufigkeit der Heranziehung maßgeblich) begründet werden (BAG BB 2002, 256: Bejaht bei Teilnahme an ca. 50% der BR-Sitzungen über einen längeren Zeitraum hinweg); vgl. auch LAG Schleswig-Holstein DB 2012, 2814.

769 BAG NZA 2011, 816; BAG AuR 2008, 362; ErfK/Koch § 37 Rn. 15; a.A. D/K/K/Wedde § 37 Rn. 112.

770 BAG AP Nr. 26 zu § 37 BetrVG; vgl. auch F/E/S/T/L § 37 Rn. 171 ff.; ErfK/Koch § 37 Rn. 16; D/K/K/Wedde § 37 Rn. 140.

Bei einer wiederholten Teilnahme an einem „Grundwissenseminar" muss das betreffende Betriebsratsmitglied die Erforderlichkeit (z.B. wegen Gesetzesänderungen) konkret darlegen.[771] Eine konkrete Darlegung ist dagegen nach neuerer Rspr. des BAG nicht bereits deshalb erforderlich, wenn das neue Betriebsratsmitglied erst kurz vor Ablauf der Amtszeit an einem „Grundwissensseminar" teilnehmen will. Der Anspruch entfällt aber, wenn absehbar ist, dass das Betriebsratsmitglied das Wissen bis zum Ende der Amtszeit nicht mehr einsetzen kann.[772]

277 2. Bei Veranstaltungen, auf denen eine **Vertiefung der Kenntnisse des Individualarbeits- bzw. des Betriebsverfassungsrechts** erfolgen **oder spezielles Fachwissen** vermittelt werden soll, muss der Betriebsrat einen aktuellen betriebs- oder betriebsratsbezogenen Anlass darlegen, aus denen sich der konkrete Schulungsbedarf für den Betriebsrat und das bestimmte Betriebsratsmitglied ergeben soll. Eine pauschale Berufung auf die Erforderlichkeit genügt also nicht.[773]

Da die Kenntnis der Rechtsprobleme und Handlungsmöglichkeiten des Betriebsrats im Zusammenhang mit „Mobbing" nicht als Grundwissen für die ordnungsgemäße Ausübung des Betriebsratsamtes erforderlich ist, hätte der Betriebsrat die Erforderlichkeit der Schulungsteilnahme konkret darlegen müssen. Die pauschale Geltendmachung der Erforderlichkeit genügt also nicht.[774] Es müssen zumindest erste Anzeichen für eine systematische Schikane gegenüber einzelnen Arbeitnehmern durch andere Arbeitnehmer oder Vorgesetzte erkennbar sein.[775] Da es hier auch daran fehlt, war die Schulungsteilnahme nicht erforderlich.

Grds. erforderlich dürfte eine Betriebsratsschulung zum AGG sein, weil auch der Betriebsrat das AGG im Rahmen des § 75 zu beachten, nach § 80 Abs. 1 Nr. 1 dessen Einhaltung zu überwachen und nach § 17 Abs. 2 AGG berechtigt ist, bei groben Verstößen des Arbeitgebers gegen das AGG ein gerichtliches Verfahren einzuleiten.[776] Die Teilnahme an einer Rhetorikschulung (Diskussionsführung und Verhandlungstechnik) ist auch für den Betriebsratsvorsitzenden bzw. seinen Stellvertreter nicht generell erforderlich i.S.d. § 37 Abs. 6. Sie kann aber im Einzelfall, insbesondere bei größeren Betriebsräten erforderlich sein, was dargelegt werden muss. [777]

II. **Ergebnis:** Dem Betriebsrat steht mangels Darlegung eines aktuellen Anlasses kein Anspruch auf Teilnahme an der Schulung zum Thema Mobbing zu.

Sehr umstritten ist, ob der Betriebsrat die Teilnahme an einer nach seiner Ansicht erforderlichen Schulungsveranstaltung i.S.d. § 37 Abs. 6 BetrVG, insbesondere die Kostenübernahme durch den Arbeitgeber, wegen des Gebots der effektiven Rechtsschutzgewährung im Wege der einstweiligen Verfügung durchsetzen kann. Die Arbeitsbefreiung und die Kostentragungspflicht sind gesetzliche Rechtsfolgen einer erforderlichen Schulungsveranstaltung, sodass eine Zustimmung des Arbeitgebers nicht erforderlich ist. Der Betriebsrat selbst ist aber vermögenslos, sodass die Betriebsratsmitglieder die Kosten zunächst vorstrecken müssten, um an der Schulung teilzunehmen.[778]

---

771 LAG Nürnberg BB 2009, 2309; F/E/S/T/L § 37 Rn. 156; D/K/K/Wedde § 37 Rn. 125; ErfK/Koch § 37 Rn. 15.

772 BAG NZA 2011, 816; D/K/K/Wedde § 37 Rn. 148; a.A. noch BAG NZA 1997, 169; S/W/S § 37 Rn. 47.

773 BAG NZA 2017, 69; BAG NZA 2011, 813; LAG Hessen NZA-RR 2019, 537; D/K/K/Wedde § 37 Rn. 117 ff.; F/E/S/T/L § 37 Rn. 145 ff., 149; jeweils mit Bsp.

774 BAG DB 2015, 1606 m. Anm. Winzer; F/E/S/T/L § 37 Rn. 149; ErfK/Koch § 37 Rn. 14; D/K/K/Wedde § 37 Rn. 117 ff., 131.

775 BAG DB 2015, 1606 m. Anm. Winzer; Richardi/Thüsing § 37 Rn. 107; weiter ArbG Bremen NZA-RR 2004, 538.

776 Vgl. LAG Hessen AuA 2008, 442 m. Anm. Stück; Walk/Shipton BB 2010, 1917 zum AGG und Beteiligungsrechtes des BR.

777 Vgl. dazu BAG NZA 2011, 813; ErfK/Koch § 37 Rn. 14 und Laber ArbRB 2013, 312.

778 Dagegen u.a. LAG Hamm EzB BetrVG § 37 Nr. 22; Schneider/Sittard ArbRB 2007, 241; a.A. Asgarzoei ArbR 2018, 40 ff.; Korinth ArbRB 2008, 30; LAG Düsseldorf ArbRB 2018, 204 m. Anm. Windeln unter Hinweis auf das Gebot der effektiven Rechtschutzes; einschr. LAG Hessen DB 2018, 1799 m. Anm. Grambow u. ArbR 2014, 59 m. Anm. Söhl wegen der Kosten.

7. Handlungsmöglichkeiten für den Betriebsrat – Regelungsabrede und Betriebsvereinbarung

a) Form der Ausübung der Beteiligungsrechte

Die Ausübung der Beteiligungsrechte des Betriebsrats ist mangels abweichender Regelung an keine bestimmte Form gebunden, sodass sie durch eine formbedürftige Betriebsvereinbarung i.S.d. § 77 oder durch formfreie Regelungsabrede ausgeübt werden können.[779] Die Regelungsabrede kann auch durch ein schlüssiges Verhalten zustande kommen. Erforderlich ist aber für die Ausübung der Beteiligungsrechte stets ein Beschluss des Betriebsrats. Schweigen des Betriebsrats auf Vorschläge des Arbeitgebers bedeutet deshalb keine Zustimmung.[780] Regelmäßig ist allerdings der Abschluss einer Betriebsvereinbarung empfehlenswert, was in der Praxis – von Eilfällen und einzelfallbezogenen Regelungen abgesehen – auch die Regel ist.   **278**

Der Vorteil der Ausübung des Mitbestimmungsrechts durch eine **Betriebsvereinbarung** besteht **für die Arbeitnehmer** darin, dass diese aufgrund der normativen Wirkung des **§ 77 Abs. 4 unabdingbare Ansprüche** aus der Betriebsvereinbarung erlangen, **die eine formlose Regelungsabrede nicht begründet**.[781] Für den Arbeitgeber besteht der Vorteil darin, dass er die in der Betriebsvereinbarung geregelten Fragen aufgrund der normativen Wirkung nicht mit individualrechtlichen Mitteln in die einzelnen Arbeitsverhältnisse umsetzen muss.[782]

b) Wirksamkeitsvoraussetzungen, Rechtsnatur und Geltungsbereich einer Betriebsvereinbarung[783]

aa) Einigung zwischen dem Arbeitgeber und dem Betriebsrat oder verbindlicher Spruch der Einigungsstelle.

Der wirksame Abschluss einer Betriebsvereinbarung furch Einigung der Betriebsparteien setzt einen darauf bezogenen Betriebsratsbeschluss voraus.[784] Die fehlende Einigung wird nur in den gesetzlich angeordneten Fällen durch den Spruch der Einigungsstelle ersetzt – sog. erzwingbare Mitbestimmung, vgl. z.B. § 87 Abs. 2. Bei den sog. freiwilligen Betriebsvereinbarungen ersetzt dagegen der Spruch der Einigungsstelle die fehlende Einigung nur unter den Voraussetzungen des § 76 Abs. 6.[785]   **279**

bb) Schriftform der Einigung gemäß § 77 Abs. 2

Die Einhaltung der Schriftform setzt die Unterschrift beider Betriebspartner auf derselben Urkunde voraus, sonst ist die Betriebsvereinbarung nach § 125 S. 1 BGB nichtig. Abweichend vom § 126 Abs. 2 S. 2 BGB genügt also der Austausch einseitig unterzeichneter Erklärungen nicht.[786] Beim Spruch der Einigungsstelle reicht gemäß § 76 Abs. 3 S. 4 i.V.m. § 77 Abs. 2 S. 2 Hs. 2 die eigenhändige Unterzeichnung des Spruchs durch den Vorsitzenden der Einigungsstelle aus, der beiden Betriebsparteien zuzuleiten ist.[787] Nach h.M. reicht für die Wahrung der Schriftform auch die **Bezugnahme auf einen bestimmten**   **280**

---

779 BAG NZA 2004, 331, 333; F/E/S/T/L § 77 Rn. 223 ff.; § 87 Rn. 579 ff. Schulze/Volk AiB 2019, Nr. 12, 38 und unten Rn. 313.

780 BAG NZA 2019, 483; BAG NZA 2004, 331; F/E/S/T/L § 87 Rn. 582; Richardi/Richards § 87 Rn. 80 m.w.N.

781 BAG AiB 2011, 478; ErfK/Kania § 77 Rn. 130 ff. m.w.N.; ausführlich zur Regelungsabrede Kleinebrink ArbRB 2012, 27.

782 Vgl. MünchArbR/Arnold § 316 Rn. 38 ff.; F/E/S/T/L § 77 Rn. 14 ff.; § 87 Rn. 579 ff.; Schaub/Koch § 231 Rn. 78 ff.

783 Vgl. ausführlich zu Problemen der Betriebsvereinbarung AS-Skript Arbeitsrecht (2019), Rn. 121 ff.

784 Vgl. BAG NZA 2015, 368; MünchArbR/Arnold § 316 Rn. 13 ff. m.w.N.; ausführlich dazu Gaul/Brungs ArbRB 2019, 47 ff.

785 Vgl. BAG NZA 2019, 714; MünchArbR/Arnold § 316 Rn. 16 m.w.N.

786 Vgl. dazu BAG NZA 2017, 194; F/E/S/T/L § 77 Rn. 21; D/K/K/Berg § 77 Rn. 58 f.; MünchArbR/Arnold § 316 Rn. 18 ff.

787 Vgl. dazu BAG NZA 2019, 1717; Jüngst B+P 2019, 91, 96; vgl. zur Haftung der E-Stelle Schipp NZA 2011, 271.

Tarifvertrag bzw. eine andere Betriebsvereinbarung. Nicht ausreichend ist dagegen nach h.M. die sog. dynamische Verweisung (= dynamische Blankettverweisung), d.h. Verweisung auf Tarifverträge in der jeweils gültigen Fassung, da sich die Betriebsparteien sonst ihrer Normsetzungsbefugnis entäußern würden.[788] **Keine Wirksamkeitsvoraussetzung** ist hingegen nach h.M. die in § 77 Abs. 2 S. 3 vorgesehene **Bekanntgabe der Betriebsvereinbarung.**[789]

281   **(1)** Die Betriebsvereinbarung muss einen **zulässigen Inhalt** haben. Die Wirksamkeit einer Betriebsvereinbarung kann Gegenstand eines Feststellungsantrags in einem arbeitsgerichtlichen Beschlussverfahren sein.[790]

(a) Inhalt einer Betriebsvereinbarung können nur solche Fragen sein, die zum Aufgabenbereich des Betriebsrats nach dem BetrVG gehören, weil dieses Gesetz Grundlage für die Tätigkeit des Betriebsrats ist. Insoweit haben die Betriebsparteien allerdings eine umfassende Regelungskompetenz.[791] Die Betriebsvereinbarungen dürfen allerdings nicht gegen höherrangiges Recht verstoßen (s. auch Rn. 214).

Im Verhältnis zwischen der Betriebsvereinbarung und dem Arbeitsvertrag gilt grds. das Günstigkeitsprinzip. Arbeitsvertragliche Regelungen werden daher durch eine Betriebsvereinbarung zum selben Regelungsgegenstand wegen der zwingenden normativen Wirkung der Betriebsvereinbarung (§ 77 Abs. 4 S. 1) nur verdrängt, wenn die Regelungen in der Betriebsvereinbarung für den Arbeitnehmer günstiger sind, es sei denn, dass der Arbeitsvertrag betriebsvereinbarungsoffen ausgestaltet ist.[792] Die günstigere Regelung in der Betriebsvereinbarung führt allerdings nach ganz h.M. nicht zur Unwirksamkeit oder endgültigen Ablösung der arbeitsvertraglichen Vereinbarung, da die Betriebsparteien individualrechtliche Rechtspositionen der Arbeitnehmer nicht beseitigen können. Eine ungünstigere arbeitsvertragliche Vereinbarung ist vielmehr wegen der zwingenden Wirkung für die Dauer der Geltung der Betriebsvereinbarung nicht anwendbar.[793] Ausnahmsweise können Ansprüche auf Sozialleistungen mit kollektivem Bezug (z.B. Betriebsrenten), die durch vertragliche Einheitsregelungen (z.B. Gesamtzusage) begründet wurden, auch ohne einen entsprechenden Änderungsvorbehalt durch eine nachfolgende Betriebsvereinbarung abgelöst werden, wenn diese bei kollektiver Betrachtungsweise insgesamt nicht ungünstiger als die abgelöste Einheitsregelung ist.[794]

282   **(b)** Wegen der **Regelungssperre zum Schutz der Tarifautonomie des § 77 Abs. 3** dürfen Gegenstand der Betriebsvereinbarungen allerdings nicht Arbeitsentgelte oder sonstige Arbeitsbedingungen sein, die durch Tarifvertrag geregelt sind oder üblicherweise geregelt werden, es sei denn es liegt eine klar und deutlich formulierte sog. Öffnungsklausel vor, § 77 Abs. 3 S. 2.[795] Diese Regelung dient der Sicherung der ausgeübten und aktualisierten Tarifautonomie sowie der Erhaltung und Stärkung der Koalitionen und schützt die Tarifvertragsparteien vor einer Konkurrenz durch die Betriebspartner. Im Geltungsbereich der Regelungssperre des § 77 Abs. 3 ist für die Anwendung des Günstigkeitsprinzips kein Raum.[796] Betriebliche Einheitsregelungen (z.B. Gesamtzusagen) und Regelungsabreden verbietet dagegen die Regelungssperre des § 77 Abs. 3

---

788 Vgl. dazu BAG NZA 2014, 736; Richardi/Richardi § 77 Rn. 35 und Reinartz DB 2020, 394 zur digitalen Signatur, die reichen soll.

789 BAG NZA 2007, 1187; MünchArbR/Arnold § 316 Rn. 26 und Rn. 73 entsprechend.

790 BAGNZA 2015, 368; BAG NZA 2004, 336; MünchArbR/Arnold § 316 Rn. 122 ff.

791 Vgl. dazu BAG NZA 2019, 480; BAG NZA 2007, 462; Richardi/Richardi § 77 Rn. 71 ff.; Preis/Ulber RdA 2013, 211.

792 Vgl. BAG NZA 2019, 1065; BAG NZA 2013, 916; Niklas ArbRB 2019, 179; abl. wegen Umgehung des Günstigkeitsprinzips Waltermann RdA 2016, 296; Preis/Ulber NZA 2014, 6; krit. auch Meinel/Kiehn NZA 2014, 509 und BAG NZA 2018, 1273.

793 BAG NZA 2011, 928; ErfK/Kania § 77 Rn. 68; Niklas ArbRB 2019, 179; jeweils m.w.N.

794 BAG DB 2002, 1383; vgl. Schipp ArbRB 2017, 26 ff.; vgl. dazu auch AS-Skript Arbeitsrecht (2019), Rn. 135 f.

795 Vgl. dazu BAG NZA 2020, 49; BAG NZA 2019, 784; F/E/S/T/L § 77 Rn. 117 ff. m.w.N.

796 BAG NZA 2019, 784; BAG, Urt. v. 15.01.2019 – 1 AZR 64/18, BeckRS 2019, 4999; BAG ArbR 2014, 301; ErfK/Kania § 77 Rn. 40; D/K/K/Berg § 77 Rn. 126 ff.; Zachert AuR 2004, 121; a.A. Ehmann/Schmidt NZA 1995, 193; Hablitzel NZA 2001, 471.

nach h.M. nicht.[797] Keine Anwendung findet die Regelungssperre des § 77 Abs. 3 aufgrund der ausdrücklichen Regelung in §112 Abs. 1 S. 4 auch auf Sozialpläne.[798]

Der Sinn der Regelungssperre des § 77 Abs. 3 wird insbesondere im Zusammenhang mit sog. betrieblichen Bündnissen für Arbeit (z.B. Regelung einer befristeten Kürzung des Tariflohnes und des gleichzeitigen befristeten Verzichts des Arbeitgebers auf betriebsbedingte Kündigungen in einer BV) infrage gestellt und eine Lockerung der Regelungssperre gefordert.[799]

Nach h.M. steht den Gewerkschaften wegen Verletzung ihrer Koalitionsfreiheit aus Art. 9 Abs. 3 GG ein Anspruch auf Unterlassung der Durchführung derartiger Bündnisse für Arbeit zu, auch wenn sie in betrieblichen Einheitsregelungen oder Regelungsabreden enthalten sind.[800]

Der **Tarifvorrang des § 77 Abs. 3** gilt nach ganz h.M. **unabhängig von einer Tarifbindung des Arbeitgebers**. Entscheidend ist nur, ob in dem einschlägigen Tarifvertrag – bei unterstellter Tarifbindung des Arbeitgebers – die Arbeitsbedingungen tatsächlich geregelt sind oder üblicherweise geregelt werden.[801]   **283**

Tarifüblichkeit i.S.d. § 77 Abs. 3 liegt vor, wenn eine bestimmte Frage Gegenstand mehrerer hintereinander abgeschlossener TV oder eines für längere Zeit abgeschlossenen TV war und die TV-Parteien nicht zu erkennen gaben, dass sie diese Frage künftig nicht mehr regeln wollen. Keine Tarifüblichkeit liegt dagegen vor, wenn eine bestimmte Frage bisher tariflich nicht geregelt war und die TV-Parteien lediglich zu erkennen gaben, dass sie in Zukunft diese Frage regeln wollen oder erstmals Verhandlungen wegen dieser Frage aufgenommen haben.[802]

Bei der **Mitbestimmung in sozialen Angelegenheiten nach § 87 Abs. 1** geht die herrschende Vorrangtheorie von dem **Anwendungsvorrang des § 87 Abs. 1 vor der Regelungssperre des § 77 Abs. 3** aus. Die Mitbestimmung des Betriebsrats nach § 87 Abs. 1 entfällt danach nur dann, wenn eine abschließende gesetzliche oder tarifliche Regelung besteht, an die der Arbeitgeber aufgrund der Tarifbindung nach § 3 Abs. 1 bzw. § 5 TVG gebunden ist. Die bloße Tarifüblichkeit einer Regelung oder das Vorliegen eines Tarifvertrags im Stadium der Nachwirkung nach § 4 Abs. 5 TVG schließt also den Abschluss einer Betriebsvereinbarung im Anwendungsbereich des § 87 Abs. 1 nicht aus.[803]   **284**

Beispiel: Nachwirkender Tarifvertrag über die Lage der Arbeitszeit

Der einschlägige Tarifvertrag regelt u.a. auch die Lage der Arbeitszeit, insbesondere die der 5-Tage-Woche (montags bis freitags). A, der nicht Mitglied des zuständigen Arbeitgeberverbandes ist, möchte mit dem Betriebsrat eine Betriebsvereinbarung über die Einführung einer flexiblen 6-Tage-Woche (montags bis samstags) einführen. Ist das möglich?

Wäre für die Abgrenzung der Regelungskompetenz der Tarif- und Betriebsparteien allein § 77 Abs. 3 maßgeblich, wäre die Betriebsvereinbarung trotz der fehlenden Verbandsmitgliedschaft des A aufgrund der Regelungssperre des § 77 Abs. 3 und der Üblichkeit der tariflichen Regelung unwirksam. Da jedoch die Mitbestimmung in sozialen Angelegenheiten nach § 87 Abs. 1 nach der Vorrangtheorie nur durch eine für den Arbeitgeber aufgrund der Tarifbindung nach § 3 Abs. 1 TVG bzw. Allgemeinverbindlichkeitserklärung nach § 5 TVG bindende tarifliche Regelung ausgeschlossen wird, ist der Abschluss der Betriebsvereinbarung über die Lage der Arbeitszeit, die nach § 87 Abs. 1 Nr. 2 mitbestimmungspflichtig ist, zulässig. Unzulässig wäre hingegen auch die Regelung der Dauer der regelmäßigen Ar-

---

797 BAG NZA 2003, 1097; F/E/S/T/L § 77 Rn. 101 f.; ErfK/Kania § 77 Rn. 56; Schaub/Koch § 231 Rn. 32; Goethner NZA 2006, 303 ff.; a.A. D/K/K/Berg § 77 Rn. 158; Richardi/Richardi § 77 Rn. 246, 310 ff. für Regelungsabreden.

798 Vgl. dazu BAG NZA 2007, 339; m. Anm. Oetker RdA 2007, 242; Seel MDR 2010, 241.

799 Vgl. dazu Ehlers RdA 2008, 81; Natzel NZA 2005, 903; Robert NZA 2004, 633; Wolter NZA 2003, 1317.

800 BAG ZTR 2017, 716 m. Anm. Donath; BAG NJW 2012, 250; BAG NZA 2001, 1037; Krause JA 2012, 946; Wohlfahrt NZA 1999, 962; a.A. Bauer NZA 1999, 957; Buchner NZA 1999, 897; dazu auch oben Rn. 85.

801 BAG ArbR 2014, 301; Waas RdA 2006, 312; F/E/S/T/L § 77 Rn. 78 m. Meinungsübersicht; a.A. z.B.: Richardi NZA 2000, 617 ff.

802 BAG NZA 2006, 383; F/E/S/T/L § 77 Rn. 90 ff.; Richardi/Richardi § 77 Rn. 291 ff.

803 BAG NZA 2019, 483; BAG NZA 2018, 871; D/K/K/Berg § 77 Rn. 13; F/E/S/T/L § 77 Rn. 109 ff.; a.A. GK/Kreutz § 77 Rn. 139 ff.; S/W/S § 87 Rn. 35 a ff.: Zwei-Schranken-Theorie: Sperren des § 87 Abs. 1 und § 77 Abs. 3 nebeneinander anwendbar.

beitzeit, weil dafür kein Mitbestimmungsrecht des Betriebsrats nach § 87 Abs. 1 Nr. 2, 3 besteht, sodass es insoweit bei der Regelungssperre des § 77 Abs. 3 verbleibt.

285 **(c)** Nach der heute h.M. unterliegen Betriebsvereinbarungen nicht mehr einer allgemeinen Billigkeitskontrolle, sondern im Ergebnis nur noch einer über § 75 vermittelten Rechtskontrolle auf Vereinbarkeit mit höherrangigem Recht, wobei der Überprüfungsmaßstab allerdings strenger als bei Tarifverträgen ist.[804] Eine Inhaltskontrolle nach §§ 307 ff. BGB ist dagegen gemäß § 310 Abs. 4 BGB ausgeschlossen.

286 **(4)** Die **Betriebsvereinbarung** ist ihrer **Rechtsnatur** nach ganz h.M. **ein privatrechtlicher Normenvertrag**, der als „Gesetz des Betriebes" **gemäß § 77 Abs. 4 unmittelbar und zwingend** auf die einzelnen Arbeitsverhältnisse einwirkt, ohne deren Inhalt zu werden.[805] Für deren Auslegung gelten wegen ihres Rechtsnormcharakters die für die Auslegung von Gesetzen geltenden Grundsätze.[806] Ebenso wie bei Tarifverträgen sind Vereinbarungen, die zum Nachteil der Arbeitnehmer von einer Betriebsvereinbarung abweichen, unzulässig, es sei denn, es liegt eine Öffnungsklausel vor. Die Verwirkung der Rechte aus einer Betriebsvereinbarung ist nach § 77 Abs. 4 S. 3 ausgeschlossen. Ein Verzicht darauf ist gemäß § 77 Abs. 4 S. 2 nur mit Zustimmung des Betriebsrats zulässig.[807]

287 **(5) Betriebsvereinbarungen gelten in räumlicher Hinsicht** für den Betrieb bzw. die Betriebe des Unternehmens (GesamtBV) oder des Konzerns (KonzernBV), für die sie von den zuständigen Betriebspartnern abgeschlossen worden sind.[808] **In persönlicher Hinsicht** gelten sie für alle, auch für später eingestellte Arbeitnehmer mit Ausnahme der leitenden Angestellten i.S.d. § 5 Abs. 3. Für im Zeitpunkt des Abschlusses bereits ausgeschiedene Arbeitnehmer (z.B. Pensionäre) gelten die Betriebsvereinbarungen nach h.M. grds. nicht, weil insoweit dem Betriebsrat die Legitimation fehlt.[809] Der **zeitliche Anwendungsbereich** ergibt sich grds. aus der Betriebsvereinbarung selbst. Als Beendigungsgründe einer Betriebsvereinbarung kommen insb. in Betracht: Zeitablauf, Aufhebungsvereinbarung, Betriebsstilllegung sowie eine ordentliche Kündigung nach § 77 Abs. 5, für die kein besonderer Kündigungsgrund erforderlich ist.[810] Eine **Nachwirkung**, während der die Normen der Betriebsvereinbarung unmittelbar, aber nicht mehr zwingend gelten, haben nach der dispositiven Regelung des § 77 Abs. 6 grds. nur die sog. erzwingbaren Betriebsvereinbarungen.[811] Freiwillige Betriebsvereinbarungen haben keine Nachwirkung, es sei denn, dass sie vereinbart worden ist, was nach h.M. zulässig ist.[812] Mit der Beendigung einer Betriebsvereinbarung, die keine Nachwirkung hat, gehen auch die durch diese Betriebsvereinbarung begründeten Ansprüche unter.[813]

Betriebsvereinbarungen mit teils erzwingbaren, teils freiwilligen Regelungen (sog. teilmitbestimmte Betriebsvereinbarungen) wirken grds. nur hinsichtlich der Gegenstände nach, die der zwin-

---

804 BAG NZA 2019, 480; BAG NZA 2011, 989; Richardi/Richardi § 77 Rn. 131 ff. und ausführl. Preis/Ulber RdA 2013, 211: Eich NZA 2010, 1389; a.A. BAG NZA 1995, 266, 267; D/K/Berg § 77 Rn. 174 f.; Kissel NZA 1995, 1, 4; vgl. auch oben Rn. 213.

805 BAG NZA 1990, 251, 353 f.; F/E/S/T/L § 77 Rn. 11 ff.; 124 ff.; MünchArbR/Arnold § 316 Rn. 1 ff.

806 Vgl. BAG NZA 2019, 186; BAG NZA-RR 2014, 373; F/E/S/T/L § 77 Rn. 15 und oben Rn. 47.

807 BAG NZA 2004, 1183; F/E/S/T/L § 77 Rn. 124 ff. ; Schiefer DB 2019, 187, 188 und Rn. 42 entspr.

808 Vgl. dazu BAG NZA 2019, 1065; MünchArbR/Arnold § 316 Rn. 29 ff.; F/E/S/T/L § 77 Rn. 34 m.w.N.

809 BAG NZA 1998, 160; ErfK/Kania § 77 Rn. 34; a.A. D/K/Berg § 77 Rn. 79; MünchArbR/Arnold § 315 Rn. 13 ff.; krit. Schaub/Koch § 231 Rn. 15; offen gelassen vom BAG AuR 2011, 41; differenzierend F/E/S/T/L § 77 Rn. 38 ff.

810 BAG AP Nr. 20 zu § 1 BetrAVG Auslegung; MünchArbR/Arnold § 316 Rn. 67 ff.; F/E/S/T/L § 77 Rn. 142 ff., 146 m.w.N.

811 BAG NZA 2019, 186; BAG ArbR 2014, 301; ErfK/Kania § 77 Rn. 10 ff.; Schaub/Koch § 231 Rn. 64 ff. m.w.N.

812 BAG NZA 2019, 186; MünchArbR/Arnold § 316 Rn. 95 ff.; F/E/S/T/L § 77 Rn. 187 mit Meinungsübersicht.

813 Vgl. BAG NZA 2004, 803; F/E/S/T/L § 77 Rn. 188; Kleinebrink ArbRB 2020, 25 ff. und Rn. 56 ff. entspr.

genden Mitbestimmung unterfallen. Dies setzt allerdings voraus, dass sich die Betriebsvereinbarung sinnvoll in einen nachwirkenden und einen nachwirkungslosen Teil aufspalten lässt. Anderenfalls entfaltet zur Sicherung der Mitbestimmung die gesamte Betriebsvereinbarung Nachwirkung. Etwas anderes gilt aber dann, wenn der Arbeitgeber eine Betriebsvereinbarung über freiwillige Leistungen kündigt und gegenüber dem Betriebsrat erklärt, dass er die Leistungen vollständig einstellen will. Anderenfalls könnte der Arbeitgeber mit den Mitteln des Kollektivrechts zur Beibehaltung einer finanziellen Leistung gezwungen werden, über deren Einführung er mitbestimmungsfrei entscheidet.[814]

III. Der Gesamtbetriebsrat

1. Besteht ein Unternehmen aus mehreren Betrieben, in denen – wenn auch nur zum Teil – Betriebsräte gewählt wurden, ist die **Errichtung eines Gesamtbetriebsrats** auf der Unternehmensebene **nach § 47 Abs. 1 zwingend vorgeschrieben**.[815] Der Gesamtbetriebsrat kann dabei gemäß § 47 Abs. 9 nur für Betriebe desselben Unternehmens gebildet werden, sodass Betriebsräte in Gemeinschaftsbetrieben i.S.d. § 1 Abs. 2 jeweils Mitglieder in die bei den Trägerunternehmen zu bildenden Gesamtbetriebsräte entsenden.[816] Mangels Existenz mehrerer Betriebe i.S.d. § 1 kann kein Gesamtbetriebsrat gebildet werden, wenn ein unternehmenseinheitlicher Betriebsrat nach § 3 Abs. 1 a errichtet wurde.[817] Die Bildung eines unternehmensübergreifenden Gesamtbetriebsrates verstößt auch dann gegen § 47, wenn die beteiligten Unternehmen Gemeinschaftsbetriebe i.S.d. § 1 Abs. 2 unterhalten, sodass ein solcher Gesamtbetriebsrat rechtlich nicht existent ist.[818] Abweichende Regelungen in Tarifverträgen oder Betriebsvereinbarungen hinsichtlich der Errichtung oder der Zuständigkeit des Gesamtbetriebsrates sind unzulässig, weil § 47 Abs. 4 nur Abweichungen hinsichtlich der Mitgliederzahl zulässt.[819] Die Mitglieder des Gesamtbetriebsrats werden dabei nicht von den Arbeitnehmern der einzelnen Betriebe gewählt, sondern von den Betriebsräten nach Maßgabe des § 47 Abs. 2 ff. entsandt. Für den Entsendungsbeschluss des Betriebsrates genügt einfache Stimmenmehrheit.[820] Streitigkeiten im Zusammenhang mit der Errichtung und der Entsendung einzelner Betriebsratsmitglieder sind in einem Anfechtungsverfahren in entsprechender Anwendung des § 19 zu klären.[821] Erfüllen die einzelnen Betriebsräte die Verpflichtung zur Errichtung eines Gesamtbetriebsrats nicht, so begründet dies in der Regel eine grobe Pflichtverletzung i.S.d. § 23 Abs. 1.[822] Der Gesamtbetriebsrat als solches hat keine bestimmte Amtszeit, da er eine Dauereinrichtung ist und über die Wahlperiode der einzelnen Betriebsräte hinaus besteht. Das Amt des Gesamtbetriebsrats endet mit dem Wegfall der Voraussetzungen für seine Einrichtung.[823] Das Erlöschen der Mitgliedschaft im Gesamtbetriebsrat richtet sich nach § 49.[824]

288

---

814 BAG NZA 2014, 1040; BAG NZA 2011, 598; F/E/S/T/L § 77 Rn. 190 ff.; Sittard/Grau RdA 2013, 118; Salamon NZA 2011, 549.

815 Vgl. zu Problemen des GBR Salamon NZA 2013, 708; Thüsing ZfA 2010, 195; Schwab NZA-RR 2007, 505 u. Salamon NZA 2019, 283 zu Rechtsfolgen fehlender Errichtung eines GBR oder KBR für die Ausübung der Mitbestimmungsrechte.

816 Vgl. dazu BAG NZA 2007, 825; D/K/K/Trittin § 47 Rn. 21 ff.; Salamon RdA 2008, 24.

817 Vgl. dazu Richardi/Annuß § 47 Rn. 4; ErfK/Koch § 47 Rn. 5; Salamon NZA 2018, 143 u. Bobisz/Manstetten AuR 2018, 565.

818 Vgl. dazu BAG NZA 2013, 738; BAG DB 2010, 2812; Hoffmann/Alles NZA 2014, 757; a.A. Schönhöft/Wertz RdA 2010, 100.

819 BAG AP Nr. 3 zu § 47; Richardi/Annuß § 47 Rn. 44 ff. und Mengel NZA 2002, 409 ff. zur Verkleinerung des GBR.

820 BAG NZA 2006, 215; F/E/S/T/L § 47 Rn. 33 m.w.N.

821 Vgl. dazu BAG NZA 2005, 1080; F/E/S/T/L § 47 Rn. 83 ff.

822 F/E/S/T/L § 47 Rn. 8; MünchArbR/Nebendahl § 300 Rn. 2; D/K/K/Trittin § 47 Rn. 8; jeweils m.w.N.

823 Vgl. BAG NZA 2018, 1281; BAG NZA 2003, 336 ff.; Thüsing FA 2012, 322; F/E/S/T/L § 47 Rn. 26 m.w.N.

824 Vgl. zur Abberufung BAG NZA 2005, 1080 u. Nebeling/Lankes DB 2018, 2058; Hohenstatt/Müller-Bonanni NZA 2003, 766; Salamon RdA 2007, 103 zur Bedeutung des Betriebsüberganges für den GBR und für bestehende GesamtBV.

289 **2.** Der Gesamtbetriebsrat ist ein **selbstständiges betriebsverfassungsrechtliches Organ** und als solches den einzelnen Betriebsräten weder über- noch untergeordnet, § 50 Abs. 1 S. 2. Er kann deshalb auch keine verbindlichen Richtlinien für die Tätigkeit der einzelnen Betriebsräte festlegen.[825] Hinsichtlich der Zuständigkeit des Gesamtbetriebsrats ist zwischen der eigenen Zuständigkeit kraft Gesetzes nach § 50 Abs. 1 S. 1 und der Zuständigkeit kraft Auftrags nach § 50 Abs. 2 zu unterscheiden.[826]

Das BetrVG geht von einer Primärzuständigkeit des BR aus, weshalb der GBR nur einen eng begrenzten Zuständigkeitsbereich hat.[827] Nach h.M. schließen sich die Zuständigkeiten des Gesamtbetriebsrats und der einzelnen Betriebsräte für eine bestimmte mitbestimmungspflichtige Angelegenheit gegenseitig aus, sodass (auch in Ausnahmefällen) keine Zuständigkeitskonkurrenz bestehen kann.[828]

a) Die **eigene Zuständigkeit des Gesamtbetriebsrats kraft Gesetzes nach § 50 Abs. 1** ist von zwei Voraussetzungen abhängig, die kumulativ vorliegen müssen:

- Es muss sich um eine Angelegenheit handeln, die entweder das Gesamtunternehmen oder zumindest mehrere Betriebe des Unternehmens betrifft und

- die Angelegenheit darf nicht durch die einzelnen Betriebsräte innerhalb ihrer Betriebe geregelt werden können.

Die Notwendigkeit des Fehlens einer betrieblichen Regelungsmöglichkeit darf allerdings nicht im Sinne einer Unmöglichkeit verstanden werden. Vielmehr ist diese Voraussetzung bereits dann erfüllt, wenn eine zwingende sachliche Notwendigkeit für eine einheitliche Regelung der betreffenden Angelegenheit innerhalb des Unternehmens besteht, die sich aus technischen oder rechtlichen Gründen ergeben kann. Die bloße Zweckmäßigkeit einer einheitlichen Regelung genügt dagegen noch nicht.[829]

Beispiel: Unternehmenseinheitlicher Interessenausgleich und Sozialplan
Das Unternehmen U, das mehrere Betriebe unterhält, geriet in wirtschaftliche Schwierigkeiten. Um das Unternehmen trotz drohender Insolvenz fortführen zu können, beschließt der Vorstand ein Sanierungskonzept, das eine Änderung der Flächen- und Organisationsstruktur des gesamten Unternehmens verbunden mit der Schließung einzelner Standorte und einem erheblichen Personalabbau vorsieht. Im Zuge der Vollziehung des Sanierungskonzepts schloss U mit dem Gesamtbetriebsrat (GBR) einen Interessenausgleich und einen Sozialplan ab.

Nach BAG[830] war der GBR für den Interessenausgleich nach § 111 zuständig, weil die mit der Umstrukturierung des gesamten Unternehmens verbundenen Maßnahmen über die Grenzen der einzelnen Betriebe hinaus mitzugestalten und mitzubeurteilen waren. Daraus folgt aber nicht zwingend auch die Erforderlichkeit eines unternehmenseinheitlichen Sozialplanes nach § 112:

„Regelt ein mit dem GBR nach § 50 Abs. 1 vereinbarter Interessenausgleich Betriebsänderungen, die einzelne Betriebe unabhängig voneinander betreffen, oder eine solche, die sich auf einen Betrieb beschränkt, ist ein unternehmensweit zu findender Ausgleich der wirtschaftlichen Nachteile im Sozialplan nicht zwingend. Erfassen die in dem Interessenausgleich vereinbarten Betriebsänderungen mehrere oder gar sämtliche Betriebe und ist die Durchführung des Interessenausgleichs abhängig von betriebsübergreifend einheitlichen Kompensationsregelungen in dem noch abzuschließenden Sozialplan, so kann diese Aufgabe von den Betriebsräten der einzelnen Betriebe nicht mehr wahrgenommen werden; sie ist dem GBR zugewiesen."[831]

---

825 F/E/S/T/L § 50 Rn. 5; D/K/K/Trittin § 47 Rn. 2; MünchArbR/Nebendahl § 300 Rn. 37 f. m.w.N.

826 Ausführlich dazu Werner NZA-RR 2019, 1; Däubler DB 2017, 667; Salamon NZA 2018, 832; Thüsing ZfA 2010, 195.

827 BAG DB 2011, 1587; 1996, 974, 976; D/K/K/Trittin § 50 Rn. 15, 18.

828 BAG DB 2011, 1587; Richardi/Annuß § 50 Rn. 44 ff.; F/E/S/T/L § 50 Rn. 9 ff.; a.A. D/K/K/Trittin § 50 Rn. 24 ff.

829 BAG NZA 2017, 1615; BAG NZA 2011, 171; Richardi/Annuß § 50 Rn. 7 ff.; D/K/K/Trittin § 50 Rn. 30 ff., 94 ff. (Beispiele).

830 BAG NZA 2013, 333; zur Zuständigkeitsabgrenzung Werner NZA-RR 2019, 1; Lunk NZA 2013, 233; Dzida ArbRB 2016, 371.

831 Vgl. auch BAG AiB 2007, 494; Ohlendorf/Salomon NZA 2006, 131 ff.

Hier lag ein solches Abhängigkeitsverhältnis zwischen unternehmensweiten Betriebsänderungen und einer darauf abstellenden Sozialplanregelung zum Ausgleich von Arbeitsplatzverlusten und sonstigen wirtschaftlichen Nachteilen vor. Zur Abwendung der Insolvenz, die alle Arbeitnehmer des Unternehmens betroffen hätte, wurde ein Interessenausgleich über ein unternehmenseinheitliches Sanierungskonzept zwischen Arbeitgeber und GBR gefunden. Dieses Sanierungskonzept konnte im Interesse der verbleibenden Belegschaft und der zu erhaltenden Betriebe, aber auch der von den Betriebsänderungen unmittelbar betroffenen Arbeitnehmer nur auf der Grundlage eines bestimmten, auf das gesamte Unternehmen bezogenen Sozialplanvolumens realisiert werden.[832]

Die originäre **Zuständigkeit des Gesamtbetriebsrats** erstreckt sich gemäß § 50 Abs. 1 **290** S. 1 Hs. 2 auch auf **Betriebe des Unternehmens**, in denen **kein Betriebsrat gewählt** wurde. An den Voraussetzungen der originären Zuständigkeit des Gesamtbetriebsrats nach § 50 Abs. 1 S. 1 ändert diese Zuständigkeitserweiterung allerdings nichts. Der Gesamtbetriebsrat kann deshalb nur in überbetrieblichen Angelegenheiten die Arbeitnehmer der betriebsratslosen Betriebe vertreten. Er ist nicht berechtigt, die Rolle des örtlichen Betriebsrats zu übernehmen und rein betriebsbezogene Angelegenheiten zu regeln.[833]

Aufgrund der Änderung des § 50 Abs. 1 hat sich der Meinungsstreit dazu erledigt, ob der GBR auch für betriebsratslose Betriebe des Unternehmens zuständig war.[834] Umstritten ist aber, ob der GBR auch für solche Kleinstbetriebe zuständig ist, die die Voraussetzungen des § 1 nicht erfüllen und auch nicht nach § 4 Abs. 2 dem Hauptbetrieb zugeordnet werden können.[835]

b) Die **Zuständigkeit des Gesamtbetriebsrats kraft Beauftragung durch einzelne** **291** **Betriebsräte nach § 50 Abs. 2** erfordert einen Beschluss des übertragenden Betriebsrats, der der absoluten Mehrheit bedarf. Außerdem bedarf die Übertragung der Schriftform i.S.d. § 126 BGB, sodass die Übertragung erst mit Zugang einer formgerechten Mitteilung an den Vorsitzenden des Gesamtbetriebsrats wirksam wird.[836] Der Arbeitgeber ist von der Beauftragung des Gesamtbetriebsrates nach dem Grundsatz der vertrauensvollen Zusammenarbeit zu unterrichten, wobei die Unterrichtung keine Wirksamkeitsvoraussetzung der Übertragung ist.[837]

Durch die Möglichkeit der Beauftragung des GBR können sich die einzelnen Betriebsräte die Verhandlungsmöglichkeiten des GBR zunutze machen, die wegen des unmittelbaren Kontakts zur Unternehmensleitung und der umfassenden Information über die Situation des Unternehmens im Einzelfall besser sein können. Außerdem kann dem GBR die Regelung einer Angelegenheit, für die er nicht originär zuständig ist, deshalb übertragen werden, wenn dies von einem oder mehreren Betriebsräten für zweckmäßig gehalten wird.

Die Beauftragung des Gesamtbetriebsrats nach § 50 Abs. 2 kann sich grundsätzlich nur auf eine **ganz bestimmte Angelegenheit** erstrecken, die möglichst konkret umschrieben sein muss. Gegenstand der Übertragung kann dabei jede Angelegenheit sein, die in den Zuständigkeitsbereich des Betriebsrats fällt. Eine generelle Übertragung eines gesamten Sachbereichs (z.B. Mitbestimmung bei sozialen Angelegenheiten nach § 87) ist allerdings unzulässig, weil sie im Ergebnis eine teilweise „Selbstabdankung" des Be-

---

832 Vgl. auch BAG ZIP 2003, 1514; Röger, ZIP 2018, 2045; Scharff BB 2016, 437 u. Salamon RdA 2007, 103; Rieble/Gutzeit NZA 2003, 233 zur Zuständigkeit des GBR für Unternehmensumstrukturierungen und zur Fortgeltung von BV hierbei.

833 BAG NZA 2016, 1483; D/K/K/Trittin § 50 Rn. 162 ff.; Richardi/Annuß § 50 Rn. 50 f.; Joussen RdA 2007, 114 ff.

834 Dagegen BAG DB 1984, 129 ff. mit Meinungsübersicht.

835 Dafür D/K/K/Trittin § 50 Rn. 162; dagegen LAG Düsseldorf ArbR 2012, 23; Richardi/Annuß § 50 Rn. 51; F/E/S/T/L § 50 Rn. 29; S/W/S §§ 47–52 Rn. 9; Löwisch BB 2001, 1734, 1746, weil insoweit eine demokratische Legitimation fehlt.

836 D/K/K/Trittin § 50 Rn. 170 ff.; F/E/S/T/L § 50 Rn. 62 ff.; Schönhöft/Kessenich NZA-RR 2017, 1; Rieble RdA 2005, 26 ff.

837 D/K/K/Trittin § 50 Rn. 188; S/W/S §§ 47–52 Rn. 11; F/E/S/T/L § 50 Rn. 64; Rieble RdA 2005, 26, 29.

triebsrats zur Folge hätte, die mit den Amtspflichten des Betriebsrats unvereinbar wäre.[838] Trotz der Beauftragung des Gesamtbetriebsrats bleiben die einzelnen Betriebsräte Träger der Mitbestimmungsrechte, die vom Gesamtbetriebsrat nur als Vertreter i.S.d. §§ 164 ff. BGB ausgeübt werden, wobei sich die einzelnen Betriebsräte die endgültige Entscheidungskompetenz vorbehalten können. Der einzelne Betriebsrat ist deshalb nach h.M. weiterhin Antragsteller und Beteiligter in einem gerichtlichen Beschlussverfahren. Er kann aber den Gesamtbetriebsrat auch mit der Durchführung des Beschlussverfahrens beauftragen, der dann im Sinne einer gewillkürten Prozessstandschaft die Rechte im eigenen Namen geltend machen kann.[839] Darüber hinaus kann der einzelne Betriebsrat die Beauftragung jederzeit ohne besondere Begründung widerrufen.[840]

Der Gesamtbetriebsrat ist zur Zusammenarbeit mit den Betriebsräten und damit nach h.M. grundsätzlich auch zur Übernahme des Auftrags verpflichtet.[841]

IV. Der Konzernbetriebsrat

292 **1.** In einem Konzern (§ 18 Abs. 1 AktG) muss nicht, kann aber nach § 54 Abs. 1 S. 1 durch einen Beschluss der Gesamtbetriebsräte ein Konzernbetriebsrat gebildet werden. Voraussetzung dafür ist gemäß § 54 Abs. 1 S. 2 die Zustimmung der Gesamtbetriebsräte der Konzernunternehmen, in denen insgesamt mehr als 50% der Arbeitnehmer des Konzerns beschäftigt sind. Die Errichtung des Konzernbetriebsrates ist also – anders als des Gesamtbetriebsrates nach § 47 Abs. 1 – nicht zwingend. Für einen Konzern kann grds. nur ein – beim herrschenden Unternehmen angesiedelter – Konzernbetriebsrat gebildet werden. Die Errichtung eines Konzernbetriebsrates nur für einen Teil des Konzerns (z.B. Sparten-KBR) ist nicht zulässig.[842] Bei Konzernen mit Auslandsbezug kann ein Konzernbetriebsrat nur dann errichtet werden, wenn das herrschende Unternehmen seinen Sitz im Inland hat oder über eine im Inland ansässige Teilkonzernspitze verfügt.[843]

Nach § 54 Abs. 1 S. 2 a.F. war für die Errichtung des KBR ein Quorum von 75% erforderlich. Die Absenkung des Quorums soll die Bildung der Konzernbetriebsräte erleichtern.

2. Der Konzernbetriebsrat ist – ebenso wie der Gesamtbetriebsrat – ein **eigenständiges betriebsverfassungsrechtliches Organ**, das gemäß § 58 Abs. 1 S. 2 den einzelnen Gesamtbetriebsräten nicht übergeordnet ist. Andererseits ist er aber auch nicht an Weisungen des Gesamtbetriebsrats gebunden. Er besitzt nach § 58 Abs. 1 eine originäre Zuständigkeit für Angelegenheiten, die den Konzern oder mehrere Konzernunternehmen betreffen und nicht durch einzelne Gesamtbetriebsräte innerhalb ihrer Unternehmen geregelt werden können.[844] Außerdem kann er von einzelnen Gesamtbetriebsräten nach § 58 Abs. 2 mit der Regelung einzelner Angelegenheiten beauftragt werden.[845]

---

838 BAG AP Nr. 102 zu § 99 BetrVG; F/E/S/T/L § 50 Rn. 65; Richardi/Annuß § 50 Rn. 54.

839 BAG NZA 2001, 334; ErfK/Koch § 50 Rn. 12; D/K/K/Trittin § 50 Rn. 195 ff.; F/E/S/T/L § 50 Rn. 71; Richardi/Annuß § 50 Rn. 55.

840 D/K/K/Trittin § 50 Rn. 187; F/E/S/T/L § 50 Rn. 72; Richardi/Annuß § 50 Rn. 62; a.A. Behrens/Kramer DB 1994, 94, 95.

841 D/K/K/Trittin § 50 Rn. 189; F/E/S/T/L § 50 Rn. 70; Richardi/Annuß § 50 Rn. 63; a.A. Rieble RdA 2005, 26, 30 f.

842 Vgl. BAG ZIP 2011, 1332; Richardi/Annuß § 54 Rn. 3.

843 Vgl. BAG NZG 2019, 355; BAG NZA 2007, 999; Dolde SAE 2019, 43; Junker SAE 2008, 41; krit. Bachmann RdA 2008, 108.

844 Vgl. BAG NZA 2013, 275; Werner NZA-RR 2019, 1; Salamon NZA 2018, 832 u. NZA 2013, 708; Besgen/Apelt SAE 2013, 74.

845 Ausführlich zu Problemen des KBR Rataczak AiB 2011, 698; Schwab NZA-RR 2007, 337; ders. AiB 2007, 87.

Insgesamt gilt für das Verhältnis zwischen dem Konzernbetriebsrat und den einzelnen Gesamtbetriebsräten grundsätzlich das Gleiche wie im Verhältnis des Gesamtbetriebsrats zu den einzelnen Betriebsräten,[846] sodass darauf Bezug genommen wird.

Besteht in einem Konzernunternehmen nur ein Betriebsrat, so nimmt dieser gemäß § 54 Abs. 2 die Aufgaben des Gesamtbetriebsrats bei der Bildung des KBR wahr.[847]

V. Die Jugend- und Auszubildendenvertretung

1. Nach § 60 werden Jugend- und Auszubildendenvertretungen (JAV) in Betrieben gewählt, in denen in der Regel ein Betriebsrat existiert[848] und mindestens 5 Arbeitnehmer beschäftigt sind, die das 18. Lebensjahr noch nicht vollendet haben oder in einem Ausbildungsverhältnis stehen und das 25. Lebensjahr noch nicht vollendet haben. Die regelmäßige Amtszeit der JAV beträgt gemäß § 64 Abs. 2 nur zwei Jahre. Zur Durchführung der Wahl der JAV (vgl. §§ 61–64) ist der Betriebsrat verpflichtet. Die Verpflichtung folgt nach h.M. aus § 80 Abs. 1 Nr. 5.[849]

293

2. Die JAV ist ein **eigenständiges Organ der Betriebsverfassung** mit eigenen Rechten und der Aufgabe (§ 60 Abs. 2), die Belange der Jugendlichen und Auszubildenden nach Maßgabe der §§ 66 ff. wahrzunehmen. Sie hat aber **keine Mitbestimmungs- und Mitwirkungsrechte** gegenüber dem Arbeitgeber. Vielmehr obliegt auch die Vertretung der Jugendlichen und Auszubildenden gegenüber dem Arbeitgeber allein dem Betriebsrat.[850] Nach § 67 Abs. 1 kann die JAV zu allen Sitzungen des Betriebsrats einen Vertreter entsenden. Alle Mitglieder der JAV sind zu einer Betriebsratssitzung zu laden und haben nach § 67 Abs. 2 ein Stimmrecht, wenn und soweit die zu fassenden Betriebsratsbeschlüsse überwiegend die Jugendlichen oder Auszubildenden betreffen. Erachtet die Mehrheit der JAV einen Beschluss des Betriebsrats als eine erhebliche Beeinträchtigung wichtiger Interessen der Jugendlichen und Auszubildenden, so ist der Betriebsratsbeschluss auf Antrag der JAV nach Maßgabe des § 66 auszusetzen, um eine Verständigung zu erreichen. Kommt es zu keiner Verständigung, kann der ausgesetzte Beschluss durch eine erneute Beschlussfassung des Betriebsrats bestätigt werden.[851]

294

3. Für die **Geschäftsführung der JAV** ordnet § 65 die entsprechende Anwendung einer Vielzahl der für den Betriebsrat geltenden Regelungen, insbesondere des § 37 an, durch den die Rechtsstellung der Mitglieder der JAV in vergütungsrechtlicher Hinsicht gesichert wird. Darüber hinaus haben die Mitglieder der JAV, die sich in einem Ausbildungsverhältnis befinden, nach Maßgabe des § 78 a einen Anspruch auf Übernahme in ein unbefristetes Arbeitsverhältnis.[852]

295

---

846 BAG NZA 2007, 1184; MünchArbR/Nebendahl § 302 Rn. 52 ff.; Rieble RdA 2005, 26.

847 F/E/S/T/L § 54 Rn. 55 ff.; ErfK/Koch § 54 Rn. 10; a.A. Richardi/Annuß § 54 Rn. 55; vgl. auch Wollwert NZA 2011, 437 ff. zur Zulässigkeit der Errichtung des KBR durch einen konzernweit einzigen GBR.

848 Vgl. MünchArbR/Stamer § 303 Rn. 7; F/E/S/T/L § 60 Rn. 22; Richardi/Annuß § 60 Rn. 11; Opolony BB 2003, 2055; a.A. D/K/K/Trittin § 60 Rn. 6, 39 und Oetker DB 2005, 1165 zur Errichtung und Rechtsstellung einer Konzern-JAV.

849 MünchArbR/Stamer § 303 Rn. 3; Richardi/Annuß § 63 Rn. 5; D/K/K/Trittin § 60 Rn. 12 m.w.N.

850 BAG AP Nr. 1 zu § 65 BetrVG; MünchArbR/Stamer § 303 Rn. 1; D/K/K/Trittin § 60 Rn. 5 f.; F/E/S/T/L § 60 Rn. 4 ff. und ausführlich zur Zusammenarbeit zwischen JAV und Betriebsrat Rudolph PersR 2008, 107 und AiB 2006, 590 ff.

851 Vgl. dazu D/K/K/Trittin § 66 Rn. 2 ff.; F/E/S/T/L § 66 Rn. 3 ff.; MünchArbR/Stamer § 303 Rn. 55 ff.

852 BAG DB 2013, 1558; BAG NZA 2011, 221; LAG Hamm ZTR 2019, 407; MünchArbR/Stamer § 303 Rn. 77 ff.; Lakies ArbR 2012, 34; Reuter BB 2007, 2678; Houben NZA 2006, 769; Malottke AiB 2009, 202 und 2006, 493; Opolony BB 2003, 1329.

VI. Der Europäische Betriebsrat

296 **1.** Das Gesetz über Europäische Betriebsräte (EBRG) vom 28.10.1998, das im Zuge der Umsetzung der EG-Richtlinie 94/45 vom 22.09.1994 erlassen wurde, gilt nach Maßgabe des § 2 EBRG in gemeinschaftsweit tätigen Unternehmen (vgl. § 3 EBRG) mit Sitz im Inland und in gemeinschaftsweit tätigen Unternehmensgruppen mit Sitz des herrschenden Unternehmens (vgl. dazu § 6 EBRG) im Inland.[853] Die Berechnung der durchschnittlichen Arbeitnehmerzahlen richtet sich nach § 4 EBRG, wobei für den Arbeitnehmerbegriff § 5 Abs. 1 maßgeblich ist.[854] Ist allerdings bereits vor der Umsetzung der EG-Richtlinie in den Unternehmen und Unternehmensgruppen nach §§ 2, 3 EBRG eine Vereinbarung über grenzübergreifende Unterrichtung und Anhörung der Arbeitnehmer geschlossen worden, ist das EBRG nach § 41 EBRG nicht anwendbar, solange die auf freiwilliger Basis getroffene Vereinbarung wirksam ist.

Nach § 3 Abs. 1 EBRG ist ein Unternehmen gemeinschaftsweit tätig, wenn es mindestens 1.000 Arbeitnehmer in den Mitgliedsstaaten und davon jeweils mindestens 150 Arbeitnehmer in mindestens zwei Mitgliedsstaaten beschäftigt. Eine Unternehmensgruppe ist dagegen dann nach § 3 Abs. 2 EBRG gemeinschaftsweit tätig, wenn sie mindestens 1.000 Arbeitnehmer in den Mitgliedsstaaten beschäftigt und ihr mindestens zwei Unternehmen mit Sitz in verschiedenen Mitgliedsstaaten angehören, in denen jeweils mindestens 150 Arbeitnehmer in verschiedenen Mitgliedsstaaten beschäftigt werden. Der Betriebsrat kann von der örtlichen Unternehmensleitung die Auskünfte verlangen, die er benötigt, um zu prüfen, ob die Voraussetzungen für die Errichtung eines Euro-Betriebsrats vorliegen.[855]

2. Nach dem EBRG sind zwischen der zentralen Leitung i.S.d. § 1 Abs. 2 EBRG und dem nach Maßgabe der §§ 9 ff. EBRG zu bildenden besonderen Verhandlungsgremium grundsätzlich freiwillige Vereinbarungen über die Errichtung eines Euro-Betriebsrats bzw. über ein Verfahren zur Unterrichtung und Anhörung der Arbeitnehmer nach §§ 17 ff. EBRG abzuschließen. Diese Vereinbarung bedarf nach § 18 S. 1 EBRG zu ihrer Wirksamkeit der Schriftform. Die zentrale Leitung und das besondere Verhandlungsgremium haben bei einer solchen freiwilligen Vereinbarung nach § 17 EBRG einen weiten Gestaltungsspielraum, insbes. sind sie frei, darüber zu entscheiden, ob sie die Unterrichtung und Anhörung durch die Errichtung eines zentralen oder mehrerer Euro-BR oder aber durch ein dezentrales Verfahrenssystem verwirklichen wollen. Es müssen aber alle in den Mitgliedsstaaten beschäftigten Arbeitnehmer erfasst werden. Gewisse inhaltliche Vorgaben macht zwar § 18 S. 2 EBRG, der aber keinen zwingenden Charakter hat, weil danach die sechs aufgeführten Bereiche nur geregelt werden sollen. Dementsprechend ist die Vereinbarung nach h.M. auch dann wirksam, wenn einzelne Regelungen fehlen.[856] Wirksamkeitsvoraussetzung ist allerdings, dass die Vereinbarung eine Ausgestaltung der grenzüberschreitenden Unterrichtung und Anhörung der Arbeitnehmer regelt. Ein solcher freiwillig errichteter Euro-BR hat die Befugnisse, die ihm in der Vereinbarung zugewiesen worden sind, insbesondere gelten für ihn nicht die Vorschriften über den gesetzlichen Euro-BR nach §§ 21 ff.[857]

3. Ein Euro-BR muss kraft Gesetzes nach Maßgabe der §§ 21 ff. EBRG gebildet werden, wenn keine freiwillige Vereinbarung darüber zustande kommt und auch das besondere Verhandlungsgremium keinen Beschluss nach § 15 EBRG gefasst hat. Die Zusammensetzung und die Bestellung der Mitglieder des Euro-BR regeln die §§ 22, 23 EBRG (vgl. auch § 18 Abs. 2 EBRG),[858] die Geschäftsführung richtet sich nach Maßgabe der §§ 25 ff. EBRG, wobei die Kosten nach § 25 EBRG die zentrale Leitung zu tragen hat. Beschlüsse über die Bestellung inländischer Arbeitnehmervertreter im Euro-BR sind – ebenso wie sons-

853 Vgl. dazu ausführlich MünchArbR/Grau §§ 354–356; Klocke/Haas ZESAR 2018, 364; Dohna-Jaeger AuR 2017, 194; Maiß/Pauken BB 2013, 1589; Hohenstatt/Kröpelin/Bertke NZA 2011, 1313; Pauken ArbR 2011, 657.

854 Schaub/Koch § 256 Rn. 3 ff., 7; B/R/H Rn. 1019.

855 Vgl. EuGH BB 2004, 441 m. Anm. Däubler; BAG BB 2005, 440 m. Anm. Leder/Zimmer; BAG NZA 2004, 863 m. Anm. Schöne SAE 2005, 213; Klocke/Haas ZESAR 2018, 364 ff.

856 D/K/K/Däubler § 18 EBRG Rn. 4; MünchArbR/Grau § 355 Rn. 92.

857 Schaub/Koch § 255 Rn. 10; MünchArbR/Grau§ 355 Rn. 92 ff.; B/R/H Rn. 1022 f.

858 Vgl. zu Wirksamkeitsvoraussetzungen und Geltendmachung der Unwirksamkeit der Bestellung inländischer AN-Vertreter in den Euro-BR BAG NZA 2007, 1375 ff.

tige betriebsratsinterne Wahlen – entsprechend § 19 BetrVG (Nichtigkeit bzw. Anfechtbarkeit) gerichtlich überprüfbar.[859] Die Grundsätze für die Zusammenarbeit zwischen dem Euro-BR und der zentralen Leitung regeln in Anlehnung an das BetrVG die §§ 38 ff. EBRG. Dem gesetzlichen Euro-BR stehen keine Mitbestimmungsrechte, sondern nur Unterrichtungs- und Anhörungsrechte nach Maßgabe der §§ 32 ff. EBRG zu. Die Unterrichtungspflicht besteht allerdings nur insoweit, als dadurch keine Betriebs- oder Geschäftsgeheimnisse gefährdet werden, § 39 Abs. 1 EBRG.[860]

Nach In-Kraft-Treten des Gesetzes zur Einführung der Europäischen Gesellschaft (SE) am 01.01.2005 ist auf betrieblicher Ebene für die SE ein eigener SE-Betriebsrat nach Maßgabe des SEBG zu bilden.[861]

VII. Überblick über den Sprecherausschuss

1. Ein Sprecherausschuss kann nach § 1 Abs. 1, 3 SprAuG nur in den Betrieben der Privatwirtschaft gebildet werden (vgl. auch § 20 SprAuG zur Bildung eines Unternehmenssprecherausschusses). Bestehen in einem Unternehmen mehrere Sprecherausschüsse, ist nach § 16 Abs. 1 SprAuG zwingend ein Gesamtsprecherausschuss zu bilden, die Errichtung eines Konzernsprecherausschusses ist dagegen nach § 21 nicht zwingend. Für die **Wahl, Zusammensetzung und die Amtszeit** des Sprecherausschusses sind die §§ 3–10 SprAuG maßgeblich.[862] Die Regelung über Wahlanfechtung, Wahlschutz und Wahlkosten ist den §§ 19, 20 nachgebildet (vgl. dazu Rn. 234 ff.). Eine Wahlanfechtung durch die Gewerkschaft ist allerdings ausgeschlossen.[863]

297

2. Für die **Zusammenarbeit zwischen dem Arbeitgeber und dem Sprecherausschuss** gelten Grundsätze, die mit denen für das Verhältnis zwischen dem Arbeitgeber und dem Betriebsrat vergleichbar sind, insbes. der Grundsatz der vertrauensvollen Zusammenarbeit, die Friedenspflicht, das Verbot parteipolitischer Betätigung sowie das Benachteiligungs- und Begünstigungsverbot, vgl. § 2 SprAuG.[864] Im Gegensatz zum BetrVG (vgl. z.B. §§ 2, 14 Abs. 3, 76 Abs. 8) sind den Gewerkschaften im SprAuG keine Rechte zugewiesen. Die Zusammenarbeit zwischen dem Sprecherausschuss und dem Betriebsrat ist dagegen im § 2 Abs. 2 SprAuG geregelt.

298

3. Die **Rechtsstellung der Mitglieder des Sprecherausschusses** entspricht nur teilweise der Rechtsstellung der Betriebsratsmitglieder.[865] Die Sprecherausschussmitglieder sind nach § 14 Abs. 1 SprAuG – ebenso wie Betriebsratsmitglieder nach § 37 Abs. 2 (vgl. dazu Rn. 270 ff.) – für erforderliche Sprecherausschusstätigkeit unter Fortzahlung der Bezüge freizustellen. Die darüber hinaus in § 37 Abs. 3–7 für Betriebsratsmitglieder geregelten Rechte sieht aber das SprAuG nicht vor, sodass die Sprecherausschussmitglieder insoweit nur durch das Benachteiligungsverbot des § 2 Abs. 3 SprAuG geschützt sind.[866] Ob ein Sprecherausschussmitglied im Einzelfall einen Anspruch auf bezahlte Befreiung von der Arbeitstätigkeit für Teilnahme an einer Schulungsveranstaltung haben kann, ist umstritten.[867] Anders als die Betriebsratsmitglieder genießen die Mitglie-

299

---

859 Vgl. dazu BAG EzA § 82 ArbGG 1979 Nr. 2 und oben Rn. 234 ff.

860 MünchArbR/Grau § 356 Rn. 40 ff.; zu Beteiligungsrechten des Euro-BR und deren Durchsetzung Keßler ZEuS 2010, 377.

861 Vgl. dazu allg. MünchArbR/Grau § 357; Löw/Stolzenberg NZA 2016, 1489; Luke NZA 2013, 941; Krause BB 2005, 1221; Grobys NZA 2005, 84; Oetker ZESAR 2005, 3 u. Thüsing ZIP 2006, 1469: Der SE-Betriebsrat kraft Vereinbarung.

862 Vgl. dazu Schaub/Koch § 248 Rn. 3 ff.; MünchArbR/Francke § 311 Rn. 2 ff. und Niklas ArbRB 2017, 287 ff.

863 Schaub/Koch § 248 Rn. 4; MünchArbR/Francke § 311 Rn. 39.

864 Vgl. dazu auch Schaub/Koch § 247 Rn. 3 ff.; MünchArbR/Francke § 310 Rn. 20 ff.

865 Ausführlich dazu MünchArbR/Francke § 311 Rn. 63 ff.; Schaub/Koch § 247 Rn. 6.

866 Vgl. dazu MünchArbR/Francke § 311 Rn. 63 ff., 68 ff.; Schaub/Koch § 247 Rn. 7.

867 Vgl. dazu Meinungsübersicht bei MünchArbR/Francke § 311 Rn. 87; ErfK/Oetker § 14 SprAuG Rn. 5.

der des Sprecherausschusses auch keinen besonderen Kündigungsschutz, dürfen aber nach § 2 Abs. 3 SprAuG nicht wegen ihrer Amtsausübung benachteiligt werden, sog. relativer Kündigungsschutz.[868] Die Kosten der Tätigkeit des Sprecherausschusses trägt nach § 14 Abs. 2 SprAuG, der im Wesentlichen dem § 40 nachgebildet ist (vgl. dazu Rn. 211 ff., 260 ff.), der Arbeitgeber.

300 **4.** Der Sprecherausschuss hat – anders als der Betriebsrat – **keine Mitbestimmungsrechte**, sondern nur Informations-, Anhörungs- und Beratungsrechte, die die Entscheidungsbefugnis des Arbeitgebers unberührt lassen, vgl. §§ 30–32 SprAuG.[869] Zu beachten ist dabei insbesondere, dass eine **ohne ordnungsgemäße Anhörung des Sprecherausschusses ausgesprochene Kündigung nach § 31 Abs. 2 S. 3 SprAuG unwirksam** ist. Für die ordnungsgemäße Anhörung des Sprecherausschusses, insbesondere für den Umfang der Unterrichtungspflicht, gelten dabei die gleichen Grundsätze wie für die ordnungsgemäße Anhörung des Betriebsrats nach § 102 Abs. 1 S. 2 BetrVG. Diese Grundsätze gelten auch für eine Änderungskündigung.[870] Daneben obliegen dem Sprecherausschuss nach Maßgabe der §§ 25–27 SprAuG bestimmte Überwachungs-, Unterstützungs- und Vermittlungsaufgaben.[871] Schließlich können Arbeitgeber und Sprecherausschuss nach § 28 Abs. 1 SprAuG Richtlinien über den Inhalt, den Abschluss oder die Beendigung von Arbeitsverträgen mit leitenden Angestellten schriftlich vereinbaren. Für die einzelnen Arbeitsverhältnisse der leitenden Angestellten gelten aber diese Richtlinien nach § 28 Abs. 2 SprAuG – wie Betriebsvereinbarungen – nur dann unmittelbar und zwingend, wenn dies besonders vereinbart worden ist (z.B. Sozialplanabfindung für leitende Angestellte).[872] Der hierauf gerichtete gemeinsame Wille von Sprecherausschuss und Arbeitgeber muss sich aus der geschlossenen Vereinbarung deutlich und zweifelsfrei ergeben. Dies folgt bereits aus den Erfordernissen der Rechtssicherheit. Da durch Vereinbarungen nach § 28 Abs. 2 S. 1 SprAuG die Richtlinien unabhängig vom Willen der leitenden Angestellten auf deren Arbeitsverhältnisse einwirken, müssen diese die normative Wirkung zuverlässig erkennen können. Alleine die Mitunterzeichnung einer zwischen Arbeitgeber und Betriebsrat geschlossenen Betriebsvereinbarung durch den Sprecherausschuss genügt daher im Zweifel für eine Vereinbarung nach § 28 Abs. 2 S. 1 SprAuG nicht. Die Auslegung einer kraft Vereinbarung nach § 28 Abs. 2 S. 1 SprAuG unmittelbar und zwingend wirkenden Richtlinie erfolgt nach denselben Grundsätzen wie die Auslegung von Sozialplänen und Betriebsvereinbarungen.[873]

---

868 Schaub/Koch § 247 Rn. 6; MünchArbR/Francke § 311 Rn. 76.

869 Ausführlich dazu MünchArbR/Francke § 312 und Schaub/Koch §§ 247 ff.

870 Vgl. dazu BAG NJW 2002, 3192; Schaub/Linck § 124 Rn. 69 ff.; MünchArbR/Francke § 312 Rn. 81 ff., 85.

871 Ausführlich zur Organisation und zu Mitwirkungsrechten des Sprecherausschusses MünchArbR/Francke §§ 310 bis 312.

872 Vgl. ausführlich Schaub/Koch § 252 Rn. 1 ff.; MünchArbR/Francke § 312 Rn. 5 ff.

873 Vgl. dazu BAG NZA 2009, 970; MünchArbR/Francke § 312 Rn. 5 m.w.N.

E. Die Beteiligungsrechte des Betriebsrats

I. Überblick über die Beteiligungsrechte des Betriebsrats

1. Sachbereiche, die der Beteiligung des Betriebsrats unterliegen

a) Die **allgemeinen Aufgaben des Betriebsrats** nach dem BetrVG werden vor allem in den §§ 75 und 80 geregelt. Die wichtigsten davon sind:

301

- allgemeine Überwachungsaufgaben nach §§ 75 Abs. 1, 80 Abs. 1 Nr. 1 (z.B. Überwachung der Behandlung aller Arbeitnehmer nach Recht und Billigkeit sowie der Einhaltung der geltenden Gesetze, Tarifverträge sowie Betriebsvereinbarungen);

  Außerdem kann der BR nach § 80 Abs. 2 auch im Hinblick auf § 26 BDSG ungestörte Einsicht in die Lohn- und Gehaltslisten der Arbeitnehmer und ggf. weitergehende Auskünfte verlangen.[874]

- allgemeine Schutz- und Förderungsaufgaben, §§ 75 Abs. 2, 80 Abs. 1 Nr. 2 (Schutz und Förderung der freien Entfaltung der Persönlichkeit der Arbeitnehmer sowie deren Selbstständigkeit und Eigeninitiative; Beantragung von Maßnahmen, die der Belegschaft und dem Betrieb dienen);

- Durchsetzung der Gleichberechtigung von Männern und Frauen sowie Förderung der Vereinbarkeit von Erwerbstätigkeit und Familie, § 80 Abs. 1 Nr. 2 a, b;

- Förderung bestimmter Arbeitnehmergruppen, § 80 Abs. 1 Nr. 4 (Schwerbehinderte), Nr. 6 und Nr. 7 (ältere bzw. ausländische Arbeitnehmer);

- Förderung spezieller Themenbereiche, § 80 Abs. 1 Nr. 8, 9 (Sicherung und Förderung der Beschäftigung im Betrieb sowie Förderung des Arbeitsschutzes und betrieblichen Umweltschutzes);

  Darüber hinaus hat der BR auch nach § 89 darauf zu achten und sich dafür einzusetzen, dass Normen über den Arbeits- und betrieblichen Umweltschutz eingehalten werden.[875] Außerdem besteht nach § 92 a ein Vorschlags- und Beratungsrecht hinsichtlich der Beschäftigungssicherung.

- Vorbereitung und Durchführung der Wahl der Jugend- und Auszubildendenvertretung sowie deren Unterstützung und Zusammenarbeit mit ihr, § 80 Abs. 1 Nr. 3, 5.

b) Neben den allgemeinen Aufgaben stehen dem Betriebsrat **Beteiligungsrechte auf** folgenden **speziellen Sachgebieten** zu:

302

- soziale Angelegenheiten nach § 87;

- Gestaltung von Arbeitsplatz, Arbeitsablauf und Arbeitsumgebung, §§ 90 ff.;

- personelle Angelegenheiten (§§ 92 ff.) mit den Untergruppen: allgemeine personelle Angelegenheiten, Berufsbildung und personelle Einzelmaßnahmen (Einstellungen, Versetzungen, Ein- und Umgruppierungen und Kündigungen);

- wirtschaftliche Angelegenheiten (§§ 106 ff.), insbes. Beteiligungsrechte bei Betriebsänderungen (Interessenausgleich und Sozialplan), §§ 111 ff.

---

874 Vgl. dazu BAG NZA 2019, 1218; LAG Mecklenburg-Vorpommern ArbR 2019, 423 m. Anm. Frahm; Laber ArbRB 2019, 182.
875 Ausführlich zum betrieblichen Umweltschutz im BetrVG Reichel/Meyer RdA 2003, 101 ff.

2. Einteilung der einzelnen Beteiligungsrechte des Betriebsrats

303 Die einzelnen Beteiligungsrechte des Betriebsrats sind hinsichtlich der Möglichkeit der Einflussnahme auf die Entscheidungen des Arbeitgebers unterschiedlich stark ausgestaltet. Sie reichen von bloßen Informationsrechten bis zu echten Mitbestimmungsrechten, wobei die einzelnen Beteiligungsrechte häufig aufeinander aufbauen.

a) Die Beteiligungsrechte des Betriebsrats, die die **Entscheidungskompetenz des Arbeitgebers unberührt** lassen, werden häufig unter dem **Oberbegriff Mitwirkungsrechte** zusammengefasst. Dazu zählen:

- **Informationsrechte**, z.B. § 80 Abs. 2 (Generalklausel), §§ 85 Abs. 3, 90 Abs. 1, 92 Abs. 1 S. 1, 99 Abs. 1 S. 1, 100 Abs. 2 S. 1, 105;

  Steht dem BR nur ein Informationsrecht zu, so kann er vom Arbeitgeber nur die rechtzeitige und umfassende Unterrichtung (in der Regel) unter Vorlage der erforderlichen Unterlagen (z.B. § 80 Abs. 2), nicht dagegen auch die Beratung der Angelegenheit verlangen. Aus dem Grundsatz der vertrauensvollen Zusammenarbeit (§ 2 Abs. 1) folgt allerdings, dass der Arbeitgeber dem BR auch eine Gelegenheit zur Stellungnahme geben muss.[876] Die Informationsrechte bilden aber regelmäßig nur eine Vorstufe zu stärkeren Beteiligungsformen des BR (z.B.: § 99 Abs. 1 für das Zustimmungsverweigerungsrecht nach § 99 Abs. 2; § 90 Abs. 1 für das Beratungsrecht nach § 90 Abs. 2).

- **Anhörungsrechte**, d.h. der Arbeitgeber muss dem Betriebsrat die Gelegenheit geben, Anregungen und Einwendungen vorzubringen, die bei der beabsichtigten Entscheidung zu berücksichtigen sind;

  Praktisch wichtigster Fall ist die Anhörung des BR vor einer Kündigung nach § 102, die beim Fehlen einer ordnungsgemäßen Anhörung schon aus diesem Grund unwirksam ist (vgl. dazu Rn. 406 ff.).

- **Vorschlagsrechte**, die dem Betriebsrat die Möglichkeit geben, von sich aus an den Arbeitgeber heranzutreten, der den Vorschlag zu prüfen hat, z.B. §§ 92 Abs. 2, 92 a Abs. 1, 96 Abs. 1 S. 3, 98 Abs. 3;

  Auch die Vorschlagsrechte bilden häufig nur eine Vorstufe für ein stärkeres Beteiligungsrecht des BR, insbes. ein Beratungsrecht (vgl. z.B. § 92 a zur Beschäftigungssicherung).

- **Beratungsrechte**, aufgrund derer der Betriebsrat eine Erörterung des Verhandlungsgegenstands vom Arbeitgeber verlangen kann, z.B. §§ 90 Abs. 2, 92 Abs. 1 S. 2, 96 Abs. 1, 97 Abs. 1.

304 **b)** Die Beteiligungsrechte, die dem Betriebsrat eine (unterschiedliche) **Kompetenz zur Mitentscheidung** einräumen, werden üblicherweise unter dem **Oberbegriff Mitbestimmungsrechte** zusammengefasst. Dazu gehören:

aa) Zustimmungsverweigerungsrechte (= Vetorechte), d.h. der Betriebsrat kann unter bestimmten gesetzlich geregelten Voraussetzungen eine **Entscheidung des Arbeitgebers u.U. verhindern, nicht aber erzwingen**. Bei einer Zustimmungsverweigerung durch den Betriebsrat hat der Arbeitgeber die Möglichkeit, die Zustimmung gerichtlich ersetzen zu lassen. Die Arbeitsgerichte prüfen in einem solchen Zustimmungsersetzungsverfahren, ob die Zustimmungsverweigerung des Betriebsrats rechtmäßig war. Den in der Praxis wichtigsten Fall stellt das Zustimmungsverweigerungsrecht nach

---

876 Schaub/Ahrendt § 230 Rn. 2; vgl. auch Oetker NZA 2003, 1233 zum sachkundigen Arbeitnehmer als Auskunftsperson.

§ 99 Abs. 2, 3 bei personellen Einzelmaßnahmen (vgl. dazu unten Rn. 389 ff.) dar; vgl. auch § 103 Abs. 2 (Ersetzung der Zustimmung zu einer außerordentlichen Kündigung eines Betriebsratsmitglieds).

Das Widerspruchsrecht des BR bei einer ordentlichen Kündigung nach Maßgabe des § 102 Abs. 3 ist im Hinblick auf den Weiterbeschäftigungsanspruch des Arbeitnehmers nach § 102 Abs. 5 dem Zustimmungsverweigerungsrecht in seinen Folgen ähnlich (vgl. dazu unten Rn. 406 ff., 413).

bb) Die stärkste Form der Beteiligung des Betriebsrats ist die **Mitbestimmung im engeren Sinne**. Der wichtigste Fall ist die Mitbestimmung in sozialen Angelegenheiten. Außerdem hat der Betriebsrat Mitbestimmungsrechte u.a. auch nach § 94 Abs. 1 (Ausgestaltung von Fragebögen), § 95 (Auswahlrichtlinien bei personellen Angelegenheiten) und § 112 (Sozialplan). Kommt in den echten Mitbestimmungsfällen keine Einigung zwischen den Betriebspartnern zustande, kann die fehlende Zustimmung des Betriebsrats – anders als bei den Zustimmungsverweigerungsrechten – nicht durch das ArbG ersetzt werden. Vielmehr wird die **fehlende Einigung zwischen dem Arbeitgeber und dem Betriebsrat** durch einen **Spruch der Einigungsstelle ersetzt** (vgl. §§ 87 Abs. 2, 94 Abs. 1 S. 2, 95 Abs. 1 S. 2, 112 Abs. 4). Die Einigungsstelle muss dabei die umstrittene mitbestimmungspflichtige Angelegenheit selbst regeln (Regelungsstreitigkeit). Soweit der Betriebsrat auch das Recht hat, die Einigungsstelle anzurufen (z.B. §§ 87 Abs. 2, 112 Abs. 4), hat er auch die **Möglichkeit, eine bestimmte Maßnahme u.U. gegen den Willen des Arbeitgebers durchzusetzen** (sog. Initiativrecht).

305

Der bisher verwendete Begriff „Beteiligungsrechte" erfasst also als Oberbegriff alle Formen der Beteiligung des Betriebsrats nach dem BetrVG, ohne dass es auf eine Beeinflussungs- bzw. Mitentscheidungsmöglichkeit ankommt. Die Verwendung dieses Oberbegriffs ist daher jedenfalls dann empfehlenswert, wenn es nicht um ein bestimmtes Beteiligungsrecht geht.

II. Mitbestimmung in sozialen Angelegenheiten

Im Bereich der sozialen Angelegenheiten ist hinsichtlich der Beteiligungsrechte des Betriebsrats **zu unterscheiden zwischen**

- der erzwingbaren Mitbestimmung nach § 87 (dazu sogleich unten Rn. 306 ff.),

- der freiwilligen Mitbestimmung nach § 88 (dazu unten Rn. 372 und

- der Mitwirkung auf dem Gebiet des Arbeits- und betrieblichen Umweltschutzes nach § 89 (dazu unten Rn. 373 f.).

1. Erzwingbare Mitbestimmung in sozialen Angelegenheiten nach § 87

a) Einleitung

aa) Will der Arbeitgeber eine Maßnahme durchführen, die sich auf die abschließend in § 87 Abs. 1 aufgezählten Bereiche bezieht, muss er dafür die Zustimmung des Betriebsrats einholen, die bei einer Zustimmungsverweigerung nach § 87 Abs. 2 durch eine Entscheidung der Einigungsstelle ersetzt werden kann. Die **Zustimmung des Betriebsrats ist für alle nach § 87 Abs. 1 mitbestimmungspflichtigen Maßnahmen nach ganz**

306

h.M. eine zwingende Wirksamkeitsvoraussetzung. Die Verletzung des Mitbestimmungsrechts aus § 87 führt also dazu, dass die Maßnahme individualrechtlich auch dann nicht gegenüber den einzelnen Arbeitnehmern durchgesetzt werden kann, wenn sie individualrechtlich nach dem Inhalt des Arbeitsvertrags an sich zulässig wäre (sog. **Theorie der doppelten Wirksamkeitsvoraussetzung**).[877]

Die Verletzung des Mitbestimmungsrechts des BR aus § 87 führt zur Unwirksamkeit solcher Maßnahmen und Rechtsgeschäfte, die den AN belasten. Aus ihr allein kann allerdings ein AN keine Rechte herleiten, die ihm vorher nach dem Inhalt des Arbeitsvertrags nicht zugestanden haben.[878]

307   **bb) Voraussetzungen für das Bestehen des Mitbestimmungsrechts des Betriebsrats nach § 87 Abs. 1 sind:**

- Vorliegen eines in § 87 Abs. 1 aufgezählten Regelungstatbestands,

- Fehlen einer gesetzlichen oder tariflichen Regelung (§ 87 Abs. 1 S. 1) und

- ein sog. kollektiver Bezug (= kollektiver Tatbestand) der Maßnahme.

Das Mitbestimmungsrecht des BR besteht nach ganz h.M. bei allen in § 87 Abs. 1 aufgezählten Angelegenheiten, ohne dass die schon nach der Altfassung des § 87 zweifelhafte Unterscheidung zwischen formellen und materiellen Arbeitsbedingungen vorgenommen werden muss.[879]

308   **(1)** Das Mitbestimmungsrecht des Betriebsrats nach § 87 Abs. 1 steht also unter dem **Vorbehalt einer ranghöheren gesetzlichen oder tariflichen Regelung.** Ausgeschlossen ist es allerdings aufgrund des Vorbehalts des § 87 Abs. 1 S. 1 nur dann und nur insoweit, als die höherrangigen Gesetzes- bzw. Tarifnormen eine **zwingende und abschließende Regelung** enthalten. Denn nur in diesem Fall hat der Arbeitgeber keinen Regelungsspielraum mit der Folge, dass auch für die Mitbestimmung des Betriebsrats kein Raum vorhanden ist.[880] Ausländische Rechtsnormen stehen ausgehend von dem Territorialitätsprinzip dem Mitbestimmungsrecht des Betriebsrats nach § 87 Abs. 1 S. 1 nur bei einer völkerrechtlich wirksamen Transformation in das deutsche Recht entgegen.[881]

Der Ausschluss des Mitbestimmungsrechts des BR aufgrund des Gesetzes- und Tarifvorrangs ist mit dem Schutzzweck der Mitbestimmung nach § 87 zu erklären. Danach sollen die Arbeitnehmer zum einen vor der einseitigen Gestaltung der Arbeitsbedingungen durch den Arbeitgeber aufgrund des Direktionsrechts, zum anderen vor der faktischen Überlegenheit des Arbeitgebers bei einzelvertraglichen Regelungen von Arbeitsbedingungen geschützt werden. Für einen derartigen Schutz durch Mitbestimmung besteht bei abschließender Regelung des Mitbestimmungsgegenstandes durch Gesetz oder TV kein Bedürfnis, weil in diesen Fällen die berechtigten Interessen der Arbeitnehmer bereits berücksichtigt wurden. Wo der Arbeitgeber nichts bestimmen kann, kann auch der BR nichts mitbestimmen.[882]

Voraussetzung für den Ausschluss des Mitbestimmungsrechts des Betriebsrats aufgrund des Tarifvorrangs des § 87 Abs. 1 ist nach ganz h.M. die **Bindung des Arbeitgebers an den Tarifvertrag** aufgrund der Verbandszugehörigkeit (§ 3 Abs. 1 TVG) bzw. aufgrund der Allgemeinverbindlichkeit, § 5 TVG. Anders als bei § 77 Abs. 3 schließt also

---

877   BAG NZA 2018, 44; BAG NZA 2017, 931; BAG-GS DB 1992, 1579 ff., 1588; ErfK/Kania § 87 Rn. 136; F/E/S/T/L § 87 Rn. 595 ff.; a.A. Worzalla in H/W/G/N/R/H § 87 Rn. 106 ff.; ausführlich dazu Wiebauer RdA 2013, 364 ff.; Wolter RdA 2006, 137 ff.

878   BAG NZA 2018, 957; BAG NZA 2015, 494; BAG NZA 2003, 1219.

879   Vgl. F/E/S/T/L § 87 Rn. 20 ff.; D/K/K/Klebe § 87 Rn. 24; S/W/S § 87 Rn. 14 ff.; MünchArbR/Salamon § 319 Rn. 3.

880   BAG NZA 2007, 818; F/E/S/T/L § 87 Rn. 31 ff.; D/K/K/Klebe § 87 Rn. 32 ff.; MünchArbR/Salamon § 319 Rn. 14 ff.

881   Vgl. dazu BAG NZA 2008, 1248; Boemke DB 2010, 843.

882   Vgl. BAG-GS AP Nr. 52 zu § 87 „Lohngestaltung"; MünchArbR/Salamon § 319 Rn. 14.

die bloße Tarifüblichkeit einer Regelung das Mitbestimmungsrecht nach § 87 Abs. 1 nicht aus. Vielmehr ist § 87 Abs. 1 im Verhältnis zu § 77 Abs. 3 die speziellere Regelung, die Vorrang hat (sog. **Vorrangtheorie**).[883]

Während durch die Regelungssperre des § 77 Abs. 3 die Funktionsfähigkeit der Tarifautonomie gewährleistet werden soll, ist Zweck des Tarifvorrangs nach § 87 Abs. 1, die Mitbestimmung nur dann entfallen zu lassen, wenn die Arbeitnehmerinteressen bereits durch im Betrieb anwendbare tarifliche oder gesetzliche Regelungen ausreichend berücksichtigt sind. Wären die Mitbestimmungsrechte schon ausgeschlossen, wenn die Arbeitsbedingungen üblicherweise durch TV geregelt werden, würde die Mitbestimmung nach § 87 weitgehend leerlaufen und der Schutzzweck wäre vereitelt. Außerdem würde § 77 Abs. 3 die Funktionsfähigkeit der Tarifautonomie im Bereich des § 87 Abs. 1 ohnehin nicht gewährleisten, sondern nur die Effizienz der Mitbestimmung ohne erkennbaren Grund erheblich mindern.

(2) Da die Mitbestimmungsrechte des Betriebsrats grds. im Interesse der Belegschaft   309
bestehen, setzt das Mitbestimmungsrecht nach § 87 Abs. 1 grds. einen **kollektiven Tatbestand** voraus, d.h. die beabsichtigte Maßnahme darf nicht nur individualbezogen sein. Vielmehr muss deren Regelung im kollektiven Interesse der gesamten Belegschaft oder einer Gruppe von Arbeitnehmern liegen. Unerheblich ist dabei, ob es sich um eine auf Dauer angelegte oder nur eine einmalige Maßnahme handelt. Entscheidend ist vielmehr, ob der Regelungsanlass und der Regelungsinhalt nur durch die individuellen Umstände des einzelnen Arbeitnehmers bzw. Arbeitsverhältnisses veranlasst worden sind und in diesem Sinne keinen kollektiven Bezug haben. Die Zahl der von der Maßnahme betroffenen Arbeitnehmer ist dabei nur ein Indiz, sodass ein kollektiver Tatbestand auch dann vorliegen kann, wenn nur ein Arbeitsplatz betroffen ist.[884]

Die Mitbestimmungsrechte nach § 87 Abs. 1 Nr. 5 (Regelung des Urlaubs für einzelne Arbeitnehmer) und Nr. 9 (Zuweisung und Kündigung von Wohnräumen) setzen allerdings keinen kollektiven Bezug voraus, weil sie sich bereits nach ihrem Regelungsbereich nur auf einzelne Arbeitnehmer beziehen.

(3) Die Mitbestimmungsrechte nach § 87 Abs. 1 bestehen nach ganz h.M. auch in **Eilfäl-**   310
len, weil § 87 insoweit keine Einschränkungen enthält (anders z.B. §§ 69 Abs. 5, 72 Abs. 6 BPersVG) und auch keine Regelungen über die vorläufige Durchführung einer Maßnahme (wie z.B. bei personellen Angelegenheiten § 100) vorhanden sind.[885] Dementsprechend kann der Arbeitgeber eine nach § 87 Abs. 1 mitbestimmungspflichtige Maßnahme auch nicht vorläufig durchführen, bis der Betriebsrat seine Zustimmung erteilt hat bzw. sie durch Spruch der Einigungsstelle nach § 87 Abs. 2 ersetzt wird, weil dadurch das Mitbestimmungsrecht praktisch ausgehöhlt werden könnte. Ebenso wenig kann in Eilfällen eine vorläufige Regelung im Wege der einstweiligen Verfügung vom Arbeitsgericht getroffen werden, weil Regelungsstreitigkeiten zwischen den Betriebsparteien ausschließlich in die Zuständigkeit der Einigungsstelle fallen.[886]

Bei sog. **Notfällen** wird dagegen dem Arbeitgeber nach h.M. im Hinblick auf den Grund-   311
satz der vertrauensvollen Zusammenarbeit nach § 2 Abs. 1 ausnahmsweise das Recht

---

883 BAG NZA 2018, 871; BAG NZA 2012, 990; BAG-GS AP Nr. 52 zu § 87 „Lohngestaltung"; F/E/S/T/L § 87 Rn. 109 ff.; D/K/K/ Klebe § 87 Rn. 41; a.A. die insbes. früher vertretene sog. Zwei-Schranken-Theorie, nach der jedenfalls bei sog. materiellen Arbeitsbedingungen das Mitbestimmungsrecht des BR auch durch die Regelungssperre des § 77 Abs. 3, also auch bei bloßer Tarifüblichkeit ausgeschlossen ist (so heute noch GK/Wiese § 87 Rn. 48; S/W/S § 87 Rn. 35).

884 BAG NZA 2015, 442; BAG NZA 2007, 818; F/E/S/T/L § 87 Rn. 14 ff.; enger GK/Wiese § 87 Rn. 15 ff.

885 BAG ArbRB 2016, 202 m. Anm. Grimm; BAG BB 2001, 2582 m. Anm. Ankersen; F/E/S/T/L § 87 Rn. 23 ff.; S/W/S § 87 Rn. 8.

886 F/E/S/T/L § 87 Rn. 24 f.; D/K/K/Klebe § 87 Rn. 28 f.; ErfK/Kania § 87 Rn. 7; MünchArbR/Salamon § 319 Rn. 36 ff.; a.A. z.T. Worzalla in H/W/G/N/R/H § 87 Rn. 35, 48; S/W/S § 87 Rn. 9 ff.; jeweils m.w.N.

eingeräumt, eine vorläufige Regelung bis zur Einigung mit dem Betriebsrat bzw. der Entscheidung der Einigungsstelle zu treffen. Ein solcher Notfall liegt allerdings nur dann vor, wenn eine plötzliche, nicht vorausschaubare Situation eintritt (z.B. Brand im Betrieb, Überschwemmung), die zu unaufschiebbaren Maßnahmen zwingt, um erhebliche Schäden zu verhindern.[887]

312 **cc)** Das Mitbestimmungsrecht des Betriebsrats nach § 87 Abs. 1 beinhaltet grds. auch ein **Initiativrecht**. Der Betriebsrat kann also die Regelung einer nach § 87 Abs. 1 mitbestimmungspflichtigen Angelegenheit von sich aus vorschlagen und beim Nichtzustandekommen einer Einigung die Einigungsstelle nach § 87 Abs. 2 anrufen, die verbindlich entscheidet.[888]

Umstritten ist allerdings, ob dem Betriebsrat in allen nach § 87 Abs. 1 mitbestimmungspflichtigen Angelegenheiten auch ein Initiativrecht zusteht[889] oder dieses ausnahmsweise aufgrund des Schutzzwecks des Mitbestimmungsrechts im Einzelfall ausgeschlossen ist.[890]

Praktische Bedeutung hat dieser Meinungsstreit insbes. für das Mitbestimmungsrecht nach § 87 Abs. 1 Nr. 6 (Einführung und Anwendung von technischen Kontrolleinrichtungen), weil es sich dabei um ein Schutz- und Abwehrrecht zugunsten der Arbeitnehmer handelt, sodass es nach h.M. dem Sinn und Zweck des Mitbestimmung widersprechen würde, wenn der BR das Initiativrecht hätte, die Einführung einer Regelung zu verlangen, durch die erst die Gefahr geschaffen wird, vor der die Arbeitnehmer durch die Mitbestimmung geschützt werden sollen.[891]

313 **dd)** Nach dem Wortlaut des § 87 Abs. 1 ist für die **Ausübung des Mitbestimmungsrechts keine bestimmte Form** vorgeschrieben, sodass es durch eine **formlose Regelungsabrede** (vgl. dazu Rn. 278 ff.) **oder** eine nach § 77 Abs. 2 **formbedürftige Betriebsvereinbarung** ausgeübt werden kann.[892] Im Regelfall ist allerdings der Abschluss einer Betriebsvereinbarung empfehlenswert und in der Praxis – von Eilfällen und einzelfallbezogenen Regelungen abgesehen – auch die Regel.

314 **ee)** Bei **Verletzung des Mitbestimmungsrechts** aus § 87 Abs. 1 steht dem Betriebsrat **bei groben Verstößen ein Unterlassungsanspruch aus § 23 Abs. 3** zu. Darüber hinaus hat der Betriebsrat auch in weniger schwerwiegenden Fällen nach ganz h.M. einen sog. **allgemeinen Unterlassungsanspruch**, der eine zu vermutende Wiederholungsgefahr, aber keine grobe Pflichtverletzung voraussetzt. Dieser vorbeugende Unterlassungsanspruch wird mit der besonderen Rechtsbeziehung zwischen dem Arbeitgeber und dem Betriebsrat, die einem gesetzlichen Dauerschuldverhältnis ähnlich ist, begründet, die als Ausfluss des Grundsatzes der vertrauensvollen Zusammenarbeit des § 2 Abs. 1 auch die Nebenpflicht beinhaltet, alles zu unterlassen, was die Ausübung des Mitbestimmungsrechts aus § 87 beeinträchtigen könnte.[893]

---

887 LAG Hessen, Beschl. v. 13.03.2014 – 9 TaBV 172/13, BeckRS 2015, 67315; F/E/S/T/L § 87 Rn. 25 f.; D/K/K/Klebe § 87 Rn. 30; ErfK/Kania § 87 Rn. 8; MünchArbR/Salomon § 319 Rn. 40; vom BAG NZA 1999, 662, 663 offen gelassen.

888 BAG PflR 2011, 456; F/E/S/T/L § 87 Rn. 583 ff.; MünchArbR/Arnold § 315 Rn. 36 ff.

889 So. z.B. F/E/S/T/L § 87 Rn. 583 ff.; D/K/K/Klebe § 87 Rn. 166.

890 So zu Recht z.B. BAG NZA 1990, 406 ff.; ErfK/Kania § 87 Rn. 9; MünchArbR/Arnold § 315 Rn. 39 ff.; S/W/S § 87 Rn. 20.

891 Vgl. dazu BAG NZA 1990, 406 ff.; MünchArbR/Arnold § 315 Rn. 41; ErfK/Kania § 87 Rn. 9; a.A. Byers RdA 2014, 37.

892 BAG NZA 2015, 1207; BAG NZA 2002, 342; D/K/K/Klebe § 87 Rn. 16 ff. und Richardi NZA Beilage 2019, Nr. 1, 12.

893 BAG NZA 2019, 843; BAG NZA 2018, 954; Grundlegend: BAG DB 1994, 2450; D/K/K/Klebe § 87 Rn. 392; F/E/S/T/L § 87 Rn. 610; Wirlitsch/Lang ArbR 2010, 521; a.A. S/W/S § 87 Rn. 3 c; Worzalla in H/W/G/N/R/H § 87 Rn. 745 u. früher BAG AP Nr. 2 zu § 23 BetrVG: Hinweis auf § 23 Abs. 3 u. keine Sanktion in § 87 selbst.

Dem Unterlassungsanspruch kann nur in besonders schwerwiegenden und eng begrenzten Ausnahmefällen (z.B. extremen Blockadehaltung) der Einwand der unzulässigen Rechtsausübung im Hinblick auf den Grundsatz der vertrauensvollen Zusammenarbeit § 2 Abs. 1 BetrVG entgegenstehen.[894]

Der vorbeugende **allgemeine Unterlassungsanspruch** ist nach ganz h.M. auch **im Wege einer einstweiligen Verfügung** durchsetzbar, weil nur dadurch ein effektiver Rechtsschutz gegen die Missachtung der Mitbestimmungsrechte des Betriebsrats aus § 87 gewährleistet wird. Wegen der mit der Unterlassung eintretenden Erfüllungswirkung ist der Verfügungsgrund (= Eilbedürftigkeit) stets sorgfältig zu prüfen. Darüber ist die Entscheidung im Wege der einstweiligen Verfügung zeitlich bis zu einer Einigung der Betriebspartner bzw. einem Spruch der Einigungsstelle zu beschränken.[895]

Die praktische Bedeutung der einstweiligen Verfügung ist groß, weil sie eine schnelle und sofort vollstreckungsfähige Unterlassungsentscheidung enthält, während ein Beschluss in einem „normalen" Beschlussverfahren gemäß § 85 Abs. 1 ArbGG erst mit Eintritt der Rechtskraft vollstreckbar ist. Dies kann wegen des Instanzenzuges unter Umständen Jahre dauern.[896]

b) Einzelne nach § 87 Abs. 1 mitbestimmungspflichtige Angelegenheiten

aa) Ordnung und Verhalten der Arbeitnehmer im Betrieb, § 87 Abs. 1 Nr. 1

> **Fall 23: Einheitliche Arbeitskleidung**
>
> Die Schnellimbisskette K entschließt sich dazu, aus Werbezwecken sowie um ein einheitliches Erscheinungsbild aller Arbeitnehmer zu erreichen, eine einheitliche Dienstkleidung einzuführen. Als der Betriebsrat B von dieser Planung erfährt, möchte er mitbestimmen. K lehnt dies unter Berufung darauf ab, dass die Einführung der einheitlichen Arbeitskleidung keine mitbestimmungspflichtige Angelegenheit sei. Der Betriebsrat möchte wissen, ob ihm ein Mitbestimmungsrecht zusteht und wie er es ggf. durchsetzen kann.

Der Betriebsrat könnte wegen der beabsichtigten Einführung einer einheitlichen Arbeitskleidung ein Mitbestimmungsrecht nach § 87 Abs. 1 Nr. 1 haben.[897]   **315**

I. Nach § 87 Abs. 1 Nr. 1 hat der Betriebsrat ein **Mitbestimmungsrecht bei Fragen der Ordnung und des Verhaltens der Arbeitnehmer im Betrieb**. Zweck dieses Mitbestimmungsrechts ist die gleichberechtigte Teilhabe der Arbeitnehmer an der Gestaltung der Ordnung für das Zusammenwirken und Zusammenleben der Arbeitnehmer im Betrieb. Die Arbeitnehmer sollen an der Gestaltung des betrieblichen Zusammenlebens gleichberechtigt teilnehmen. Es erstreckt sich auf allgemein gültige, zumin-

---

894 Vgl. dazu BAG BB 2019, 1664 m. Anm. Panzer-Heemeier/Nguyen; Korinth ArbRB 2019, 238; Reinhard ArbRB 2014, 218.

895 LAG Düsseldorf NZA-RR 2018, 368; LAG Hamburg AE 2010, 182; LAG Hamm NZA-RR 2007, 20; D/K/K/Klebe § 87 Rn. 392; F/E/S/T/L § 87 Rn. 610; GK/Wiese § 87 Rn. 1075; Korinth ArbRB 2019, 238; a.A. S/W/S § 87 Rn. 3 d: keine einstweilige Verfügung.

896 Zur einstw. Vfg. im Arbeitsrecht: Hartwig Jura 2009, 370; Clemenz NZA 2005, 129 ff.; Reinhard/Kliemt NZA 2005, 545.

897 Übersicht über die Rspr. zu Mitbestimmung in sozialen Angelegenheiten bei Weller/Bessing BB 2019, 564; Gragert NZA-RR 1999, 449 und Wiese NZA 2003, 1113 zu Mitbestimmung nach § 87 bei Einschaltung Dritter.

dest für bestimmte Gruppen von Arbeitnehmern verbindliche Verhaltensregeln zur Sicherung des ungestörten Arbeitsablaufs und des reibungslosen Zusammenwirkens/Zusammenlebens der Arbeitnehmer im Betrieb.[898] Dem Wortlaut nach erfasst zwar § 87 Abs. 1 Nr. 1 auch Maßnahmen, die die Art und Weise der Erbringung der Arbeitsleistung betreffen. Ausgehend von dem Schutzzweck des Mitbestimmungsrechts ist jedoch nach h.M. zwischen Maßnahmen des Arbeitgebers zu unterscheiden, die das **mitbestimmungspflichtige sog. Ordnungsverhalten** und das **mitbestimmungsfreie sog. Arbeitsverhalten** betreffen.[899]

316   II. Fraglich ist somit, ob die Einführung der einheitlichen Arbeitskleidung das mitbestimmungsfreie Arbeitsverhalten oder das mitbestimmungspflichtige Ordnungsverhalten betrifft.

1. Das Arbeitsverhalten betreffen alle Regelungen und Weisungen, die bei der Erbringung der Arbeitsleistung selbst zu beachten sind. Mitbestimmungsfrei sind danach nur solche Maßnahmen, mit denen die Arbeitspflicht unmittelbar konkretisiert und abgefordert wird. Entscheidend ist dabei nicht die subjektive Vorstellung, die den Arbeitgeber zu der Maßnahme bewogen hat, sondern der objektive Regelungszweck. Dieser bestimmt sich nach dem Inhalt der Maßnahme sowie nach der Art des zu beeinflussenden betrieblichen Geschehens. Entscheidend ist dabei die Bedeutung der Maßnahme für die Erbringung der Arbeitsleistung. Bei Maßnahmen, die sowohl das Ordnungs- als auch das Arbeitsverhalten betreffen, kommt es darauf an, welcher Regelungszweck überwiegt. Eine das Ordnungsverhalten betreffende Maßnahme wird deshalb nicht bereits dadurch mitbestimmungsfrei, dass sie auch einen Randbereich des Arbeitsverhaltens berührt.[900]

317   2. Die Einführung der einheitlichen Arbeitskleidung soll den Werbezwecken sowie der Sicherung des einheitlichen Erscheinungsbildes der Arbeitnehmer der K dienen und betrifft nicht unmittelbar, jedenfalls nicht überwiegend die Art und Weise der Erfüllung der Arbeitspflicht (z.B. Zeit, Ort, Arbeitsschritte). Es handelt sich damit nicht um eine mitbestimmungsfreie Konkretisierung der Arbeitspflicht, sondern um eine generelle Maßnahme, die das Ordnungsverhalten der Arbeitnehmer betrifft und daher nach § 87 Abs. 1 Nr. 1 mitbestimmungspflichtig ist.[901]

Mitbestimmungspflichtig nach § 87 Abs. 1 Nr. 1 sind insbesondere auch allgemeine Verbote wie Rauch- und Alkoholverbot,[902] Verbot der Nutzung von TV-, Radio- und DVD-Geräten im Betrieb,[903] bzw. Verteilung von Werbematerial, Regeln über das Betreten und Verlassen des Betriebs, insbes. während der Mittagspause,[904] Einführung von Stechuhren und Zugangskontrol-

---

898 Vgl. BAG NZA 2019, 1009; BAG NZA 2013, 467; S/W/S § 87 Rn. 43; F/E/S/T/L § 87 Rn. 63; Krause JA 2013, 388.

899 BAG NZA 2018, 50; BAG NZA 2013, 467; F/E/S/T/L § 87 Rn. 64 ff.; MünchArbR/Salamon § 320 Rn. 2 ff.; Grimm/Singraven ArbRB 2019, 175 ff.; a.A. D/K/K/Klebe § 87 Rn. 52 ff., die unter Berufung auf den Wortlaut des § 87 und systematische Gründe das Verhalten und die Ordnung im Betrieb als zwei nebeneinander bestehende mitbestimmungspflichtige Tatbestände sehen und das MBR nur bei einzelarbeitsplatzbezogenen Anweisungen an einen AN ablehnen, ohne die die Arbeitsleistung mangels einer Regelung im Arbeitsvertrag nicht erbracht werden kann (kein kollektiver Tatbestand).

900 BAG NZA 2002, 1299; MünchArbR/Salamon § 320 Rn. 13 und 22 ff. mit vielen Beispielen.

901 Vgl. BAG NZA 2012, 687; BAG NZA 1993, 711 ff.; F/E/S/T/L § 87 Rn. 71.

902 BAG DB 1999, 231; LAG Rheinland-Pfalz ArbRB 2019, 205 m. Anm. Kühnel; ausführlich zum Nichtraucherschutz und Rauchverbot Kock NJW 2017, 198; Windeln ArbRB 2016, 50; Uhl/Polloczek BB 2008, 1114; Bergwitz NZA-RR 2004, 169.

903 LAG Köln NZA-RR 2007, 80; ErfK/Kania § 87 Rn. 19; D/K/K/Klebe § 87 Rn. 62; F/E/S/T/L § 87 Rn. 71; anders für privates Handy LAG Rheinland-Pfalz AiB 2010, 692 m. abl. Anm. Weinbrenner; vgl. auch zum MBR beim Verbot der Nutzung von Handys im Betrieb ArbG München ArbRB 2016, 9 und Stück MDR 2018, 181, 184; Hunold NZA 2004, 1206.

904 BAG NZA 1991, 154; F/E/S/T/L § 87 Rn. 71; Schaub/Ahrendt § 235 Rn. 30; Hunold NZA 2004, 1206 ff.

len (auch im Kundenbetrieb),[905] Regeln über Ordnung am Arbeitsplatz, Regelungen über die Modalitäten einer grds. erlaubten Nutzung von Firmenparkplätzen, Diensttelefonen und des Internets für private Zwecke,[906] Social Media-Nutzung,[907] Benutzungsordnungen für Wasch- und Umkleideräume sowie Taschen- und Torkontrollen,[908] Arztbesuche während der Arbeitszeit,[909] die Führung sog. Krankengespräche,[910] Regelung zu Nachweispflichten von Arbeitnehmern bei krankheitsbedingter Arbeitsunfähigkeit,[911] Tragen von Namensschildern.[912] Mitbestimmungsfrei sind dagegen nach h.M. der Einsatz von Privatdetektiven[913] und sog. Testkäufern,[914] Krankenbesuche zur Überprüfung der Arbeitsunfähigkeit der Arbeitnehmer,[915] generelles Verbot der Privatnutzung des Diensttelefons oder des Internets,[916] Umgang mit mobilen Arbeitsmitteln während der Freizeit,[917] Anordnungen über Führung und Ablieferung arbeitsbegleitender Papiere, wie z.B. Tätigkeitsberichte und Ausfüllen von Überstundennachweisen.[918] Die Einführung von sog. Ethikregeln nach § 87 Abs. 1 Nr. 1 ist nach h.M. weder generell mitbestimmungspflichtig noch generell mitbestimmungsfrei. Entscheidend ist vielmehr, ob die einzelnen Verhaltensregeln das Ordnungs- oder das Arbeitsverhalten betreffen.[919]

III. **Ergebnis zu A.:** Dem Betriebsrat steht hinsichtlich der Einführung der einheitlichen Arbeitskleidung ein Mitbestimmungsrecht nach § 87 Abs. 1 Nr. 1 zu.

IV. Möglichkeiten der Durchsetzung des Mitbestimmungsrechts durch den Betriebsrat: **318**

1. Der Betriebsrat kann nach § 87 Abs. 2 die Einigungsstelle anrufen, die die Einzelheiten der im Interesse des Arbeitgebers zu tragenden Dienstkleidung (z.B. optische/farbliche Gestaltung der Kleidung), nicht aber die Kostenbeteiligung der Arbeitnehmer regeln kann.[920]

2. Darüber hinaus kann der Betriebsrat im Wege der einstweiligen Verfügung die Unterlassung der Einführung der einheitlichen Arbeitskleidung bis zu einer Einigung der Betriebspartner bzw. einem Spruch der Einigungsstelle erreichen.[921]

Die Regelungsbefugnis der Betriebspartner nach § 87 Abs. 1 Nr. 1 erstreckt sich nach   **319**
h.M. nicht nur auf die Regelung eines bestimmten Ordnungsverhaltens, sondern auch

---

905 BAG NZA 2004, 556; F/E/S/T/L § 87 Rn. 71 u. LAG Nürnberg BB 2019, 1534 zur An- und Abmeldepflicht am Arbeitsplatz.

906 BAG NZA 2012, 685; F/E/S/T/L § 87 Rn. 71; Laber ArbRB 2017, 19; Krause JA 2013, 388; a.A. Dickmann NZA 2003, 1009; GK/Wiese § 87 Rn. 188: Mitbestimmungsfreie Ausübung der Sachherrschaft über das Arbeitgebereigentum; vgl. auch Moll/Roebers DB 2010, 2672 zur Mitbestimmung im Zusammenhang mit der Benutzung eines Dienstwagens.

907 Vgl. dazu Fuhlrott ArbR 2019, 90; Schulten öAT 2019, 117.

908 BAG NZA 1988, 111; MünchArbR/Salomon § 320 Rn. 22 ff., 25; Schaub/Ahrendt § 235 Rn. 27, 30; Wybitul ZD 2014, 258.

909 Vgl. dazu BAG 1997, 758; MünchArbR/Salomon § 320 Rn. 26; a.A. Worzalla in H/W/G/N/R/H § 87 Rn. 141.

910 BAG NZA 1995, 857; LAG München ArbRB 2014, 204; Kraushaar NZA 2005, 913; a.A. Raab NZA 1993, 193.

911 BAG NZA 2016, 1483; KLAG München NZA-RR 2019, 351: Vorlagepflicht ab dem ersten Tag der Arbeitsunfähigkeit.

912 BAG NZA 2002, 1299; LAG Köln NZA-RR 2011, 85; ErfK/Kania § 87 Rn. 19; D/K/K/Klebe § 87 Rn. 50.

913 BAG NZA 1991, 729; Wybitul/Böhm RdA 2011, 362, 364; Maier/Garding DB 2010, 559; a.A. D/K/K/Klebe § 87 Rn. 64.

914 BAG NZA 2001, 1262; LAG Nürnberg BB 2007, 448; Laber/Goetzmann ArbRB 2007, 143; Deckers/Deckers NZA 2004, 139 ff.; ErfK/Kania § 87 Rn. 21; a.A. D/K/K/Klebe § 87 Rn. 66 f.

915 LAG Rheinland-Pfalz NZA-RR 2007, 417; ErfK/Kania § 87 Rn. 21 a und Wybitul/Böhm RdA 2011, 362 ff.; jeweils m.w.N.

916 BAG DB 2018, 198 m. Anm. Thönißen: Erklärung des AG, dass Nutzung während der Freizeit nicht erwartet wird.

917 LAG Hamm NZA-RR 2007, 20; GK/Wiese § 87 Rn. 188; weiter D/K/K/Klebe § 87 Rn. 67; ausführlich zum Internet-, Intranet- und E-Mail-Einsatz am Arbeitsplatz Beckschulze DB 2007, 1526 u. DB 2003, 2777.

918 Vgl. BAG NZA 2013, 467; MünchArbR/Salomon § 320 Rn. 14 ff.; a.A. F/E/S/T/L § 87 Rn. 72 m.w.N.; weitere Beispiele bei D/K/K/Klebe § 87 Rn. 62 ff.; S/W/S § 87 Rn. 43 ff.; F/E/S/T/L § 87 Rn. 71 ff.

919 Vgl. dazu BAG NZA 2008, 1248; MünchArbR/Salomon § 329 Rn. 29 f.; ErfK/Kania § 87 Rn. 21 a; Richardi/Richardi § 87 Rn. 196; Reinhard NZA 2016, 1233; Barthel/Unger-Hellmich AuA 2009, 78; Henssler/Schneider RdA 2009, 319.

920 BAG NZA 2007, 640; 1993, 711 ff.; LAG Köln ZTR 2002, 442; F/E/S/T/L § 87 Rn. 71; Weinbrenner ArbR 2010, 260; ausführlich zur Arbeitskleidung im Arbeitsverhältnis Klinkhammer/Schlicht ArbR 2015, 68; Brose/Greiner/Preis NZA 2011, 369.

921 Vgl. dazu LAG Köln NZA-RR 2010, 469; Roos AiB 2011, 117; Worzalla BB 2005, 1737.

auf die Durchsetzung und Bewahrung der betrieblichen Ordnung. Dementsprechend können die Betriebspartner in einer **Betriebsbußenordnung** auch regeln, wie einzelne Verstöße gegen die Betriebsordnung sanktioniert werden können.[922] Als Betriebsbußen, die selbst schon einen Sanktionscharakter beinhalten und nicht wie eine mitbestimmungsfreie Abmahnung nur androhen,[923] kommen insbesondere Rügen, strenger Verweis, Ausschluss von betrieblichen Vergünstigungen oder eine Geldbuße in Betracht, die nach h.M. für betriebliche oder andere gemeinnützige Einrichtungen bestimmt sein muss. Die Betriebsbußen dürfen aber das allgemeine Persönlichkeitsrecht des Arbeitnehmers nicht verletzen (z.B. keine Anprangerung am „Schwarzen Brett") und zwingende Kündigungsschutzbestimmungen nicht umgehen (z.B. keine Entlassung oder Herabgruppierung). Dem **Mitbestimmungsrecht** des Betriebsrats nach § 87 Abs. 1 Nr. 1 unterliegen dabei **sowohl die Schaffung der generellen Bußenordnung als auch die Verhängung der Betriebsbuße im Einzelfall**. Die Bußenordnung muss dabei klar und unmissverständlich die die Buße auslösenden Tatbestände regeln und die Einhaltung eines rechtsstaatlichen und ordnungsgemäßen Verfahrens gewährleisten, wozu insbesondere die Gewährung rechtlichen Gehörs und eine gleichberechtigte Beteiligung des Betriebsrates bei der Verhängung der Betriebsbuße gehören. Die nach Maßgabe des § 87 Abs. 1 verhängte Betriebsbuße unterliegt auf Antrag des Arbeitnehmers der vollen gerichtlichen Überprüfung hinsichtlich der formellen Anforderungen (z.B. wirksames Zustandekommen der Bußenordnung, Einhaltung des vorgesehenen Verfahrens), der Begehung des Ordnungsverstoßes und der Angemessenheit der Buße.[924]

bb) Mitbestimmung über die Lage der Arbeitszeit, § 87 Abs. 1 Nr. 2

> **Fall 24: Schichtumsetzung**
>
> In dem Betrieb des U, in dem ca. 450 Arbeitnehmer beschäftigt sind, wird im Dreischichtsystem gearbeitet. Die einzelnen Arbeitnehmer wurden dabei fest in drei Gruppen eingeteilt, die abwechselnd in jeder Schicht eingesetzt werden. Der Dreher D wurde in die Gruppe 1 eingeteilt. Nachdem es zwischen dem D und dem Schichtführer S zu Meinungsverschiedenheiten kam, teilte U den D in die Gruppe 2 ein und den bisher in dieser Gruppe tätigen Dreher R in die Gruppe 1 ein. Der Betriebsrat rügt die Verletzung seines Mitbestimmungsrechts und kündigt die Anrufung der Einigungsstelle an. U ist der Ansicht, dass ein Mitbestimmungsrecht des Betriebsrats angesichts der Gesamtzahl der Arbeitnehmer schon am Fehlen eines kollektiven Tatbestands scheitert. Kann der Betriebsrat die Einberufung der Einigungsstelle notfalls gerichtlich durchsetzen?

320 A. Möglichkeit der Anrufung der Einigungsstelle

    I. Nach § 76 Abs. 5 S. 1 kann die Einigungsstelle auf Antrag eines Betriebspartners in den Fällen tätig werden, in denen deren Spruch die fehlende Einigung zwischen dem Betriebsrat und dem Arbeitgeber ersetzt.

---

922 BAG AP Nr. 12 zu § 87 „Betriebsbuße"; F/E/S/T/L § 87 Rn. 76 ff.; MünchArbR/Salamon § 320 Rn. 39 ff.
923 Vgl. zur Abgrenzung BAG NZA 1990, 193 m. Anm. Danne SAE 1991, 25; F/E/S/T/L § 87 Rn. 76.; Heinze NZA 1990, 169 ff.
924 Vgl. dazu MünchArbR/Salamon § 320 Rn. 47; D/K/K/Klebe § 87 Rn. 69 ff.; F/E/S/T/L § 87 Rn. 76.

II. Nach § 87 Abs. 2 wird die fehlende Einigung zwischen dem Betriebsrat und dem Arbeitgeber durch den Spruch der Einigungsstelle ersetzt, wenn die Schichtumsetzung eine nach § 87 Abs. 1 mitbestimmungspflichtige Angelegenheit ist.

1. Vorliegend könnte dem Betriebsrat bei der Schichtumsetzung ein Mitbestimmungsrecht nach § 87 Abs. 1 Nr. 2 zustehen.

a) Nach dieser Norm hat der Betriebsrat ein Mitbestimmungsrecht hinsichtlich des Beginns und Endes der täglichen Arbeitszeit einschließlich Pausen sowie der Verteilung der Arbeitszeit auf die einzelnen Wochentage. Es dient dem Zweck, die Interessen der Arbeitnehmer an der Lage der Arbeitszeit und damit zugleich ihrer freien Zeit für die Gestaltung des Privatlebens zur Geltung zu bringen.[925] Fraglich ist somit, ob das Mitbestimmungsrecht des Betriebsrats nach § 87 Abs. 1 Nr. 2 hinsichtlich der Lage der Arbeitszeit die vorliegende Schichtumsetzung erfasst.

Bei Arbeitszeitfragen kommt ein Mitbestimmungsrecht des Betriebsrats nach § 87 Abs. 1 Nr. 2 bzw. 3 in Betracht. Diese Mitbestimmungsrechte in Arbeitszeitfragen nach § 87 Abs. 1 Nr. 2 und 3 beziehen sich aber nur auf die Lage der regelmäßigen Arbeitszeit sowie deren vorübergehende Verkürzung (Kurzarbeit) bzw. Verlängerung (Überstunden). Die **Dauer der regelmäßigen Arbeitszeit selbst unterliegt** dagegen nach ganz h.M. **nicht der Mitbestimmung des Betriebsrats**. Vielmehr ist sie dem Betriebsrat durch Tarifvertrag bzw. Arbeitsverträge der einzelnen Arbeitnehmer fest vorgegeben.[926]

b) Bei der Einteilung der einzelnen Arbeitnehmer in Gruppen, die in jeweils verschiedenen Schichten eingesetzt werden, wird gleichzeitig die Lage der täglichen Arbeitszeit der einzelnen Arbeitnehmer (Nacht-, Früh- oder Mittagsschicht) i.S.d. § 87 Abs. 1 Nr. 2 betroffen. Dementsprechend stellt auch die Änderung der Gruppenzuordnung der einzelnen Arbeitnehmer eine Änderung der Lage der Arbeitszeit dieser Arbeitnehmer dar.[927] Ein Mitbestimmungsrecht des Betriebsrats nach § 87 Abs. 1 Nr. 2 besteht aber nur dann, wenn ein sog. **kollektiver Tatbestand** vorliegt.[928] Fraglich ist somit, ob dieser kollektive Tatbestand hier entsprechend dem Einwand des U deshalb fehlt, weil von dieser Änderung nur zwei der rund 450 beschäftigten Arbeitnehmer betroffen sind.

aa) Bei der Prüfung der Frage, ob eine an sich mitbestimmungspflichtige Angelegenheit den für das Bestehen des Mitbestimmungsrechts des Betriebsrats erforderlichen kollektiven Bezug hat, kommt der Zahl der von der Angelegenheit betroffenen Arbeitnehmer nur eine gewisse Indizwirkung zu. Dementsprechend kann der kollektive Bezug nicht bereits deshalb abgelehnt werden, weil von der Angelegenheit nur zwei von rund 450 Arbeitnehmer betroffen sind. Entscheidend ist vielmehr, ob eine Angelegenheit zu regeln ist, die die kollektiven Interessen der

321

---

925 Vgl. BAG NZA 2014, 675; ErfK/Kania § 87 Rn. 25; Wiesenecker BB 2020, 564 ff.

926 Vgl. BAG NZA-RR 2011, 354; F/E/S/T/L § 87 Rn. 102 ff.; Richardi/Richardi § 87 Rn. 264; MünchArbR/Salamon § 321 Rn. 19 ff.; a.A. D/K/K/Klebe § 87 Rn. 87 ff.; jeweils m.w.N.

927 Vgl. BAG DB 2018, 321 m. Anm. Braner; BAG NZA 2014, 99; BAG ZTR 2005, 274; Richardi/Richardi § 87 Rn. 287 ff.; Schaub/Ahrendt § 235 Rn. 42 f.; Legerlotz ArbRB 2019, 121, 122 f.; Heidemann/Rahmfeld AiB 2019, 10.

928 Vgl. BAG NZA 2019, 843; BAG NZA 2004, 1047; F/E/S/T/L § 87 Rn. 14 ff.; krit. Richardi/Richardi § 87 Rn. 21 ff. und Rn. 309.

Belegschaft betrifft und nicht nur den besonderen Individualinteressen einzelner Arbeitnehmer Rechnung trägt.[929]

322 bb) Bei einem aus bestimmten betrieblichen Anlässen erforderlich werdenden Schichtwechsel – wie Krankheit, Urlaub usw. – liegt stets ein kollektiver Bezug vor, weil insofern zu regeln ist, nach welchen Kriterien der Schichtwechsel vorgenommen werden kann. Diese Regelung hat Einfluss auf die Lage der Arbeitszeit anderer Arbeitnehmer und hat schon deshalb auch kollektiven Bezug.[930]

2. **Ergebnis zu A.:** Dem Betriebsrat steht hinsichtlich der Schichtumsetzung ein Mitbestimmungsrecht nach § 87 Abs. 1 Nr. 2 zu, sodass er die Einigungsstelle nach § 87 Abs. 2 anrufen kann.

323 B. Einrichtung der Einigungsstelle

I. Nach § 76 Abs. 1 S. 1 ist zur Beilegung von Meinungsverschiedenheiten zwischen Betriebsrat und Arbeitgeber bei Bedarf eine Einigungsstelle zu bilden, sofern – wie hier – nicht nach § 76 Abs. 1 S. 2 durch eine Betriebsvereinbarung eine ständige Einigungsstelle eingerichtet wurde.

II. Nach § 76 Abs. 2 besteht die Einigungsstelle aus einer gleichen Anzahl der vom Arbeitgeber und Betriebsrat zu bestellenden Beisitzer sowie aus einem unparteiischen Vorsitzenden. Können sich die Betriebspartner nicht auf den Vorsitzenden und/oder auf die Anzahl der Beisitzer einigen, entscheidet darüber gemäß § 76 Abs. 2 S. 2, 3 das ArbG nach Maßgabe des § 98 ArbGG. Eine Zurückweisung der Anträge durch das ArbG wegen fehlender Zuständigkeit der Einigungsstelle ist gemäß § 98 Abs. 1 ArbGG nur dann möglich, wenn die Einigungsstelle offensichtlich unzuständig ist.[931] Ob die Einigungsstelle zuständig ist, wird von dieser in eigener Zuständigkeit geprüft, wobei insoweit auch eine Entscheidung durch einen Zwischenbeschluss der Einigungsstelle zulässig ist.[932]

324 III. Da vorliegend eine Meinungsverschiedenheit über ein Mitbestimmungsrecht des Betriebsrats nach § 87 Abs. 1 Nr. 2 besteht und die fehlende Einigung gemäß § 87 Abs. 2 durch einen Spruch der Einigungsstelle ersetzt wird, wird notfalls das ArbG auf Antrag des Betriebsrats die Person des Vorsitzenden und/oder die Zahl der Beisitzer bestimmen, wenn die Betriebspartner insoweit keine Einigung erzielen.

Mitbestimmungspflichtig nach § 87 Abs. 1 Nr. 2 sind insbesondere auch: Verteilung der regelmäßigen Arbeitszeit auf einzelne Wochentage, Lage und Dauer der Pausen, Einführung und Ausgestaltung flexibler Arbeitszeiten, insbesondere der Gleitzeit,[933] Vertrauensarbeitszeit,[934]

---

929 Vgl. BAG ZTR 2005, 274; BAG NZA 1990, 35, 36; D/K/K/Klebe § 87 Rn. 22 f.; F/E/S/T/L § 87 Rn. 14 ff.; MünchArbR/Matthes § 242 Rn. 24 ff.; krit. zu dieser Voraussetzung Richardi/Richardi § 87 Rn. 21 ff.; enger S/W/S § 87 Rn. 16 ff.

930 BAG ZTR 2005, 274; MünchArbR/Salamon § 321 Rn. 57 ff.; a.A. S/W/S § 87 Rn. 69.

931 Vgl. LAG Rheinland-Pfalz DB 2019, 196 m. Anm. Kühnreich; LAG Niedersachsen NZA-RR 2011, 247; LAG Düsseldorf AiB 2005, 123 m. Anm. Bell; ErfK/Koch § 98 ArbGG Rn. 3; zum Bestellungsverfahren Gussen FA 2019, 202; Jüngst B+P 2019, 91; Ehrich ArbR 2010, 494; ausführlich zur E-Stelle Müller-Boruttau BB 2020, 116 ff.; 2019, 2676 ff. u. 2932 ff.

932 Vgl. dazu BAG NZA 2003, 171; MünchArbR/Richardi § 308 Rn. 80 ff.; Richardi/Maschmann § 76 Rn. 104 ff., 155 ff.

933 BAG DB 2018, 327; BAG NZA-RR 2011, 354; GK/Wiese § 87 Rn. 334; Jüngst B+P 2017, 811.

934 Vgl. BAG NZA 2003, 1348; F/E/S/T/L § 87 Rn. 116; vgl. Schrader NZA 2019, 1035 zur Aufzeichnungspflicht.

Jahresarbeitszeit,[935] kapazitätsorientierten Arbeitszeit[936] und von Bereitschaftsdiensten[937] sowie Einführung und Abbau von Schichtarbeit,[938] Zeiten für das An- und Ablegen der Unternehmensbekleidung,[939] nicht aber die Anordnung von Dienstreisen, während derer keine Arbeitsleistung zu erbringen ist, da es sich dabei um keine Arbeitszeit i.S.d. § 3 ArbZG handelt.[940]

cc) Mitbestimmung über die vorübergehende Verkürzung bzw. Verlängerung der Arbeitszeit, § 87 Abs. 1 Nr. 3

Fall 25: Freiwillige Überstunden wegen Eilbestellung

Im Betrieb des U werden u.a. Stoßdämpfer für den Automobilhersteller O produziert. Am Donnerstag geht bei U eine Bestellung für 1500 Stoßdämpfer ein, die möglichst schnell ausgeliefert werden sollen. U fragt deshalb die Arbeitnehmer unter Hinweis auf den Termindruck und die Notwendigkeit der Erledigung des Eilauftrags, ob sie bereit sind, am Samstag freiwillig eine Sonderschicht zu leisten, die mit einem zusätzlichen Überstundenzuschlag von 50% vergütet werden soll. Nachdem sich die Arbeitnehmer damit einverstanden erklärt haben, stellt U erfreut fest, dass die Sonderschicht am Samstag durchgeführt werden kann. Als der Betriebsrat davon Kenntnis erlangt, möchte er dem U die Durchführung der Sonderschicht verbieten lassen, weil U zum wiederholten Mal in vergleichbaren Fällen den Betriebsrat trotz mehrmaliger Beanstandungen nicht beteiligt hat. U ist der Ansicht, dass er die Sonderschicht nicht einseitig angeordnet habe, sodass angesichts der Freiwilligkeit und der Eilbedürftigkeit der Angelegenheit kein Mitbestimmungsrecht des Betriebsrats bestehe. Der Betriebsrat beauftragt auf einer Sondersitzung formell ordnungsgemäß den Rechtsanwalt R mit der Durchsetzung der Untersagung der Sonderschicht. Welche Vorgehensweise wird R vorschlagen?

Die unmittelbar bevorstehende Sonderschicht könnte der Betriebsrat mit Erfolg nur im Wege einer einstweiligen Verfügung nach § 85 Abs. 2 ArbGG i.V.m. §§ 935, 940 ZPO vom ArbG untersagen lassen.   **325**

I. Voraussetzung dafür ist zunächst, dass dem Betriebsrat ein Verfügungsanspruch, d.h. ein Anspruch auf Unterlassung der Sonderschicht zusteht.

  1. Ein solcher Unterlassungsanspruch kommt nur dann in Betracht, wenn dem Betriebsrat hinsichtlich der Durchführung der Sonderschicht ein Mitbestimmungsrecht zusteht, das vom U verletzt worden ist.

    a) Da es sich bei der Sonderschicht am Samstag um eine zusätzliche Arbeitsleistung und damit eine **vorübergehende Verlängerung der Arbeitszeit** handelt, könnte dem Betriebsrat ein **Mitbestimmungsrecht nach § 87 Abs. 1 Nr. 3** zustehen.   **326**

---

935 BAG NZA 1989, 979; ErfK/Kania § 87 Rn. 29 und Schlichting AiB 2006, 656; Engelhardt AiB 2000, 466.

936 BAG BB 1989, 423; D/K/K/Klebe § 87 Rn. 101; krit. S/W/S § 87 Rn. 70 d.

937 BAG NZA 2000, 1243; BAG DB 1997, 380, 381; D/K/K/Klebe § 87 Rn. 103; Althoff ArbR 2018, 244; a.A. S/W/S § 87 Rn. 64 u. BAG NZA 2004, 504: kein MBR hinsichtlich der rechtlichen Bewertung der Bereitschaft als Arbeitszeit i.S.d. § 3 ArbZG.

938 BAG ArbRB 2016, 202 m. Anm. Grimm; F/E/S/T/L § 87 Rn. 120; Kleinebrink ArbRB 2018, 249.

939 BAG NZA 2014, 557; LAG Rheinland-Pfalz DB 2019, 196 m. Anm. Kühnreich.

940 BAG BB 2020, 435; BAG NZA 2007, 458; F/E/S/T/L § 87 Rn. 96; a.A. Wulff AiB 2007, 402.

Eine nur vorübergehende Verlängerung der betriebsüblichen Arbeitszeit kann auch bei einer längerfristigen Überstundenvereinbarung vorliegen. In diesem Fall ist aber stets sorgfältig zu prüfen, ob nicht im Ergebnis eine dauerhafte Arbeitszeitverlängerung vorliegt, die von dem Mitbestimmungsrecht des Betriebsrates nach § 87 Abs. 1 Nr. 3 nicht gedeckt, sondern wegen Verstoßes gegen die Regelungssperre des § 77 Abs. 3 unwirksam ist.[941]

aa) Eine vorrangige gesetzliche oder tarifliche Regelung i.S.d. § 87 Abs. 1 S. 1 Hs. 1 steht dem Mitbestimmungsrecht des Betriebsrats nicht entgegen.

bb) Ein kollektiver Tatbestand liegt schon deshalb unzweifelhaft vor, weil die Sonderschicht durch eine Mehrzahl von Arbeitnehmern aus betrieblichen Gründen geleistet werden soll.

cc) Der Einwand des U, er habe die Sonderschicht nicht einseitig angeordnet, sodass schon aufgrund der freiwilligen Arbeitsleistung während der Sonderschicht kein Mitbestimmungsrecht bestehe, ist unbeachtlich. Denn das im Kollektivinteresse der Belegschaft bestehende Mitbestimmungsrecht nach § 87 Abs. 1 Nr. 3 hängt nicht davon ab, ob die Arbeitnehmer die Überstunden freiwillig leisten oder nur eine Anordnung des Arbeitgebers befolgen. Vielmehr besteht es bereits dann, wenn der Arbeitgeber es duldet, dass die Arbeitnehmer Überstunden leisten.[942]

Das Mitbestimmungsrecht dient dem Schutz der Interessen der Arbeitnehmer an einer sinnvollen Arbeitszeit- und Freizeiteinteilung sowie Freizeitgestaltung. Dieses Interesse bezieht sich nicht nur darauf, ob die betriebsübliche Arbeitszeit überhaupt verlängert werden soll, sondern auch auf die gerechte Verteilung der mit der Leistung von Überstunden verbundenen Belastungen und Vorteile.[943]

dd) Die Tatsache, dass die Überstunden wegen eines Eilauftrags erforderlich geworden sind, steht einem Mitbestimmungsrecht des Betriebsrats nach § 87 Abs. 1 Nr. 3 ebenfalls nicht entgegen, zumal ein Automobilzulieferbetrieb mit Eilaufträgen rechnen muss.[944]

In der Praxis werden häufig Rahmenbetriebsvereinbarungen bzw. Rahmenregelungsabreden geschlossen, nach denen Überstunden in Eilfällen unter bestimmten Voraussetzungen vom Betriebsrat im Voraus genehmigt werden und dem Betriebsrat nachträglich anzuzeigen sind. Sofern eine solche Regelung die einzelnen Voraussetzungen nennt, ist sie zulässig und auch sinnvoll. Unzulässig ist dagegen eine voraussetzungslose Zustimmung zur Anordnung der Überstunden im Voraus, weil ein solcher „Freibrief für den Arbeitgeber" im Ergebnis einen unzulässigen Verzicht auf die Ausübung des Mitbestimmungsrechts nach § 87 Abs. 1 Nr. 3 darstellt.[945]

327   b) Da durch die Einführung einer zusätzlichen Sonderschicht am Samstag auch die **Lage der betrieblichen Arbeitszeit** betroffen ist, besteht auch nach § 87 Abs. 1 Nr. 2 ein Mitbestimmungsrecht des Betriebsrats, das ebenfalls verletzt worden ist.

---

941   Vgl. dazu BAG NZA 2003, 1155 ff.; F/E/S/T/L § 87 Rn. 132 f.

942   BAG NZA 2007, 818; S/W/S § 87 Rn. 79; GK/Wiese § 87 Rn. 401.

943   BAG NZA 2001, 976; F/E/S/T/L § 87 Rn. 131.

944   BAG BB 2001, 2582 m. Anm. Ankersen; Reinhard ArbRB 2014, 218 und Rn. 310.

945   Vgl. dazu BAG AP Nr. 19 zu § 77 BetrVG 1972 „Tarifvorbehalt" m. abl. Anm. Lobinger; LAG Berlin-Brandenburg ArbR 2019, 208 m. Anm. Müller; D/K/K/Klebe § 87 Rn. 48 f., 127; F/E/S/T/L § 87 Rn. 24, 147; Kock MDR 2005, 1261; ausführlich zur Zulässigkeit des Verzichts des BR auf Mitbestimmungsrechte Joussen RdA 2005, 31 ff. und Franzen NZA 2008, 250, 253 f.

Bei dem Mitbestimmungsrecht nach § 87 Abs. 1 Nr. 3 geht es um die Frage, ob und inwieweit die regelmäßige betriebsübliche Arbeitszeit verlängert bzw. verkürzt werden soll. Das Mitbestimmungsrecht nach § 87 Abs. 1 Nr. 2 bezieht sich dagegen auf die Frage, wie die verkürzte bzw. verlängerte Arbeitszeit zeitlich verteilt werden soll. Beide Mitbestimmungsrechte bestehen deshalb grds. nebeneinander. In der Praxis wird allerdings häufig nicht strikt zwischen diesen beiden mitbestimmungspflichtigen Tatbeständen getrennt, sondern die Zustimmung des Betriebsrats zur Verlängerung bzw. Verkürzung der regelmäßigen Arbeitszeit zu einem bestimmten Zeitpunkt gleichzeitig beantragt, was für die Wahrung der Mitbestimmungsrechte nach § 87 Abs. 1 Nr. 2 und 3 genügt.

2. Durch die beabsichtigte Durchführung der zusätzlichen Sonderschicht am Samstag ohne Beteiligung des Betriebsrats hat U die Mitbestimmungsrechte nach § 87 Abs. 1 Nr. 2 und 3 verletzt. Fraglich ist aber, ob der Betriebsrat deshalb auch die Unterlassung der Sonderschicht verlangen kann. **328**

a) Ein **Unterlassungsanspruch** steht dem Betriebsrat **nach § 23 Abs. 3 bei groben Verstößen des Arbeitgebers gegen das BetrVG** zu.

Nach h.M. setzt der Unterlassungsanspruch eine **bereits begangene Pflichtverletzung** voraus, weil es sich dabei um eine besondere Sanktionsregelung zur Sicherstellung des gesetzmäßigen Verhaltens des Arbeitgebers in der Zukunft handelt. Eine bloß **bevorstehende grobe Pflichtverletzung** reicht deshalb allein noch nicht aus.[946]

Bei einem drohenden Pflichtverstoß kommt allerdings ein sog. vorbeugender Unterlassungsanspruch in Betracht (vgl. dazu unten Rn. 330 f.).

b) Ein grober Verstoß des Arbeitgebers setzt eine **objektiv erhebliche und offensichtlich schwerwiegende Verletzung der Pflichten nach dem BetrVG** voraus, wobei ein **Verschulden** des Arbeitgebers **nicht erforderlich** ist.[947] **329**

Obwohl das Verschulden keine Voraussetzung für einen Unterlassungsanspruch ist, liegt nach h.M. kein grober Pflichtverstoß vor, wenn der Arbeitgeber in einer **schwierigen und ungeklärten Rechtslage** eine bestimmte Rechtsansicht vertritt.[948]

Da U wiederholt gegen die Mitbestimmungsrechte des Betriebsrats in vergleichbaren Fällen verstoßen hat, obwohl nach allg. Ansicht auch die Duldung der Überstunden einer Mehrzahl von Arbeitnehmern mitbestimmungspflichtig ist, liegt ein grober Verstoß vor. Ob für den Unterlassungsanspruch nach § 23 Abs. 3 auch eine Wiederholungsgefahr erforderlich ist, ist zwar umstritten.[949] Diese Frage kann aber offen bleiben, weil dafür beim groben Verstoß aufgrund wiederholter Verletzungen der Mitbestimmungsrechte jedenfalls eine tatsächliche Vermutung besteht und vorliegend keine Tatsachen vorliegen, die einen erneuten Verstoß unwahrscheinlich machen.[950] Dem Betriebsrat steht somit ein Unterlassungsanspruch nach § 23 Abs. 3 zu.

---

946 BAG BB 1986, 1358 ff.; F/E/S/T/L § 23 Rn. 73; S/W/S § 87 Rn. 17; a.A. D/K/K/Trittin § 23 Rn. 201 ff.
947 BAG ArbR 2014, 368; S/W/S § 23 Rn. 15 a; F/E/S/T/L § 23 Rn. 64.
948 BAG NZA 1991, 817; Richardi/Thüsing § 23 Rn. 96; F/E/S/T/L § 23 Rn. 63; a.A. D/K/K/Trittin § 23 Rn. 204 f.; jeweils m.w.N.
949 Dagegen BAG BB 1986, 1358; F/E/S/T/L § 23 Rn. 65; D/K/K/Trittin § 23 Rn. 209; dafür BAG NZA 2000, 1066; S/W/S § 23 Rn. 15 a; ErfK/Koch § 23 Rn. 18; Richardi/Thüsing § 23 Rn. 83; vom BAG NZA 2004, 670 – offen gelassen.
950 So BAG NZA 2018, 1081; BAG ArbR 2014, 368; ErfK/Koch § 23 Rn. 18.

Eine grobe Pflichtverletzung kann allerdings auch beim Vorliegen eines einmaligen Verstoßes gegen die Pflichten nach dem BetrVG gegeben sein, was aber im Einzelfall besonders sorgfältig zu prüfen ist.[951] Auch für sich betrachtet mehrere leichtere Verstöße können bei Wiederholungen zum groben Verstoß werden.[952]

330

c) Dem Betriebsrat könnte auch ein sog. vorbeugender allgemeiner Unterlassungsanspruch analog § 1004 Abs. 1 BGB zustehen.

aa) Nach inzwischen ständiger Rspr. des BAG und der h.L. stellt § 23 Abs. 3 keine abschließende Sonderregelung dar, die weitergehende Unterlassungsansprüche, die im BetrVG nicht ausdrücklich geregelt sind, ausschließt. Eine andere Frage ist allerdings, ob die Verletzung einzelner Normen des BetrVG auch einen Unterlassungsanspruch begründet, wenn diese Rechtsfolge nicht ausdrücklich vorgesehen ist. Begründet wird die h.M. mit dem Wortlaut (es fehlt das Wort „nur") sowie mit der Entstehungsgeschichte des § 23 Abs. 3, der eine zusätzliche Sanktionsmöglichkeit zur Stärkung der Mitbestimmungsrechte des Betriebsrats schaffen, aber keine Sanktionsmöglichkeiten abbauen sollte. Außerdem würden die Mitbestimmungsrechte des Betriebsrats beim abschließenden Charakter des § 23 Abs. 3 nicht ausreichend gesichert.[953]

bb) Nach st.Rspr. des BAG und der h.L. steht dem Betriebsrat jedenfalls bei Verletzung der Mitbestimmungsrechte nach § 87 Abs. 1 ein allgemeiner Unterlassungsanspruch zu, der aus der durch den Grundsatz der vertrauensvollen Zusammenarbeit geprägten Dauerrechtsbeziehung folgt, die einem gesetzlich begründeten Schuldverhältnis ähnlich ist.[954]

Dementsprechend kann der Betriebsrat auch aufgrund des allgemeinen Unterlassungsanspruchs die Unterlassung der Sonderschicht verlangen.

331

II. Fraglich ist, ob die Unterlassungsansprüche auch im Wege einer einstweiligen Verfügung durchsetzbar sind.

1. Der allgemeine (vorbeugende) Unterlassungsanspruch wegen einer Verletzung des Mitbestimmungsrechts aus § 87 Abs. 1 kann grds. auch im Wege der einstweiligen Verfügung durchgesetzt werden. Der Umstand, dass mit der Unterlassungsverfügung regelmäßig das Ergebnis der Hauptsache endgültig vorweggenommen wird, ist im Rahmen einer Interessenabwägung zu berücksichtigen.[955]

2. Der Unterlassungsanspruch aus § 23 Abs. 3 ist dagegen nach der wohl h.M. aufgrund des in zwei Stufen gegliederten Verfahrens nicht im Wege der einstweiligen Verfügung durchsetzbar. Denn die Verurteilung zur Zahlung von Zwangs-

---

951 BAG ArbR 2014, 368; Richardi/Thüsing § 23 Rn. 96; F/E/S/T/L § 23 Rn. 62 m.w.N.

952 S/W/S § 23 Rn. 15; D/K/K/Trittin § 23 Rn. 202; F/E/S/T/L § 23 Rn. 62 und Rn. 66 mit vielen Beispielen.

953 BAG NZA 2007, 818; F/E/S/T/L § 23 Rn. 96 ff.; Richardi/Thüsing § 23 Rn. 74 ff.; MünchArbR/Boemke § 287 Rn. 45 ff.; a.A. Bauer/Diller ZIP 1995, 95 und noch BAG BB 1983, 1724, weil das BetrVG ein ausdifferenziertes und abgestuftes System zur Sicherung der Beteiligungsrechte enthält, sodass für einen allgemeinen Unterlassungsanspruch kein Raum ist. § 23 Abs. 3 wäre auch überflüssig, wenn bei jedem – auch leichten – Verstoß ein allgemeiner Unterlassungsanspruch bestünde.

954 BAG NZA 2005, 538; D/K/K/Trittin § 23 Rn. 326 ff.; F/E/S/T/L § 23 Rn. 100; GK/Oetker § 23 Rn. 130 ff.; a.A. Worzalla SAE 2018, 30; S/W/S § 23 Rn. 25; krit. zur Begr. Richardi/Richardi § 87 Rn. 134 f. u. BAG NZA 2019, 843 zum Missbrauchsfall.

955 LAG Düsseldorf NZA-RR 2018, 368; LAG München ArbRB 2014, 204; LAG Hamm, Beschl. v. 15.07.2016 – 13 TaBVGa 2/16, BeckRS 2016, 71841; LAG Hamburg AE 2010, 182; D/K/K/Trittin § 23 Rn. 330 f.; F/E/S/T/L § 23 Rn. 103; § 87 Rn. 610.

geld im Vollstreckungsverfahren (2. Stufe) setzt zwingend einen erneuten Verstoß nach einer rechtskräftigen Verurteilung des Arbeitgebers im Erkenntnisverfahren (1. Stufe) wegen eines bereits begangenen groben Pflichtverstoßes voraus, in dem bereits das Zwangsgeld angedroht werden kann. Dementsprechend kann der Verstoß, der Gegenstand der Verurteilung im Erkenntnisverfahren ist, nicht zugleich die Grundlage für Ordnungs- oder Zwangsgeld sein.[956]

Dieser Meinungsstreit hat keine praktische Bedeutung, wenn ein allgemeiner Unterlassungsanspruch besteht. Der Streit um die Zulässigkeit des allgemeinen Unterlassungsanspruchs besteht aber insbes. gerade wegen der Möglichkeit seiner Durchsetzung im Wege der einstweiligen Verfügung ohne die Besonderheiten des § 23 Abs. 3.

III. Es müssten die Voraussetzungen für den Erlass der einstweiligen Verfügung im vorliegenden Fall gegeben sein. **332**

1. Der Verfügungsanspruch ergibt sich aus § 1004 Abs. 1 BGB analog i.V.m. §§ 2, 87 Abs. 1 BetrVG wegen der wiederholten Verletzung der Mitbestimmungsrechte des Betriebsrats aus § 87 Abs. 1 Nr. 2 und 3.[957] Aus den bereits begangenen Verletzungen dieser Mitbestimmungsrechte ergibt sich auch die für den allgemeinen Unterlassungsanspruch erforderliche Wiederholungsgefahr,[958] die im Übrigen grds. auch vermutet wird.[959]

2. Der für den Erlass der einstweiligen Verfügung erforderliche Verfügungsgrund (Eilbedürftigkeit) liegt auch vor, weil wegen der unmittelbar bevorstehenden Sonderschicht am Samstag eine Entscheidung in der Hauptsache nicht möglich ist, sodass insoweit ein endgültiger Verlust der Mitbestimmungsrechte des Betriebsrats aus § 87 Abs. 1 droht. Da U trotz wiederholter Beanstandungen seines mitbestimmungswidrigen Verhaltens in der Vergangenheit erneut unter Verletzung des Mitbestimmungsrechts des Betriebsrats aus § 87 Abs. 1 Nr. 2 und 3 die Sonderschicht durchführen will, ist der Erlass der einstweiligen Verfügung zur Sicherung der Mitbestimmungsrechte trotz der endgültiger Vorwegnahme der Hauptsache im vorliegenden Einzelfall auch geboten.

Eine einstweilige Verfügung, die das Ergebnis der Hauptsache nicht endgültig vorwegnehmen darf ist zeitlich bis zu einer Einigung der Betriebspartner bzw. bis zu einem Spruch der nach § 87 Abs. 2 anzurufenden Einigungsstelle zu beschränken.[960]

3. Um das Verfahren auf Erlass der einstweiligen Verfügung einzuleiten, muss der Betriebsrat einen entspr. ordnungsgemäßen Beschluss fassen. Außerdem müssen die tatsächlichen Voraussetzungen, die den Erlass der einstweiligen Verfügung rechtfertigen, entspr. § 294 ZPO glaubhaft gemacht werden, was i.d.R. durch Vorlage einer eidesstattlichen Versicherung des Betriebsratsvorsitzenden geschieht.

IV. **Ergebnis:** R wird dem Betriebsrat die Einleitung des Verfahrens auf Erlass einer einstweiligen Verfügung mit dem Ziel der Unterlassung der Sonderschicht vorschlagen. **333**

---

956 LAG Köln NZA 1989, 863; Richardi/Thüsing § 23 Rn. 105; ErfK/Koch § 23 Rn. 23; Worzalla SAE 2018, 30; a.A. LAG Rheinland-Pfalz Beschl. v. 24.01.2019 – 2 TaBVGa 6/18, BeckRS 2019, 9739; F/E/S/T/L § 23 Rn. 75; D/K/K/Trittin § 23 Rn. 279.

957 Vgl. zur dogmatischen Begründung BAG NZA 1995, 40; Pahle NZA 1990, 51, 52 und Richardi/Richardi § 87 Rn. 134 ff.

958 Vgl. dazu LAG Hamm AiB 2001, 488.; F/E/S/T/L § 23 Rn. 99 ff., 102; Schaub/Ahrendt § 235 Rn. 21.

959 BAG NZA 2000, 1066; F/E/S/T/L § 23 Rn. 102 m.w.N.

960 Vgl. dazu LAG München ArbRB 2014, 204; LAG Düsseldorf AuR 2008, 270.

Mitbestimmungspflichtig ist nach § 87 Abs. 1 Nr. 3 auch die **vorübergehende Verlängerung der Arbeitszeit von Teilzeitbeschäftigten,**[961] **nicht** dagegen die **Rückkehr zu der normalen betriebsüblichen Arbeitszeit** durch Abschaffung von Überstunden oder Kurzarbeit.[962] Bei **Überstunden von Leiharbeitnehmern** besteht ein Mitbestimmungsrecht des Betriebsrates des Verleiherbetriebes nach § 87 Abs. 1 Nr. 3 und des Entleiherbetriebes nach § 87 Abs. 1 Nr. 2.[963]

Die Mitbestimmungsrechte des BR wegen der Lage sowie der vorübergehenden Verlängerung bzw. Verkürzung der Arbeitszeit nach § 87 Abs. 1 Nr. 2 bzw. 3 bestehen nach h.M. nicht, wenn und soweit diese Arbeitszeitregelungen wegen eines Arbeitskampfes erfolgen. Anderenfalls könnte der Betriebsrat mögliche Abwehrmaßnahmen gegen den Streik verhindern oder zumindest hinauszögern, was mit dem Gebot der Arbeitskampfneutralität des § 74 Abs. 2 nicht zu vereinbaren wäre.[964]

dd) Mitbestimmung über Zeit, Ort und Art der Auszahlung der Arbeitsentgelte, § 87 Abs. 1 Nr. 4

334   Unter Arbeitsentgelt i.S.d. § 87 Abs. 1 Nr. 4 sind alle vom Arbeitgeber zu erbringenden Vergütungsleistungen zu verstehen, insbesondere Lohn/Gehalt, Sonderzahlungen, Provisionen und Spesen. Die Zeit der Auszahlung betrifft sowohl den Zahlungstag als auch die Zahlungsabschnitte (z.B. wöchentliche/monatliche Zahlung). Als Annexbefugnis zur Mitbestimmung über die Art der Auszahlung des Arbeitsentgelts (Bar- bzw. Scheckzahlung, Überweisung) steht dem Betriebsrat im Zusammenhang mit der bargeldlosen Zahlung auch ein **Initiativrecht hinsichtlich der Einführung einer Kontoführungspauschale** zu.[965]

ee) Mitbestimmung über allgemeine Urlaubsgrundsätze und Festsetzung der Lage des Urlaubs einzelner Arbeitnehmer, § 87 Abs. 1 Nr. 5

335   **(1)** Dieses Mitbestimmungsrecht bezieht sich zunächst auf die **Aufstellung und Änderung allgemeiner Urlaubsgrundsätze**. Darunter sind betriebliche, also kollektive Richtlinien zu verstehen, nach denen dem einzelnen Arbeitnehmer im Einzelfall Urlaub zu gewähren ist oder aber nicht gewährt werden darf, nicht jedoch die Dauer des Urlaubs selbst. Gegenstand dieser Richtlinien können insbesondere Grundsätze der Urlaubsgewährung während der Schulferien, Einführung einer Urlaubssperre wegen erhöhten Arbeitsanfalls sowie Einführung von Betriebsferien[966] einschließlich der sog. Brückentage ("Verlängerung von Wochenenden oder Feiertagen") sein.[967] Daneben bezieht sich dieses Mitbestimmungsrecht auf die Aufstellung des eigentlichen Urlaubsplanes, in dem die zeitliche Lage des Urlaubs einzelner Arbeitnehmer genau festgelegt

---

961   Vgl. BAG NZA 2007, 818; MünchArbR/Salomon § 322 Rn. 13 ff., 17.

962   BAG NZA 1991, 67; Richardi/Richardi § 87 Rn. 365; a.A. ErfK/Kania § 87 Rn. 35 für Abbau von Kurzarbeit; zu Kurzarbeitsproblemen Moderegger ArbRB 2019, 54; Köhler DB 2013, 232; Grimm/Linden ArbRB 2013, 86; Bauer/Günther BB 2009, 662.

963   Vgl. dazu BAG NZA 2001, 1263; F/E/S/T/L § 87 Rn. 137; Wiebauer NZA 2012, 68 und allgemein zu Mitbestimmung des BR bei Arbeitszeitregelungen Legerlotz ArbRB 2019, 121; Thannheiser AiB 2019, 33 und Eylert NZA-Beilage 2017, 95.

964   BAG NZA 2004, 223 (nur Unterrichtungsanspruch); LAG Rheinland-Pfalz AuA 2007, 248; Reichold NZA 2004, 247; Krummel BB 2002, 1418; a.A. D/K/K/Klebe § 87 Rn. 116 ff.; vgl. aber zu Ausnahmefällen BAG RdA 2018, 380 m. Anm. Meyer.

965   BAG NZA 2002, 989; BAG NZA 1991, 611: mtl. Pauschale von 3,50 DM zulässig; F/E/S/T/L § 87 Rn. 187: heute 2 bis 3 €.

966   BAG NJW 1982, 959; S/W/S § 87 Rn. 112 ff.; D/K/K/Klebe § 87 Rn. 141 ff.; Richardi/Richardi § 87 Rn. 455 ff.

967   Vgl. MünchArbR/Salomon § 324 Rn. 7 ff.; Plocher DB 2013, 1485, 1489 und ausführlich dazu Würges DB 1997, 2488.

wird.[968] Als Urlaub i.S.d. § 87 Abs. 1 Nr. 5 ist nach h.M. nicht nur Erholungsurlaub, sondern auch Bildungsurlaub zu verstehen.[969]

Nach h.M. steht dem Betriebsrat hinsichtlich der Einführung von Betriebsferien sowie deren Dauer auch ein Initiativrecht zu, sodass der Betriebsrat die Einführung von Betriebsferien auch erzwingen kann.[970]

(2) Über die Regelung der kollektiven Fragen der Urlaubsgewährung hinaus erstreckt **336** sich das Mitbestimmungsrecht des Betriebsrats nach § 87 Abs. 1 Nr. 5 auf die **zeitliche Festlegung des Urlaubs eines einzelnen Arbeitnehmers,** wenn dieser mit dem Arbeitgeber darüber keine Einigung erzielt. Bei der Entscheidung haben der Betriebsrat und der Arbeitgeber die Grundsätze des § 7 Abs. 1 BUrlG zu beachten. Kommt zwischen den Betriebspartnern keine Einigung zustande, entscheidet darüber nach § 87 Abs. 2 die Einigungsstelle.[971] Dieses Mitbestimmungsrecht greift nach h.M. in jedem Einzelfall ein, ohne dass ein anderer Arbeitnehmer betroffen sein muss.[972]

Nachdem das BAG im Anschluss an den EuGH entschieden hat, dass der Anspruch auf den gesetzlichen Mindesturlaub aus §§ 1, 3 BUrlG bei einer unionsrechtkonformen Auslegung des § 7 BUrlG nur dann am Ende des Kalenderjahres (§ 7 Abs. 3 S. 1 BUrlG) oder eines zulässigen Übertragungszeitraums (§ 7 Abs 3 S 3 und S 4 BUrlG) erlischt, wenn der Arbeitgeber den Arbeitnehmer zuvor in die Lage versetzt hat, seinen Urlaubsanspruch wahrzunehmen, und der Arbeitnehmer den Urlaub dennoch aus freien Stücken nicht genommen hat, dürften insoweit Betriebsvereinbarungen zu allg. Grundsätzen der Urlaubsgewährung nach § 87 Abs. 1 S. 2 Nr. 5 sinnvoll sein und künftig an praktischer Bedeutung gewinnen.[973]

ff) Mitbestimmung bei Einführung und Anwendung von technischen Kontrolleinrichtungen, § 87 Abs. 1 Nr. 6

(1) Diese Vorschrift dient dem **Persönlichkeitsschutz des einzelnen Arbeitnehmers** **337** **gegen anonyme Kontrolleinrichtungen,** die stark in den persönlichen Bereich der Arbeitnehmer eingreifen können und enthält eine Konkretisierung des in § 75 Abs. 2 enthaltenen Grundsatzes zum Schutz und Förderung der freien Entfaltung der Persönlichkeit der Arbeitnehmer. Durch das Mitbestimmungsrecht nach § 87 Abs. 1 Nr. 6 soll der Betriebsrat eine präventive Schutzfunktion zugunsten der potentiell in ihrer Persönlichkeitssphäre betroffenen Arbeitnehmer wahrnehmen.[974] Durch die fortschreitende technische Weiterentwicklung und die zunehmende Digitalisierung der Arbeitswelt nehmen auch die technischen Möglichkeiten zur Überwachung von Arbeitnehmern rasant zu. Dieser Entwicklung muss das Mitbestimmungsrechts des Betriebsrates nach § 87 Abs. 1 Nr. 6, auch unter dem Gesichtspunkt des Datenschutzes, Rechnung tragen, sodass es zwangsläufig immer mehr an praktischer Bedeutung gewinnt.[975]

---

968 Richardi/Richardi § 87 Rn. 455 **ff.**; D/K/K/Trittin § 87 Rn. 146 ff.; MünchArbR/Salamon 324 Rn. 18 ff.

969 BAG NZA 2003, 171; MünchArbR/Salamon § 324 Rn. 6; a.A. S/W/S § 87 Rn. 99 a; jeweils m.w.N.

970 LAG Niedersachsen AuR 1999, 319; MünchArbR/Salamon § 324 Rn. 21; F/E/S/T/L § 87 Rn. 198; a.A. Richardi/Richardi § 87 Rn. 455 f.; GK/Wiese § 87 Rn. 457, 463; S/W/S § 87 Rn. 98 b, da die Durchsetzung der Betriebsstilllegung zu einem bestimmten Zeitpunkt gegen den Willen des AG mit der Eigentumsgarantie des Art. 14 GG unvereinbar sei.

971 Vgl. F/E/S/T/L § 87 Rn. 206 ff.; D/K/K/Klebe § 87 Rn. 154 ff.: Schaub/Ahrendt § 235 Rn. 61 Zimmermann AuR 2012, 243.

972 Richardi/Richardi § 87 Rn. 467; S/W/S § 87 Rn. 103; a.A. GK/Wiese § 87 Rn. 472; MünchArbR/Matthes § 247 Rn. 14 jeweils m.w.N.: Urlaubszeitpunkt muss mindestens zwischen zwei Arbeitnehmern umstritten sein.

973 Vgl. dazu BAG NZA 2019, 982; Schulze/Volk AiB 2019, 27 ff.; Kothe jurisPR-ArbR 1/2019 Anm. 2.

974 Vgl. F/E/S/T/L § 87 Rn. 215 ff.; Richardi/Richardi § 87 Rn. 492 ff.; S/W/S § 87 Rn. 105 ff. und allgemein zu aktuellen Problemen des § 87 Abs. 1 Nr. 6 Schiefer/Worzalla DB 2019, 2017; Dahl/Brink NZA 2018, 1231 und Armborst P&R 2018, 203.

975 Vgl. Franzen ZfA 2019, 18; Fuhlrott/Oltmanns NZA 2019, 1105; Korinth ArbRB 2018, 47; (Persönlichkeitsrecht/Datenschutz-GrundVO); BAG JR 2018, m. Anm. Irion/Kohte (Facebookseite); LAG Hamburg NZA-RR 2018, 655; Klumpp DB 2019, 133; Köhler EWiR 2019, 189 (Twitter-Account des AG); LAG Nürnberg DB 2017, 2361 m. Anm. Schreiner (Outlook); Wisskirchen/Schwindling DB 2018, 70 (Kunden-App mit Feedbackfunktion); Fuhlrott ArbR 2019, 90; Schulten öAT 2019, 117 (Social Media-Nutzung); Niklas/Peter ArbRB 2019, 50 (WhatsApp & Co.) Müller/Becker FA 2018, 74 (GPS).

338 **(2) Technische Kontrolleinrichtungen** i.S.d. § 87 Abs. 1 Nr. 6 sind alle akustischen, optischen, mechanischen und elektronischen Geräte und Anlagen, die mit den Mitteln der Technik eine eigene Leistung im Zuge der Überwachung erbringen, indem sie selbst Tätigkeiten verrichten, die sonst ein überwachender Mensch wahrnehmen müsste. Erforderlich, aber auch ausreichend ist, dass die Einrichtung selbst auf technischem Wege Daten erhebt oder auswertet, die der menschlichen Wahrnehmung zugänglich gemacht werden. Da dieses Mitbestimmungsrecht keine „Erheblichkeitsschwelle" hat, werden davon auch einfache Einrichtungen und auch „alltägliche Standardsoftware" (z.B. Microsoft Excel als Bestandteil des Office-Pakets) erfasst.[976] Ausreichend ist dabei, dass lediglich ein Teil des Überwachungsvorgangs mittels der technischen Einrichtung erfolgt. Eine Überwachung durch Personen (z.B. Vorgesetzte, Privatdetektiv) ist damit selbst dann nicht nach § 87 Abs. 1 Nr. 6 mitbestimmungspflichtig, wenn sie unter Zuhilfenahme von technischen Hilfsmitteln beim Überwachungsvorgang (z.B. Fernglas, Spiegel, Uhr usw.) erfolgt, weil es insoweit an dem für § 87 Abs. 1 Nr. 6 erforderlichen anonymen Kontrollvorgang fehlt.[977]

BAG:[978] Arbeitszeitmessung durch manuelle Betätigung einer Stoppuhr ist keine technische Überwachung: „Aus dem Schutzzweck des § 87 Abs. 1 Nr. 6 ergibt sich, dass die bloße Verwendung eines technischen Geräts bei der Datenerhebung, das im Wesentlichen von menschlichem Handeln gesteuert wird, zur Begründung eines Mitbestimmungsrechts nicht ausreicht. Der Regelungszweck besteht darin, Eingriffe in den Persönlichkeitsbereich der Arbeitnehmer durch Verwendung anonymer technischer Kontrolleinrichtungen nur bei Zustimmung des Betriebsrats zuzulassen. Nach der Rspr. des Senats liegt die Gefährdung des Persönlichkeitsrechts der Arbeitnehmer durch eine technisierte Ermittlung von Verhaltens- und Leistungsdaten zum einen darin, dass auf diese Weise eine ungleich größere Anzahl von Daten erhoben werden kann als bei der Überwachung durch Menschen und dass dies praktisch ununterbrochen geschehen kann. Darüber hinaus sind die Abläufe der technisierten Datenermittlung für den Arbeitnehmer nicht durchschaubar. Vielfach ist die Überwachung nicht einmal wahrnehmbar, auch kann der Arbeitnehmer sich ihr in der Regel nicht entziehen. Das Wissen darum, dass er zum Objekt einer Überwachungstechnik gemacht wird, kann zu erhöhter Abhängigkeit führen und damit die freie Entfaltung seiner Persönlichkeit hindern."

Weitere Beispiele für technische Kontrolleinrichtungen: Stechuhren bzw. sonstige Zeiterfassungsgeräte, Videokameras, Abhörvorrichtungen, Fahrtenschreiber, Telefondatenerfassungsanlagen, EDV-Anlagen, Zugangskontrollprogramme zum Internet bzw. hinsichtlich des E-Mail-Verkehrs[979] sowie alle sonstigen Geräte und Systeme der elektronischen Datenverarbeitung.[980] Bei einer unternehmenseinheitlichen Einführung eines elektronischen Datenverarbeitungssystems liegt eine untrennbare einheitliche mitbestimmungspflichtige Angelegenheit vor mit der Folge, dass das Mitbestimmungsrecht nach § 87 Abs. 1 Nr. 6 insgesamt nur dem Gesamtbetriebsrat nach § 50 Abs. 1 zusteht.[981]

339 **(3)** Mitbestimmungspflichtig nach § 87 Abs. 1 Nr. 6 ist nur eine solche technische Kontrolleinrichtung, die **zur Überwachung des Verhaltens oder der Leistung des Arbeitnehmers „bestimmt"** ist.

(a) Unter **Überwachung i.S.d. § 87 Abs. 1 Nr. 6** ist zunächst unstreitig die Erhebung der Daten über ein „Bewachungsobjekt" auf technischem Wege zu verstehen. Darüber hinaus fällt darunter nach h.M. auch die vom Arbeitgeber veranlasste Auswertung von manuell erhobenen Daten (z.B. durch Aufzeichnungen des Arbeitnehmers) durch eine

---

976 Vgl. BAG DB 2019, 554 m. Anm. Schreiner und Stück ZD 2019, 132; Pfeffer ArbR 2019, 86, 87.

977 BAG NZA 1995, 313; LAG Berlin-Brandenburg DB 2017, 1785 m. Anm. Grabow; F/E/S/T/L § 87 Rn. 224 ff.; Richardi/Richardi § 87 Rn. 484 ff.; vgl. aber BAG NZA 2014, 439: Kein MBR bei Nutzung von „Google Maps" zur Fahrtkostenüberprüfung.

978 BAG NZA 1995, 313 ff.; so auch F/E/S/T/L § 87 Rn. 227; Schaub/Ahrendt § 235 Rn. 68.

979 Ausführl. dazu Laber/Santon ArbRB 2019, 60; Stück ArbR 2019, 216; Seifert EuZA 2018, 502; Beckschulze DB 2007, 1526.

980 Weitere Beispiele bei F/E/S/T/L § 87 Rn. 244 ff.; S/W/S § 87 Rn. 106; D/K/K/Klebe § 87 Rn. 198.

981 Vgl. BAG NZA 2007, 399; BAG BB 2017, 1213 m. Anm. Ley und BAG BB 2013, 699 (Konzern).

technische Einrichtung. Begründet wird dies damit, dass die modernen Datenverarbeitungstechnologien vielfältige Gefahren für das Persönlichkeitsrecht der Arbeitnehmer (z.B. Verknüpfung von verschiedenen gespeicherten Daten und deren anschließende Auswertung) bergen und diesen Gefahren vorzubeugen gerade Sinn und Zweck des Mitbestimmungsrechts nach § 87 Abs. 1 Nr. 6 ist.[982]

(b) Das Mitbestimmungsrecht des Betriebsrats nach § 87 Abs. 1 Nr. 6 bezieht sich nicht **340** auf die Erhebung von Arbeitnehmerdaten schlechthin. Vielmehr muss sich die **Erhebung bzw. Verarbeitung der Daten auf das Verhalten und/oder die Leistung der Arbeitnehmer** beziehen. Von dem Mitbestimmungsrecht werden deshalb die technischen Einrichtungen nicht erfasst, mit denen lediglich der Lauf oder die Ausnutzung der Maschine oder sonstige technische Vorgänge kontrolliert werden, ohne dass daraus Rückschlüsse auf das Verhalten oder die Leistung der Arbeitnehmer gezogen werden können, wie z.B. Warnlampen, Druckzähler, Drehzahlmesser.[983]

(c) Dieses Mitbestimmungsrecht des Betriebsrats greift nur dann ein, wenn die techni- **341** sche Kontrolleinrichtung **zur Überwachung „bestimmt"** ist. Entgegen dem insoweit missverständlichen Wortlaut des § 87 Abs. 1 Nr. 6 reicht es dafür aus, dass der Arbeitgeber aufgrund des konkreten (programmgemäßen) Einsatzes der technischen Kontrolleinrichtung objektiv in der Lage ist, die erhobenen bzw. verarbeiteten Daten zur Kontrolle der Leistung oder des Verhaltens der Arbeitnehmer zu verwenden. Es reicht also die **objektive Eignung**. Eine tatsächliche Verwendung oder eine **Verwendungsabsicht des Arbeitgebers** zu diesem Zwecke ist **nicht erforderlich**.[984]

(4) Das **Mitbestimmungsrecht** des Betriebsrats nach § 87 Abs. 1 Nr. 6 besteht **bei** der **342** erstmaligen **Einführung und Anwendung** sowie bei einer **Änderung der technischen Überwachungseinrichtung**, insb. bei Änderungen, die die verarbeiteten Daten, die Programmabläufe, den Zugriffsschutz oder die Zugriffsberechtigung betreffen. Nach h.M. muss aber die Änderung nach dem Schutzzweck des § 87 Abs. 1 Nr. 6 zu einer Intensivierung bzw. Erweiterung der Kontrollmöglichkeit oder zu einer Änderung der Art und Weise der Überwachung führen.[985]

(5) Nach h.M. steht dem Betriebsrat hinsichtlich der **Einführung einer technischen** **343** **Überwachungseinrichtung kein Initiativrecht** zu, weil es dem Schutzzweck des Mitbestimmungsrechts nach § 87 Abs. 1 Nr. 6 (Gefahr einer Verletzung des Persönlichkeitsrechts und des Rechts der Arbeitnehmer auf freie Entfaltung seiner Persönlichkeit durch technische Überwachungseinrichtungen) widersprechen würde, wenn der Betriebsrat selbst die Einführung der Kontrolleinrichtung als einer Gefahrenquelle für das Persönlichkeitsrecht verlangen könnte. Dementsprechend ist auch die **Abschaffung der technischen Kontrolleinrichtung** nicht mitbestimmungspflichtig.[986]

---

982 BAG NZA 2019, 1009; BAG CR 1994, 111 ff.; F/E/S/T/L § 87 Rn. 216 ff., 218; a.A. S/W/S § 87 Rn. 107 a; Buchner BB 1987, 1949, 1950, da es an der Unmittelbarkeit der Überwachung durch die technische Einrichtung fehle.

983 BAG AP Nr. 2 zu § 87 „Überwachung"; F/E/S/T/L § 87 Rn. 228; D/K/K/Klebe § 87 Rn. 188 ff. u. BAG BB 2018, 2110 m. Anm. Weller: Kein MBR beim automatisiertem Namensabgleich der AN (Sanktions-/Terrorlisten, Anti-Terror-VO der EU).

984 BAG DB 2019, 1036 m. Anm. Ubber; BAG DB 2019, 554 m. Anm. Schreiner; F/E/S/T/L § 87 Rn. 226; D/K/K/Klebe § 87 Rn. 185 ff.; krit. MünchArbR/Salamon § 325 Rn. 37 f.; krit. S/W/S § 87 Rn. 107 a; Buchner BB 1987, 1943, 1944.

985 BVerwG NVwZ-RR 1993, 368 ff.; ErfK/Kania § 87 Rn. 58; a.A. D/K/K/Klebe § 87 Rn. 188.

986 BAG NZA 1990, 406; S/W/S § 87 Rn. 106 a; Richardi/Richardi § 87 Rn. 530; a.A. D/K/K/Klebe § 87 Rn. 188; F/E/S/T/L § 87 Rn. 251, wenn Einführung im Interesse der Arbeitnehmer geboten erscheint; Byers RdA 2014, 37 (uneingeschränkt).

Ein Initiativrecht steht dagegen dem Betriebsrat zu, um eine Änderung der getroffenen Regelung bzw. eine Verringerung der bisherigen Kontrollmöglichkeiten zu erreichen, was aber u.U. erst eine Kündigung der bisherigen Betriebsvereinbarung nach § 77 Abs. 5 erfordert.[987]

344 **(6)** Bei **Verletzung des Mitbestimmungsrechts** nach § 87 Abs. 1 Nr. 6 steht dem Betriebsrat ein sog. allgemeiner Unterlassungsanspruch und bei grober Pflichtwidrigkeit des Arbeitgebers ein Unterlassungsanspruch nach § 23 Abs. 3 zu (vgl. dazu Rn. 328 ff.).

Die Arbeitnehmer haben nach ganz h.M. bei einem Verstoß gegen das Mitbestimmungsrecht nach § 87 Abs. 1 Nr. 6 ein **Zurückbehaltungsrecht** an ihrer Arbeitsleistung mit der Folge, dass der Arbeitgeber in Annahmeverzug gerät.[988] Nach ganz h.M. unterliegen **die unter Verstoß gegen § 87 Abs. 1 Nr. 6 gewonnenen Erkenntnisse und Beweismittel nicht allein wegen der Verletzung des Mitbestimmungsrechts einem prozessualen Sachvortrags- oder Beweisverwertungsverbot.**[989] Ist die Erhebung/Verwertung von Daten gegenüber dem Arbeitnehmer nach § 26 BDSG (bisher § 32 BDSG) zulässig, kann insoweit keine Verletzung seines durch Art. 2 Abs. 1 i.V.m. Art. 1 Abs. 1 GG geschützten allgemeinen Persönlichkeitsrechts (Rechts auf informationelle Selbstbestimmung) und daher kein Verwertungsverbot vorliegen. Andererseits begründet der Verstoß gegen das BDSG allein noch kein allgemeines Verwertungsverbot, weil weder die ZPO noch das ArbGG die Verwertbarkeit von Erkenntnissen oder Beweismitteln einschränken, die eine Arbeitsvertragspartei rechtswidrig erlangt hat. Ein allgemeines Beweisverwertungsverbot, in Ausnahmefällen sogar ein Sachvortragsverbot, kann sich allerdings bei einer nach dem BDSG unzulässigen Datenerhebung/Verwertung im Einzelfall daraus ergeben, dass der Schutz des allgemeinen Persönlichkeitsrechts des Arbeitnehmers nach einer umfassenden Abwägung der widerstreitenden Interessen und Grundrechtspositionen den Vorrang verdient.[990] Hat danach der Schutz des Persönlichkeitsrechts des Arbeitnehmers Vorrang, was insbesondere bei heimlicher Überwachung in Betracht kommt, dann schließt die Tatsache, dass der Arbeitgeber den Eingriff mit Zustimmung des Betriebsrates vorgenommen hat (z.B. Betriebsvereinbarung), das Verwertungsverbot nicht aus. Denn eine Persönlichkeitsrechtsverletzung kann durch eine mitbestimmte Regelung nicht legitimiert werden.[991] Ein Verbot einer an sich zulässigen Verwertung kann auch nicht durch eine Betriebsvereinbarung begründet werden, da die Betriebsparteien keine Regelungskompetenz bezogen auf prozessrechtliche Fragen haben und daher auch die Gerichte insoweit nicht binden können.[992]

Beispiel: Fristlose Kündigung nach heimlicher Videoüberwachung

Die Kassiererin K, gegen die wegen häufiger Kassenfehlbestände der Verdacht bestand, Gelder zu unterschlagen, wurde mit einer heimlich und ohne Zustimmung des Betriebsrats installierten Videokamera dabei gefilmt, wie sie Geldscheine aus der Kasse entnommen hat. Der Betriebsrat stimmte der fristlosen Kündigung nach Vorlage des Beweismaterials zu. K bestreitet in dem fristgerecht eingeleiteten

987 MünchArbR/Salomon § 325 Rn. 81; GK/Wiese § 87 Rn. 572 ff., 574; Richardi/Richardi § 87 Rn. 530.
988 MünchArbR/Salomon § 325 Rn. 63; F/E/S/T/L § 87 Rn. 256; GK/Wiese § 87 Rn. 580; D/K/K/Klebe § 87 Rn. 166 m.w.N.
989 Vgl. dazu BAG NZA 2019, 1212; BAG NZA 2019, 893; MünchArbR/Salomon § 325 Rn. 65; Fuhlrott/Oltmanns NZA 2019, 1105, 1107 f.; F/E/S/T/L § 87 Rn. 607; a.A. Richardi/Maschmann § 87 Rn. 546; Grimberg AiB 2006, 326; Bayreuther NZA 2005, 1038: Beweisverwertungsverbot; differenzierend nach dem Schutzzweck des MBR Maschmann NZA 2002, 13, 21.
990 Vgl. BAG NZA 2019, 1212; BAG NZA 2019, 893; BAG NZA 2018, 1329; MünchArbR/Rachor § 126 Rn. 23 ff.; F/E/S/T/L § 87 Rn. 607; Jessolat AuR 2019, 38; Köhler/Schürgers BB 2018, 1013; Koch ZfA 2018, 109; Chandna-Hoppe NZA 2018, 614.
991 Vgl. BAG NZA 1984, 321; GK/Wiese § 87 Rn. 487; MünchArbR/Salomon § 325 Rn. 65; F/E/S/T/L § 87 Rn. 253 m.w.N.
992 LAG Baden-Württemberg ArbR 2019, 50 m. Anm. Fuhlrott; MünchArbR/Salomon § 325 Rn. 63; Fuhlrott/Oltmanns NZA 2019, 1105, 1108; a.A. LAG Berlin-Brandenburg NZA-RR 2010, 347; Rohs AiB 2016, 46; offen gelassen BAG NZA 2019, 893.

Kündigungsschutzverfahren die Unterschlagung und beruft sich auf ein Verbot der Verwertung des Beweismaterials wegen Verletzung ihres Persönlichkeitsrechts und des Mitbestimmungsrechts des Betriebsrats nach § 87 Abs. 1 Nr. 6.

Nach BAG[993] waren die heimlichen Videoaufzeichnungen individualrechtlich verwertbar, weil dieses Vorgehen des Arbeitgebers angesichts der bestehenden konkreten Verdachtsmomente gegen K – anders als bei einer bloß vorbeugenden heimlichen Videoüberwachung[994] nach einer Interessenabwägung nicht gegen das durch Art. 2 Abs. 1 GG geschützte allg. Persönlichkeitsrecht der K verstieß (vgl. auch § 26 BDSG). Ein Beweisverwertungsverbot wegen der Verletzung des Mitbestimmungsrechts des BR vor Aufstellung der Videokamera lehnte das BAG jedenfalls deshalb ab, weil der BR der fristlosen Kündigung in Kenntnis der Verletzung des Mitbestimmungsrechts zugestimmt hatte.

gg) Mitbestimmungsrecht über Fragen des Arbeits- und Gesundheitsschutzes, § 87 Abs. 1 Nr. 7

(1) Nach § 87 Abs. 1 Nr. 7 hat der Betriebsrat mitzubestimmen bei Regelungen über die Verhütung von Arbeitsunfällen und Berufskrankheiten sowie über den Gesundheitsschutz im Rahmen der gesetzlichen Vorschriften oder der Unfallverhütungsvorschriften (UVV). Sinn und Zweck dieses Mitbestimmungsrechts ist es, durch eine gleichberechtigte Teilhabe der Betriebsparteien eine möglichst hohe Effizienz des betrieblichen Arbeits- und Gesundheitsschutzes zu erreichen. Das Mitbestimmungsrecht besteht aber nur im Rahmen der gesetzlichen Vorschriften bzw. von UVV. Es setzt also das Bestehen einer entsprechenden Schutzvorschrift zwingend voraus und gewährt dem Betriebsrat nur eine Mitregelungsbefugnis bei deren betrieblicher Umsetzung, wenn eine **Handlungspflicht des Arbeitgebers** objektiv besteht, **die wegen des Fehlens einer zwingenden Vorgabe einer konkreten betrieblichen Regelung bedarf**, um das gesetzlich vorgegebene Ziel des Arbeits- und Gesundheitsschutzes zu erreichen. Voraussetzung für die Mitbestimmung ist also stets, dass die bestehende Vorschrift dem Arbeitgeber überhaupt einen Gestaltungsspielraum belässt.[995] Über die bestehenden Regelungen hinaus kann der Betriebsrat dagegen keine zusätzlichen Maßnahmen zur Verhütung von Arbeitsunfällen und Gesundheitsschädigungen verlangen.[996]

345

Beispiele für Arbeits- u. Gesundheitsschutzvorschriften: ArbeitsschutzG, ArbeitsstättenVO, ArbeitssicherheitsG, BildschirmarbeitsVO, GefahrstoffVO, BetriebssicherheitsVO.

Ein das **Mitbestimmungsrecht** begründender Gestaltungsspielraum ist nach allgemeiner Ansicht zunächst immer dann gegeben, wenn die Schutzvorschrift dem Arbeitgeber auf der **Rechtsfolgenseite einen Ermessensspielraum** (z.B. § 5 ArbeitsstättenVO: Unterbrechung der Arbeitszeit durch Pausen oder andere Tätigkeiten bzw. Treffen geeignete Maßnahmen) eröffnet. Nach heute inzwischen ganz h.M. besteht ein Mitbestimmungsrecht nach § 87 Abs. 1 Nr. 7 auch dann, wenn auf der Rechtsfolgenseite ein **unbestimmter Rechtsbegriff** (z.B. § 10 ArbSchG: erforderliche Maßnahmen zur ersten Hilfe) auszufüllen ist, da auch insoweit grds. ein Handlungsspielraum für den Arbeitgeber (Wahl zwischen mehreren gleich wirksamen Schutzmaßnahmen) vorhanden ist.[997]

346

---

993 BAG NZA 2003, 1193; vgl. auch Byers/Pracka BB 2013, 760; Brink/Wybitul ZD 2014, 225.

994 Vgl. dazu auch BAG NZA 2017, 443; BAG NZA 2014, 243; Niemann JbArbR 55, 41 (2018) und Kort NZA-RR 2018, 449.

995 BAG NJW-Spezial 2014, 500; Richardi/Richardi § 87 Rn. 548 ff.; Dahl BB 2018, 1972; Fiesler/Berger NZA 2018, 1520.

996 BAG SAE 2005, 282 m. krit. Anm. Schöne; F/E/S/T/L § 87 Rn. 257 ff.; MünchArbR/Oberthür § 331 Rn. 11; Kleinebrink ArbRB 2011, 186; Bonanni ArbRB 2019, 381 zum MBR wegen gesundheitlicher Belastungen der AN durch Hitze.

997 BAG NZA 2017, 1132; BAG NZA 2016, 426, 428; BAG SAE 2005, 282 m. krit. Anm. Schöne; 1996, 998 ff.; F/E/S/T/L § 87 Rn. 272 ff., 275; D/K/K/Klebe § 87 Rn. 204 ff.; a.A. LAG Baden-Württemberg NZA 1998, 515; S/W/S § 87 Rn. 121 ff.

347 **Kein Mitbestimmungsrecht** steht dagegen dem Betriebsrat nach h.M. dann zu, wenn auf der **Tatbestandsvoraussetzungsseite** ein **unbestimmter Rechtsbegriff** auszulegen ist, also die Frage beantwortet werden muss, ob der Arbeitgeber überhaupt zu Maßnahmen des Gesundheitsschutzes verpflichtet ist und der Arbeitgeber insoweit einen Beurteilungsspielraum hat. Denn hierbei handelt es sich um eine Frage der Rechtsanwendung, die vom Arbeitgeber vorzunehmen und auch zu verantworten ist.[998]

Die Vorschriften über **Gefährdungsbeurteilungen** und über die **Unterweisungen der Arbeitnehmer über Gesundheit und Arbeitsschutz** (§§ 3–5, 12 ArbSchG) sind nach ganz h.M. Rahmenvorschriften i.S.d. § 87 Abs.1 Nr. 7, bei deren Ausfüllung dem BR ein Mitbestimmungsrecht zusteht. Gegenstand der Mitbestimmung ist dabei zunächst, wie die Gefährdungsbeurteilung organisiert und durchgeführt wird. Die Ermittlung und Bewertung der Gefährdungen nach diesen mitbestimmten Regeln obliegt dagegen allein dem Arbeitgeber. Die Mitbestimmung des BR über konkrete Schutzmaßnahmen ist erst wieder eröffnet, sobald der Arbeitgeber im Rahmen der Gefährdungsbeurteilung (nach mitbestimmten Regeln) eine konkrete Gefährdung festgestellt hat, eine konkrete Gesundheitsgefahr ist dagegen nicht erforderlich.[999] Kein Mitbestimmungsrecht hat der BR nach h.M. auch, wenn der Arbeitgeber die Durchführung der Gefährdungsbeurteilungen oder Unterweisungen entspr. § 13 Abs. 2 ArbSchG auf externe Dritte übertragen hat. Das Mitbestimmungsrecht entfällt in diesem Fall allerdings nur hinsichtlich der Frage „ob" und „an wen" die Übertragung erfolgt.[1000] Dem Betriebsrat können Mitbestimmungsrechte nach § 87 Abs. 1 Nr. 7 auch im **Zusammenhang mit dem betrieblichen Eingliederungsmanagement nach § 167 Abs. 2 SGB IX** zustehen, das vom Arbeitgeber durchzuführen ist, wenn ein Arbeitnehmer innerhalb eines Jahres länger als 6 Wochen ununterbrochen oder wiederholt arbeitsunfähig krank gewesen ist. Dem Betriebsrat steht dabei nach § 87 Abs. 1 Nr. 7 BetrVG ein Initiativrecht für eine Ausgestaltung des Klärungsprozesses nach § 84 Abs. 2 S. 1 SGB IX durch generelle Verfahrensregelungen zu. Der Betriebsrat hat allerdings nicht bei allen denkbaren Regelungen des BEM mitzubestimmen, sodass jede Regelung innerhalb des BEM daraufhin zu untersuchen ist, ob sie dem Mitbestimmungsrecht nach § 87 Abs. 1 Nr. 7 unterfällt. Von diesem Mitbestimmungsrecht nicht erfasst ist die Umsetzung oder Überprüfung konkreter Maßnahmen des unter seiner Beteiligung durchgeführten Klärungsprozesses. Dem Betriebsrat steht daher auch kein erzwingbares Mitbestimmungsrecht des Inhalts zu, bei einem Erstgespräch mit dem betroffenen Arbeitnehmer und bei der Erörterung seiner gesundheitlichen Einschränkungen sowie deren Auswirkungen anwesend zu sein. Die Bildung eines Integrationsteams kann der Betriebsrat ebenfalls nicht erzwingen. Ein Mitbestimmungsrecht kann sich allerdings bei allgemeinen Verfahrensfragen aus § 87 Abs. 1 Nr. 1 BetrVG und in Bezug auf die Nutzung und Verarbeitung von Gesundheitsdaten aus § 87 Abs. 1 Nr. 6 BetrVG ergeben.[1001]

348 **(2)** Soweit dem Betriebsrat ein Mitbestimmungsrecht nach § 87 Abs. 1 Nr. 7 zusteht, hat er auch ein **Initiativrecht**, das nicht dadurch eingeschränkt wird, dass dem Arbeitgeber durch die vom Betriebsrat angestrebte Regelung höhere Kosten entstehen als durch die vom Arbeitgeber geplanten Maßnahmen. Diese Tatsache ist allerdings von der nach § 87 Abs. 2 angerufenen Einigungsstelle im Rahmen der vorzunehmenden Interessenabwägung zu berücksichtigen.[1002]

349 **(3)** Beim **Verstoß des Arbeitgebers gegen das Mitbestimmungsrecht** nach § 87 Abs. 1 Nr. 7 steht dem Betriebsrat nach h.M. ein **Beseitigungs- bzw. Unterlassungsan-**

---

998 BAG AP Nr. 7 zu § 87 „Überwachung"; MünchArbR/Oberthür § 331 Rn. 12; a.A. D/K/Klebe § 87 Rn. 222 ff. Dieser Meinungsstreit hat allerdings angesichts der Vielzahl von RechtsVO auf dem Gebiet des Arbeits- und Gesundheitsschutzes, die die unbestimmten Rechtsbegriffe näher konkretisieren, keine besonders große praktische Bedeutung.

999 Vgl. BAG NZA 2020, 266; BAG NZA 2019, 1717; ausführlich dazu Wiebauer RdA 2019, 41; Fieseler/Berger NZA 2018, 1520.

1000 Vgl. BAG DB 2014, 1498; BAG NZA 2011, 651; F/E/S/T/L § 87 Rn. 300; ErfK/Kania § 87 Rn. 64 b; Gastell AuA 2013, 464.

1001 BAG BB 2016, 2173 m. Anm. Ley; BAG NJW 2012, 2830; F/E/S/T/L § 87 Rn. 310 b; ErfK/Kania § 87 Rn. 21 a, 66; a.A. GK/Wiese/Gutzeit § 87 Rn. 638; Leuchten DB 2007, 2482; ausführl. zum BEM Lunk NJW 2019, 2349; Edenfeld DB 2019, 1267; Wortmann ArbRB 2018, 304; 312; Dahl BB 2018, 1972; Schwab jM 2018, 15; Beck NZA 2017, 81; Schiefer RdA 2016, 196.

1002 BAG BB 2016, 2173 m. Anm. Ley; F/E/S/T/L § 87 Rn. 288; ErfK/Kania § 87 Rn. 67; MünchArbR/Oberthür § 331 Rn. 22.

spruch zu.[1003] Eine Verletzung des Mitbestimmungsrechts des Betriebsrats allein begründet dagegen noch kein Leistungsverweigerungsrecht der Arbeitnehmer. Vielmehr muss auch ein **objektiver Verstoß gegen die Vorschriften des Arbeits- und Gesundheitsschutzes** vorliegen. Liegt ein solcher Verstoß vor, steht den Arbeitnehmern auch bei Beachtung des Mitbestimmungsrechts des Betriebsrats ein **Leistungsverweigerungsrecht** zu.[1004]

hh) Mitbestimmung bei Sozialeinrichtungen, § 87 Abs. 1 Nr. 8

(1) Eine **Sozialeinrichtung i.S.d. § 87 Abs. 1 Nr. 8** setzt zunächst voraus, dass ein Teil sachlicher oder finanzieller Mittel vom restlichen Betriebsvermögen für soziale Zwecke auf Dauer und mit eigener Organisation (sog. **zweckgebundenes Sondervermögen**) abgegrenzt wird. Außerdem müssen den **Arbeitnehmern oder ihren Angehörigen** über das Arbeitsentgelt hinaus **zusätzliche Vorteile** gewährt werden, um deren soziale Lage zu verbessern. Der Wirkungskreis der Einrichtung muss also auf den Betrieb, das Unternehmen oder den Konzern beschränkt sein, sodass sie nicht einem unbestimmten Personenkreis zur Verfügung stehen darf. Es ist allerdings unschädlich, wenn Außenstehende die Einrichtung als Gäste nutzen dürfen.[1005]

350

Beispiele für Sozialeinrichtungen: Werkskantinen,[1006] Erholungsräume in den Betrieben, betriebliche Sportanlagen, Kindergärten, Krankenhäuser und Erholungsheime, vom Arbeitgeber unterhaltene Pensions- und Unterstützungskassen[1007] bzw. gestellte Werksbusse, nicht dagegen Busse, die für die Fahrten zwischen Wohnung und Arbeitsstätte aufgrund eines vom Arbeitgeber mit einem Fremdunternehmen abgeschlossenen Werkvertrags eingesetzt werden,[1008] Automaten zum Bezug von verbilligten Getränken oder Lebensmitteln.[1009]

(2) Sinn und Zweck des Mitbestimmungsrechts nach § 87 Abs. 1 Nr. 8 ist die Sicherung der innerbetrieblichen Verteilungsgerechtigkeit und die Sicherstellung der Transparenz aller Maßnahmen. Es erstreckt sich nur auf die **Form**, insbesondere die Frage, ob die Einrichtung einen eigenen Rechtsträger erhalten soll, **Ausgestaltung** (z.B. Erstellung einer Satzung, Bildung von Verwaltungsgremien, Nutzungsordnung, Kostenbeteiligung der Arbeitnehmer) **und Verwaltung** (Verwaltungsrichtlinien für die innerbetriebliche Organisation sowie Entscheidungen über die einzelnen Maßnahmen, wie z.B. Preisfestsetzung bei einer Kantine, Abschluss eines Pachtvertrags) bestehender Sozialeinrichtungen, **nicht dagegen** auf **ihre Errichtung oder Auflösung**. Die Errichtung ist – wie § 88 Nr. 2 verdeutlicht – nur aufgrund einer freiwilligen Betriebsvereinbarung möglich, also nicht erzwingbar. Zur mitbestimmungsfreien Errichtung gehört dabei auch die finanzielle Ausstattung und die Festlegung des Zwecks der Einrichtung sowie des begünstigten Personenkreises.[1010]

351

1003 BAG NZA 1999, 49; F/E/S/T/L § 87 Rn. 290, 596 f.; vgl. aber LAG Düsseldorf NZA-RR 2018, 368 LAG Mecklenburg-Vorpommern, Beschl. v. 18.10.2016 – 2 TaBVGa 1/16, BeckRS 2016, 119000; vgl. dazu auch MünchArbR/Oberthür § 331 Rn. 23.

1004 BAG NZA 1997, 86; F/E/S/T/L § 87 Rn. 291; Richardi/Richardi § 87 Rn. 585; Döring/Böhm AuA 2007, 210.

1005 BAG NZA 2009, 562; F/E/S/T/L § 87 Rn. 345; S/W/S § 87 Rn. 135 ff.

1006 BAG NZA 2001, 462; F/E/S/T/L § 87 Rn. 347; Richardi/Richardi § 87 Rn. 641.

1007 BAG NZA 2009, 1341; F/E/S/T/L § 87 Rn. 347; Richardi/Richardi § 87 Rn. 642, 868 ff.

1008 LAG Schleswig-Holstein BB 1984, 140; MünchArbR/Salamon § 325 Rn. 7; Schaub/Ahrendt § 235 Rn. 89.

1009 Weitere Beispiele bei F/E/S/T/L § 87 Rn. 347 f.; D/K/K/Klebe § 87 Rn. 281; Richardi/Richardi § 87 Rn. 641 ff.

1010 BAG NZA 1989, 219; F/E/S/T/L § 87 Rn. 350 ff.; D/K/K/Klebe § 87 Rn. 268; Wiese NZA 2003, 1113, 1115 u. Bachmann NZA 2002, 1130 zur Mitbestimmung bei Umstrukturierungen von Sozialeinrichtungen.

Beispiel: Kostenbeteiligung bei einer Betriebskantine

Der Arbeitgeber U hat mit dem Betriebsrat in einer Betriebsvereinbarung u.a. die Preise für das Kantinenessen geregelt. Um möglichst geringe Preise durch hohe Besuchszahlen zu ermöglichen, haben die Betriebsparteien vereinbart, dass alle Arbeitnehmer ohne Rücksicht auf den tatsächlichen Kantinenbesuch die für die Vollverpflegung vereinbarten Preise zahlen.

1. Bei der Betriebskantine handelt es sich um eine Sozialeinrichtung i.S.d. § 87 Nr. 8.

Die Kantine dient sozialen Zwecken, da den Arbeitnehmern über das unmittelbare Arbeitsentgelt hinaus der weitere Vorteil der kostengünstigen Verpflegung gewährt wird, der keine unmittelbare Gegenleistung für die geschuldete Arbeitsleistung ist. Es ist unerheblich, dass die finanziellen Mittel für das Kantinenessen zum Teil von den Mitarbeitern aufgebracht werden. Die Kostenbeteiligung spricht gerade für die Notwendigkeit eines Mitbestimmungsrechts.[1011]

2. Dem BR steht aber hinsichtlich der Kostenbeteiligung der Arbeitnehmer, die das Kantinenessen nicht in Anspruch nehmen, weder ein Mitbestimmungsrecht nach § 87 Abs. 1 Nr. 1 noch nach Nr. 8 zu, weil diese Arbeitnehmer weder eine vertragliche noch eine gesetzliche Pflicht trifft, die Kantinenkosten zu tragen. Verursacht eine betriebliche Regelung eines mitbestimmungspflichtigen Tatbestands zusätzliche Kosten, hat sie grds. der Arbeitgeber zu tragen.

3. Die Betriebspartner dürfen die unbeteiligten Arbeitnehmer auch nicht in einer freiwilligen Betriebsvereinbarung nach § 88 zu einer Kostenbeteiligung verpflichten, weil es sich dabei um eine unzulässige Lohnverwendungsbestimmung handelt, die das durch Art. 2 Abs. 1 GG geschützte allgemeine Persönlichkeitsrecht der unbeteiligten Arbeitnehmer verletzt. Gerade dieses müssen die Betriebspartner aber nach § 75 Abs. 2 beachten.[1012]

352 **(3)** Das **Mitbestimmungsrecht** des Betriebsrats nach § 87 Abs. 1 Nr. 8 kann bei einer **Sozialeinrichtung mit eigener Rechtspersönlichkeit** (z.B. eingetragener Verein) entweder im Wege der sog. organschaftlichen Lösung oder der zweistufigen Lösung verwirklicht werden.[1013]

Bei der sog. **organschaftlichen Lösung** entsendet der Betriebsrat in die satzungsgemäßen Organe der Einrichtung paritätisch Vertreter. Haben sich die Betriebspartner darauf geeinigt, müssen sie sich das Handeln ihrer Organe zurechnen lassen. Mitbestimmungspflichtige Fragen werden in diesem Fall nur innerhalb der Entscheidungsgremien der Einrichtung erörtert und entschieden.[1014]

Bei der sog. **zweistufigen Lösung**, die in der Praxis der Regelfall ist, müssen die mitbestimmungspflichtigen Fragen zwischen dem Arbeitgeber und dem Betriebsrat zunächst so beraten und entschieden werden, als ob die Einrichtung nicht selbstständig wäre. Anschließend muss der Arbeitgeber dafür sorgen (z.B. durch Weisungen), dass die getroffenen Regelungen von der Einrichtung auch tatsächlich befolgt werden. Anderenfalls könnte das Mitbestimmungsrecht umgangen werden.[1015]

353 **(4)** Maßnahmen, die unter Verstoß gegen das Mitbestimmungsrecht des Betriebsrats aus § 87 Abs. 1 Nr. 8 zustande gekommen sind, sind individualrechtlich nach ganz h.M. auch dann unwirksam, wenn die Sozialeinrichtung rechtlich verselbstständigt ist.[1016]

1011 BAG NZA 2001, 462; MünchArbR/Salomon § 326 Rn. 5 f.; Richardi/Richardi § 87 Rn. 633.

1012 Vgl. BAG NZA 2001, 462; F/E/S/T/L § 87 Rn. 364.

1013 F/E/S/T/L § 87 Rn. 370 ff.; MünchArbR/Salomon § 326 Rn. 41 ff.; Wiese NZA 2003, 1114, 116 m.w.N.

1014 BAG AP Nr. 1 zu § 87 „Unterstützungskasse"; Richardi/Richardi § 87 Rn. 655 ff.; F/E/S/T/L § 87 Rn. 370 ff. m.w.N.

1015 BAG AP Nr. 5 zu § 87 „Altersversorgung"; Richardi/Richardi § 87 Rn. 657; vgl. aber auch Wiese NZA 2003, 1114, 1116 f.

1016 BAG AP Nr. 16 zu § 87 „Altersversorgung"; F/E/S/T/L § 87 Rn. 377 m.w.N.; a.A. Richardi/Richardi § 87 Rn. 706.

ii) Mitbestimmung bei Zuweisung und Kündigung von Wohnraum, § 87 Abs. 1 Nr. 9

(1) Die Mitbestimmung nach § 87 Abs. 1 Nr. 9 setzt voraus, dass Wohnraum mit Rücksicht auf das Bestehen eines Arbeitsverhältnisses vermietet wird. Es muss sich um sog. **Werkmietwohnungen** handeln, über die zwischen dem Vermieter, der nicht zwingend der Arbeitgeber sein muss,[1017] und dem Arbeitnehmer neben dem Arbeitsvertrag ein normaler Mietvertrag abgeschlossen wird. Auf sog. Werkdienstwohnungen ist dagegen § 87 Abs. 1 Nr. 9 nicht anwendbar.[1018]

354

Bei den sog. **Werkdienstwohnungen** wird kein gesonderter Mietvertrag abgeschlossen. Die Überlassung der Wohnung ist vielmehr unmittelbarer Bestandteil des Arbeitsvertrags (z.B. Pförtner, Hausmeister) und Teil der Vergütung. Das Nutzungsrecht endet regelmäßig mit der Beendigung des Arbeitsverhältnisses. Eine isolierte Kündigung ist regelmäßig unzulässig.[1019]

(2) Bei dem Mitbestimmungsrecht nach § 87 Abs. 1 Nr. 9 handelt es sich um einen Sonderfall des Mitbestimmungsrechts nach § 87 Abs. 1 Nr. 8. Unerheblich ist allerdings, ob eine kostendeckende Miete erhoben wird und es sich deshalb nicht um eine Sozialeinrichtung handelt.[1020] Es erstreckt sich auf die **Zuweisung von Wohnraum**, also die Benennung des Begünstigten im Einzelfall **sowie** auf die ordentliche/außerordentliche **Kündigung des Mietverhältnisses**. Da es objektbezogen ist, besteht es bei Kündigung auch dann, wenn das Arbeitsverhältnis bereits beendet wurde.[1021] Außerdem erstreckt sich dieses Mitbestimmungsrecht auf **die allgemeine Festlegung der Nutzungsbedingungen** (Mietvertrag einschl. der Mietzinshöhe innerhalb der vom Arbeitgeber mitbestimmungsfrei eingeräumten Dotierung, Erhöhung der Grundmiete und Umlage von Betriebs- und Nebenkosten, Hausordnung, Schönheitsreparaturen usw.). Mitbestimmungsfrei ist dagegen die Entscheidung des Arbeitgebers, ob er überhaupt den Arbeitnehmern Wohnungen zur Verfügung stellt, eine spätere (Teil-)Entwidmung sowie nach h.M. die abstrakte Festlegung des begünstigten Personenkreises.[1022]

355

Werden Werkmietwohnungen aus einem einheitlichen Bestand ohne feste Zuordnung sowohl an Arbeitnehmer des Betriebs als auch an Personen vergeben, die nicht vom Betriebsrat repräsentiert werden, erstreckt sich das Mitbestimmungsrecht bei der Zuweisung von Werkmietwohnungen nach § 87 Abs. 1 Nr. 9 auch auf die Zuweisung von Wohnungen an Dritte. Das Gleiche gilt für Kündigungen von Werkmietwohnungen aus einem einheitlichen Bestand ohne feste Zuordnung.[1023] Hinsichtlich der Festlegung der Nutzungsbedingungen besteht dagegen das Mitbestimmungsrecht des Betriebsrats nur, soweit die Wohnungen auch an Arbeitnehmer des Betriebs einschließlich der dort zu ihrer Berufsbildung Beschäftigten vermietet werden.[1024]

1017 F/E/S/T/L § 87 Rn. 383; D/K/K/Klebe § 87 Rn. 284 f.; MünchArbR/Salamon § 327 Rn. 6.

1018 BAG AP Nr. 3 zu § 87 „Werkmietwohnungen"; D/K/K/Klebe § 87 Rn. 286; Richardi/Richardi § 87 Rn. 712.

1019 Vgl. dazu BAG NZA 1993, 272 ff.; F/E/S/T/L § 87 Rn. 385.

1020 F/E/S/T/L § 87 Rn. 379; Richardi/Richardi § 87 Rn. 714 ff.; MünchArbR/Salamon § 327 Rn. 5 m.w.N.

1021 BAG NZA 1993, 272; MünchArbR/Salamon § 327 Rn. 21; F/E/S/T/L § 87 Rn. 397; a.A. Worzalla in H/W/G/N/R/H § 87 Rn. 519; S W/S § 87 Rn. 162; einschränkend auch Richardi/Richardi § 87 Rn. 727 f.

1022 Vgl. dazu BAG NZA 1993, 766; 1992, 272 ff.; F/E/S/T/L § 87 Rn. 387 ff.; D/K/K/Klebe § 87 Rn. 287 ff.

1023 BAG NZA 1993, 272; F/E/S/T/L § 87 Rn. 391, 394 f.; D/K/K/Klebe § 87 Rn. 288.

1024 BAG NZA 1993, 272; F/E/S/T/L § 87 Rn. 404; GK/Wiese § 87 Rn. 791 ff. m.w.N.

356   **(3)** Die **Verletzung des Mitbestimmungsrechts** des Betriebsrats nach § 87 Abs. 1 Nr. 9 hat die Unwirksamkeit der Kündigung des Mietverhältnisses mit dem Arbeitnehmer zur Folge.[1025] Bei Zuweisung von Wohnraum an einen Arbeitnehmer oder einen Dritten ohne Zustimmung des Betriebsrats ist der Mietvertrag nach h.M. wirksam, weil nur die Zuweisung mitbestimmungspflichtig ist.[1026] Der Betriebsrat kann allerdings bei Verletzung seines Mitbestimmungsrechts verlangen, dass der Mietvertrag gekündigt wird.[1027]

Ist ein Dritter Vermieter, so hat die Verletzung des Mitbestimmungsrechts bei Kündigung des Mietverhältnisses auf die Wirksamkeit der Kündigung nach h.M. keinen Einfluss.[1028]

jj)   Mitbestimmung bei betrieblicher Lohngestaltung, § 87 Abs. 1 Nr. 10

357   **(1)** Nach dieser Norm steht dem Betriebsrat ein umfassendes Mitbestimmungsrecht in nahezu allen Fragen der betrieblichen Lohngestaltung zu. Es soll die Arbeitnehmer vor einer einseitig an den Interessen des Arbeitgebers orientierten oder willkürlichen Lohngestaltung schützen. Es dient also der **Sicherung der Angemessenheit und Durchsichtigkeit des innerbetrieblichen Lohngefüges** und der **Wahrung der innerbetrieblichen Lohngerechtigkeit.**[1029]

358   **(2)** Der **Lohn i.S.d. § 87 Abs. 1 Nr. 10** ist dabei im weitesten Sinne zu verstehen. Dazu gehören deshalb nicht nur die unmittelbar leistungsbezogenen Entgelte (z.B. Lohn, Provisionen, Prämien, Zulagen), sondern alle, auch auf freiwilliger Basis gewährten Sonderleistungen wie Gratifikationen aller Art (z.B. Weihnachts- und Urlaubsgeld), Leistungen der betrieblichen Altersversorgung, Essens- oder Mietzuschüsse oder Zeitgutschriften aus besonderen Anlässen (z.B. Betriebsausflug) oder in Form einer Erfolgsprämie.[1030]

359   **(3)** Um eine **Lohngestaltung i.S.d. § 87 Abs. 1 Nr. 10** handelt es sich immer, wenn Entlohnungsgrundsätze aufgestellt werden, d.h. allgemeine Regelungen, nach denen die gesamte Entlohnung für den Betrieb, für bestimmte Betriebsabteilungen oder Gruppen von Arbeitnehmern geordnet wird. Dazu gehören insbesondere die Fragen, ob im Zeit- oder Akkordlohn gearbeitet wird einschließlich der Festlegung der Faktoren für ein angemessenes Verhältnis von Leistung und Lohn, Grundsätze der Gehaltsfindung bei AT-Angestellten, für welche Leistungen bzw. Erschwernisse und nach welchen Kriterien Prämien bzw. Zuschläge gezahlt werden sollen sowie Bemessungsgrundlagen für Gewährung und Kürzung freiwilliger Leistungen.[1031]

Voraussetzung für das Mitbestimmungsrecht des Betriebsrats nach § 87 Abs. 1 Nr. 10 ist aber – wie in anderen Fällen des § 87 Abs. 1 auch – immer, dass keine abschließende gesetzliche oder tarifliche Regelung vorliegt. Dieser Regelungsvorbehalt ist gerade bei

---

1025 F/E/S/T/L § 87 Rn. 398; MünchArbR/Salomon § 327 Rn. 32; Richardi/Richardi § 87 Rn. 727.

1026 MünchArbR/Salomon § 327 Rn. 29 ff.; Richardi/Richardi § 87 Rn. 724, 746; a.A. F/E/S/T/L § 87 Rn. 393; jeweils m.w.N.

1027 Vgl. MünchArbR/Salomon § 327 Rn. 21; Schaub/Ahrendt § 235 Rn. 94.

1028 MünchArbR/Salomon § 327 Rn. 22; Richardi/Richardi § 87 Rn. 747; GK/Wiese § 87 Rn. 788; jeweils m.w.N.

1029 BAG NZA 2014, 984; F/E/S/T/L § 87 Rn. 407 ff.; Richardi/Richardi § 87 Rn. 750 ff.; Bieder NZA-RR 2017, 225: Rspr.-Übersicht.

1030 BAG NZA 2014, 984; BAG NZA 1998, 835 ff.; F/E/S/T/L § 87 Rn. 412 ff.; MünchArbR/Matthes § 251 Rn. 7 ff. m.w.N.

1031 BAG NZA 2018, 1090 (Aktienoptionen); BAG NZA 2014, 984 (Zeitgutschrift); BAG NZA 2007, 99 (Sonderzahlung); BAG 1996, 149 (Zulage); BAG NZA 1989, 479 (Provision); F/E/S/T/L § 87 Rn. 417 ff., 425 ff.; D/K/K/Klebe § 87 Rn. 298 ff.

diesem Mitbestimmungsrecht besonders sorgfältig zu prüfen, weil häufig tarifliche Entgeltregelungen (z.B. über Zuschläge, Sonderzuwendungen und Vergütungsordnungen) bestehen, die dieses Mitbestimmungsrecht ausschließen. Außerdem ist auch besonders zu beachten, dass das Mitbestimmungsrecht nach § 87 Abs. 1 Nr. 10 dem Betriebsrat keine Möglichkeit eröffnet, freiwillige Leistungen des Arbeitgebers, d.h. Leistungen, die der Arbeitgeber nach gesetzlichen oder tariflichen Bestimmungen nicht schuldet, zu erzwingen. Mitbestimmungsfrei ist deshalb immer die Entscheidung des Arbeitgebers darüber, ob, für welchen Zweck und in welcher Höhe (sog. Dotierungsrahmen) freiwillige Leistungen gewährt, abgeschafft oder gekürzt werden.[1032]

Fall 26: Tariflohnerhöhung und übertarifliche Zulage

Der tarifgebundene Arbeitgeber U zahlt seinen Arbeitnehmern neben der tariflichen Vergütung übertarifliche Zulagen von 5–10% der tariflichen Vergütung. Nach Abschluss des neuen Entgelttarifvertrags, der eine Vergütungserhöhung von 4% vorsieht, beschließt U, die Vergütung seiner Arbeitnehmer nur um 2% anzuheben und im Übrigen die Tariflohnerhöhung auf die übertariflichen Zulagen anzurechnen. A, der bisher einen Tariflohn von 2.000 € und eine übertarifliche Zulage von 200 € erhielt, erhält nunmehr 2.240 € (bisheriger Tariflohn von 2.000 € + 4% = 80 € und 160 € übertarifliche Zulage). A, der Mitglied der zuständigen Gewerkschaft ist, ist der Ansicht, dass ihm ein Anspruch auf 2.288 € (Tariflohn von 2.200 € und übertarifliche Zulage von 200 € + 4 %) bereits deshalb zustehe, weil der gesamte Verdienst i.H.v. 2.200 € aufgrund des § 10 des EntgeltTV („Die tarifliche Erhöhung muss je Arbeitnehmer und Stunde voll wirksam werden") zu erhöhen sei. Außerdem sei die Anrechnung der Tariflohnerhöhung von 2% (= 40 €) auf die übertarifliche Zulage wegen fehlenden Anrechnungsvorbehalts im Arbeitsvertrag unwirksam, zumal U auch in der Vergangenheit die Tariflohnerhöhungen immer im vollen Umfang ohne Kürzung der übertariflichen Zulagen gewährt und auch die Zulage aus diesem Anlass – wenn auch nicht immer und in gleicher Höhe – entsprechend erhöht habe. Zumindest sei aber die Anrechnung wegen unterbliebener Beteiligung des Betriebsrats unwirksam, sodass ihm jedenfalls ein Anspruch in Höhe von 2.280 € (2.000 € + 4% = 80 € + 200 € Zulage) zustehe. Welche Vergütung kann A verlangen?

A. Anspruch auf Vergütung in Höhe von 2.288 €   360

Dem A könnte ein Anspruch auf Aufstockung der Gesamtvergütung um 4% und damit Zahlung einer Vergütung in Höhe von 2.288 € aus dem Arbeitsvertrag i.V.m. § 611 BGB und i.V.m. § 10 des EntgeltTV zustehen.

I. Nach § 4 Abs. 1 TVG gelten u.a. die Rechtsnormen eines TV über den Inhalt eines Arbeitsverhältnisses, also auch tarifliche Entgeltregelungen, unmittelbar und zwingend zwischen den beiderseits tarifgebundenen Arbeitsvertragsparteien. Aufgrund der beiderseitigen Verbandsmitgliedschaft sind auch U und A nach § 3 Abs. 1 TVG tarifgebunden, sodass der EntgeltTV unmittelbar und zwingend gilt (vgl. dazu Rn. 64 ff.).

1032 BAG-GS DB 1992, 1579, 1586; BAG NZA 2018, 957; BAG NZA 2011, 598; Richardi/Richardi § 87 Rn. 747 ff., 768 ff.; F/E/S/T/L § 87 Rn. 443 ff.; weiter D/K/K/Klebe § 87 Rn. 314 ff. m.w.N; ausführlich dazu Lunk/Leder NZA 2011, 249.

1. Voraussetzung für das Bestehen dieses Vergütungsanspruchs i.H.v. 2.288 € nach dem Tarifvertrag ist aber, dass die tarifliche Regelung hinsichtlich der Erhöhung des gesamten Effektivlohns (Tarifvergütung + übertarifliche Zulage) wirksam ist.

2. Grundsätzlich können die Tarifvertragsparteien aufgrund der durch Art. 9 Abs. 3 GG geschützten Tarifautonomie die Vergütungshöhe bestimmen. Die Regelungsmacht der Tarifvertragsparteien erstreckt sich aber nur auf die tariflichen Mindestlöhne (hier: 2.000 €), nicht dagegen auf die übertariflichen Vergütungsbestandteile (hier: übertarifliche Zulage von 200 €). Deshalb kann durch Tarifvertrag auch nicht geregelt werden, dass auch übertarifliche Zulagen erhöht werden sollen (vgl. zur Regelungsmacht der Tarifvertragsparteien Rn. 82 ff.). Es kann daher an dieser Stelle dahingestellt bleiben, ob ein solcher Anspruch nach dem Wortlaut des § 10 EntgeltTV überhaupt hergeleitet werden könnte.

361 II. Da U den Grundlohn ohne Kürzung der Zulage in der Vergangenheit entsprechend den Tariflohnerhöhungen immer und auch die Zulage – wenn auch nicht immer und in gleicher Höhe – erhöht hat, könnte A ein Anspruch auf die Erhöhung des Effektivlohnes aufgrund einer sog. betrieblichen Übung zustehen.

1. Unter einer betrieblichen Übung ist nach ganz h.M. die regelmäßige Wiederholung bestimmter gleichförmiger Verhaltensweisen des Arbeitgebers zu verstehen, aus denen die Arbeitnehmer schließen können, ihnen solle eine Leistung oder eine Vergünstigung auf Dauer eingeräumt werden. Aus diesem nach h.M. als Vertragsangebot zu wertenden Verhalten des Arbeitgebers, das von den Arbeitnehmern in der Regel stillschweigend angenommen wird (§ 151 BGB), erwachsen vertragliche Ansprüche auf die üblich gewordenen Leistungen (sog. Vertragstheorie). Entscheidend für die Entstehung eines Anspruchs ist nicht der Verpflichtungswille, sondern wie der Erklärungsempfänger die Erklärung oder das Verhalten des Arbeitgebers nach Treu und Glauben unter Berücksichtigung aller Begleitumstände (§§ 133, 157 BGB) verstehen musste und durfte.[1033]

In der Lit. wird vielfach die sog. Vertrauenshaftungstheorie vertreten, nach der der Zurechnungsgrund das durch die betriebliche Übung gesetzte Vertrauen auf Fortsetzung der betrieblichen Übung ist.[1034]

362 2. Die branchenspezifischen Tarifverträge gehen auf die konkreten wirtschaftlichen Verhältnisse einzelner Betriebe nicht ein. Diesem Umstand wird durch die Erhöhung des tariflichen Lohnes Rechnung getragen. Für den Arbeitgeber ist es aber regelmäßig nicht absehbar, ob und ggf. inwieweit er auch bei künftigen Tariflohnerhöhungen aus wirtschaftlichen Gründen weiterhin in der Lage sein wird, den Effektivlohn zu erhöhen. Da der Arbeitgeber dabei unterschiedliche Umstände berücksichtigen muss und diese gegeneinander abzuwägen hat, dürfen die Arbeitnehmer mangels abweichender konkreter Anhaltspunkte aus einer bestimmten gleichartigen Verhaltensweise in der Ver-

---

1033 BAG NJW 2019, 2563; BAG NZA 2019, 106; BAG NZA 2011, 628; BAG DB 2007, 113.

1034 Vgl. ausführlich dazu MünchArbR/Fischinger § 10 Rn. 1 ff. und AS-Skript Arbeitsrecht (2019), Rn. 154 ff.

gangenheit noch nicht schließen, der Arbeitgeber habe sich verpflichten wollen, auch in Zukunft stets dieselben Bemessungsfaktoren beizubehalten, also Gehälter stets in gleicher Weise wie bisher zu erhöhen und sich dadurch der Möglichkeit begeben zu wollen, veränderten Umständen in freier Entscheidung Rechnung zu tragen. Deshalb begründet nach der h.M., insb. der Rspr. des BAG, auch eine langjährige Erhöhung der Tariflöhne ohne Kürzung der Zulage grds. keine Verpflichtung des Arbeitgebers zu künftigen Erhöhungen der Effektivlöhne aufgrund betrieblicher Übung.[1035] Etwas anderes gilt zwar nach neuerer Rspr. des BAG grds. dann, wenn der Arbeitgeber bei Tariflohnerhöhungen in der Vergangenheit jahrelang nicht nur den bisherigen Tariflohn, sondern auch die übertariflichen Zulagen, also den gesamten bisherigen Effektivlohn (Tariflohn + übertarifliche Zulagen) im vollen Umfang ohne jeglichen Vorbehalt aus Anlass vereinbarter Tariflohnerhöhungen erhöht hat.[1036] Dieser Fall liegt jedoch hier nicht vor, weil U die übertarifliche Zulage in der Vergangenheit nicht regelmäßig und auch nicht in gleicher Höhe gleichzeitig erhöht hat, was eher dafür spricht, dass U sich eine Überprüfung bei künftigen Tariflohnerhöhung vorbehalten hat.

III. **Zwischenergebnis:** A hat weder nach dem Tarifvertrag noch nach dem Arbeitsvertrag einen Vergütungsanspruch in Höhe von 2.288 €.

B. Anspruch auf Vergütung in Höhe von 2.280 €   **363**

I. Ein Vergütungsanspruch des A i.H.v. 2.280 € (2.000 € + 4% + Zulage i.H.v. 200 €) könnte sich bereits aus der Regelung des § 10 EntgeltTV ergeben.

§ 10 EntgeltTV bestimmt zwar, dass die Tariflohnerhöhung „je Arbeitnehmer und Stunde voll wirksam werden soll", wodurch jedenfalls eine Anrechnung übertariflicher Zulagen ausgeschlossen werden sollte. Da jedoch übertarifliche Vergütungsbestandteile der Regelungsmacht der Tarifvertragsparteien entzogen sind, stellt § 10 EntgeltTV eine sog. begrenzte Effektivklausel dar, die nach ganz h.M. unwirksam ist (vgl. dazu Rn. 90 ff.).

II. Dem A könnte ein Anspruch auf Zahlung der ungekürzten übertariflichen Zulage   **364** neben dem erhöhten Tariflohn zustehen, weil der Arbeitsvertrag keine ausdrückliche Regelung hinsichtlich der Anrechnung von Tariflohnerhöhungen auf die übertarifliche Zulage enthält und U auch in der Vergangenheit die Tariflohnerhöhung ungekürzt gewährt hat.

1. Ob eine Tariflohnerhöhung individualrechtlich auf eine übertarifliche Zulage angerechnet werden kann, hängt von der zugrundeliegenden Vergütungsabrede ab. Haben die Arbeitsvertragsparteien dazu eine ausdrückliche Vereinbarung getroffen, gilt diese. Eine Anrechnung kann auch in einem Formularvertrag wirksam vereinbart werden, weil sich durch die Anrechnung die Höhe der geschuldeten Gesamtvergütung nicht verringert.[1037] Liegt – wie hier –

1035 BAG NZA 2016, 557; BAG NZA-RR 2012, 344; Bepler RdA 2004, 226, 332.
1036 BAG NZA 2019, 106; zust. Schmitt-Rolfes, AuA 2019, 143; ausführlich dazu Bayreuther NZA 2019, 517 ff.
1037 BAG, Urt. v. 16.05.2012 – 10 AZR 728/10, BeckRS 2012, 72165; BAG AuR 2011, 271; BAG NZA 2006, 1170.

keine Anrechnungsregelung vor, ist durch Auslegung unter Berücksichtigung aller Vertragsumstände zu ermitteln, ob eine Befugnis zur Anrechnung besteht. Eine Anrechnung ist dabei möglich, sofern dem Arbeitnehmer die Zulage nicht als selbstständiger Entgeltbestandteil neben dem jeweiligen Tarifentgelt zugesagt worden ist. Allgemeine Zulagen, die nicht besondere Leistungen oder Ähnliches (z.B. Erschwerniszulagen, Vorarbeiterzulage) abgelten sollen, werden i.d.R. deshalb gewährt, weil der Tariflohn den Parteien des Arbeitsvertrags als nicht ausreichend erscheint. Steigen anschließend die Tariflöhne, so ist mangels anderer Anhaltspunkte anzunehmen, dass eine entsprechende „Aufsaugung" bzw. Anrechnung der bisher übertariflichen Lohnanteile dem Willen der Parteien entspricht.[1038] Dementsprechend steht das Fehlen einer ausdrücklichen Regelung im Arbeitsvertrag der Anrechnung der Tariflohnerhöhung auf die übertarifliche Zulage nicht entgegen. Dies gilt nach h.M. auch dann, wenn die Vergütung in einem Formulararbeitsvertrag geregelt ist.[1039]

365   2. Fraglich ist aber, ob dem U die Anrechnung der Tariflohnerhöhung nicht deshalb verwehrt ist, weil er bisher die Tariflohnerhöhungen ungekürzt gewährt hat, sodass ein Anspruch darauf aufgrund einer betrieblichen Übung bestehen könnte.

Aus dem gleichen Grunde, aus dem keine betriebliche Übung hinsichtlich der Erhöhung der Effektivlöhne angenommen werden kann, kann auch eine langjährige vorbehaltlose Zahlung oder das Unterbleiben von Anrechnungen bei Tariflohnerhöhungen allein keine betriebliche Übung begründen, nach der die Zulage anrechnungsfest wäre. Das folgt aus dem Zweck einer neben dem Tarifentgelt gezahlten Zulage, die lediglich künftige Tariflohnerhöhungen vorwegnimmt. Da für den Arbeitgeber die künftigen Tariflohnerhöhungen nicht im Einzelnen prognostizierbar sind und er auch nicht absehen kann, ob er aus wirtschaftlichen Gründen weiterhin in der Lage sein wird, eine bisher gewährte Zulage in unveränderter Höhe fortzuzahlen, können die Arbeitnehmer mangels besonderer Anhaltspunkte auch keinen Verpflichtungswillen des Arbeitgebers annehmen.[1040] Da außer der langjährigen Zahlung keine besonderen Anhaltspunkte für eine Anrechnungsbeständigkeit der übertariflichen Zulage vorliegen, ist die Anrechnung der Tariflohnerhöhung auch nicht aufgrund einer betrieblichen Übung ausgeschlossen.

3. **Zwischenergebnis:** Die Anrechnung der Tariflohnerhöhung auf die übertarifliche Zulage ist nach dem Arbeitsvertrag, also individualrechtlich zulässig.

Die Betriebsparteien können in einer Betriebsvereinbarung grds. ohne Verstoß gegen § 77 Abs. 3 regeln, ob und ggf. inwieweit Tariflohnerhöhungen auf übertarifliche Zulagen angerechnet werden können. Die Betriebsvereinbarung muss sich allerdings auf die Behandlung der übertariflichen Zulagen beziehen. Erschöpft sie sich dagegen in der Aufstockung der Ta-

---

1038 BAG, Urt. v. 16.05.2012, Fn. 1037; BAG NZA 2004, 437; Kleinebrink ArbRB 2005, 185; Boemke/Seifert BB 2001, 985 ff.

1039 BAG, Urt. v. 16.05.2012, Fn. 1037; BAG AuR 2011, 271; Schaub/Linck § 35 Rn. 83; Oetker, Anm. in AP Nr. 23 zu § 77 BetrVG „Tarifvorbehalt"; a.A. ErfK/Preis § 611 a BGB Rn. 420; Bayreuther NZA 2019, 517; Franke NZA 2009, 245 für Formulararbeitsverträge wegen der Unklarheitsregel des § 305 c Abs. 2 BGB u. des Transparenzgebots des § 307 Abs. 1 S. 2 BGB.

1040 BAG, Urt. v. 16.05.2012, Fn. 1037; BAG AuR 2011, 271; BAGReport 2005, 109 m. Anm. Preis/Lindemann und Fn. 1039.

riflöhne, ist sie wegen Verstoßes gegen die Regelungssperre des § 77 Abs. 3 unwirksam, weil sie das Schicksal der Tariflohnerhöhung regelt.[1041]

III. Fraglich ist aber, ob die Anrechnung der Tariflohnerhöhung nicht wegen einer Verletzung des Mitbestimmungsrechts des Betriebsrats nach § 87 Abs. 1 Nr. 10 ausgeschlossen ist. **366**

1. Durch das Mitbestimmungsrecht des Betriebsrats nach § 87 Abs. 1 soll die innerbetriebliche Verteilungsgerechtigkeit bei Entgeltfragen gesichert werden. Diese Verteilungsgerechtigkeit kann bei einer Anrechnung der Tariflohnerhöhung auf übertarifliche Zulagen betroffen werden. Da jedoch der Arbeitgeber nicht zu zusätzlichen Leistungen gezwungen werden kann, ist hinsichtlich des Mitbestimmungsrechts des Betriebsrats zu differenzieren:

   a) Mitbestimmungsfrei ist die Entscheidung des Arbeitgebers darüber, ob er Tariflohnerhöhungen anrechnet sowie welche finanziellen Mittel er dafür aufwendet (sog. Dotierungsrahmen).[1042]

   b) Mitbestimmungspflichtig ist die Anrechnung einer Tariflohnerhöhung auf übertarifliche Zulagen dagegen grds. dann, wenn sich durch die Anrechnung die bisherigen Verteilungsrelationen ändern. Das ist der Fall, wenn sich das Verhältnis der Zulagenbeträge zueinander verschiebt. Voraussetzung für das Bestehen des Mitbestimmungsrechts ist aber, dass für eine anderweitige Regelung innerhalb des vom Arbeitgeber mitbestimmungsfrei vorgegebenen Dotierungsrahmens ein Gestaltungsspielraum verbleibt. Daran fehlt es mit der Folge, dass die Anrechnung mitbestimmungsfrei ist, wenn die Tariferhöhung im Rahmen des rechtlich und tatsächlich Möglichen vollständig und gleichmäßig auf die übertariflichen Zulagen angerechnet wird.[1043]

2. Da die Zulagen bei den einzelnen Arbeitnehmern unterschiedlich hoch waren, mussten sich durch ihre Kürzung um jeweils denselben Teil der Tariferhöhung die Größenverhältnisse zwischen den einzelnen Zulagen verschieben. Bei einer prozentual gleichmäßigen Anrechnung ändern sich also Verteilungsgrundsätze, wenn die Zulagen nicht in einem einheitlichen und gleichmäßigen Verhältnis zum jeweiligen Tariflohn stehen. In einem solchen Vorgehen liegt deshalb keine mitbestimmungsfreie gleichmäßige Anrechnung. Die Anrechnung war somit vorliegend nach § 87 Abs. 1 Nr. 10 mitbestimmungspflichtig. Da U dieses Mitbestimmungsrecht verletzt hat, ist die Anrechnung der Tariflohnerhöhung auf die übertarifliche Zulage nicht nur betriebsverfassungsrechtlich, sondern nach der sog. Theorie der doppelten Wirksamkeitsvoraussetzung nach h.M. auch individualrechtlich unwirksam.[1044] A hat somit einen Anspruch auf Zahlung der ungekürzten Zulage neben dem Tariflohn. **367**

1041 Vgl. BAG NZA 2018, 871; BAG NZA 2013, 1438; BAG NZA 2006, 1170. Ist allerdings die Anrechnung individualrechtlich unzulässig, kann eine BV wegen des Günstigkeitsprinzips nicht eine Zulässigkeit der Anrechnung begründen.

1042 BAG NZA 2018, 957; BAG NZA 2017, 661; BAG NZA 2011, 475; MünchArbR/Salamon § 328 Rn. 20 ff.

1043 BAG-GS NZA 1992, 749; BAG DB 2018, 451 m. Anm. Brors; BAG NZA 2017, 661; F/E/S/T/L § 87 Rn. 473 ff.; Richardi/Richardi § 87 Rn. 814 ff.; Kleinebrink NZA-RR 2014, 113, 114; weiter D/K/K/Klebe § 87 Rn. 315 ff.; a.A. Z/L/H § 49 II 10: kein MBR.

1044 Vgl. BAG NZA 2016, 906; BAG NZA 2012, 1234; NZA 2009, 684; BAG NZA 2005, 66; F/E/S/T/L § 87 Rn. 599 ff.; MünchArbR/Salamon § 328 Rn. 53; Austermühle AiB 2007, 532.

Haben die Betriebspartner das Mitbestimmungsrecht des BR bei Anrechnung einer Tariflohnerhöhung in einer Regelungsabrede erweitert, führt die Verletzung dieses erweiterten Mitbestimmungsrechts nicht zu einer individualrechtlichen Unwirksamkeit der Anrechnung, weil die Regelungsabrede nur im Verhältnis zwischen den Betriebsparteien Verpflichtungen begründet und nicht die Gestaltungsmöglichkeiten des Arbeitgebers im Verhältnis zu den Arbeitnehmern einschränkt. Zur Durchsetzung der Regelungsabrede steht allerdings dem BR ein Unterlassungsanspruch zu.[1045]

Ergebnis: Dem A steht ein Vergütungsanspruch i.H.v. 2.280 € zu.

Die Verletzung des Mitbestimmungsrechts des Betriebsrates nach § 87 Abs. 1 Nr. 10 ist allerdings nicht dazu geeignet, Ansprüche zu begründen, die vor der mitbestimmungspflichtigen Maßnahme nicht bestanden haben. Dementsprechend begründet die Verletzung des Mitbestimmungsrechts auch keinen Anspruch des Arbeitnehmers auf Erhöhung seines Verdienstes, der vor der mitbestimmungspflichtigen Anrechnung nicht bestand und auch bei Beachtung des Mitbestimmungsrechts nicht bestünde.[1046]

kk) Mitbestimmung bei leistungsbezogenen Entgelten, § 87 Abs. 1 Nr. 11

368 Dieses Mitbestimmungsrecht steht in einem engen Zusammenhang mit dem Mitbestimmungsrecht nach § 87 Abs. 1 Nr. 10 und dient ebenfalls der innerbetrieblichen Lohngerechtigkeit, vor allem aber dem Schutz der Arbeitnehmer vor den besonderen Belastungen, die bei leistungsbezogenen Tätigkeiten entstehen.[1047] Während aber § 87 Abs. 1 Nr. 10 das Mitbestimmungsrecht bei der Frage betrifft, ob im Zeitlohn oder Leistungslohn gearbeitet werden soll, regelt Nr. 11 das Mitbestimmungsrecht des Betriebsrats bei der Festlegung aller Bezugsgrößen, die für die Ermittlung/Berechnung von Bedeutung sind. Beim Akkordlohn erstreckt sich das Mitbestimmungsrecht dabei nicht nur auf den Zeitfaktor, sondern auch auf den Geldfaktor.[1048]

Beim **Geldakkord** wird die Lohnhöhe dadurch ermittelt, dass dem Arbeitnehmer für eine bestimmte Leistungseinheit (z.B. zu bearbeitendes Werkstück) ein bestimmter Geldbetrag „vorgegeben" wird. Der Verdienst richtet sich nach der Anzahl der erbrachten Leistungseinheiten und dem pro Leistungseinheit „vorgegebenen" Geldbetrag, bei dessen Festsetzung der Betriebsrat nach § 87 Abs. 1 Nr. 11 mitzubestimmen hat.[1049]

Beim **Zeitakkord** wird dagegen dem Arbeitnehmer pro Leistungseinheit (z.B. Werkstück) ein bestimmter, regelmäßig in Minuten ausgedrückter Zeitwert (Zeitfaktor) vorgegeben. Jeder Zeiteinheit wird dann ein bestimmter Geldbetrag (Geldfaktor) zugerechnet. Für die Verdiensthöhe ist die pro Leistungseinheit maßgebliche Zeiteinheit (Zeitfaktor) i.V.m. dem vorgegebenen Geldfaktor und den erbrachten Leistungseinheiten ohne Rücksicht auf die tatsächlich benötigte Zeit maßgeblich. Das Mitbestimmungsrecht des Betriebsrats erfasst sowohl die Festsetzung des Geld- als auch des Zeitfaktors.[1050]

369 Vom Akkordlohn unterscheidet sich der ebenfalls ausdrücklich im § 87 Abs. 1 Nr. 11 erwähnte **Prämienlohn** dadurch, dass für die Art der Entlohnung eine andere Bezugsgröße als die Arbeitsmenge (z.B. Güte der Arbeitsausführung, wirtschaftliche Nutzung von

---

1045 BAG NZA 2002, 342; vgl. zur Regelungsabrede auch Rn. 278.
1046 BAG NZA 2015, 1207; BAG NZA 2003, 215; F/E/S/T/L § 87 Rn. 601; Richardi/Richardi § 87 Rn. 896 m.w.N.
1047 BAG AP Nr. 3 zu § 87 „Prämie"; F/E/S/T/L § 87 Rn. 499 f.; Richardi/Richardi § 87 Rn. 900 ff.
1048 BAG DB 2003, 212; F/E/S/T/L § 87 Rn. 504; S/W/S § 87 Rn. 100.
1049 Vgl. F/E/S/T/L § 87 Rn. 503 ff.; Richardi/Richardi § 87 Rn. 904 ff., 907 ff.; MünchArbR/Salamon § 328 Rn. 69 ff.
1050 F/E/S/T/L § 87 Rn. 504 f.; Richardi/Richardi § 87 Rn. 833 ff., 920 ff.; ErfK/Kania § 87 Rn. 117 ff.

Material) ausschlaggebend ist. Ein mitbestimmungspflichtiger Prämienlohn i.S.d. § 87 Abs. 1 Nr. 11 liegt nur dann vor, wenn die Höhe der Prämienentlohnung vom Arbeitnehmer beeinflussbar ist.[1051] Unter **„vergleichbaren" leistungsbezogenen Entgelten** sind solche Vergütungsformen zu verstehen, deren Leistungs- und Entgelteinheiten nach dem konkreten, vom Arbeitnehmer jedenfalls beeinflussbaren Arbeitsergebnis im Verhältnis zu einer Bezugsleistung (Normalleistung) berechnet, bemessen oder bewertet werden, wie z.B. **Provisionen**[1052] oder **Zielvereinbarungszahlungen**, wenn die Zielerreichung durch individuelles Verhalten des Arbeitnehmers beeinflussbar ist.[1053]

ll) Betriebliches Vorschlagswesen, § 87 Abs. 1 Nr. 12

Zweck des Mitbestimmungsrechts ist die gerechte Bewertung der Vorschläge sowie **370** Förderung der Persönlichkeit der Arbeitnehmer. Das Mitbestimmungsrecht bezieht sich auf die **Einführung und Aufstellung allgemeiner Grundsätze für die Bearbeitung der Verbesserungsvorschläge und** für die **Bemessung der Prämien**. Mitbestimmungsfrei sind dagegen die Entscheidungen des Arbeitgebers darüber, ob und welche Mittel er zur Vergütung von Verbesserungsvorschlägen zur Verfügung stellt sowie über die Annahme der Vorschläge und über die Vergütungspflicht oder Zahlung einer Anerkennungsprämie für nicht verwertete Verbesserungsvorschläge.[1054]

Nicht unter das Mitbestimmungsrecht fallen Erfindungen, die patent- oder gebrauchsmusterfähig sind. Für sie gilt das ArbeitnehmererfindungsG.[1055]

mm) Mitbestimmung bei Durchführung der Gruppenarbeit, § 87 Abs. 1 Nr. 13

Eine Begriffsbestimmung für mitbestimmungspflichtige Gruppenarbeit enthält § 87 **371** Abs. 1 Nr. 13 Hs. 2. Die Entscheidung des Arbeitgebers über die Einführung und Beendigung der Gruppenarbeit ist mitbestimmungsfrei. Mitbestimmungspflichtig sind dagegen die Einzelheiten der Durchführung der Gruppenarbeit. Ob sich das Mitbestimmungsrecht auch auf Kriterien für die Gruppenbildung bezieht, ist umstritten.[1056]

2. Freiwillige Mitbestimmung in sozialen Angelegenheiten

Für den Bereich der freiwilligen Mitbestimmung in sozialen Angelegenheiten enthält **372** § 88 eine Aufzählung der Regelungsgegenstände, die allerdings keinen abschließenden Charakter hat. Durch freiwillige Betriebsvereinbarung kann deshalb nach § 88 alles geregelt werden, was Gegenstand des normativen Teils eines Tarifvertrags sein könnte. Der Betriebsrat hat also in den sozialen Angelegenheiten eine umfassende Regelungs-

---

1051 BAG AP Nr. 8 zu § 87 „Prämie"; D/K/Klebe § 87 Rn. 350; F/E/S/T/L § 87 Rn. 523 ff. m.w.N.

1052 BAG AP Nr. 4 zu § 87 „Provision"; F/E/S/T/L § 87 Rn. 535; Gründel/Butz BB 2014, 2747; MünchArbR/Salamon § 328 Rn. 72.

1053 Vgl. BAG NZA 2004, 936; Däubler NZA 2005, 793, 796; Trittin/Fischer AuR 2006, 261ff.; Riesenhuber/v. Steinau/Steinrück NZA 2005, 785, 788; krit. MünchArbR/Krause § 64 Rn. 49; ErfK/Kania § 87 Rn. 127; Rieble/Gistel BB 2004, 2462 f.

1054 BAG AP Nr. 2 zu § 87 „Vorschlagswesen"; F/E/S/T/L § 87 Rn. 549 ff.; weiter D/K/K/Klebe § 87 Rn. 361 ff.

1055 Vgl. dazu BGH NJW-RR 2003, 1710; Schwab AiB 2007, 520 und NZA 1999, 1254.

1056 Dafür F/E/S/T/L § 87 Rn. 575; a.A. ErfK/Kania § 87 Rn. 134; Preis/Eylert NZA 2001, 371, 373; ausführlich zur Mitbestimmung nach § 87 Abs. 1 Nr. 13; Blanke RdA 2003, 140; Wiese BB 2002, 198; ders. NZA 2006, 1, 3 ff. u. Preis/Eylert NZA 2001, 371, die dieses Mitbestimmungsrecht kritisch als „Sammelbecken für Nebensächlichkeiten" bezeichnen.

kompetenz.[1057] Anders als die erzwingbare Mitbestimmung nach § 87 ist die freiwillige Mitbestimmung nach § 88 allerdings durch die Regelungssperre des § 77 Abs. 3 beschränkt (vgl. dazu Rn. 282 ff.).

Aus der systematischen Stellung des § 88 im Abschnitt „soziale Angelegenheiten" folgt keine Beschränkung der Regelungskompetenz der Betriebspartner auf den Bereich der sozialen Angelegenheiten. Vielmehr enthält § 88 nur einen Ausdruck des Grundprinzips des BetrVG und lässt deshalb die Regelungskompetenz der Betriebspartner in anderen Bereichen unberührt.[1058]

3. Beteiligungsrechte des Betriebsrats beim Arbeits- und betrieblichen Umweltschutz, § 89

373   **a)** Nach § 89 Abs. 1 hat sich der Betriebsrat dafür einzusetzen, dass die Vorschriften über den Arbeitsschutz und die Unfallverhütung im Betrieb sowie über den betrieblichen Umweltschutz durchgeführt werden, wobei § 89 Abs. 3 eine für das gesamte BetrVG gültige Legaldefinition des betrieblichen Umweltschutzes enthält. Der Betriebsrat hat nach § 89 ein **selbstständiges Überwachungsrecht** und eine **Überwachungspflicht** bei der Bekämpfung der Gefahren für Leib und Leben, der Gesundheit der Arbeitnehmer und der vom Betrieb ausgehenden Gefahren für die Umwelt.[1059] Durch die Anknüpfung an den Betrieb wird klargestellt, dass § 89 sich nur auf den betrieblichen Umweltschutz bezieht und kein allgemeines umweltpolitisches Mandat enthält.[1060] Nach § 89 Abs. 2 ist der Betriebsrat bei allen im Zusammenhang mit dem Arbeitsschutz, der Unfallverhütung oder dem betrieblichen Umweltschutz stehenden Fragen und Besichtigungen sowie bei Unfalluntersuchungen hinzuzuziehen. Außerdem sind ihm zur Erleichterung seiner Aufgaben alle angefertigten Niederschriften auszuhändigen.

§ 89 ergänzt die Beteiligungsrechte bzw. Aufgaben des BR nach §§ 80 Abs. 1 Nr. 1 u. 9, 81 Abs. 1, 87 Abs. 1 Nr. 7, 88 Nr. 1 sowie §§ 90, 91. Im Gegensatz zum Mitbestimmungsrecht nach § 87 Abs. 1 Nr. 7 bei der Aufstellung betrieblicher Regelungen über den Arbeits- und Gesundheitsschutz zielen die Aufgaben des BR nach § 89 in erster Linie auf die Sicherstellung der tatsächlichen Durchführung des Arbeitsschutzes, wobei die Überwachungspflicht nach § 89 nicht nur gegenüber dem Arbeitgeber, sondern auch gegenüber den Arbeitnehmern besteht.[1061]

374   **b) Vorsätzliche Behinderung oder Störung des Betriebsrats** bei der Wahrnehmung der Aufgaben nach § 89 ist gemäß § 119 Abs. 1 Nr. 2 strafbar. Darüber hinaus stehen dem Betriebsrat bei groben Verstößen gegen § 89 die Ansprüche nach § 23 Abs. 3 zu. Die Verletzung der Aufgaben nach § 89 durch den Betriebsrat bzw. einzelne Betriebsratsmitglieder kann die Auflösung des Betriebsrats bzw. den Ausschluss aus dem Betriebsrat nach § 23 Abs. 1 zur Folge haben.[1062]

1057   BAG-GS BB 1990, 1840; F/E/S/T/L § 88 Rn. 2; S/W/S § 88 Rn. 2; D/K/K/Berg § 88 Rn. 1; krit. Preis/Ulber RdA 2013, 213, 215 ff.

1058   BAG-GS BB 1990, 1840; BAG NZA 2011, 989; F/E/S/T/L § 88 Rn. 4; ErfK/Kania § 87 Rn. 1; a.A. Waltermann RdA 2007, 257: § 88 keine Auffangnorm, unbegrenzte Regelungsbefugnis verfassungswidrig.

1059   Ausführlich zu Beteiligungsrechten beim Umweltschutz Reichel/Meyer RdA 2003, 101; Wiese BB 2002, 674.

1060   Richardi/Annuß § 89 Rn. 29 ff.; S/W/S § 89 Rn. 10; ErfK/Kania § 89 Rn. 3; Wiese BB 2002, 674, 675.

1061   Richardi/Annuß § 89 Rn. 11 f.; F/E/S/T/L § 89 Rn. 13 m.w.N.

1062   F/E/S/T/L § 89 Rn. 38 f.; Richardi/Annuß § 87 Rn. 42; D/K/K/Buschmann § 89 Rn. 67 ff. m.w.N.; vgl. auch Thon AuR 2019, 53 zur geringen praktischen Bedeutung des § 119.

III. Beteiligung des Betriebsrats bei Gestaltung von Arbeitsplatz, Arbeitsablauf und Arbeitsumgebung

Die Beteiligungsrechte des Betriebsrats bei Gestaltung von Arbeitsplatz, Arbeitsablauf und Arbeitsumgebung sind in den §§ 90, 91 geregelt. Durch diese Beteiligungsrechte soll sichergestellt werden, dass bei der technischen und organisatorischen Gestaltung der Arbeitsplätze die arbeitswissenschaftlichen Erkenntnisse über die menschengerechte Gestaltung der Arbeit berücksichtigt werden.[1063]

375

1. Nach § 90 steht dem Betriebsrat ein Unterrichtungs- und Beratungsrecht im Zusammenhang mit der Planung der in § 90 Abs. 1 aufgezählten Änderungen zu, um zugunsten der Arbeitnehmer eine menschengerechte Gestaltung der Arbeit anzustreben. Die Unterrichtung muss unter Vorlage der erforderlichen Unterlagen und so rechtzeitig erfolgen, dass der Betriebsrat seine Vorschläge noch einbringen kann. Da der Plan schon das Ergebnis der Planung ist, muss die Unterrichtung auf jeden Fall vor der Planerstellung erfolgen, damit etwaige Vorschläge und Bedenken des Betriebsrates noch bei der Planung des Vorhabens berücksichtigt werden können.[1064] Voraussetzung für eine Beteiligung des Betriebsrats ist aber stets, dass künftige Änderungen geplant werden, die sich auf die bauliche Substanz auswirken. Eine bloße Verbesserung der menschengerechten Gestaltung der Arbeit (z.B. Modernisierung oder Reparatur der bestehenden Entlüftungsanlage) in bestehenden Einrichtungen ohne Veränderungen der Bausubstanz wird deshalb von § 90 nicht erfasst. In diesem Fall kann aber unter Umständen ein Mitbestimmungsrecht nach § 87 Abs. 1 Nr. 7 („Gesundheitsschutz") bestehen.[1065]

2. Das Unterrichtungs- und Beratungsrecht des Betriebsrats nach § 90 wird durch das sog. **„korrigierende Mitbestimmungsrecht" nach § 91** ergänzt. Danach kann der Betriebsrat aber keine Änderungen erzwingen bzw. verhindern, sondern nur „angemessene Abhilfe" verlangen, wenn die Änderung der Arbeitsplätze, des Arbeitsablaufs oder der Arbeitsumgebung den gesicherten arbeitswissenschaftlichen Erkenntnissen über die menschengerechte Gestaltung der Arbeit offensichtlich widerspricht und die Arbeitnehmer dadurch in besonderem Maß belastet werden. Dieses „korrigierende" Mitbestimmungsrecht besteht also nur unter ganz engen und schwer zu erfüllenden Voraussetzungen. Allerdings darf in diesem Zusammenhang nicht übersehen werden, dass diese Beteiligungsrechte des Betriebsrats in enger Beziehung zu einer Reihe von anderen Mitwirkungs-/Mitbestimmungsrechten (z.B. § 87 Abs. 1 Nr. 1, 6, 7; §§ 111 ff., § 80 Abs. 2, 3) stehen, die dem Betriebsrat mehr Einflussmöglichkeiten eröffnen.

376

Beispiel: Pausen für Lärmbelästigung

Im Unternehmen des U wird seit Jahren eine Kabelflechtmaschine eingesetzt, die erheblichen Lärm verursacht. Der Betriebsrat verlangt unter Berufung auf § 91 als Ausgleichsmaßnahme die Einführung bezahlter Lärmpausen.

Das „korrigierende" Mitbestimmungsrecht nach § 91 greift schon deshalb nicht ein, weil U keine Änderungen i.S.d. § 90 vorgenommen hat. Dem Betriebsrat steht auch kein Initiativrecht nach § 87 Abs. 1 Nr. 7 zu, weil der Arbeitgeber nicht dazu gezwungen werden kann, bezahlte Pausen und damit zusätzliche finanzielle Leistungen zu erbringen, zu denen er vertraglich nicht verpflichtet ist. Der Betriebsrat könnte allerdings nach § 87 Abs. 1 Nr. 2 die Einführung zusätzlicher unbezahlter Pausen verlangen.

1063 Richardi/Richardi, Vorbemerkung vor §§ 90, 91 Rn. 1; MünchArbR/Oberthür § 322 Rn. 1; Faber AiB 2012, 529 ff.

1064 F/E/S/T/L § 90 Rn. 7 ff.; D/K/K/Klebe § 90 Rn. 19 ff.; MünchArbR/Oberthür § 332 Rn. 7 ff.

1065 F/E/S/T/L § 90 Rn. 7; D/K/K/Klebe § 90 Rn. 7 f.; Richardi/Annuß § 90 Rn. 8 m.w.N.; vgl. aber auch LAG Sachsen-Anhalt PersR 2012, 348 m. krit Anm. Faber.

IV. Beteiligungsrechte des Betriebsrats nach §§ 92 ff. in personellen Angelegenheiten

377 Die Beteiligungsrechte des Betriebsrats in personellen Angelegenheiten beziehen sich auf

- allgemeine personelle Angelegenheiten, §§ 92–95,

- betriebliche Berufsbildung, §§ 96–98 und

- personelle Einzelmaßnahmen, §§ 99–105.

1. Allgemeine personelle Angelegenheiten, §§ 92 ff.

378 **a)** Nach § 92 Abs. 1 hat der Arbeitgeber den Betriebsrat über die Personalplanung, insbesondere über den gegenwärtigen und künftigen Personalbedarf sowie über die sich daraus ergebenden Personalmaßnahmen und Maßnahmen der Berufsbildung unter Vorlage von Unterlagen rechtzeitig und umfassend zu unterrichten. Darüber hinaus hat er mit dem Betriebsrat die Art und den Umfang der erforderlichen Maßnahmen sowie über Vermeidung von Härten zu beraten. Dem Betriebsrat steht dabei auch ein Vorschlagsrecht nach § 92 Abs. 2 zu. Die **Personalplanung i.S.d. § 92** erfasst die Planung des Personalbedarfs, der Personalbeschaffung, der Personalentwicklung, des Personaleinsatzes, des Personalabbaus sowie der Personalkosten.[1066] Da dem Betriebsrat nach § 92 **nur Informations-, Beratungs- und Vorschlagsrechte** zustehen, verbleibt die alleinige Entscheidungskompetenz hinsichtlich der Personalplanung beim Arbeitgeber.

Mitbestimmungsrechte des Betriebsrats bestehen aber hinsichtlich der Gestaltung der Instrumente der Personalplanung (Stellenausschreibung nach § 93, Personalfragebogen, Musterarbeitsverträge und Beurteilungsgrundsätze nach § 94 sowie Auswahlrichtlinien nach § 95), der Durchführung der Maßnahmen der betrieblichen Berufsbildung nach § 98, bei geplanten Betriebsänderungen nach §§ 111 ff. und bei Maßnahmen, die als Ergebnis der Personalplanung im sozialen (§ 87) sowie im personellen Bereich (§§ 99 ff.) durchgeführt werden.

Die Verletzung der Beteiligungsrechte des Betriebsrats nach § 92 hat keine Auswirkungen auf die Wirksamkeit von späteren personellen Maßnahmen. Bei groben Verstößen des Arbeitgebers gegen dieses Mitbestimmungsrecht kommt aber ein Verfahren nach § 23 Abs. 3 in Betracht. Darüber hinaus begründet der Verstoß eine Ordnungswidrigkeit nach § 121.[1067]

379 **b) Ein Vorschlags- und Beratungsrecht** hat der Betriebsrat nach **§ 92 a** hinsichtlich der Förderung und Sicherung der Beschäftigung. Dieses Beteiligungsrecht räumt allerdings dem Betriebsrat kein allgemeines arbeitsmarktpolitisches Mandat ein. Vielmehr ist das Vorschlagsrecht belegschaftsbezogen.[1068] Die Intensität und die Dauer der Beratung nach § 92 a Abs. 2 hängen von dem Inhalt des jeweiligen Vorschlags ab. Das Gebot der vertrauensvollen Zusammenarbeit des § 2 Abs. 1 verpflichtet beide Betriebsparteien dazu, sich mit den Argumenten der jeweils anderen Seite auseinanderzusetzen. Hält der Arbeitgeber die Vorschläge des Betriebsrats für ungeeignet, muss er dies begründen,

---

1066 Vgl. dazu BAG BB 2019, 2427 m. zust. Anm. Niklas; F/E/S/T/L § 92 Rn. 23 ff. und Besgen B+P 2017, 397.

1067 Richardi/Thüsing § 92 Rn. 50 f.; F/E/S/T/L § 92 Rn. 45; ErfK/Kania § 92 Rn. 12.

1068 Vgl. dazu F/E/S/T/L § 92 a Rn. 5; S/W/S § 92 a Rn. 2; ErfK/Kania § 92 a Rn. 1; a.A. D/K/K/Däubler § 92 a Rn. 2.

wobei in Betrieben mit mehr als 100 Arbeitnehmern die Begründung schriftlich erfolgen muss. Da § 92 a nur als ein Vorschlags- und Beratungsrecht ausgestaltet ist, ist der Arbeitgeber danach selbst dann nicht verpflichtet, die Vorschläge umzusetzen, wenn er sie für geeignet hält. Soweit sich die Vorschläge des Betriebsrats auf Angelegenheiten erstrecken, für die dem Betriebsrat keine Mitbestimmungsrechte zustehen, kann die Umsetzung der Vorschläge nur durch freiwillige Betriebsvereinbarung nach § 88 erfolgen. Zu beachten ist dabei stets die Regelungssperre zugunsten der Tarifautonomie des § 77 Abs. 3, sodass die sog. „betrieblichen Bündnisse für Arbeit" (vgl. dazu Rn. 85, 282) auch nach § 92 a nicht zulässig sind.[1069] Eine Sanktion für eine Verletzung des § 92 a sieht das Gesetz nicht vor, sodass darauf nach h.M. auch kein allgemeiner Unterlassungsanspruch gestützt werden kann. Vielmehr kommt in diesen Fällen in kollektivrechtlicher Hinsicht nur ein Unterlassungsanspruch nach Maßgabe des § 23 Abs. 3 in Betracht.[1070] Im Verhältnis zwischen dem Arbeitgeber und den einzelnen Arbeitnehmern entfaltet § 92 a dagegen keine unmittelbaren Rechtswirkungen, sodass seine Verletzung keine Einschränkungen des Kündigungsrechts zur Folge hat.[1071]

c) Nach **§ 93** kann der Betriebsrat eine **innerbetriebliche Ausschreibung freier Arbeitsplätze** verlangen, wodurch die im Betrieb beschäftigten Arbeitnehmer die Gelegenheit erhalten sollen, sich auf die zu besetzenden Arbeitsplätze zu bewerben. Das Mitbestimmungsrecht bezieht sich dabei nur auf die Besetzung vorhandener Arbeitsplätze im Betrieb und nicht auf die Schaffung neuer. Es setzt daher eine bereits vorhandene oder eine vom Arbeitgeber geschaffene neue Stelle im Betrieb voraus.[1072] § 93 räumt damit dem Betriebsrat auf einem Teilgebiet der Personalbeschaffung ein Initiativrecht ein, das sich allerdings nach h.M. nur auf die Ausschreibung als solche, nicht dagegen auch auf die Art und Weise der Ausschreibung erstreckt.[1073] Das Initiativrecht des Betriebsrates erstreckt sich auch nicht auf die Dauer der Ausschreibung. Entscheidend ist nur, dass sich die Betriebsangehörigen unter gewöhnlichen Umständen auf die Stelle bewerben können, wobei ein Zeitraum von zwei Wochen im Regelfall nicht unangemessen kurz ist.[1074] Darüber hinaus kann der Betriebsrat die betriebsinterne Stellenausschreibung nach h.M. nur allgemein, also für sämtliche Arbeitsplätze oder für bestimmte Arten von Tätigkeiten, also nicht die Ausschreibung eines bestimmten Arbeitsplatzes im Einzelfall verlangen.[1075] Das Ausschreibungsverlangen kann sich auch auf Arbeitsplätze beziehen, die mit Leiharbeitnehmern besetzt werden sollen und deren Einsatzzeit zumindest vier Wochen betragen soll.[1076] Durch die Verpflichtung zur innerbetrieblichen Ausschreibung freier Arbeitsplätze ist der Arbeitgeber nicht daran gehindert, auch andere Bewerbungen (z.B. Zeitungsanzeige, Nachfrage beim Arbeitsamt) einzuholen und den Arbeitsplatz mit einem externen Bewerber zu besetzen. Bei der externen

380

1069 Ausführlich zu § 92 a: Göpfert/Giese NZA 2016, 463; Löwisch DB 2005, 489 ff.; Fischer DB 2002, 322 ff. allgemein und Wendeling-Schröder/Welkoborsky NZA 2002, 1370 zur Beschäftigungssicherung und Transfersozialplan.

1070 Vgl. dazu BAG NZA 2007, 552; LAG Hamm, Beschl. v. 20.03.2009 – 10 TaBV 17/09, BeckRS 2009, 73750; Richardi/Thüsing § 92 a Rn. 20; ErfK/Kania § 92 a Rn. 1; a.A. Däubler AuR 2001, 285, 290.

1071 BAG NZA 2007, 552; D/K/K/Däubler § 92 a Rn. 22; Richardi/Thüsing § 92 a Rn. 19.

1072 BAG ArbR 2019, 464 m. Anm. Bauer; F/E/S/T/L § 93 Rn. 5; ausführlich zum § 93 Müller/Becker NZA 2019, 513 ff.

1073 BAG NZA 2016, 1226; ErfK/Kania § 93 Rn. 3 ff.; F/E/S/T/L § 93 Rn. 6 ff.; a.A. D/K/K/Buschmann § 93 Rn. 10; jeweils m.w.N.

1074 Vgl. BAG NZA 2011, 360; Richardi/Thüsing § 93 Rn. 15 m.w.N.

1075 Richardi/Thüsing § 93 Rn. 8 f.; ErfK/Kania § 93 Rn. 3; a.A. D/K/K/Buschmann § 93 Rn. 9; jeweils m.w.N.

1076 BAG NZA 2016, 1226; BAG ArbRB 2014, 42 m. Anm. Braun und Kleinebrink ArbRB 2018, 189 ff.

Stellenausschreibung dürfen allerdings keine geringeren Anforderungen gestellt werden als in der betriebsinternen Stellenausschreibung. Beim Unterlassen der vor dem Zustimmungsantrag des Arbeitgebers nach § 99 verlangten innerbetrieblichen Stellenausschreibung bzw. bei geringeren Anforderungen in der externen Ausschreibung steht aber dem Betriebsrat nach § 99 Abs. 2 Nr. 5 das Recht zu, die Zustimmung zu der beantragten personellen Einzelmaßnahme zu verweigern,[1077] ohne dass es darauf ankommt, ob die Stelle mit einem betriebsinternen Bewerber besetzt worden wäre bzw. im Betrieb geeignete Bewerber vorhanden waren.[1078] Daneben kommt bei groben Pflichtverstößen ein Verfahren nach § 23 Abs. 3 in Betracht.[1079]

Die Stellenausschreibungen dürfen nach § 11 AGG nicht gegen das Benachteiligungsverbot des § 7 Abs. 1 AGG verstoßen.[1080] Außerdem müssen sie gemäß § 7 Abs. 1 TzBfG grds. auch als Teilzeitstellen ausgeschrieben werden, wenn sich der Arbeitsplatz dazu eignet. Ob ein Verstoß gegen § 7 Abs. 1 TzBfG ein Zustimmungsverweigerungsrecht des Betriebsrates nach § 99 Abs. 2 Nr. 1 bzw. 5 begründet, ist noch nicht abschließend geklärt. Die wohl h.M. lehnt ein Zustimmungsverweigerungsrecht ab.[1081]

d) Personalfragebögen und Beurteilungsgrundsätze, § 94

381 **aa)** Nach **§ 94 Abs. 1 S. 1** bedürfen Personalfragebögen der Zustimmung des Betriebsrats. Dieses **Mitbestimmungsrecht** besteht aber **nur hinsichtlich des Inhalts des einzuführenden bzw. verwendeten Personalfragebogens, nicht** dagegen **bezüglich ihrer Einführung und Abschaffung**, sodass dem Betriebsrat insoweit auch **kein Initiativrecht** zusteht.[1082] Personalfragebögen i.S.d. § 94 Abs. 1 sind i.d.R. formularmäßig gefasste Zusammenstellungen von Fragen, die einen Aufschluss über die Person, Kenntnisse und Fertigkeiten eines Bewerbers ermöglichen sollen. Zustimmungsbedürftig sind dabei nicht nur schriftliche Personalfragebögen, sondern alle Fragen, die standardmäßig gestellt werden.[1083] Das dem Betriebsrat zustehende Mitbestimmungsrecht bezweckt vor allem den Schutz des allgemeinen Persönlichkeitsrechts der Arbeitnehmer vor unzulässigen Fragen des Arbeitgebers, insbesondere bei Begründung des Arbeitsverhältnisses. Kommt zwischen den Betriebspartnern eine Einigung über den Inhalt des Personalfragebogens nicht zustande, so entscheidet die Einigungsstelle, deren Spruch die Einigung ersetzt, § 94 Abs. 1 S. 2, 3.

Beispiel: Umfang des Mitbestimmungsrechts nach § 94 Abs. 1
Der Arbeitgeber U will bei Einstellungsgesprächen ein Formular verwenden, das u.a. die Fragen nach Schwerbehinderung und Schwangerschaft enthält. Der Betriebsrat möchte erreichen, dass das Formular ohne diese zwei Fragen verwendet wird.

Die Verwendung eines Personalfragebogens mit einem bestimmten Inhalt kann der Arbeitgeber wegen des Mitbestimmungsrechts des BR nach § 94 Abs. 1 nicht einseitig durchsetzen. Andererseits kann der BR die Einführung des Personalbogens mit einem bestimmten Inhalt nicht erzwingen.[1084] U kann deshalb mitbestimmungsfrei die Entscheidung treffen, von der Verwendung des Personalfragebogens insgesamt abzusehen. Möchte er den Personalfragebogen trotz der Einwände des BR einführen, muss

---

1077 BAG NZA 2005, 424: späteres Ausschreibungsverlangen genügt nicht.

1078 Ganz h.M.: BAG AP Nr. 1 zu § 99 BetrVG; Richardi/Thüsing § 93 Rn. 31; F/E/S/T/L § 99 Rn. 247 ff. mit Meinungsübersicht.

1079 Vgl. dazu Richardi/Thüsing § 93 Rn. 35; ErfK/Kania § 93 Rn. 10; F/E/S/T/L § 93 Rn. 19 m.w.N.

1080 Zu Schadensersatz/Entschädigung nach § 15 AGG beim Verstoß gegen § 11 AGG: BAG AuR 2019, 11 m. Anm. Helm; BAG NZA-RR 2018, 287; Hoffmann DB 2019, 1387; Fuhlrott/Hoppe ArbR 2018, 1; AS-Skript Arbeitsrecht (2019), Rn. 195 ff.

1081 Vgl. dazu MünchKomm/Müller-Glöge § 7 TzBfG Rn. 4 und ErfK/Preis § 7 TzBfG Rn. 2, 11; jeweils m.w.N.

1082 BAG DB 1992, 143; Richardi/Thüsing § 94 Rn. 32; ErfK/Kania § 94 Rn. 3; Gitter/Henker ZTR 1990, 403.

1083 BAG NZA 2018, 380; BAG NZA 2001, 107 ff.; F/E/S/T/L § 94 Rn. 8; ErfK/Kania § 94 Rn. 2 m.w.N.

1084 LAG Düsseldorf DB 1985, 134; D/K/K/Klebe § 94 Rn. 2; MünchArbR/Oberthür § 335 Rn. 7 f. m.w.N.

er nach § 94 Abs. 1 S. 2 die Einigungsstelle anrufen. Durch den Spruch der Einigungsstelle ist der Arbeitgeber nicht gehindert, auf die Verwendung der Personalfragebögen zu verzichten.[1085]

Die **Verwendung von Personalfragebögen ohne Zustimmung des Betriebsrats** ist **382** unzulässig mit der Folge, dass dem Betriebsrat zumindest ein Unterlassungsanspruch nach Maßgabe des § 23 Abs. 3 zusteht.[1086] Darüber hinaus sind die Arbeitnehmer berechtigt, die Beantwortung der Fragen unter Hinweis auf die fehlende Zustimmung des Betriebsrats zu verweigern, ohne dass ihnen daraus Nachteile entstehen dürfen.[1087] Die Verletzung des Mitbestimmungsrechts des Betriebsrats nach § 94 Abs. 1 berechtigt die Arbeitnehmer allerdings nicht dazu, eine individualrechtlich zulässige Frage wahrheitswidrig zu beantworten.[1088]

bb) Ein dem § 94 Abs. 1 entsprechendes Mitbestimmungsrecht steht dem Betriebs- **383** rat **nach § 94 Abs. 2** auch **bei Aufstellung allgemeiner Beurteilungsgrundsätze** zu. Darunter versteht man Regelungen, die die Bewertung des Verhaltens oder der Leistung der Arbeitnehmer verobjektivieren und nach einheitlichen Kriterien ausrichten sollen, damit Beurteilungserkenntnisse miteinander verglichen werden können.[1089] Verwendet der Arbeitgeber Beurteilungsgrundsätze ohne Zustimmung des Betriebsrats, hat der Arbeitnehmer nach h.M. einen Anspruch auf Entfernung einer auf ihrer Grundlage erteilten Abmahnung aus der Personalakte sowie auf Nichtverwendung der Beurteilung bei einer personellen Einzelmaßnahme.[1090] Darüber hinaus steht dem Betriebsrat zumindest ein Unterlassungsanspruch nach Maßgabe des § 23 Abs. 3 zu (vgl. oben Rn. 379, 382 entspr.).

e) Richtlinien über die personelle Auswahl bei Einstellungen, Versetzungen, Um- **384** **gruppierungen und Kündigungen** bedürfen nach § 95 der Zustimmung des Betriebsrats, die bei fehlender Einigung der Betriebspartner durch den Spruch der Einigungsstelle ersetzt wird. Ein **Initiativrecht** hinsichtlich der Aufstellung von personellen Auswahlrichtlinien steht dem Betriebsrat allerdings nach § 95 Abs. 2 **nur in Betrieben mit mehr als 500 Arbeitnehmern zu**. In Betrieben mit bis zu 500 Arbeitnehmern kann also der Betriebsrat die Einführung von personellen Auswahlrichtlinien nicht erzwingen und deshalb auch nicht die Einigungsstelle anrufen.[1091]

Beispiel: U, der 450 Arbeitnehmer beschäftigt, möchte zum Zwecke der Vereinfachung der personellen Entscheidungen wie Kündigungen, Einstellungen und Versetzungen personelle Auswahlrichtlinien einführen, die die abstrakten Kriterien für die Personalauswahl festlegen. Nachdem eine Einigung mit dem BR an dem Inhalt der Richtlinien scheitert und im Rahmen der Verhandlungen vor der von U einberufenen Einigungsstelle sich abzeichnet, dass der Vorsitzende der Einigungsstelle die Ansicht des BR favorisiert, nimmt U den Antrag zurück.

Da in Betrieben mit bis zu 500 Arbeitnehmern hinsichtlich der Aufstellung der Auswahlrichtlinien allein dem Arbeitgeber ein Initiativrecht zusteht, kann er den Antrag auf Einführung der Auswahlrichtlinien

---

1085 Vgl. dazu F/E/S/T/L § 94 Rn. 33 ff.; Richardi/Thüsing § 94 Rn. 76 ff.; MünchArbR/Oberthür § 335 Rn. 7.

1086 Vgl. LAG Hessen DB 2001, 2254; F/E/S/T/L § 94 Rn. 36; Richardi/Thüsing § 94 Rn. 74 u. LAG Niedersachsen ArbRB 2007, 35; ErfK/Kania § 94 Rn. 5: auch allg. Unterlassungsanspruch; zweifelnd LAG Nürnberg ArbRB 2011, 172 m. Anm. Grimm.

1087 Vgl. dazu F/E/S/T/L § 94 Rn. 34 f.; S/W/S § 94 Rn. 22 a.E.; Richardi/Thüsing § 94 Rn. 52; MünchArbR/Oberthür§ 335 Rn. 12.

1088 BAG NZA 2001, 107 ff.; Richardi/Thüsing § 94 Rn. 54; a.A. F/E/S/T/L § 94 Rn. 35; D/K/K/Klebe § 94 Rn. 25; jeweils m.w.N.

1089 BAG NZA-RR 2014, 356; F/E/S/T/L § 94 Rn. 29; Richardi/Thüsing § 94 Rn. 68, 73.; MünchArbR/Oberthür § 336 Rn. 6 f.

1090 F/E/S/T/L § 94 Rn. 35; Richardi/Thüsing § 94 Rn. 75.; a.A. Rose in H/W/G/N/R/H § 94 Rn. 95 ff.; jeweils m.w.N.

1091 F/E/S/T/L § 95 Rn. 15; Richardi/Thüsing § 95 Rn. 44 ff.; MünchArbR/Oberthür § 337 Rn. 20; weiter D/K/K/Klebe § 95 Rn. 17, wenn der Arbeitgeber bereits personelle Auswahlrichtlinien verwendet.

auch noch während des laufenden Einigungsstellenverfahrens zurücknehmen.[1092] Ob der Arbeitgeber auf die Einführung der Auswahlrichtlinie auch nach dem Spruch der Einigungsstelle noch verzichten kann, ist umstritten.[1093]

Eine Betriebsvereinbarung über personelle Auswahlrichtlinien kann von jedem Betriebspartner nach Maßgabe des § 77 Abs. 5 ohne besonderen Kündigungsgrund gekündigt werden. Die gekündigte Betriebsvereinbarung hat nach h.M. keine Nachwirkung nach § 77 Abs. 6, wenn dem Betriebsrat hinsichtlich der Einführung der Auswahlrichtlinien kein Initiativrecht zusteht.[1094]

385 Nach § 99 Abs. 2 Nr. 2 kann der Betriebsrat die Zustimmung zu einer personellen Einzelmaßnahme (z.B. Versetzung) verweigern, die gegen die Auswahlrichtlinien i.S.d. § 95 verstößt. Verstößt eine ordentliche Kündigung gegen die Personalauswahlrichtlinie, steht dem Betriebsrat ein Widerspruchsrecht nach § 102 Abs. 3 Nr. 2 zu mit der Folge, dass der gekündigte Arbeitnehmer einen Weiterbeschäftigungsanspruch nach Maßgabe des § 102 Abs. 5 hat (vgl. dazu Rn. 413). Darüber hinaus steht dem Betriebsrat neben dem Unterlassungsanspruch nach § 23 Abs. 3 nach h.M. auch ein allgemeiner Unterlassungsanspruch zu.[1095]

Auswahlrichtlinien, die schon begrifflich eine Generalisierung bei der Durchführung der personellen Einzelmaßnahmen voraussetzen und damit der Versachlichung und Vorausschaubarkeit der Maßnahmen dienen, spielen in der Praxis insb. bei Kündigungen im Rahmen der vorzunehmenden Sozialauswahl nach § 1 Abs. 3 KSchG eine große Rolle. Denn diese ist beim Vorliegen einer Auswahlrichtlinie nach § 1 Abs. 4 KSchG nur auf grobe Fehlerhaftigkeit hin zu überprüfen, was zu mehr Rechtssicherheit beiträgt.[1096]

2. Mitbestimmung des Betriebsrats bei der Berufsbildung, §§ 96–98

386 **Berufsbildung i.S.d. §§ 96 ff.** ist die betriebliche sowie außerbetriebliche Aus-, Weiter- und Fortbildung sowie Umschulung für Jugendliche und Erwachsene einschließlich sonstiger Bildungsmaßnahmen, die vom Betrieb oder in seinem Auftrag durchgeführt werden oder die in Zusammenarbeit mit einem Dritten erfolgen und auf deren Inhalt oder Organisation der Arbeitgeber rechtlich oder tatsächlich beherrschenden Einfluss hat. Die Berufsbildung i.S.d. §§ 96 ff. ist damit weiter als die Berufsbildung i.S.d. BBiG. Sie umfasst alle Maßnahmen, die einen Bezug zum Beruf der Arbeitnehmer und Bildungscharakter haben.[1097] Da sich durch die technische Weiterentwicklung und Digitalisierung die Arbeitsplätze verändern und neue hinzukommen, für die es geänderte Anforderungen gibt, kommt auch Berufsbildung immer größere Bedeutung zu.[1098]

387 **a) § 96** regelt eine allgemeine Pflicht für den Arbeitgeber und den Betriebsrat, im Rahmen der Personalplanung die **Berufsbildung der Arbeitnehmer zu fördern**. Darüber

---

1092 Vgl. S/W/S § 95 Rn. 4; F/E/S/T/L § 95 Rn. 15; MünchArbR/Oberthür § 337 Rn. 20 m.w.N.

1093 Dafür MünchArbR/Oberthür § 337 Rn. 20; a.A. Richardi/Thüsing § 95 Rn. 67: Selbstbindung des AG.

1094 F/E/S/T/L § 95 Rn. 6; Richardi/Thüsing § 95 Rn. 60; MünchArbR/Oberthür § 337 Rn. 23 f.; a.A. D/K/K/Klebe § 95 Rn. 14 für den Fall der Kündigung zum Zwecke der Änderung der Richtlinien.

1095 BAG NZA 2005, 1372; F/E/S/T/L § 95 Rn. 31; D/K/K/Klebe § 94 Rn. 55 f.; vgl. auch Richardi/Thüsing § 95 Rn. 75 m.w.N.

1096 Vgl. dazu BAG NZA 2014, 46; Kempter BB 2013, 3061; Lingemann/Beck NZA 2009, 577; Gaul/Lunk NZA 2004, 184 ff.; Schiefer NZA-RR 2002, 169 und AS-Skript Arbeitsrecht (2019), Rn. 489 ff.

1097 BAG NZA 1991, 817 ff.; Richardi/Thüsing § 96 Rn. 4 ff.; D/K/K/Buschmann § 96 Rn. 7; Kleinebrink ArbRB 2014, 241.

1098 Vgl. Kleinebrink DB 2018, 254: Initiativrechte des Betriebsrats auf digitale Weiterbildung der Arbeitnehmer.

hinaus wird dem Betriebsrat ein **allgemeines Beratungs- und Vorschlagsrecht** in den Angelegenheiten der betrieblichen Berufsbildung eingeräumt. Das allgemeine Beratungsrecht nach § 96 wird ergänzt durch das besondere Beratungsrecht nach § 97 Abs. 1 bei Errichtung und Ausstattung betrieblicher Berufsbildungsmaßnahmen, bei der Einführung betrieblicher Bildungsmaßnahmen und der Teilnahme an außerbetrieblichen Bildungsmaßnahmen.

b) Bei der **Durchführung betrieblicher Bildungsmaßnahmen** steht dem Betriebsrat **388** nach Maßgabe des **§ 98 ein erzwingbares Mitbestimmungsrecht** zu (vgl. § 98 Abs. 5), das sich aber nicht darauf erstreckt, ob betriebliche Bildungsmaßnahmen überhaupt durchgeführt werden sollen.[1099] Ein **erzwingbares Mitbestimmungsrecht hinsichtlich der Einführung der Maßnahmen der betrieblichen Berufsbildung** hat der Betriebsrat aber **nach § 97 Abs. 2** dann, wenn der Arbeitgeber Maßnahmen geplant oder durchgeführt hat, die dazu führen, dass sich die Tätigkeit der betroffenen Arbeitnehmer ändert und ihre beruflichen Fähigkeiten und Kenntnisse zur Erfüllung ihrer Aufgaben nicht mehr ausreichen.[1100]

3. Mitbestimmung des Betriebsrats bei personellen Einzelmaßnahmen

a) Einleitung

aa) Nach § 99 Abs. 1 ist der Betriebsrat **vor jeder Einstellung, Versetzung, Ein- oder** **389** **Umgruppierung** unter Vorlage der Bewerbungsunterlagen **umfassend zu informieren**, wenn in dem Unternehmen regelmäßig mehr als 20 Arbeitnehmer beschäftigt sind. Über den Gesetzeswortlaut hinaus ist § 99 nach h.M. analog anwendbar, wenn mehrere Unternehmen mit weniger als 20 Arbeitnehmern einen Gemeinschaftsbetrieb unterhalten, in dem insgesamt mehr als 20 Arbeitnehmer beschäftigt sind.[1101]

Begründet wird die h.M. damit, dass der Gesetzgeber mit dem BetrVG-ReformG 2001 die bestehenden Mitbestimmungsrechte des BR nicht habe einschränken, sondern erweitern wollen, indem auch Unternehmen erfasst werden sollten, die bestehende Betriebe in kleinere Betriebseinheiten aufgesplittet hätten. Da vor der Gesetzesänderung nach dem Wortlaut des § 99 a.F. auf den Betrieb abzustellen gewesen sei und das BetrVG grds. betriebsbezogen sei, sei § 99 nach seinem Sinn und Zweck auf Gemeinschaftsbetriebe mit mehr als 20 Arbeitnehmern anwendbar. Der Wortlaut des § 99 stehe dem nicht entgegen, weil insoweit nur ein gesetzgeberisches Versehen vorliege. Die Gegenansicht stellt dagegen unter Bezugnahme auf den Wortlaut des § 99 darauf ab, dass nach der Gesetzesänderung kleinere Unternehmen vor zu weitgehenden Mitbestimmungsrechten in personellen und wirtschaftlichen Angelegenheiten bewahrt werden sollten. Maßgeblich sei daher ausschließlich die Beschäftigtenzahl im Unternehmen.[1102]

1099 Vgl. BAG AP Nr. 4 zu § 98; Richardi/Thüsing § 98 Rn. 9 ff.; D/K/K/Buschmann § 98 Rn. 1.; Kleinebrink ArbRB 2014, 241.

1100 Vgl. Richardi/Thüsing § 97 Rn. 8 ff.; ausführl. dazu Zwanziger AuR 2010, 459; Franzen NZA 2001, 865.

1101 BAG ArbRB 2019, 140; BAG NZA 2005, 420; Richardi/Thüsing § 99 Rn. 295; F/E/S/T/L § 99 Rn. 10; ErfK/Kania § 99 Rn. 39; a.A. GK/Raab/Kraft § 99 Rn. 117; Löwisch BB 2001, 1790, 1795.

1102 Vgl. auch Reichold NZA 2005, 622: „fürsorgliche Betreuung eines unfähigen Gesetzgebers durch die Rspr.".

390 Der Betriebsrat kann zwar die personellen Einzelmaßnahmen i.S.d. § 99 nicht erzwingen, ihm steht aber beim Vorliegen der **abschließend in § 99 Abs. 2 aufgezählten Gründe ein Zustimmungsverweigerungsrecht** zu.[1103] Diese Zustimmungsverweigerung muss der Betriebsrat gemäß § 99 Abs. 3 S. 1 innerhalb einer Woche nach der Unterrichtung durch den Arbeitgeber **schriftlich unter Angabe der Zustimmungsgründe** erklären. Verweigert er die Zustimmung nicht oder nicht ordnungsgemäß, so gilt die Zustimmung gemäß § 99 Abs. 3 S. 2 als erteilt mit der Folge, dass der Arbeitgeber die personelle Maßnahme im Verhältnis zum Betriebsrat, also kollektivrechtlich durchführen kann. Der Eintritt der Zustimmungsfiktion setzt allerdings grds. eine ordnungsgemäße Unterrichtung durch den Arbeitgeber voraus (vgl. dazu Fall 27, Rn. 393 ff.).

Die schriftlich begründete und unterschriebene Zustimmungsverweigerung gemäß § 99 Abs. 3 muss dem Arbeitgeber innerhalb einer Woche nach der Unterrichtung zugehen. Da § 99 Abs. 3 S. 1 nur die Schriftlichkeit, nicht dagegen die Schriftform des § 126 BGB voraussetzt, reicht die Einhaltung der Textform des § 126 b BGB aus, sodass nach h.M. auch eine Faxübermittlung[1104] sowie eine der Textform des § 126 b BGB genügende E-Mail ausreichend sind.[1105] Die Betriebsparteien können **eine Verkürzung der einwöchigen Stellungnahmefrist** nicht vereinbaren, wohl aber eine (auch generelle) **Verlängerung**.[1106] Für die **ordnungsgemäße Begründung** des Zustimmungsverweigerungsgrundes reicht die bloße Wiederholung des Gesetzeswortlauts nicht aus. Vielmehr muss die einzelfallbezogene Begründung es „als möglich erscheinen lassen", dass einer der Gründe des § 99 Abs. 2 vorliegt.[1107] Nach h.M. ist ein **Nachschieben von neuen Zustimmungsverweigerungsgründen** im Zustimmungsersetzungsverfahren nach § 99 Abs. 4 nicht zulässig, wohl aber eine rechtliche Erläuterung.[1108]

391 **bb)** Bei ordnungsgemäßer Zustimmungsverweigerung kann der Arbeitgeber nach § 99 Abs. 4 beim ArbG die Ersetzung der Zustimmung im Beschlussverfahren (§ 2 a ArbGG) beantragen. Da jedoch die Zustimmung nur durch eine rechtskräftige Entscheidung des ArbG ersetzt wird, kann der Arbeitgeber die **personelle Einzelmaßnahme** unter Beteiligung des Betriebsrats **vorläufig nach Maßgabe des § 100** durchführen, wenn dies aus sachlichen Gründen dringend erforderlich ist. Bestreitet der Betriebsrat die Notwendigkeit der vorläufigen Maßnahme, darf der Arbeitgeber die vorläufige Maßnahme nur dann aufrechterhalten, wenn er innerhalb von drei Tagen beim ArbG die Ersetzung der Zustimmung des Betriebsrats nach § 99 Abs. 4 und die Feststellung beantragt, dass die vorläufige Maßnahme aus sachlichen Gründen dringend erforderlich war. Dadurch, dass beide Anträge innerhalb der Drei-Tages-Frist gestellt werden müssen, wird sichergestellt, dass der Arbeitgeber das Zustimmungsersetzungsverfahren nach § 99 Abs. 4 nicht in „Schwebe" hält.[1109] Die Beendigung einer vorläufigen personellen Maßnahme unterliegt nicht der Zustimmung des Betriebsrats nach § 99 Abs. 1 S. 1 BetrVG.[1110]

Sachliche Gründe i.S.d. § 100 sind solche Gründe, die sich aus einer ordnungsgemäßen Betriebsführung (z.B. erhöhter Arbeitskräftebedarf aufgrund der Auftragslage, eine Stelle wird unvorhergesehen frei) ergeben. Ob der Arbeitgeber sich auf die Eilbedürftigkeit der personellen Einzelmaßnahme auch dann

---

1103 Vgl. GK/Kraft/Raab § 99 Rn. 129; Richardi/Thüsing § 99 Rn. 297 ff.; D/K/K/Bachner § 99 Rn. 192.

1104 BAG NZA 2009, 627; Müller AiB 2011, 130; Richardi/Thüsing § 99 Rn. 262 f. m.w.N.

1105 Vgl. BAG ArbR 2019, 464 m. Anm. Bauer; BAG NZA 2009, 622; ErfK/Kania § 99 Rn. 39; Richardi/Thüsing § 99 Rn. 262 f.

1106 BAG NZA 2014, 156; BAG NZA 2011, 1304; ErfK/Kania § 99 Rn. 37; a.A. Richardi/Thüsing § 99 Rn. 287, da auch der betroffene AN berechtigtes Interesse an alsbaldiger Klärung habe u. S/W/S § 99–101 Rn. 92: nur im Einzelfall.

1107 BAG ArbR 2019, 221 m. Anm. Haußmann; BAG NZA 2014, 156; BAG ArbR 2011, 300; F/E/S/T/L § 99 Rn. 262; D/K/K/Bachner § 99 Rn. 184; kritisch dazu GK/Kraft/Raab § 99 Rn. 118 ff.; S/W/S §§ 99–101 Rn. 96 ff.

1108 BAG ArbRB 2019, 140 m. Anm. Kroll; BAG NZA-RR 2011, 415; Richardi/Thüsing § 99 Rn. 296; F/E/S/T/L § 99 Rn. 291; a.A. D/K/K/Bachner § 99 Rn. 187: Zulässig bei Versetzung sowie Ein- und Umgruppierung.

1109 Vgl. D/K/K/Bachner § 100 Rn. 26 ff.; F/E/S/T/L § 100 Rn. 11 ff.; S/W/S §§ 99–101 Rn. 118.

1110 Vgl. BAG NZA 2014, 920 m. Anm. Hjort ArbR 2014, 42; Richardi/Thüsing § 100 Rn. 49.

berufen kann, wenn diese auf seinem Organisationsverschulden (z.B. falsche Personalplanung) beruht, ist umstritten.[1111] Der Arbeitgeber darf sich jedenfalls nicht missbräuchlich selbst bewusst in Zugzwang setzen, um nach § 100 handeln zu können.[1112]

cc) Führt der Arbeitgeber die personelle Einzelmaßnahme ohne Zustimmung des Betriebsrats durch oder hält er die vorläufige Maßnahme entgegen § 100 Abs. 2 S. 3 bzw. Abs. 3 aufrecht, kann der Betriebsrat nach § 101 S. 1 die Aufhebung der personellen Einzelmaßnahme beantragen. Hebt der Arbeitgeber die personelle Maßnahme entgegen einer rechtskräftigen Entscheidung nicht auf, kann der Betriebsrat die Aufhebung nach § 101 S. 2 zwangsweise durchsetzen. Neben dem „Folgenbeseitigungsanspruch" nach § 101 steht dem Betriebsrat nach heute ganz h.M. bei grober Pflichtwidrigkeit des Arbeitgebers ein Anspruch auf Unterlassung einer bevorstehenden personellen Maßnahme nach Maßgabe des § 23 Abs. 3 zu, weil § 101 insofern keine abschließende Sonderregelung darstellt.[1113]

392

Ob dagegen dem BR neben dem „Folgenbeseitigungsanspruch" nach § 101 und dem Unterlassungsanspruch nach § 23 Abs. 3 auch ein sog. vorbeugender allgemeiner Unterlassungsanspruch zusteht, der keine grobe Pflichtwidrigkeit voraussetzt und auch im Wege der einstweiligen Verfügung durchgesetzt werden kann (vgl. dazu Rn. 314 f., 328 ff.), ist umstritten. Das BAG lehnt einen solchen Unterlassungsanspruch in Übereinstimmung mit der h.L. ab, da er mit den in § 100 Abs. 1 und 2 sowie § 101 getroffenen Grundentscheidungen des Gesetzgebers systematisch nicht zu vereinbaren wäre. Anders als bei sozialen Angelegenheiten nach § 87 ist in § 101 ausdrücklich geregelt, dass der Betriebsrat nur die (nachträgliche) Aufhebung einer mitbestimmungswidrigen personellen Einzelmaßnahme verlangen kann.[1114]

b) Mitbestimmung des Betriebsrats bei Einstellung

Fall 27: Einstellungsprobleme

Der Unternehmer U, der regelmäßig ca. 50 wahlberechtigte Arbeitnehmer beschäftigt, beabsichtigt, den Dreher D für die Dauer von drei Jahren befristet einzustellen, der sich bei ihm von sich aus beworben hat. Außerdem möchte er als neuen Abteilungsleiter den externen Bewerber A einstellen, obwohl sich um diese Stelle auch der bisherige Stellvertreter des Abteilungsleiters S aufgrund der internen Stellenausschreibung nach § 93 beworben hat. Der Arbeitgeber unterrichtet den Betriebsrat über die Einzelheiten der beabsichtigten Einstellungen, die vorgesehene Eingruppierung sowie die Auswirkungen der geplanten Maßnahmen mit der Bitte um Zustimmung. Der Betriebsrat, dem der Arbeitgeber die Bewerbungsunterlagen des D sowie des externen Bewerbers A sowie des S vorgelegt hat, hält die Befristung des Arbeitsverhältnisses mit D wegen Fehlens eines sachlichen Befristungsgrundes für unwirksam. Darüber hinaus ist er der Ansicht, dass ihm ein Widerspruchsrecht zusteht,

---

1111 Dagegen ArbG Neumünster AuR 1993, 187; D/K/K/Bachner § 100 Rn. 3; a.A. Richardi/Thüsing § 100 Rn. 8; S/W/S §§ 99–101 Rn. 107; ausführlich zu § 100 Kleinebrink ArbRB 2015, 243 und Gillen/Vahle BB 2010, 761.

1112 LAG Hamm, Beschl. v. 06.10.2006 – 10 TaBV 23/06, BeckRS2006, 45070; Richardi/Thüsing § 100 Rn. 8.

1113 BAG NJW 2010, 172; D/K/K/Bachner § 101 Rn. 19 ff.; F/E/S/T/L § 101 Rn. 12; Erfk/Kania § 101 Rn. 8; Richardi/Thüsing § 101 Rn. 4 ff.; a.A S/W/S § 23 Rn. 23 u. früher BAG DB 1979, 1282.

1114 BAG NZA 2011, 871; grundlegend: BAG NJW 2010, 172; Richardi/Thüsing § 101 Rn. 5; ErfK/Kania § 101 Rn. 9; Tiedemann ArbRB 2014, 253; a.A. D/K/K/Trittin § 23 Rn. 352; Lobinger ZfA 2004, 101, 170 ff.

weil der gleich geeignete S zum Abteilungsleiter befördert werden sollte. Schließlich ist er der Ansicht, dass er hinsichtlich der beabsichtigten Einstellung des neuen Abteilungsleiters nicht ordnungsgemäß informiert worden sei, weil ihm nicht die Unterlagen aller Bewerber vorgelegt worden seien. Könnte der Betriebsrat den beabsichtigten Einstellungen widersprechen?

393 A. Beabsichtigte Einstellung des D

I. Da U mehr als 20 Arbeitnehmer beschäftigt, steht dem Betriebsrat das Beteiligungsrecht nach § 99 zu.

Obwohl das BetrVG grds. betriebsbezogen ist, reicht für die Anwendbarkeit des § 99 nach der Reform des BetrVG auch aus, dass in einem Unternehmen, das aus mehreren Betrieben besteht, insgesamt regelmäßig mehr als 20 Arbeitnehmer beschäftigt sind. In Unternehmen mit i.d.R. nicht mehr als 20 Arbeitnehmern sind die personellen Einzelmaßnahmen dagegen nicht nach § 99 mitbestimmungspflichtig (Ausnahme: Gemeinschaftsbetrieb mit regelmäßig mehr als 20 Arbeitnehmern, vgl. oben Rn. 389 f.).

394 II. Der Betriebsrat kann nur dann der beabsichtigten Einstellung des D nach Maßgabe des §§ 99 Abs. 3 widersprechen, wenn ihm ein Zustimmungsverweigerungsrecht nach § 99 Abs. 2 zusteht.

Unter einer **Einstellung i.S.d. § 99** ist sowohl die Begründung des Arbeitsverhältnisses als auch die tatsächliche Aufnahme der Arbeit im Beschäftigungsbetrieb zu verstehen. Auf die Dauer sowie auf die Art des Arbeitsverhältnisses kommt es dabei nicht an. Fallen diese Zeitpunkte auseinander, so löst die jeweils erste Maßnahme das Mitbestimmungsrecht aus. Wird also zunächst der Arbeitsvertrag abgeschlossen, dann ist der Betriebsrat bereits vor Abschluss des Arbeitsvertrags zu beteiligen.[1115] Die wirksame Begründung des Arbeitsverhältnisses ist allerdings keine zwingende Voraussetzung für eine Einstellung i.S.d. § 99. Entscheidend ist vielmehr die tatsächliche Eingliederung in die Arbeitsorganisation des Arbeitgebers, ob also der Arbeitgeber wenigstens einen Teil der arbeitgeberseitigen Weisungsbefugnisse übernimmt.[1116] Eine Einstellung i.S.d. § 99 liegt deshalb auch beim Einsatz von Leiharbeitnehmern, was bereits aus § 14 Abs. 3 AÜG folgt, sowie von sog. Ein-Euro-Jobbern und von ausgewählten Zivildienstleistenden vor, obwohl ihre Tätigkeit nicht aufgrund eines privatrechtlichen Vertrages, sondern eines Verwaltungsaktes erfolgt,[1117] und kommt auch bei einem sog. Fremdfirmeneinsatz in Betracht.[1118] Eine Einstellung ist nach h.M. auch die Weiterbeschäftigung eines zunächst befristeten Arbeitnehmers nach Befristungsablauf,[1119] die Übernahme in ein Arbeitsverhältnis nach Beendigung der Ausbildung oder die Weiterbeschäftigung gemäß § 24 BBiG[1120] sowie die Beschäftigung über eine vereinbarte Altersgrenze hinaus.[1121] Nach h.M. liegt eine Einstellung auch bei Umwandlung einer Teilzeitstelle in eine Vollzeitstelle unter erheblicher Aufstockung der Arbeitszeit vor, nicht dagegen beim umgekehrten Fall einer Verringerung der Arbeitszeit.[1122]

395 1. Nach § 99 Abs. 1 hat der Arbeitgeber den Betriebsrat vor einer Einstellung umfassend unter Vorlage der Bewerbungsunterlagen zu unterrichten, wobei eine

---

1115 BAG NZA 1992, 1141; kritisch zum Teil Richardi/Thüsing § 99 Rn. 29 ff.; F/E/S/T/L § 99 Rn. 30 ff.; S/W/S § 99 Rn. 14; ausführlich zur Beteiligung des Betriebsrates vor einer Einstellung ArbR 2018, 493 ff. (Teil 1) und ArbR 2018, 521 ff. (Teil 2).

1116 BAG NZA 2020, 61; BAG ArbR 2019, 464 m. Anm. Bauer; Richardi/Thüsing § 99 Rn. 30; krit. Bengelsdorf FA 2009, 70.

1117 BAG NZA 2014, 1149; BAG NZA 2008, 244; BAG BB 2002, 47; F/E/S/T/L § 99 Rn. 54 ff., 77; D/K/K/Bachner § 99 Rn. 40.

1118 BAG ArbRB 2017, 108 m. Anm. Oetter; BAG NZA 2014, 1149; Hunold NZA 2012, 113; Walle NZA 1999, 518.

1119 BAG NZA 2011, 418; BAG NZA 2009, 1162; Löwisch/Mandler BB 2016, 629, 632; a.A. Richardi/Thüsing § 99 Rn. 39 f.

1120 LAG Hamm DB 1982, 2303; F/E/S/T/L § 99 Rn. 52 mit Meinungsübersicht.

1121 F/E/S/T/L § 99 Rn. 39; Grimm ArbRB 2015, 92, 95 f.; Kroll ZTR 2016, 179 ff.; a.A. Worobjow NZA 2019, 1023; jeweils m.w.N.

1122 BAG NZA-RR 2009, 260 (mehr als einen Monat und zehn Stunden); BAG NZA 2005, 945; D/K/K/Kittner § 99 Rn. 45; Hey/Wypych DB 2019, 1451; Wulf/Richter AuR 2007, 120; a.A. Richardi/Thüsing § 99 Rn. 52; Hunold NZA 2005, 910 ff.

bestimmte Form der Unterrichtung nicht vorgeschrieben ist. Die Unterrichtungs- und Vorlagepflicht nach § 99 Abs. 1 dient dazu, dem Betriebsrat die Informationen zu verschaffen, die er benötigt, um sein Recht zur Stellungnahme nach § 99 Abs. 2, das vornehmlich den kollektiven Interessen der Belegschaft dient, sachgerecht ausüben zu können. Die Unterrichtung muss deshalb so umfassend sein, dass der Betriebsrat aufgrund der mitgeteilten Tatsachen in die Lage versetzt wird zu prüfen, ob einer der in § 99 Abs. 2 genannten Zustimmungsverweigerungsgründe vorliegt. Mindestbestandteile der Unterrichtung durch den Arbeitgeber sind die Natur der beabsichtigten Maßnahme, Personen der Beteiligten, vorgesehene Eingruppierung, Auswirkungen der Maßnahme und Vorlage der Bewerbungsunterlagen.[1123] Die Auswahl unter den Einstellungsbewerbern ist zwar Sache des Arbeitgebers, gleichwohl muss er dem Betriebsrat nach ganz h.M. die **Bewerbungsunterlagen aller** (auch der abgelehnten) **Einstellungsbewerber** vorlegen und umfassende Auskünfte über sie unter Vorlage der Unterlagen erteilen. Begründet wird dies damit, dass der Betriebsrat erst bei einer umfassenden Unterrichtung feststellen kann, ob Zustimmungsverweigerungsgründe vorliegen.[1124]

Der Name des Einzustellenden ist nach BAG immer, und zwar auch dann anzugeben, wenn es sich dabei um einen Leiharbeitnehmer handelt, weil anderenfalls dem Betriebsrat die Möglichkeit genommen wird, das Zustimmungsverweigerungsrecht nach § 99 Abs. 2 Nr. 6 geltend zu machen.[1125]

U hat dem Betriebsrat die o.g. erforderlichen Informationen erteilt und die Bewerbungsunterlagen des „Aktivbewerbers" D vorgelegt. Eine ordnungsgemäße Unterrichtung vor der beabsichtigten Einstellung des D liegt somit vor.

2. Nach § 99 Abs. 2 Nr. 1 steht dem Betriebsrat ein Zustimmungsverweigerungsrecht zu, wenn die personelle Einzelmaßnahme gegen ein Gesetz, eine Verordnung, eine Unfallverhütungsvorschrift oder gegen Bestimmungen eines anwendbaren Tarifvertrags oder einer Betriebsvereinbarung verstößt. Fraglich ist deshalb, ob die vorgesehene Einstellung des D einen solchen Verstoß darstellt.

396

   a) Der Dreher D soll für die Dauer von drei Jahren ohne sachlichen Befristungsgrund eingestellt werden, obwohl nach § 14 Abs. 2 TzBfG sachgrundlose Befristungen höchstens für die Dauer von zwei Jahren abgeschlossen werden können. Dem Betriebsrat könnte deshalb ein Zustimmungsverweigerungsrecht nach § 99 Abs. 2 Nr. 1 zustehen.

   b) Das Zustimmungsverweigerungsrecht nach § 99 Abs. 2 Nr. 1 besteht aber nur dann, wenn die Einstellung als solche gegen ein Gesetz verstößt, d.h. wenn der Zweck der Verbotsnorm nur dadurch erreicht werden kann, dass die Einstellung insgesamt unterbleibt.[1126] Ob und inwieweit die Vertragsbedingungen zulässig ist, ist unbeachtlich, weil das Mitbestimmungsrecht

397

1123 BAG DB 1989, 1523 ff.; Richardi/Thüsing § 99 Rn. 132 ff.; S/W/S §§ 99–101 Rn. 22 ff.

1124 BAG NZA 2006, 111; Richardi/Thüsing § 99 Rn. 158 ff.; F/E/S/T/L § 99 Rn. 167 ff.; kritisch S/W/S §§ 99–101 Rn. 32 f.

1125 Vgl. BAG NZA 2011, 871; a.A. LAG Hamm ArbR 2010, 21 (Vorinstanz); Richardi/Thüsing § 99 Rn. 137 (15. Aufl.), wenn der Name dem AG nicht bekannt ist, da keine Nachforschungspflicht besteht.

1126 BAG NZA 2019, 1288; BAG NZA 2011, 418; Richardi/Thüsing § 99 Rn. 211 m.w.N.

des Betriebsrates kein Instrument zu einer umfassenden Vertragskontrolle ist.[1127] Hier ist die Einstellung selbst nicht gesetzeswidrig, sondern nur die Dauer der Befristung, sodass nach § 16 TzBfG ein unbefristetes Arbeitsverhältnis bestehen würde. Der Betriebsrat hat deshalb nach ganz h.M. kein Zustimmungsverweigerungsrecht nach § 99 Abs. 2 Nr. 1, sodass ihm auch nicht mitgeteilt werden müsste, ob die Befristung ohne bzw. mit und aufgrund welchen Sachgrunds erfolgt ist.[1128]

Ein Zustimmungsverweigerungsrecht wegen gesetzeswidriger Einstellung kommt insb. in Betracht bei Beschäftigung von Ausländern ohne die erforderliche Arbeitserlaubnis, nicht nur vorübergehendem Einsatz eines Leiharbeitnehmers, Einstellung einer Schwangeren bzw. eines Jugendlichen trotz eines Beschäftigungsverbots nach §§ 3–6, 11, 12 und 16 MuSchG bzw. §§ 22 ff. JArbSchG.[1129] Ob der Arbeitsvertrag in den o.g. Fällen wirksam ist, ist unerheblich, weil das Zustimmungsverweigerungsrecht bereits dann besteht, wenn die Eingliederung, also die tatsächliche Beschäftigung gegen ein Gesetz verstößt. Ein Zustimmungsverweigerungsrecht nach § 99 Abs. 2 Nr. 1 besteht auch dann, wenn der AG die Einstellung unter Verstoß gegen die ihm nach § 81 Abs. 1 SGB IX obliegende Prüf- und Konsultationspflicht vorgenommen hat, da in diesem Fall der freie Arbeitsplatz der Gruppe der schwerbehinderten Menschen gesetzeswidrig „entzogen" wird. Dies gilt auch dann, wenn es sich um die Einstellung eines Leiharbeitnehmers handelt.[1130]

III. **Ergebnis zu A.:** Dem Betriebsrat steht hinsichtlich der Einstellung kein Zustimmungsverweigerungsrecht zu.

398 B. Beabsichtigte Einstellung des A

I. Hier hat zwar U die Unterrichtungspflicht nach § 99 Abs. 1 verletzt, weil er dem Betriebsrat nicht die Bewerbungsunterlagen aller Bewerber, sondern nur die von A und S vorgelegt hat (vgl. Rn. 395). Die Verletzung der gesetzlichen Unterrichtungspflicht nach § 99 Abs. 1 begründet aber nach ganz h.M. kein Zustimmungsverweigerungsrecht des Betriebsrats nach § 99 Abs. 2 Nr. 1, weil dieses nur dann besteht, wenn die Einstellung selbst gegen ein gesetzliches Verbot verstößt.[1131]

Beim **Fehlen einer Unterrichtung** des BR über die personelle Einzelmaßnahme **kommt ein Eintritt der Zustimmungsfiktion** nach § 99 Abs. 3 S. 2 nach Ablauf der Wochenfrist **nicht in Betracht**. Eine erst nach der Aufnahme der Tätigkeit durch den Arbeitnehmer vorgenommene nachträgliche Unterrichtung des Betriebsrats kann die Zustimmungsfiktion nach § 99 Abs. 3 S. 2 BetrVG zu der bereits erfolgten Einstellung nicht bewirken. Der Arbeitgeber kann die Beseitigung des betriebsverfassungswidrigen Zustands bei einer solchen mitbestimmungswidrigen Einstellung nur dann mit einem neuen Zustimmungsersuchen erreichen, wenn er die Einstellung „zunächst aufhebt" und einen „neuen Stellenbesetzungsvorgang" einleitet.[1132] Die Wochenfrist beginnt grds. erst mit dem Tag der ordnungsgemäßen Unterrichtung zu laufen. Hat der Arbeitgeber dem BR solche Informationen erteilt, die üblicherweise ausreichen (Art der Maßnahme, Personalien, vorgesehene Eingruppierung, Vorlage der Bewerbungen, Auswirkungen), sodass er von einer vollständigen Unterrichtung ausgehen durfte, muss der BR nach dem Grds. der vertrauensvollen Zusammenarbeit (§ 2 Abs. 1) innerhalb einer Woche um **Vervollständigung der Unterrichtung** bitten, wenn er zusätzliche Informationen für erforderlich hält. Er-

---

1127 BAG NZA 2019, 1288; BAG NZA 2011, 418; Richardi/Thüsing § 99 Rn. 186 ff. m.w.N.

1128 BAG NZA 2011, 418; vgl. aber auch D/K/K/Bachner § 99 Rn. 194, 200.

1129 Vgl. BAG NZA 2013, 1296; weitere Beispiele bei F/E/S/T/L § 99 Rn. 188 ff.

1130 BAG NZA 2010, 1361; Richardi/Thüsing § 99 Rn. 100; krit. Fabritius BB 2011, 319.

1131 Vgl. BAG NZA 2013, 1296; D/K/K/Bachner § 99 Rn. 197; F/E/S/T/L § 99 Rn. 206 ff.

1132 BAG BB 2019, 1917 m. Anm. Flockenhaus; Fuhlrott ArbR 2019, 491.

teilt der Arbeitgeber diese erforderlichen Informationen, beginnt die Wochenfrist erst mit der Vervollständigung der Unterrichtung zu laufen. Weist der BR dagegen auf die Unterrichtungsmängel nicht hin, gilt die Zustimmung mit Ablauf der Wochenfrist als erteilt.[1133]

II. Dem Betriebsrat könnte aber ein Zustimmungsverweigerungsrecht nach § 99 **399** Abs. 2 Nr. 3 zustehen, weil durch die beabsichtigte Einstellung des externen Bewerbers A der bereits im Betrieb beschäftigte S die ausgeschriebene Stelle des Abteilungsleiters nicht erhält.

Das **Zustimmungsverweigerungsrecht nach § 99 Abs. 2 Nr. 3** besteht nur dann, wenn durch die beabsichtigte Einstellung ein Betriebsangehöriger einen Nachteil erleidet, der nicht durch betriebliche oder persönliche Gründe gerechtfertigt ist. S erleidet durch die Einstellung des A jedoch keinen Nachteil, weil seine bisherige Rechtsposition nicht verschlechtert, sondern nur seine Beförderungschance nicht realisiert wird (Faustformel: „Entgehender Vorteil ist kein Nachteil"). Die Versagung beruflicher Entwicklungsmöglichkeiten, insb. die Nichtrealisierung einer Beförderungschance ist nur dann ein Nachteil i.S.d. § 99 Abs. 2 Nr. 3, wenn darauf ein Rechtsanspruch, zumindest aber eine rechtserhebliche Anwartschaft besteht.[1134] Solche Rechtspositionen stehen S nicht zu, sodass der Betriebsrat auch kein Zustimmungsverweigerungsrecht nach § 99 Abs. 2 Nr. 3 hat.

III. **Ergebnis zu B.:** Dem Betriebsrat steht auch hinsichtlich der beabsichtigten Einstellung des A kein Zustimmungsverweigerungsrecht zu.

c) Mitbestimmung bei Versetzung

Fall 28: Aufgabenverkleinerung

Der Autoverkäufer A war seit Jahren im Innen- und Außendienst beschäftigt. Der Arbeitgeber U, der ca. 40 Arbeitnehmer beschäftigt, hat die Entscheidung getroffen, einen neuen Außendienstmitarbeiter einzustellen und A nur noch im Innendienst einzusetzen, womit dieser auch einverstanden ist. Der Betriebsrat ist der Ansicht, dass ihm wegen der Änderung der Tätigkeit des A ein Mitbestimmungsrecht nach § 99 zustehe, weil A bisher zu ca. 30% seiner Arbeitszeit im Außendienst tätig war, sodass eine mitbestimmungspflichtige Versetzung vorliege. U ist hingegen der Ansicht, dass A weiterhin als Autoverkäufer eingesetzt werde, sodass eine Änderung des Aufgabenbereichs nicht vorliege. Steht dem Betriebsrat ein Mitbestimmungsrecht zu?

I. Dem Betriebsrat könnte wegen des Entzugs der Außendiensttätigkeit ein Mitbestim **400** mungsrecht nach § 99 zustehen.

1. U beschäftigt mehr als 20 Arbeitnehmer, sodass § 99 anwendbar ist.

2. Fraglich ist, ob der Entzug der Außendiensttätigkeit eine nach § 99 mitbestimmungspflichtige Versetzung ist.

1133 BAG NZA 2019, 1061; BAG ArbR 2011, 306 m. Anm. Bissels; D/K/K/Bachner § 99 Rn. 174; jeweils m.w.N.
1134 BAG NZA 2014, 156; krit. D/K/K/Bachner § 99 Rn. 200; Oetker NZA 2003, 937 zur Zustimmungsverweigerung nach § 99 Nr. 3 wegen Nachteile für befristet beschäftigte AN u. BAG NZA 2005, 775: Zustimmungsverweigerung nach § 99 Nr. 6 wegen Störung des Betriebsfriedens.

Der Umstand, dass A mit der Änderung seines Aufgabenbereichs einverstanden war, ist nur für die individualrechtliche Zulässigkeit von Bedeutung, für das Vorliegen einer nach § 99 betriebsverfassungsrechtlich mitbestimmungspflichtigen Versetzung aber unbeachtlich. Der BR könnte deshalb trotz der Zustimmung des A die Aufhebung der Versetzung nach § 101 verlangen.[1135] Die Änderung des Aufgabenbereichs ist allerdings für den A nur dann verbindlich, wenn sie sowohl individualrechtlich als auch kollektivrechtlich zulässig ist. Der AN kann deshalb die Befolgung der Versetzungsanordnung beim Fehlen der Zustimmung des BR auch dann verweigern, wenn der AG nach dem Inhalt des Arbeitsvertrags zu der Versetzungsanordnung aufgrund seines Direktionsrechts nach § 106 GewO berechtigt wäre (vgl. auch oben Rn. 306 entspr.).[1136]

401

a) **Versetzung** ist nach der **Legaldefinition des § 95 Abs. 3** die Zuweisung eines anderen Arbeitsbereiches, die voraussichtlich länger als einen Monat dauern soll oder die mit einer erheblichen Änderung der Umstände verbunden ist, unter denen die Arbeit zu leisten ist. Es gibt also **zwei Arten von Versetzungen**, nämlich:

- Zuweisung eines anderen Arbeitsbereichs für voraussichtlich länger als einen Monat;

- Zuweisung eines anderen Arbeitsbereichs für eine kürzere Zeit, die aber mit einer erheblichen Änderung der Arbeitsumstände verbunden ist, unter denen die Arbeitsleistung zu erbringen ist.

Die **Mitbestimmungsfreiheit** ist dabei **bei** den **kurzfristigen Änderungen des Arbeitsbereiches** nach dem Willen des Gesetzgebers der **Regelfall, die Mitbestimmungspflichtigkeit** wegen erheblicher Änderung der Arbeitsumstände der **Ausnahmefall**. Dies folgt daraus, dass der Arbeitgeber die Möglichkeit haben muss, die Arbeitskräfte aufgrund seines Direktionsrechts bei den im betrieblichen Alltag häufig anfallenden Vorgängen (z.B.: Krankheits- bzw. Urlaubsvertretung, vorübergehender zusätzlicher Arbeitskräftebedarf), ohne Beteiligung des Betriebsrats entsprechend des konkreten Bedarfs einsetzen zu können.[1137]

Nach der **Negativregelung des § 95 Abs. 3 S. 2** gilt die Zuweisung eines anderen Arbeitsplatzes nicht als Versetzung, wenn der Arbeitnehmer nach der Eigenart des Arbeitsverhältnisses nicht ständig an einem bestimmten Arbeitsplatz beschäftigt wird. Für das Eingreifen dieser Negativregelung reicht es nicht aus, dass der Arbeitgeber den Arbeitnehmer nach dem Inhalt des Arbeitsvertrags aufgrund des Direktionsrechts an wechselnden Arbeitsorten einsetzten kann bzw. einsetzt. Erforderlich ist vielmehr, dass der Arbeitsvertrag von vornherein darauf ausgerichtet ist, dass der Arbeitnehmer ständig seine Einsatzstellen wechselt, wie z.B. beim Maurer, Dachdecker, Außendienstmitarbeiter.[1138]

402

aa) Der **Begriff des Arbeitsbereichs** wird in § 81 durch die Aufgabe und Verantwortung sowie die Art der Tätigkeit und ihre Einordnung in den Arbeitsablauf des Betriebs beschrieben. Arbeitsbereich ist danach der konkrete Arbeitsplatz und seine Beziehung zur betrieblichen Umgebung in

---

1135 Vgl. dazu BAG NZA 1997, 1358 ff.; Richardi/Thüsing § 99 Rn. 302; MünchArbR/Lunk § 341 Rn. 29 f.

1136 BAG NZA 2010, 1235; F/E/S/T/L § 99 Rn. 283 f.; a.A. Richardi/Thüsing § 99 Rn. 299, 300: nur betriebsverfassungsrechtliches Beschäftigungsverbot, auf das sich der AN nur berufen kann, wenn der BR die Aufhebung betreibt; a.A. S/W/S §§ 99–101 Rn. 151: Verletzung des Mitbestimmungsrechts begründet nur einen Aufhebungsanspruch des BR nach § 101.

1137 BAG EzA § 95 BetrVG 2001 Nr. 5; F/E/S/T/L § 99 Rn. 145 ff.

1138 BAG NZA 2000, 781; 1993, 714 ff.; Richardi/Thüsing § 99 Rn. 135 ff.; F/E/S/T/L § 99 Rn. 156 ff.

räumlicher, technischer und organisatorischer Hinsicht. Da jede einem Arbeitnehmer zugewiesene Tätigkeit naturgemäß laufend Änderungen unterworfen ist, stellt nicht jede Tätigkeitsänderung zugleich eine betriebsverfassungsrechtliche Versetzung dar. Eine Änderung des Arbeitsbereichs liegt nur dann vor, wenn dem Arbeitnehmer ein neuer Tätigkeitsbereich zugewiesen wird, sodass der Gegenstand der nunmehr geforderten Arbeitsleistung ein anderer wird und sich das Gesamtbild der Tätigkeit ändert. Bagatellfälle stellen also keine Versetzungen i.S.d. § 95 Abs. 3 dar.[1139]

403

bb) Veränderungen des Arbeitsbereichs kommen vor bei Änderung

- des Arbeitsortes,

- von Arbeitsaufgabe und -inhalt,

- der Eingliederung in der betrieblichen Organisation und

- der Arbeitsumstände.

Zu berücksichtigen ist dabei, dass die Veränderung des Arbeitsortes regelmäßig auch eine Änderung des Arbeitsbereiches darstellt. Unter dem Gesichtspunkt der Änderung der Arbeitsumstände kommt eine Versetzung dagegen nur ausnahmsweise dann in Betracht, wenn die Arbeitsumstände sich so erheblich verändert haben, dass sich das Gesamtbild der Tätigkeit verändert hat.[1140]

404

b) Vorliegend ist der bisherige Aufgabenbereich des A insofern verändert worden, als ihm der Außendienst entzogen worden ist und er nur noch ausschließlich als Autoverkäufer im Innendienst eingesetzt wird. A bleibt zwar Autoverkäufer, da aber die mit Reisen und einer anderen Art von Kunden verbundene Außendiensttätigkeit, die bisher 30% seiner Arbeitszeit ausmachte, nunmehr wegfällt, ändert sich aufgrund der Verkleinerung seines Zuständigkeitsbereichs auch das Gesamtbild seiner Tätigkeit, sodass eine Änderung des Arbeitsbereiches vorliegt.[1141]

Beispiele zur Versetzung:

Keine Versetzung liegt bei bloßer Veränderung der technischen Hilfsmittel oder Arbeitsmaschinen vor[1142] sowie beim bloßen Entzug der bisherigen Aufgaben oder einer Freistellung des AN, weil keine Zuweisung eines neuen Arbeitsbereichs gegeben ist.[1143] Ebensowenig liegt eine Versetzung jedenfalls i.d.R. bei bloßer Änderung der Lage oder der Dauer der Arbeitszeit vor, weil nicht die Tätigkeit als solche, sondern nur die Zeit verändert wird.[1144] Eine Versetzung liegt dagegen i.d.R auch bei kurzfristigen Auslandsreisen[1145] sowie der dauerhaften Umsetzung einer Altenpflegekraft von einer Station auf eine andere vor, wenn die Stationen organisatorisch eigenständig sind.[1146] Eine Versetzung liegt regelmäßig auch bei

---

1139 BAG NZA 2019, 1061; BAG ArRB 2019, 270 m. Anm. Lunk; F/E/S/T/L § 99 Rn. 125 ff.; D/K/K/Bachner § 99 Rn. 96 ff.

1140 BAG NZA 2019, 1061; BAG NZA 2010, 665; vgl. auch BAG NZA 2006, 1289: Bloße Verlagerung des Betriebes/Betriebsteils innerhalb derselben Gemeinde allein keine Versetzung.

1141 BAG NZA 1997, 112; Griese BB 1995, 458; F/E/S/T/L § 99 Rn. 128 ff.; D/K/K/Bachner § 99 Rn. 111: Umstritten ist bei der Verkleinerung bzw. Erweiterung des bisherigen Arbeitsbereiches, ob bereits bei 20% eine Änderung des Arbeitsbereiches anzunehmen ist. Bei einer Erweiterung bzw. Verkleinerung um 25% wird allgemein eine Änderung jedenfalls im Regelfall angenommen (vgl. F/E/S/T/L § 99 Rn. 129 m.w.N).

1142 BAG BB 1988, 2100 ff. m. Anm. Hunold; D/K/K/Bachner § 99 Rn. 111; Griese BB 1995, 458.

1143 BAG NZA 2019, 1061; BAG NZA 2000, 1355; F/E/S/T/L § 99 Rn. 134 f.: Meinungsübersicht.

1144 BAG NZA 2005, 945; BAG NZA 1994, 718; Richardi/Thüsing § 99 Rn. 125.

1145 BAG NZA 2000, 781; 1990, 198 ff.; Richardi/Thüsing § 99 Rn. 123; F/E/S/T/L § 99 Rn. 147; Hoffmann DB 2019, 1737 ff.

1146 BAG NZA 2000, 1357; vgl. dazu auch Richardi/Thüsing § 99 Rn. 124.

Entzug und Anordnung einer Homeoffice-Tätigkeit vor.[1147] Beim Wechsel von Akkordlohn in Zeitlohn bzw. vom Einzelakkord in Gruppenakkord und umgekehrt ist im Einzelfall zu prüfen, ob sich auch das Gesamtbild verändert hat.[1148]

II. **Ergebnis:** Da der bisherige Arbeitsbereich des A auf Dauer geändert werden soll, liegt eine nach § 99 mitbestimmungspflichtige Versetzung i.S.d. § 95 Abs. 3 vor.[1149]

d) Mitbestimmung bei Ein- und Umgruppierung

405 **Eingruppierung** ist die erstmalige Einordnung eines Arbeitnehmers in ein kollektives Entgeltschema (z.B. tarifliche Vergütungsordnung). Die **Umgruppierung** ist dagegen die Änderung der Einreihung in die im Betrieb geltende Vergütungsordnung. Bei diesen Vorgängen ist zu klären, welchen Merkmalen der im Betrieb geltenden Vergütungsordnung die jeweilige Tätigkeit entspricht.[1150]

Anders als bei der Einstellung und Versetzung handelt es sich bei der Ein- bzw. Umgruppierung nicht um einen Gestaltungsakt, sondern um einen **Akt der Rechtsanwendung**, weil dabei ein bestimmter Sachverhalt (= ausgeübte Tätigkeit) unter die vorgegebene Vergütungsordnung subsumiert wird. Das Mitbestimmungsrecht des Betriebsrats beschränkt sich deshalb nur darauf, sicherzustellen, dass die Rechtsanwendung auch zutreffend erfolgt. Dem Betriebsrat steht also **kein Mitgestaltungs-, sondern nur ein Mitbeurteilungsrecht** zu.[1151] Dementsprechend hat der Betriebsrat bei Ein- bzw. Umgruppierung ohne die nach § 99 vorgeschriebene Beteiligung entgegen dem Wortlaut des § 101 keinen Anspruch auf Aufhebung dieser personellen Einzelmaßnahmen, weil die mitbestimmungswidrig vorgenommene Ein- bzw. Umgruppierung richtig sein kann. Da die Rechtsanwendung als solche nicht zur Disposition der Betriebsparteien steht, kann der Betriebsrat deshalb nach § 101 nur die Einholung seiner Zustimmung und bei Verweigerung derselben die Durchführung des arbeitsgerichtlichen Zustimmungsersetzungsverfahrens nach § 99 verlangen, in dem die Richtigkeit der vorgenommenen Ein- bzw. Umgruppierung geprüft wird.[1152]

4. Die Beteiligungsrechte des Betriebsrats bei einer Kündigung

a) Anhörung des Betriebsrats nach § 102

406 **aa)** Entgegen der Überschrift des **§ 102** steht dem Betriebsrat **vor jeder Kündigung** kein Mitbestimmungsrecht, sondern lediglich ein Anhörungsrecht zu. Die **Einhaltung des Anhörungsrechts** des Betriebsrats ist eine **Wirksamkeitsvoraussetzung der Kündigung**, wobei die Kündigung über den Wortlaut des § 102 Abs. 1 S. 3 hinaus nicht nur

---

1147 Vgl. LAG Düsseldorf ArbR 2014, 570 m. Anm. Stück; Müller DB 2019, 1624, 1626; Otto/Müller DB 2019, M4–M5.

1148 Vgl. BAG NZA 1997, 1358; BAG DB 1985, 1481 ff.; F/E/S/T/L § 99 Rn. 140 f.; Schaub/Koch § 241 Rn. 22 a.

1149 Ausführlich zur Versetzung: Jüngst B+P 2014, 176; Hunold in Festschrift für Hromadka zum 70. Geburtstag 2008, 157 ff.; Schlochauer in Festschrift für Richardi zum 70. Geburtstag 2007, 751; Hunold NZA-RR 2001, 617: Rspr.-Übersicht.

1150 BAG ArbR 2019, 472 m. Anm. Straube; BAG ArbRB 2019, 140 m. Anm. Kroll; Richardi/Thüsing § 99 Rn. 59 ff. u. 82 ff. m.w.N.

1151 BAG ArbR 2019, 472 m. Anm. Straube; BAG NZA 2014, 388; Richardi/Thüsing § 99 Rn. 303; D/K/K/Bachner § 99 Rn. 66 ff. und Eylert/Kreutzberg-Kowalczyk ZfA 2019, 320; Pletke ArbR 2019, 237 ff., 266 ff. zu Problemen bei Eingruppierungen.

1152 BAG NZA 2014, 388; BAG DB 2010, 1536; Richardi/Thüsing § 101 Rn. 19; F/E/S/T/L § 101 Rn. 8 m.w.N.

bei vollständig unterbliebener, sondern auch bei einer nicht ordnungsgemäßen Anhörung unwirksam ist.[1153]

Die Rechte des BR nach § 102 vor einer Kündigung können gemäß § 102 Abs. 6 durch eine freiwillige Betriebsvereinbarung erweitert werden (z.B. Zustimmung erforderlich). Nach h.M. ist die Erweiterung der Rechte des BR nach § 102 BetrVG auch durch einen Tarifvertrag zulässig,[1154] nicht aber durch einen Arbeitsvertrag.[1155]

bb) Die **ordnungsgemäße Anhörung** des Betriebsrats setzt voraus, dass der Betriebsrat über den Kündigungssachverhalt so umfassend informiert worden ist, dass er ohne eigene Nachforschungen die Stichhaltigkeit der Kündigung überprüfen kann. Zum Mindestinhalt einer ordnungsgemäßen Anhörung gehören grds. Angaben zur Person des Arbeitnehmers einschließlich der Dauer der Betriebszugehörigkeit, die Art der Kündigung, die Kündigungsfrist einschließlich des Kündigungstermins sowie die Gründe für die Kündigung einschließlich der den Arbeitnehmer entlastenden Umstände sowie der Kriterien für die soziale Auswahl bei einer betriebsbedingten Kündigung. Die Unterrichtungspflicht erstreckt sich dabei nach ganz h.M. nur auf die Umstände, die aus der subjektiven Sicht des Arbeitgebers für die Kündigung des Arbeitsverhältnisses maßgeblich sind – sog. **subjektive Determination der Betriebsratsanhörung**.[1156]

407

Beispiele zur subjektiven Determination des Anhörungsverfahrens:

408

1. Mehrere Kündigungsgründe

Der Arbeitgeber U mahnte den Schlosser S schon drei Mal schriftlich wegen Verspätungen ab. Am 10.03. kam S erneut zu spät zum Dienst, weshalb U die Kündigung erklären wollte. Im Verlauf des Tages bekam U Informationen, die dafür sprachen, dass S mit großer Wahrscheinlichkeit zulasten der Arbeitskollegen Diebstähle begangen hat. U hörte deshalb den BR zu der beabsichtigten fristlosen Kündigung unter Schilderung des gesamten Sachverhalts, aus dem sich der dringende Tatverdacht ergab. Im Rahmen des vom S eingeleiteten Kündigungsschutzprozesses wurde U im Gütetermin (§ 54 ArbGG) auf die Bedenken gegen die Wirksamkeit der Verdachtskündigung wegen fehlender Anhörung des S hingewiesen. U ist der Ansicht, dass die Kündigung wegen der vorangegangenen Abmahnungen und der erneuten Verspätung zumindest in eine ordentliche Kündigung nach § 140 BGB umzudeuten ist.

a) Eine ordnungsgemäße Anhörung des BR zu der Verdachtskündigung liegt vor, auch wenn U dem Betriebsrat die Abmahnungen und die Verspätungen des S nicht mitgeteilt hat. Denn U wollte die Kündigung wegen des Verdachts der strafbaren Handlungen erklären und hat dem BR die Tatsachen mitgeteilt, die aus seiner Sicht die Verdachtskündigung rechtfertigen sollten (sog. subjektive Determination). Die Verdachtskündigung ist aber deshalb unwirksam, weil U zu dem Tatverdacht den S nicht angehört hat, was aber Wirksamkeitsvoraussetzung einer Verdachtskündigung ist.[1157]

b) Eine erneute Verspätung nach einschlägigen Abmahnungen ist zwar grundsätzlich geeignet, eine ordentliche verhaltensbedingte Kündigung zu rechtfertigen. Eine Umdeutung der unwirksamen fristlosen Kündigung in eine ordentliche Kündigung nach § 140 BGB scheitert aber vorliegend schon daran, dass U den BR dazu nicht nach § 102 angehört hat. Eine Heilung dieses Anhörungsmangels ist nicht möglich, weil U diese Tatsachen bei Einleitung des Anhörungsverfahrens nach § 102 bekannt waren, sodass ein Nachschieben dieses Kündigungsgrundes nicht in Betracht kommt (vgl. dazu Rn. 412).

2. Kündigung während der sechsmonatigen Wartezeit

409

Der Arbeitgeber U teilt dem BR mit, dass er das Arbeitsverhältnis mit dem seit drei Monaten beschäftigten, verheirateten und gegenüber 2 Kindern unterhaltspflichtigen Angestellten A fristgerecht kündigen möchte, weil A nach seiner Einschätzung nicht in die Betriebsgemeinschaft passe. Der BR widerspricht der Kündigung, weil ihm kein nachvollziehbarer Kündigungsgrund mitgeteilt worden sei.

1153 BAG NJW 2017, 684; BAG NZA 2014, 143; ErfK/Kania § 102 Rn. 2; Richardi/Thüsing § 102 Rn. 122 m.w.N.

1154 BAG NZA 2011, 708; BAG NZA 2002, 71; F/E/S/T/L § 102 Rn. 132 m.w.N.

1155 BAG NZA 2009, 915; F/E/S/T/L § 102 Rn. 125 m.w.N.; a.A. Richardi/Thüsing § 102 BetrVG Rn. 316 a.E.

1156 BAG NZA 2017, 1199; BAG ZTR 2014, 50; BAG DB 2011, 597; KR/Rinck § 102 Rn. 83 ff.; Richardi/Thüsing § 102 Rn. 62 ff.; Fuhlrott/Kaempf FA 2015, 106 ff.; a.A. zu Kriterien für Sozialauswahl S/W/S § 102 Rn. 55 ff. u. früher BAG BB 1979, 627.

1157 Vgl. dazu BAG NZA 2018, 1405; BAG NZA 2018, 1405; Wißler/Spuhl BB 2019, 692 ff.; Fischer BB 2003, 522 ff.

a) Auch wenn auf das Arbeitsverhältnis zwischen A und U das KSchG mangels Erfüllung der sechsmonatigen Wartezeit des § 1 KSchG keine Anwendung findet, ist die Kündigung nach § 102 Abs. 1 S. 3 unwirksam, wenn der BR vor Ausspruch der Kündigung nicht ordnungsgemäß angehört worden ist.[1158] U hat dem BR jedoch neben den Personalien des A auch den Kündigungsgrund mitgeteilt, der aus seiner subjektiven Sicht für die beabsichtigte Kündigung des Arbeitsverhältnisses mit A maßgeblich war, nämlich seine subjektive Einschätzung, dass A nicht in die Betriebsgemeinschaft passe. Damit ist die Anhörung des BR nach § 102 ordnungsgemäß durchgeführt worden. Dass der BR der Kündigung widersprochen hat, ist unerheblich, weil nach § 102 nur die ordnungsgemäße Anhörung erforderlich ist.

b) Die Tatsache, dass U das Arbeitsverhältnis allein aufgrund einer subjektiven, durch Tatsachen nicht belegbaren Entscheidung kündigen will, würde zwar für eine soziale Rechtfertigung der Kündigung i.S.d. § 1 KSchG nicht reichen. Da aber das KSchG wegen Nichterfüllung der Wartezeit des § 1 KSchG keine Anwendung findet, gilt auch für den Arbeitgeber U der Grundsatz der Kündigungsfreiheit, sodass für die Kündigung kein besonderer Kündigungsgrund erforderlich ist. Die Kündigung ist deshalb wirksam.

410 **cc)** Die **Stellungnahmefrist** beträgt bei einer ordentlichen Kündigung nach § 102 Abs. 2 S. 1 eine Woche, bei einer außerordentlichen Kündigung dagegen nur drei Tage, § 102 Abs. 2 S. 3, wobei der Lauf der zweiwöchigen Kündigungserklärungsfrist des § 626 Abs. 2 BGB durch die Betriebsratsanhörung nicht unterbrochen wird. Bei einer außerordentlichen Kündigung mit einer sozialen Auslauffrist gegenüber einem ordentlich unkündbaren Arbeitnehmer beträgt allerdings die Stellungnahmefrist wie bei einer ordentlichen Kündigung eine Woche.[1159] Der Arbeitgeber kann die Kündigung erst nach Ablauf der Stellungnahmefrist erklären, es sei denn, der Betriebsrat hat bereits vorher eine abschließende Stellungnahme abgegeben.[1160] Äußert sich der Betriebsrat bei einer ordentlichen Kündigung innerhalb einer Woche nicht, gilt das gemäß § 102 Abs. 2 S. 2 BGB als Zustimmung. Keine Zustimmungsfiktion greift dagegen beim Schweigen zu einer außerordentlichen Kündigung. Die Anhörungsfrist kann durch Vereinbarung zwischen Arbeitgeber und Betriebsrat nach ganz h.M. verlängert werden. Die Vereinbarung einer Verkürzung ist nach h.M. ebenfalls zulässig.[1161] Die Gegenansicht[1162] dürfte keine große praktische Bedeutung haben, weil der Betriebsrat durch eine abschließende Stellungnahme das Anhörungsverfahren ohne Weiteres abkürzen kann.

Beispiel: Übergabe der Kündigung an einen Boten vor Ablauf der Stellungnahmefrist
U hat den Betriebsrat am Dienstag, den 10.07. von der beabsichtigten Kündigung des Arbeitsverhältnisses mit A ordnungsgemäß unterrichtet. Als er am Dienstag, den 17.07. bis zum Schichtende keine Stellungnahme des Betriebsrats erhalten hat, hat er das Kündigungsschreiben an den Boten B mit der Bitte übergeben, es erst am 18.07. dem A zuzustellen, wenn er sich bis zum 18.07., 10.00 Uhr nicht mehr meldet. Am 18.07. übergibt B das Kündigungsschreiben gegen 11.00 Uhr dem A, der die Kündigung deshalb für unwirksam hält, weil U sie vor Ablauf der Stellungnahmefrist für den Betriebsrat erklärt hat.

Die Wirksamkeit der Kündigung scheitert nicht an einer fehlerhaften Anhörung des Betriebsrats, weil die Kündigung dem A am 18.07. also erst nach Ablauf der einwöchigen Stellungnahmefrist des § 102 Abs. 2 S. 1 zugegangen ist, was entscheidend ist. Der Umstand, dass U das Kündigungsschreiben bereits am 17.07. abgefasst und an den Boten übergeben hat, ist jedenfalls dann unerheblich, wenn der Arbeitgeber – wie hier U – die Zustellung der Kündigung noch für den Fall verhindern kann, dass der Betriebsrat noch eine Stellungnahme abgibt.[1163]

1158 BAG ZTR 2013, 50; LAG Rheinland-Pfalz DB 2019, 914 m. Anm. Rütz, F/E/S/T/L § 102 Rn. 57; Simon ArbR 2014, 69 ff.
1159 BAG ZTR 2006, 338; Schaub/Linck § 124 Rn. 36 m.w.N.
1160 BAG NZA 2016, 1140; Richardi/Thüsing § 102 Rn. 107 ff.; F/E/S/T/L § 102 Rn. 54; Hunold NZA 2010, 797 ff. m.w.N.
1161 Vgl. dazu BAG AiB 1998, 113; BAG NZA 1987, 601; Richardi/Thüsing § 102 Rn. 111; GK/Koch § 102 Rn. 131 m.w.N.
1162 So z.B. ErfK/Kania § 102 Rn. 11; KR/Rinck § 102 BetrVG Rn. 126.
1163 Vgl. dazu BAG NZA 2003, 96; kritisch zu dieser Entscheidung Reiter NZA 2003, 522 ff.

dd) Hat der Arbeitgeber die Betriebsratsanhörung nach § 102 ordnungsgemäß einge- **411** leitet, sind **Mängel des Anhörungsverfahrens**, die in den Verantwortungsbereich des Betriebsrats fallen, für die Wirksamkeit der Kündigung auch dann unerheblich, wenn der Arbeitgeber weiß oder vermuten kann, dass das Verfahren des Betriebsrats fehlerhaft durchgeführt wurde.[1164]

Beispiel: Fehler in der Sphäre des Betriebsrats
Der Arbeitgeber U unterrichtet am 15.07. ordnungsgemäß den Betriebsratsvorsitzenden B über die beabsichtigte ordentliche Kündigung des Arbeitsverhältnisses mit A. B gibt anschließend die Informationen nur unvollständig an seine Betriebsratskollegen weiter, insbesondere erwähnt er nicht die den A entlastenden Umstände, weshalb der BR auch beschließt, zu der Kündigung keine Stellungnahme abzugeben. Nachdem B dem U das Ergebnis weitergeleitet hat, erklärt dieser die fristgerechte Kündigung.

U hat das Anhörungsverfahren nach § 102 ordnungsgemäß durchgeführt, weil er den nach § 26 Abs. 2 S. 2 zuständigen Betriebsratsvorsitzenden B ordnungsgemäß unterrichtet hat. Die Tatsache, dass B die Informationen nur unvollständig an seine Betriebsratskollegen weitergeleitet hat, fällt in den Verantwortungsbereich des BR und steht deshalb der Wirksamkeit der Kündigung nicht entgegen, selbst wenn U dies vermutet bzw. weiß.

ee) Nach ganz h.M. ist das **Nachschieben von Kündigungsgründen**, die im Zeitpunkt **412** des Kündigungszugangs objektiv vorgelegen haben, dem Arbeitgeber aber nicht bekannt waren, zur Rechtfertigung der ausgesprochenen Kündigung im Kündigungsschutzprozess aus Gründen der Prozessökonomie zulässig, wenn der Arbeitgeber zuvor den Betriebsrat dazu (ergänzend) angehört hat.[1165]

ff) Einer ordentlichen Kündigung kann der Betriebsrat unter Angabe der in § **102 Abs. 3** **413** **Nr. 1–5 abschließend aufgezählten Widerspruchsgründe** widersprechen. Der Widerspruch muss **schriftlich** erfolgen und dem Arbeitgeber **innerhalb einer Woche** nach Einleitung des Anhörungsverfahrens zugehen. Durch den Widerspruch kann zwar der Betriebsrat die Kündigung des Arbeitsverhältnisses nicht verhindern. Dem Arbeitnehmer steht aber bei einem form- und fristgerechten Widerspruch beim entsprechenden Verlangen ein Weiterbeschäftigungsanspruch nach Maßgabe des § 102 Abs. 5 zu. Verlangt der Arbeitnehmer die Weiterbeschäftigung aufgrund des Widerspruchs des Betriebsrats, so besteht das bisherige Arbeitsverhältnis kraft Gesetzes auflösend bedingt durch die rechtskräftige Abweisung der Kündigungsschutzklage.[1166]

Praktische Bedeutung hat der Weiterbeschäftigungsanspruch insbesondere in den Fällen, in denen die Kündigungsschutzklage später abgewiesen wird, weil der Arbeitgeber in diesem Fall trotz der Wirksamkeit der Kündigung wegen der Ablehnung der Weiterbeschäftigung aus dem gesetzlichen Arbeitsverhältnis in Annahmeverzug gerät und den Annahmeverzugslohn nach §§ 611, 615 BGB zahlen muss.

Für eine **ordnungsgemäße Begründung des Widerspruchs** des Betriebsrats reicht die bloße Wiederholung des Wortlauts eines der Widerspruchgründe des § 102 Abs. 3 nicht. Andererseits ist auch nicht erforderlich, dass der Widerspruch in sich schlüssig ist bzw. die Widerspruchsgründe tatsächlich vorliegen. Vielmehr ist es ausreichend, wenn nach der Widerspruchsbegründung das Vorliegen mindestens eines der Widerspruchsgrün-

---

1164 BAG NZA 2013, 665; Richardi/Thüsing § 102 Rn. 130 ff.; F/E/S/T/L § 102 Rn. 53; a.A. D/K/K/Bachner § 102 Rn. 256 ff. bei Kündigung vor Ablauf der Stellungnahmefrist bei Fehlerkenntnis bzw. fahrlässiger Unkenntnis.

1165 BAG NZA 2016, 287; BAG BB 1998, 51, 52; Richardi/Thüsing § 102 Rn. 134 ff.; ErfK/Kania § 102 Rn. 27.; a.A. D/K/K/Bachner § 102 Rn. 126 ff.; Schwerdtner NZA 1987, 361, 363: kein Nachschieben, weil Prozessökonomie nicht zu einer Umgehung des § 102 führen könne; a.A. Rinke NZA 1998, 77, 81: Nachschieben ohne erneute Anhörung möglich.

1166 BAG NZA 2000, 1055; GK/Koch § 102 Rn. 208; Richardi/Thüsing § 102 Rn. 201 ff. m.w.N.

de als möglich erscheint.[1167] Der Arbeitgeber kann die Weiterbeschäftigung des gekündigten Arbeitnehmers nach einem ordnungsgemäßen Widerspruch des Betriebsrats und einem Weiterbeschäftigungsverlangen verhindern, indem er die **Entbindung von der Weiterbeschäftigungspflicht im Wege der einstweilen Verfügung** nach Maßgabe des § 102 Abs. 5 S. 2 geltend macht.[1168] Die einredeweise Geltendmachung der Entbindungsmöglichkeit nach § 102 Abs. 5 S. 2 im Verfahren auf Erlass einer einstweiligen Verfügung, in dem der Arbeitnehmer den Weiterbeschäftigungsanspruch nach § 102 Abs. 5 S. 1 geltend macht, ist nach h.M. ausgeschlossen.[1169]

b) Besonderer Kündigungsschutz betriebsverfassungsrechtlicher Funktionsträger nach § 103

414 Nach § 103 ist jede **außerordentliche Kündigung eines Betriebsratsmitglieds** (auch eine Änderungskündigung) oder eines anderen in dieser Vorschrift genannten Funktionsträgers[1170] **während der Amtszeit** nur mit vorheriger Zustimmung des Betriebsrats,[1171] die bei Zustimmungsverweigerung nach § 103 Abs. 2 durch einen rechtskräftigen Zustimmungsersetzungsbeschluss des ArbG ersetzt werden kann, wirksam. Eine **ohne Zustimmung des Betriebsrats bzw. vor rechtskräftigem Abschluss des Zustimmungsersetzungsverfahrens ausgesprochene Kündigung ist unheilbar nichtig**, sodass eine nachträgliche Zustimmung insoweit unbeachtlich ist.[1172]

Die ordentliche Kündigung eines Betriebsratsmitglieds ist nach Maßgabe des § 15 KSchG grundsätzlich ausgeschlossen.[1173]

415 **aa)** Durch das Zustimmungsverfahren nach § 103 soll verhindert werden, dass Mitglieder betriebsverfassungsrechtlicher Organe durch unbegründete außerordentliche Kündigungen aus dem Betrieb entfernt werden und dadurch die Arbeit des Betriebsrats erschwert wird.[1174] Dabei handelt es sich um eine gegenüber dem Anhörungsverfahren nach § 102 qualifizierte Form der Betriebsratsbeteiligung, bei der die Grundsätze über die Unterrichtung des Betriebsrats entsprechend gelten.[1175] Dementsprechend ist die Kündigung trotz der erteilten Zustimmung unwirksam, wenn der Betriebsrat nicht ordnungsgemäß angehört wurde.[1176] Da aber die erforderliche Zustimmung des Betriebsrats einen wirksamen Beschluss des Betriebsrats voraussetzt, können **Fehler bei der Willensbildung des Betriebsrats** (z.B. fehlerhafte Ladung zur BR-Sitzung; Mitwirkung des betroffenen BR-Mitglieds, das aus Rechtsgründen verhindert ist) zur Unwirksamkeit des Zustimmungsbeschlusses und damit auch der Kündigung führen. Die für das Anhörungsverfahren nach § 102 entwickelte Sphärentheorie (vgl. dazu Rn. 411) gilt also

---

1167 BAG NZA 2000, 1055; Richardi/Thüsing § 102 Rn. 189 ff.; F/E/S/T/L § 102 Rn. 71; Burgsmüller AiB 2014, 15; Fledermann ArbR 2010, 136; Haas NZA-RR 2008, 57; Mareck BB 2000, 2042; a.A. S/W/S § 102 Rn. 109: Schlüssigkeit erf.

1168 LAG Hessen ArbR 2013, 216; LAG Berlin LAGReport 2005, 90; Schmeisser NZA-RR 2016, 169; F/E/S/T/L § 102 Rn. 117 ff.

1169 LAG München NZA 1994, 997; Richardi/Thüsing § 102 Rn. 251; Schaub/Linck § 125 Rn. 10 ff.; a.A. F/E/S/T/L § 102 Rn. 117.

1170 Vgl. dazu Fröhlich ArbRB 2019, 16; Lüthge P&R 2018, 6; Windeln ArbRB 2014, 19 und speziell für Wahlbewerber/Wahlvorstand Eylert/Rinck BB 2018, 308; Grau/Schaut BB 2014, 757; Schindele/Söhl ArbR 2013, 124.

1171 Vgl. BAG NZA 2005, 1075: Übertragung auf einen Ausschuss zulässig.

1172 BAG NZA 1998, 1273 ff.; KR/Rinck § 103 Rn. 110 ff.; Besgen NZA 2011, 133; Fischermeier ZTR 1998, 433 ff.

1173 Dazu Windeln ArbRB 2014, 19; Horcher ArbR 2014, 272; Haas FA 2011, 98 u. AS-Skript ArbeitsR (2019), Rn. 522.

1174 KR/Rinck § 103 Rn. 9; F/E/S/T/L § 103 Rn. 1; MünchArbR/Volk § 344 Rn. 85; Besgen NZA 2011, 133 ff.

1175 BAG NZA 2005, 1075; Richardi/Thüsing § 103 Rn. 41 und Rn. 407 ff.

1176 BAG NZA 2005, 1075; BAG DB 1982, 1171; Richardi/Thüsing § 103 Rn. 53.

grundsätzlich nicht. Trotz eines unwirksamen Zustimmungsbeschlusses ist jedoch aus Gründen des Vertrauensschutzes von einer Zustimmung i.S.d. § 103 auszugehen, wenn der Betriebsratsvorsitzende (bzw. sein vertretungsberechtigter Stellvertreter) dem Arbeitgeber mitteilt, dass der Betriebsrat die Zustimmung beschlossen hat und der Arbeitgeber die Tatsachen, die einem wirksamen Zustimmungsbeschluss entgegenstehen könnten, weder kennt noch kennen musste.[1177]

Beispiel: Unwirksamer Zustimmungsbeschluss

Der Arbeitgeber U nimmt an der Sitzung des 11-köpfigen BR teil, zu der nur 5 BR-Mitglieder erschienen waren und in der später die Erteilung der Zustimmung zur fristlosen Kündigung des BR-Mitglieds B beschlossen wurde. Anschließend erklärt U die fristlose Kündigung.

Die fristlose Kündigung ist schon wegen Fehlens einer wirksamen Zustimmung des BR nach § 103 unwirksam, weil an der Sitzung nicht mindestens die Hälfte der BR-Mitglieder teilgenommen haben, sodass der BR nach § 33 Abs. 2 beschlussunfähig war. Auf das Vorliegen eines wirksamen Zustimmungsbeschlusses konnte U schon deswegen nicht vertrauen, weil ihm die Zahl der teilnehmenden BR-Mitglieder aufgrund seiner Sitzungsteilnahme bekannt war.

Die außerordentliche Kündigung eines Betriebsratsmitglieds ist nur wegen eines arbeitsvertragswidrigen Verhaltens als Arbeitnehmer möglich, während Amtspflichtverletzungen zu einem Ausschluss aus dem Betriebsrat nach § 23 Abs. 1 führen können. Wird allerdings durch eine Amtspflichtverletzung zugleich auch das konkrete Arbeitsverhältnis unmittelbar und erheblich gestört, kommt auch eine außerordentliche Kündigung in Betracht. Voraussetzung für die Wirksamkeit der außerordentlichen Kündigung ist, dass dem Arbeitgeber bei einem vergleichbaren Arbeitnehmer ohne betriebsverfassungsrechtliche Funktion die Fortsetzung des Arbeitsverhältnisses selbst bis zum Ablauf der Kündigungsfrist unzumutbar wäre.[1178]

bb) Verweigert der Betriebsrat die Zustimmung, kann der Arbeitgeber nach § 103 Abs. 2   **416**
die **Ersetzung der Zustimmung durch das ArbG** beantragen, wobei der Antrag innerhalb der zweiwöchigen Kündigungserklärungsfrist des § 626 Abs. 2 BGB beim ArbG eingehen muss. Ein ohne vorherige Zustimmungsverweigerung des Betriebsrats gestellter Zustimmungsersetzungsantrag ist nach ganz h.M. unzulässig und wahrt die zweiwöchige Kündigungserklärungsfrist des § 626 Abs. 2 BGB nicht.[1179] Wenn die Durchführung des Zustimmungsersetzungsverfahrens, an dem das betroffene Betriebsratsmitglied zu beteiligen ist, erforderlich ist, ist der Arbeitgeber erst beim Vorliegen einer rechtskräftigen Zustimmungsersetzung berechtigt, die außerordentliche Kündigung zu erklären, was unverzüglich erfolgen muss.[1180] In dem Zustimmungsersetzungsverfahren kann der Arbeitgeber unter Beachtung der zweiwöchigen Ausschlussfrist des § 626 Abs. 2 BGB unbeschränkt neue Kündigungsgründe nachschieben, gleichgültig, ob er sie vor Einleitung des Zustimmungsverfahrens beim Betriebsrat gekannt hat oder nicht oder ob sie vor Einleitung des Zustimmungsverfahrens entstanden sind oder nicht, da es in dem Verfahren nach § 103 – anders als im Kündigungsrechtsstreit – um die Zustimmung

---

1177 BAG NZA 2005, 1075; AP Nr. 17 zu § 103 BetrVG m. abl. Anm. van Venrooy; LAG Baden-Württemberg ArbRB 2012, 10; KR/Rinck § 103 Rn. 106 ff.; Richardi/Thüsung § 103 Rn. 54; Fröhlich ArbRB 2019, 16 ff.; a.A. D/K/K/Bachner § 103 Rn. 36; krit. zum Verfahren nach § 103 generell Diller NZA 2004, 579.

1178 BAG NZA 2013, 425; F/E/S/T/L § 103 Rn. 26 ff.; ErfK/Kania § 103 Rn. 11.

1179 BAG NZA 1997, 371; KR/Rinck § 103 Rn. 87; Richardi/Thüsing § 103 Rn. 66; F/E/S/T/L § 103 Rn. 41.

1180 Vgl. BAG NZA 2018, 240; BAG NZA 1998, 1273; Richardi/Thüsing § 103 Rn. 63; D/K/K/Bachner § 103 Rn. 53; KR/Etzel § 103 Rn. 140; a.A. F/E/S/T/L § 103 Rn. 46: innerhalb der Zweiwochenfrist des § 626 Abs. 2 BGB.

zu einer erst noch auszusprechenden Kündigung geht. Voraussetzung ist allerdings, dass der Arbeitgeber die neuen Kündigungsgründe vor ihrer Einführung in das gerichtliche Zustimmungsersetzungsverfahren dem Betriebsrat mitteilt und ihm gemäß § 102 Abs. 2 S. 3 Gelegenheit zur Stellungnahme gibt.[1181] Ob die Kündigungsgründe auch innerhalb der Zweiwochenfrist in das gerichtliche Verfahren eingeführt oder nur dem Betriebsrat mitgeteilt werden müssen, ist noch nicht abschließend geklärt.[1182] Das gerichtliche Zustimmungsverfahren erledigt sich in der Hauptsache und ist nach § 83 a ArbGG einzustellen, wenn der Betriebsrat noch nachträglich die zunächst verweigerte Zustimmung erteilt, das Betriebsratsamt (z.B. Austritt, Ablauf der Amtszeit) oder das Arbeitsverhältnis beendet wird.[1183] Ein gleichwohl gestellter Antrag auf Zustimmungsersetzung ist als unzulässig abzuweisen.[1184] Der Zustimmungsersetzungsantrag nach § 103 Abs. 2 ist auch dann erforderlich, wenn bei einem einköpfigen Betriebsrat dem Betriebsobmann gekündigt werden soll und keine Ersatzmitglieder vorhanden sind bzw. bei einer beabsichtigten Kündigung des Arbeitsverhältnisses eines Wahlbewerbers oder eines Wahlvorstandsmitglieds, wenn noch kein Betriebsrat besteht.[1185] Wird die erforderliche Zustimmung zu der Kündigung des Betriebsratsmitglieds durch eine rechtskräftige Entscheidung des ArbG ersetzt, hat das Beschlussverfahren unter Beteiligung des Betriebsratsmitglieds, in dem alle Gründe für die Unwirksamkeit der Kündigung zu prüfen sind, nach ganz h.M. präjudizielle Wirkung für das Urteilsverfahren mit der Folge, dass eine nachfolgende Kündigungsschutzklage gegen die außerordentliche Kündigung regelmäßig keinen Erfolg hat.[1186]

Aufgrund der Präklusionswirkung der rechtskräftigen Entscheidung im Zustimmungsersetzungsverfahren kann sich der AN im späteren, die außerordentliche Kündigung betreffenden Kündigungsschutzverfahren nur auf solche Tatsachen berufen, die er im Zustimmungsersetzungsverfahren nicht geltend gemacht hat und auch nicht hätte geltend machen können. Dies gilt jedenfalls für das Vorliegen eines wichtigen Grundes i.S.v. § 626 Abs. 1 BGB sowie die Einhaltung der zweiwöchigen Kündigungserklärungsfrist des § 626 Abs. 2 BGB. Wird dem AG durch die Zustimmungsersetzung die Befugnis zu einer Rechtsgestaltung, nämlich zum Ausspruch der außerordentlichen Kündigung verliehen, so ist es folgerichtig, dass der am Verfahren nach § 103 Abs. 2 beteiligte Arbeitnehmer im späteren Kündigungsschutzverfahren ohne Änderung der maßgeblichen Tatsachen nicht mehr geltend machen kann, diese vom Gericht gerade als rechtens erkannte Gestaltung sei Unrecht.[1187]

Ausnahme: Solche Kündigungshindernisse, die – wie die fehlende Zustimmung des Integrationsamtes zur Kündigung eines Schwerbehinderten nach 174 SGB IX – noch nach Abschluss des betriebsverfassungs- bzw. personalvertretungsrechtlichen Zustimmungsersetzungsverfahrens beseitigt werden können. Auch die erst später mit Rückwirkung festgestellte Schwerbehinderung ist als neue Tatsache im Kündigungsschutzprozess berücksichtigungsfähig.[1188]

417 **cc)** Die **Versetzung eines Funktionsträgers i.S.d. § 103 Abs. 1** gegen seinen Willen in einen anderen Betrieb, die zum Verlust des Amtes oder der Wählbarkeit führt, ist nach

---

1181 BAG NZA 2008, 1081; BAG DB 1977, 869; LAG Nürnberg NZA-RR 1999, 413 ff.; Richardi/Thüsing § 103 Rn. 71 ff. m.w.N.

1182 Vgl. Meinungsübersichten bei KR/Rinck § 103 Rn. 127; Richardi/Thüsing § 103 Rn. 73.

1183 BAG NZA 2018, 240 m. z.T. krit. Anm. Worzalla SAE 2019, 49 ff.; BAG NZA-RR 2011, 348; Richardi/Thüsing § 103 Rn. 76 ff.; F/E/S/T/L § 103 Rn. 50.

1184 BAG NZA 2018, 240; BAG NZA-RR 2011, 348; BAG NZA 2003, 229; F/E/S/T/L § 103 Rn. 41; D/K/K/Bachner § 103 Rn. 42 ff.; a.A. früher BAG BB 1977, 945 und Richardi/Thüsing § 103 Rn. 65 a: unbegründet; vgl. aber auch BAG NZA-RR 2011, 348: Keine Erledigung, wenn sich neue Amtszeit ohne Unterbrechung an die bisherige Amtszeit anschließt.

1185 BAG DB 1983, 1049; BAG DB 1979, 379; F/E/S/T/L § 103 Rn. 11; D/K/K/Bachner § 103 Rn. 40.

1186 BAG NZA 2018, 1087; BAG NZA 2018, 240 m. krit. Bespr. Worzalla SAE 2018, 49; Richardi/Thüsing § 103 Rn. 87 ff. m.w.N.

1187 BAG NZA 2018, 1087; BAG BB 2003, 637; F/E/S/T/L § 103 Rn. 47 ff.; Richardi/Thüsing § 103 Rn. 89.

1188 BAG NZA 2000, 1106 ff.; Richardi/Thüsing § 103 Rn. 89 m.w.N.

§ 103 Abs. 3 nur mit **Zustimmung des Betriebsrats** möglich, die bei Zustimmungsverweigerung nach Maßgabe des § 103 Abs. 3 S. 2 durch das ArbG ersetzt werden kann.[1189]

Die zu einer außerordentlichen Kündigung oder Versetzung eines Funktionsträgers erforderliche Zustimmung nach § 103 wird erst durch einen formell rechtskräftigen Beschluss ersetzt. Die **formelle Rechtskraft eines die Zustimmung des Betriebsrats ersetzenden Beschlusses des LAG** nach § 103 Abs. 2 BetrVG tritt bei der Nichtzulassung einer Rechtsbeschwerde zum BAG nicht bereits mit Verkündung des Beschlusses ein, sondern erst mit dem Ablauf der Frist zur Einlegung der Nichtzulassungsbeschwerde nach § 92 a S. 2 i.V.m. § 72 a Abs. 2 S. 1 ArbGG, die erst nach Zustellung des vollständig abgefassten Beschlusses des LAG zu laufen beginnt. Wird sie rechtzeitig eingelegt, dann erst mit deren Zurückweisung durch das BAG. Eine vor Ablauf der Frist der Nichtzulassungsbeschwerde bzw. vor deren Zurückweisung durch das BAG erklärte außerordentliche Kündigung oder Versetzung ist daher nach ganz h.M. nichtig, was in der arbeitsgerichtlichen Praxis nicht selten übersehen und wegen der damit verbunden (weiteren) Verzögerung auch kritisiert wird. Ob in den Fällen offensichtlich unstatthafter Nichtzulassungsbeschwerden eine Kündigung bereits vor gerichtlicher Entscheidung hierüber möglich und wann ein solcher Ausnahmefall vorliegt, ist noch nicht abschließend geklärt und mit erheblichen Risiken für den Arbeitgeber verbunden, der den „Fristablauf" nicht abwartet.[1190]

c) Der Betriebsrat kann vom Arbeitgeber nach Maßgabe des **§ 104** die **Versetzung oder** **Entlassung betriebsstörender Arbeitnehmer** verlangen, wobei der Entlassungsbegriff nach h.M. grds. nur die **ordentliche Kündigung** erfasst.[1191] Kommt der Arbeitgeber dem Verlangen des Betriebsrats nicht nach, kann dieser beim ArbG im Beschlussverfahren, an dem der Arbeitnehmer zu beteiligen ist, den Antrag stellen, dem Arbeitgeber die Durchführung dieser Maßnahme aufzugeben. Kommt der Arbeitgeber der rechtskräftigen Entscheidung nicht nach, kann der Betriebsrat die Zwangsvollstreckung nach § 104 S. 2 einleiten. Das Verlangen des Betriebsrats stellt zwar keinen eigenständigen Kündigungs- bzw. Versetzungsgrund dar, sondern setzt ihn voraus. Gemeint sind damit aber nur die in § 104 S. 1 BetrVG genannten Voraussetzungen für ein berechtigtes Entlassungsverlangen des Betriebsrats. § 104 normiert selbst abschließend diese Voraussetzungen und begründet daher einen eigenen betriebsverfassungsrechtlichen Anspruch des Betriebsrats gegen den Arbeitgeber auf Entlassung oder Versetzung des Arbeitnehmers. Für die Berechtigung eines Verlangens des Betriebsrats auf Entlassung eines Arbeitnehmers kommt es dabei nicht darauf an, ob im Falle der Anwendbarkeit des Kündigungsschutzgesetzes eine Kündigung nach den Grundsätzen des § 1 Abs. 2 KSchG aus Gründen im Verhalten oder in der Person des Arbeitnehmers sozial gerechtfertigt bzw. ob im Falle der ordentlichen Unkündbarkeit des Arbeitnehmers ein wichtiger Grund i.S.d. § 626 Abs. 1 BGB gegeben wäre. Der Arbeitgeber muss allerdings den Sachverhalt, bei einer außerordentlichen Kündigung eines ordentlich unkündbaren Arbeitnehmers auch die Einhaltung der Kündigungserklärungsfrist des § 626 Abs. 2 BGB, in eigener Verantwortung prüfen und sich beim unberechtigten Vorwurf aufgrund der ihm obliegenden Fürsorgepflicht grds. schützend vor den Arbeitnehmer stellen.[1192]

418

1189 Vgl. dazu Oberthür ArbRB 2013, 319; Fuhlrott/Fabritius ArbR 2012, 418.

1190 Vgl. dazu BAG NZA 2018, 240; BAG NJW 1999, 444 ;F/E/S/T/L § 103 Rn. 46; Richardi/Thüsing § 103 Rn. 83 f.; jeweils m.w.N.

1191 BAG SAE 2018, 10 m. zust. Anm. Worzalla; KR/Rinck § 104 Rn. 20; Schaub/Koch § 242 Rn. 9; F/E/S/T/L § 104 Rn. 9 ff.; a.A. GK/Linck § 104 Rn. 17; ausführlich zum § 104 Schiefer P&R 2018, 175; Raab JbArbR 55, 69 (2018); Velten FA 2017, 298 und Kleinebrink FA 2014, 98.

1192 Vgl. dazu BAG SAE 2018, 10 m. zust. Anm. Worzalla; MünchArbR/Volk § 344 Rn. 148; Richardi/Thüsing § 104 Rn. 16; F/E/S/T/L§ 105 Rn. 10; a.A. KR/Etzel/Rinck Rn. 19; wohl auch GK/Linck § 104 Rn. 23.

Hat der BR die Entlassung bzw. die Versetzung nach § 104 verlangt und will der AG dem Verlangen entsprechen, ist eine Anhörung nach § 102 vor bzw. eine Zustimmung nach § 103 zu der Kündigung oder auch eine Zustimmung zu der Versetzung nach § 99 nicht erforderlich.[1193]

419 **d)** Nach § 105 ist der Arbeitgeber zur **Unterrichtung des Betriebsrats vor jeder Einstellung oder einer personellen Veränderung** (z.B. Kündigung, Versetzung) **eines leitenden Angestellten** i.S.d. § 5 Abs. 3 verpflichtet. Die Unterrichtung muss zwar so rechtzeitig erfolgen, dass der Betriebsrat noch etwaige Bedenken äußern kann, die der Arbeitgeber nach dem Grundsatz der vertrauensvollen Zusammenarbeit in seine Überlegungen einbeziehen muss. Zu einer Erörterung der personellen Maßnahme ist jedoch der Arbeitgeber nicht verpflichtet.[1194] Ein Verstoß des Arbeitgebers gegen die Unterrichtungspflicht nach § 105 führt nicht zur Unwirksamkeit der personellen Maßnahme, bei groben Pflichtverstößen kommt aber ein Verfahren nach § 23 Abs. 3 in Betracht.[1195]

V. Die Beteiligungsrechte des Betriebsrats bzw. Rechte des Wirtschaftsausschusses bei wirtschaftlichen Angelegenheiten

1. Bildung und Rechte des Wirtschaftsausschusses

420 **a)** In Interesse einer vertrauensvollen Zusammenarbeit zwischen Unternehmer und Betriebsrat in wirtschaftlichen Angelegenheiten ist in allen **Unternehmen mit mehr als 100 ständig beschäftigten Arbeitnehmern** (Ausnahme: § 118 Abs. 1 S. 2, Abs. 2) gemäß § 106 Abs. 1 ein Wirtschaftsausschuss nach Maßgabe des § 107 zu bilden.[1196] Der **Wirtschaftsausschuss** ist nach der gesetzlichen Konstruktion kein Mitbestimmungsorgan, sondern ein gesetzlich besonders geregelter Ausschuss des Betriebsrats, dem eine **doppelte Funktion** zukommt. Im Verhältnis zum Unternehmer steht ihm nach § 106 Abs. 1 S. 2, Abs. 2 ein Unterrichtungs- und Beratungsanspruch hinsichtlich der in § 106 Abs. 3 beispielhaft aufgeführten wirtschaftlichen Angelegenheiten zu. Im Verhältnis zum Betriebsrat obliegt dem Wirtschaftsausschuss eine umfassende Unterrichtungspflicht über erhaltene Auskünfte und die Beratungsergebnisse (vgl. auch § 108 Abs. 4), sodass er insoweit ein Hilfsorgan des Betriebsrats ist.[1197]

421 **b)** Die **Bestellung und Zusammensetzung des Wirtschaftsausschusses** ist in § 107 geregelt. Danach müssen Mitglieder des Wirtschaftsausschusses (mindestens 3, höchstens 7 Mitglieder) dem Unternehmen angehören, wobei sie auch die zur Erfüllung der Aufgaben erforderliche fachliche und persönliche Eignung besitzen sollen, § 107 Abs. 1. Sie werden gemäß § 107 Abs. 2 für die Dauer ihrer Amtszeit nach § 107 Abs. 2 vom Betriebsrat bzw. vom Gesamtbetriebsrat bestimmt. Regelmäßig sind Mitglieder des Wirtschaftsausschusses auch Mitglieder des Betriebsrats bzw. Gesamtbetriebsrats, zwingend ist es aber nicht. Mindestens ein Mitglied des Wirtschaftsausschusses muss allerdings Mitglied des Betriebsrats bzw. Gesamtbetriebsrats sein, § 107 Abs. 1 S. 1. Der Wirtschaftsausschuss ist – anders als der Gesamt- bzw. Konzernbetriebsrat – keine Dauerein-

---

1193 BAG SAE 2018, 10 m. zust. Anm. Worzalla; D/K/K/Bachner § 104 Rn. 9; Richardi/Thüsing § 104 Rn. 16; jeweils m.w.N.
1194 Vgl. dazu D/K/K/Bachner § 105 Rn. 6; F/E/S/T/L § 105 Rn. 6 f.; Richardi/Thüsing § 105 Rn. 10 ff.
1195 Richardi/Thüsing § 105 Rn. 18 f.; D/K/K/Bachner § 105 Rn. 12; a.A. S/W/S § 105 Rn. 5: sanktionslos.
1196 Vgl. zum Begriff der „ständig Beschäftigten" LAG Hamburg B+P 2019, 174 m. Anm. Besgen; krit. Schnitzer DB 2018, 2998.
1197 BAG NZA 2005, 311; Richardi/Annuß § 106 Rn. 4; Moderegger ArbRB 2019, 185; Spielberger AuA 2014, 462.

richtung. Vielmehr ist seine **Amtszeit** grds. an die Amtszeit des Betriebsrates gekoppelt, der ihn bestellt hat. Besteht ein Unternehmen aus mehreren Betrieben und hat den Wirtschaftsausschuss der Gesamtbetriebsrat bestellt, richtet sich seine Amtszeit nach der Amtszeit der Mehrheit der Mitglieder des Gesamtbetriebsrates ohne Rücksicht auf deren Stimmenzahl nach § 47 Abs. 7, 8.[1198] Das Amt des Wirtschaftsausschusses endet darüber hinaus auch dann, wenn die Belegschaftsstärke nicht nur vorübergehend auf weniger als 101 ständig beschäftigte Arbeitnehmer absinkt und damit die Errichtungsvoraussetzung wegfällt. Dies gilt auch, wenn die Amtszeit des Betriebsrates, der den Wirtschaftsausschuss bestellt hat, noch nicht beendet ist.[1199]

Besteht in einem Unternehmen, dem mehrere Betriebe mit einem BR angehören, kein GesamtBR, obwohl er nach § 47 zu bilden war, kann ein Wirtschaftsausschuss nach h.M. nicht gebildet werden.[1200]

c) Die Rechtsstellung der Wirtschaftsausschussmitglieder, die nicht Betriebsratsmitglieder sind, ist gesetzlich nicht ausdrücklich geregelt. Einigkeit besteht aber darüber, dass die Tätigkeit im Wirtschaftsausschuss zwar ehrenamtlich ist, dessen Mitglieder aber für die erforderliche Wirtschaftsausschusstätigkeit entspr. § 37 Abs. 2, 3 von der Arbeitspflicht unter Fortzahlung der Bezüge freizustellen sind. Die entspr. Anwendung des § 37 Abs. 6 auf Schulungen eines Wirtschaftsausschussmitglieds, das nicht zugleich Betriebsratsmitglied ist, lehnt dagegen die h.M. grds. ab.[1201] Allerdings schließt § 107 Abs. 1 S. 3 einen Erstattungs- und Freistellungsanspruch für die in den Wirtschaftsausschuss entsandten Betriebsratsmitglieder nicht grundsätzlich aus.[1202] Nicht entsprechend anwendbar sind auch die Regelungen des § 37 Abs. 4, 5 über die wirtschaftliche und berufliche Absicherung, die Wirtschaftsausschussmitglieder dürfen aber nach § 78 S. 2 wegen ihrer Tätigkeit nicht benachteiligt werden.[1203] Einen besonderen Kündigungsschutz genießen die Wirtschaftsausschussmitglieder, die nicht zugleich Betriebsratsmitglieder sind, ebenfalls nicht. Eine Kündigung ist allerdings wegen Verstoßes gegen § 78 S. 2 nichtig, wenn sie wegen der Tätigkeit im Wirtschaftsausschuss erfolgt.[1204]

d) Die Unterrichtung über die wirtschaftlichen Angelegenheiten durch den Arbeitgeber muss so rechtzeitig vor einer Entscheidung erfolgen, dass der Wirtschaftsausschuss die Angelegenheit mit dem Arbeitgeber mit der Möglichkeit der Einflussnahme noch beraten und danach den Betriebsrat noch darüber unterrichten kann, damit dieser seine Beteiligungsrechte noch wahrnehmen kann. Darüber hinaus muss die Unterrichtung unter Vorlage der erforderlichen Unterlagen erfolgen, insbes. muss der Arbeitgeber dem Wirtschaftsausschuss gemäß § 108 Abs. 5 den Jahresabschlussbericht unter Beteiligung des Betriebsrats erläutern.[1205] Wird eine **Auskunft** über wirtschaftliche Angelegenheiten **trotz eines Auskunftsverlangens** des Wirtschaftsausschusses **nicht, nicht rechtzeitig oder nur unzureichend erteilt** und kommt hierüber **keine Einigung**

422

423

1198 Vgl. dazu F/E/S/T/L § 107 Rn. 13 ff.; Richardi/Annuß § 107 Rn. 5 ff. 10 ff., 15 ff.; jeweils m.w.N.

1199 BAG NZA 3005, 311; Richardi/Annuß § 106 Rn. 11; Brock/Grimm EWiR 2005, 59; a.A. D/K/K/Däubler § 106 Rn. 14: Ende der Amtszeit des WA erst mit Ablauf der Amtszeit des BR.

1200 Vgl. F/E/S/T/L § 107 Rn. 20; Richardi/Annuß § 107 Rn. 11; GK/Oetker § 107 Rn. 22 m.w.N.

1201 BAG NZA 1999, 1119; MünchArbR/Stamer § 307 Rn. 112; a.A. F/E/S/T/L § 109 Rn. 25; Richardi/Annuß § 107 Rn. 28 m.w.N.

1202 Vgl. dazu LAG Hamm, Urt. v. 16.07.2010 – 10 Sa 291/10, BeckRS 2010, 73949; ErfK/Kania § 107 Rn. 13.

1203 F/E/S/T/L § 107 Rn. 26; Richardi/Annuß § 107 Rn. 30; a.A. D/K/K/Däubler § 107 Rn. 30; jeweils m.w.N.

1204 F/E/S/T/L § 107 Rn. 26; MünchArbR/Stamer § 307 Rn. 115; GK/Oetker § 107 Rn. 41 m.w.N.

1205 BAG NJW 2016, 2363; BAG NZA 1990, 150; Richardi/Annuß § 106 Rn. 20 ff. und ausführlich dazu Moderegger ArbRB 2019, 185; Maiß/Röhrborn ArbR 2011, 341; Fleischer ZfA 2009, 787 ff. und Schröder/Falter NZA 2008, 1097 ff.

zwischen Unternehmer und Betriebsrat zustande, **entscheidet** darüber nach **§ 109** die Einigungsstelle, deren Spruch die fehlende Einigung ersetzt. § 109 BetrVG regelt damit zur Beilegung von Meinungsverschiedenheiten über ein Auskunftsverlangen des Wirtschaftsausschusses ein **besonderes Konfliktlösungsverfahren**, das eine **Primärzuständigkeit der Einigungsstelle** vorsieht. Ein gerichtliches Beschlussverfahren mit einem Begehren, das der Primärzuständigkeit der Einigungsstelle unterfällt, ist daher erst nach Durchführung des Konfliktlösungsverfahrens nach § 109 zulässig.[1206] Die **Entscheidung der Einigungsstelle** darüber, ob, wann, in welcher Weise und in welchem Umfang der Unternehmer den Wirtschaftsausschuss zu unterrichten hat, unterliegt der **Rechtskontrolle der Arbeitsgerichte**, die auch zu prüfen haben, ob eine Gefährdung von Betriebs- oder Geschäftsgeheimnissen der Auskunft entgegensteht.[1207]

2. Beteiligung des Betriebsrats bei Betriebsänderungen nach §§ 111 ff.

a) Überblick

424 Zur Sicherung der sozialen Stellung der Arbeitnehmer hat der Betriebsrat in Unternehmen mit i.d.R. mehr als 20 wahlberechtigten Arbeitnehmern Beteiligungsrechte bei geplanten Betriebsänderungen, die zu wesentlichen Nachteilen für die Belegschaft oder erhebliche Teile der Belegschaft führen können (dazu unten Fall 29, Rn. 425 ff.). Diese unterschiedlich stark ausgestatteten Beteiligungsrechte sind:[1208]

- Unterrichtungs- und Beratungsrechte hinsichtlich der geplanten Betriebsänderung, § 111 Abs. 1,

- Mitwirkungsrechte beim Interessenausgleich, dessen Abschluss versucht werden muss, aber nicht erzwungen werden kann, § 112 Abs. 1 S. 1, Abs. 2 und 3 und

- Mitbestimmungsrechte beim Sozialplan, dessen Abschluss notfalls durch Spruch der Einigungsstelle erzwungen werden kann, § 112 Abs. 1 S. 2, 3, Abs. 4, 5.

Führt der Unternehmer eine Betriebsänderung durch, ohne einen Interessenausgleich versucht zu haben, oder weicht er von einem bestehenden Interessenausgleich ab, kommt ein Nachteilsausgleichsanspruch der betroffenen Arbeitnehmer nach Maßgabe des § 113 in Betracht, der auf Zahlung einer Abfindung gerichtet ist (vgl. dazu Fall 30, Rn. 437 ff.).

Umstritten ist dagegen, ob der Betriebsrat die beabsichtigte Betriebsänderung, insbesondere Kündigungen von Arbeitsverhältnissen mit einem allgemeinen Unterlassungsanspruch wegen Verletzung seiner Beteiligungsrechte nach §§ 111, 112 verhindern kann (vgl. dazu Rn. 443 ff.).

1206 Vgl. dazu BAG NZA 2019, 787 m. Bespr. Besgen B+P 2019, 462; abl. Anm. Bartholomä DB 2019, 15.

1207 Vgl. dazu BAG NZA 2019, 787; BAG NZA 2001, 402; F/E/S/T/L § 109 Rn. 4 m.w.N.

1208 Vgl. Rspr. zu Beteiligungsrechten des BR nach §§ 111 ff. Steffan NZA-RR 2000, 337; Hunold NZA-RR 2004, 561u. 2005, 57.

b) Vorliegen einer Betriebsänderung i.S.d. § 111 und Beteiligungsrechte des Betriebsrats

Fall 29: Bloßer Personalabbau als Betriebsänderung

Der Tiefbauunternehmer U, der 55 Arbeitnehmer beschäftigt, beabsichtigt wegen des nachhaltenden Auftrags- und Umsatzrückgangs die Entlassung von insgesamt 6 Arbeitnehmern. Der Betriebsrat B ist der Ansicht, dass es sich dabei um eine Betriebsänderung handelt, die Beteiligungsrechte nach §§ 111, 112 auslöst. U ist hingegen der Ansicht, dass der bloße Personalabbau keine Betriebsänderung darstelle. Stehen dem Betriebsrat Beteiligungsrechte nach §§ 111, 112 zu?

I. Dem Betriebsrat könnte zunächst ein **Unterrichtungs- und Beratungsanspruch wegen einer geplanten Betriebsänderung** i.S.d. § 111 zustehen.   **425**

1. Der Unternehmer U beschäftigt regelmäßig mehr als 20 Arbeitnehmer[1209] (hier: 55), sodass § 111 anwendbar ist.

> Nach § 111 Abs. 1 n.F. ist Anknüpfungspunkt für die Beteiligungsrechte des BR bei einer Betriebsänderung – anders als nach § 111 Abs. 1 a.F. – nicht mehr die Zahl der Beschäftigten im Betrieb, sondern im Unternehmen. Der AG hat daher im Falle einer Betriebsänderung i.S.d. § 111 auch bei kleineren Betrieben mit bis zu 20 AN die Beteiligungsrechte nach §§ 111, 112 zu beachten, sofern in dem Unternehmen mehr als 20 AN beschäftigt sind.[1210] Diese Gesetzesänderung trägt der größeren wirtschaftlichen Belastbarkeit des Unternehmens Rechnung. Leiharbeitnehmer, die nach § 7 S. 2 wahlberechtigt sind und regelmäßig beschäftigt werden, zählen nach § 14 Abs. 2 S. 4 AÜG mit.[1211] Umstritten ist dagegen, ob die §§ 111 ff. – wie nach der bisherigen Rechtslage[1212] – auf einen gemeinsamen Betrieb mehrerer Unternehmen entspr. anwendbar sind, die zwar nicht einzeln, insgesamt aber mehr als 20 AN beschäftigen.[1213]

2. Fraglich ist, ob der bloße Personalabbau eine Betriebsänderung i.S.d. § 111 sein kann.

a) Nach § 111 S. 3 Nr. 1–5 gelten als Betriebsänderungen i.S.d. § 111:   **426**

- Einschränkung oder Stilllegung des gesamten Betriebs oder von wesentlichen Betriebsteilen, § 111 S. 3 Nr. 1

> Eine Betriebseinschränkung i.S.d. § 111 S. 3 Nr. 1 setzt voraus, dass die Leistungsfähigkeit des Betriebs „ungewöhnlich" herabgesetzt wird, sodass betriebstypische Schwankungen (z.B. „Sommerloch", witterungsbedingter Auftragsrückgang) unerheblich sind. Ohne Bedeutung ist dabei, ob dies durch Außerbetriebsetzung von Betriebsanlagen, Stilllegung von Maschinen oder durch Personalreduzierung erfolgt. Ob ein Betriebsteil (= betriebswirtschaftlich oder technologisch abgrenzbare Organisation innerhalb der Betriebsorganisation) „wesentlich" ist, kann durch eine qualitative oder quantitative Abgrenzung bestimmt werden. Im ersten Fall kommt es darauf an, ob dem Betriebsteil eine

1209 Zur Ermittlung der regelmäßigen Belegschaftsstärke BAG ZIP 2005, 500.
1210 Vgl. BAG NZA 2011, 466; ErfK/Kania § 111 Rn. 5.
1211 Vgl. dazu BAG ZIP 1998, 1320; Richardi/Annuß § 111 Rn. 20 ff.; F/E/S/T/L § 111 Rn. 3, 18 ff.
1212 Vgl. BAG NZA 2012, 221; Haas/Hoppe NZA 2013, 294; a.A. Rieble NZA 2012, 485.
1213 Dagegen unter Hinweis auf den Gesetzeswortlaut: ErfK/Kania § 111 BetrVG Rn. 5; Richardi/Annuß § 111 Rn. 26; S/W/S §§ 111–113 Rn. 7 d u. F/E/S/T/L § 111 Rn. 23 für Sozialplan; a.A. D/K/K/Däubler § 111 Rn. 33, weil mit der Gesetzesänderung eine Erweiterung, nicht dagegen eine Einschränkung des Anwendungsbereichs der §§ 111 ff. bezweckt war; so auch F/E/S/T/L § 111 Rn. 23 für Interessenausgleich; vgl. auch Rn. 389 zu § 99.

wesentliche Bedeutung innerhalb der betrieblichen Gesamtorganisation zukommt.[1214] Im zweiten Fall kommt es auf die Zahl der betroffenen Arbeitnehmer an.[1215]

- Verlegung des gesamten Betriebs oder von wesentlichen Betriebsteilen, § 111 S. 3 Nr. 2

- Zusammenschluss mit anderen Betrieben oder die Spaltung von Betrieben, § 111 S. 3 Nr. 3

  Der Übergang des Betriebs oder eines Betriebsteils stellt als solcher keine Betriebsänderung i.S.v. § 111 dar. Erschöpft sich aber der Betriebsübergang nicht in dem bloßen Rechtsinhaberwechsel, sondern ist er mit Maßnahmen verbunden, die als solche einen der Tatbestände des § 111 erfüllen, kommt eine Betriebsänderung i.S.d. § 111 in Betracht. So stellt z.B. die Ausgliederung eines Betriebsteiles im Zusammenhang mit der Veräußerung, um ihn auf ein anderes Unternehmen zu übertragen, als eine organisatorische Spaltung des Betriebes u.U. eine mitbestimmungspflichtige Betriebsänderung i.S.v. § 111 S. 3 Nr. 3 dar.[1216]

- Grundlegende Änderung der Betriebsorganisation, des Betriebszwecks oder der Betriebsanlagen, § 111 S. 3 Nr. 4

- Einführung grundlegend neuer Arbeitsmethoden und Fertigungsverfahren, § 111 S. 3 Nr. 5

  Nr. 5 ergänzt die Nr. 4, stellt aber mehr auf die Art der Verwertung der menschlichen Arbeitskraft ab. Bloße routinemäßige Verbesserungen der vorhandenen Methoden reichen deshalb für Nr. 5 nicht aus.[1217]

  Die in Nr. 4 und 5 genannten Änderungen sind u.U. schwer abzugrenzen, weil sie vielfach ineinander übergehen, was aber auch praktisch unerheblich ist, weil in beiden Fällen Beteiligungsrechte des BR bestehen. Grundlegend ist die Änderung insbes., wenn sie erhebliche Auswirkungen auf den Betriebsablauf hat. Eine Änderung der Betriebsorganisation liegt vor allem bei Änderung des Betriebsaufbaus oder Änderung des Zuständigkeitsbereichs vor. Eine grundlegende Änderung des Betriebszwecks, die auch bei gleich bleibender Betriebsorganisation möglich ist, ist die völlige Umstellung der Produktion oder des Gegenstands der Betriebstätigkeit.[1218]

427

Nach ganz h.M. ist beim Vorliegen eines der o.g. Fälle nicht mehr gesondert zu prüfen, ob „wesentliche Nachteile für die Belegschaft oder erhebliche Teile" i.S.d. § 111 S. 1 vorliegen, weil dies vom Gesetz fingiert wird.[1219]

Es ist zwar umstritten, ob § 111 S. 3 eine abschließende Aufzählung von Betriebsänderungen enthält.[1220] Diesem Meinungsstreit kommt aber keine große praktische Bedeutung zu, weil § 111 S. 3 die wichtigsten Fälle von Betriebsänderungen erfasst.

Der bloße Personalabbau als solcher ist in § 111 S. 3 nicht ausdrücklich erwähnt, sodass eine Betriebsänderung ausscheiden könnte.

1214 Vgl. BAG DB 1991, 760: Betriebsteil nicht allein deshalb wesentlich, weil in ihm ein notwendiges Vorprodukt gefertigt wird; vgl. dazu auch Richardi/Annuß § 111 Rn. 81 ff.; D/K/K/Däubler § 111 Rn. 63 ff. und BAG NZA 2011, 466 zur Betriebseinschränkung in Kleinbetrieben; Joost EWiR 2011, 269.

1215 Vgl. Richardi/Annuß § 111 Rn. 70 ff.; F/E/S/T/L § 111 Rn. 71 ff.; D/K/K/Däubler § 111 Rn. 63 ff.

1216 BAG BB 2016, 188; BAG NZA 2008, 642; ErfK/Kania § 111 Rn. 12; Matthes NZA 2000, 1073; Neef/Schrader NZA 1998, 804; a.A. D/K/K/Däubler § 111 Rn. 97 ff.; vgl. zu Beteiligungsrechten des BR bei Umstrukturierungen Alles/Handermann DB 2019, 1027; Scharff BB 2016, 437; Maschmann NZA 2009, Beil. 1 S. 32; Kleinebrink/Commandeur NZA 2007, 113.

1217 D/K/K/Däubler § 111 Rn. 112 ff.; Richardi/Annuß § 111 Rn. 119 ff.; F/E/S/T/L § 111 Rn. 97 ff., 100.

1218 Vgl. Richardi/Annuß § 111 Rn. 107 ff.; F/E/S/T/L § 111 Rn. 90 ff.; D/K/K/Däubler § 111 Rn. 108 ff.

1219 BAG NZA 2011, 466; Richardi/Annuß § 111 Rn. 45 ff.; MünchArbR/Leder § 345 Rn. 8 ff.

1220 Dafür z.B. Richardi/Annuß § 111 Rn. 41 ff.; dagegen z.B. D/K/K/Däubler § 111 Rn. 45 ff.; jeweils m.w.N.

b) Einigkeit besteht jedoch darüber, dass **der bloße Personalabbau eine we-** **428**
sentliche Betriebseinschränkung** i.S.d. § 111 S. 3 Nr. 1 **sein kann.** Dies folgt
schon aus dem Umkehrschluss aus § 112 a Abs. 1. Voraussetzung dafür ist aber,
dass er eine relevante Anzahl von Arbeitnehmern erfasst. Dies wird angenommen, wenn die Zahlen- und Prozentangaben des § 17 Abs. 1 KSchG erfüllt sind,
mindestens aber 5% der Belegschaft betroffen sind.[1221] Die Zahlen- und Prozentangaben des § 17 Abs. 1 KSchG lauten:[1222]

Anzahl der Beschäftigten	Anzahl der vom Personalabbau betroffenen Arbeitnehmer
21 bis 59 Arbeitnehmer	mehr als 5 Arbeitnehmer
60 bis 499 Arbeitnehmer	mehr als 25 Arbeitnehmer oder 10%
500 bis 600 Arbeitnehmer	mindestens 30 Arbeitnehmer
ab 601 Arbeitnehmer	mindestens 5% (von der Rspr. ergänzt)

Vorliegend sind von den 55 beschäftigten Arbeitnehmern 6 Arbeitnehmer von
dem Personalabbau betroffen, sodass eine wesentliche Betriebseinschränkung i.S.d. § 111 S. 3 Nr. 1 vorliegt.

Während bei der Prüfung des Anwendungsbereichs des § 111 auf die Zahl der Beschäftigten
im Unternehmen abzustellen ist, ist für das Vorliegen einer Betriebsänderung auch nach der
Neufassung des § 111 eine auf den Betrieb bezogene Prüfung vorzunehmen. Beim Personalabbau ist also die Zahl der Arbeitnehmer im Betrieb maßgeblich.[1223] Nach § 111 kann also
auch in Betrieben unter 21 Arbeitnehmern eine mitbestimmungspflichtige Betriebsänderung nach § 111 vorliegen, wobei beim Personalabbau die o.g. Staffelung nicht weiter hilft.
Ob mindestens 3, 5 oder 6 Arbeitnehmer des Betriebes entlassen werden müssen, ist umstr.
Nach BAG muss die Mindestzahl des § 17 KSchG (6 Arbeitnehmer) erreicht sein.[1224]

3. **Ergebnis zu I.:** Dem Betriebsrat stehen wegen einer beabsichtigten Betriebsän- **429**
derung die Unterrichtungs- und Beratungsrechte nach § 111 S. 1 zu.[1225]

Nach § 111 S. 2 kann der BR in Unternehmen mit mehr als 300 AN zu seiner Unterstützung einen
sachverständigen Berater hinzuziehen, ohne das Verfahren nach § 80 Abs. 3 einhalten zu müssen. Damit soll er nach der amtlichen Begründung des Gesetzesentwurfs in die Lage versetzt
werden, trotz der oft „hochkomplizierten Fragestellungen" seine Beteiligungsrechte wirksam
auszuüben und relativ kurzfristig auf die Planungen des AG reagieren zu können.[1226] Umstritten
ist dabei, ob die Erforderlichkeit der Hinzuziehung des Beraters von § 111 S. 2 unterstellt wird
oder besonders zu prüfen ist.[1227] Umstr. ist auch, ob sich die Beratertätigkeit nach § 111 S. 2 nur
auf die Betriebsänderung und den Interessenausgleich erstreckt mit der Folge, dass eine Kostenerstattungspflicht für die Hinzuziehung eines Beraters zu Verhandlungen über den Abschluss eines Sozialplanes nur bei einer vorherigen Vereinbarung mit dem AG nach § 80 Abs. 3 besteht.[1228] Vorliegend steht dem BR dieser Anspruch aufgrund der Arbeitnehmerzahl nicht zu.

1221 BAG NZA 2013, 86; Richardi/Annuß § 111 Rn. 70 ff.; Kleinebrink ArbRB 2009, 74; jeweils m.w.N.

1222 Vgl. auch Tabelle bei F/E/S/T/L § 111 Rn. 75; S/W/S §§ 111–113 Rn. 46.

1223 BAG NZA 2011, 466; S/W/S §§ 111–113 Rn. 9 d; F/E/S/T/L § 111 Rn. 18 ff. 24 m.w.N.

1224 Vgl. BAG NZA 2011, 466; Richardi/Annuß § 111 Rn. 74 m.w.N.; zum Personalabbau und Betriebsänderung Gielen/Vahlen
NZA 2005, 1393 u. Trittin/Fütterer NZA 2009, 1305 zum Interessenausgleich und Sozialplan in Kleinbetrieben.

1225 Vgl. zur Betriebsänderung und Unterrichtungspflichten nach § 111: Seel MDR 2010, 7; Meyer AuA 2007, 392; Lingemann
NZA 2002, 934; Karthaus AuR 2007, 114: Betriebsübergang als Betriebsänderung?

1226 Vgl. ausführlich dazu Kleinebrink ArbRB 2003, 212; Rose/Grimmner DB 2003, 1790 ff.; Oetker NZA 2002, 465 ff.

1227 Vgl. Meinungsübersichten bei Richardi/Annuß § 111 Rn. 53; F/E/S/T/L § 111 Rn. 122 f.

1228 So LAG Hessen, Beschl. v. 17.03.2011 – 9 TaBV 59/10; Hinrichs/Plitt NZA 2011, 1006, 1007; Richardi/Annuß § 111 Rn. 52;
a.A. D/K/K/Däubler § 111 Rn. 166.

430 II. Dem Betriebsrat könnte außerdem wegen der beabsichtigten Betriebsänderung i.S.d. § 111 ein Anspruch auf **Abschluss eines Interessenausgleichs** nach Maßgabe des § 112 Abs. 1 S. 1, Abs. 2 und 3 zustehen.

1. Nach den o.g. Bestimmungen haben die Betriebspartner vor der geplanten Betriebsänderung ernsthaft mit dem Ziel des Abschlusses eines Interessenausgleichs zu verhandeln. Der **Inhalt des Interessenausgleichs** erstreckt sich dabei auf das **„Ob", „Wie"** und **„Wann", also Art, Umfang sowie den Zeitpunkt der Betriebsänderung**, nicht dagegen auf Ausgleich der wirtschaftlichen Nachteile. Letzteres kann nur Gegenstand eines Sozialplanes nach § 112 Abs. 4, 5 sein.[1229]

431 2. Kommt zwischen den Betriebspartnern **keine Einigung** zustande, kann jeder Betriebspartner nach § 112 Abs. 2 den Präsidenten der örtlich zuständigen Landesagentur für Arbeit um eine Vermittlung ersuchen. Bleibt der **Vermittlungsversuch des Vorstandes der Bundesagentur für Arbeit**, bei dem es insbes. darum geht, welche Umschulungs- bzw. Weiterbildungsmaßnahmen oder andere Förderungsmittel das Arbeitsamt anbieten kann, **ohne Erfolg oder versucht keiner der Betriebspartner diesen Weg, können beide Betriebspartner gemäß § 112 Abs. 2 S. 2 die Einigungsstelle anrufen.** Der Arbeitgeber muss es allerdings tun, wenn er Nachteilsausgleichsansprüche nach § 113 vermeiden will. Kommt vor der Einigungsstelle keine Einigung zustande, ist der **Abschluss eines Interessenausgleichs nicht durch** einen **Spruch der Einigungsstelle erzwingbar.** Die Einigungsstelle erklärt vielmehr die Verhandlungen für gescheitert.[1230]

432 Gegenstand der Beratung zwischen den Betriebspartnern über eine vom Unternehmer geplante Betriebsänderung und damit auch Inhalt eines möglichen Interessenausgleichs soll nicht nur die Frage sein, ob die Betriebsänderung überhaupt durchzuführen ist, sondern auch und gerade die Frage, ob die Betriebsänderung auch gegenüber den davon betroffenen Arbeitnehmern in einer Weise durchgeführt werden kann, dass diesen möglichst keine oder doch nur geringe wirtschaftliche Nachteile entstehen. Die Betriebspartner können sich daher in einem Interessenausgleich z.B. darauf verständigen, dass anlässlich der geplanten Betriebsänderung Arbeitnehmer nicht entlassen, sondern an anderer Stelle im Unternehmen oder Betrieb, ggf. nach einer Umschulung, durch das Unternehmen weiterbeschäftigt werden. Der Umstand, dass solche Maßnahmen geeignet sind, wirtschaftliche Nachteile für die Arbeitnehmer zu vermeiden oder gering zu halten, bedeutet nicht, dass dadurch ein „Ausgleich oder eine Milderung wirtschaftlicher Nachteile, die den Arbeitnehmern infolge der Betriebsänderung entstehen", vereinbart wird und dass damit diese Maßnahmen Inhalt eines – erzwingbaren – Sozialplanes sein können. Der Sozialplan, über den die Einigungsstelle nach § 112 Abs. 4 verbindlich entscheiden kann, knüpft vielmehr erst an diejenigen wirtschaftlichen Nachteile an, die den von der Betriebsänderung betroffenen Arbeitnehmern trotz einer möglichst schonungsvollen Durchführung der Betriebsänderung noch tatsächlich entstehen. Nur das, was zum Ausgleich oder zur Milderung dieser gleichwohl noch entstehenden wirtschaftlichen Nachteile geschehen soll, kann die Einigungsstelle im Sozialplan verbindlich entscheiden. Die Einigungsstelle ist jedoch nicht befugt, dem Arbeitgeber die Durchführung der Betriebsänderung in einer Weise vorzuschreiben, dass den betroffenen Arbeitnehmern keine oder nur geringe wirtschaftliche Nachteile entstehen.[1231]

3. **Ergebnis zu 2.:** Dem Betriebsrat steht nach Maßgabe des § 112 Abs. 1 S. 1, Abs. 2, 3 nur ein Anspruch auf Verhandlungen über einen Interessenausgleich zu. Er-

---

1229 Vgl. BAG NZA 2007, 1245; D/K/K/Däubler §§ 112, 112 a Rn. 3 ff.

1230 D/K/K/Däubler §§ 112, 112 a Rn. 8; F/E/S/T/L §§ 112, 112 a Rn. 32 ff., 42; Richardi/Annuß § 112 Rn. 23.

1231 BAG NZA 1992, 227 ff.; Schaub/Koch § 244 Rn. 32; Richardi/Annuß § 112 Rn. 23 m.w.N.

zwingbar ist sein Abschluss allerdings nicht. Der Betriebsrat kann also weder die Durchführung der Betriebsänderung verhindern noch deren Art und Weise erzwingen.[1232]

III. Dem Betriebsrat könnte ein Anspruch auf den **Abschluss eines Sozialplanes** nach § 112 Abs. 1 S. 2, Abs. 4, 5 zustehen.

433

Der Sozialplan ist nach § 112 Abs. 1 S. 2, 3 schriftlich niederzulegen und von beiden Betriebspartnern zu unterschreiben. Da er nach § 112 Abs. 1 S. 3 die Wirkung einer Betriebsvereinbarung hat, begründet er unmittelbare und grds. unverzichtbare Ansprüche der Arbeitnehmer auf die vorgesehenen Sozialplanleistungen (vgl. § 77 Abs. 4.). Die Regelungssperre des § 77 Abs. 3 gilt gemäß § 112 Abs. 1 S. 4 bei einem Sozialplan nicht.[1233]

1. Nach § 112 Abs. 1 S. 2, Abs. 4, 5 steht dem Betriebsrat ein Anspruch auf **Abschluss eines Sozialplanes** zu, der den **Ausgleich oder die Minderung der wirtschaftlichen Nachteile** zum Inhalt hat, die den Arbeitnehmern **infolge der geplanten Betriebsänderung** i.S.d. § 111 entstehen. Der Sozialplan ist dabei – anders als der Interessenausgleich – nach § 112 Abs. 4 notfalls durch Anrufung der Einigungsstelle erzwingbar.

Nach st.Rspr. des BAG dienen die Sozialplanabfindungen in erster Linie dem Ausgleich oder der Milderung der Nachteile, die den AN infolge einer Betriebsänderung – zukünftig – bis zu einem neuen Arbeitsverhältnis oder längstens bis zum Bezug von Altersruhegeld entstehen. Sie haben daher in erster Linie eine zukunftsbezogene Ausgleichs- und Überbrückungsfunktion und sind keine Entschädigungen für den Verlust des Arbeitsplatzes. Entstehen dem AN keine oder keine nach dem Sozialplan ausgleichswürdigen Nachteile, verlangen daher weder § 112 Abs. 1 noch § 75, dass der AN eine „Entschädigung" allein deswegen erhält, weil er dem Betrieb längere Zeit angehört hat.[1234]

Nach den o.g. Bestimmungen stünde dem Betriebsrat ein erzwingbarer Anspruch auf Abschluss eines Sozialplanes zu.

434

Die Betriebspartner können unter Beachtung der höherrangigen Rechtsnormen und des billigen Ermessens des § 75 den Inhalt des Sozialplanes und die Höhe der Ausgleichsleistungen aufgrund des ihnen zustehenden Beurteilungs- und Gestaltungsspielraumes grds. frei bestimmen (z.B. Sozialplanabfindung für entlassene AN, Fahrtkosten- bzw. Umzugskostenerstattung für versetzte AN[1235]). Für den Inhalt eines nach § 112 Abs. 4 erzwungenen Sozialplanes gibt § 112 Abs. 5 S. 1 dagegen eine allgemeine Ermessensrichtlinie, nach der sowohl die sozialen Belange der betroffenen AN als auch die wirtschaftliche Vertretbarkeit für das Unternehmen, insbes. die in § 112 Abs. 5 S. 2 Nr. 1–3 aufgezählten Umstände zu berücksichtigen sind.[1236] Ein durch Spruch der Einigungsstelle erzwungener Sozialplan kann von jedem Betriebspartner gemäß § 76 Abs. 5 S. 4 im arbeitsgerichtlichen Beschlussverfahren auf Überschreitung der Grenzen des Ermessens überprüft werden. Der Antrag muss allerdings innerhalb von zwei Wochen nach Zugang des Beschlusses beim ArbG eingehen. Andere Rechtsverstöße (z.B. Verstoß gegen den Gleichbehandlungsgrundsatz) können dagegen auch nach Ablauf der Zweiwochenfrist, insb. auch in einem anderen Verfahren inzident überprüft werden.[1237] Da der gerichtlichen Entscheidung keine

---

1232 Vgl. zum Interessenausgleich und seinem Scheitern: Karlsfeld ArbRB 2010, 18; Kania/Joppich NZA 2005, 749: zum Interessenausgleich und Sozialplan: Zumkeller AuA 2018, 520; zur Anrufung der Einigungsstelle: Göpfert/Krieger NZA 2005, 254; zur Zuständigkeit des BR bzw. GBR: Röger ZIP 2018, 2045; Joussen RdA 2007, 114 sowie Welkoborsky ArbR 2014, 196; Hunold NZA-RR 2004, 561; 2005, 57 u. Steffan NZA-RR 2000, 337: Rspr.-Übersichten zum Interessenausgleich, Nachteilsausgleich und Sozialplan.

1233 Vgl. dazu BAG NZA 2007, 339; Richardi/Annuß § 112 Rn. 178 ff. m.w.N.

1234 Vgl. dazu BAG NZA 2019, 1432; BAG NZA 2019, 1295; BAG ArbRB 2007, 234 m. Anm. Lunk; BAG BB 2005, 1967.

1235 Vgl. dazu BAG ArbRB 2018, 10 m. Anm. Mues; BAG NZA 2010, 1018 und MünchArbR/Leder § 348 Rn. 8 ff.

1236 BAG DB 2019, 2416 m. Anm. Lüthge; BAG DB 2013, 1182; Eismann NZA 2019, 81; Willemsen RdA 2013, 166 zur wirtschaftl. Vertretbarkeit des SP u. Berücksichtigung der Konzernmutter Wutte ZfA 2016, 261; Gaul/Schmidt DB 2014, 300.

1237 BAG NZA 2004, 108; 1995, 40 ff.; F/E/S/T/L § 76 Rn. 138 ff., 140, 157 m.w.N.

rechtsgestaltende, sondern nur eine feststellende Wirkung zukommt, wird der Sozialplan nicht aufgehoben. Vielmehr wird nur seine Unwirksamkeit festgestellt.[1238]

435   2. Besteht die geplante Betriebsänderung – wie hier – allein in der Entlassung der Arbeitnehmer, so findet allerdings § 112 Abs. 4, 5 nur dann gemäß § 112 a Abs. 1 Anwendung, wenn die in dieser Vorschrift genannten Schwellenwerte erreicht worden sind.

Bei neu gegründeten Unternehmen ist ein erzwingbarer Sozialplan nach Maßgabe des § 112 a Abs. 2 in den ersten vier Jahren nach der Gründung ausgeschlossen.[1239]

Da U regelmäßig 55, also mehr als 20, aber weniger als 60 Arbeitnehmer beschäftigt, ist ein Sozialplan beim bloßen Personalabbau gemäß § 112 Abs. 1 Nr. 1 nur dann erzwingbar, wenn 20% der regelmäßig Beschäftigten, mindestens aber 6 Arbeitnehmer entlassen werden sollen. U beabsichtigt zwar die Entlassung von 6 Arbeitnehmern, bei 55 regelmäßig beschäftigten Arbeitnehmern müssten aber mindestens 11 Arbeitnehmer (= 20% von 55 Arbeitnehmern) betroffen sein. Da ein solcher Personalabbau nicht geplant ist, ist der Sozialplan nach § 112 Abs. 4 i.V.m. § 112 a Abs. 1 Nr. 1 nicht erzwingbar.

Es gibt also Betriebsänderungen i.S.d. § 111, die zwar Unterrichtungs- und Beratungsrechte des Betriebsrats sowie die Verpflichtung des Arbeitgebers zum Versuch eines Interessenausgleichs auslösen, aber keinen erzwingbaren Anspruch auf Abschluss eines Sozialplanes begründen.

436   3. **Ergebnis zu III.:** Dem Betriebsrat steht kein Anspruch auf Abschluss eines Sozialplanes zu.

Die Regelungen eines Sozialplanes müssen insb. den arbeitsrechtlichen **Gleichbehandlungsgrundsatz** beachten. Zulässig ist allerdings grds., dass von dem Bezug der Sozialplanleistungen die AN ausgeschlossen werden, die das Arbeitsverhältnis selbst kündigen. Etwas anderes gilt aber dann, wenn die Eigenkündigung bzw. der Aufhebungsvertrag von dem AG veranlasst worden ist und daher eine betriebsbedingte Kündigung nur ersetzt.[1240] Zulässig ist es auch, von Sozialplanleistungen solche AN auszunehmen, die auf Vermittlung des AG einen neuen zumutbaren Arbeitsplatz finden,[1241] einen zumutbaren Arbeitsplatz ablehnen,[1242] einem Betriebsübergang widersprechen,[1243] zum Zeitpunkt der Auflösung des Arbeitsverhältnisses die Voraussetzungen für den übergangslosen Rentenbezug nach Beendigung des Anspruchs auf Arbeitslosengeld erfüllen, jedenfalls dann, wenn die Rente nicht wegen vorzeitiger Inanspruchnahme gekürzt wird.[1244] Das undifferenzierte Abstellen bei der Berechnung der Höhe der Sozialplanabfindung auf den „frühestmöglichen Wechsel" in die gesetzliche Rente stellt allerdings eine unzulässige Benachteiligung wegen Behinderung dar, weil Schwerbehinderte nach § 236a Abs 1 S. 2 SGB VI bereits mit 60 Jahren eine vorgezogene Altersrente in Anspruch nehmen können, während dies für nicht schwerbehinderte Arbeitnehmer frühestens mit Vollendung des 63. Lebensjahrs möglich ist, sodass die Abfindung der Schwerbehinderten ohne sachliche Rechtfertigung geringer ausfällt.[1245] Unzulässig sind dagegen Regelungen im Sozialplan, nach denen Sozialpl-

1238 Vgl. BAG NZA 2011, 1112; F/E/S/T/L § 76 Rn. 143; Korinth ArbRB 2005, 247.
1239 Vgl. dazu BAG NZA 2007, 106; Fuhlrott ArbR 2011, 109; Reichold RdA 2007, 373 und BAG ZIP 2019, 222 sowie Trümner/Weinbrenner AuR 2010, 248 zum Konzernbegriff i.S.d. § 112 a Abs. 2 S. 2.
1240 BAG ArbR 2011, 463 m. Anm. Merten; Richardi/Annuß § 112 Rn. 101 ff. und Holthausen, ZAP 2019, 317 ff.
1241 BAG NZA 2005, 831; F/E/S/T/L §§ 112, 112 a Rn. 144 ff.; jeweils m.w.N.
1242 BAG NZA 1998, 158; Richardi/Annuß § 112 Rn. 104; ErfK/Kania §§ 112, 112 a Rn. 25 m.w.N.
1243 BAG BB 2004, 2022; F/E/S/T/L §§ 112, 112 a Rn. 161.
1244 Dazu BAG NZA 2019, 1295; BAG NZA 2015, 365; Richardi/Annuß § 112 Rn. 105; F/E/S/T/L §§ 112, 112 a Rn. 150 ff.; Kleinebrink FA 2010, 66; Hunold AuA 2010, 106 u. NZA-RR 2006, 617; zur umstr. Zulässigkeit der Altersdifferenzierung bei SP-Leistungen Jacobs/Malorny NZA 2018, 557; Seiwerth ZESAR 2013, 319; Wißmann RdA 2011, 181; Mohr RdA 2010, 44.
1245 BAG NZA 2019, 1432; F/E/S/T/L §§ 112, 112 a Rn. 149; Müller NZA-RR 2019, 176; vgl. auch EuGH NZA 2018, 1268.

anleistungen von einem **Verzicht auf die Erhebung der Kündigungsschutzklage** abhängig gemacht werden.[1246] Die Betriebspartner können aber in freiwilligen Betriebsvereinbarungen im Interesse einer alsbaldigen Planungssicherheit des AG zusätzliche Leistungen für den Fall der Nichterhebung der Kündigungsschutzklage vorsehen.[1247] Ein **Verzicht auf Ansprüche aus dem Sozialplan** ist gemäß § 77 Abs. 4 S. 2 grds. nur mit Zustimmung des BR möglich. Fehlt sie, ist der Verzicht nach § 134 BGB nichtig, es sei denn, es liegt eine günstigere Regelung vor.[1248]

c) Folgen der Verstöße gegen die Beteiligungsrechte des Betriebsrats nach §§ 111 ff.

> **Fall 30: Standortverlegung ohne Beteiligung des Betriebsrats**
>
> Der Unternehmer U plante zunächst, in einer anderen Stadt S einen zweiten Betrieb zu bauen. Nach Fertigstellung der Produktionshalle entschloss er sich, wegen der rückläufigen Aufträge die Produktionstätigkeit in seinem bisherigen Betrieb in B, in dem 60 Arbeitnehmer beschäftigt sind, einzustellen, die Maschinen abzubauen und in den neuen Betrieb in die 500 km entfernt liegende Stadt S zu verlagern. Da sich die Verhandlungen mit dem Betriebsrat schwierig gestalteten und die Zeit drängte, hörte er den Betriebsrat zu den beabsichtigten Kündigungen aller Arbeitnehmer an, die eine Weiterbeschäftigung in S wegen der räumlichen Entfernung ablehnten. Der Arbeitnehmer A möchte wissen, ob ihm wegen der beabsichtigten Kündigung ein Abfindungsanspruch zusteht. Der Betriebsrat überlegt dagegen, ob er im Wege der einstweiligen Verfügung die Unterlassung der Standortverlegung, insbesondere der Kündigungen bis zum Scheitern von Interessenausgleichsverhandlungen verhindern kann. Welche Antworten wird der beauftragte Rechtsanwalt R dem Betriebsrat und dem A geben, wenn ein Interessenausgleich noch nicht versucht wurde?

A. Anspruch des A auf Zahlung einer Abfindung nach § 113 Abs. 3? **437**

    I. Ein infolge einer Betriebsänderung entlassener Arbeitnehmer kann nach Maßgabe des § 113 i.V.m. § 10 KSchG die Zahlung einer Abfindung verlangen, wenn der Arbeitgeber die Betriebsänderung i.S.d. § 111 ohne zwingenden Grund abweichend von einem Interessenausgleich (§ 113 Abs. 1) oder ohne Versuch eines Interessenausgleichs durchführt; § 113 Abs. 3. Letzterer Fall könnte hier eingreifen.

    II. Fraglich ist somit, ob eine Betriebsänderung i.S.d. § 111 beabsichtigt ist, für die ein **438**
Interessenausgleich zu versuchen war.

        1. U beschäftigt regelmäßig mehr als 20 Arbeitnehmer.

        2. Da U beabsichtigt, die Produktion in seinem bisherigen Betrieb in B einzustellen, die Maschinen abzubauen und in den neuen Betrieb in der Stadt S zu verlagern sowie die Arbeitsverhältnisse mit allen Arbeitnehmern zu kündigen,

---

1246 BAG BB 2005, 1967; krit. dazu Annuß RdA 2006, 378 ff.; anders aber BAG NZA 2007, 821 für Abfindung in einem sozialplanähnlichen Tarifvertrag.
1247 Vgl. BAG NZA 2010, 1304; BAG NZA 2006, 1420 und Löw DB 2018, 2245.
1248 Vgl. BAG NZA 2004, 1183; F/E/S/T/L §§ 112, 112 a Rn. 177 m.w.N.

weil diese nicht bereit sind, das Arbeitsverhältnis in S fortzusetzen, liegt eine Betriebsänderung i.S.d. § 111 vor. Ob die Betriebsänderung unter § 111 S. 3 Nr. 1 oder Nr. 2 fällt, kann offen bleiben, weil in beiden Fällen ein Interessenausgleich zu versuchen war, was vorliegend unterblieben ist.

439   III. A müsste aufgrund der Betriebsänderung i.S.d. § 113 entlassen werden.

1. Aufgrund der Einstellung der Produktion in dem bisherigen Betrieb in B besteht dort keine Beschäftigungsmöglichkeit mehr für A. Da A auch nicht bereit ist, sein Arbeitsverhältnis in der Stadt S fortzusetzen (Vorrang der Änderungskündigung vor Beendigungskündigung), wäre die beabsichtigte ordentliche Kündigung durch dringende betriebliche Erfordernisse i.S.d. § 1 Abs. 2 KSchG bedingt und damit wirksam.[1249]

Voraussetzung für eine Entlassung i.S.d. § 113 ist nicht zwingend das Vorliegen einer Arbeitgeberkündigung. Es reichen vielmehr auch Eigenkündigungen der Arbeitnehmer bzw. Aufhebungsverträge, die auf Veranlassung des Arbeitgebers wegen der Betriebsänderung erklärt bzw. abgeschlossen werden.[1250]

Nach h.M. kommt es auch nicht darauf an, ob die ausgesprochene Kündigung, die der AN akzeptiert hat, einer Wirksamkeitsprüfung in einem Kündigungsschutzverfahren standhalten würde. Denn der AG würde sich zu seinem eigenen Verhalten in Widerspruch setzen, wenn er sich bei der Geltendmachung des Nachteilsausgleichsanspruchs darauf berufen könnte, die Kündigung hätte mit Erfolg angefochten werden können.[1251] Steht aber die Unwirksamkeit der Kündigung fest (z.B. nach entspr. Urteil/Vergleich), scheidet ein Nachteilsausgleichsanspruch auch dann aus, wenn das Arbeitsverhältnis wegen der finanziellen Schwierigkeiten des AG (z.B. Insolvenz) wertlos ist, weil § 113 davor nicht schützen soll.[1252]

Eine Entlassung nach § 113 setzt voraus, dass das Arbeitsverhältnis beendet wird. Der hiermit verbundene Verlust des Arbeitsplatzes ist der wirtschaftliche Nachteil, der nach § 113 Abs. 3 i.V.m. Abs. 1 durch eine Abfindung ausgeglichen werden soll. Wirtschaftliche Nachteile in einem fortbestehenden Arbeitsverhältnis, z.B. aufgrund einer Versetzung oder Umgruppierung, sind nach § 113 Abs. 3 i.V.m. Abs. 2 in anderer Form zu kompensieren.[1253]

440   2. **Auf** ein **Verschulden des Arbeitgebers kommt es nicht an**, weil § 113 an ein objektiv betriebsverfassungswidriges Verhalten des Arbeitgebers anknüpft.[1254] Nicht erforderlich ist auch, dass die Kündigung bei ordnungsgemäßen Verhandlungen über den Interessenausgleich vermieden worden wäre.[1255] Die Voraussetzungen für einen Anspruch auf eine Abfindung nach §§ 111 Abs. 3, 1 i.V.m. § 10 KSchG liegen somit vor.

Nachteilsausgleichsansprüche nach § 113 Abs. 3 sind allerdings ausnahmsweise dann ausgeschlossen, wenn plötzlich eintretende Ereignisse eine sofortige Schließung des Betriebs unausweichlich machen und ein Hinausschieben der Stilllegung, nur um noch einen Interessenausgleich zu versuchen, den AN nicht nützen, sondern allenfalls weitere Nachteile bringen könnte. Das BAG hat dies in einem Fall angenommen, in dem die Hauptgläubiger eines überschuldeten Unternehmens überraschend ihre Bereitschaft zum Stillhalten widerriefen,

---

1249 Zu Wirksamkeitsvoraussetzungen einer betriebsbedingten Kündigung AS-Skript Arbeitsrecht (2019), Rn. 482 ff.

1250 Vgl. BAG NZA 2004, 440, 442; ErfK/Kania § 113 Rn. 5; F/E/S/T/L § 113 Rn. 22 m.w.N.

1251 Vgl. D/K/K/Däubler § 113 Rn. 17; F/E/S/T/L § 113 Rn. 23; Richardi/Annuß § 113 Rn. 37; a.A. ErfK/Kania § 113 Rn. 5; jeweils m.w.N.; vom BAG NZA 1996, 499 ff. offen gelassen.

1252 BAG NZA 2005, 818; 1996, 499 ff.; D/K/K/Däubler § 113 Rn. 16 ff., 20 m.w.N.

1253 BAG NZA 1996, 499 ff.; Richardi/Annuß § 113 Rn. 40, 50 ff. m.w.N.

1254 BAG NZA 2004, 440; BAG NZA1996, 1107 ff.; S/W/S §§ 111–113 Rn. 171; D/K/K/Däubler § 113 Rn. 2.

1255 Vgl. D/K/K/Däubler § 113 Rn. 18; Richardi/Annuß § 113 Rn. 32; ErfK/Kania § 113 Rn. 9.

weil ein anderer Gläubiger mit der Verwertung von Sicherheiten begonnen hatte. Die Insolvenzeröffnung wurde mangels Masse abgelehnt, die Übernahme des Betriebs durch ein anderes Unternehmen zerschlug sich. Das Unternehmen konnte keine Löhne mehr zahlen, seine Fortführung bis zum Abschluss des für den Versuch eines Interessenausgleichs vorgeschriebenen Verfahrens hätte nur Kosten verursacht, für die keine Deckung mehr vorhanden war; die AN hätten für ihre Weiterarbeit keine Gegenleistung mehr erwarten können.[1256]

3. Die **Höhe der** nach § 113 zu zahlenden **Abfindung** ist im Einzelfall unter Berücksichtigung der Höchstgrenzen des § 10 KSchG zu bestimmen. Die wichtigsten Bemessungskriterien sind die Dauer der Betriebszugehörigkeit und das Lebensalter. Darüber hinaus sind bei der Ermessensentscheidung die Arbeitsmarktchancen und das Ausmaß des betriebsverfassungswidrigen Verhaltens, insb. der Grad der Vorwerfbarkeit des Verstoßes gegen §§ 111, 112, nicht dagegen die wirtschaftliche Vertretbarkeit für das Unternehmen zu berücksichtigen, weil die Nachteilsausgleichspflicht Sanktionscharakter hat.[1257]

441

4. **Ergebnis zu A.:** Der Rechtsanwalt R wird A erklären, dass ihm wegen einer Entlassung infolge der Betriebsänderung als Nachteilsausgleich eine Abfindung nach Maßgabe des § 113 Abs. 3 i.V.m. Abs. 1 und § 10 KSchG zusteht.

442

Der Nachteilsausgleich, auf den der AN nach h.M. (aber nicht im Voraus) verzichten kann,[1258] ist nach ganz h.M. auf eine Sozialplanabfindung wegen der Zweckidentität anzurechnen, die nach einem später abgeschlossenen Sozialplan zu zahlen ist.[1259] Dies gilt nach neuester Rspr. des BAG auch dann, wenn der Arbeitgeber bei einer Massenentlassung zudem die auf Art. 2 Abs. 1 der EG-Massenentlassungsrichtlinie 98/59/EG (MERL) basierende Konsultationspflicht nach § 17 Abs. 2 KSchG verletzt hat. Verletzt der Arbeitgeber die ihm danach obliegende Konsultationspflicht, so ist die im Zusammenhang mit einer Massenentlassung erfolgte Kündigung nach § 134 BGB rechtsunwirksam. Es existiert damit eine Rechtsfolge, die eine wirksame Sanktion i.S.v. Art. 6 MERL darstellt.[1260]

B. Anspruch des Betriebsrats auf Unterlassung der Standortverlegung und der beabsichtigten Kündigungen.

443

Dem Betriebsrat könnte wegen Verletzung seiner Beteiligungsrechte nach §§ 111, 112 ein allgemeiner Unterlassungsanspruch zustehen.

I. Eine Betriebsänderung i.S.d. § 111 liegt vor (vgl. A. I.). Der Betriebsrat kann deshalb neben der Unterrichtung und Beratung nach § 111 S. 1 auch den „Versuch" eines Interessenausgleichs nach § 112 Abs. 1 S. 1, Abs. 2 sowie den Abschluss eines Sozialplanes verlangen (vgl. auch Fall 29, Rn. 425 ff.).

II. Fraglich ist, ob dem Betriebsrat wegen der Verletzung dieser Beteiligungsrechte ein Anspruch auf Unterlassung der Durchführung der Betriebsänderung zusteht.

444

1. Der nach § 112 Abs. 4, 5 erzwingbare Sozialplan soll die wirtschaftlichen Nachteile der durch die Entlassung betroffenen Arbeitnehmer ausgleichen, kann

---

1256 BAG NZA 1996, 499 ff.; vgl. dazu auch Richardi/Annuß § 113 Rn. 25 ff. m.w.N.

1257 BAG NZA 2019, 719, 721; BAG NZA 2012, 221, 223; BAG NZA 2004, 93; Richardi/Annuß § 113 Rn. 49 m.w.N.; einschränkend LAG Thüringen NZA-RR 1999, 309: ausnahmsweise auch wirtschaftliche Lage des Arbeitgebers.

1258 BAG NZA 2004, 440, 443 f. mit Meinungsübersicht.

1259 BAG NZA 2019, 719; BAG NZA 2002, 992; S/W/S §§ 111–113 Rn. 177; Reuther NZA 2019, 759; Oberberg AuR 2003, 69; Leuchten/Lipinski NZA 2003, 1361 ff., auch zur Vereinbarkeit der Rspr. mit EG-Recht; a.A. D/K/K/Däubler §§ 112, 112 a Rn. 121 ff.: keine automatische Anrechnung; krit. auch ErfK/Kania § 113 Rn. 2.

1260 Vgl. dazu BAG NZA 2019, 719; Besgen B+P 2019, 220; krit. Schubert/Schmitt EWiR 2019, 381; vom BAG NZA 2007, 1296 noch ausdrücklich offen gelassen; ; ausführlich dazu Reuther NZA 2019, 759 ff. mit Meinungsübersicht.

aber nicht die Fragen der Art und Weise der Durchführung der Betriebsänderung regeln.[1261] Da diese wirtschaftlichen Fragen nach allgemeiner Ansicht auch noch nach Durchführung der Betriebsänderung geregelt werden können,[1262] hat der Betriebsrat insofern keinen Unterlassungsanspruch.

Sehr umstritten ist, ob und inwieweit bei einer bevorstehenden Betriebsänderung i.S.d. § 111 (z.B. Standortschließung) Streiks zum Zwecke der Beschäftigungssicherung zulässig sind oder ob diese Fragen aufgrund einer Sperrwirkung der §§ 111 ff. der Regelungsbefugnis der Betriebspartner vorbehalten sind (vgl. dazu Rn. 121).

445

2. Dem Betriebsrat könnte aber deswegen ein Anspruch auf Unterlassung der Betriebsänderung zustehen, weil ihm neben den Unterrichtungs- und Beratungsrechten nach § 111 S. 1 auch die Beteiligungsrechte im Zusammenhang mit den Verhandlungen über einen Interessenausgleich nach § 112 Abs. 1 S. 1, Abs. 2 und 3 zustehen, die sich gerade auf das „Ob", „Wie" und „Wann" der Durchführung der Betriebsänderungen erstrecken (vgl. Fall 29, Rn. 425 ff.).

Ob dem Betriebsrat ein Anspruch auf Unterlassung der Betriebsänderung (Abbau von Anlagen, Kündigungen) wegen der Verletzung der Unterrichtungs- und Beratungspflichten nach § 111 sowie wegen der Unterlassung des Versuchs eines Interessenausgleichs nach § 112 zusteht, ist sehr umstritten.

Nach h.M. steht dem BR kein Anspruch auf Einhaltung des vereinbarten Interessenausgleichs zu, weil es sich dabei nur um eine Naturalobligation handelt.[1263]

a) Der allgemeine Unterlassungsanspruch wird z.T. deshalb abgelehnt, weil ein solcher Anspruch nur dann anerkannt werden könne, wenn jegliches Handeln des Arbeitgebers der Zustimmung des Betriebsrats bedürfe, was bei der Durchführung einer Betriebsänderung und dem Interessenausgleich nicht der Fall sei.[1264] Überwiegend wird innerhalb dieser Ansicht darauf abgestellt, dass die Verletzung der Beteiligungsrechte des Betriebsrats im Zusammenhang mit dem Interessenausgleich nur Nachteilsausgleichsansprüche der betroffenen Arbeitnehmer nach Maßgabe des § 113 begründe. Da diese Vorschrift die Verletzung des Beteiligungsrechts sanktioniere, bestehe auch bei Berücksichtigung der EG-Richtlinie 14/2002 für einen allg. Unterlassungsanspruch wegen der Sonderregelung des § 113 und des Ordnungswidrigkeitstatbestandes des § 121 Abs. 1 kein Raum.[1265]

b) Nach der Gegenansicht kommt dagegen ein allg. Unterlassungsanspruch des Betriebsrates grds. in Betracht, weil anderenfalls die Verletzung seiner Beteiligungsrechte nach §§ 111, 112 sanktionslos bliebe. Die individualrechtlichen Abfindungsansprüche der Arbeitnehmer nach § 113 seien kein, jedenfalls kein ausreichender Ausgleich für die Verletzung der Kollektiv-

---

1261 Vgl. BAG NZA 2007, 1245; Richardi/Annuß § 112 Rn. 51.

1262 BAG NZA 2007, 106; Richardi/Annuß § 112 Rn. 67 m.w.N.

1263 BAG NZA 1992, 41, 42; Richardi/Annuß § 112 Rn. 47; a.A. D/K/K/Däubler §§ 112, 112 a Rn. 23 ff. m.w.N.

1264 So z.B. Alles/Handermann DB 2019, 1027, 103.

1265 LAG Rheinland-Pfalz DB 2018, 899 m. zust. Anm. Otto/Jares; LAG Baden-Württemberg, Beschl. v. 21.10.2009 – 20 TaBVGa 1/09, BeckRS 2010, 66550; LAG Nürnberg ZTR 2009, 554; LAG Köln NZA-RR 2005, 199; Hess in H/W/G/N/R/H § 111 Rn. 250 ff., 253 ff.; Schiefer DB 2019, 187, 193; Müller-Boruttau BB 2019, 2676, 2679; Alles/Handermann DB 2019, 1027, 1031; Völksen RdA 2010, 354; speziell zum Tendenzbetrieb LAG Niedersachsen BB 2003, 1337 mit zust. Anm. Lipinski.

rechte des Betriebsrats, zumal stets zwischen den individualrechtlichen und kollektivrechtlichen Ansprüchen zu trennen sei und nach der Rspr. des BAG der Nachteilausgleich auf eine Sozialplanabfindung anzurechnen ist. Umstritten ist aber innerhalb dieser Ansicht, inwieweit dem Betriebsrat bei Verletzung seiner Rechte nach § 111, 112 ein allgemeiner Unterlassungsanspruch zusteht.

aa) Teilweise wird dabei die Ansicht vertreten, dass dem Betriebsrat jedenfalls bei europarechtskonformer Auslegung der §§ 111, 112 selbst die Möglichkeit gegeben werden müsse, auf das „Ob" und „Wie" der geplanten Betriebsänderung Einfluss zu nehmen und so den drohenden Arbeitsplatzverlust bereits im Vorfeld u.U. zu vermeiden bzw. hinauszuschieben. Die Sanktion der Ordnungswidrigkeit nach § 121 reiche zur effektiven Sicherung der Beteiligungsrechte des Betriebsrates nach §§ 111, 112 nicht aus. Der Betriebsrat könne daher die Unterlassung der Betriebsänderung, insbesondere des Ausspruchs von Kündigungen bis zum Abschluss/Scheitern der Verhandlungen über einen Interessenausgleich verlangen.[1266]

bb) Nach anderer Ansicht ist der allgemeine Unterlassungsanspruch des Betriebsrates bei Verletzung seiner Beteiligungsrechte nach §§ 111, 112 ebenfalls grundsätzlich zu bejahen. Bestehe jedoch die Betriebsänderung allein in der Entlassung von Arbeitnehmern und hat das nach § 17 Abs. 2 KSchG erforderliche Konsultationsverfahren noch nicht stattgefunden, fehle in der Regel ein Verfügungsgrund für ein gerichtliches Kündigungsverbot. Denn ohne ordnungsgemäße Durchführung eines Konsultationsverfahrens ausgesprochene Kündigungen seien wegen Verstoßes gegen ein gesetzliches Verbot nach § 134 BGB rechtsunwirksam, sodass der Arbeitgeber eine Betriebsänderung, die allein in der Entlassung von Arbeitnehmern bestehe, vor Abschluss des Konsultationsverfahrens nicht durchführen könne. Ein gleichwohl erfolgter Ausspruch rechtsunwirksamer Kündigungen lasse daher die Unterrichtungs- und Beratungsansprüche des Betriebsrats in Bezug auf die genannte Betriebsänderung unberührt.[1267]

cc) Denkbar ist aber auch die Ansicht, dass § 113 Abs. 3 ausdrücklich auf die Durchführung einer Betriebsänderung ohne den Versuch eines Interessenausgleichs abstelle und als gesetzliche Sanktion insoweit nur den individualrechtlichen Nachteilausgleichsanspruch der betroffenen Arbeitnehmer vorsehe, sodass ein darüber hinaus gehender kollektivrechtlicher Anspruch des Betriebsrates auf die Unterlassung der Betriebsänderung ohne den Versuch eines Interessenausgleichs nach

---

1266 LAG Hamm NZA-RR 2015, 247 u. 2007, 469; 2004, 80 (Aufgabe der früheren Rspr.); LAG Schleswig-Holstein DB 2011, 714; LAG Hessen NZA-RR 2010, 187; LAG München BB 2010, 896; D/K/K/Däubler § 111 Rn. 190; §§ 112, 112 a Rn. 52 ff.; F/E/S/ T/L § 111 Rn. 130 ff.; Korinth ArbRB 2019, 353, 354; Gruber NZA 2011, 1011; Forst ZESAR 2011, 107; Karthaus AuR 2007, 114; Rinsdorf ZTR 2001, 197 speziell zum Tendenzbetrieb; vgl. dazu auch Richardi/Annuß § 111 Rn. 166 ff. m.w.N.

1267 So LAG Berlin-Brandenburg, Beschl. v. 12.12.2013 – 17 TaBVGa 2058/13, BeckRS 2014, 66466.

§ 112 aufgrund der gesetzlich geregelten Sanktion ausscheide. Da jedoch dem Betriebsrat nach § 111 auch ein gerichtlich durchsetzbarer Unterrichtungs- und Erörterungsanspruch zustehe, der mangels einer gesetzlichen Sanktion insoweit gesichert werden müsse, könne der Betriebsrat die Unterlassung der Betriebsänderung verlangen, solange der Arbeitgeber seiner Unterrichtungs- und Beratungspflicht nach § 111 nicht nachkommt.[1268]

446

c) **Ergebnis zu B.:** R wird dem Betriebsrat jedenfalls wegen der sehr umstrittenen Rechtslage dazu raten, eine Unterlassung der Betriebsänderung zu versuchen, weil sonst die Beteiligungsrechte nach §§ 111, 112 wegen des Zeitablaufs nicht zu realisieren sind.

Sonderregelungen für Verhandlungen über den Interessenausgleich und Sozialplan bei Insolvenz des Arbeitgebers enthalten §§ 121 ff. InsO.[1269] Danach kann der Insolvenzverwalter insbesondere beim Arbeitsgericht die Zustimmung zur Durchführung einer Betriebsänderung ohne vorherige Anrufung der Einigungsstelle nach § 112 Abs. 2 beantragen, wenn trotz rechtzeitiger und ordnungsgemäßer Unterrichtung des Betriebsrats innerhalb von drei Wochen nach Verhandlungsbeginn oder schriftlicher Aufforderung dazu ein Interessenausgleich nicht zustande kommt. Die Anwendung des § 113 Abs. 3 ist in diesem Fall ausgeschlossen, § 122 Abs. 1 S. 2 InsO. Sonderregelungen für den Umfang des Sozialplanes nach Insolvenzeröffnung enthält § 123 InsO, der insbesondere eine Obergrenze von zweieinhalb Monatsverdiensten für eine Sozialplanabfindung vorsieht.[1270] Ein Sozialplan, der vor Eröffnung des Insolvenzverfahrens, aber nicht früher als drei Monate vor dem Insolvenzantrag geschlossen worden ist, kann nach § 124 InsO sowohl vom Betriebsrat als auch vom Insolvenzverwalter widerrufen werden.[1271] Außerdem sieht § 125 InsO erleichterte Kündigungsmöglichkeiten für den Insolvenzverwalter für den Fall der Vereinbarung eines Interessenausgleichs mit einer Namensliste der zu kündigenden Arbeitnehmer insoweit vor, als das Vorliegen des dringenden betrieblichen Erfordernisses vermutet wird und die soziale Auswahl nur auf grobe Fehlerhaftigkeit hin überprüfbar ist.[1272] Schließlich gibt § 126 InsO dem Insolvenzverwalter das Recht, für den Fall des Nichtzustandekommens des Interessenausgleichs beim Arbeitsgericht im Beschlussverfahren die Feststellung der sozialen Rechtfertigung von Kündigungen zu beantragen.[1273] Auf Handlungen des vorläufigen Insolvenzverwalters sind die §§ 113, 122 ff. nach h.M. nicht, auch nicht analog anwendbar.[1274]

1268 Vgl. dazu Richardi/Annuß § 111 Rn. 168; Fauser/Nacken NZA 2006, 1136 ff., die auch auf die Bedeutung der Richtlinien 1998/59/EG und 2002/14/EG in diesem Zusammenhang eingehen.

1269 Vgl. dazu Menke/Wolf BB 2011, 1461; Lakies BB 1999, 206; Heinze NZA 1999, 57; Richardi/Annuß, Anhang zu § 113.

1270 Vgl. dazu Röger ZIP 2018, 2045, 2048 ff.; Schwarzburg NZA 2009, 176; Roden NZA 2009, 659.

1271 Vgl. dazu LAG Niedersachsen ZinsO 2010, 780; Richardi/Annuß, Anhang zu § 113 Rn. 10 ff.; MünchArbR/Leder § 350 Rn. 16 ff.; Sessing/Fischer ZinsO 2010, 561.

1272 Vgl. BAG DB 2014, 781; BAG DB 2013, 180; Mückl EWiR 2014, 295; Schöne, SAE 2014, 53–57; Fuhlrott FA 2011, 166; Pakirnus DB 2006, 2742; Adam SAE 2006, 240 und Rieble/Vielmeier, ZIP 2019, 1789 zum § 125 InsO beim kirchlichen AG.

1273 Vgl. dazu BAG NZA 2000, 1180; Rieble NZA 2007, 1393; Übersicht über die Rspr. des BAG in Insolvenzsachen bei Lakies DB 2014, 1138; Zwanziger BB 2012, 1601; 2011, 1205; 2009, 668; 2008, 946; 2006, 1682; 2004, 824; 2003, 630 und Reinfelder NZA 2014, 633; 2009, 124 zu arbeitsrechtl. Problemen bei Insolvenz des AN.

1274 BAG BB 2005, 1685 zu § 113 InsO; Berscheid ZIP 1997, 1569, 1580 u. MünchArbR/Krumbiegel § 27 Rn. 24 m.w.N.

2. Abschnitt: Überblick über das Personalvertretungsrecht

A. Einleitung

I. Das Personalvertretungsrecht regelt die Fragen der Organisation und der Ausgestaltung der Arbeitnehmervertretungen in Verwaltungen und Betrieben des Bundes, der Länder, der Gemeinden und sonstigen Körperschaften, Anstalten und Stiftungen des öffentlichen Rechts. Es stellt damit gewissermaßen das „Betriebsverfassungsrecht für den Bereich des öffentlichen Dienstes" dar. Rechtsgrundlage für das Personalvertretungsrecht bilden das Bundespersonalvertretungsgesetz (BPersVG[1275]), für das der Bund nach Art. 73 Nr. 8 GG die ausschließliche Gesetzgebungskompetenz hat, und die Personalvertretungsgesetze der Länder.

447

Die Abgrenzung des Personalvertretungsrechts vom Betriebsverfassungsrecht erfolgt durch die Regelungen der §§ 1, 95 BPersVG bzw. der entsprechenden Landesgesetze und § 130 BetrVG (vgl. dazu Rn. 165 ff.). Darüber hinaus finden die Personalvertretungsgesetze nach § 112, der die Bestimmung des § 118 Abs. 2 BetrVG ergänzt und auch für die Länder bindend ist,[1276] keine Anwendung auf Religionsgemeinschaften und ihre karitativen und erzieherischen Einrichtungen (vgl. dazu auch Rn. 167 f.).

II. Die PersonalvertretungsG regeln zwar im Wesentlichen die gleichen Fragen wie das BetrVG und enthalten auch eine Vielzahl von vergleichbaren Bestimmungen, die grundlegenden Unterschiede hinsichtlich der Aufgabenerfüllung und der besonderen verfassungsrechtlichen Bindungen des öffentlichen Dienstes erfordern aber auch eine Vielzahl von inhaltlichen Abweichungen im Verhältnis zum BetrVG.[1277] Dieser Überblick beschränkt sich auf die Darstellung der wesentlichen Unterschiede zwischen dem Personalvertretungsrecht und dem Betriebsverfassungsrecht, wobei die Uneinheitlichkeit der gesetzlichen Regelungen im BPersVG und in den einzelnen LPersVG eine Beschränkung auf das Bundespersonalvertretungsrecht erforderlich macht.[1278]

448

Das **BPersVG enthält** allerdings **für die LandespersonalvertretungsG** in **§§ 107–109 unmittelbar geltende Regelungen und** in den **§§ 94 bis 106 Rahmenregelungen**, die der Bund insbesondere aufgrund der in Art. 75 Abs. 1 GG a.F. geregelten Rahmengesetzgebungskompetenz erlassen hat.[1279] Nachdem jedoch die Rahmengesetzgebungskompetenzregelung des Bundes nach Art. 75 GG a.F. für das Landespersonalvertretungsrecht im Zuge der am 01.09.2006 in Kraft getretenen Föderalismusreform 2006 aufgehoben wurde,[1280] gelten die §§ 94 bis 106 aufgrund der Übergangsregelung des Art. 125 a Abs. 1 S. 1 GG als Bundesrecht zwar weiter. Die Länder können aber nach Art. 125 a Abs. 1 S. 2 GG von den §§ 94 bis 106 abweichende Regelungen treffen.[1281] Ob die Länder nach der Föderalismusreform auch von den unmittelbar geltenden Regelungen der §§ 107–109 abweichen können, hängt von der jeweiligen Gesetzgebungskom-

449

1275 §§ ohne Gesetzesangabe sind in diesem Abschnitt solche des BPersVG.

1276 Altvater in A/B/B/K/L/N § 112 Rn. 1; Schaub/Koch § 263 Rn. 5; Richardi in R/D/W § 112 Rn. 2.

1277 Vgl. dazu Schulte ArbRB 2006, 48; 2005, 365; Edenfeld PersV 2005, 290: Divergenzen zwischen BAG u. BVerwG.

1278 Vgl. Bülow ZTR 2019, 251; 2018, 240; Vogelgesang ZTR 2017, 272; 2015, 679; Burkholz PersR 2019, Nr. 6, 26–34; 2018, Nr. 6, 35; 2017, Nr. 6, 38; 2016, Nr. 6, 37; Conze öAT 2019, 23 u. 2017, 23 mit Rspr.-Übersichten zum PersonalvertretungsR.

1279 Vgl. dazu MünchArbR/Germelmann § 359 Rn. 55 ff.; Altvater in A/B/B/K/L/N § 94 Rn. 2 ff., 7 ff., 13 ff. m.w.N.

1280 Vgl. zur Bedeutung der Föderalismusreform für das Personalvertretungsrecht Kersten ZfPR 2007, 72 und Gronimus PersV 2007, 252 und allgemein Ipsen NZJW 2006, 2801 sowie Stöber Jura 2008, 327 mit Fällen zur Föderalismusreform.

1281 Vgl. Kersten in R/D/W § 94 Rn. 3 ff.; Rothländer PersR 2007, 57, 60; differenzierend Altvater PersR 2007, 279, 280.

petenz ab, auf der die §§ 107–109 beruhen.[1282] Nicht zuletzt wegen der o.g. Regelungen gelten in den Ländern bisher im Wesentlichen die gleichen Grundsätze wie im Bund, wenn auch insb. die einzelnen Mitbestimmungs- und Mitwirkungsrechte in den LandesG teilweise unterschiedlich geregelt werden. Nach der Föderalismusreform kann es aber zu einer Rechtszersplitterung kommen.[1283]

Unmittelbar für die Länder gelten danach insbes. das Behinderungs-, Benachteiligungs- und Begünstigungsverbot des § 107, der auch die Verpflichtung zur Übernahme von Auszubildenden, die Mitglied des Personalrats oder einer Jugend- und Auszubildendenvertretung sind, in ein unbefristetes Arbeitsverhältnis nach Maßgabe des § 9 vorsieht.[1284] Ob und ggf. inwieweit eine Abweichung von § 107 nach der Föderalismusreform zulässig ist, ist umstr.[1285] Außerdem enthält § 108 eine dem § 103 BetrVG (dazu Rn. 414 ff.) entspr. Regelung hinsichtlich der Zustimmung der Personalvertretung zu einer außerordentlichen Kündigung eines Mitglieds eines personalvertretungsrechtlichen Amtsträgers. Nach h.M. dürfen die Länder auch nach der Föderalismusreform nicht von § 108 abweichen, weil diese Norm auf der konkurrierenden Gesetzgebungskompetenz des Bundes nach Art. 74 Abs. 1 Nr. 12 GG beruht.[1286]

450   **III.** Das Personalvertretungsrecht gehört nach allg. Ansicht zum öffentlichen Dienstrecht, ist also kein Teil des Arbeits- bzw. Betriebsverfassungsrechts.[1287] Die Grenzen des Arbeitsrechts werden insb. schon insoweit überschritten, als es gemäß § 4 nicht nur Arbeitnehmer des öffentlichen Dienstes, sondern auch Beamte umfasst und für Streitigkeiten in Personalangelegenheiten nicht die ArbG, sondern gemäß § 83 Abs. 1 die Verwaltungsgerichte zuständig sind[1288] (vgl. auch § 106 für die Länder: Streitigkeiten aus den LPersVG auch nach der Föderalismusreform auf ArbG nicht übertragbar).[1289]

B. Anwendungsbereich des Bundespersonalvertretungsgesetzes

451   **I. Der sachliche Anwendungsbereich** des BPersVG erstreckt sich gemäß § 1 auf alle Verwaltungen des Bundes und der bundesunmittelbaren Körperschaften, Anstalten und Stiftungen des öffentlichen Rechts sowie alle Bundesgerichte.

Verwaltungen des Bundes zeichnen sich dadurch aus, dass der Bund selbst Träger des Behördenapparats ist – sog. **unmittelbare Bundesverwaltung**. Bei Verwaltungen der bundesunmittelbaren Körperschaften, Anstalten und Stiftungen des öffentl. Rechts ist nicht der Bund, sondern die jeweilige juristische Person selbst Träger des Behördenapparats – sog. **mittelbare Bundesverwaltung**. Darunter fallen alle Verwaltungen juristischer Personen des öffentl. Rechts einschließlich ihrer nachgeordneten Dienststellen, sofern sie der Aufsicht des Bundes unterstehen, z.B. Bundesversicherungsanstalt für Angestellte, Bundesagentur für Arbeit.

Für **bestimmte Verwaltungsbereiche des Bundes** (z.B. Bundesgrenzschutz, Bundesnachrichtendienst, Bundesagentur für Arbeit) findet das **BPersVG nach Maßgabe der §§ 85–92 nur in modifizierter Form** Anwendung.[1290]

1282 Kersten in R/D/W, Vorbem. vor § 107; MünchArbR/Germelmann § 359 Rn. 56; Biermann/Kammradt PersR 2006, 444 ff.

1283 Zur Entwicklung der LandespersonalvertretungsG Altvater PersR 2019, Nr. 7/8, 22; 2018, Nr. 7/8, 23; 2016, Nr. 7/8, 34.

1284 Vgl. dazu BVerwG PersV 2017, 298; BVerwG NZA-RR 2014, 103; Roetteken NZA-RR 2018, 275; Ilbertz ZfPR 2014, 11; Tamm ZfPR 2014, 91–95; Faber 2011, 96; Kröll PersR 2009, 395 und § 78 a BetrVG, der eine vergleichbare Regelung enthält.

1285 Vgl. Meinungsübersicht Altvater in A/B/B/K/L/N § 107 Rn. 3 ff. und Kersten in R/D/W § 107 Rn. 7, der zwischen § 107 S. 1 u. S. 2 differenziert und BAG PersR 2008, 203: § 107 durch Landesrecht ersetzbar.

1286 BAG NZA 2019, 1343; Kersten in R/D/W § 108 Rn. 4; Altvater in A/B/B/K/L/N § 108 Rn. 1; a.A. Biermann/Kammradt PersR 2006, 444, 446.

1287 MünchArbR/Germelmann § 359 Rn. 51 ff.; Altvater in A/B/B/K/L/N § 1 Rn. 1 b; Richardi in R/D/W, Einl. Rn. 15.

1288 Vgl. dazu MünchArbR/Germelmann § 359 Rn. 51 u. Schaub ZTR 2001, 9: Das personalrechtliche Beschlussverfahren.

1289 Vgl. dazu Kersten in R/D/W § 106 Rn. 1 f.; Altvater in A/B/B/K/L/N § 106 Rn. 1 f. und Rothländer PersR 2007, 57 ff.

1290 Vgl. dazu auch Baunack in A/B/B/K/L/N §§ 85 ff. und Kersten in R/D/W §§ 85 ff.

II. In persönlicher Hinsicht gilt das BPersVG gemäß § 4 für alle Beschäftigten einer **452** Dienststelle, also für **Arbeitnehmer und Beamte einschließlich der Auszubildenden.** Ebenso wie das BetrVG sieht inzwischen auch das BPersVG seit dem 01.10.2005 **keine Unterscheidung zwischen Arbeitern und Angestellten** mehr vor, was insbesondere für die Zusammensetzung des Personalrats (Gruppenbildung) Bedeutung hat (vgl. §§ 5, 17). Keine Beschäftigten einer Dienststelle **sind Soldaten,** auch wenn sie auf zivilen Posten eingesetzt werden (vgl. aber § 35 SoldatenbeteiligungsG[1291]) und **Bundesfreiwilligendienstleitende** (§ 10 DFDG). **Richter,** die nach §§ 49 ff. DRiG Richterräte wählen, sind **ausnahmsweise** dann Beschäftigte i.S.d. § 4 Abs. 1, wenn sie zur Wahrnehmung nichtrichterlicher Aufgaben an eine Dienststelle abgeordnet wurden.[1292]

C. Organisation der Verwaltung, Zuordnung der Personalvertretungen und Abgrenzung der Zuständigkeitsbereiche

I. So wie im Betriebsverfassungsrecht der Betrieb der Anknüpfungspunkt für die Orga- **453** nisation betriebsverfassungsrechtlicher Mitbestimmung in der Privatwirtschaft ist (vgl. dazu Rn. 165 ff., 170 ff.), so ist die **grundlegende organisatorische Einheit im Personalvertretungsrecht** die **Dienststelle i.S.d. § 6,** die Oberbegriff für die einzelnen Behörden, Verwaltungsstellen, Betriebe und Gerichte ist. Eine Dienststelle ist die kleinste organisatorisch abgrenzbare Einheit, der ein örtlich und sachlich bestimmtes Aufgabengebiet zugewiesen ist und deren Leiter i.S.d. § 7 relevante Entscheidungsbefugnisse in den wichtigsten beteiligungspflichtigen Angelegenheiten hat.[1293] Damit in einer Dienststelle (z.B. beim ArbG) ein Personalrat gebildet werden kann, müssen dort gemäß § 12 mindestens fünf wahlberechtigte Beschäftigte vorhanden sein, von denen mindestens drei wählbar sein müssen. **Nebenstellen und Teile einer Dienststelle,** die räumlich weit von dieser entfernt liegen, gelten nach § 6 Abs. 3 als selbstständige Dienststellen, wenn die Voraussetzungen des § 12 erfüllt sind und die Mehrheit ihrer wahlberechtigten Beschäftigten dies in geheimer Abstimmung beschließt. Nicht erforderlich ist dagegen, dass der Leiter dieser Einheiten eine Entscheidungskompetenz in personalvertretungsrechtlichen Angelegenheiten hat.[1294] Hinsichtlich der räumlichen Entfernung gelten dieselben Grundsätze wie beim selbstständigen Betriebsteil i.S.d. § 4 BetrVG (vgl. dazu Rn. 173, 187 ff.).

Nebenstelle ist ein organisatorisch unselbstständiger Teil der Hauptdienststelle, der in seinem Aufgabenbereich notwendigerweise von dieser abgängig ist. Teile einer Dienststelle sind aus organisatorischen, technischen oder räumlichen Gründen von der Dienststelle abgegrenzt.[1295]

Der **Verselbstständigungsbeschluss nach § 6 Abs. 3,** der für die folgende Wahl und **454** die Amtszeit des aus ihr hervorgehenden Personalrats wirksam ist, hat zur Folge, dass bei der **Stammdienststelle** ein **Gesamtpersonalrat** zu bilden ist, § 55.

II. Die **Gliederung der Personalvertretungsorgane** ist dem Verwaltungsaufbau angeglichen. Das **BPersVG geht** dabei **von einem höchstens dreistufigen Behördenauf-**

1291 Vgl. Widmaier PersV 2007, 334 zur Fortentwicklung der Beteiligungsrechte der Soldaten.

1292 Noll in A/B/B/K/L/N § 4 Rn. 7; Schaub/Koch § 263 Rn. 12, 13.

1293 BVerwG PersR 1999, 108 ff.; Schaub/Koch § 264 Rn. 2 ff.; Baden in A/B/B/K/L/N § 6 Rn. 1 ff. m.w.N.

1294 BVerwG BPersR 1991, 334 ff.; Baden in A/B/B/K/L/N § 6 Rn. 11 a; Schaub/Koch § 264 Rn. 6.

1295 Vgl. Baden in A/B/B/K/L/N § 6 Rn. 10 ff.; Benecke in R/D/W § 6 Rn. 25; Lautenbach PersV 2017, 404; Lorse ZfPR 2004, 144.

bau aus. Dementsprechend regeln §§ 12, 53, dass bei den jeweiligen Dienststellen Personalräte, bei den sog. Mittelbehörden Bezirkspersonalräte und bei den Obersten Dienstbehörden Hauptpersonalräte gebildet werden. Mit Personalrat ist dabei der örtliche Personalrat gemeint, der nicht nur bei den Dienststellen der untersten Verwaltungsstufe, sondern auch bei Mittelbehörden und den obersten Behörden (sog. Hauspersonalrat) zu bilden ist.[1296]

Oberste Bundesbehörden sind solche Behörden, die keiner anderen Bundesbehörde nachgeordnet sind. Der für Beamte in § 3 BBG definierte Begriff der obersten Behörde gilt für Arbeiter und Angestellte entsprechend.[1297] Für mehrstufige Behörden des Bundes ist es deshalb grds. das zuständige Bundesministerium. Für mehrstufige Verwaltungen der bundesunmittelbaren juristischen Personen des öffentlichen Rechts sind es die in dem jeweiligen Errichtungsgesetz genannten Behörden. Mittelbehörden sind nach § 6 Abs. 2 S. 2 die der obersten Behörde unmittelbar nachgeordneten Behörden, denen andere Dienststellen nachgeordnet sind.

455 Durch die Stufenvertretungen wird sichergestellt, dass die Beteiligungsrechte immer dort ausgeübt werden, wo auch im Rahmen der Behördenhierarchie die Entscheidungen getroffen werden. Da aber der dreistufige Behördenaufbau nicht immer gegeben ist, wird durch § 6 Abs. 2 sichergestellt, dass personalrechtlich der klassische dreistufige Aufbau eingehalten wird. Allerdings enthält § 6 Abs. 2 nur eine Vermutungsregel, nach der eine der Mittelbehörde nachgeordnete Behörde (untere Behörde) im Zweifel personalrechtlich als Dienststelle für alle ihr eventuell nachgeordneten Stellen gilt. Sind diese nachgeordneten Stellen nach Aufgabenbereich und Organisation eigenständig und damit selbst Dienststellen i.S.d. § 6 Abs. 1, dann ist auch bei diesen sog. untersten Behörden ein eigener Personalrat nach § 12 zu bilden. Werden auf der untersten Behördenebene Personalräte gebildet, bleibt es trotzdem beim dreistufigen Aufbau der Personalvertretung. Die nächste Stufe für die unteren und die untersten Behörden ist einheitlich der Bezirkspersonalrat.

456 **III. Die Zuständigkeiten der einzelnen Personalvertretungen bei einem mehrgliedrigen Behördenaufbau** sind nach dem BPersVG so gegeneinander abgegrenzt, dass es (theoretisch) keine Überschneidungen geben kann. Danach richtet sich die Zuständigkeit des Personalrats für die Ausübung der Beteiligungsrechte nach der Zuständigkeit der Dienststelle, bei der er gebildet ist (Umkehrschluss aus § 82 Abs. 1). Die Zuständigkeiten der Stufenvertretungen und die des örtlichen Personalrates für ein und dieselbe Maßnahme schließen sich also gegenseitig aus.[1298] **Zwischen den örtlichen Personalräten** nach § 12 **und den Stufenvertretungen** nach § 53 (Bezirks- bzw. Hauptpersonalrat) besteht zwar entsprechend dem hierarchischen Behördenaufbau ein **Über- und Unterordnungsverhältnis.**[1299] Die Stufenvertretungen sind aber gegenüber den örtlichen Personalräten **keine übergeordneten Personalvertretungen und auch keine Beschwerdeinstanz für die Beschäftigten der untergeordneten Dienststelle.**[1300] Vielmehr üben die Personalräte und die Stufenvertretungen ihr **Amt innerhalb der eigenen Zuständigkeit frei von Weisungen und unabhängig** voneinander aus.[1301]

1296 MünchArbR/Germelmann § 360 Rn. 40; Baden in A/B/B/K/L/N § 82 Rn. 5.

1297 Vgl. MünchArbR/Germelmann § 360 Rn. 10; Baden in A/B/B/K/L/N § 6 Rn. 7; Benecke in R/D/W § 6 Rn. 16.

1298 BVerwG PersV 2017, 373; BVerwG NZA-RR 2010, 223; Baden in A/B/B/K/L/N § 82 Rn. 10 b m.w.N.

1299 Vgl. MünchArbR/Germelmann § 360 Rn.33; Schaub/Koch § 264 Rn. 10 ff.

1300 BVerwG PersV 1962, 62; Altvater/Baden in A/B/B/K/L/N § 53 Rn. 2.

1301 BVerwG AP PersVG § 74 Nr. 2; Altvater/Baden in A/B/B/K/L/N § 53 Rn. 2; Schwarze in R/D/W § 53 Rn. 3 m.w.N.

Neben den Personalräten und Stufenvertretungen können auf derselben Behördenstufe nach § 55 Gesamtpersonalräte gebildet werden. Im Rahmen seines Zuständigkeitsbereichs ist der **Gesamtpersonalrat den jeweiligen Personalräten nicht übergeordnet**, sondern hat den gleichen Rang, aber einen eigenen Zuständigkeitsbereich.[1302]

Ein GPR ist nach § 55 nur innerhalb des Geschäftsbereichs einer Dienststelle zu bilden, bei der wegen § 6 Abs. 3 eigenständige PR, gleich auf welcher Stufe, gebildet werden (z.B. Hauptdienststelle und Nebenstelle), nicht dagegen bei selbstständigen, gleichrangigen, zu demselben Geschäftsbereich gehörenden Dienststellen.[1303] Er wird – anders als der Gesamtbetriebsrat (§ 47 BetrVG) – nicht durch die Entsendung von Ratsmitgliedern, sondern in unmittelbarer Wahl durch alle der Hauptdienststelle und den verselbstständigten Nebenstellen und Dienststellenteilen angehörenden wahlberechtigten Beschäftigten errichtet. Für die Wahlberechtigung und die Wählbarkeit gelten die allgemeinen Vorschriften, vgl. §§ 56, 53 Abs. 3 i.V.m. §§ 13–15.

Bei den Stufenvertretungen ist zwischen der primären und der sekundären Zuständigkeit zu unterscheiden. Die **primäre Zuständigkeit der Stufenvertretung** besteht nach § 82 Abs. 1 in allen Angelegenheiten, in denen von vornherein nicht der Leiter der betreffenden Dienststelle, sondern der Leiter der übergeordneten Dienststelle zur Entscheidung befugt ist und die von ihm zu treffende Entscheidung über den Bereich der eigenen Dienststelle hinausreicht (vgl. auch § 82 Abs. 5). In diesem Fall ist der Personalrat der betroffenen Dienststelle nach § 82 Abs. 2 zu hören, wenn die Angelegenheit nicht den gesamten Zuständigkeitsbereich der übergeordneten Stelle, sondern lediglich einzelne Dienststellen oder Beschäftigte betrifft. Die Unterlassung der Anhörung führt allerdings nicht zur Unwirksamkeit des Beschlusses der Stufenvertretung, sondern begründet lediglich eine Amtspflichtverletzung.[1304]

457

Beispiel: Besetzung einer Beamtenstelle
Für die Besetzung einer Beamtenstelle bei einer unteren Behörde ist der Leiter der Mittelbehörde zuständig, sodass der Bezirkspersonalrat nach § 75 Abs. 1 Nr. 1 mitzubestimmen hat. Der PR der örtlichen Dienststelle ist nicht zuständig, weil deren Leiter i.S.d. § 7 insoweit nicht entscheidungsbefugt ist, sodass der PR nach § 82 Abs. 2 nur zu hören ist. Der PR der Mittelbehörde ist ebenfalls unzuständig, weil diese Angelegenheit nicht die Mittelbehörde betrifft.

Eine **sekundäre Zuständigkeit der Stufenvertretung** besteht dagegen in allen beteiligungspflichtigen Angelegenheiten, in denen der zuständige Dienststellenleiter seine Zuständigkeit verliert, weil zwischen ihm und dem (zuerst) zuständigen Personalrat keine Einigung erzielt werden konnte und ein Verfahren bei Nichteinigung durchgeführt werden muss.[1305]

458

Die **Zuständigkeit des Gesamtpersonalrats** ist dann gegeben, wenn die Entscheidungsbefugnis für eine Angelegenheit, die die Beschäftigten einer verselbstständigten Stelle oder der Hauptdienststelle und einer oder mehrerer verselbstständigter Stellen betrifft, bei dem Leiter der Hauptdienststelle liegt. Kommt keine Einigung zustande, muss ggf. die übergeordnete Dienststelle angerufen werden mit der Folge, dass die Stufenvertretung zuständig ist.[1306] Nach dem BPersVG ist also der GPR in das Stufenverfahren für den Fall der fehlenden Einigung zwischen (Teil-)Dienststellenleiter und Personalvertretung nicht eingebunden. Vorgesehen ist das allerdings in einigen Landesgesetzen, vgl. z.B. § 62 Abs. 7 S. 2 LPersVG MV.

1302 MünchArbR/Germelmann § 360 Rn. 33, 44; Baden in A/B/B/K/L/N § 56 Rn. 15 f.; § 82 Rn. 32 ff.; Schaub/Koch § 264 Rn. 20.

1303 Schwarze in R/D/W § 55 Rn. 8; MünchArbR/Germelmann § 360 Rn. 33 und Laber öAT 2017, 133 Zur Abgrenzung der Zuständigkeit von Personalrat, Gesamtpersonalrat und Stufenvertretung.

1304 Vgl. dazu Schwarze in R/D/W § 82 Rn. 32; Baden in A/B/B/K/L/N § 82 Rn. 28 m.w.N.

1305 Vgl. §§ 69, 70 und 72 BPersVG sowie MünchArbR/Germelmann § 360 Rn. 39 ff.

1306 Baden in A/B/B/K/L/N § 82 Rn. 32 ff.; Schaub/Koch § 264 Rn. 20 m.w.N.

459 **IV.** Ist ein Personalrat gebildet, ist unter den Voraussetzungen des § 57 auch eine **Jugend- und Auszubildendenvertretung** (JAV) von Beschäftigten zu bilden, die das 18. Lebensjahr nicht vollendet haben sowie von volljährigen Auszubildenden, die das 25. Lebensjahr noch nicht vollendet haben (vgl. auch § 64 Abs. 1 zur Bildung der JAV bei Stufenvertretungen). Die JAV, deren Amtszeit nur zwei Jahre beträgt (§ 60 Abs. 2 S. 2), ist keine Interessenvertretung gegenüber dem Dienststellenleiter, sodass sie auch keinen direkten Verhandlungsanspruch hat. Vielmehr beschränken sich ihre Aufgaben auf die Wahrnehmung der Rechte der Jugendlichen und Auszubildenden gegenüber dem Personalrat.[1307] Ihre Befugnisse (vgl. insb. §§ 34 Abs. 2 S. 3, 39, 40 und 61) entsprechen im Wesentlichen den Befugnissen der JAV in der Privatwirtschaft (vgl. Rn. 293 f.).

Für den Geschäftsbereich mehrstufiger Verwaltungen werden nach Maßgabe des § 64, sofern Stufenvertretungen bestehen, bei den Mittelbehörden BezirksJAV und bei den obersten Behörden HauptJAV gebildet. Die BezirksJAV und die HauptJAV sind wie die örtliche JAV keine selbständigen personalvertretungsrechtlichen Organe, sondern werden dem jeweiligen BPR bzw. HauptPR zugeordnet. [1308] Für die JAV-Stufenvertretungen gelten gemäß § 64 Abs. 1 S. 2 die für die JAV geltenden Vorschriften der § 53 Abs. 2 und 4 sowie die §§ 57 bis 62 entsprechend.

Nichtständig Beschäftigte i.S.d. § 65, also Beschäftigte, die voraussichtlich nur für einen Zeitraum von höchstens sechs Monaten in der Dienststelle tätig werden (z.B. Aushilfskräfte, Beamte im Vorbereitungsdienst), können nach Maßgabe des § 65 eine Vertretung bilden. Ihre Stellung ist nach § 65 allerdings viel schwächer als die der JAV, insbes. hat sie kein allgemeines Recht zur Teilnahme an Sitzungen des PR. Vielmehr hat sie ein Teilnahmerecht nur dann, wenn eine Angelegenheit erörtert wird, die besonders die nichtständig Beschäftigten betrifft. Selbst in diesem Fall hat sie aber – anders als die JAV, vgl. § 40 Abs. 1 S. 2, 3 – kein echtes Stimmrecht, sondern nach § 65 Abs. 4 i.V.m. § 40 Abs. 2 nur eine beratende Stimme. Sie können auch – anders als die JAV, § 39 Abs. 1 – eine Aussetzung eines Beschlusses des PR nicht erreichen. Darüber hinaus haben ihre Mitglieder keinen besonderen Kündigungsschutz, sondern werden nur durch das Benachteiligungsverbot des § 8 geschützt.[1309]

D. Wahl, Zusammensetzung und Rechtsstellung der Mitglieder der Personalvertretungen, Kosten der Personalratstätigkeit und allgemeine Grundsätze der Zusammenarbeit

460 **I.** Die Wahl und Zusammensetzung der Personalvertretungen bestimmen sich nach den §§ 12 ff. und der aufgrund des § 115 erlassenen Wahlordnung (BPersVWO). Es gelten **im Wesentlichen die gleichen Grundsätze, die bei der Wahl des Betriebsrats** maßgeblich sind (vgl. dazu Rn. 215 ff., 234 ff.). Ein wesentlicher Unterschied besteht jedoch darin, dass auch Beamte nach Maßgabe der §§ 13, 14 i.V.m. § 4 Abs. 1 wahlberechtigt und wählbar sind und § 4 Abs. 2, 3 zwischen Arbeitnehmern und Beamten trennt mit der Folge, dass nach § 5 die **Arbeitnehmer und Beamten je eine Gruppe** bilden. Diese Gruppen müssen nach Maßgabe des § 17 bei einem Personalrat, der aus mindestens drei Mitgliedern besteht (vgl. zur Zahl der Personalratsmitglieder die Staffelung des § 16), entsprechend ihrer Stärke vertreten sein (vgl. auch § 18 zur abweichenden Verteilung).[1310]

1307 Vgl. dazu Schaub/Koch § 264 Rn. 23 f.; Kröll in A/B/B/K/L/N vor § 57 Rn. 3 ff. m.w.N.

1308 Vgl. zur Bildung und zur Zuständigkeit der StufenJAV Kröll in A/B/B/K/L/N § 64 Rn. 1 a ff.

1309 Vgl. Kröll in A/B/B/K/L/N § 65 Rn. 19; Schaub/Koch § 266 Rn. 24; Gräfl in R/D/W § 65 Rn. 56 m.w.N.

1310 Vgl. zur Wahlberechtigung und Wählbarkeit Richter PersV 2019, 356 ff.; Burkholz PersR 2019, Nr. 10, 16 ff.

Die **Personalratswahl** ist nach § 19 geheim und unmittelbar sowie nach § 19 Abs. 2 **grundsätzlich als Gruppenwahl durchzuführen**. Gewählt wird gemäß § 19 Abs. 3 grds. nach den Grundsätzen der Verhältniswahl. **Fehlerhafte Personalratswahlen** sind ebenso wie fehlerhafte Betriebsratswahlen i.d.R. nur nach Maßgabe des § 25 anfechtbar[1311] und nur ausnahmsweise nichtig (vgl. dazu Rn. 234 entsprechend). Die Geschäftsführung der Personalvertretung obliegt dem Vorstand, der nach § 32 Abs. 1 vom Personalrat gebildet wird und dem ein Mitglied jeder im Personalrat vertretenen Gruppe angehören muss (vgl. auch § 33 zum erweiterten Vorstand).[1312] Der Vorstand entspricht im Wesentlichen dem Betriebsausschuss in der Privatwirtschaft (vgl. § 32 Abs. 1 S. 4 und Rn. 257). Der nach § 32 Abs. 2 gewählte Vorsitzende (im Verhinderungsfall sein Stellvertreter) vertritt den Personalrat im Rahmen der gefassten Beschlüsse (vgl. auch Rn. 253). Betrifft eine Angelegenheit eine Gruppe, der der Vorsitzende nicht angehört, wird der Personalrat nach § 32 Abs. 3 S. 2 gemeinsam von dem Vorsitzenden und einem dieser Gruppe angehörenden Vorstandsmitglied vertreten.[1313] Die Regeln über die Beschlussfassung (z.B. Ladung zu Sitzungen, Beschlussfähigkeit) entsprechen im Wesentlichen denen des BetrVG (vgl. dazu §§ 37, 38 Abs. 1 und Rn. 253 ff.). *Alle* Beschlüsse des Personalrats werden nach gemeinsamer Beratung getroffen. Bei sog. Gruppenangelegenheiten i.S.d. § 38 Abs. 2, 3, d.h. bei Angelegenheiten, in denen nur eine oder zwei Beschäftigungsgruppen betroffen sind, sind zur Beschlussfassung nur die Vertreter der betroffenen Gruppen berufen.[1314]

Zu den Gruppenangelegenheiten gehören die eingeschränkte Mitbestimmung bei Beamten nach § 76 Abs. 1, die Beteiligungsrechte bei personellen Einzelmaßnahmen (vgl. §§ 75 Abs. 1, 79) sowie in sozialen Angelegenheiten nach § 75 Abs. 2 Nr. 1–3 und Abs. 3 Nr. 2, 4 und 6–9. Gemeinsame Angelegenheiten sind dagegen regelmäßig die Mitbestimmungsrechte in sozialen Angelegenheiten nach § 75 Abs. 3 Nr. 1–3, 5, 10–13 u. 15–17 sowie § 81.[1315]

II. Die Rechtsstellung der Mitglieder des Personalrats entspricht im Wesentlichen **461** der Rechtsstellung der Betriebsratsmitglieder. Sie üben ihr Amt ebenfalls **ehrenamtlich** aus (§ 46 Abs. 1; vgl. aber auch § 46 Abs. 5 für freigestellte Personalratsmitglieder) und sind nach § 46 Abs. 2 für **erforderliche Personalratstätigkeit ohne Kürzung der Bezüge freizustellen**, wobei insoweit die Grundsätze des § 37 Abs. 2 BetrVG nach h.M. entsprechend gelten.[1316] Darüber hinaus sieht § 46 Abs. 3 die Möglichkeit der Freistellung für Personalratsaufgaben, deren zeitlicher Umfang im Wesentlichen im Voraus berechnet werden kann, und § 46 Abs. 4 die generelle Freistellung für Personalratstätigkeit vor, die von der Beschäftigtenzahl abhängig ist (vgl. auch § 38 BetrVG). Die Auswahl der danach freizustellenden Mitglieder obliegt dem Personalrat, der aber die Vorgaben des § 46 Abs. 3 zu beachten hat. Diese Freistellung erfolgt aufgrund eines Beschlusses des Personalrates durch den Dienststellenleiter.[1317] Bei Personalratstätigkeit außerhalb der Dienstzeit besteht nach § 46 Abs. 2 S. 2 ein Anspruch auf Arbeitsbefreiung. Im Gegen-

---

1311 Vgl. BVerwG NZA-RR 1999, 108 zur Darlegungslast des Antragstellers für den Anfechtungsgrund und allgemein Baden in A/B/B/K/L/N § 25 Rn. 2 ff.; Burkholz PersR 2019, Nr. 10, 16 ff.; ders. PersR 2012, 52 und Bülow PersV 2016, 250.

1312 Zur Wahl des Vorstandes BVerwG öAT 2010, 233; Kröll in A/B/B/K/L/N § 32 Rn. 19 ff. und Hedermann PersV 2019, 51 zu Folgen der fehlenden Bestellung eines Gruppenmitglieds in Vorstand und zu Personalratswahlen Bülow ZTR 2020, 3.

1313 Kröll in A/B/B/K/L/N § 32 Rn. 30 ff.; Schaub/Koch § 265 Rn. 44 ff.; Jacobs in R/D/W § 32 Rn. 78.

1314 Vgl. ausführlich zur Beschlussfassung der Personalvertretungen Manderla PersV 2005, 164 ff.

1315 Jacobs in R/D/W § 38 Rn. 13 ff., 18; Altvater/Kröll in A/B/B/K/L/N § 38 Rn. 7 ff.; MünchArbR/Germelmann § 360 Rn. 68 ff.

1316 Dazu Treber in R/D/W § 46 Rn. 12 ff. u. Rn. 191 ff.; allg. zur Rechtsstellung der PR-Mitglieder Leuze PersV 2013, 364.

1317 Vgl. dazu Schaub/Koch § 266 Rn. 8 ff.; Treber in R/D/W § 46 Rn. 55 ff. m.w.N.

satz zu § 37 Abs. 3 BetrVG ist es aber nicht möglich, diese Zeit durch entsprechende Vergütung auszugleichen.[1318] Anders als im BetrVG besteht allerdings für jede außerhalb der Arbeitszeit geleistete Personalratstätigkeit ein Freizeitausgleichsanspruch.[1319] Entsprechend der Regelung des § 37 Abs. 4 und in Konkretisierung des allgemeinen Behinderungs- und Begünstigungsverbots des § 8 enthält § 46 Abs. 3 S. 6 eine **Entgeltschutzregelung** für freigestellte Personalratsmitglieder.[1320] Für die **Teilnahme an** für die Personalratstätigkeit erforderlichen **Schulungsveranstaltungen** sind Personalratsmitglieder – ebenso wie die Betriebsratsmitglieder nach § 37 Abs. 6 BetrVG – gemäß § 46 Abs. 6 unter Fortzahlung der Bezüge freizustellen, wobei neben der Erforderlichkeit auch das Haushaltsrecht zu berücksichtigen ist.[1321] Schließlich genießen die Personalratsmitglieder nach § 47 Abs. 1 sowie § 15 Abs. 2 KSchG **besonderen Schutz bei Kündigungen, Versetzungen und Abordnungen.**[1322]

462   **III.** Die **Kosten für erforderliche Personalratstätigkeit** hat nach § 44, der dem § 40 BetrVG entspricht, die Dienststelle zu tragen, wobei der Personalrat das Gebot der sparsamen Verwendung öffentlicher Mittel beachten muss.[1323]

463   **IV. Die allgemeinen Grundsätze über die Zusammenarbeit zwischen dem Arbeitgeber und dem Personalrat** entsprechen im Wesentlichen denen des BetrVG. Dazu gehören insbes. der Grundsatz der vertrauensvollen Zusammenarbeit (§ 2 Abs. 1 und § 66 Abs. 1 S. 3), die Friedenspflicht, das Arbeitskampfverbot (§ 66 Abs. 2 S. 1, 2) und das Behinderungsverbot, § 8 (vgl. dazu Rn. 210 ff.).

E. Überblick über die Formen der Beteiligung und einzelne Beteiligungsrechte des Personalrats

I. Einteilung der Beteiligungsrechte des Personalrats

464   Die Beteiligungsrechte des Personalrats lassen sich nach ihrer Intensität in **Informations-, Anhörungs-, Mitwirkungs- und Mitbestimmungsrechte** einteilen, was im Wesentlichen auch der Unterscheidung im Betriebsverfassungsrecht entspricht (vgl. dazu Rn. 303 ff.).

1. Die bloßen Informations- und Anhörungsrechte des Personalrats sind die schwächste Form der Beteiligung, weil diese sich darin erschöpft. Insbesondere aber die Informationsrechte bilden – wie im Betriebsverfassungsrecht – häufig die Vorstufe für eine stärkere Beteiligungsform.

■ Bloße Informationsrechte bestehen z.B. hinsichtlich der allgemeinen Aufgaben des PR nach § 68 (vgl. auch § 80 BetrVG) u. der sozialen Zuwendungen nach § 75 Abs. 2 S. 2.[1324]

1318 Vgl. Treber in R/D/W § 46 Rn. 36; MünchArbR/Germelmann § 360 Rn. 93.

1319 Treber in R/D/W § 46 Rn. 29; Noll in A/B/B/K/L/N § 46 Rn. 33 ff.; Schaub/Koch § 266 Rn. 7.

1320 Vgl. dazu BAG ZTR 2011, 56; Treber in R/D/W § 46 Rn. 80 ff. m.w.N.; vgl. aber auch BAG NZA 2020, 63.

1321 BVerwG PersR 2007, 434; Richter PersV 2018, 135; Lorse PersV 2014, 171; Wank/Maties NZA 2005, 1033; Noll in A/B/B/K/L/N § 46 Rn. 84 ff. u. § 46 Abs. 8, der im Wesentlichen dem § 37 Abs. 7 BetrVG entspricht, dazu Rn. 260 ff.

1322 Vgl. dazu Treber in R/D/W § 47 Rn. 6 ff.; Noll in A/B/B/K/L/N § 46 Rn. 2 ff.; Koch PersV 2018, 333 ff. und Rn. 414 ff.

1323 BVerwG PersR 2007, 434; Richter PersV 2019, 9 (Kommunikationsmittel) und oben Rn. 260 ff. zu § 40 BetrVG entspr.

1324 Vgl. dazu auch Gräfl in R/D/W § 68 Rn. 54 ff.; MünchArbR/Germelmann § 361 Rn. 18 ff.; Thannheiser PersR 2019, Nr. 7/8, 18.

▪ Anhörungsrechte stehen dem Personalrat z.B. nach § 78 Abs. 3 bei Personalanforderung und Personalplanung (vgl. § 92 BetrVG) zu, nach § 78 Abs. 4 bei Neu-, Um- und Erweiterungsbauten von Diensträumen und vor grundlegenden Änderungen von Arbeitsverfahren und Arbeitsabläufen nach § 78 Abs. 5 sowie bei außerordentlichen Kündigungen von Arbeitnehmern nach § 79 Abs. 3.

2. Die **stärkste Form der Beteiligung des Personalrats** stellen die **Mitbestimmungs-** **465** **rechte** dar, die als solche im BPersVG auch bezeichnet werden (vgl. §§ 75–77). Zu unterscheiden ist dabei zwischen der uneingeschränkten und der eingeschränkten Mitbestimmung. Die Art der einzelnen Mitbestimmungsrechte ergibt sich – abgesehen von § 76 (eingeschränkte Mitbestimmung bei Beamten) – eindeutig erst aus dem besonders in § 69 geregelten Mitbestimmungsverfahren.

a) Die **uneingeschränkte Mitbestimmung** (vgl. § 75) entspricht der echten Mitbestimmung des Betriebsrats (vgl. z.B. § 87 BetrVG und Rn. 306 ff.), sodass der Leiter einer Dienststelle eine Maßnahme, die der uneingeschränkten Mitbestimmung unterliegt, nur durchführen kann, wenn die Personalvertretung zuvor ihre Zustimmung erteilt hat, die ggf. im Stufenverfahren nach § 69 Abs. 3 oder durch den Spruch der Einigungsstelle nach § 69 Abs. 4 S. 1 zu ersetzen ist – sog. **Prinzip des Letztentscheidungsrechts der Einigungsstelle**. Da das Mitbestimmungsverfahren wegen des Instanzenzuges viel Zeit in Anspruch nimmt, regelt § 69 Abs. 5 (anders als das BetrVG), dass der Dienststellenleiter in Angelegenheiten, die der Natur der Sache nach keinen Aufschub dulden, eine **vorläufige Regelung** treffen kann.[1325]

Beispiel: Volle Mitbestimmung bei der Lage der Arbeitszeit
Der Dienststellenleiter und der Personalrat können sich nicht über den Beginn und das Ende der täglichen Arbeitszeit einigen. Kann der Personalrat eine Einigung erzwingen?

Der Personalrat hat nach § 75 Abs. 3 Nr. 1 beim Fehlen einer gesetzlichen oder tariflichen Regelung durch Abschluss einer Dienstvereinbarung mitzubestimmen über die Lage der Arbeitszeit (vgl. § 87 Abs. 1 Nr. 2 BetrVG für die Privatwirtschaft).[1326] Wie zu verfahren ist, wenn keine Einigung erzielt wird, regelt § 75 – anders als § 87 Abs. 2 BetrVG – nicht. Vielmehr ergibt sich dies erst aus dem Mitbestimmungsverfahren, das in § 69 geregelt ist. Kommt eine Einigung zwischen dem Personalrat und dem Dienststellenleiter nicht zustande und greift auch die Zustimmungsfiktion nicht ein, weil der Personalrat die Zustimmung nach § 69 Abs. 2 S. 5 fristgemäß unter Angabe von Gründen verweigert hat, können sowohl der Personalrat nach einem entsprechenden Personalratsbeschluss als auch der Dienststellenleiter die Angelegenheit nach Maßgabe des § 69 Abs. 3 auf dem Dienstwege innerhalb von 6 Arbeitstagen der übergeordneten Stelle vorlegen, bei der eine Stufenvertretung besteht. Kommt auch zwischen dem Leiter der Mittelbehörde und dem Bezirkspersonalrat keine Einigung zustande, weil der Bezirkspersonalrat die Zustimmung form- und fristgerecht (§ 69 Abs. 4 S. 4 verweist auf Abs. 3) verweigert hat, kann sich daran entspr. § 69 Abs. 3 ein weiteres Stufenverfahren unter Beteiligung der obersten Behörde und des Hauptpersonalrats anschließen. Kommt auch auf der obersten Behördenebene keine Einigung zustande, kann nach § 69 Abs. 4 S. 1 die Einigungsstelle angerufen werden, die verbindlich entscheidet.

b) Bei der **eingeschränkten Mitbestimmung** ist zwar im Anschluss an das Stufenver- **466** fahren ebenfalls die **Anrufung der Einigungsstelle möglich**, sie kann **aber** nach § 69 Abs. 4 S. 3, 4 **keine verbindliche Entscheidung** treffen (vgl. zur eingeschränkten Mitbestimmung bei Beamten § 76). Hier gilt also das Prinzip des Letztentscheidungsrechts der Einigungsstelle nicht. Vielmehr verbleibt das **Letztentscheidungsrecht** gemäß § 69 Abs. 4 S. 4 **bei der obersten Dienstbehörde**.

1325 Vgl. BVerwG NVwZ 2006, 100; Berg in A/B/B/K/L/N § 69 Rn. 4 ff., 52 ff.; Weber in R/D/W § 69 Rn. 106 ff. mit Beispielen.

1326 Vgl. zum Mitbestimmungsrecht bei flexibler Arbeitszeit Hahn öAT 2013, 177; Wahlers PersV 2010, 13 u. ZTR 2010, 341 bei Bereitschaft; bei Überstunden Ramm ZfPR 2019, 20 und Vogelgesang ZfPR 2017, 88 u. 122 (Arbeitsverdichtung).

Beispiel: Eingeschränkte Mitbestimmung bei der Einstellung eines Arbeiters

Nach § 75 Abs. 1 Nr. 1 hat der Personalrat mitzubestimmen bei der Einstellung von Arbeitern und Angestellten, über die er umfassend zu informieren ist.[1327] Kommt auch im Stufenverfahren nach § 69 Abs. 3 keine Einigung zustande, weil die Zustimmung form- und fristgerecht nach Maßgabe der §§ 69 Abs. 2, 77 Abs. 2 verweigert wurde, kann die Einigungsstelle ebenfalls angerufen werden, deren Spruch ersetzt aber nicht die Einigung. Vielmehr stellt sie gemäß § 69 Abs. 4 S. 1 Hs. 2 fest, ob ein Zustimmungsverweigerungsgrund vorlag. Das Letztentscheidungsrecht bleibt aber in diesem Fall gemäß § 69 Abs. 4 S. 4 bei der obersten Behörde.

467 **c)** Die **Verletzung der Mitbestimmungsrechte des Personalrats** hat **in kollektivrechtlicher Hinsicht grds. die Unwirksamkeit der Maßnahme** zur Folge. Dem Personalrat steht aber nach h.M. grds. **kein Unterlassungsanspruch** zu, weil zum einem im BPersVG eine dem § 23 Abs. 3 BetrVG entsprechende Regelung fehlt. Zum anderen soll das personalvertretungsrechtliche Beschlussverfahren nur der objektiven Klärung von Streitigkeiten und nicht der Durchsetzung von Rechtsansprüchen dienen, sodass ein Unterlassungsanspruch mit der verfassungsrechtlich garantierten Personal-, Sach- und Organisationshoheit der Verwaltung nicht zu vereinbaren wäre. Vielmehr kann der Personalrat im verwaltungsgerichtlichen Beschlussverfahren zunächst nur die Feststellung der Rechtswidrigkeit der Maßnahme beantragen und nach rechtskräftiger Feststellung in einem weiteren Beschlussverfahren die Rückgängigmachung der Maßnahme bzw. die Nachholung seiner Beteiligung verlangen, wenn die Behörde dem ersten Beschluss nicht folgt.[1328] Etwas anderes gilt aber dann, wenn einzelne LandespersonalvertretungsG einen Unterlassungsanspruch vorsehen.[1329]

468 Die **Verletzung des Mitbestimmungsrechts** des Personalrats hat nach der Theorie der doppelten Wirksamkeitsvoraussetzung auch **im Verhältnis zum Arbeitnehmer** grds. die individuelle **Unwirksamkeit der Maßnahme** zur Folge (vgl. dazu Rn. 306). Verfahrensfehler dieser Dienststelle, die sich nicht auf die Willensbildung des Personalrats auswirken (z.B. Einleitung des Mitbestimmungsverfahrens unter Verletzung des § 7), können allerdings nur dann von dem Arbeitnehmer geltend gemacht werden, wenn der Personalrat eine entspr. Rüge erhoben und die Dienststelle ihr nicht abgeholfen hat.[1330]

469 Handelt es sich bei der mitbestimmungspflichtigen Maßnahme um einen Verwaltungsakt, was insb. bei personellen Maßnahmen gegenüber Beamten in Betracht kommt, führt die Verletzung des Mitbestimmungsrechts des Personalrats i.d.R. nur zu einer Fehlerhaftigkeit und nicht zu einer Nichtigkeit des Verwaltungsakts, die im Wege einer Anfechtungsklage geltend gemacht werden muss, wobei die Beteiligung des Personalrats noch bis zum Abschluss des Widerspruchsverfahrens nachgeholt werden kann.[1331]

470 **3.** Weitere Beteiligungsrechte stehen dem Personalrat in Form von Mitwirkungsrechten zu, die als solche auch bezeichnet werden, vgl. §§ 78, 79. Die **Mitwirkungsrechte** nach

---

1327 Vgl. dazu BVerwG ArbRB 2020, 44 m. Anm. Sasse und ausführlich dazu Schäfer PersV 2019, 93 ff.

1328 BVerwG PersR 1995, 128; OVG Lüneburg PersV 2016, 221; Weber in R/D/W § 69 Rn. 131; a.A. Berg in A/B/K/L/N § 69 Rn. 71; Schaub/Koch § 268 Rn. 71, 71 a; MünchArbR/Germelmann § 362 Rn. 960ff.; Baden PersR 2013, 18, weil auch im BetrVG außerhalb des § 23 Abs. 3 ein allg. Unterlassungsanspruch jedenfalls bei Verletzung der Mitbestimmung in sozialen Angelegenheiten anerkannt ist u. weder die parlamentarische Kontrolle der Verwaltung noch das Stufenverfahren bzw. die Möglichkeit einer Dienstaufsichtsbeschwerde einen ausreichenden Schutz für die Einhaltung der MitbestimmungsR des PR gewährleisten.

1329 Vgl. Lechtermann PersV 2018, 90 zum Unterlassungsanspruch nach § 79 Abs. 3 LPVG NRW und den einzelnen LPVG.

1330 BAG NZA 1999, 88 ff.; BVerwG PersR 1989, 203 ff.; Schaub/Koch § 268 Rn. 72 m.w.N.

1331 BVerwG PersR 1990, 297 ff.; Weber in R/D/W § 69 Rn. 119; Schaub/Koch § 268 Rn. 74 m.w.N.

dem BPersVG sind also kein Oberbegriff für sämtliche Beteiligungsformen, sondern eine bestimmte **Art der förmlichen Beteiligung, die in § 72 geregelt ist**. Eine mitwirkungspflichtige Maßnahme ist mit dem Personalrat nach § 72 Abs. 1 vor ihrer Durchführung mit dem Ziel einer Verständigung rechtzeitig und umfassend zu erörtern. Äußert sich der Personalrat nicht innerhalb von zehn Arbeitstagen oder hält er bei Erörterung seine Einwendungen oder Vorschläge nicht aufrecht, so gilt die beabsichtigte Maßnahme nach § 72 Abs. 2 S. 1 als gebilligt. Erhebt der Personalrat Einwendungen, so muss er dies dem Dienststellenleiter unter Angabe der Gründe mitteilen. Will der Dienststellenleiter den Einwendungen des Personalrats nicht oder nicht vollständig entsprechen, so muss er dies gemäß § 72 Abs. 3 gegenüber dem Personalrat schriftlich begründen. Dieser kann dann nach § 72 Abs. 4 binnen drei Arbeitstagen nach Zugang der Mitteilung das **Stufenverfahren** betreiben.[1332] Kommt auch auf der obersten Behördenebene keine Einigung zustande, trifft die **oberste Dienstbehörde** eine **verbindliche Entscheidung**. Eine **Anrufung der Einigungsstelle** ist bei der Mitwirkung – anders als bei der Mitbestimmung – **ausgeschlossen**, weil § 72 Abs. 4 keine Verweisung auf § 69 Abs. 4 enthält.[1333] Bis zum Abschluss des Mitwirkungsverfahrens kann der Dienststellenleiter nach Maßgabe der § 72 Abs. 6 i.V.m. 69 Abs. 5 eine **vorläufige Regelung** treffen.

Das Mitwirkungsverfahren ist also weitgehend dem Mitbestimmungsverfahren nachgebildet mit der Ausnahme, dass die Einigungsstelle nicht angerufen werden kann.

Die **Verletzung der Mitwirkungsrechte** kann der Personalrat in einem Beschlussverfahren mit einem Feststellungsantrag geltend machen. Unterlassungsansprüche stehen ihm dagegen nach h.M. grds. nicht zu (vgl. Rn. 467). Im Verhältnis zu dem betroffenen Arbeitnehmer begründet die Verletzung der Mitwirkungsrechte grundsätzlich keine individualrechtliche Unwirksamkeit der Maßnahme mit der Folge, dass der Beschäftigte deren Befolgung nicht ohne Weiteres verweigern darf, weil die Verletzung eines Mitwirkungsrechtes nur einen Verfahrensverstoß begründet. Es kommt jedoch eine Anfechtbarkeit der auf einer Verletzung des Mitwirkungsrechts beruhenden Maßnahme in Betracht.[1334] Ausnahme: Unwirksamkeit einer Kündigung nach § 79 Abs. 4 bei nicht ordnungsgemäßer Beteiligung des Personalrats. Hinsichtlich der Unterrichtungspflicht des Personalrats gelten die gleichen Grundsätze wie bei Anhörung des Betriebsrats.[1335]

471

4. Die **Handlungsmöglichkeiten des Personalrats** sind nach dem BPersVG **grds. darauf beschränkt, auf ein Handeln des Dienststellenleiters** in beteiligungspflichtigen Angelegenheiten **zu reagieren**. Hat der Personalrat ein **Mitbestimmungsrecht**, steht ihm auch ein **ausdrücklich in § 70 geregeltes Initiativrecht** zu. Dieses Initiativrecht ist eine besondere Ausprägung der allgemeinen Aufgabe nach § 68 Abs. 1 Nr. 1, Maßnahmen zu beantragen, die der Dienststelle und ihren Angehörigen dienen. Ein allumfassendes Initiativrecht besteht nicht.[1336] Entspricht der Dienststellenleiter dem Vorschlag nicht, schließt sich daran das Stufenverfahren nach § 69 an. Eine **Anrufung der Eini-**

472

1332 Vgl. dazu Weber in R/D/W § 72 Rn. 33 ff.; Berg in A/B/K/L/N § 72 Rn. 14 ff.; Schaub/Koch § 268 Rn. 61 ff.

1333 Weber in R/D/W § 72 Rn. 51; Schaub/Koch § 268 Rn. 4, 67; MünchArbR/Germelmann § 363 Rn. 1 ff.

1334 Vgl. MünchArbR/Germelmann § 363 Rn. 9; Weber in R/D/W § 72 Rn. 53 ff. und BAG NZA 2007, 1310 zur Unwirksamkeit einer Versetzung ohne vorherige rechtzeitige und eingehende Erörterung mit dem PR nach § 84 Abs. 1 PersVG Berlin.

1335 Vgl. BAG NZA 2018, 234; BAG NZA-RR 2012, 12; Benecke in R/D/W § 79 Rn. 29 f.; Schaub/Koch § 268 Rn. 72; Wieland PersR 2007, 111 ff.; Wahlers PersV 2006, 404 ff. und Rn. 389 ff.

1336 Vgl. MünchArbR/Germelmann § 362 Rn. 62 ff.; Berg in A/B/K/L/N § 70 Rn. 2 ff.; Schaub/Koch § 268 Rn. 75 ff.

gungsstelle ist dagegen **nur in den Fällen des § 75 Abs. 3 Nr. 1–6 und 11–17 möglich**. Ebenso wie bei den Mitbestimmungsrechten ist also auch im Rahmen des § 70 zwischen einem uneingeschränkten (§ 70 Abs. 1) und einem eingeschränkten Initiativrecht (§ 70 Abs. 2) zu unterscheiden.

Das Initiativrecht soll den Personalrat in die Lage versetzen, die Dienststelle in den mitbestimmungspflichtigen Angelegenheiten i.S.d. § 70 Abs. 1 zu einer Handlung zu zwingen. Ist der Dienststellenleiter bereits aktiv geworden, besteht dafür kein Raum mehr. Mit dem Initiativrecht kann also nicht das Unterlassen einer beabsichtigten Maßnahme erzwungen werden. Vielmehr muss der Personalrat seine Ansichten in dem vorgesehenen Einigungsverfahren vorbringen. Da der Personalrat ebenso wie der Betriebsrat kein Interessenvertreter einzelner Beschäftigter ist, kann das Initiativrecht auch nicht zur Durchsetzung von Individualansprüchen (z.B. einer Beförderung) eingesetzt werden.

II. Handlungsformen bei gemeinsamen Entscheidungen der Dienststelle und des Personalrats

473 Handlungsformen bei gemeinsamer Entscheidungstätigkeit sind nach dem BPersVG die in § 73 gesetzlich geregelte Dienstvereinbarung und die gesetzlich nicht geregelte Dienstabsprache. Vergleichbare Regelungsinstrumente sind im Betriebsverfassungsrecht die Betriebsvereinbarung und die Regelungsabrede.

Die **Dienstabsprache**, die ebenso wie die Regelungsabrede eine formlose Absprache zwischen dem PR und dem Dienststellenleiter ohne Außenwirkung ist (dazu Rn. 278 ff.), spielt in der Praxis keine große praktische Rolle, weil auch in den Fällen, in denen der Abschluss einer Dienstvereinbarung unzulässig oder unzweckmäßig ist, die Beteiligung des PR regelmäßig in einem förmlichen Verfahren erfolgt.[1337]

Dienstvereinbarungen werden nach § 73 S. 2 durch die Dienststelle und den Personalrat gemeinsam beschlossen, gemeinsam unterzeichnet und in geeigneter Weise bekannt gegeben. Sie enthalten ebenso wie die Betriebsvereinbarungen Rechtsnormen, die von außen auf die Arbeits- bzw. Beamtenverhältnisse einwirken, ohne deren Inhalt zu werden (vgl. Rn. 286 f.). Anders als die Betriebsvereinbarungen sind sie allerdings gemäß § 73 Abs. 1 S. 1 **nur dann zulässig, wenn dies gesetzlich ausdrücklich geregelt ist** (vgl. § 75 Abs. 3, 5 bzw. § 76 Abs. 2), ansonsten sind sie unwirksam.[1338] Nach § 73 Abs. 2 gehen Dienstvereinbarungen, die für einen größeren Bereich gelten, den Dienstvereinbarungen für einen kleineren Bereich vor, was dem hierarchischen Behördenaufbau Rechnung trägt. Der Vorrang solcher Dienstvereinbarungen setzt allerdings die Zuständigkeit der Stufenvertretung für den Abschluss voraus.[1339] **Arbeitsentgelte und sonstige Arbeitsbedingungen**, die durch Tarifvertrag geregelt sind oder üblicherweise geregelt werden, können gemäß § 75 Abs. 5 nicht Gegenstand einer Dienstvereinbarung sein. Diese **Regelungssperre zugunsten der Tarifautonomie** gilt im Personalvertretungsrecht immer, also – anders als die Regelungssperre des § 77 Abs. 3 BetrVG – auch im Bereich der sozialen Angelegenheiten, wenn eine tarifliche Bestimmung nicht besteht, aber üblich ist.[1340]

1337 Vgl. dazu Weber in R/D/W § 73 Rn. 54 ff.; Schaub/Koch § 268 Rn. 14.

1338 BAG NZA 2007, 637; Weber in R/D/W § 72 Rn. 2 ff.; Schaub/Koch § 268 Rn. 8; Berg PersR 2019, Nr. 6, 8; Albicker/Wiesenecker NZA 2007, 842 zur Zulässigkeit freiwilliger DV und Hauck-Scholz öAT 2014, 68 zur Rechtskontrolle von DV.

1339 BVerwG PersR 1993, 310 ff.; Weber in R/D/W § 73 Rn. 36; Berg in A/B/B/K/L/N § 73 Rn. 3; Schaub/Koch § 268 Rn. 10.

1340 BVerwG NZA-RR 2012, 501; Berg in A/B/B/K/L/N § 75 Rn. 276 ff.; Schaub/Koch § 268 Rn. 11: Zwei-Schranken-Theorie im PersonalvertretungsR u. Rn. 308.; a.A. OVG Berlin, Beschl. v. 16.09.2010 – 60 PV 6.09, BeckRS 2011, 47288 als Vorinstanz.

III. Überblick über einzelne Beteiligungsrechte des Personalrats

Die **§§ 75–81** enthalten eine **abschließende und zwingende Aufzählung der einzel-**   474
nen Beteiligungsrechte des Personalrats, sodass sie wegen § 3 weder durch eine
Dienstvereinbarung noch durch einen Tarifvertrag erweitert bzw. eingeschränkt werden können.[1341] Nach dem Regelungsbereich erstrecken sie sich im Wesentlichen auf
personelle, soziale und organisatorische Angelegenheiten, was weitgehend auch
der Einteilung im Betriebsverfassungsrecht entspricht (vgl. Rn. 301 ff.). Anders als im Betriebsverfassungsrecht werden die einzelnen Regelungsbereiche im BPersVG aber nicht
strikt getrennt, was insbesondere in § 75 Abs. 2, Abs. 3 Nr. 6–9 und 14, § 76 Abs. 2 (sog.
sozial und personell gemischte Angelegenheiten) sowie § 75 Abs. 3 Nr. 13 (Sozial- und
Umschulungspläne) deutlich zum Ausdruck kommt. Letzterer Regelungsbereich ist im
Betriebsverfassungsrecht Gegenstand der Mitbestimmung bei einer Betriebsänderung
(§§ 111, 112 BetrVG), also in wirtschaftlichen Angelegenheiten. **Entscheidend für die**
Intensität des einzelnen Beteiligungsrechts des Personalrats ist jedoch nicht der Regelungsbereich, sondern die **Art des nach § 69 bzw. § 72 durchzuführenden Beteili-**
gungsverfahrens (vgl. Rn. 464 ff.).

1. Beteiligungsrechte des Personalrats in personellen Angelegen-
heiten

In den personellen Angelegenheiten stehen dem Personalrat **hinsichtlich der Ange-**   475
stellten und Arbeiter insbesondere folgende Beteiligungsrechte zu, die unter-
schiedliche Intensität haben:

- Mitbestimmungsrechte bei personellen Einzelmaßnahmen nach § 75 Abs. 1 (dazu Rn. 476)
- Mitwirkungs- und Anhörungsrechte nach § 79 bei Kündigungen (dazu Rn. 477)
- Mitbestimmungsrechte in den allgemeinen personellen Angelegenheiten (dazu Rn. 478)

Bei personellen Angelegenheiten der Beamten besteht dagegen eine **einge-**
schränkte Mitbestimmung nach § 76 (vgl. auch § 77 Abs. 2: Zustimmungsverweigerungsgründe), wobei insoweit auch die Ausschlussregelung des § 77 Abs. 1 S. 2 für die
in § 36 Abs. 1 des BBG bezeichneten Beamten und für Beamtenstellen von der Besol-
dungsgruppe A 16 an aufwärts zu berücksichtigen ist. Bei den in § 77 Abs. 1 S. 1 genannten Beschäftigten hat der Personalrat die Mitbestimmungsrechte nach § 75 Abs. 1 bzw.
§ 76 Abs. 1 nur, wenn er dies beantragt.

a) Die mitbestimmungspflichtigen personellen Einzelmaßnahmen gegenüber den   476
Arbeitern und Angestellten sind in § 75 Abs. 1 abschließend aufgezählt.[1342] Dazu gehören insbes. Einstellungen, Ein- und Umgruppierungen, Versetzungen (vgl. auch § 99
BetrVG und Rn. 199 ff.), Abordnungen und Entscheidungen über eine Nebentätigkeits-
erlaubnis. Im Falle der Zustimmungsverweigerung, die nur aus den Gründen des § 77
Abs. 2 möglich ist, ist das **Mitbestimmungsverfahren nach § 69** durchzuführen (vgl.
dazu Rn. 465 ff.). Wird auch in dem Stufenverfahren die Zustimmung verweigert, kann

---

1341 Vgl. BAG NZA 2007, 637; Richardi in R/D/W § 3 Rn. 2 ff.
1342 Baden in A/B/B/K/L/N § 75 Rn. 7.; MünchArbR/Germelmann § 362 Rn. 27.

die Einigungsstelle angerufen werden, die aber nach § 69 Abs. 4 S. 1 Hs. 2 nur feststellen kann, ob ein Zustimmungsverweigerungsgrund vorliegt. Schließt sie sich der Ansicht der obersten Dienstbehörde nicht an, kann sie nicht endgültig entscheiden, sondern entsprechend § 69 Abs. 4 S. 3 nur eine Empfehlung an die oberste Behörde beschließen, über die diese dann zu entscheiden hat.[1343] Da somit die **oberste Dienstbehörde** nach § 69 Abs. 4 S. 4 das **Letztentscheidungsrecht hat**, steht dem Personalrat bei diesen personellen Einzelmaßnahmen nur ein **eingeschränktes Mitbestimmungsrecht zu**.

477   **b) Bei einer außerordentlichen Kündigung** eines Arbeitnehmers steht dem Personalrat nur ein **Anhörungsrecht** nach § 79 Abs. 3 zu, während **bei der ordentlichen Kündigung ein Mitwirkungsrecht** nach § 79 Abs. 1 besteht. Manche Landespersonalvertretungsgesetze (z.B. § 74 Abs. 2 LPVG NRW, § 77 Abs. 3 LPVG Bayern) sehen auch bei ordentlichen **Kündigungen während der Probezeit** lediglich ein Anhörungsrecht des Personalrates vor.[1344] Hat der Personalrat bei einer ordentlichen Kündigung aus den in § 79 Abs. 1 S. 3 abschließend erwähnten Gründen Einwendungen erhoben, ist ein Mitwirkungsverfahren nach Maßgabe des § 72 durchzuführen. Das **Letztentscheidungsrecht** steht auch in diesem Fall der **obersten Dienstbehörde** zu, ohne dass eine Anrufung der Einigungsstelle möglich ist (vgl. dazu Rn. 466, 470). Hat der Personalrat Einwendungen nach § 79 Abs. 1 und der Arbeitnehmer fristgerecht Kündigungsschutzklage erhoben, steht ihm auf sein Verlangen ein **Weiterbeschäftigungsanspruch** nach § 79 Abs. 3 S. 1 mit der **Entbindungsmöglichkeit** für den Arbeitgeber nach Maßgabe des § 79 Abs. 3 S. 2 zu. Eine entsprechende Regelung für die Privatwirtschaft enthält § 102 Abs. 5 BetrVG (vgl. dazu Rn. 413).

478   **c) Bei den allgemeinen personellen Angelegenheiten** nach § 75 Abs. 3 Nr. 6 (Durchführung der Berufsbildung bei Arbeitern und Angestellten), Nr. 7 (Auswahl der Teilnehmer einer Fortbildungsveranstaltung), Nr. 8 u. 9 (Inhalt von Personalfragebögen bzw. von Beurteilungsrichtlinien), Nr. 14 (Absehen von Ausschreibung der zu besetzenden Dienstposten) steht dem Personalrat ein uneingeschränktes Mitbestimmungsrecht zu. Ein uneingeschränktes Initiativrecht besteht allerdings nur bei der Mitbestimmung nach Maßgabe des § 75 Abs. 3 Nr. 6 und 14. Im Fall des § 76 Abs. 2 Nr. 8 (Auswahlrichtlinien hinsichtlich personeller Einzelmaßnahmen) besteht dagegen nur ein eingeschränktes Mitbestimmungsrecht, weil die Einigungsstelle insoweit nach § 69 Abs. 4 S. 3 nur eine Empfehlung an die oberste Dienststelle beschließen kann, der nach § 69 Abs. 4 S. 4 das Letztentscheidungsrecht zusteht. Bei Beamten bestehen insoweit nur nach Maßgabe der §§ 76, 77 eingeschränkte Mitbestimmungsrechte.

Diese Mitbestimmungstatbestände entsprechen im Wesentlichen den Beteiligungsrechten des BR bei den allgemeinen personellen Maßnahmen nach §§ 90 ff. BetrVG (vgl. dazu Rn. 377 ff.).

2. Mitbestimmung in sozialen Angelegenheiten

479   Der Personalrat hat auch in einer Reihe von sozialen Angelegenheiten mitzubestimmen, die in § 75 Abs. 2 (soziale Angelegenheiten mit Personenbezug) und § 75 Abs. 3 (allge-

---

1343 Vgl. BVerwG NZA-RR 2009, 509; Baden in A/B/B/K/L/N § 75 Rn. 12 m.w.N.

1344 Vgl. Übersicht über die einzelnen LPVG dazu bei Gemeinschaftskommentar zum Kündigungsschutzrecht, 5. Aufl., 2017 = GK/Koch § 108 Rn. 15 ff.

meine soziale Angelegenheiten) enumerativ aufgezählt sind. Mitbestimmungsrechte des Personalrats bestehen in den allgemeinen sozialen Angelegenheiten des § 75 Abs. 3 nur, soweit zwingende gesetzliche oder tarifliche Regelungen fehlen, die abschließende Regelungen enthalten.[1345] Unter Gesetz i.S.d. § 75 Abs. 3 ist dabei jedes materielle Gesetz, also auch eine RechtsVO zu verstehen.[1346] Ob darunter auch Richterrecht, HaushaltsG und Verwaltungsvorschriften zu verstehen sind, ist umstritten.[1347] Im Wesentlichen entspricht diese Mitbestimmung der Mitbestimmung des Betriebsrats in sozialen Angelegenheiten nach § 87 BetrVG (vgl. dazu Rn. 306 ff.).

Mitbestimmungspflichtig nach § 75 Abs. 3 sind: Lage der Arbeitszeit (Nr. 1), Art, Ort und Zeit der Vergütungszahlung (Nr. 2), Aufstellung des Urlaubsplanes (Nr. 3), Fragen der Lohngestaltung und Festsetzung leistungsbezogener Entgelte (Nr. 4), Errichtung, Verwaltung und Auflösung von Sozialeinrichtungen (Nr. 5), Maßnahmen des Gesundheitsschutzes (Nr. 10, 11), Grundsätze über betriebliches Vorschlagswesen (Nr. 12), Ordnung und Verhalten der Beschäftigten (Nr. 15) und Einrichtung und Anwendung technischer Überwachungseinrichtungen (Nr. 17). Anders als nach § 87 Abs. 1 Nr. 3 BetrVG steht dem PR nach dem BPersVG nach h.M. kein Mitbestimmungsrecht hinsichtlich der **Kurzarbeit** zu,[1348] was aber einzelne LPVG anders regeln können.[1349] Bei Überstunden steht dagegen dem PR ein Mitbestimmungsrecht nach § 75 Abs. 3 Nr. 1 zu, soweit die Ausnahmevoraussetzungen des § 75 Abs. 4 nicht vorliegen.[1350]

In den sozialen Angelegenheiten des § 75 Abs. 2, 3 stehen dem Personalrat grds. uneingeschränkte Mitbestimmungsrechte zu, sodass nach Durchführung des Mitbestimmungsverfahrens nach § 69 das **Letztentscheidungsrecht bei der Einigungsstelle** liegt. Mit Ausnahme des Mitbestimmungsrechts nach § 75 Abs. 3 Nr. 10 steht dem Personalrat auch ein uneingeschränktes Initiativrecht nach § 70 Abs. 1 zu. In den sozialen Angelegenheiten mit Personenbezug des § 75 Abs. 2 besteht dagegen nur ein eingeschränktes Initiativrecht nach § 70 Abs. 2.

3. Beteiligungsrechte bei organisatorischen Maßnahmen

Zu den organisatorischen Maßnahmen, bei denen der Personalrat unterschiedliche Beteiligungsrechte hat, gehören insbesondere:

480

- Uneingeschränkte Mitbestimmung bei Aufstellung von Sozialplänen/Umschulungsplänen zum Ausgleich oder zur Milderung von wirtschaftlichen Nachteilen, die den Beschäftigten infolge von Rationalisierungsmaßnahmen entstehen (§ 75 Abs. 3 Nr. 13) sowie bei der Gestaltung der Arbeitsplätze, § 75 Abs. 3 Nr. 16.

Voraussetzung für das Bestehen eines Mitbestimmungsrechts beim Sozial- und Umschulungsplan nach § 75 Abs. 3 Nr. 13 ist eine Rationalisierungsmaßnahme, aufgrund derer wirtschaftliche Nachteile für die Beschäftigten entstehen. Ein bloßer Personalabbau reicht also für die Begründung der Sozialplanpflicht – anders als in der Privatwirtschaft, § 112 a BetrVG – nicht aus. Anders als das BetrVG sieht das BPersVG auch keinen Interessenausgleich vor, sodass die Rationalisierungsmaßnah-

1345 Vgl. BVerwG PersR 2011, 484; Berg in A/B/B/K/L/N § 75 Rn. 113 ff, 116 m.w.N.

1346 Vgl. BVerwG NVwZ 2008, 801; Berg in A/B/B/K/L/N § 75 Rn. 114 und 3 § BPersVG Rn. 15; jeweils m.w.N.

1347 Vgl. dazu Kaiser/Annuß in R/D/W § 75 Rn. 213 ff.; Berg in A/B/B/K/L/N § 75 Rn. 114 mit Meinungsübersichten.

1348 BAG NZA 2007, 637; Kaiser/Annuß in R/D/W § 75 Rn. 253; Seel/Rabe öAT 2011, 171.

1349 Vgl. z.B. BVerwG, Beschl. v. 22.05.2006 – 6 PB 15/05 zu § 65 Abs. 1 Nr. 1 LPVG Sachsen-Anhalt; § 87 Abs. 1 Nr. 1 LPVG Hamburg und Seel/Rabe öAT 2011, 171 mit Übersicht über einzelne LPVG zur Kurzarbeit.

1350 Vgl. BVerwG NZA-RR 2005, 665; Berg in A/B/B/K/L/N § 75 Rn. 130; Kaiser/Annuß in R/D/W § 75 Rn. 249 ff.; Ramm ZfPR 2019, 20; Lenders PersR 2018, Nr. 7/8, 8; Seel/Rabe öAT 2011, 171; Schaub/Koch § 270 Rn. 8 ff.; vom BAG NZA 2007, 637 offen gelassen; jeweils m.w.N.

men selbst nicht der Mitbestimmung des Personalrats unterliegen.[1351] Das Mitbestimmungsrecht nach § 75 Abs. 3 Nr. 16 ist vergleichbar mit den Regelungen der §§ 90, 91 BetrVG (dazu Rn. 375 ff.).

481   ■   Eingeschränkte Mitbestimmung bei Maßnahmen zur Hebung der Arbeitsleistung oder Erleichterung des Arbeitsablaufs, § 76 Abs. 2 Nr. 5 und bei Einführung grundlegend neuer Arbeitsmethoden, § 76 Abs. 2 Nr. 7 (vgl. auch § 111 Abs. 1 S. 3 Nr. 5 BetrVG und Rn. 424 ff.).

   ■   Mitwirkungsrecht bei Auflösung, Einschränkung, Verlegung oder Zusammenlegung von Dienststellen oder wesentlichen Teilen von ihnen, § 78 Abs. 1 Nr. 2.[1352]

   ■   Anhörungsrechte bei Neu-, Um- und Erweiterungsbauten von Diensträumen und vor grundlegenden Änderungen von Arbeitsverfahren und Arbeitsabläufen, § 78 Abs. 4, 5, die mit der Beteiligung des Betriebsrats nach § 90 BetrVG vergleichbar sind (vgl. Rn. 375).

1351 Vgl. Schaub/Koch § 270 Rn. 33 ff. und zu §§ 111, 112 BetrVG für die Privatwirtschaft Rn. 424 ff.

1352 Vgl. dazu Benecke in R/D/W § 78 Rn. 13 ff. ; Howald öAT 2019, 158 und zum z.T. vergleichbaren § 111 BetrVG, Rn. 424 ff.

3. Teil: Überblick über die Mitbestimmung in den Unternehmensorganen

A. Einführung und Abgrenzung zur Betriebsverfassung

Nach dem BetrVG stehen dem Betriebsrat im Wesentlichen Mitbestimmungsrechte nur **482** in sozialen und personellen Angelegenheiten zu. Auf die unternehmerisch-wirtschaftlichen Entscheidungen des Arbeitgebers können die Betriebsräte dagegen keinen entscheidenden Einfluss nehmen, weil diese Angelegenheiten trotz der Beteiligungsrechte nach den §§ 106–112 BetrVG der zwingenden Mitbestimmung weitgehend entzogen sind. Insbesondere kann der Betriebsrat danach nicht mitbestimmen über die Organisationsstruktur des Betriebs, die Art und den Umfang der Produktion sowie über Investitions- und Finanzierungsfragen. Nachdem die Gewerkschaften nach dem zweiten Weltkrieg die Forderungen nach einer überbetrieblichen Mitbestimmung in Fragen der wirtschaftlichen Unternehmenspolitik verstärkt haben, wurde auch die Mitbestimmung auf der Unternehmensebene geregelt. Die **Ziele der Unternehmensmitbestimmung** lassen sich mit folgenden Schlagworten umschreiben: Kontrolle von Unternehmensmacht, Demokratisierung der Unternehmen, Kooperation von Kapital und Arbeit, Abbau von Fremdbestimmung, Verbesserung des Arbeitnehmerschutzes.[1353] Bei der Unternehmensmitbestimmung geht es also – anders als im Betriebsverfassungs- und Personalvertretungsrecht – nicht um die Mitgestaltung betrieblicher Arbeitsbedingungen, sondern um die Mitgestaltung der Wirtschaftsbedingungen, unter denen das Unternehmen geleitet wird.

Die Unternehmensmitbestimmung ist nicht zwingend für alle Unternehmen vorge- **483** schrieben. Vielmehr hängt die Anwendbarkeit der einzelnen Mitbestimmungsgesetze von der Rechtsform und der Größe der einzelnen Unternehmen ab, wobei Personenhandelsgesellschaften, BGB-Gesellschaften, Vereine, Stiftungen und Einzelkaufleute generell von den Mitbestimmungsgesetzen nicht erfasst werden.[1354] Anders als im Betriebsverfassungsrecht hat der Gesetzgeber für die Mitbestimmung der Arbeitnehmer auf der Unternehmensebene auch keine gesonderten Organe geschaffen. Vielmehr knüpfen die Mitbestimmungsgesetze an die vorhandene Unternehmensstruktur an mit der Folge, dass die **Arbeitnehmervertreter unmittelbar in die Gesellschaftsorgane entsandt** werden. Dort sind die Arbeitnehmervertreter gleichgestellte Mitglieder und so an der Erfüllung der nach dem Gesellschaftsrecht bestehenden Aufgaben der Unternehmensorgane unmittelbar und gleichberechtigt beteiligt. Die Unternehmensmitbestimmung ist somit „Gesellschaftsrecht mit arbeitsrechtlicher Zielsetzung".[1355]

B. Überblick über die Mitbestimmung im Unternehmen

I. Rechtsgrundlagen der Unternehmensmitbestimmung auf nationaler Ebene sind **484** das Montan-MitbestimmungsG von 1951, das MitbestimmungsergänzungsG von 1956 (MitbestErgG), das MitbestimmungsG 1976 (MitbestG) und das DrittelbG. Zunehmend

---

1353   Martens JuS 1983, 329 und MünchArbR/Uffmann § 368 Rn. 1 ff. zur geschichtlichen Entwicklung der Mitbestimmung.
1354   Vgl. MünchArbR/Uffmann § 368 Rn. 9; Z/L/H § 53 II 1.
1355   Vgl. dazu Söllner/Waltermann Rn. 898; Hanau/Adomeit Rn. 491: „Mitbestimmung der Arbeitnehmer von oben".

gewinnen für die Unternehmensmitbestimmung auch Rechtsnormen des EG-Rechts an Bedeutung. So stehen für Unternehmen mit Sitz und Betrieben im Inland auch die Rechtsformen der Europäischen Aktiengesellschaft (SE) und der Europäischen Genossenschaft (SCE) zur Verfügung, für die eigene Mitbestimmungsregelungen, insbesondere das SEBG sowie das SCBEG, gelten.[1356]

485 II. Art der Unternehmensmitbestimmung

Bezüglich der Frage, ob und in welcher Form eine Unternehmensmitbestimmung besteht, sind vier verschiedene Möglichkeiten zu unterscheiden, über die im Folgenden ein Überblick gegeben wird.[1357]

1. Mitbestimmung nach dem Montan-MitbestimmungsG von 1951

486 **a)** Dieses Gesetz ist **nach § 1 Montan-MitbestG anwendbar auf**

■ Aktiengesellschaften, GmbH oder bergrechtliche Gewerkschaften

■ deren überwiegender Betriebszweck in der Förderung von Stein- und Braunkohle oder Eisenerzen und in der Aufbereitung dieser Rohstoffe (z.B. Verkokung, Brikettherstellung) liegt und deren Betriebe unter Aufsicht der Bergbehörden stehen sowie auf Unternehmen der Eisen und Stahl erzeugenden Industrie einschließlich der Herstellung von Gießerei- und Walzwerkerzeugnissen (z.B. Röhren, Walzdraht) aus Stahl und Eisen nach Maßgabe des § 1 Abs. 1 S. 1 Ziff. b und S. 2, 3 Montan-MitbestG [1358] und

■ die in der Regel mehr als 1.000 Arbeitnehmer beschäftigen.

Grund für die Sonderbehandlung war die zumindest früher zentrale wirtschaftliche Bedeutung der Unternehmen, die Kohle fördern (damals wichtigster Energieträger) und Eisen und Stahl (damals der wichtigste Grundstoff für den Wiederaufbau der Industrie) erzeugen. Auf Unternehmen, die die Stahl- und Eisenerzeugnisse lediglich verarbeiten, ist dagegen das Montan-MitbestG nicht anwendbar.

487 **b) Zusammensetzung und Aufgaben der Organe**

aa) Paritätische Besetzung des Aufsichtsrats mit Vertretern der Anteilseigner und der Arbeitnehmer sowie einem zusätzlichen neutralen Mann (in der Regel also elfköpfiger Aufsichtsrat). Die Zusammensetzung und die Wahl des Aufsichtsrats sind in den §§ 4–9 Montan-MitbestG geregelt. Die Bestellung des „neutralen" Mitglieds des Aufsichtsrats, der das Vertrauen beider Seiten genießen muss und dessen Stimme bei der Beschlussfassung entscheidend sein kann, ist recht kompliziert in § 8 Montan-MitbestG geregelt.[1359] Die Hauptaufgaben des Aufsichtsrats bestehen darin, das gesetzliche Vertretungsorgan zu bestellen und dessen Geschäftsführung zu überwachen.[1360]

1356 Vgl. zur Mitbestimmung in der SE Mückl BB 2018, 2868; Habersack AG 2018, 823; Bungert/Gotsche ZIP 2013, 649; MünchArbR/Naber/Sittard § 384 Rn. 41 ff. und oben Rn. 296; zur Vorrats-SE Schmaus/Bangen ZIP 2019, 1360; zur Mitbestimmung in der SCE MünchArbR/Naber/Sittard § 385 Rn. 5 ff. und Jannott/Rode NZG 2019, 90 sowie Brandes GmbHR 2018, 825 zur erneuten Initiative zur Einführung der Societas Privata Europaea (SPE).

1357 Überblick dazu bei Hoppe/Fuhlrott ArbR 2011, 233; Hirdina NZA 2010, 683; Lambrich/Reinhard NJW 2014, 2229 zu Schwellenwerten bei der Unternehmensmitbestimmung und Mückl/Götte BB 2018, 2036; Morgenroth/Salzmann NZA-RR 2013, 449; Rieble/Latzel EuZA 2011, 145 zur Anwendung deutscher MitbestimmungsG bei Grenzüberschreitungen.

1358 Vgl. Überblick dazu MünchArbR/Uffmann § 378; Schaub/Koch § 259 Rn. 1 f.

1359 Vgl. dazu MünchArbR/Uffmann § 378 Rn. 11 ff.; ErfK/Oetker § 8 Montan-MitbestG Rn. 2 ff.

1360 Vgl. dazu Semler NZG 2013, 771 ff.

Da die Bildung eines Aufsichtsrats gesellschaftsrechtlich nur bei einer AG zwingend ist, regelt § 3 Montan-MitbestG, dass im Geltungsbereich dieses Gesetzes ein Aufsichtsrat auch dann zu bilden ist, wenn er nach der Gesellschaftsform (z.B. GmbH) kein zwingendes Organ ist.

bb) Zum **Vorstand**, der nach § 76 Abs. 1 AktG die Gesellschaft in eigener Verantwortung zu leiten hat, gehört als **gleichberechtigtes Mitglied** ein **Arbeitsdirektor**, der **nicht gegen die Stimmen der Mehrheit der Arbeitnehmervertreter im Aufsichtsrat bestellt oder abberufen** werden kann, § 13 Montan-MitbestG. Der Arbeitsdirektor übt also, auch wenn er bei seiner Wahl des besonderen Vertrauens der Arbeitnehmervertreter bedarf, Arbeitgeberfunktionen aus. Sein Aufgabenbereich umfasst insb. soziale und personelle Belange der unternehmensangehörigen Arbeitnehmer. Die Einzelheiten ergeben sich aus der Geschäftsordnung. Der Arbeitsdirektor muss seine Aufgaben im engsten Einvernehmen mit dem Gesamtorgan ausüben, § 13 Abs. 2 Montan-MitbestG.

488

Zweck des Montan-MitbestimmungsergänzungsG (Montan-MitbestErgG) ist es, ein Unterlaufen der Montanmitbestimmung durch Bildung von Konzernen zu verhindern. Es regelt deshalb die Mitbestimmung in solchen Kapitalgesellschaften, die zwar selbst nicht die Voraussetzungen des § 1 Montan-MitbestG erfüllen, die aber aufgrund eines Konzernverhältnisses ein Montanunternehmen beherrschen, § 2 Montan-MitbestErgG. Nachdem das BVerfG[1361] das Montan-MitbestErgG 1988 teilweise für verfassungswidrig erklärte, hatte das Montan-MitbestErgG keine praktische Bedeutung mehr.[1362] Ob und inwieweit dieses Gesetz nach den am 01.07.2004 in Kraft getretenen Änderungen, insbes. der Änderung des Anwendungsbereichs nach § 3 Montan-MitbestErgG, mit der Verfassung vereinbar ist, ist umstr.[1363]

2. Die Mitbestimmung in Großunternehmen nach dem MitbestG 1976[1364]

a) Dieses Gesetz ist **nach § 1 anwendbar auf**

489

- ■ Aktiengesellschaften, KG auf Aktien, GmbH, bergrechtliche Gewerkschaften und Genossenschaften, die

- ■ in der Regel mehr als 2.000 Arbeitnehmer beschäftigen.[1365]

- ■ Ausnahmen bei Tendenzunternehmen, § 1 Abs. 4.

b) Zusammensetzung und Aufgaben der Organe

490

aa) Aufsichtsrat nach § 7: **paritätische Besetzung mit Vertretern der Anteilseigner** (Vertreter des Kapitals) **und der Arbeitnehmer**, wobei die Zahl der Aufsichtsratsmitglieder von der Beschäftigtenzahl abhängig ist. Als Arbeitnehmer gelten nach § 3 Abs. 1 auch leitende Angestellte, die nach § 15 Abs. 1 S. 2 mindestens einen Sitz im Aufsichtsrat haben müssen. Für die innere Ordnung des Aufsichtsrates, die Beschlussfassung und die Rechtsstellung seiner Mitglieder sind die §§ 25–29 maßgeblich. Anders als nach dem Montan-MitbestG gehört dem Aufsichtsrat **kein „neutrales" Mitglied** an. Vielmehr werden der Vorsitzende des Aufsichtsrats sowie sein Stellvertreter von den Aufsichtsratsmitgliedern gewählt, wofür eine 2/3-Mehrheit erforderlich ist, § 27 Abs. 1. Wird die

---

1361 BVerfG NZA 1999, 435 ff.

1362 MünchArbR/Uffmann § 279 Rn. 1; B/R/H Rn. 1034.

1363 Dafür Schaub/Koch § 259 Rn. 4; dagegen Huke/Prinz BB 2004, 2633, 2638; vgl. dazu auch Seibt NZA 2004, 767, 773 f.

1364 §§ ohne Gesetzesangabe sind im Folgenden solche des MitbestG 1976; Rspr.-Übers. dazu Mückl/Götte DB 2018, 1649.

1365 Vgl. BGH NJW 2019, 2856 m. zust. Anm. Mentzel/Sura NJW 2019, 2861: Leiharbeitnehmer sind nach Maßgabe des § 14 Abs. 2 S. 6 AÜG arbeitsplatzbezogen mitzuzählen; vgl. dazu auch Baeck/Winzer/Launer NZG 2019, 1217.

erforderliche Mehrheit im ersten Wahlgang nicht erreicht, wählen im zweiten Wahlgang die Anteilseigner den Vorsitzenden und die Arbeitnehmer seinen Stellvertreter, § 27 Abs. 2. Der **Aufsichtsratsvorsitzende hat bei Abstimmungen im Aufsichtsrat, bei denen Stimmengleichheit besteht, eine zweite Stimme**, die damit den Ausschlag gibt (Stichentscheid, § 29 Abs. 2). Der Aufsichtsrat nach dem MitbestG hat die gleichen Aufgaben wie der nach dem Montan-MitbestG. Wegen des Stichentscheids nach § 29 Abs. 2 ist aber bei der Mitbestimmung nach dem MitbestG ein **Übergewicht der Anteilseigner gewährleistet**. Die Mitbestimmung nach dem MitbestG wird deshalb vielfach auch als „unterparitätische Mitbestimmung" bezeichnet.

491   **bb)** Die Aufsichtsratsmitglieder der Anteilseigner werden nach Maßgabe des § 8 von den Anteilseignern bestellt. Die Aufsichtsratsmitglieder der Arbeitnehmer in einem Unternehmen mit nicht mehr als 8.000 Arbeitnehmern werden nach § 9 Abs. 2 in unmittelbarer Wahl gewählt (vgl. auch § 18 und § 38, der eine Ermächtigungsgrundlage für die WahlO darstellt), es sei denn, dass die Arbeitnehmer die Wahl der Aufsichtsratsmitglieder durch Delegierte nach Maßgabe des § 9 Abs. 3 beschließen. In Unternehmen mit mehr als 8.000 Arbeitnehmern werden die Aufsichtsratsmitglieder gemäß § 9 Abs. 1 zwingend durch Delegierte nach §§ 15, 16 gewählt. Die Delegierten selbst werden nach Maßgabe der §§ 10–12 gewählt.[1366] Die Amtszeit der Delegierten richtet sich nach §§ 13, 14 (vgl. auch §§ 23, 24 zur Abberufung bzw. zum Verlust der Wählbarkeit und § 40). Die Kosten für die Wahl der Aufsichtsratsmitglieder trägt nach § 20 Abs. 3 das Unternehmen.[1367] Die Wahl der Delegierten ist nach Maßgabe des § 21 anfechtbar. Die Anfechtbarkeit der Wahl der Aufsichtsratsmitglieder der Arbeitnehmer richtet sich nach § 22, der dem § 19 BetrVG nachgebildet ist.

492   **cc)** Zum Vorstand, der vom Aufsichtsrat nach Maßgabe des § 31 bestellt wird (Ausnahme: § 33 Abs. 1 S. 2 bei KG auf Aktien, bei der das Vertretungsorgan aus Komplementären besteht) und das Unternehmen leitet, gehört auch ein **Arbeitsdirektor**. Dieser kann jedoch – im Unterschied zum Montan-MitbestG – auch gegen den Willen der Arbeitnehmerseite bestimmt werden, weil § 33 eine dem § 13 Abs. 1 S. 2, 3 Montan-MitbestG entsprechende Absicherung der Arbeitnehmerseite nicht vorsieht.[1368] Auch dadurch wird deutlich (vgl. auch Stichentscheid nach § 29 Abs. 2), dass die Unternehmensmitbestimmung nach dem MitbestG schwächer als nach dem Montan-MitbestG ist.[1369]

3. Mitbestimmung nach dem Drittelbeteiligungsgesetz (DrittelbG)

493   Das DrittelbG hat zum 01.07.2004 das BetrVG 1952 abgelöst, das in den §§ 76 bis 87 a eine schwächere Form der Beteiligung der Arbeitnehmer in den Aufsichtsräten regelte. Das DrittelbG stellt im Wesentlichen eine redaktionelle Neufassung der unübersichtlichen Regelungen des BetrVG 1952 dar und enthält nur kleinere materiell-rechtliche Änderungen im Verhältnis zu der bisherigen Rechtslage.[1370]

1366 Vgl. zur Bildung und zu Aufgaben des Wahlvorstandes, Rechten und Pflichten und Geschäftsführung der Wahlvorstände sowie zu Einzelheiten des Wahlverfahrens Wißmann in W/W/K/K Vor § 9 Rn. 1 ff. u. MünchArbR/Uffmann § 374 Rn. 32 ff.

1367 Vgl. BAG NZA 2005, 1250; MünchArbR/Uffmann §3 74 Rn. 71 ff. u. § 20 BetrVG.

1368 ErfK/Oetker § 33 MitbestG Rn. 2; Koberski in W/W/K/K § 33 Rn. 14 ff.; B/R/H Rn. 1040.

1369 Ausführlich zum MitbestimmungsG MünchArbR/Uffmann §§ 373 ff.; Schaub/Koch § 260 und ErfK/Oetker, MitbestG.

1370 Vgl. ausführlich zum DrittelbG Kleinsorge in W/W/K/K, DrittelbG; MünchArbR/Uffmann §§ 380, 381.

a) Die Mitbestimmung nach dem DrittelbG **betrifft nach § 1 DrittelbG**

■ Aktiengesellschaften, KG auf Aktien, GmbH, Genossenschaften und Versicherungsvereine auf Gegenseitigkeit (VVaG),

■ die nicht unter das Montan-MitbestG, Montanmitbest-ErgänzG und MitbestG fallen (§ 1 Abs. 2 S. 1 Nr. 1 DrittelbG) und

■ in denen in der Regel mehr als 500 Arbeitnehmer beschäftigt werden. Ausnahme (§ 1 Abs. 2 S. 1 Nr. 2 und S. 3 DrittelbG): Tendenzbetriebe und Religionsgemeinschaften.

Bei einer AG oder einer KG auf Aktien, die vor dem 10.08.1994 eingetragen wurde, greift die Mitbestimmung nach § 1 Abs. 1 S. 2 DrittelbG auch dann ein, wenn das Unternehmen i.d.R. nicht mehr als 500 Arbeitnehmer hat, es sei denn, es handelt sich dabei um ein sog. Familiengesellschaft nach 1 Abs. 1 S. 3 DrittelbG, bei welcher ohne Rücksicht auf den Eintragungszeitpunkt mehr als 500 Arbeitnehmer beschäftigt sein müssen.[1371]

b) Anders als im Montan-MitbestG bzw. im MitbestG ist im DrittelbG **weder eine bestimmte Anzahl der Aufsichtsratsmitglieder vorgeschrieben noch die Bestellung eines Arbeitsdirektors vorgesehen.** Es gilt daher die Grundregel des § 95 AktG, nach der die Zahl der Aufsichtsratsmitglieder **mindestens drei** betragen und **stets durch drei teilbar** sein muss. Mit Ausnahme der Genossenschaft (§ 36 Abs. 1 S. 1 GenG) sehen aber § 95 AktG, der nach § 1 Abs. 1 Nr. 3 DrittelbG entspr. für eine GmbH gilt, und § 189 Abs. 1 VAG Höchstzahlen der Aufsichtsratsmitglieder vor. Nach § 4 Abs. 1 DrittelbG muss **ein Drittel der Aufsichtsratssitze** auf die **Arbeitnehmervertreter** entfallen, wobei Frauen und Männer gemäß § 4 Abs. 4 DrittelbG entsprechend ihrem zahlenmäßigen Verhältnis vertreten sein sollen.[1372] Mindestens ein Vertreter der Arbeitnehmer im Aufsichtsrat muss ein unternehmensangehöriger Arbeitnehmer sein (vgl. § 4 Abs. 2, 3 DrittelbG). Für die Begriffe des Betriebes und des Arbeitnehmers ist nach § 3 DrittelbG das BetrVG maßgeblich, sodass insbesondere leitende Angestellte i.S.d. § 5 Abs. 3 BetrVG keine Arbeitnehmervertreter sein können. Die Wahl der Aufsichtsratsmitglieder der Arbeitnehmer ist in den §§ 5–8 DrittelbG und in der nach Maßgabe des § 13 DrittelbG erlassenen WO geregelt.[1373] Die Wahlkosten hat nach § 10 Abs. 3 das Unternehmen zu tragen. Die Wahlanfechtung regelt § 11 DrittelbG, der weitgehend dem § 22 MitbestG entspricht. Die Rechtsfolgen einer wirksamen Anfechtung treten mit Rechtskraft der gerichtlichen Entscheidung ein.[1374] Da der Aufsichtsrat nur zu einem Drittel aus Arbeitnehmervertretern (sog. Drittelparität) besteht und die Beschlüsse entsprechend § 32 Abs. 1 S. 3 BGB mit der Mehrheit der abgegebenen Stimmen gefasst werden, ist der Einfluss der Arbeitnehmer auf die Unternehmenspolitik nach dem DrittelbG recht gering.

494

4. Unternehmen, die nicht unter die o.g. Mitbestimmungsgesetze fallen, sind mitbestimmungsfrei. Das gilt insbesondere für Unternehmen, deren Inhaber eine Einzelperson oder eine Personenhandelsgesellschaft (z.B. OHG, KG) ist. Da in diesen Fällen die Inhaber persönlich haften, kann man ihnen die Entscheidungsbefugnis in wirtschaftlichen Angelegenheiten nicht nehmen.

495

1371 Vgl. dazu ErfK/Oetker § 1 DrittelbG Rn. 9 ff.; Kleinsorge in W/W/K/K § 1 DrittelbG Rn. 10 ff.; Behme ZIP 2018, 2055 ff.
1372 Vgl. ErfK/Oetker § 4 DrittelbG Rn. 2 ff. und ausführlich Gilcher/Nolde BB 2018, 1268 ff.
1373 Vgl. ErfK/Oetker § 6 DrittelbG Rn. 3; MünchArbR/Uffmann § 380 Rn. 16 ff.; ErfK/Oetker Gilcher/Nolde BB 2018, 1268 ff.
1374 Vgl. dazu Kleinsorge in W/W/K/K § 11 DrittelbG Rn. 16 ff. und oben Rn. 234 ff. zur BR-Wahl entspr.

STICHWORTVERZEICHNIS

Die Zahlen verweisen auf die Randnummern.

RÜ

Ihre Examensfälle von morgen

RechtsprechungsÜbersicht

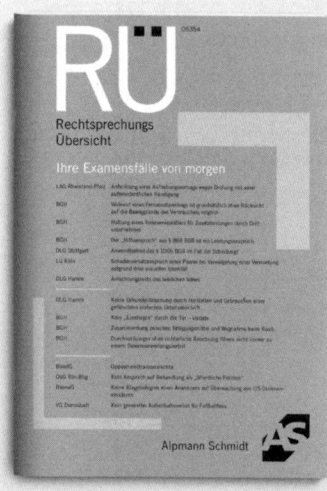

Abonnentenservice: Die komplette RÜ
ab dem 20. des Vormonats online lesen

RÜ

- Darstellung aktueller examensrelevanter Gerichtsentscheidungen so, wie sie im 1. Examen gefordert werden – im **Gutachtenstil**.

- Der Erfolg gibt uns Recht. Die **Examens- treffer** der RÜ finden Sie in unserem Blog: blog.alpmann-schmidt.de/rue-hitlist.